ELECTION & POLITICAL PARTY

지구촌의 선거와 정당

- 정치적 선택의 메커니즘

미네르바정치연구회 편
이정희 외

한국외국어대학교 출판부

지구촌의 선거와 정당

– 정치적 선택의 메커니즘 –

초판 인쇄 2007년 4월 10일
초판 발행 2007년 4월 20일
지 은 이 : 이 정 희 외
펴 낸 이 : 박 철
펴 낸 곳 : 한국외국어대학교 출판부
130-791 서울특별시 동대문구 이문동 270
전화: 02)2173-2494, 2495
팩스: 02)2173-3363
홈페이지: http://press.hufs.ac.kr
전자우편: press@hufs.ac.kr
출판등록: 제6-6호(1969. 4. 30)
본 문 편 집 : 리앤정디자인그룹 02)2677-8694
표지디자인 : (주)이환디앤비 02)2254-4301
인쇄 · 제본 : (주)동화인쇄공사 02)719-7181

ISBN 978-89-7464-447-5 93340 정가 18,000원

* 잘못된 책은 교환하여 드립니다.

책 머리에

왜 다시 정당과 선거인가? 의회주의에 대한 위기론과 회의론이 대두되고 있는 현실에서 대의민주정치의 근간이라 할 수 있는 정당정치와 선거과정 연구에 힘을 기울인다는 것이 시대적 흐름에 역행한다는 시각도 있을 것이다. 『지구촌의 선거와 정당: 정치적 선택의 메커니즘』은 이러한 시각을 극복하여, 여전히 대의민주정치의 본질인 국민주권주의와 다원주의, 그리고 보편적 이데올로기의 선택을 역사적으로 가능하게 하는 것이 경쟁적 정당정치와 선거과정임을 밝히고자 한다. 권력분산과 정치 확산의 현대 정치과정에서 새로운 정치행위자들의 출현과 사라짐도 빈번했지만, 근대 민주주의가 태동한 이래 가장 오랜 기간 동안 정치현상의 중심에 위치해 있었던 것은 정당과 선거임에 틀림없다.

의회정치의 위기는 곧 새로운 도약을 위한 도전이다. 정당정치 역시 기존의 문제점을 치유하기 위한 장치로 새롭게 태어날 것이며, 선거의 대표성과 효율성은 보다 높아질 것이다. 대의 민주주의를 보완할 수 있는 정치적 장치가 마련되고, 새로운 정보통신기술의 발전과 같은 환경변화도 결국 정당정치의 활성화와 선거제도의 민주성 확보에 도움이 될 것이다.

그렇다면 과연 정당정치와 선거과정의 현주소는 어디인가? 의회주의 위기론은 현실적으로 어느 수준에 와 있는가? 새로운 환경에서 정당정치를 어떻게 활성화할 수 있으며, 선거의 민주성은 어떻게 확보할 수 있는가? 이 지점에서 주목해야할 점은 지구촌 곳곳의 정당정치와 선거과정이 지니고 있는 다양성이다. 의회정치의 위기와 정당의 쇠퇴를 경험하고 있는 나라가 있는가 하면, 아직도 헌정질서의 틀과 경쟁적 정당체계를 갖추고 있지 못한 많은 나라들이 제3세계에 존재하고 있다.

이 책은 지구촌 18개 국가의 정당체계와 선거제도를 각 지역과 국가의 전문 연구자들이 일관된 체계를 갖추어 연구한 결과를 모아 발간하였다. 현재 국내에 출간된 정당과 선거에 관한 서적의 대부분은 서구 민주국가들의 정당과 선거제도를 소개하고, 서구를 기준으로 우리나라의 정당정치와 선거과정을 분석하고 있으며, 이러한 연구 결과로 인해 지나친 의회주의 위기론과 우리나라 정당, 선거의 후진성이 부각된 측면이 있다. 『지구촌의 정당과 선거: 정치적 선택의 메커니즘』은 독자들에게 다양한 양태의 정당정치와 선거가 지구촌 곳곳에서 나타나고 있으며, 그러한 현상을 규정하는 무수히 많은 요인들이 상호 작동하고 있음을 제시한다.

'他山之石'과 '知彼知己' 는 이 책을 집필한 모든 연구자들이 공유한 정신이다. 다른 나라들의 정당정치와 선거과정을 객관적으로 분석하고, 우리의 현실을 냉철하게 자성하는 가운데 보다 나은 정치를 구현할 수 있다는 믿음을 공유했다. 독자들도 집필자들이 공유한 정신과 믿음에 동참하길 바란다.

책 출간의 취지에 동의하여 귀중한 글을 준비해준 미네르바정치연구회 집필자 여러분들께 우선 감사의 뜻을 전한다. 또한 어려운 상황에서도 책의 출판을 흔쾌하게 결정해주신 한국외국어대학교 출판부와 편집실의 모든 분들께 집필자들을 대신하여 감사의 뜻을 전한다.

2007년 3월 미네르바 동산을 바라보며
엮은이 이정희, 주미영, 김종법

차례

머리말

이정희

한 국가의 정치현상을 이해하고, 파악하기 위한 접근법은 오랜 세월을 거쳐 발전되어왔다. 총체적이고 거시적 접근 방법에서부터 각 정치주체나 정치과정의 미세한 부분에까지 초점을 맞추어 한 국가 또는 정치체 내에서 나타나고 정치현상을 규명하려는 지적 호기심과 현실적 요구는 지금도 계속되고 있다. 정치현상은 그 자체는 물론 그 현상을 바라보는 주체의 인식도 변화하고, 연구의 도구들도 달라지고 있다.

근대 민주주의가 태동한 이래 가장 오랜 기간 동안 정치현상의 중심에 위치해 있었던 것이 정당과 선거임에 틀림없다. 정치과정의 역동성을 강조했던 정치학자들 뿐 만아니라, 정태적 분석을 강조하는 학자들도 정당정치와 선거과정이 대의 민주주의를 실현하는 핵심임을 인정하고 있다. 대의민주정치의 본질인 국민주권주의와 다원주의, 그리고 보편적 이데올로기의 선택을 역사적으로 가능하게 했던 것은 경쟁적 정당정치와 선거과정이 중심에 있었기 때문이다. 현대정치과정의 중요한 행위자는 너무나도 많다. 새로운 행위자들의 출현과 사라짐도 빈번하다. 그것은 정치의 역동성이 정치과정에 관련된 사회 모든 부문의 역동성과 연계되어 가면서, 통치기구 중심의 정치가 정치사회 더 나아가 시민사회 전반으로 확대되고 있기 때문이다. 이러한 정치 확산의 매개로서 정당과 선거는 항상 중심에 위치하고 있다.

한편 선거와 정당정치의 근간이라 할 수 있는 대의제 민주주의에 대한 회의론과 위기론이 대두되고 있다. 대의 민주주의에서 유권자의 정치적 성향을 대변해 줄 수 있는 정당과 '민주주의의 꽃'으로 인정받아온 선거는 더 이상 유용하지 않다는 비관론이다. 의회정치의 본질인 토론과 타협을 전제로 한 다수결의 원칙은 의회 내에서 다수당의 독재를 정당화하고 있으며, 현대 국가 기능의 복잡화와 전문화로 인한 행정부의 지위가 상대적으로 높아져서 의회의 의원들은 현대사회에서 국민의 대표자로서의 역할을 수행하기에 한계가 있다는 견해다. 또한 오늘날 의회는 점차 정당을 대변하는 모습을 띠고 있다. 유권자들의 선거를 통해 선출된 의원들이 자신들의 정치적 신념과 유권자들의 이익을 대변하기보다는 정당의 이해와 특정 지지집단의 지지확보를 위해 특정 정책의 실현을 목적으로 하고 있다는 비판이다.

이러한 의회주의의 위기는 곧 정당정치와 선거의 위기로 이어진다. 그러면 의회정치는 쇄락하고 정당정치과 선거는 무의미한 정치현상으로 치부될 것인가? 결코 그렇지 않다. 의회정치의 위기는 곧 새로운 도약을 위한 도전이 될 것이다. 정당정치 역시 기존의 문제점을 치유하기 위한 장치로 새롭게 태어날 것이며, 선거의 대표성과 효율성은 높아질 것이라는 기대를 가질 만하다. 대의 민주주의를 보완할 수 있는 정치적 장치는 계속 발전되겠지만, 의회를 대체할 수 있는 제도적 장치를 마련하기는 어렵기 때문이다. 오히려 보완적 장치는 정당정치의 활성화와 선거제도의 민주성 확보에 도움이 될 것이다.

최근 논의되고 있는 정보통신기술의 발전과 정보사회의 실현은 우리가 그 동안 유지해 온 사회 체제에 전면적인 변화를 수반할 것으로 예상된다. 정치, 경제, 사회, 문화의 전 영역이 새로운 정보사회의 논리에 맞게 다시 구성되고 새로운 질서가 정착돼 21세기는 전혀 다른 사회 모습이 전개될 것이며, 정치 영역도 정보화의 진전에 따라 근본적인 변화를 맞이할 것으로 전망된다. 과거 산업사회의 등장이 군주정치를 타파하고, 산업화에 따라 새롭게 등장한 중간 계층이 정치제도의 중심에 서면서 민주주의를 정착시켰듯이, 정보사회의 등장은 대의 민주주의의 한계를 극복하는 또 다른 정치 질서를 창출할 것이라는데 대부분의 학자들이 동의하고 있다. 새로운 정치 질서가 바람직한 것이든 아니든 정보사회는 분명히 정치 영역을 변화시키겠지만, 의회정치의 중심인 정당정치와 선거의 의미를 약화시킬 수 없을 것이다. 오히려 정보통신기술의 발전으로 인한 사이버 공간의 확대는 정당정치의 활성화로 이어질 수 있다. 정당은 시민사회와 보다 신속하고 정확한 연결망을 통해 자신들의 정책 대안을 소개하고 여론을 수렴하고 이끌기 위해 주변부 집단과의 연계를 심화시킬 수 있다. 의견수렴, 정책의 제안과 수립 등 일련의 과정에 개방성과 투명성을 진작시키고 시민들의 정치과정 개입을 용이하게 함으로써 응답성과 책임성을 높일 수 있으며, 선거과정에서도 경쟁 후보자들과 정당간의 정책적 차별성 확보와 이후 검증의 효율성이 커질 수 있다.

이러한 맥락에서 환경의 변화를 긍정적이며 적극적인 자세로 받아들인다면 정당정치와 선거의 제도화는 물론 민주주의의 대들보 역할을 해왔던 의회주의의 위기를 해결할 수 있다. 의회정치가 대표성을 회복하고, 행정국가의 법치화가 뿌리내리는 가운데 토론과 공개성의 가치를 재확립한다면 결국 대의민주주의는 더욱 발전할 수 있을 것이다.

이 지점에서 주목해야할 점은 지구촌 곳곳의 정당정치와 선거과정이 지니고 있는 다양성이다. 의회정치의 위기와 정당의 쇠퇴를 경험하고 있는 나라가 있는가 하면, 아직도 헌정질서의 틀과 경쟁적 정당체계를 갖추고 있지 못한 많은 나라들이 제3세계에 존재하고 있다.

이 책은 지구촌 18개 국가의 정당체계와 선거제도를 각 지역과 국가의 전문 연구자들이 일관된 체계를 갖추어 연구한 결과를 모아 발간하였다. 현재 국내에 출간된 정당과 선거에 관한 서적의 대부분은 서구 민주국가들의 정당과 선거제도를 소개하고, 서구를 기준으로 우리나라의 정당정치와 선거과정을 분석하고 있으며, 이러한 연구 결과로 인해 지나친 의회주의 위기론과 우리나라 정당, 선거의 후진성이 부각된 측면이 있다. 이 책은 다양한 양태의 정당정치와 선거가 지구촌 곳곳에서 나타나고 있으며, 그러한 현상을 규정하는 요인들 역시 무수히 많고, 그 조합을 일반화하기에 참으로 힘들다는 사실을 독자들에게 밝히고자 한다. 그러나 동시에 일반화의 꿈은 버리지 않았다. 정당정치와 선거를 연구하는 학자들의 공통된 꿈은 민주정치 구현을 위한 정당정치의 활성화와 선거제도의 확립이기 때문이다. '他山之石'과 '知彼知己' 는 이 책을 집필한 모든 연구자들이 공유한 정신이다. 다른 나라들의 정당정치와 선거과정을 객관적으로 분석하고, 우리의 현실을 냉철하게 자성하는 가운데 보다 나은 정치를 구현할 수 있다는 믿음을 공유했다.

각 장의 구성은 특정 국가의 정당체계와 선거제도를 논의한 후 최근 그 국가에서 시행된 선거를 분석하여, 이후 그 국가의 정치변동을 예측하는 짜임새로 잡았다. 지적 한바와 같이 6대주의 18개 지구촌 국가들이 처한 정치상황이 각기 다른 이유로 틀에 억지로 맞추기 보다는 큰 짜임새 안에서 독자들이 각국의 정당정치와 선거과정을 상호 비교할 수 있으면서도, 각 국가의 특수성을 숙지할 수 있도록 내용을 충분히 담고 있다.

정당체계를 포함한 정당정치 일반에 대한 논의는 정당정치의 안정성을 담보 할 수 있는 제도화의 수준과 적정한 기능수행의 측면에서 각국의 정당정치가 분석되었다. 정당이 정치통합의 실질적인 조직매체로서 정치과정을 통제하고, 정권의 획득과 유지를 통해서 그 정견을 실현시킬 수 있는 정치, 경제, 사회, 역사, 문화적 조건이 어느 정도 성숙되었는가의 문제는 여전히 중요하다. 특히 제3세계 국가나, 사회주의권으로부터 민주화의 첫발을 내딛는 국가의 경우 정당체계의 안정성은 매우 중요하다. 그것은 또한 정당의 기능인 이데올로기의 제시, 이익의 표출과 집약, 사회구성원에 대한 정치교육과 사회화, 엘리트 충원의 차원으로 이어진다.

각국의 선거제도와 선거과정 역시 유사한 틀에서 논의되고 있으며, 특히 선거의 대표성과 공정성, 효율성 등을 중요한 준거로 삼고 있다. 투표방법, 선거구제, 선거공영제, 후보자 선출과정의 각 부문에서 특정 국가가 어느 정도로 준거 틀에 근접하고 있는가를 독자에게 전달하고 있다. 동시에 어떠한 상황과 원인이 상이한 근접 수준을 초래하고 있는가를 밝히고 있다.

이 책은 18개 국가를 대륙별로 나누어 아시아(한국, 일본, 인도, 태국) 오세아니아(호주), 중동(이집트, 팔레스타인, 터키), 미주(미국, 멕시코, 칠레, 브라질) 유럽(독일, 영국, 이탈리아, 프랑스, 러시아, 체코)의 순서로 구성하였다. 각 국의 정당정치와 선거과정에 대한 논의를 다음과 같이 요약하였다.

"한국 정당정치와 최근의 선거결과"(김형철)은 17대 총선과 앞으로 있을 대통령선거를 중심으로 우리나라 정당정치의 특성과 선거과정을 분석하고 있다. 4년 전 전국정당과 100년 정당을 목표로 창당한 열린 우리당이 분열되고 있는 현상은 과거 주요 선거를 앞두고 지속되었던 정당과 정치인들의 이합집산이 여전히 현실로 나타나고 있음을 보여준다. 필자는 아직도 우리나라의 정당체계는 불안정하여 이념과 정책을 기반으로 한 정당이라기보다는 인물과 지역을 중심으로 한 정당간 경쟁이 이루어지고 있다고 평가하고, 이러한 불안정한 정당체계를 극복하기 위해서는 우선적으로 지역균열을 대체할 새로운 사회균열이 정착되고 이를 제도화시킬 수 있는 정치제도가 필요하다고 피력한다. 비례성이 높은 선거제도와 권력 분산적 합의 통치구조로 전환될 때 새로운 사회균열은 지역균열을 대체하고 정당체계는 이념과 정책

중심의 경쟁구도로 재편될 수 있다는 견해를 피력하고 있다.

"일본의 정당과 선거"(이이범)은 일본 정당정치와 선거제도의 변천사를 그 기원에서부터 2000년대까지 그 흐름을 잘 정리하고 있으며, 2001년 제19회와 2004년 제20회 참의원선거를 분석하면서, 일본 국민들의 보수화 등 유권자의 선호 변화와 함께 정당정치의 변화 가능성을 점치고 있다. 필자는 현행의 선거제도가 지속하는 한, 자민당과 민주당의 2대 정당대결구도가 지속될 것으로 판단하고 있으며, 자민당이 중의원에서 압도적인 과반수 의석을 확보하는 한 급격한 정계개편이나 정당시스템의 변화는 없을 것으로 예견한다. 자민당의 파벌정치구도는 현행의 선거제도와 정당교부금제도가 지속하는 한 향후에도 더욱 약화될 것이며 결국 자민당 의원들의 초파벌적 정당 활동과 정책사안별 연대활동이 확대될 것이라고 피력한다. 향후 일본의 선거에서 가장 크게 영향을 끼칠 요인은 정당리더의 역할과 정당의 정권담당 능력에 대한 유권자들의 평가이며 이에 따라 향후 자민당의 장기집권 또는 민주당의 집권 가능성을 점칠 수 있을 것이다.

"인도의 정당체계와 선거체계"(고경희)는 독립 이후 현재까지 전개된 인도 정당체계의 변화를 회의당의 성장-공고화-약화 과정을 통하여 3시기로 나누어서 살펴보고, 그와 연관되어 있는 선거제도의 변화와 의미를 설명하고 있다. 최근 2004년 총선 결과를 분석하면서 인도정치의 불안정성을 지적하고 있다. 전국에 걸쳐 지지 기반을 갖고 있는 정당들의 득표율이 63퍼센트에 불과하며, 지역정당들이 지지기반을 확보하고 있는 주에서 뿐만 아니라 연방 수준의 연립 형성 과정에서도 정치적 지렛대를 행사할 수 있는 상황이다. 군소정당에까지 열려져 있는 연립체계의 이러한 개방성은 지역적·인종적 분파세력을 체제 내로 수용함으로써 국민 통합을 촉진할 수 있지만 반면 극단적인 정치적 파편화와 지역주의를 야기하며 무원칙한 타협과 절충, 정치 불안정을 초래하는 요소로서 작용하고 있다는 지적이다. 인도 정당정치의 안정성 확보를 위해 정치지도자들의 정치 개혁 의지와 함께 선거제도, 정당제도, 의회 내에서 개혁이 시급하다고 주장한다.

"태국의 정당체계와 선거제도"(이병도)는 태국이 입헌민주주의를 도입한 1932년부터 2005년 2월 선거까지의 기간을 네 시기로 나누어 각 시기별로 선거제도와 정당관련 법, 규정의 변화와 함께 정당정치의 변화를 설명한다. 태국의 정당체계는 1946년 이후 지속적으로 다당체제를 유지해왔는데 이는 군부 권위주의체제 하에서도 군부지도자들이 의회제도라는 형식을 지배강화와 정당성 확보의 수단으로 삼으려 했기 때문이다. 태국의 정당체계가 지속적으로 다당체제를 형성해 온 요인으로 필자는 태국인의 투표행태와 정치문화, 정치인들의 행태를 들고 있다. 태국의 선거는 이념이나 정책 중심이 아닌 후보자 개인의 인물 중심으로 진행되고 있으며, 정당들 또한 대중의 정책 지지 기반이 허약한 인물 중심의 명사정당의 성격을 띠고 있다. 정당들은 소수엘리트 계층에 의해 주도되며 사회, 경제적 균열을 반영하기보다는 권력욕에 따른 정치지도자들의 정치적 균열을 반영하고 있다고 주장한다.

"또 하나의 웨스트민스터 모델?"(홍재우)는 호주 정당정치의 특성을 선거제도와 연계하여 논의하고 있으며, 의무투표제 등 호주 특유의 제도를 상세히 설명하고 있다. 최근 2004년 연방선거에서 나타난 주요 이슈와 정당간의 정책 차별성도 분석하고 있다. 호주는 연립정권을 기본으로 한 양당정치와 다수제이면서도 다양한 선거제도를 발전시켜 호주가 더 이상 웨스트민스터 모델의 한 사례가 아니라 다수제 민주주의와 합의제 민주주의의 성격을 조화시켜, 자신만의 캔버라 민주주의 모델을 만들어 나가고 있다고 주장한다. 즉 다수제 민주주의의 효율적 정책 결정과 정책의 실패와 성공에 따른 분명한 책임소재의 장점을 취하면서, 동시에 선거전 선호투표 협약과 상·하원을 연계한 소수정당 대표성 제고 등 소수당의 의견을 반영한 합의제 민주주의의 성격을 지니고 있음을 밝히고 있다.

"제한적 변화를 시도하는 이집트 정당 및 선거제도"(**서정민**)는 중동 민주주의의 척도로 일컬어지는 이집트의 정치상황을 정당정치와 선거과정을 통해 고찰하고 있다. 이집트는 영국의 간접통치 하에서 중동 내에서 최초로 의회를 개원했고, 이에 따라 정당제도도 가장 먼저 도입했으나, 1952년 발생한 가말 압둔 나세르의 쿠데타 이후 이집트의 민주주의 싹은 시들어갔다. 1970년 집권한 안와르 사다트 대통령 하에서 정당정치는 다시 활성화하기 시작하면서 민주주의가 정착할 기회를 맞았으나, '이슬람 지하드'라는 과격 이슬람단체에 의해 1981년 군사퍼레이드 도중 암살되면서, 뒤를 이은 대통령은 그 이후 26년간 비상계엄 하에서 통치를 하고 있다.

2003년 이라크 침공이후 미국의 조지 부시 대통령은 '대중동 민주화구상(Greater Middle East Initiative)'을 추진해 오고 있으며, 이집트는 2005년 대통령 선거와 총선에서 어느 정도 정치개혁을 단행했으나 아직도 서구식 정당정치와 선거제도의 구축은 요원한 상황이다.

"팔레스타인 국민정부의 의회 선거 제도와 정치 변동"(**정상률**)은 팔레스타인 국민정부(PNA, Palestinian National Authority)가 정상적인 국민국가인가라는 질문으로부터 글을 시작한다. 1947년 유엔의 팔레스타인 분할 국가 건설 안에 따른 이스라엘의 건국으로부터 현 시점까지의 흐름을 짚어주면서, 비로소 1993년 이-팔 간 오슬로 협정으로 팔레스타인 임시 자치정부(Palestine interim self-government) 건설된 후 1996년에 역사상 처음으로 대선과 총선을 실시해 이때 처음으로 선거제도가 형성되었고 정당이 설립되었음을 상기시키고 있다. 1996년 최초 선거 이후 PLO가 줄곧 주도권을 잡고 집권했으나, 2006년 총선에서 하마스가 처음으로 총선에 참여하여 다수를 차지하는 이변이 발생했다. 필자는 PLO-하마스 간 관계는 '협력적 경쟁 관계'였으며, 앞으로도 상당 기간 동안 이러한 관계는 지속될 것으로 판단하고 있다.

"급진 세속주의국가 터키에서 온건 이슬람정당의 부상과 집권"(장지향)은 터키 정치의 가장 핵심적 동력을 세속화 정책의 지지 세력과 이슬람 세력 사이의 긴장관계로 보고 있으며, 이에 따른 터키 정치의 전개와 변화를 케말주의 성향의 권위주의 일당지배 시기, 자유화된 권위주의 복수정당제 시기, 제한적 민주주의 시기로 나누어 각 시기별 정당과 선거 체제의 주요 특징을 고찰하고 있다. 또한 급진 세속주의 체제 하에서 1970년 결성된 이후 군부에 의해 4차례나 강제 해산되었던 이슬람정당과 1990년대 말 등장한 신진 이슬람개혁주의자들의 온건 이슬람 정의발전당의 집권과정과 내용도 설명한다. 마지막으로 2001년 말 집권한 이래 정의발전당 정부가 보여준 성공적인 정치개혁과 경제수행 능력을 통해서 무슬림 민주주의의 가능성을 점치고 있다. 또한 필자는 이슬람정치세력과 쿠르드 분리주의자들에 대한 탄압과 배제로 특징 지워졌던 제한적 민주주의 체제로부터의 점진적인 이행 가능성을 탐색함으로써 터키 정치의 근간을 이해할 수 있는 길을 안내하고 있다.

"미국의 정당과 최근 선거"(주미영)는 미국의 정당체계와 선거제도가 그 구조나 기능에 있어서 큰 변화 없이 안정적으로 존속되어 왔음을 가장 큰 특징으로 지적한다. 정치적 파벌에 대한 부정적인 인식 때문에 정당에 대한 조항이 제헌헌법에서부터 존재하지 않았으나, 양당제는 굳건히 정착되었고 이는 단순다수제(first-past-the-post)를 기초로 한 미국의 선거제도에 기인한다. 필자는 미국의 선거제도 역시 크게 변화하지 않은 채 문제로 부각되고 있는 투표 방법 등의 개선으로 대처하고 있음을 보여주고 있다. 필자는 최근 미국의 2004년 대통령 선거와 2006년 중간 선거의 결과를 분석하면서 미국정치의 중요 이슈를 점검하면서 2004년 선거에서 테러와의 전쟁과 이라크 전쟁 이슈를 선악의 도덕적 가치와 연결시켜 보수적 유권자들을 결집시킨 부시는 선거에서 승리 했지만, 양극화된 미국 사회를 통합시켜야 하는 과제가 큰 부담으로 등장했다고 지적한다. 2006년 중간 선거 역시 부시 대통령의 제2기에 대한 평가라는 측면도 있지만 그보다는 오히려 선거 결과를 통해 차기 대통령 선거에 대한 전망으로서 더 큰 의미가 있다고 주장한다.

"멕시코의 정당과 최근 선거"(**강경희**)는 멕시코의 정당체계와 선거제도가 다른 라틴아메리카 국가들과 비교했을 때 비교적 큰 단절 없이 발전해왔으나, 정당과 선거의 '전통적' 요소들은 멕시코 정치의 근대화를 저해하는 요인으로 작용해 왔다고 지적한다. 가장 대표적인 사례로 무려 71년 동안 장기집권을 유지한 PRI(제도혁명당)은 야당의 합법적 정치활동을 용인하고 규칙적인 선거를 실시하면서도 신당 창당을 제한하고 야당에 불리한 경쟁규칙을 부과하면서 소위 일당독재라고 불릴 만큼 무소불위의 권력을 행사했음을 밝히고 있다. 그러나 멕시코 정치체제가 위기에 직면하자 PRI도 곧바로 위기를 맞았다. 1982년 외채위기가 발생하고 신자유주의 경제정책이 실시되자 당내 분열이 시작되었고, PRI에 도전하는 좌파와 우파 정치세력들은 진정한 경쟁선거를 주장하고 나서면서 선거제도가 정비되고, 야당들의 정치적 입지를 한층 더 높였다. 이에 따라 1997년 7월 6일 중간선거에서 PRI는 멕시코시티 시장선거에서 패했을 뿐 아니라 연방하원의회 선거에서도 최초로 과반수의석 확보에 실패했다. 또한 2000년 대통령선거에서도

PRI가 패배하자, 멕시코에서 이른바 패권적 일당제는 종말을 맞았고 경쟁적 다당제가 점차 확립되고 있다.

"칠레의 정당과 선거제도"(이순주)은 칠레를 오랜 다당제와 민주주의의 전통을 가진 국가로서 정부의 투명성과 효율성의 측면에서도 모범이 되고 있어 라틴아메리카에서 가장 민주주의의 질이 높은 국가로 평가하고 있다. 칠레는 역사적으로 이데올로기에 강하게 기반을 둔 다당제를 유지해 오고 있으며, 칠레 정당들은 지방의 작은 마을에서부터 중·소도시, 수도에 이르기까지 사회전반에 깊숙이 침투하고 있는 전국 규모의 정당이라는 측면에서 모범적이라 할 수 있다. 또한 정당 가입과 활동은 대학, 노조뿐만 아니라 사적 모임에서도 리더십 획득에 중요한 바탕이 될 정도로 매우 일반적이고, 정치적 성향이 부모세대에서 자녀세대로 이어져 개인 정체성의 한 부분을 차지하고 있다는 점은 서구 정당정치에 비해 뒤지지 않는다. 그러나 필자는 2005년 총선과 대선의 결과 좌파연합인 '꼰세르따시온'이 민주화 이후 지속적으로 승리하여 4번째의 대통령을 탄생시켰지만, 권위주의 청산과 경제성장 지표의 이면에 도사리고 있는 심각한 사회경제적 불평등 등을 둘러싼 칠레 사회 내의 좌파와 우파의 대립이 여전히 지속되고 있는 문제라고 지적한다.

"브라질의 정당과 선거"(김영철)는 브라질의 정치사를 일곱 단계로 시기 구분하여 각 왕정, 공화정 또는 군부정권 하에서의 정당정치와 선거제도의 변화를 설명하고 있다. 브라질은 독립이후 다양한 정치와 정당체제를 경험하면서 정당이 주요한 정치 행위자로 등장했으나, 민주 사회로 정치를 이끌지 못하고 오히려 체제에 순응하는 태도를 보였다고 지적한다. 브라질 정당은 이념 정당, 혹은 정당의 정강을 철저하게 지키는 현대적인 정당의 성격을 보이지 못하고 있으며, 인물 중심으로 당원의 당적 이동이 비교적 자유로운 편이다. 필자는 2006년 10

월 브라질의 대통령, 주지사, 상원의원과 하원의원, 주의원 선거를 분석하면서 룰라 대통령의 재선을 남미 '실용 좌파'의 승리로 규정하면서도, 룰라가 선택할 수 있는 정책 대안에는 한계가 있음을 지적하고 있다. 과거 노동자당 내의 다양한 이익집단과 사회세력들을 통합시켜 정권을 창출했듯이 룰라가 브라질 사회를 '조화롭게' 통합시킬 수 있다면 브라질 역사에 최초로 '양극화를 극복한 사회통합주의자'로 기록될 것이라고 주장한다.

"독일의 정당과 선거제도"(장준호)는 총리 신임안(Vertrauensfrage)에 의한 조기총선을 논의의 중심에 두면서 독일의 선거제도와 정당정치의 특성을 설명한다. 신임안은 독일의 기본법 68조에 보장된 총리의 고유한 권한이며, 이에 따라 총리는 연방하원에 자신의 신임을 묻고 필요한 경우 연방하원을 조기에 해산시킬 수 있기에 총리와 정당, 선거와 의회구성, 총리 신임은 언제나 하나의 연결고리에서 움직이게 되어있다는 것이다. 필자는 총리를 중심으로 하는 독일 연방정부의 기능, 기민련(CDU)과 사민당(SPD)이라는 거대 양당을 중심으로 구성된 정당체제, 정당명부제 또는 혼합형 비례대표제로 특징 지워지는 선거제도를 설명하면서, 신임안에 의한 조기총선 제도의 목적과 운영을 실제 사례를 통해 분석한다. 또한 2005년의 조기총선으로 기민-기사련과 사민당이 연립하여 내각을 구성하게 된 대연정의 성격을 밝히고 있다.

"영국 선거체제와 변화"(안병억)는 의회민주주의를 꽃 피운 영국의 안정적 정당체계와 선거제도를 논의하면서, 주요 정당의 조직과 운영체계 등에 대한 설명도 덧붙이고 있다. 필자는 보수, 노동 양당이 비례대표제를 거부하고 있기 때문에 선거제도의 개혁 가능성은 매우 낮으며, 제도적 요인 이외에 역사적, 사회적 이유 때문에 영국의 양당제도는 지속될 것으로 예측한다. 그러나 그 내부에서 일어나고 있는 변화에 주목할 것을 주장한다. 즉 주요정당이 번갈아 정권을 장악하면서 정당간의 정책 수렴현상이 나타나고 있다는 것이다. 1980년대 좌익편향적인 정책을 주장했던 노동당이 총선에서 연패하면서 점차 보수당의 정책을 상당부분 수용하게 되었고, 결국 1997년 정권을 장악했다. 마찬가지로 1997년 야당으로 전락한 보수당은 환경과 여성문제에서 노동당의 정책을 일부 수용했다. 이러한 정책 수렴 현상은 정당의 차별성보다는 상대적으로 인물의 차별성을 중요한 요인으로 부각시키게 되었고, 그 결과 내각을 중심으로 집단적인 책임을 지는 의원내각제가 점차 총리의 권한이 강화되면서 대통령제와 유사하게 변모하고 있는 현상을 지적하고 있다.

"좌우 동거의 기묘한 불완전한 양당제 국가 이탈리아"(김종법)는 이탈리아의 정당정치가 불완전한 양당제(Bipartismo imperfetto) 혹은 구심적 다원주의(Pluralismo centripetto)라는 정당체제로 정착된 원인을 미국의 협력과 지원을 통해 결성된 기민당(DC)이 공화정 출범 이후 승리하게 된 역사적 기원에서 찾고 있다. 기민당이 안정적 정국운영의 필요조건인 과반수 득표에 실패하면서 연정을 구성해야 했으며, 이러한 상황이 이탈리아 특유의 지역문제와 연계되었다고 설명한다. 필자는 2006년 총선에서 사상 초유의 박빙의 승부를 통해 정권교체가 이루어졌으나, 그 과정에서 불거진 극단 분열과 대결 구도로 인해 이탈리아의 지속가능성에 의문을 제기하게 되었음을 지적한다. 선거제도나 정당 시스템에 대한 분명한 방향이 설정되지 않고 있다는 점과 향후 집권세력이 누가 되느냐에 따라 항상 개정될 가능성이 남아 있다는 점도 이탈리아 정치에 대한 예측가능성을 떨어뜨리고 있다고 주장한다.

"프랑스의 정당과 선거제도"(김영일)는 제5공화국 정체체제의 안정과 효율을 극대화시키는데 순기능을 담당했던 프랑스의 선거제도와 정당체제가 90년대에 들어서는 오히려 정치체제를 약화시키는 이중적인 모습을 부각시키고 있다. 즉 대통령 선거와 국민의회 의원 선거에 2차 결선투표제를 도입하여 국민 과반수의 지지를 얻는 강력한 리더십을 갖춘 대통령을 탄생시키고, 또한 국민의회에는 대통령의 국정운영을 안정적으로 뒷받침할 수 있는 다수 정당의 출현을 의도하였으며, 어느 정도 그 목적을 달성하였다. 그러나 제5공화국의 주요 정당들은 집권 시 대통령의 국정운영을 보조하는 권력 전위대로서의 역할에는 충실했을지 모르나 종합적인 비판기능과 대안세력으로서의 역할을 상실함으로써 정체성 위기를 맡게되었다는 점을 강조한다. 필자는 오늘의 프랑스 정당이 당내 민주화를 통한 활발한 토론형성과 소수의견을 적극 반영하는 의사결정구조를 정비하고, 종합적인 비판기능과 대안세력으로서의 역할을 회복해야 한다고 주장한다.

"러시아의 정당과 선거제도"(윤익중)는 소연방으로부터 러시아연방으로의 체제전환과정에 있는 러시아의 정당발전과 선거제도의 확립을 러시아 민주주의를 가늠하는 척도로 삼고 있다. 러시아 선거제도와 정당체계의 변화를 1990년대 옐친정권과 2000년 이후 푸틴정권으로 구분하여 비교하고 있으며, 1993년부터 2003년까지 실시된 4차례의 러시아 국가두마선거의 결과와 의미를 분석하면서 향후 러시아 민주주의 발전에 대한 전망을 덧붙이고 있다. 현재 푸틴 정부는 하원 두마에서 공식적으로 푸틴을 지지하고 있는 '단합당'이 전체 의석의 2/3 이상을 차지하고 있어, 푸틴 대통령 재임 중 정치적 안정은 지속되겠지만, 위약한 민주주의체제에서 권위주의체제로의 회귀라는 비판을 받고 있는 상황에서 결국 정치적 불안정성이 노정될 가능성이 매우 높다고 예견한다. 필자는 러시아가 권위주의체제에서 자유민주주의체제로의 이행에 성공하기 위해서는 활력 있고 색깔이 분명한 여러 개의 정당이 형성되어야 하고 국가적 차원에서 공정성이 보장되는 선거가 주기적으로 실시되어야 한다는 점을 강조하고, 2007년 러시아 국가두마 선거 그리고 2008년 러시아대통령 선거는 러시아의 선거제도와 정당정치 발전 측면에서 매우 중요한 분수령이 될 것으로 전망하고 있다.

"체코의 정당체계와 선거제도"(김신규)는 체코가 지난 1989년 민주화가 시작된 이래 새로운 정당이 등장하여 이들 간의 경쟁을 통해 정당체계가 형성되는 과정을 시기별로 나누어 고찰하여 정당체계의 특징에 따라 유형화하고 있음을 밝히고 있다. 또한 2000년-2002년 선거법 개정의 원인과 결과를 분석하면서, 정당들 간 타협안으로 마련된 새로운 선거제도가 선거방식, 선거구의 규모, 제한선 규정, 후보자 명부의 특성 등을 개정했지만, 목적으로 상정했던 정당체계의 전환, 용이한 내각 구성을 통한 행정권을 강화 등은 이루어내지 못했다. 필자는 체코에서 주기적으로 발생하는 내각구성의 문제와 내각의 불안정을 해결할 수 있는 방안을 정당정치와 선거제도에서 찾으려고 노력하고 가운데 사회민주당과 시민민주당이 좀 더 중도 영역의 유권자들에게 접근할 필요가 있으며, 동시에 중도의 기독-인민당도 기존의 지지기반인 가톨릭 성향의 모라비아 농촌지역에서 탈피해 좀 더 적극적으로 새로운 지지자들을 끌어들일 필요가 있다고 주장한다. 결국 안정된 내각의 형성과 유지는 정당체계에서 각 정당의 세력과 직결되어 있으며, 개별 정당들이 인위적인 선거제도 변화를 통해 세력변화를 추구하기 보다는 중도성향의 유권자들로부터 더 많은 지지를 끌어 모을 수 있는 정책을 제시하고 이를 시행하여 본질적인 세력 확대를 추구할 때만 가능하다는 것이다.

한국 정당정치와 최근의 선거결과

김형철

1. 서론

현대 민주주의를 특징짓는 중요한 정치제도 가운데 하나가 바로 권력획득을 목적으로 다양한 사회적 이익을 정치적으로 대표하는 정당이다. 즉, "정당 없는 민주주의를 생각할 수 없다"라는 샤츠슈나이더(E. E. Schattschneider 1942, 1)의 진술에서 알 수 있듯이, 오늘날 정당은 민주정치를 실현하는 필수불가결한 정치제도인 것이다. 정당은 민주주의가 지향하는 기본적 가치와 원리인 대표, 경쟁, 참여 그리고 책임성을 실현하는 주요한 행위자로서 역할을 수행한다. 즉, 정당은 다양한 사회적 이익을 대표하고, 민주적인 선거경쟁을 통해 시민들의 정치참여를 이끌어내며, 정책결정과정에서 시민들의 요구를 반영하여 이를 정책으로 실현함으로써 시민들에게 정치적 책임을 진다.

1987년 한국의 민주화 이행은 40년 동안 지속되었던 비경쟁적 정당정치가 민주적 선거를 중심으로 한 경쟁하는 정당정치로의 거대한 전환을 가져왔다. 그러나 이러한 변화는 단지 정당들 사이의 경쟁이 자유롭고 공정한 선거에 의해서 이루어졌음을 의미할 뿐이지, 정당과 정당체계는 여전히 과거와 같이 "빈약한 정체성, 유권자와의 취약한 연계, 낮은 수준의 제도화로 대표되는 저발전"(장훈 2004, 179)의 모습을 보이고 있다. 즉, 한국 정당정치는 민주화 이후에도 보스중심의 위계적 구조를 갖는 정당구조, 선명한 이념과 정책의 부재, 선거를 전후로 한 정당의 이합집산, 그리고 사회적 지지기반의 협애성과 취약성 등에 의해 제도화에 실패하고 있다. 이러한 정당정치의 제도화 실패는 한국 민주주의 위기의 주요한 원인으로 지적되고 있다(김형철 2006; 최장집 2002).

II. 민주화 이후 한국의 정당정치

1 민주화 이후 한국 정당정치의 특징

1987년 대통령선거와 1988년의 국회의원선거는 민주화 이행을 종결짓고 정당 간 경쟁형태를 구축하는 정초선거(founding election)로서 받아들여지고 있다. 약 4개월의 차이를 두고 실시된 대통령선거와 국회의원 선거는 20여년이 지난 지금까지 한국 정당정치의 성격을 규정하고 있다. 즉, 1987년 권위주의 세력과 유신세력인 민주정의당과 민주공화당 그리고 반권위주의 민주세력인 통일민주당과 평화민주당이라는 4개의 정당은 각각 연고지역을 독점하는 지역정당체계를 형성하였다. 그리고 다음해인 1988년에 실시된 13대 국회의원선거에서는 지역정당체계를 고착화하는 결과를 가져왔다. 이러한 지역정당체계는 한국의 역사구조적 조건과 결합되어 정당정치의 제도화를 지체시키는 주요한 원인으로 지적되고 있다. 즉, 남북분단 구조는 정당들 사이의 이념과 정책에 기초한 정당의 형성과 경쟁을 제한하고 획일적인 보수주의 일색 정당들만의 경쟁을 가능하게 하였다. 그 결과 한국의 정당은 무이념·무정책 정당, 인물중심의 사인정당, 그리고 지역의 지지에 기초한 지역정당이라는 특성을 띠게 되었으며, 빈번한 이합집산과 정계개편에 의해 정당의 수명이 매우 짧은 것을 특징으로 한다. 또한 정당체계 차원에서는 단순다수제(First Past the Post)의 성격이 강한 혼합형 선거제도에 의해 이념적으로 협애한 지역정당체계의 고착, 빈번한 정당 간 이합집산에 따른 높은 선거유동성, 그리고 '정당의 지역화'에 따른 다당제를 특징으로 하고 있다.

개별정당 차원에서 한국 정당정치의 첫 번째 특징은 빈번한 분열과 통합에 의해 지속성을 갖는 정당이 존재하지 않는다는 것이다. 민주화 이행 이후 20여년의 짧은 기간 동안 한국사회에는 많은 정당들이 생성, 분열, 통합, 소멸의 과정을 거쳤으며, 20년 동안 동일한 당명을 유지한 채 정당정치를 수행하는 정당은 존재하지 않고 있다. 즉, 한국의 정당은 서구의 주요정당들과 달리 주요한 선거를 전후로 해서 인물을 중심으로 한 빈번한 이합집산과 정계개편이 반복됨으로써 생성과 소멸의 짧은 생명주기를 보이고 있다. 이러한 정당의 짧은 생명주기는 정당정치 제도화의 필수조건인 정당의 지속성과 정당에 대한 국민의 신뢰에 심각한 문제를 가져왔다. 민주화 이후 의석을 차지한 정당들의 분열과 통합의 과정을 그림으로 정리하면 다음과 같다.

〈그림 1〉 민주화 이후 정당의 분열과 통합

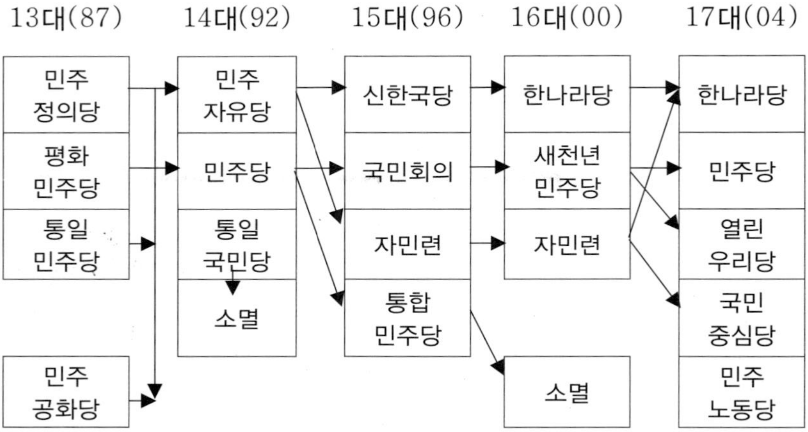

출처: 박상훈 2004, 43. 수정

한국 정당정치의 두 번째 특징은 정당의 빈번한 분열과 통합이라는 불안정성과 관련된 것으로 한국정당이 이념과 정책을 중심으로 사회적 지지 기반에 뿌리를 두지 못하고 있다는 점이다. 민주화 이후 한국정당들 중 민주노동당을 제외한 여타의 정당은 뚜렷이 대별되는 이념과 정책에 기초한 대중정당(mass party)이기보다는 엘리트를 중심으로 한 간부정당(cadre party), 선거승리를 목표로 하는 선거전문가 정당(electoral professional party) 그리고 모든 계층의 지지를 추구하는 무색무취한 포괄정당(catch-all party)의 특징을 갖고 있다(최장집 2002). 즉, 한국의 정당은 다양한 이념에 기초하여 사회적 이해와 요구를 정책으로 제시하고 이를 통해 특정한 계급 또는 계층을 지지기반으로 하는 이념적 대중정당이 아니다. 그로 인해 정당 간 이념과 정책의 차별성에 의한 유권자 지지 동원과 사회적 기반 형성의 중요성은 약화되고 지역연고주의에 기초한 동원화와 사회적 기반이 형성되었다.

민주화 이후 한국 정당정치에 대한 불신을 확대시키는 가장 중요한 세 번째 특징은 특정지역의 동원과 배타적 지지를 받는 지역정당에 의한 정당정치라는 점이다. <그림 1>에서 알 수 있듯이, 민주화라는 역사적 전환기에 형성된 주요한 정당인 민주정의당, 평화민주당, 통일민주당, 자유민주당 등 4개의 정당들은 각각 정당지도자의 지역연고에 기초해서 배타적 지지를 동원하는 지역정당이었으며, 이후 정당의 분열과 통합의 과정 역시 지역을 중심으로 이루어졌다. 즉, 이들 지역정당들은 이념과 정책의 차별성이 존재하지 않는 정치경쟁구도 하에서 선거승리를 위한 수단으로 지역을 정치적 지지의 동원 자원으로 이용하고 있는 것이다(장훈 1997).

이와 같은 개별정당의 특성과 지역을 중심으로 한 '편향적 동원화'의 결과는 한국 정당체계를 불안정한 다당제로 특징짓게 한다. 일반적으로 정당체계란 사회적 갈등과 균열의 기반위에서 전략적으로 행동하는 정당들 사이의 상호작용이 지속적인 패턴을 유지하는 것을 의미한다(Ware 1996). 그러나 한국의 정당체계는 정당들 사이의 경쟁 패턴이 매우 높은 유동성을 보임으로써 불안정하다고 할 수 있다. 즉, 민주화 이후 20여년 동안 선거경쟁에 참여하고 의석을 획득한 정당의 수는 일정한 패턴을 유지하고 있지만, 동일한 당명을 갖고 대통령선거와 국회의원선거에 3번 이상 참여한 정당이 존재하지 않으며, 또한 정당에 대한 유권자의 지지패턴도 매우 유동적이다. 아래의 <표 1>은 민주화 이후 실시된 4차례의 국회의원선거를 중심으로 한국 정당체계의 변화를 보여주는 것이다.

〈표 1〉 민주화 이후 정당체계의 변화

	1988	1992	1996	2000	평균
선거정당의 유효 수	4.28	3.79	4.50	3.52	4.02
의회정당의 유효 수	3.54	2.74	3.16	2.37	2.95
선거유동성	28.2	16.5	30.5	8.8	21.0

출처: 강명세(2004; 2005)

<표 1>에서 알 수 있듯이, 민주화 이후 한국의 정당체계는 선거유동성이 높은 불안정한 다당제라고 할 수 있다. 일반적으로 선거유동성은 선거에서 정당들이 득표율 변화의 합을 2로 나눈 수치이며, 정당체계의 불안정성을 측정하는 지표로 사용되고 있다(Pedersen 1985). 이러한 선거유동성 지표가 높을수록 정당체계의 불안정성이 높음을 의미한다. 한국의 경우, 민주화 이후 실시된 4차례의 선거에서 선거유동성은 21.0으로 정당체계가 매우 높은 불안정성을 갖고 있음을 보여준다. 또한 의회정당의 수도 평균 2.95로 약 3개의 정당이 경쟁하는 정당체계로 나타나고 있다. 이렇듯 불안정한 다당제가 지속되는 이유는 첫째, 앞서 살펴본 개별정당의 특성과 긴밀한 관계를 맺고 있다. 즉, 한국 정당체계의 높은 불안정성은 고정된 정치적 목표와 이념 없이 지역이라는 배타적 지지기반을 갖는 정당, 정치엘리트들이 정치경제적 상황에 따라 선거승리만을 위한 끊임없는 이합집산의 정치가 이루어지고 있기 때문이다.

둘째, 불안정한 다당제의 제도적 원인은 단순다수제의 지역화 경향에서 찾을 수 있다. 한국은 전통적으로 단순다수제의 성격이 강한 선거제도를 채택하여 왔다. 일반적으로 단순다수제는 온건한 경쟁을 하는 양당제를 가져오는 정치적 효과가 있으나, 한국의 경우에는 3개 이상의 정당이 경쟁하는 다당제를 보이고 있다. 그 이유는 단순다수제의 지역화 경향에 의해 단순다수제가 제조된 다수(manufactured majority)의 형성과 정당의 감소효과를 만들어내지 못하였기 때문이다(강원택 2005).

한국 정당체계의 또 다른 특징은 보수독점에 의한 협애한 이념적 대표체계라는 점이다(최장집 2002, 20; 심지연 2004, 76). 민주화 이후 한국의 정당들은 권위주의 체제하에서 배제되었던 이념과 계급적·계층적 이익을 반영하여 정치적으로 대표하려는 노력을 수행하지 않았다. 그 결과 정치적 대표성의 측면에서 민주화 이후의 정당체계는 이념적 협애성과 노동배제적인 과거 권위주의 시대의 정치체계와 단절되지 못하고 연속성을 갖게 되었다. 이는 '형성기 정당체제의 유형적 특성이 갖는 지속성'에 의해 설명될 수 있다(Sartori 1976). 즉, 민주화 이후 보수독점적 정당체계는 분단국가라는 구조적 조건 속에서 지배적 이념으로 확립된 냉전반공주의, 정초선거에 참여한 정당의 보수적 성격, 노동배제적인 정치구조, 선거경쟁을 위한 지역균열의 정치적 동원화, 그리고 승자독식의 논리에 기초한 단순다수제 등에 의한 결과인 것이다.

이상과 같은 한국 정당정치의 특징은 정당정치의 중요한 역할과 기능 중 하나인 다양하게 분출되는 사회적 갈등을 정책으로 수렴·표출함으로써 사회적 갈등을 조정하는데 실패하고 있으며, 민주주의 공고화에 있어 필수조건으로 제시되는 정당정치의 제도화를 지체시키고 있다고 할 수 있다(장훈, 1997: 254).

2 한국정당의 기능: 민주적 대표체계와 사회적 갈등 조정의 실패

민주화 이후 한국의 정치개혁 중 1순위로 지적되는 영역은 정당정치이다. 그 이유는 앞서 살펴보았던 한국 정당 및 정당체계의 특징에 의해 민주적 기능을 제대로 수행하지 못하고 있기 때문이다. 일반적으로 민주정치를 위한 정당의 기능은 이익의 표출과 집약, 정부구성과 통제, 정치적 충원과 참여, 정치사회화, 그리고 사회적 갈등의 조정과 사회통합 등을 들 수 있다. 이러한 기능 중 사회 내에 존재하는 다양한 이해와 요구를 집약·표출하는 대표기능과 다양한 사회적 이해와 요구 사이에 존재하는 갈등을 관리·조정하는 사회적 갈등의 조정기능은 민주정치의 안정성에 영향을 주는 정당의 핵심적 기능들이다. 즉, 정당은 시민사회 내 다양한 세력의 이해와 요구를 정치적으로 대표하고 이를 조정하기 위한 게임 틀을 형성함으로써 정치과정의 안정화와 제도화에 기여할 것이며, 또한 사회적 갈등을 정치적으로 관리함으로써 민주정치의 안정성에 기여할 수 있을 것이다(장훈 2004, 194).

그러나 한국의 정당들은 이념적으로 협애한 보수독점적 지역정당체계에 의해 대표기능과 갈등조정 기능에 있어 한계를 보이고 있다. 먼저 이익표출과 집약이라는 대표기능은 과거 권위주의 시기보다는 크게 향상되었으나, 이념적 협애성과 지역정당체계에 의해 민주화 이후에도 제한적으로 수행되고 있다. 즉, 민주화 이후에도 한국의 정치적 대표체계는 진보적 이념과 노동계급의 이해와 요구가 정치적으로 배제 또는 제한되고 있다. 최근에 진보정당을 지향하는 민주노동당이 등장하여 과거에 정치적으로 배제되었던 진보적이고 노동계급적 세력의 목소리를 내게 되었지만, 여전히 정치적 대표성은 과소대표되고 있는 것이 현실이다. 이러한 정당의 협애한 대표기능은 남북분단과 대결이라는 특수한 구조, 보수세력 간 협상을 통한 민주화, 그리고 지역주의를 동원하는 지역정당체제에 의해 형성· 유지되고 있다.

이러한 한국 정당의 제한된 대표기능은 사회적 갈등의 조정기능에 있어 중대한 문제를 야기하고 있다고 할 수 있다. 왜냐하면 보수독점적 지역정당체계는 사회적 갈등을 조정하여 사회통합을 이루기보다는 오히려 사회적 갈등을 증폭시키거나 또는 표출을 제한하고 있기 때문이다. 즉, 보수이념 중심의 정당정치는 산업사회의 중요한 사회균열인 노동과 자본의 균열을 정치적으로 대표하지 못함으로써 사회적 갈등을 정치적으로 조정·관리하는데 실패하고 있다. 이와 더불어 지역정당체계는 민주화 이후 정당정치의 중요한 균열 축으로 제시되는 지역갈등을 정치적으로 통합하기보다는 재생산함으로써 지역에 기초한 사회적 분할과 갈등의 구조를 지속시키고 있다.

3 현존하는 한국의 정당들

제17대 국회를 구성하는 정당들은 한나라당, 열리우리당, 민주당, 민주노동당 그리고 17대 총선 이후 창당된 국민중심당 등이다. 여기서는 이들 정당의 역사와 이념 그리고 주요정책에 대해서 살펴보고자 한다.

한나라당(Grand National Party: GNP)

한국의 보수정당으로 알려진 한나라당은 1997년 11월 21일 당시 집권당이었던 신한국당이 당명을 변경한 정당이다. 1990년 3당 합당에 의해 형성된 민주자유당과 1995년 일부 민주정의당 계열과 김종필의 공화당 계열이 탈당한 후 김영삼의 통일민주당 계열을 중심으로 한 신한국당에 뿌리를 두고 있는 한나라당은 대통령선거를 앞두고 외환위기와 대통령 아들인 김현철 비리에 의해 떨어진 지지율을 반전시키기 위한 방안으로 재창당한 정당이다. 1997년 대통령 선거에서 새정치국민회의(현 민주당)에게 패배함으로써 87년 이후 11년 만에 집권정당에서 물러났다. 그리고 3년 후에 실시된 16대 국회의원선거에서 133석을 차지하여 집권당인 민주당을 제치고 원내 제1당의 위치를 유지하였다. 2002년 대통령선거에서 새천년민주당에게 또다시 패배하여 정권획득에 실패하였다. 이후 2004년 자민련, 민주당 등과 함께 노무현대통령 탄핵안 가결을 주도하였으며, 그 결과

2004년 국회의원 선거에서는 121석을 획득함으로써 원내 제1당의 위치를 상실하게 되었다. 그러나 그 뒤 실시된 보궐선거와 지방선거에서 압승을 거둠으로써 강력한 제1야당으로 자리잡게 되었다.

한나라당의 이념적 성향은 보수주의에 기초한 중도우파를 표방하고 있으며, 주요정책으로는 자유시장경제를 지향하는 신자유주의 경제정책을 펼치고 있으며, 대북관계에 있어서는 보수적 성격을 갖고 있다. 그리고 정치, 경제 그리고 사회영역의 정책적 측면에서도 한나라당은 보수적 정책을 지향하고 있다. 현재 당대표는 강재섭이며, 원내대표는 김형오이다. 2007년 대선을 앞두고 한나라당의 지지율은 다른 당들보다 높으며, 대통령 후보군이 가시화되어 본격적인 활동에 들어가고 있다.

열린우리당(Uri Party: UP)

열린우리당은 2003년 11월 11일에 창당한 자유주의 중도정당으로서 노무현 정권을 탄생시킨 새천년민주당에서 지역주의 타파와 당내개혁을 요구하던 세력이 탈당하여 만든 정당이다. 즉, 열린우리당의 창당 목적은 새롭고 깨끗한 정치실현, 중산층과 서민이 잘사는 나라 구현, 더불어 사는 따뜻한 사회건설, 한반도 평화통일이며, 주요정책으로는 참여와 통합의 정치 구현을 위한 정치개혁, 성장과 복지의 병행발전을 위한 신자유주의 경제정책의 실현, 한반도 평화통일과 남북공동번영의 추구 등을 제시하고 있다.

열린우리당은 집권여당으로서 제17대 국회의원선거에서 과반수 이상의 의석을 획득함으로써 민주화 이후 지속되어 왔던 분점정부를 단점정부로 변화시키는데 주요한 역할을 수행하였다. 즉, 2004년 국회의원선거에서 152석을 차지함으로써 집권당으로서 과반수 이상의 의석을 획득하였다. 그러나 이후 진행된 보궐선거에서 계속된 패배로 인해 2006년 12월 현재 141석을 유지하고 있다.

열린우리당의 성향은 중도적 개혁정당을 표방하고 있으나 인적구성이나 내부 논의구조를 보면 중도우파에서 중도 개혁까지 정책 사안에 따라 다양한 스펙트럼을 보인다. 한나라당과는 인적구성 측면에서 상당한 차이를 보이지만, 사실상 경제정책적 측면에서 신자유주의를 기반으로 한다는 점에서 큰 차이가 없다. 현재 열린우리당은 김근태 당의장과 김한길 원내총무에 의해 당이 운영되고 있으며, 2006년 재보궐 선거에서의 패배에 이어 낮은 정당지지율을 보이고 있다. 이러한 조건하에서 2007년 대통령 선거를 앞둔 열린우리당은 민주당과 재통합, 고건 전총리와의 연대 등 개혁세력을 포괄하여 새로운 신당을 창당하자는 통합신당파와 열린우리당을 사수하자는 친노무현 세력 사이에서 당내 갈등이 심화되고 있는 상황이다.

민주당(Democratic Party: DP)

1987년 11월 12일 창당한 평화민주당을 뿌리로 한 민주당은 과거 김대중 전대통령의 여당이었으나 열린우리당과 분열된 후 세력이 급속히 감소한 중도우파 성향의 정당이다. 민주당으로의 당명변경은 2005년 5월에 이루어졌다. 2004년 한나라당, 자유민주연합과 함께 노무현 대통령 탄핵을 주도하다가 국민의 지지를 잃어 17대 국회의원선거에서 총 9명만이 당선됨으로써 제4당으로 전락하였으며, 원내교섭단체를 형성하지 못하였다. 그러나 17대 국회의원 선거이후 실시된 재보궐 선거와 지방자치제 선거에서 호남지역에서 재기함으로써 2007년 현재 민주노동당을 제치고 원내 제3당의 지위를 회복하였다.

민주당은 호남에 기반을 둔 지역정당으로 주요정책은 자유시장경제 정책을 추구하고 있으며, 대북정책은 김대중 전대통령의 햇볕정책을 유지·계승함으로써 남북관계에 있어 온건한 정책을 펼치고 있다. 그 외의 정책들은 열린우리당과 차별점을 보이고 있지 않다. 현재 국회에서 11석을 차지하고 있는 민주당은 장상 당대표와 김효석 원내대표가 당을 이끌고 있다.

민주노동당(Democratic Labor Party: DLP)

민주노동당은 민주노총을 모체로 한 진보정당으로써 2000년 1월 30일 창당했으며, 사회민주주의를 이념으로 하는 정당이다. 창당 이후 원내진출에 연이어 실패하였으나 2004년 국회의원 선거에서 지역구 2석과 비례대표 8석을 획득하여 최초의 원내진출을 달성하였다. 민주노동당은 한국의 다른 정당과 달리 원외정당, 대중정당의 성격을 띠고 있는 정당으로서 당직/공직분리를 원칙으로 하는 조직구조를 갖고 있다. 현재 당대표는 문성현이며, 원내대표는 권영길이다.

민주노동당의 주요정책은 사회민주주의 이념에 기초한 정책으로 차별없는 평등사회와 신자유주의 경제정책의 반대, 진보적 복지정책 실현, 그리고 평화롭고 자주적인 나라 등을 제시하고 있다. 그 외에도 부유세와 국가보안법 폐지를 주요한 당 정책으로 제시하고 있다. 민주노동당은 크게 민족해방계열(NL)과 민중민주계열(PD)의 세력으로 양분되어 있으며, 주요한 지지세력은 진보세력, 중산층 그리고 노동자로서 당의 지지율은 17대 국회의원 선거와 지방자치선거에서 10-13%대를 보이고 있다. 그러나 최근 일심회 사건에 당 간부가 연루됨으로써 당 지지율이 5%대로 낮아진 것으로 나타나고 있다.

국민중심당(People First Party: PFP)

국민중심당은 2006년 1월 17일 심대평 전 충청남도 지사의 주도로 결성된 보수

정당으로서 보수주의를 정치이념으로 하는 정당이다. 현재 당대표는 심대평과 신국환이 공동으로 맡고 있으며, 원내대표는 장진석이다. 국민중심당의 국회의석수는 5석이다. 국민중심당은 충청지역을 기반으로 한 자민련이 17대 국회의원 선거에서 몰락하자 이를 복원하기 위한 노력으로 충청지역의 정치인들을 중심으로 창당된 정당이다. 즉, 또다른 충청지역을 대표하는 정당이라 할 수 있다. 국민중심당의 주요정책은 성장위주의 자유시장경제 정책을 추진하고 있으며, 남북관계 및 안보국방에 있어서 보수주의적 성격이 강한 정책을 추진하고 있다.

III. 민주화 이후 한국의 선거제도: 승자독식의 선거제도

1 한국의 대통령 선거제도: 단순다수제 (First Past the Post)

민주화 이후 한국의 대통령 선거제도는 승자독식의 논리에 기초한 단순다수제 방식을 지속하고 있다. 1987년 권위주의 세력과 보수적 민주세력의 민주화를 위한 타협은 직선제라는 기본원칙 하에 대통령 선출방식에 초점이 맞춰져 있었다. 당시 대통령 선출방식은 결선투표제와 단순다수제 방식이 논의되고 있었으나 권위주의 세력의 노태우와 호남을 지지기반으로 하는 김대중은 정략적 이해에 따라 단순다수제를 지지하였으며, 김영삼은 별다른 입장을 제고하지 않고 있었다. 즉, 당시 대통령 선거에 나설 각 후보들은 지역적으로 분할된 지지기반 속에서 단순다수제가 자신들에게 유리하다는 판단을 가지고 있었다. 이러한 각 세력들의 정치적 이해관계 속에서 민주정부를 구성하는 규칙으로서 단순다수제를 선택하게 되었다.

단순다수제는 선거에 입후보한 후보들 가운데 가장 많은 표를 차지한 후보가 당선되는 방식으로 영국, 미국, 캐나다 등이 실시하고 있으며, 대통령 선거에서 단순다수제를 실시하고 있는 국가는 한국, 필리핀, 대만, 멕시코, 베네수엘라 등이 있다. 단순다수제는 당선 결정방식이 매우 단순하며, 단일정당정부를 구성함으로써 권력의 안정성과 지속성을 촉진하며, 정치적 책임의 소재를 명확하게 한다는 장점을 갖고 있다. 반면에 단점으로는 승자독식의 논리에 의해 과반수 이하의 득표율을 획득하였음에도 불구하고 모든 권력을 독식하는 권력의 집중화 현상이 나타날 수 있다. 그리고 당선된 후보의 득표율이 과반수 이하인 경우, 대표성의 약화와 '소수의 다수화'라는 소수대표 현상이 단점으로 지적된다.

한국의 경우는 단순다수제의 장점보다는 단점이 두드러지게 나타나는 사례라고 할 수 있다. 지역정당에 기초한 다당제가 구축된 한국의 대통령은 4차례의 선거에서 모두 50% 미만의 득표로 선출되었다.

〈표 2〉 민주화 이후 대통령 당선 득표율(%)

	13대 (1987년)	14대 (1992년)	15대 (1997년)	16대 (2002년)
당선 득표율	35.9 (노태우 후보)	42.0 (김영삼 후보)	40.3 (김대중 후보)	48.9 (노무현 후보)

출처: 중앙선거관리위원회

이렇듯 민주화 이후 승자의 득표율보다 패자들의 득표율의 합이 더 높음에도 불구하고 국정운영에 대한 모든 권력은 승자에게 집중되고 패자들은 권력으로부터 배제되는 승자독식의 논리가 주요한 정치현상으로 나타나게 되었다. 이와 더불어 과반수 미만의 득표율에 의한 통치는 대통령의 권위를 정당화하는 대표성의 약화 현상이 나타나게 되었다. 즉, "단순다수제의 지역화 경향"(사르토리 1976)은 선출된 대통령의 대표성을 약화시키는 요인으로 작용하고 있다(강원택 2005, 32). 이러한 대표성의 약화 현상은 민주화 이후 지속적으로 나타난 여소야대에 의해 대통령의 통치력 위기로 귀결되고 있다. 즉, 50% 이하의 득표율로 당선된 대통령과 대통령이 소속된 정당의 의회 내 다수의석 확보 실패는 국정운영 및 정책집행에 있어 교착과 파행이 이루어짐으로써 통치력의 위기로 나타나게 되었다.

현재 대표성의 약화와 통치력의 위기를 극복하기 위한 여러 대안들이 제시되고 있으며, 그 중 대통령 선거방식에 대한 개혁 논의도 진행되고 있다. 즉, 대통령 선거방식을 단순다수제에서 결선투표제로 변화하자는 주장이 제기되고 있다. 그 근거로 결선투표제는 50% 이상의 득표를 원칙으로 당선자를 확정하기 때문에 대표성의 약화 문제를 해결할 수 있으며, 여소야대의 분점정부(divided government)에 의해 나타나는 통치력의 위기를 극복할 수 있다는 점을 들고 있다. 즉, 결선투표제에서는 2차 투표에서 정당 간 선거연합이 이루어지며, 대통령은 연합에 의해 과반수의 지지를 획득하며, 의회 내에서는 대통령 연합이 유지되면서 의회 내 다수세력을 이룸으로써 안정적 국정운영과 정책집행을 수행할 수 있다는 것이다.

2 국회의원선거제도의 특징: 혼합형 다수대표제 (Mixed-Member Majority System)

민주화 이후 한국 국회의원 선거제도는 단순다수제와 전국구 제도가 결합된 일종의 혼합형 선거제도를 채택하여 왔으며, 2004년 혼합형 다수대표제로의 선거제도 개혁이 이루어지기 전까지 4차례에 걸쳐 선거제도가 개정되었다. 이러한 개정의 특징은 전국구 배분방식과 총의석수 및 지역구와 전국구 의석의 변화에 초점이 맞춰져 있었다. 이를 정리하면 <표 3>과 같다.

〈표 3〉 민주화 이후 선거제도 개정(1988-2000년)

년도	투표 구조	총 의석	지역구 전국구	비례대표 배분방식
1988	1인 1표	299	224 75	제1당에 1/2 우선 배분 나머지 1/2는 제1당을 비롯하여 5명 이상의 지역구 의석을 차지한 정당들에 의석수 비율로 배분
1992	1인 1표	299	237 62	의석률(→의석 점유율)에 따른 배분 지역구 당선자가 없는 정당도 전국 유효투표 3% 이상 득표시 우선적으로 1석 배분
1996	1인 1표	299	253 46	득표율에 따라 배분(지역구 5석 이상또는 5% 이상 득표 정당만 참여) 지역구 당선자가 없는 정당도 전국 유효투표 3% 이상 득표시 우선적으로 1석 배분
2000	1인 1표	273	227 46	득표율에 따라 배분(지역구 5석 이상 또는 5% 이상 득표 정당만 참여) 지역구 당선자가 없는 정당도 전국 유효투표 3% 이상 득표시 우선적으로 1석 배분

출처: 김용호. 2001. p.345.

1988년부터 2000년까지의 선거제도는 전국구 의석의 배분방식이 차이를 보이고 있으나, 기본적인 투표구조와 선거제도의 효과는 유사하다. 즉, 이 시기의 선거제도는 기본적으로 1인 1표제로서 유권자는 지역구 후보에게 1표를 행사하며, 이를 통해 각 정당의 전국구 의석수를 배분하는 방식을 취하고 있다. 그리고 선거제도의 정치적 효과도 득표율과 의석율의 높은 불비례성에 의해 거대정당의 과다대표와 군소정당의 과소대표 현상이 나타났으며, 사표의 증대에 의해 소수대표성의 문제가 발생되었다. 이러한 정치적 효과는 이 시기의 선거제도가 비록 형태적으로 혼합형 선거제도의 모습을 띠고 있지만 실제적으로는 단순다수제의 성격이 강함을 의미하는 것이다. 이와 같은 선거제도의 정치적 효과가 나타나게 된 이유는 전국구 의석배분이 지역구에서의 득표율에 의해 이루어졌기 때문이다. 즉, 전국구 제도는 단순다수제가 갖는 유권자 의사의 왜곡현상을 보완하고 군소정당의 원내진출 및 전문인력을 충원한다는 취지에서 만들어졌으나, 실제 운영은 집권세력이 국회 내에서의 안정적인 다수를 이루기 위한 정략적 도구로 이용했기 때문이다(김왕식 2006, 155).

이에 대한 시민사회와 학계에서의 비판과 위헌청구가 제기되고, 2001년 헌법재판소는 지역구 투표에 의해 전국구 의석을 배분하는 것과 비례대표를 위한 정당투표를 허용하지 않는 1인 1표제가 위헌이라 판결하였다. 이후 선거제도 개혁안들이 국회 및 시민사회에서 논의되다가, 2004년 17대 국회의원 선거를 두 달여 앞둔 2월에 국회에서 유권자가 지역대표 투표와 정당비례대표 투표를 독립적으로 행사하는 1인 2표제의 혼합형 다수대표제(mixed-member majority system)로 선거제도를 개혁하였다.

혼합형 다수대표제의 의석배분방식은 단순다수제에 의해 선출된 지역대표와 정당투표에 의해 선출된 비례대표가 산술적으로 합산하는 방식을 통해 각 정당의 의석을 배분하는 선거제도이다. 이러한 혼합형 다수대표제는 일본, 러시아, 그리고 필리핀 등 11개 국가가 채택하고 있는 선거제도이다.

〈표 4〉 혼합형 다수대표제의 장단점

	장점	단점
혼합형 다수 대표제(MMM)	포괄성 소수의 대표성 보장 순수비례대표제보다 적은 정당분절도 정당의 책임성 증대 사표의 최소화	복잡성 보궐선거 존재 의원의 두 그룹화 전략적 투표 비례성을 보장할 수 없음

출처: A. Reynolds et al. 2005. *Electoral System Design.* I-IEA p. 120

혼합형 다수대표제의 주요한 장점은 단순다수제의 장점인 지역대표성을 유지하면서 비례성을 높일 수 있다는 점에 있다. 그 외에 군소정당의 대표성 보장, 사표의 감소, 비례대표제보다 낮은 정당분절도, 정당의 책임성 증대 등이 장점으로 지적된다. 그러나 혼합형 다수대표제가 비례성을 높일 수 있다는 점에 대해서는 의문이 제기되고 있다. 그 이유는 혼합형 다수대표제가 다수제의 비중이 높기 때문에 다수제의 단점인 불비례적 성격이 다소 완화될 뿐이지 높은 비례성을 결과하지 못하기 때문이다. 이러한 대표적인 예는 일본의 선거결과에서 잘 나타나고 있다(고선규 2006; A. Reynolds et al. 2005. 등 참조).

한국에서 혼합형 다수대표제로의 개혁은 비례성의 확대와 지역정당체계의 극복과 정당정치를 제도화하는데 목적이 있었다. 즉, 17대 총선 이전의 선거제도는 단순다수제로서 득표-의석간의 불비례성이 높고, 소수정당의 원내 진입장벽이 높음으로써 거대정당의 과다대표와 소수정당의 과소대표를 가져왔다. 그리고 단순다수제는 민주화 이후 한국 정당체계를 특징짓는 지역정당체계를 고착화함으로써 정당간 이념과 정책을 통한 경쟁보다는 인물중심의 선거경쟁을 이끌게 되었다. 이러한 문제점을 극복하기 위한 노력과 정당 간 정략적 이해관계는 혼합형 다수대표제의 선택으로 나타나게 된 것이다.

개정된 선거제도의 중요한 내용을 정리하면 다음과 같다. 첫째, 유권자가 지역대표선거 1표와 비례대표선거 1표를 갖는 1인 2표제가 도입되었으며, 비례대표의원은 정당에 투표한 비례대표선거의 전국득표율에 따라 비례적으로 할당하였다. 둘째, 총의석수는 273석에서 299석으로 증가되었는데 지역구 의석수는 227석에서 243석으로, 그리고 비례대표 의석은 46석에서 56석으로 증가하였다. 셋째, 의회진입문턱(threshold)은 유효투표의 5%에서 3%로 낮아졌으며, 지역의석 5석 이상의 의석을 차지할 때 비례대표의석이 배분된다.

〈표 5〉 2004년 개정된 새로운 선거제도의 내용

선거제도 유형	투표구조	총의석수	지역구 비례	비례대표 배분방식 및 변화된 내용
혼합형 다수대표제	1인 2표	299	243 56	정당비례대표 득표율에 따라 배분 (지역구 5석 이상 또는 3% 이상 득표 정당만 참여) 선거구 획정(표의 등가성): 10만에서 30만(1:3) 중복 입후보 금지 선거연령 만 20세

출처: 중앙선거관리위원회

개정된 새로운 선거제도의 가장 큰 특징은 정당투표제의 도입에 의해 비례성과 군소정당의 대표성을 높이고, 후보자간의 경쟁에서 정당간 경쟁으로 변화를 가져옴으로써 정당이 국정운영의 책임을 지고 여론의 추이에 보다 민감하게 반응하도록 하였다는 점이다(강원택 2005). 이러한 특징은 정당을 선거정치의 중심에 서게 함으로써 정당의 이념 및 정책 그리고 정책실현에 대한 평가가 유권자 선택의 주요한 결정요인으로 전환될 수 있는 계기를 마련하였다. 그러나 정당투표에 의해 결정되는 비례대표 의석 규모와 지역대표 의석 규모 사이의 커다란 차이는 새로운 선거제도의 문제점으로 지적될 수 있다. 즉, 총 의석 299석 중 56석이라는 비례대표 의석은 혼합형 다수대표제가 갖는 비례성과 정치적 대표성의 향상을 마련하기에 부적합한 조건이라고 할 수 있다.

IV. 2004년 국회의원 선거 결과와 정치적 의미

1 2004년 제17대 국회의원 선거결과와 특징

2004년 대통령 탄핵과 선거제도의 변화라는 정치환경에서 실시된 17대 국회의원 선거는 민주화 이후 실시된 4차례의 국회의원 선거와는 상이한 결과가 나타났다. 즉, 2004년 3월 12일 한나라당, 민주당, 자민련 등 야3당이 가결한 대통령 탄핵소추권은 2003년 11월에 민주당에서 탈당하여 창당한 열린우리당에 대한 지지를 증대시켰으며, 거대정당에게 유리한 선거제도인 단순다수제를 혼합형 다수대표제로 개정함으로써 군소정당의 의회진입 문턱을 낮추게 하였다. 그 결과 17대 총선은 전국정당화를 기치로 내세운 열린우리당이 152석을 차지함으로써 집권정당이 원내 과반수의석을 넘는 단점정부를 형성하게 되었다. 또한 의회진입문턱이 낮아짐으로써 진보정당을 표방하는 민주노동당은 10석을 차지하여 원내 제3당으로 급부상하였다. 반면에 탄핵을 주도했던 야3당은 탄핵에 대한 국민의 심판에 의해 선거에서 패배 하거나 몰락의 위기를 맞게 되었다. 즉, 민주화 이후 원내 1당을 유지하던 한나라당은 121석을 획득함으로써 제2당으로 물러났으며,

민주화 이후 지역 독점적 경쟁구도를 이끌어왔던 민주당은 9석 그리고 자민련은 4석만을 획득하는 결과를 낳게 되었다.

〈표 6〉 17대 총선의 주요정당 득표율 비교

	한나라당		민주당		우리당		자민련		민주노동당	
	지역구	비례	지역구	비례	지역구	비례	지역구	비례	지역구	비례
전체	37.9	35.8	8.0	7.1	42.0	38.3	2.7	2.8	4.3	13.0
서울	41.3	36.7	9.8	8.4	42.9	37.7	0.8	2.1	3.5	12.6
부산	52.5	49.4	0.8	1.9	38.9	33.7	0.3	0.7	2.9	12.0
대구	62.4	62.1	1.8	1.1	26.8	22.3	0.5	0.8	2.6	11.6
인천	39.0	34.6	5.2	5.4	44.7	39.5	0.7	2.1	7.4	15.3
광주	0.1	1.8	36.4	31.1	54.0	51.6	0.4	0.3	5.6	13.1
대전	22.4	24.3	3.2	3.1	45.8	43.8	22.1	14.5	1.5	11.8
울산	36.3	36.4	0.6	1.5	28.1	31.2	0.8	0.8	18.0	21.9
경기	40.7	35.4	6.7	6.1	45.7	40.2	0.7	2.0	4.1	13.5
강원	43.4	40.6	6.4	3.5	38.8	38.1	0.2	1.3	4.1	12.8
충북	32.6	30.3	1.0	2.2	50.5	44.7	9.2	6.3	3.3	13.1
충남	15.8	21.1	3.6	2.8	38.8	38.0	33.7	23.8	2.2	10.5
전북	0.1	3.4	18.7	13.6	64.6	67.3	0.1	1.0	4.6	11.1
전남	0.8	2.9	38.4	33.8	46.9	46.7	0.6	1.0	2.6	11.2
경북	54.6	58.3	0.4	1.4	25.8	23.0	0.6	1.2	3.4	12.0
경남	47.7	47.3	0.6	1.4	34.4	31.7	0.6	0.8	8.4	15.8
제주	40.2	30.8	3.8	5.1	49.4	46.0	0.6	1.1	3.4	14.1
의석수	100	21	5	4	129	23	4	0	2	8

출처: 중앙선거관리위원회

정리하면 17대 총선은 전국정당화를 기치로 내세운 집권정당인 열린우리당의 승리, 지난 50년간 한국사회에서 대표되지 못했던 진보정당(민주노동당)의 원내 진출뿐만 아니라 제3당으로의 급부상, 민주화 이후 지역 독점적 경쟁구도를 이끌어왔던 민주당과 자민련의 몰락, 그리고 집권당이 의회 과반수를 획득하여 단점정부를 형성이라는 결과를 가져왔다. 이러한 결과는 한국정치지형의 변화, 즉 지역균열에 기초한 정당경쟁이 정책과 이념 등에 의한 경쟁구도로의 변화에 대한 기대를 부풀게 하였다. 또한 한국정치의 불안정을 가져왔던 빈번한 의회와 행정부 사이의 교착상태가 단점정부의 형성에 의해 안정성을 가져올 것이라는 기대를 갖게 하였다.

또한 17대 국회의원 선거의 주요한 특징은 투표율의 증가에 있다. 민주화 이후 선거참여율은 하락하는 경향을 보이고 있었다. 즉, 젊은 유권자들의 낮은 투표율, 한국정치의 부패, 무능·무책임과 정치에 대한 국민의 불신, 그리고 선택할 수 있는 정치적 대안의 부재 등이 유권자들의 투표참여를 하락시키는 원인으로 지적되었다(최장집 2002). 이는 지역정당체계가 선거결과에 대한 확실성의 제도화를 가져옴으로써 국민들에게 선거참여가 비효율적이라는 인식을 확산시키고 투표참여에 대한 유권자들의 효능감을 하락시켰기 때문이다(강명세 2005; 조정관 2002).

그러나 17대 국회의원 선거에서는 투표율이 16대 국회의원 선거에 비해 3.4%포인트 상승하였다. 이러한 원인은 탄핵과 1인 2표의 선거제도의 효과라고 할 수 있다. 먼저 탄핵이라는 초유의 사건은 유권자들의 정치적 관심을 불러일으켰으며, 20-30대의 젊은 세대의 참여를 유인하였다고 할 수 있다. 또 다른 원인은 1인이 2표를 행사하는 선거제도의 효과에서 찾을 수 있을 것이다. 기존 1인 1표의 선거제도인 경우, 유권자들의 선택이 폭이 좁기 때문에 유권자 자신이 선호하는 후보 또는 정당에 대한 지지보다는 전략적 투표행위를 하거나 또는 기권하는 경향이 높았다고 할 수 있다. 그러나 1인 2표제에서 한 표는 당선가능성이 높은 후보나 정당에게 투표하는 전략적 투표를 행하고 나머지 한 표는 자신이 선호하는 후보나 정당에게 투표할 수 있기 때문에 기존에 기권하였던 유권자들이 적극적으로 투표에 참여하였다고 할 수 있다.

〈그림 2〉 대선과 총선의 선거참여율 변화

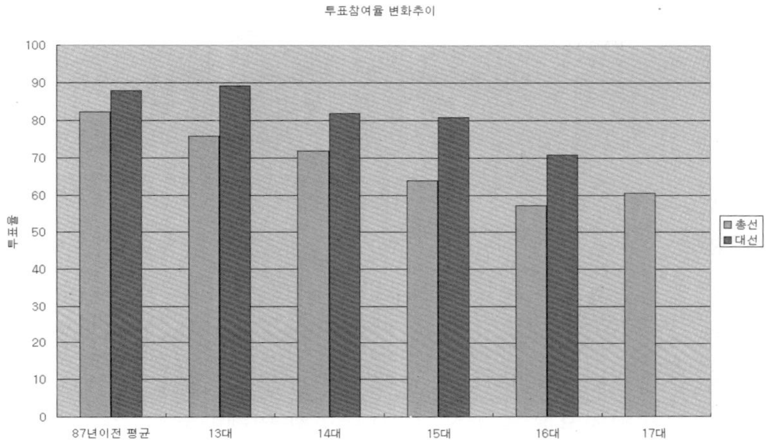

출처: 중앙선거관리위원회

2 17대 국회의원 선거와 정당체계의 재편

민주화 이후 한국의 정당체계는 단순다수제 성격이 강한 선거제도를 채택하고 있었음에도 불구하고 지역주의 정당에 기초한 다당제적 경향이 나타났었다. 즉, 영남의 한나라당, 호남의 민주당, 그리고 충청의 자민련은 자신의 지역에서 배타적인 지지를 독점하였으며, 수도권에서 경쟁하는 양상을 보였다. 그 결과 1988-2000년 선거까지 의회정당의 수는 평균 약 2.93으로 다당제의 성격이 강하였다.

그러나 17대 총선에서는 한국 정당체계가 양당제로의 변화 경향을 보이고 있다. 한나라당과 열린우리당이 획득한 득표율의 합을 보면, 지역구에서 79.9%, 비례에서 74.1%로 대표적인 양당제 국가인 영국의 주요정당의 득표율의 합과 유사하며, 의석율에 있어서도 한나라당과 열린우리당의 합이 91.3%로 절대적인 의석점유율을 보이고 있다. 그리고 의회정당의 효과적 수 역시 2.31로 양당제의 경향을 보이고 있다. 이러한 경향은 혼합형 다수대표제라는 새로운 선거제도 하에서도 거대정당의 과다대표와 군소정당의 과소대표 현상이 지속되고 있음을 보여주는 것이다(강원택 2005, 69; 정준표·정영재 2005, 23).

17대 국회의원 선거결과의 비례성을 측정한 연구들은 단순다수제를 적용한 지역구 투표에서 거대정당들 즉, 열린우리당과 한나라당의 과다대표와 군소정당의 과소대표 현상이 지속되고 있다. 즉, 지역구 투표에서 열린우리당은 득표율보다 11.1%가 높은 의석점유율을 보이고 있으며, 한나라당도 득표율과 비교했을 때 3.3%가 높은 의석점유율을 획득하였다. 반면에 민주노동당과 민주당은 -3.5%와 -5.8%로 득표율보다 낮은 의석점유율을 보이고 있다. 또한 비례대표의 경우도 정당득표율과 비교했을 때 열린우리당 2.8%, 한나라당 1.7%, 그리고 민주노동당 1.3%로 높은 의석점유율을 보이고 있다(강원택 2005). 이와 같은 결과는 투표-의석 간 불비례성을 완화하기 위해 채택된 새로운 선거제도가 제대로 기능하지 못하였음을 의미하는 것이다. 즉, 혼합형 다수대표제하에서도 여전히 투표-의석 간 불비례성이 높게 나타남으로써 거대정당의 과다대표와 군소정당의 과소대표 현상이 한국의 정당체계를 특징짓고 있음을 알 수 있다. 이러한 경향은 지역구와 비례대표 사이의 의석비율이 크기 때문에 발생되는 문제라고 할 수 있다. 현 선거제도인 혼합형 다수대표제는 비례대표 의석 규모가 작기 때문에 지역구에서 나타나는 선거불비례성을 전체적으로 낮추는 조정의석의 역할을 수행하지 못하였다고 할 수 있다(강원택 2005, 69).

17대 국회의원 선거에서 나타난 선거유동성을 살펴보면, 우선 지역구의 선거유동성은 39.1%로 나타났으며, 정당투표 선거유동성은 38.6%로 두 지표 모두 39%대의 선거유동성을 보이고 있다. 이렇듯 높은 선거유동성은 여전히 한국정당체계가 불안정함을 보여주는 것이다. 17대 총선에서의 높은 선거유동성은 민주당과 열린우리당의 분당

효과가 크게 작용하였다. 이러한 분당은 지역독점을 두고 일어난 것으로 이해될 수 있으며 분당의 결과는 지역정당체계에서 대통령의 약화와 국정운영의 불안정성을 높이게 되었다(강명세 2005, 253). 이러한 결과는 현실에서 목격되고 있다. 즉, 의회 내 다수당이었던 집권당이 추진하는 행정수도이전, 4대 개혁 입법 등이 야당의 반대에 부딪혀 행정-의회 그리고 의회 내 교착상태를 초래하는 결과를 낳았다.

17대 국회의원 선거는 민주화 이후 한국정당체계를 특징짓는 지역정당체계가 지속되었다. 일반적으로 지역정당체계는 정치경쟁구도를 지역이라는 단일한 차원의 균열 축으로 한정시킴으로써 다양한 이해와 요구를 갖는 사회균열이 정치균열로 대표되지 못하고 지역에 기초한 특정 정당의 독점적 대표성을 가져다주는 문제점을 갖고 있다. 즉, 지역적 대표성을 독점하는 수구적 보수주의와 온건 자유주의에 의한 정당경쟁구도는 한국사회에서 제기되는 다양한 쟁점들, 특히 산업사회의 핵심적 균열구조인 진보 대 보수라는 이념균열이 정당정치에 의해서 대표되지 못하고 있다고 지적한다(장훈 1997, 266-267). 13대부터 17대 국회의원 선거까지 주요정당의 전국 및 지역 득표율 변화를 살펴보면 <표 6>과 같다.

〈표 6〉 주요정당의 전국 및 지역 득표율 변화 양태

역대선거	주요정당	전국	영남	호남	충청
13대 총선	민정/민주	57.8	78.9	21.3	52.4
	평민당	19.3	1.1	72.7	2.6
	공화당	15.6	11.6	1.5	39.9
14대 총선	민자당	38.5	48.4	22.0	38.5
	민주당	29.2	11.7	64.3	23.1
15대 총선	신한국당	34.5	40.4	16.2	27.3
	국민회의	25.3	3.4	73.6	8.8
	자민련	16.2	16.6	0.7	46.8
16대 총선	한나라당	39.0	54.2	3.7	23.8
	민주당	35.9	12.4	67.2	29.9
	자민련	9.8	6.4	1.8	34.3
17대 총선 지역득표	한나라당	37.9	50.7	0.4	23.6
	열린우리당	41.9	30.8	55.2	45.1
	민주당	7.9	0.9	31.2	2.6
	민주노동당	4.3	7.0	4.3	2.3
	자민련	2.6	0.6	0.4	21.7
17대 총선 정당득표	한나라당	35.8	50.0	2.7	25.2
	열린우리당	38.3	28.4	55.2	42.2
	민주당	7.1	1.5	26.2	2.7
	민주 노동당	13.0	14.7	11.8	11.8
	자민련	2.8	0.7	0.8	14.9

영남=부산+대구+울산+경북+경남 / 호남= 광주+전북+전남
충청=대전+충북+충남

<표 6>에서 알 수 있듯이, 13대 국회의원 선거에서는 영남지역에서 호남지역을 기반으로 한 평민당의 정치적 대표성은 1.1%로 매우 낮게 나타나고 있으나, 총선이 거듭될수록 그 관계는 역전되는 현상을 보이고 있다. 즉, 호남지역을 기반으로 하는 정당은 자신의 지지지역에서 평

균 69.5%로의 높은 득표율을 보이고 있다. 그리고 13대 국회의원 선거 이후 영남에서의 득표율은 1.1%에서 11.7%, 3.4%, 그리고 12.4%로 15대 국회의원 선거를 제외하고 증가하는 경향을 보이고 있다. 반면에 영남을 기반으로 하는 정당은 자신의 지역에서 4차례의 선거에서 평균 55.5%라는 득표율을 보이고 있다. 그러나 호남에서의 득표율은 21.3%, 22%, 16.2%, 그리고 3.7%로 낮아지는 경향을 뚜렷이 보이고 있다. 이러한 득표율의 변화 경향은 점진적으로 지역정당의 전국적 그리고 지역적으로 대표성의 독점화 현상이 강화되고 있음을 의미하는 것이다.

17대 국회의원 선거는 전국적 차원에서 고른 득표를 한 정당의 출현을 특징으로 한다. 선거결과 제1당이 된 열린우리당은 대구/경북지역에서 25%대의 지역구 득표율을 받았고, 나머지 지역에서는 30%이상의 득표율을 보이고 있다. 그리고 충청에서는 2002년 대선에서 노무현후보가 공약한 '행정수도이전'이라는 이슈가 17대 국회의원 선거에서도 충청지역 유권자들의 지지를 이끌어냈기 때문에 열린우리당에 대한 높은 지지와 자민련이라는 지역정당의 약화현상이 나타났다. 또한 지역적 기반이 없는 민주노동당은 지역구와 정당득표율 사이에 차이가 존재하지만 모든 지역에서 고른 지지를 받는 것으로 선거결과는 보여주고 있다. 이러한 특징은 17대 국회의원 선거가 지역주의의 완화와 지역정당체계의 재편 가능성을 높여준 선거라는 평가를 내리게 한다.

그러나 각 당의 득표율을 면밀히 살펴보면, 이러한 평가는 성급한 것이라고 할 수 있다. 그 이유는 한나라당, 민주당 그리고 자민련의 지역별 득표 분포는 이전의 선거결과와 크게 변하지 않았기 때문이다. 그리고 열린우리당의 경우, 영남지역에서 한나라당과의 득표율의 차이를 예전보다 줄였지만 호남에서는 여전히 압도적 대표성을 확보하고 있다. 이렇듯 영남에서의 열린우리당에 대한 득표율 증가는 노무현 대통령에 대한 탄핵이슈와 더불어 노무현 대통령의 출신지역의 효과에 기인했던 것으로 보인다. 반면에 호남에서는 한나라당의 지속적인 노력에도 불구하고 지역의 벽을 허물지 못하였으며, 열린우리당과 민주당의 독점성이 여전히 나타나고 있다.

정리하면, 17대 국회의원 선거는 여전히 불비례성과 지역정당체계의 유지라는 문제점을 안고 있다. 즉, 정당투표에 의해 결정되는 비례대표 의석과 지역대표 의석의 비중이 크기 때문에 투표-의석 간 비례성이 왜곡되는 정치적 결과를 가져왔다. 그리고 양대 정당의 지역별 득표율과 이득율에 있어서도 수도권과 제주를 제외한 나머지 지역에서 '동야서여'라는 지역구도가 지속되고 있음을 보여주고 있다. 즉, 지역대표 의석과 비례대표 의석의 규모가 너무 크기 때문에 단순다수제의 정치적 효과인 득표-의석 간 불비례성, 거대정당의 과다대표와 군소정당의 과소대표, 그리고 한국정당체계의 특징인 지역정당의 배타적인 경쟁성과 독점된 대표성이 혼합형 다수대표제로의 선거제도 변화 이후에도 여전히 선거결과를 특징짓고 있는 것으로 나타난다.

그럼에도 불구하고 17대 국회의원 선거는 지역정당체계의 변화 가능성을 보여준 선거였다고 할 수 있다. 즉, 17대 국회의원 선거는 민주화 이후 한국사회를 지배해 왔던 지역주의에 기초한 정당경쟁구도가 새로이 재편될 수 있다는 가능성과 비정상정 정치에서 정상적 정치로의 변화할 수 있다는 기대를 가져온 '획기적이고 의미 있는 선거'로 평가될 수 있다. 그리고 민주화 이후 지역주의에 의해 잠재되어 있던 사회경제적 균열 - 이념, 세대, 계급/계층 - 등이 유권자들의 투표행위에 영향을 주는 요인으로 등장함으로써 지역정당체계의 완화 가능성을 높여준 선거라고 할 수 있다(박명호 2006; 조성대 2004). 즉, 이념적 지향과 세대에 따라 지지하는 정당의 성향은 뚜렷하게 구분되고 있으며, 계급/계층적 성격도 유권자들의 투표행위에 영향을 미치고 있다.

V. 한국 정당정치의 제도화에 대한 전망

2007년 17대 대통령 선거를 앞두고 한국 정당체계는 크게 요동치고 있다. 전국정당과 100년 정당을 목표로 창당한 열린우리당은 만 4년도 안된 시점에서 분당 및 신당 창당이라는 분열을 맞이하고 있다. 그리고 한나라당은 4명의 대통령 선거후보군이 형성되어 과열경쟁의 양상을 보이고 있다. 즉, 민주화 이후 한국 정당정치의 특징인 주요한 선거를 앞둔 정당 및 정치인들의 이합집산이 벌써부터 이루어지고 있다.

이러한 현재의 모습들은 한국 정당정치의 특징으로 지적한 짧은 생명력을 갖는 정당, 이념과 정책을 기반으로 한 정당보다는 인물과 지역을 중심으로 한 정당과 이들 정당 간의 경쟁이 이루어지는 불안정한 정당체계가 지속될 것이라는 예측을 가능하게 한다. 이러한 한국 정당정치의 비제도화를 극복하기 위해서는 우선적으로 새로운 사회균열의 등장과 제도화를 위한 선거제도의 개혁뿐만 아니라 정부형태의 개혁이 이루어져야 할 것이다(강원택 2003; 김재한 2001; 김욱 2002; 장훈 2003; 조성대 2004). 즉, 한국의 정당체계를 특징짓는 지역정당체계는 지역균열이라는 사회균열구조를 대체할 수 있는 새로운 균열구조의 형성과 이를 정치균열로 전환할 수 있는 정치제도의 정착이 요구되어진다. 그 이유는 한국 정당정치의 불안정성은 단순다수제라는 선거제도의 효과뿐만 아니라 권력집중성이 강한 대통령제 하에서 고착화되었기 때문이다(강명세 2005). 즉, 지역적 지지에 기초한 각 정당은 대통령직을 둘러싼 경쟁에서 여타의 정치적 자원을 동원하기보다는 확실성과 비용절감(cost-saving)이 보장된 지역에 기초한 지지기반을 적극적으로 동원화하는 전략을 선택하고 있다. 또한 당선 후에는 강한 승자독점적 성격으로 인해 패자를 권력에서 완전히 배제하고, 안정된 국정운영을 위한 수단으로 정당 간의 타협과 협력에 의한 정치보다는 수적 우세를 위한 정계개편 또는 이합집산을 선택하고 있다.

그러므로 한국사회에서 인위적인 다수의 형성을 가져오는 권력집중적 정치제도보다 다양한 집단에 권력이 분산될 수 있는 정치제도로의 개혁이 중요하다고 할 수 있다. 즉, 다양한 사회균열구조에 기초한 집단이 정치적으로 대표되는 정당체계, 그리고 정당들 사이의 정책경쟁과 합의가 이루어질 수 있는 통치구조와 선거제도가 요구된다. 이러한 합의적 정치제도는 정당과 정당정치에 대한 효용성을 증대시키고, 정책을 강조하는 군소정당의 의회진출의 용이성에 의해 지역정당을 정책정당으로 견인하는 역할을 수행할 것이다(김영태 2003; 김재한 2001; 장훈 2003). 즉, 비례성이 높은 선거제도로의 개혁과 더불어 권력분산적인 합의적 통치구조로 변화될 때, 새로운 사회균열은 지역균열을 대체하고, 정당체계는 이념과 정책을 중심으로 정당경쟁구도로 재편될 수 있을 것이다. 그 결과, 한국의 민주주의는 폭넓은 정치적 대표성과 경쟁성, 대표자와 정당들의 국민에 대한 책임성과 새로운 이슈에 대한 응답성에 기초한 정치를 수행할 것이다. 이러한 측면은 정치와 더 나아가 민주주의에 대한 신뢰를 높임으로써 국민의 정치 참여성을 높일 것이라 기대한다.

참고문헌

강명세. 2004. “지역정당 체제의 등장과 공고화.” 심지연 편. 『현대 정당정치의 이해』. 서울: 백산서당.

______. 2005. “지역주의 정치와 한국정당체제의 재편?” 『한국정당학회보』. 4:2. 249-270.

강원택. 2005. 『한국의 정치개혁과 민주주의』.서울: 인간사랑.

고선규. 2006. “2005년 일본 총선거와 정당체계의 변화.” 『한국정당학회보』 제5권 제1호.

김영태. 2003. “통치성 제고를 위한 국회의원 선거제도 개선방안.” 『한국정당학회보』. 2:2. 41-60.

김욱. 2002. “ 분권화 시대의 선거제도 개혁방안.” 진영재 편. 2002. 『한국의 선거제도 Ⅰ』. 서울: 한국사회과학데이터센터.

김용호. 2001. 『한국정당정치의 이해』서울: 나남출판.

김왕식. 2006. “1인2표제 도입의 정치적 효과.” 어수영 편저. 『한국의 선거 V』서울: 오름.

김재한. 2001. 『분열의 민주주의』. 서울: 소화.

김형철. 2006. “정치적 신뢰회복을 위한 국회의원 선거제도 개혁: ‘공고화된 민주주의’를 위하여.” 『신뢰연』』. 제16권 통합본, 81-107.

박명호. 2006. “17대 총선과 정당구도의 변화.” 어수영 편저. 『한국의 선거 V』서울: 오름.

박상훈. 2004. “한국 정당체제의 민주적 발전과 독일식 선거제도의 상응성에 대한 연구.” 민주노동당 연구보고서.

심지연 편. 2004. 『현대 정당정치의 이해』. 서울: 백산서당

장 훈. 1997. “한국 민주화 10년의 정당정치.” 최장집·임현진 공편. 『한국사회와 민주주의』. 서울: 나남출판.

______. 2003. “지역주의 경쟁의 전환을 위한 제도개혁의 모색: 대결에서

합의와 수용의 민주주의로.” 『한국정당학회보』. 2:2, 85-113.
_____. 2004. “정당과 선거.” 심지연 편저. 『현대정당정치의 이해』. 서울: 백산서당.
정준표·정영재. 2005. “선거제도의 정치적 효과.” 『한국정당학회』. 4:2, 5-44.
조성대. 2004. “4.15총선과 한국정치의 갈등구조: 지역주의와 갈등의 대체.” 『의정연구』 10:1, 209-235.
조정관. 2002. “국회의원 선거제도 개혁대안의 검토.” 진영재 편. 2002. 『한국의 선거제도 I』. 서울: 한국사회과학데이터센터.
최장집. 2002. 『민주화 이후의 민주주의』. 서울: 후마니타스.
Pedersen, M. N. 1985. “Changing Patterns of Electoral Volitility in European Party Systems, 1948-1977.”in Daalder, H. and P. Mair(eds). *Western European Party Systems*. London: Sage Publications Inc.
Reynolds, A. et al. 2005. *Electoral System Design: The New International IDEA HandBook.* Stockholm: International Institute for Democracy and Electoral Assistance.
Sartori, G. 1976. *Parties and Party Systems.* Cambridge: Cambridge University Press.
Schattschneider, E. E. 1942. *Party Government.* New York: Rinehart.
Ware, A. 1996. *Political Parties and Party Systems.* Oxford: Oxford University Press.

위키백과. http://ko.wikipedia.org/wiki/
중앙선관위원회. http://www.nec.go.kr/

일본의 정당과 선거

이이범

1. 일본의 정당정치

1 2차세계대전 전의 정당정치

(1)일본 정당정치의 기원

근대적 정당정치가 발전하기 위해서는 국회가 개설되고, 선거권이 확대되면서 자유선거제도가 확립되어야 한다. 일본의 근대적 정당들은 1868년 메이지(明治) 국가가 성립한 이후 1885년 내각제도가 도입되고 1890년 국회가 개설되면서 활발하게 등장했다. 일본의 국회는 중의원(衆議院)과 귀족원(貴族院)의 양원제였다. 중의원의원은 제한 선거로 선출되었고, 귀족원의원은 황족과 천황이 임명하는 종신의원 등으로 구성되었다. 중의원과 귀족원은 대등한 관계였지만 정당들의 활동은 중의원에 한정되었다. 내각의 수상은 천황에 의해 직접 임명되었기 때문에 다양한 정당들이 존재했으면서도 정당들의 정치적 활동과 역할은 미약할 수밖에 없었다.

(2) 초기 민주적 정당정치의 성립과 군국주의체제의 등장

1910년대에 이르러 일본사회에는 공업화와 도시화가 진전되었고 이에 따라 계층의 분화와 계층 간의 이해관계의 대립이 나타났다. 그러면서 전국규모의 대정당들이 나타나 정당활동도 활발해졌다. 1920년대에는 남자의 보통선거권이 실현되어 의회 내 정치세력간의 정권교체도 실현되었다. 즉 당시의 일본의 정치는 정우회, 헌정회(憲政會), 민정당(民政黨) 등의 정당 세력들이 주도했고, 천황은 중의원에서 다수석을 차지한 정당의 당수를 수상으로 임명하게 되었다. 1920년대 중반부터 1932년 군국주의적 내각이 등장하기까지 일본의 정치에서는 민주적 정당정치가 실현되었다. 이를 다이쇼(大正)천황 시대의 민주정치라는 의미로서 다이쇼 데모크라시라고 부른다.

1932년 일본의 만주침략이 본격화되고 군부쿠데타가 발생하면서 내각은 군부지배하에 놓이게 되었다. 1940년이 되어 중일전쟁이 확대되고 2차세계대전이 발발하면서, 모든 정당들은 해체되어 대정익찬회(大正翼贊會)로 통합되었다. 이로써 정당들의 정상적인 정치활동은 일체 금지되었고, 대정익찬회는 군부의 전쟁체제를 지원하는 중심조직이 되었다.

2 전후 냉전기의 정당정치

(1) 전후 초기의 다당제(1945년~1955년)

1945년 8월 패전한 일본은 미국을 중심으로 한 연합국군에 점령되어 '연합국최고사령관총사령부'(GHQ: General Headquarters)의 지배를 받게 되었다. 최고사령관은 더글러스 맥아더(Douglas MacArthur, 1951년 4월 11일까지 5년 8개월간 역임)였다. 연합국의 군사지배는 일본정부를 존속시키면서 일본정부에게 명령을 내리는 간접통치방식이었고, 1952년 샌프란시스코 강화조약이 발효하기까지 지속되었다.

GHQ는 일본의 비군사화와 민주화를 적극 추진했다. 주권재민, 자유민주주의, 평화주의에 근거한 새로운 일본헌법(평화헌법이라고 불리움)이 채택되었고, 재벌해체, 농지개혁, 공직자추방, 교육개혁, 노동조합결성 장려 등과 같은 개혁정책들이 정치·경제 전반에 걸쳐 대대적으로 추진되었다. 1946년 2월에는 전쟁기간 동안 군부지배체제를 주도하고 협조했던 정계와 재계 인물들에 대한 공직추방령도 내려졌다.

1945년 종전이 되면서 전시 중에 정지되었던 정당활동 또한 재개되었다. 전국 규모의 일본사회당, 일본자유당, 일본진보당, 일본협동당 등이 결성되었고, 일본공산당(Japanese Communist Party, 이하 공산당)은 합법 정당으로서 재건되었다. 1946년 4월 여성에게도 참정권이 부여되면서 20세 이상의 남여 보통선거로서 제22회 총선거가 시행되었고 일본 의회가 새롭게 구성되었다. 이 총선에는 363개 정당이 참가했을 정도로 전후 초기 일본의 정당정치는 매우 혼란스러웠고 정당 간의 이합집산도 지속되었다.

1947년 4월 새 헌법이 시행되면서 제23회 총선이 실시되었다. 총선 결과 일본사회당이 전체 의석 466석 가운데 143석을 획득하여 제1당이 되었다. 사회당은 민주당, 국민협동당과 협조하여 연립내각을 구성하는데 성공하여, 가타야마 테츠(片山哲) 당수가 일본 최초로 사회당 수상이 되었다. 그러나 사회주의 정치세력인 일본사회당과 공산당의 의석은 모두 합해 147석에 지나지 않았다. 이에 반해 자본주의적 보수정당 세력은 무소속을 제외하고도 300석을 넘겼다.

전후 초기 일본사회당을 포함한 진보 정치세력이 크게 신장한 것은 다음의 2가지가 큰 영향을 주었다. 첫째는 GHQ가 민주개혁을 추진하면서 군국주의체제의 잔재를 청산하는데 적극적이었던 사회주의계열의 정치세력들에 대해 호의적이었던 점이다. 둘째는 사회주의 정치세력들은 전전의 군국주의 체제에 저항해왔던 만큼, 전후 개혁과 민주화 정책를 당당하게 주장할 수 있는 명분을 확보하고 있었다. 이런 점에서 GHQ의 전후 개혁과 민주화 정책을 전반적으로 지지했던 일본인들이 사회당 정치세력을 지지한 것은 당연한 귀결이었다.

그러나 사회당 내각은 일본사회당 내의 좌파-우파간 내부 분열로 10개월을 넘기지 못하고 붕괴했다. 뒤이어 연립내각을 함께 구성하고 있던 민주당의 아시다 히토시(芦田均)가 수상이 되었지만 정치적 뇌물사건에 연류되어 7개월을 넘기고 1948년 10월 총사직했다.

아시다 내각에 이어 집권한 정당은 요시다 시게루(吉田茂)의 민주자유당이었다. 요시다 수상은 가타야마 사회당 내각이 출범하기까지 일본의 헌법을 개정하고 패전국 일본의 안정을 되찾는데 기여한 인물이었다. 그러나 요시다 내각은 출범한지 1년도 안되어 1948년 12월 내각불신임 결의안을 맞이하게 되어 중의원을 해산시켰고, 1949년 1월 제24회 총선이 실시되었다. 그렇지만 총선 결과에서는 요시다 수상이 이끄는 민주자유당이 전체 의석의 58%인 299석을 획득하는 대승을 거뒀다. 이런 기반 위에서 요시다 수상은 1954년 12월까지 5차의 내각을 구성하며 장기집권에 성공했다. 이 기간 동안 요시다 내각은 1951년 연합국과 종전조약인 샌프란시스코 강화조약을 체결하여, 일본이 패전국 지위에서 벗어나 국권을 회복하는 과정을 주도했다. 또한 일본이 국권을 회복하는 조건으로 미국이 요구한 미일안보동맹조약 체결에 응하는 대신에 미국으로부터 일본의 안전보장과 경제성장에 대한 전폭적인 지원을 확약받게 되었다. 전후 최장 내각수반이었던 요시다 수상은 소속 정당 정치인의 부정정치자금 수뢰문제로 54년 12월 총사직했다.

(2) 1955년 체제

요시다 내각에 이어서 집권한 민주당의 하토야마(鳩山一郎)내각은 1955년 2월 제27회 총선거에서 제1당이 되었다. 요시다 전 수상의 자유당은 의석을 크게 잃고 제2당으로 전락했다. 집권정당이 된 민주당은 강경 보수 정치세력의 정당이었다. 민주당의 하토야마 수상과 기시

(岸信介)를 중심으로 한 정치세력들은 전후 개정된 일본헌법이 미국에 의해 강제된 것이라고 주장하며 자주헌법으로 개정할 것을 주장했다. 특히 이들은 헌법 제9조에서 규정하고 있는 '전력보유금지' 조항을 개정하여 자위군(自衛軍)을 창설할 것을 주장했다. 평소 헌법개정과 재군비를 강력하게 반대해왔던 진보 정당들은 민주당이 집권하고 총선에서 제1당이 되자 크게 위협을 느끼게 되었다. 이 가운데 샌프란시스코 강화조약과 미일안전보장조약의 체결을 둘러싸고 대립하여 1951년 이후 좌파와 우파로 분열하고 있던 일본사회당(이하 사회당, Social Democratic Party of Japan)이 1955년 10월 '평화헌법옹호'를 주장하며 재차 통일되었다. 재 통일된 사회당은 1955년 2월 총선에서 상대적으로 의석수가 많았던 좌파가 주도권을 갖게 되었다. 사회당의 통일에 위험을 느낀 보수 정치세력인 자유당과 일본민주당은 동년 11월 합당하여 자유민주당(이하 자민당, Liberal Democratic Party)을 결성했다. 이처럼 1955년 일본의 정당정치는 보수-자민당 대 혁신-사회당의 2대 정당제로 재편되었고, 이러한 자민당-사회당의 대립적인 정당체제를 '55년체제' 라고 한다.

55년체제의 자민당 대 사회당의 경쟁구도는 평화헌법의 개정, 안보정책기조, 경제이념의 측면에서 대립적이었다. 즉 보수-자민당은 평화헌법을 개정하여 재무장을 추진하고 미일안전보장조약을 지속적으로 추진할 것을 주장했고, 경제적으로는 자유로운 기업활동과 자본주의적 시장질서를 중시하면서 경제성장을 위한 적극적인 산업정책을 추진했다. 이에 반하여 혁신-사회당은 GHQ의 전후개혁을 옹호하고 평화헌법체제를 수호할 것을 주장했다. 또한 일본의 비무장 중립을 주창했고, 사회주의적 개혁과 계급적인 대중정당으로서 민주적이고 평화적인 혁명노선을 지향했다. 55년체제가 성립한 후 1958년 5월 실시된 제28회 총선에서 자민당은 전체의석 467석 가운데 287석(61.5%)을 획득했고, 사회당은 166석을(35.5%)를 얻는데 그쳤다. 사회당은 제2정당으로서 자민당의 헌법개정을 저지할 수 있는 중의원의 1/3의석을 확보하는 것에 만족했다[1].

1960년대 초반 일본 사회는 산업화가 급속하게 진전되면서 인구의 도시집중이 심화되었고 도시근로자와 노동조합원수가 크게 증가했다. 이러한 사회계층의 변화 속에서 당시의 여론에서는 사회당의 성장을 낙관하는 견해가 지배적이었다. 1960년대 후반이 되면 사회당이 집권할 가능성이 많다는 예측까지도 나왔다. 그러나 55년체제에서는 사회당의 집권이 실현되지 않았고, 자민당의 장기집권이 지속되었다. 1970년대를 지나면서는 오히려 보수-혁신의 2대 정당제가 아닌 자민당의 '일당우위체제'가 확립되어 1980년대까지 지속되었다.

(3) 자민당의 '일당우위체제'(一黨優位體制)

1960년대와 1970년대 일본의 정당체제가 갖는 특징의 하나는 다당화 현상이었다. 1960년 미일안전보장조약의 개정을 앞두고, 사회당은 재분열하여 민주사회당(Democratic Socialist Party)이 새롭게 결성되었다. 사회당 주도세력인 좌파가 미일안전보장조약의 개정에 강력히 반대하자, 이를 찬성하였던 사회당 우파는 탈당하여 민주사회당을 결성했다. 이 민주사회당은 1970년 4월 민사당으로 개칭했고, 1994년 신진당으로 흡수되었다. 1964년에는 일본의 신흥종교단체인 창가협회(創価協會)가 공명당(公明党, THE KOMEITO)을 결성했고, 1976년 록히드 뇌물사건을 계기로 자민당이 분열하면서 신자유클럽(New Liberal Club)이 등장했다. 또한 1978년에는 사회당의 일부 세력과 시민세력이 결합한 사회민주연합이 나타나는 등 1970년대 이후 일본의 정당체제는 외형적으로 다당제를 이뤘다. 이에 따라 1960-70년대는 자민당과

---

1) 일본의 현행 평화헌법을 개정하기 위해서는 먼저 중의원 및 참의원에서 총의원 2/3 찬성이 필요하다. 그후 국민투표에서 국민 과반수의 지지를 얻어야만 개정된다(현행 헌법 96조 규정).

사회당의 지지율은 장기적으로 하락하는 현상을 보였다.

한편 일본경제는 1970년대 초의 오일쇼크를 단기간 내 극복하고 고도성장을 지속했다. 1970년대 후반에 이르러 산업화를 완성하고 1980년대에는 후기산업사회로 성숙해갔다. 이러한 경제의 성장과 국민 소득수준의 향상은 1970년대 이후 다당제적인 구도 하에서도 집권 자민당의 정치적 우위를 확고하게 하는 기반이 되었다.

1970년대 중반까지 자민당의 전통적인 지지기반은 농촌지역 내지 중소규모의 도시지역 거주자, 중소상인과 자영업자들이었고, 연령적으로는 중장년층 이상의 연령대가 주류였다. 그러나 1970년대 후반 이후 자민당의 지지층은 도시지역 거주자는 물론 화이트 컬러층과 근로노동자층에까지 확산되었다. 이러한 자민당 지지층의 확대는 일본 도시생활자와 근로소득자들이 소득수준이 급격히 높아지면서 현재의 경제생활에 만족하여 집권정당을 지지하는 성향이 강해졌기 때문이었다. 이에 따라 자민당은 기존의 전통적인 지지계층의 이익을 반영하는 정책들과 함께, 이들 새로운 지지계층들의 정치적 요구까지도 유연하게 대응해가는 포괄정당(catch-all party)체제로 전환해갔다(堀江 1997, 130-132).

이에 반해 사회당의 주요 지지기반이었던 도시생활자들과 근로노동자들은 산업화가 진전되고 소득수준이 향상되면서, 보수화되고 탈계급화되어 갔다. 앞서 언급했듯이 이들 계층들은 일본경제 성장을 이끌어왔던 자민당 정권에 만족하면서 지지를 확대한 것은 당연한 귀결이었다. 이렇게 변화한 유권자들은 국내외 정치환경의 변화에 적응하지 못하고 정책개발능력과 당내 인재육성을 게을리했던 사회당을 외면해갔다. 그 결과 사회당의 집권 가능성은 더욱 요원하게 되었고, 자민당의 집권 기반은 더욱 공고해졌다. 이런 상황에서 사회당은 제1야당의 지위를 유지하면서 집권 자민당의 독주를 견제하는 데에 만족해야 했다(三宅외 3인 1985, 제3장; 石川외 1인 1989, 제2장).

(4)자민당의 파벌정치와 정치부패

자민당의 파벌은 1955년 자유당과 일본민주당이 합당하기 이전부터 각 정당내 이미 존재해왔다. 자민당을 결성하는 시점에는 양당을 합하여 8개의 파벌이 존재했고, 1970년대 중반 이후에는 5대 파벌로 수렴되었다. 자민당의 각 파벌은 정책성향 내지 정치이념에서 다른 양상을 보이면서 집권 주도세력이 되기 위해 상호 대립과 담합을 지속했다.

자민당의 파벌정치가 지속된 것은, 당 총재의 공선제도와 중의원선거의 중선거구제가 크게 기여했기 때문이다. 자민당 총재를 선거로 선출하는 방식에는 2가지가 존재한다. 자민당 소속 국회의원들 만의 투표로 실시되는 경우와 당원들의 대의원표에 국회의원들의 투표를 합계하여 선출하는 경우가 있다. 어떤 방식이 채택되든지 파벌의 회장이 당 총재가 되어 수상이 되기 위해서는 소속 국회의원수를 확대하고 파벌을 유지해야만 했다. 자민당 파벌이 유지될 수 있었던 또 하나의 기반은 중의원선거에서의 중선거구제도였다. 일본의 중선거구제는 선거구 정원이 대부분 3명~5명으로 1993년 제40회 총선 때까지 지속되었다. 이러한 중선거구제 하에서 자민당이 계속 집권하기 위해서는 한 선거구당 3인 내지 4인의 후보를 입후보해야만 했다. 이 과정에서 자민당의 각 파벌은 상호 큰 마찰없이 선거구별로 자파 후보자를 입후보시키는 것이 수월했고, 이로 인해 파벌은 쉽게 존속할 수 있었다(堀江 1997, 204-205).

자민당의 파벌정치에서 파벌이 갖는 정치적 기능은 대체로 다음의 2가지로 요약할 수 있다. 첫째, 각 파벌은 국정 선거에서 후보자를 추천하고 결정하는 기능을 수행했다. 또한 파벌은 소속 국회의원들에게 내각의 각료와 정당의 간부직을 배분했다. 자민당 국회의원들이 각료와 당내 요직에 임명되기 위해서는 파벌 회장의 추천이 필수적이었다. 둘째, 파벌 회장은 소속 국회의원들에게 총재 선거에서 자신을 지지한 대가로 정치자금을 제공했다. 거대 파벌의 회장일수록 정치자금의 조달 능력이 요구되었고, 경력이 일천한 국회의원일수록 파벌에 대한 정치자금 의존도는 높았다(石川외 1인 1989, 제4장).

그리고 자민당이 장기집권을 지속하는데 파벌은 순기능과 역기능을 동시에 갖고 있었다. 먼저 순기능을 보면, 정책성향과 이데올로기 성향이 각기 다른 파벌이 당내에서 상호 경쟁하고 공존함으로써, 다양한 성향의 정책개발과 인재육성이 가능했다는 점이다. 그리고 정책실패나 부패스캔들로 현 내각이 지속하는 것이 곤란할 경우는 타 파벌로 집권세력을 교체함으로써 내각 내지 정당 지지율을 회복하는 것이 비교적 수월했다는 점이다. 이러한 자민당 파벌의 순기능은 일본사회가 급속한 산업화로 크게 변모해갔으면서도, 보수 자민당이 장기 집권을 지속하는 데 크게 기여했다. 이와 반대로 자민당 파벌의 역기능은 파벌을 운영하고 유지하는데 막대한 정치자금이 소요되어 금권정치와 이권중심의 정치, 정계와 재계의 유착 등을 초래했다는 점이다. 또한 자민당의 주요 정책 및 인사 결정이 자민당 내 비공식 조직인 파벌들의 타협으로 좌우되었다는 점이다. 특히 자민당의 총재이자 수상은 파벌 간 야합으로 결정되는 경우가 많았다. 이렇게 선출된 수상은 자민당 유력 파벌의 영향에서 자유로울 수가 없었고, 자신의 권한과 역할을 소신있게 수행하는 것이 어려웠다. 과거 자민당 출신의 수상들이 강력하고 책임있는 리더십을 발휘하지 못한다고 빈번하게 비판받았던 것은 이러한 이유에서 였다(北村 2004a, 제5장).

그러나 1993년 이후 비자민연립 정권기에 정치개혁을 위한 관련법들이 제개정되면서, 중의원선거제도에 소선거구제도가 도입되고 정치자금관리가 엄격해졌다. 또한 금권정치와 이권정치의 폐해를 줄이고자 국가예산에서 지원되는 정당교부금 제도도 도입되었다. 이러한 정치개혁은 정치자금의 측면에서 자민당 파벌의 기능과 파벌 회장의 역할을 축소시켰고, 파벌내 소속 의원들 간의 결속력도 약화시키는 계기가 되었다. 특히 2000년대 들어 고이즈미 내각기에 반파벌적인 정당 운영과 탈파벌적인 인사를 강화하면서 자민당의 파벌정치구도는 크게 약화되었다.

3 탈냉전기 이후의 정당정치

〈그림 1〉 1990년대 이후 일본 정당시스템의 변화 흐름도

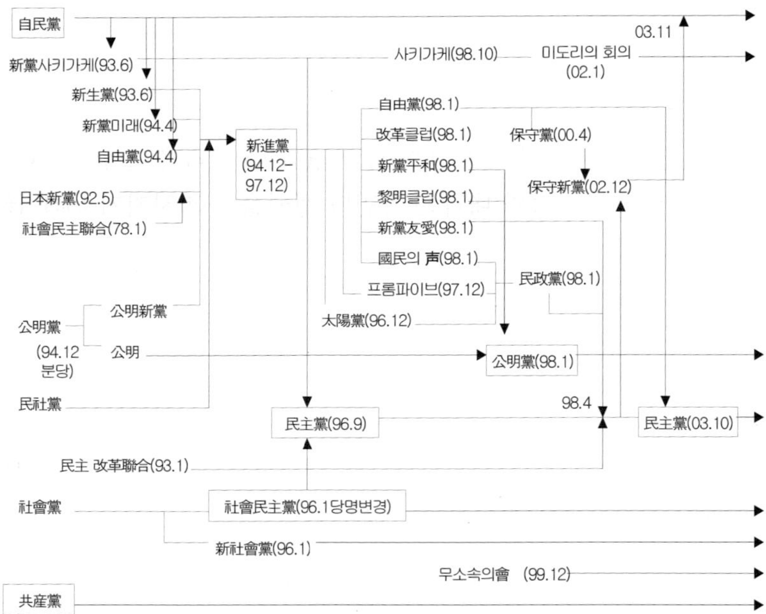

(1) 비자민연립정권의 성립과 해체

1955년 이후 38년간 지속되었던 자민당의 장기집권은 자민당 내 최대 파벌이었던 다케시타파(竹下派)의 주도권 다툼과 정치개혁의 추진파와 반대파 간의 대립으로 붕괴했다. 1993년 6월 야당들이 제출했던 자민당 미야자와(宮澤) 내각에 대한 불신임안이 자민당 내 정치개혁 추진파들이 찬성함으로써 통과되었고, 국회가 해산되면서 1993년 7월 제40회 총선이 실시되었다. 총선에서는 정치개혁을 주창하면서 새로 결성된 신 정치세력들과 자민당을 탈당한 정치개혁 세력들이 신당붐을 주도하면서 대거 당선되었다. 이에 반해 자민당은 정치개혁파 의원들이 대거 탈당하면서 과반수 의석에 크게 미달했고, 제1야당인 사회당 또한 의석을 크게 잃었다. 총선에서 크게 득세한 신당들은 정국을 주도하면서 사회당과 기존 중소 야당들이 포함된 8개 정파의 '비자민연립정권'(非自民聯立政權)인 호소카와(細川) 내각을 결성하는데 성공했다. 그러나 호소카와 내각은 자민당 정권을 붕괴시키기 위해 급조된 것이었고, 정파 간의 정책성향과 정치이념의 차이가 조정되지 않은 상태였다. 그 결과 정책노선과 정책결정방법을 둘러싸고 정파 간의 내분이 심화되면서 호소카와 내각은 9개월을 넘기지 못하고 와해되었다. 호소카와 내각에 이어 하타(羽田) 내각이 1994년 비자민연립내각을 계승했지만, 사회당이 연립내각에서 이탈하면서 여당 소수의 연립정권으로 출발하게 되었다. 결국 하타 내각은 정치 리더 간의 알력이 심화되면서 2개월 만에 사퇴하게 되었다(大嶽 1997; 北村 2004b, 제2장).

한편, 하타 내각이 붕괴하면서 내각에 참여했던 중소 정당들은, 중의원선거법이 개정되어 소선거구제가 도입되자 통합 신당을 결성하지 않을 수 없었다. 그 결과 1994년 12월 중소 야당들이 결집한 신진당(新進党, New Frontier Party)이 등장했다.

(2) 무라야마 사회당 연립정권

하타 내각이 사퇴한 이후 단독 과반수 의석에 미달했던 자민당은 하타 내각에 동참하지 않은 사회당 및 보수계열의 신당사키가케(Shintou Sakigake)와 공조하여 무라야마(村山) 사회당 연립내각을 출범시켰다. 이로써 1955년 이후 지속되어왔던 보수-자민당과 혁신-사회당의 대립구조는 와해되고 55년체제는 해체되었다. 그러나 자민당과 사회당의 정책공조는 지속될 수 없었다. 무라야마 사회당 내각은 안보와 경제 분야에서 신보수주의와 신자유주의 정책성향이 강화되는 자민당과 정책공조를 지속해갈 수 없었다. 무라야마 수상은 1996년 1월 사퇴했고, 자민당의 하시모토(橋本龍太郞) 내각이 출범하면서 자민당의 재집권이 시작되었다.

한편 무라야마 연립내각은 자민당과 연립하면서 그 동안 사회당을 지원해왔던 지지자들을 크게 실망시켰고, 사회당의 지지율은 더욱 하락할 수밖에 없었다. 사회당은 1996년 1월 사회민주당(Social Democratic Party)으로 개명했고, 이후 분열하면서 소수당으로 전락하게 되었다. 사회당 세력들의 분열은 일본의 정계개편이 확대되는 계기가 되었다.

(3)자민당 정권의 부활과 정치불신의 심화

무라야마 사회당 연립내각이 중도 하차하면서 1996년 1월 자민당의 하시모토 내각이 성립했다. 자민당이 1993년 8월 야당으로 전락한 이후 1년 5개월 만의 정권복귀였다. 그러나 국회의 과반수 의석을 점하지 못했던 자민당으로서는 사회당 및 신당사키가케와의 공조를 지속해야만 했다. 하시모토 내각 이후에도 자민당은 중의원 내지 참의원에서의 과반수 의석 확보에 실패함으로써 중도 내지 보수계의 중소 정당들과의 연립은 지속되었다.

자민당이 정권복귀에 성공할 수 있었던 것은 자민당 정권의 대체세력으로 높은 기대를 걸었던 '비자민연립정권'이 단 기간 내 해체되고, 통합 신당으로 새로운 정당정치를 주도할 것으로 기대되었던 신진당이 너무 쉽게 와해됐기 때문이었다. 1990년대 일본정치에서는 무당파 유권자들이 크게 증가했다. 그 배경에는 사회당 지지자들이 무당파로 남게 된 것과 반 자민당 성향의 유권자들이 신생 야당들과 통합 신당에 실망하여 무당파로 돌아선 것이 크게 작용했다(綿貫외 1인, 1997, 제6장; 蒲島 1998, 제5장).

하시모토 내각에 뒤를 이어서 자민당의 오부치(小淵) 내각과 모리(森) 내각이 지속되었다. 이 과정에서도 과거 자민당의 장기집권을 붕괴시키는데 결정적인 요인이었던 파벌정치와 이권중심의 정치구도, 정계와 재계와의 유착관계는 쉽게 해소되지 않았다. 다수의 유권자들은 여전히 자민당은 물론 통합 야당도 신뢰하지 않았다. 또한 하시모토 내각 때부터 정력적으로 추진했던 구조개혁정책과 경기진작정책이 큰 실효를 거두지 못하고 경기침체가 10년 이상 장기화되면서 자민당 정권에 대한 유권자들의 정치불신은 더욱 깊어갔다. 그 결과 1990년대 중반 이후 자민당과 내각에 대한 지지율은 좀처럼 회복되지 않았다. 또한 무당파층의 비율은 더욱 높아져 2001년 고이즈미(小泉) 내각의 초기 시점에 이르러서는 일부 언론기관의 여론조사에서 50%를 초과하기도 했다(蒲島 2004, 제11장; 內田 2001, 제15장).

4 2000년대의 정당체제

〈그림 2〉 1990년대 중반이후 정당별 지지율 추이:
일본경제신문 여론조사자료

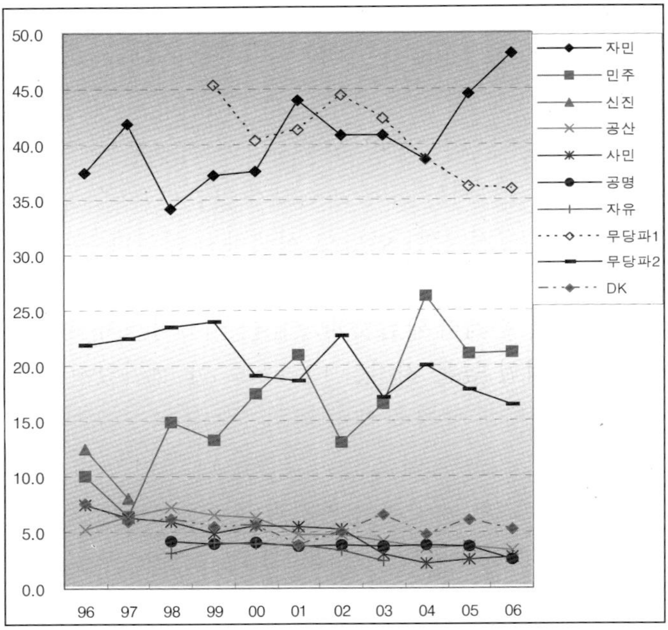

* 정당별 지지율 수치: 평상시 지지자 + 평상시 지지하지 않지만 해당 정당에 호감을 갖고 있는 자(일본경제신문조사 결과치를 연 평균한 수치임)

* 무당파1: 평상시 지지 정당이 없는 응답자(호감가는 정당은 갖고 있는 응답자 포함)

* 무당파2: 평상시 지지 정당이 없고 호감이 가는 정당도 없다는 응답자

2000년의 제42회 총선과 2003년의 제43회 총선을 거치면서 일본의 정당시스템은 2대 정당제로 수렴되는 양상을 보이기 시작했다. 또한

1990년대 반복되었던 야당들의 이합집산은 1996년 창당된 민주당으로 수렴되는 양상으로 변화했다.

집권 자민당은 2001년 4월부터 2006년 9월까지 재임한 고이즈미 수상의 높은 인기에 힘입어 1980년대의 높았던 지지율을 회복한 것으로 나타나고 있다. 고이즈미 수상은 5년 5개월이라는 긴 재임기간 내내 이례적으로 높은 인기를 지속했다. 이러한 높은 그의 인기는 수상취임 이후 일본의 구조개혁 정책을 일관되게 추진하면서, 자민당의 파벌정치와 이권중심의 정치구도를 타파하려는 노력을 지속해왔기 때문이었다.

고이즈미 수상은 과거의 자민당 수상들과는 달리 파벌을 중심으로 한 정당운영과 인사관리에서 벗어나 독단적인 인사결정과 개혁정책을 강화했다. 그리고 자신의 개혁정책에 반대하는 당내 세력들에 대해서는 강력한 제재를 주저하지 않았다. 이 같은 고이즈미 수상의 강력한 리더십은 대중적인 높은 지지를 배경으로 한 것이었지만, 반대로 일본 유권자들의 높은 지지를 지속시켜간 가장 중요한 요인이 되었다. 또한 하시모토 내각 시기에 행정조직이 개편되면서 내각부의 역할과 권한이 강화된 것을 십분 활용했기 때문이기도 했다. 고이즈미 수상은 강화된 내각부의 권한을 이용하여 주요 정책결정과정에서 개혁정책에 반대하는 자민당 유력인사의 영향력을 배제하고 이권중심의 정치구조를 타파해갔다. 또한 각료와 자민당 집행부 임명에서는 과거의 관행인 파벌안배를 무시하고 독단적 결정을 관철해갔다. 이러한 정책결정방법과 인사결정에 대해서 비민주주의적이고 독선적이라는 비판도 높았다. 또한 유권자들이 선호하는 정책과 정치스타일만을 쫓는 포퓰리스트라는 비판도 높았다(大嶽 2001). 그러나 일본의 유권자 다수는 이러한 고이즈미 수상의 개혁의지와 함께 유권자들에게 적극적으로 다가와 소신을 열성적으로 설명하려는 그의 친화력을 높게 평가했다. 자민당 지지율은 이러한 고이즈미 수상의 구조개혁 정책에 대한 적극적인 지지와 개인적인 높은 인기에 힘입어 더욱 상승했다. 고이즈미 수상의 구조개혁정책에 대한 신임 성격이 강했던 2005년 총선에서는 자민당 집권 이래 두 번째로 높은 61.6%의 의석점유율을 기록하는 대승을 거뒀다.

한편 제1야당인 민주당은 비자민당 성향의 중도 내지 보수 계열의 정치세력을 결집하는 구심점이 되었다. 그 결과 2000년 제42회 총선과 2003년 제43회 총선, 2004년 제20회 참의원선거에서 지속적으로 의석을 신장해갔다. 특히 2003년 총선과 2004년 참의원선거에서는 비례대표선거에서 자민당을 초월하는 득표로 정권교체 가능성을 높여갔다. 이러한 민주당의 성장은 무엇보다도 중의원선거제도에 소선거구제가 도입되면서 야당 세력들이 민주당을 중심으로 결집한 결과였다. 또한 반 자민당 성향이 강한 무당파층이 선거에서 민주당을 전폭적으로 지지한 결과이기도 했다. 그렇지만 선거에서 민주당을 지지한 투표자의 과반수 이상은 민주당이 집권하는 것을 원하지 않는 것으로 나타나고 있다. 즉 민주당 지지자의 상당수는 자민당의 견제 세력으로서 민주당을 지원하지만, 민주당의 정권담당능력에 대해서는 신뢰하지 않는 것으로 나타나고 있다. 이처럼 민주당의 정권담당 능력을 회의적으로 평가하는 것은, 자민당에 비해 당내에 능력있는 인재가 적고, 당내 세력간 정책성향과 이념성향이 일치되지 않아 통합된 정책을 추진해가기 어렵다고 보기 때문이다. 또한 민주당은 의원들의 정치 내지 정책 성향이 점차 보수화되면서, 자민당과의 정책 차별성이 약해지고, 정당의 정체성에서 자민당과의 구별이 어려워진 점도 민주당의 지지를 확산시키지 못하는 요인으로 작용하고 있다.

2000년대 일본의 중소 정당들로는 공명당(NEW KOMEITO), 공산당, 사회민주당 등이 있다. 현재의 공명당은 신진당이 해체되면서 1998년 과거 공명당계열의 정치세력이 결성한 중도계열로서 1999년 10월부터 자민당의 연립정권에 참여하고 있다. 중도계열의 정당으로 복지와 평화를 가장 주요한 정책목표로 세우고 있다. 창가협회라는 특정 종교조직의 지지를 얻고 있어 비례대표 선거에서는 안정적인 지지기반을 확보하고 있다. 공산당은 사회주의와 공산주의를 궁극적으로 실현할 것을 목표로 하고 있고, 대미종속과 대기업지배구조를 타파하는 것을 당면 목표로 하고 있다. 1990년대 정계재편 시기에 연립정권과 통합신당 등에 가담하지 않고 초연하게 대처하면서 정계개편에 회의적인 유권자들로부터 일정 수준의 지지율을 확보해왔다. 그러나 2000년대 들어 자민-민주 양대 정당제 성향이 뚜렷해지면서 지지율은 하락했고, 지역선거구에서 의석을 확보하는 것이 곤란할 정도로 당세가 위축되었다. 사회당의 후신인 사회민주당은 사회당 말기의 좌파계열의 소수 의원들이 이끌어 왔지만, 최근에는 현재의 평화헌법을 옹호하면서 평화외교를 강조하고, 서민과 사회적 약자를 위한 정책정당을 지향하고 있다. 그러나 유권자들의 적극적인 지지를 이끌어내는데 실패하여 향후 정당으로서 안정적으로 지속해갈 수 있을지 의문이 든다.

II. 일본의 선거

1 일본의 선거제도

(1)선거제도의 개요

일본은 의원내각제를 채택하고 있으면서 국회는 참의원(參議院)과 중의원(衆議院)의 양원제를 채택하고 있다. 참의원제도는 메이지 헌법에서 규정한 전전의 귀족원을 뒤이어 1947년 현재의 헌법이 제정되면서 개설되었다. 1947년 4월 제1회 참의원 선거가 실시되었고, 매 3년마다 재적 의원수의 과반수가 선출되며 임기는 6년이다. 참의원의 해산은 없다.

중의원선거제도는 1889년 2월 메이지헌법이 시행되고 입법기관으로서 제국의회가 개설되면서 1890년 7월 제1회 총선이 소선거구제로 최초 시행되었다. 1890년대에 들어서 전국 단위의 대선거구제로 전환되기도 했고, 1919년 소선거구제를 거쳐 1925년 중의원선거법이 개정되면서 1928년 제16회 총선부터 중선거구제(3인~5인)가 도입되었다. 중선거구제는 전후에도 지속되어 1993년 제40회 총선까지 시행되었다.

중선거구제에서는 일반적으로 소선거구제에 비해 사표가 적고, 소수당도 의석을 확보할 가능성이 높다. 또한 중선거구제 하에서 단독으로 정권을 획득하려는 정당이라면, 동일 선거구에 복수의 후보자를 입후보시켜야 한다. 이 경우 한 선거구에서 함께 경쟁하는 동일 정당의 후보자들 상호 간에는 정책대결을 펼치기가 곤란해진다. 대신에 의원들은 선거민들을 위한 봉사활동이나 지역발전을 위해 행정기관에 영향력을 행사하는 일에 열중하게 된다. 이런 상황 하에서 일본 국회의원들의 정치자금은 과다하게 소요되고, 선거구내 업계 단체와 의원들 간의 유착관계는 심화될 가능성이 높다(川人외 3인 2001, 136-138). 이런 문제점들은 자민당의 일당우위가 확고해지고 사회당의 집권 가능성이 희박해진 1980년대 이르러 자민당의 금권정치와 부패스캔들의 증가로 나타났다. 이러한 중선거구제의 폐해를 막기 위해 언론기관과 학계는 정치권에 대하여 정당 간의 정책대결이 가능하고 정당 간의 정권교체를 수월하게 할 수 있는 소선거구제를 도입할 것을 요구하게 되었다.

1993년 성립한 비자민연립내각에서는 이러한 요구를 수용해, 중의원 선거제도를 중선거구제에서 소선거구제로 전면 개편하는 선거법 개정을 시도했다. 그러나 소선거구제에서 상대적으로 불리한 중소 정당들의 요구를 받아들여 소선거구제와 비례대표제를 혼합한 '소선거구제비례대표병합제'를 도입하게 되었다. 이 제도는 1996년 제41회 총선부터 실시되었다. 일본의 내각은 의회의 내각불신임안 제출에 대항하여 중의원을 해산시키는 것이 인정된다. 따라서 중의원 의원의 임기는 4년이지만, 집권정당과 내각의 결정에 따라서 임기만료 전에 중의원이 해산되는 경우가 대부분이다.

한편 일본의 지방의회제도는 메이지 헌법이 제정된 직후인 1890년부터 지방의회 의원들을 선출하는 제한선거가 실시되면서 시행되었다. 그러나 민주적인 지방자치제도는 1947년 평화헌법이 시행되고 지방자치단체장선거와 지방의회의원선거가 실시되면서 본격적으로 시행되었다. 일본의 지방자치단체는 전국의 47개 도도부현(都道府縣)으로 구성된 광역자치체와 시·정·촌(市·町·村)과 특별구(동경도 내의 23구)로 구성된 기초자치체로 양분된다.

(2) 참의원 선거제도

일본의 참의원선거는 전국의 47개 각 도도후현을 선거구로 하는 선거구제와 전국을 단일 선거구로 하는 비례대표제로 구분된다. 선거구제의 경우는 선거구별로 1인~4인을 선출하며(2007년 선거부터는 1인~5인), 비례대표제에서는 비구속명부식으로 선출된다.

1947년 제1회 참의원선거에서는 선거구제와 전국 단일의 전국구제가 실시되었다. 전국구제는 1983년 선거에서 구속명부식의 비례대표제로 개편되었고, 현재의 비구속명부식 제도는 2001년 선거부터 도입되어 실시되고 있다.

참의원의원들의 전체 정원은 2004년 선거부터 242명으로 확정되어, 지역선거구에서 146명, 비례대표제에서 96명을 선출한다. 참의원선거는 3년마다 실시하여, 정원의 반수인 121명의 의원들을 교체하도록 규정하고 있다. 따라서 3년마다 정규적으로 실시되는 참의원선거에서는 지역선거구에서 73명, 비구속명부식의 비례대표선거에서 48명이 선출된다. 참의원선거는 임기만료 30일 전에 실시된다.

현행의 비구속식명부식 비례대표제는 정당이 제출하는 비례명부에 순위를 부여하지 않는 방식다. 유권자는 투표용지에 지지하는 정당명을 기재하거나 지지하는 정당의 비례명부 상의 특정 후보자명을 직접 기재할 수 있다. 비례대표제에서 각 정당별 의석배분과 당선자결정방식은 각 정당의 총득표수에 따라 의석을 비례 배분하고, 후보자별 득표수의 순으로 당선인을 결정한다. 여기서 각 정당의 총득표수는 각 정당의 소속 후보자 개인의 득표와 정당명의 득표를 합산한 것으로 한다. 그리고 각 정당별 당선자는 득표수가 많은 후보자순으로 결정된다. 또한 비례대표명부를 제출할 수 있는 정당의 자격으로는, 국회의원을 5인 이상 확보하고 있거나, 직전의 중의원선거 또는 참의원선거에서 득표율이 2%이상인 정당, 또는 참의원선거에 후보자 10인 이상 입후보시킨 정당에 한한다.

***참의원 불요론(參議院不要論)**

일본의 참의원은 절대군주제 체제였던 메이지헌법 하에서 존재했던 귀족원의 전통을 잇기위해 개설되었다. 과거 신분제의 전통도 폐지되었고 연방제도 채택하고 있지 않지만, 국회 심의를 신중하게 하고 중의원과의 억제와 균형을 위한다는 명목으로 채택되었다.

일본의 현행 헌법에서 규정하고 있는 참의원과 중의원의 역할은 대등하지 않다. 중의원은 예산의 심의와 승인, 조약승인, 수상지명, 회기연장 등에서 참의원에 우월하다. 법률안은 양원 각각에서 가결하면 법률로 성립되지만 중의원에서 2/3 이상의 다수로 재가결하면, 참의원의 부결이 있어도 법률안 통과가 가능하다. 전후 중의원에서 통과된 법률안이 참의원에서 부결된 사례는 2005년 8월 우정민영화 관련 법안들의 예를 포함하여 5차례 있었다.

그러나 참의원의 역할과 기능 뿐아니라 참의원의원의 피선거권과 선출방식에서도 중의원과 큰 차이가 없다. 또한 참의원 역시 점차 중의원과 동일하게 정당정치의 영향력을 크게 받게 되었다. 이에 따라 2000년대에 들어서 참의원 불요론이 대두되고 있다. 더욱이 정당정치와 국회의원들에 대한 일본 유권자들의 불신이 깊어지면서 의원 정수를 축소하고 참의원을 폐지하라는 의견이 제기되고 있다.

(3)중의원 선거제도

현행 일본의 중의원 선거제도는 1996년 제41회 총선부터 적용하고 있는 '소선거구비례대표병립제'이다. 이 제도에는 전국을 300개 선거구로 나누어 1인씩 선출하는 소선거구제와 전국을 11개 블록으로 나누어 180인을 선출하는 비례대표제가 혼합되어 있다.

중의원선거의 비례대표제는 정당별 비례명부에 순위가 부여된 '단순구속명부식' 제도이며, 소선거구의 후보자가 중복 입후보할 수 있다. 그러므로 소선거구에서 입후보한 후보자들이 비례대표명부에서 동일 순위로 중복 입후보하는 경우가 있다. 이러한 중복 입후보자들이 소선거구에서 낙선한 경우, 비례대표제에서 당선 순위를 결정하는 방식은 다음과 같다. 먼저 동일 순위의 중복 입후보자들 가운데, 각 후보자들이 자신의 소선거구에서 획득한 표가 당선자의 득표수에 준해 어느 정도 득표했는가(자신의 득표수/당선자 득표수=석패율로 불리움)를 계산한다. 즉 동일 순위에 있는 후보자들 가운데, 이 비율이 높은 순으로 당선자의 순위를 결정한다. 중복 입후보하는 후보자들은 대개 현역 국회의원들인 경우가 대부분이다. 또한 정당 집행부가 대중적 인기가 높은 후보자를 영입하기 위해 소선거구에 공천하면서 비례대표제의 안정권 순위에 중복 입후보시키는 경우도 있다. 이러한 중복 입후보에 대한 여론은 부정적이지만, 기존 국회의원들이 재선의 안전장치로서 악용하고 있어 제도 개선의 압력이 강하다.

(4)지방자치단체장 및 지방의회의원 선거제도

광역자치체의 단체장인 지사(知事)와 기초자치체의 단체장인 시·정·촌장은 주민의 직접선거로 선출되며 임기는 4년이다. 광역자치체의 의회 의원은, 시·군(市郡)을 기본단위로 한 '단기비이양식'(單記非移讓式)의 대선거구제를 채택하고 있고 복수의 선거구에서 선출한다. 또한 기초자치체의 의회 의원은 단일 선거구로 하는 경우와 복수 선거구로 나누는 2가지 방식이 병행되고 있다. 지방의회의 의원 임기는 4년이다.

지방의회와 지방자체단체장의 임기는 전국적으로 동일 주기인 경우가 많다. 그러므로 일본의 지방단체단체장 선거와 지방의회의원 선거는 '통일지방선거'로 동일한 시기에 일괄적으로 실시된다. 지방의회의 의원 정수는 지방의회의 조례로 결정된다. 기본적으로 인구에 비례하여 결정하는 데, 지방자치법에 인구 75만인 미만의 도도부현은 40인, 인구 5만 미만의 시와 2만 5천 미만의 정·촌은 26인으로 상한이 규정되어 있다.

1990년대 들어 일본의 지방자치제도는 크게 변화했다. 자민당 정권은 지방분권화를 적극 추진하면서, 지방의 인구 과소지역이 증가하고 지방정부들의 재정적자가 심화되자 기초자치단체들의 합병을 활발하게 추진했다. 또한 일본 정부는 2000년대 들어 현행의 47개 광역자치단체들을 9-13개 정도까지로 축소하여 광역적으로 통폐합하는 '도주제'(道洲制) 도입을 적극 검토하고 있다. 일본 총무성 집계에 따르면 2006년 4월 현재 시정촌의 수는 1995년 4월의 3,234개에서 10년 만에 43%이상 감소하여 1,820개로 대폭 축소되었다.

(5)일본의 정당교부금 제도

일본 정당들의 정치자금은 1994년 정당조성법(政黨助成法)이 제정되어 중앙정부예산에서 지원된다. 그 대신에 개인, 기업, 노조, 단체 등이 정당에 제공하는 정치헌금은 일정한 한도 내에서 제한된다. 정당교부금이 지급되는 정당은 국회의원의 수가 5인 이상이거나 중의원 또는 참의원 선거에서 전체 투표수의 2%이상을 획득한 정당에 한한다. 단 득표율이 2%이상이어도 재적 국회의원이 1명도 없는 정당은 지급에서 제외된다.

정당교부금의 총액은 국민 1인당 연 250엔으로 계산되며, 2006년도 지급액은 317억 3,100만 엔으로 결정되었다. 교부금의 배분은, 의원수 비율과 득표수비율을 기준으로 1/2씩 결정된다. 정당별 의원수 비율의 지급액은 해당 정당의 국회의원 수를 각 정당의 전체 의원수로 나눈 비율에 교부금 총액의 1/2를 곱한 금액으로 한다. 득표수 비율에 따른 지급액은, 전회 중의원총선거의 득표수와 전회와 전전회의 참의원선거에서의 득표수를 각 정당의 득표 총수로 나눈 비율을 산정하여 결정한다. 또한 득표수 비율에 따른 지급액은 소선거구와 비례대표구를 등분하여 산정한다.

2006년도 정당별 지급액을 보면, 자민당 168억 4,600만엔, 민주당 104억 7,800만엔, 공명당 28억 5,800만엔, 사회민주당 10억 600만엔, 기타 정당 4억 2,600만엔 등이다. 공산당의 경우는 지급 대상 정당이지만, 국민의 세금이 배분되는 정당교부금 제도는 헌법에서 보장하는 사상과 신조의 자유를 침해하는 헌법위반이라고 주장하며 거부하고 있다.

한편 정당교부금을 지급받은 정당은 교부금을 자주적으로 사용할 수 있지만, 회계장부를 비치할 의무가 있고, 일정양식의 보고서를 관할 관청에 제출해야만 한다. 제출된 보고서의 요지는 관보에 공표된다.

2 최근 일본의 선거결과

(1) 참의원선거결과

2001년 제19회와 2004년 제20회 참의원선거에서 각 정당별 득표수와 당선자수를 보면 다음 표와 같다.

〈표 1〉 2001년 및 2004년 참의원선거의 결과: 일본 총무성 발표자료

지역선거구

구분		자민	공명	민주	자유	공산	사민	무소속	기타	계
2001년	득표수(천명)	22,299	3,468	10,066	3,011	5,362	1,874	5,658	2,595	54,338
	점유율(%)	41.04	6.38	18.53	5.54	9.87	3.45	10.41	4.78	100.00
	의석수	44	5	18	2	1	0	3	0	73
2004년	득표수(천명)	19,687	2,161	21,931	-	5,520	984	5,696	126	56,108
	점유율(%)	35.09	3.85	39.09	-	9.84	1.75	10.15	0.22	100.00
	의석수	34	3	31	-	0	0	5	0	73

비례대표제

구분		자민	공명	민주	자유	공산	사민	무소속	기타	계
2001년	득표수(천명)	21,114	8,187	8,990	4,227	4,329	3,628	5,658	4,263	54,741
	점유율(%)	38.57	14.96	16.42	7.72	7.91	6.63	10.41	7.79	99.99
	의석수	20	8	8	4	4	3	3	1	48
2004년	득표수(천명)	16,797	8,621	21,137	-	4,362	2,990	5,696	2,022	55,931
	점유율(%)	30.03	15.41	37.79	-	7.80	5.35	10.15	3.62	100.00
	의석수	15	8	19	-	4	2	5	0	48

*각 정당의 득표수는 천명 이하 절삭된 수치임.

(2)중의원 선거결과

2000년대 들어 시행된 중의원선거에서 각 정당별 득표수와 의석수를 보면 다음 표와 같다.

〈표 2〉 중의원선거 소선거구에서의 정당별 득표 결과, 득표단위: 천표

구분	자민	공명	보수	민주	자유	공산	사민	기타	계
2000년	24,945	1,231	1,230	16,811	2,053	7,352	2,315	4,945	60,882
점유율(%)	41.0	2.0	2.0	27.6	3.4	12.1	3.8	8.1	100.0
의석수	177	7	7	80	4	0	4	21	300
2003년	26,089	886	791	21,814	-	4,837	1,708	3,374	59,502
점유율(%)	43.85	1.49	1.33	36.66	-	8.13	2.87	5.67	100.00
의석수	168	9	4	105	-	0	1	13	300
2005년	32,518	981	-	24,804	-	4,999	996	3,828	68,066
점유율(%)	47.77	1.44	-	36.44	-	7.25	1.46	5.62	100.00
의석수	219	8	-	52	-	0	1	20	300

〈표 3〉 중의원선거 비례대표구에서의 정당별 득표 결과, 득표단위: 천표

구분	자민	공명	민주	자유	공산	사민	기타	계
2000년	16,943	7,762	15,067	6,589	6,719	5,603	1,161	59,844
점유율(%)	28.3	13.0	25.2	11.0	11.2	9.4	1.9	100.0
의석수	56	24	47	18	20	15	0	180
2003년	20,660	8,733	22,095	-	4,586	3,027	0	59,102
점유율(%)	34.96	14.78	37.39	-	7.76	5.12	0	100.0
의석수	69	25	72	-	9	5	0	180
2005년	25,887	8,987	21,036	-	4,919	3,719	3,260	67,811
점유율(%)	38.18	13.25	31.02	-	7.25	5.49	4.80	100.0
의석수	77	23	61	-	9	6	4	180

(3) 주요 정당별 득표율 분석

1996년 현재의 제1야당인 민주당이 창당되고, 같은 해 실시된 제41회 중의원선거 이후 실시된 참의원선거(1998년, 2001년, 2004년)와 중의원선거(2000년, 2003년, 2005년)에서 일본의 주요 정당들의 득표율을 지역선거구와 비례대표구로 구분하여 살펴보면 다음 표들과 같다.

먼저 비례대표구에서의 각 정당별 득표율을 보면, 집권 자민당의 경우는 2000년대에 이르러 제1야당인 민주당과의 경합이 격화되고 있음을 알 수 있다. 또한 전체 득표에서 차지하는 양당의 점유율이 2000년대에 이르러 신장되고 있다는 것을 알 수 있다. 이러한 현상은 비례대표제보다는 지역선거구에서 더욱 현저하게 나타나고 있어, 일본의 정당시스템이 자민당과 민주당의 대결구도로 확립되고 있는 것으로 보인다. 이들 양당을 제외한 중소 정당들의 득표율은 1990년대 중반이후 지속적으로 감소해오고 있다는 것을 알 수 있다.

〈그림 3〉 비례대표구에서의 정당별 득표율 변화

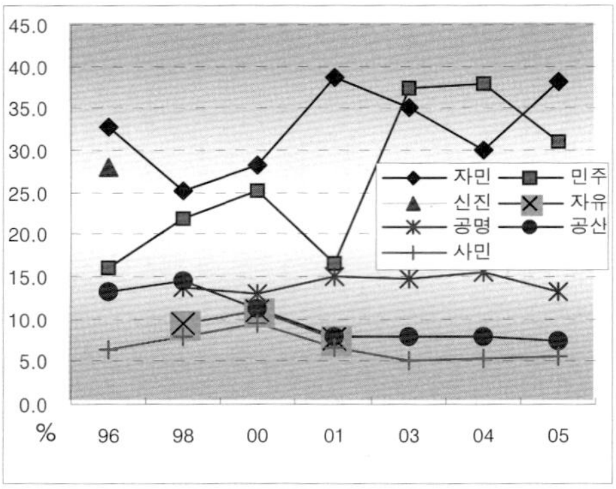

〈그림 4〉 지역선거구에서의 정당별 득표율 변화

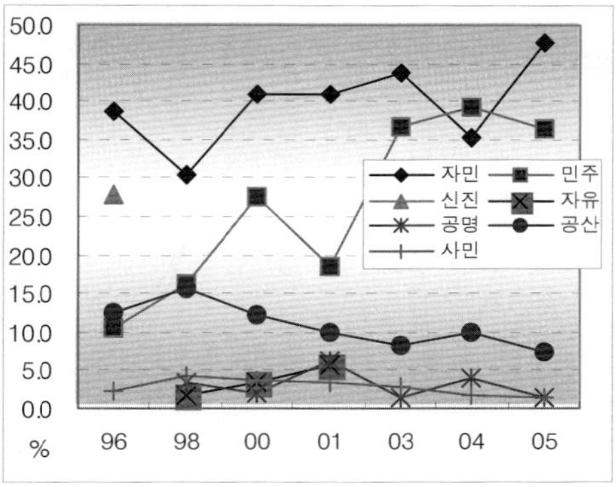

(4) 주요 정치성향의 변화 분석

1) 일본 정치의 보수화

2000년대 들어 일본의 정치가 보수화되었다는 주장은 자주 지적되어 왔다. 이러한 지적은 2000년대 들어 집권 자민당내 강경보수 성향을 농후하게 띠는 모리파가 집권세력이 되어 이들이 일본의 국내외 주요 정책을 주도하기 때문이다. 고이즈미 전 수상과 그의 후임인 아베 신조(安倍晋三)수상은 모리파에 속한 대표적인 인물이다. 또 하나의 요인으로는 제1야당인 민주당의 정책성향과 민주당 의원들의 정치성향도 자민당 못지 않게 보수적이기 때문이다. 아사히 신문의 조사결과를 보면 민주당 의원들의 정치이념 성향은 지속적으로 보수방향으로 기울고 있는 것으로 보인다.

〈그림 5〉 민주당의원들의 정치이념 성향의 변화

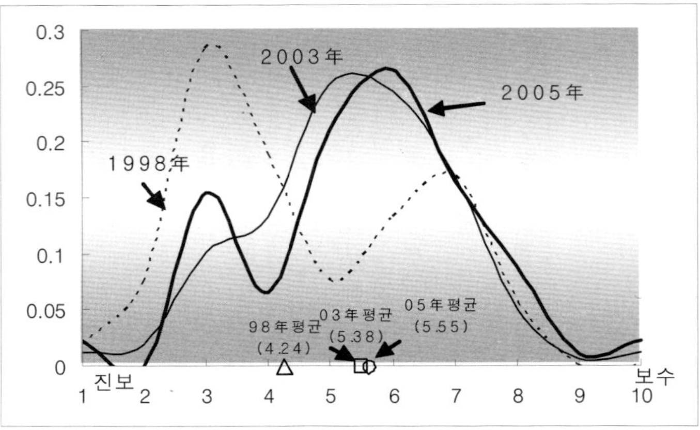

*아사히신문의 조사결과 인용(蒲島, 2006)

*진보-보수 축의 이념성향 조사는 1~10의 범위에서 1에 가까울수록 진보적이고 10에 가까울수록 보수적인 것으로 하여 개별 의원들이 선택하도록 한 것이다.

2) 정당지지 태도의 유동화

2000년대 일본 선거에서 나타난 유권자들의 투표성향 중에 하나는 지지 정당의 선택이 매우 유동적으로 변화하고 있다는 점이다. 일본의 정당지지 태도는 상대적으로 약하고 유동적이다는 사실은 1980년대부터 규명되어 왔다(三宅 1985, 98-108; 1989, 110-130). 정당에 대한 지지강도가 약하고, 정치불신이 높아지면서 나타난 양상이다.

이러한 정당지지 태도의 불안정은 2000년대 들어 일본의 선거정국이 자민-민주 양대 정당의 대결구도로 수렴된 이후에도 계속되고 있다. 이런 현상은 양당 간의 정책내용과 정치성향에서 큰 차이점이 없어 지지할 정당을 쉽게 선택하기 어렵다는 점에서도 기인한다.

이러한 가운데 유권자들의 정당선택 기준은 정당의 대표나 총재에 대한 인기에 크게 좌우되기 쉽다. 고이즈미 전 수상의 집권기에는 민주당이 자민당과의 정책대결구도를 강화하는 선거전략을 적극 추진하면서 과거에 비해 정책대결 양상이 뚜렷하게 전개되었다. 그렇지만 실제 선거에서 유권자들이 정당지지를 결정할 때 크게 영향을 미친 것은, 정당의 정책내용보다는 정당 리더의 인기수준과 이미지였다. 특히 이러한 현상이 고이즈미 내각 이후에 더욱 강화되고 있어, 일본 정치가 포퓰리즘화되고 있다는 우려가 제기되고 있다(大嶽 2003; 蒲島 2004, 353-375; 讀賣新聞東京本社世論調査部 2004, 20-24).

이렇듯 일본인들의 정당지지가 유동적으로 변화된 배경에는 앞서 설명하였던 무당파층 유권자들이 크게 증가했다는 사실이 존재한다. 또한 일본 유권자들이 기존 정당정치에 대해 강하게 불신하고 있다는 점이 크게 작용하고 있는 것으로 보인다(三宅 2001, 70-85). 일본인들의 정치불신은 1980년대 후반 이후 급격히 증가해왔다. 2000년대 고이즈미 수상 집권기에 주춤하고 있지만, 전체적으로 정치불만의 수준은 매우 높게 나타나고 있다. 이러한 깊은 정치불신이 2000년대 들어 일본 정치가 포퓰리즘적인 방향으로 흐르기 쉬운 토양이 되고 있다.

〈그림 6〉 일본인들의 정치불신 현상의 추이

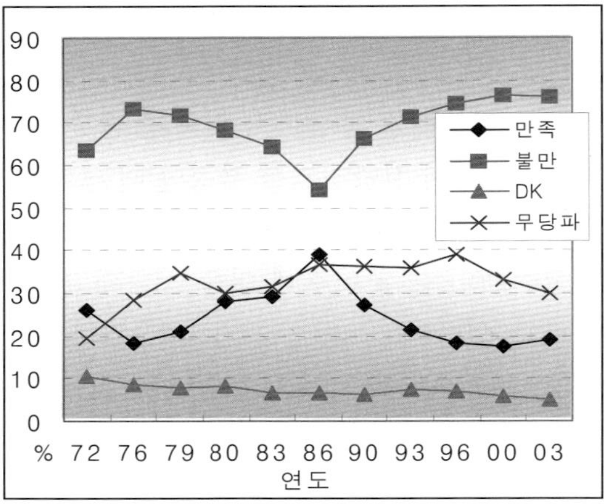

* 일본의 '밝은선거추진협회'(明るい選挙推進協会) 조사

III. 향후 일본정치의 전망

먼저 향후 일본의 정당정치는 현행의 선거제도가 지속하는 한, 자민당과 민주당의 양대 정당대결구도로 지속될 가능성이 높다. 또한 집권 자민당이 현재처럼 중의원에서 압도적인 과반수 의석을 확보하고 있을 경우, 자민당 스스로 급격한 정계개편이나 정당시스템의 큰 변화를 가져올 정치적인 모험을 시도할 가능성은 매우 낮다. 그러나 자민당이 참의원에서 과반수 의석을 확보하는 것은 당분간은 쉽지 않을 것으로 예상된다. 전후 일본의 정당정치 역사에서 보았을 때 정권정당이, 안정 과반수의석을 중참의원 모두에서 확보하는 것이 어떠한 부작용을 가져올 것이라는 것을 일본의 유권자들은 너무도 잘 알고 있기 때문이다. 이에 따라 일본의 내각은 자민당을 중심으로 한 연립내각으로 향후에도 일정기간 지속될 가능성이 매우 높다.

자민당의 정당정치에서 파벌정치구도는 현행의 선거제도와 정당교부금제도가 지속하는 한 향후에도 더욱 약화될 것이다. 자민당 의원들의 초파벌적 정당활동과 정책 사항별 연대활동 또한 확대될 것이다.

향후 일본의 정치흐름을 예상하는 데 현재 자민당의 아베내각에 대한 전망 또한 중요하다. 자민당 아베내각의 중점목표는 먼저 전임 고이즈미 내각이 추진해온 구조개혁 정책을 지속하는 것이다. 특히 세계 제1의 고령사회가 되고 있는 일본의 연금제도와 막대한 재정적자구조를 개혁하는 것이 최대 과제가 되고 있다. 또한 1990년대 중반 이후 자민당 정권이 적극 추진해온 신자유주의식 개혁정책의 결과로 나타난 계층간, 지역간 확대된 격차를 완화시키는 것이 절실한 또 하나의 과제이다. 여기에 자민당내 강경보수 세력들의 염원이었던 현행 헌법을 현행 중의원의원들의 임기 내에 개정하여 일본의 자주적인 헌법체계를 수립하는 것을 목표로 설정하고 있다. 그러나 아베 내각이 안고있는 이러한 과제들은 다수 유권자들의 희생과 고통을 분담하여야만 하는 것들이며, 동시에 정치세력간 합의가 쉽게 도출되기 어려운 난제들이다. 이런 점들은 향후 아베내각의 행보를 어렵게 할 것으로 예상된다.

제1야당인 민주당이 정권을 획득하는 것은 현재와 같은 정당구도가 지속하는 한 당분간 기대하기 어렵다. 민주당이 집권하기 위해서는 무엇보다도 집권능력을 유권자들에게 인정받아야만 할 것이다. 그 집권능력에 대한 평가는 민주당 리더들과 정책내용에 대한 평가로 수렴된다. 현재와 같이 민주당 리더들에 대한 유권자들의 평가가 매우 낮고, 민주당의 정책성향이 자민당과 차별화되지 않은 상황에서 민주당의 집권 가능성은 높아지기 어려울 것으로 예상된다. 또 일본 유권자들의 정치불신이 뿌리 깊은 상황에서 열성적인 민주당 지지파를 확대하는 것 또한 쉽지 않은 과제이다.

향후 일본의 국정선거에서 가장 크게 영향을 미칠 요인이 정당리더의 역할과 정당의 정권담당 능력에 대한 유권자들의 평가라는 점은 명확하다. 즉 정당의 리더, 정당운영과 정책내용에 대한 이미지가 중시되는 현상이 향후 자민당의 장기집권에 유리하게 작용할지 또는 민주당의 집권 가능성을 높여줄 지는 좀 더 지켜보아야 할 것이다.

〈참고자료〉

전후 일본의 내각수상과 집권정당

내각수상	재임기간	일수	집권정당
히가시쿠니노미야 나루히코(東久邇稔彦)	45.08.17-45.10.09	54	황족
시데하라 키쥬로(幣原喜重郎)	45.10.09-46.05.22	226	관료
요시다 시게루(吉田茂)	46.05.22-47.05.24	368	일본자유당외 연립
가타야마 테츠(片山哲)	47.06.01-48.03.10	292	일본사회당외 연립
아시다 히토시(芦田均)	48.03.10-48.10.15	220	민주당외 연립
요시다 시게루(吉田茂)	48.10.15-54.12.10	2,248	민주자유당/자유당
하토야마 이치로(鳩山一郎)	54.12.10-56.12.23	745	일본민주당/ 자유민주당
이시바시 탄잔(石橋湛山)	56.12.23-57.02.25	65	자유민주당
기시 노부스케(岸信介)	57.02.25-60.07.19	1,241	자유민주당
이케다 하야토(池田勇人)	60.07.19-64.11.09	1,575	자유민주당
사토 에이사쿠(佐藤栄作)	64.11.09-72.07.07	2,798	자유민주당
다나카 가쿠에이(田中角栄)	72.07.07-74.12.09	886	자유민주당
미키 타케오(三木武夫)	74.12.09-76.12.24	747	자유민주당
후쿠다 카케오(福田赳夫)	76.12.24-78.12.07	714	자유민주당
오히라 마사요시(大平正芳)	78.12.07-80.06.12	554	자유민주당
스즈키 젠코(鈴木善幸)	80.07.17-82.11.27	864	자유민주당
나카소네 야스히로 (中曽根康弘)	82.11.27-87.11.06	1,806	자유민주당
다케시타 노보루(竹下登)	87.11.06-88.06.02	576	자유민주당
우노 소스케(宇野宗佑)	89.06.02-89.08.09	69	자유민주당
가이후 토시키(海部俊樹)	89.08.09-91.11.05	818	자유민주당
미야자와 키이치(宮沢喜一)	91.11.05-93.08.09	644	자유민주당
호소카와 모리히로 (細川護熙)	93.08.09-94.04.28	263	일본신당외 연립
하타 츠토무(羽田孜)	94.04.28-94.06.30	64	신생당외 연립
무라야마 토미이치(村山富市)	94.06.30-96.01.11	561	일본사회당외 연립
하시모토 류타로(橋本龍太郎)	96.01.11-98.07.30	932	자유민주당외 연립
오부치 케이조(小渕恵三)	98.07.30-00.04.05	616	자유민주당외 연립
모리 요시로(森喜朗)	00.04.05-01.04.26	387	자유민주당외 연립
고이즈미 준이치로 (小泉純一郎)	01.04.26-06.09.26	1,980	자유민주당외 연립
아베 신조(安倍晋三)	06.09.26-		자유민주당외 연립

참 고 문 헌

堀江湛. 1997.『現代の政治學 I: 日本の選擧と政党政治』. 北樹出版.

大嶽秀夫編. 1997.『世界再編の研究』. 有斐閣.

大嶽秀夫編. 2003.『日本型ポピュリズム』. 中公新書.

綿貫讓治 · 三宅一郎. 1997.『環境変動と態度変容』. 木鐸社.

北村公彦代表編. 2004a.『現代日本政党史錄 1: 現代日本政党論』. 第一法規株式會社.

北村公彦代表編. 2004b.『現代日本政党史錄 5: 55年体制以降の政党政治』. 第一法規株式會社.

三宅一郎. 1985.『政党支持の分析』. 創文社.

三宅一郎. 1989.『投票行動』. 東京大學出版會.

三宅一郎. 2001.『 選擧制度変革と投票行動』.　木鐸社.

三宅一郎 · 山口定 · 村松岐夫 · 進藤榮一. 1985.『日本政治の座標』. 有斐閣新書R.

石川眞澄 · 廣瀨道貞. 1989.『自民党: 長期支配の構造』. 岩波書店.

佐藤誠三郎 · 松崎哲久. 1986.『自民党政權』. 中央公論社.

川人貞史. 1992.『日本の政党政治1890-1937年』. 東京大學出版會.

川人貞史 · 吉野孝 · 平野浩 · 加藤淳子. 2001.『現代の政党と選擧』. 有斐閣マルマ.

內田健三. 2001.『この政治空白の時代: 橋本, 小淵, 森, そして小泉政權』. 木鐸社.

蒲島郁夫. 1998.『政權交代と有權者の態度変容』. 木鐸社.

蒲島郁夫. 2004.『戰後政治の軌跡』.　岩波書店.

蒲島郁夫. 2006.「일본정치의 현상과 과제」,『2006 한국 선거학회 연례 학술회의 논문집』(한국선거학회편), 2006.

讀賣新聞東京本社世論調查部. 2004.『二大政党時代のあけぼの: 平成の政治と選擧』. 木鐸社.

인도의 정당체계와 선거체계

고경희

1. 일당우위정당체계로부터 다당경쟁체계로의 이행

인도의 정당체계는 인도국민회의당(Indian National Congress, 이하 회의당)이 주도하던 일당우위체계에서 지역정당을 포함한 다수의 군소정당이 난립하는 다당경쟁체계로 변동되고 있다. 독립 이후 현재까지 전개된 인도 정당체계의 변화를 회의당의 성장-공고화-약화 과정을 통하여 3시기로 나누어서 살펴보면 다음과 같다.

첫 번째 시기는 1952년 총선에서부터 1967년 총선 이전까지인데, 이 시기 인도정당체계는 회의당 중심체계 즉, 회의당이 주도했던 '일당우위체계'라 할 수 있다. 이 시기 인도는 1952년, 1957년, 1962년 세 차례의 총선을 실시하였는데, 선거결과는 회의당이 계속해서 압도적 승리를 거두어 확고한 일당정권을 구축한데 반하여 다른 정당들은 군소정당에서 벗어나지 못하였다.

그런데 이러한 선거결과는 정부 여당의 선거부정이나 야당 탄압의 결과가 아니었다. 당시 인도는 민주정치의 원리를 비교적 충실히 따르고 있었다. 선거제도는 단순다수대표제[1]를 채택하고 있었고, 선거과

---

1) 인도의 선거제도는 최다득표자를 당선자로 하는 단순다수대표제를 채택하고 있다. 선거구의 크기는 1952년과 1957년에는 소선거구제와 중선거구제를 혼합하여 채택했으나, 1962년 이후에는 일선거구에서 일인을 선출하는

정에 대한 정부 여당의 부당한 개입이 없는 자유·공명선거가 실시되었다. 그럼에도 불구하고 일당우위체계가 나타난 것은 회의당에 대한 국민의 신뢰와 지지가 그만큼 높았기 때문이다.

'단순다수대표제는 양당체계를 출현시키는 경향이 있다'는 뒤베르제(Duverger) 법칙과는 달리 인도에서는 일당우위체계가 출현하였으며, 바로 이것이 인도정당체계가 가지고 있는 하나의 특징이라 할 수 있다. 이러한 결과가 나타나게 된 것은 회의당이 영국 식민통치에 대항했던 민족주의 운동의 후신으로 독립시 전국적인 조직을 가진 유일한 정당이었고, 네루와 같은 유능한 정치지도자를 가지고 있었다는 점, 야당화 될 수 있는 여러 정파 세력들을 당내 파벌로 흡수한 포괄정당이었으며, 그리고 야당의 파편화 등에 연유한다고 할 수 있다.

우선 독립 후 회의당이 국민들의 압도적인 지지를 확보하여 강력한 정당으로 발전할 수 있었던 요인은, 무엇보다도 회의당이 과거 인도 독립운동과 민족주의 운동을 이끌어 나갔던 인도 정치지도자들의 집합체였으며, 그것이 독립 후 그대로 국민의 정당으로 변신한데 있었다. 회의당이 장기간 일당우위정당의 지위를 유지할 수 있었던 또 다른 요인은 회의당이 전국조직을 가진 유일한 정당이었고, 당운영도 민주적으로 이루어지고 있어, 당내의 다양하고 상이한 파벌이익들이 당정책으로 폭넓게 흡수되어 당의 결속력을 높인데 있다.(Weiner 1967, 41)

회의당은 이미 독립 이전부터 30여 년 동안 전국규모의 대중조직으로서 이익집약의 기능을 수행하여 왔고, 대중을 영도하는 유사정부로 활동하면서 부분적이기는 하지만 통치기능을 수행함으로써 인도를 대표하는 실질적인 정당인 동시에 정부와 같은 위치에 있었다.(Mitra 1999, 228-229) 독립 후 회의당은 독립 이전의 조직을 그대로 유산으로 이어 받아 더욱 보완하고 강화시켜 나갔다. 이 때문에 회의당은 다른 정당과는 비교될 수 없는 유리한 입장에서 당원들을 충원하고 훈련시

소선거구제를 유지하고 있다(Lijphart 1994, 168-169).

킬 수 있었으며, 폭넓은 지지기반을 확보하여 선거시 많은 의석을 얻을 수 있었다.

둘째, 독립 후 인도가 여타 신생독립국에 비해 정치안정을 이룩하고 회의당이 우월한 지위를 확보하게 된 데에는 네루(Nehru)의 리더십에 힘입은 바 크다. 네루의 카리스마적 영도력은 1962년 인·중전쟁 패배 이후 상당히 약화되었지만, 1947년부터 1964년까지 네루가 수상으로 재직하는 동안 그의 권위에 도전할만한 사람은 아무도 없었다. 또한 네루는 지역·언어·종교·카스트 등의 파벌적 이익을 초월한 범인도적 목표를 표방함으로써 편협한 지역주의자로서가 아니라 전인도를 대변하는 정치인으로 존경받았다.(Kamal and Meyer 1977, 72)

셋째, 일당우위시기의 인도정당체계의 특징 중의 하나는 정치권력을 둘러싼 경쟁이 정당간의 경쟁이 아니라 집권당 내부의 파벌간의 경쟁에 의해서 이루어졌다는 것을 들 수 있다. 즉 이 시기에는 인도정치에 미치는 야당의 영향력을 무시해도 좋을 정도였다. 이러한 현상은 집권당인 회의당이 모든 정파의 결집체로서 국민통합을 주도하는 '합의정당(party of consensus)'(Kothari 1964, 1163)의 역할을 하고 있었던데 기인한다. 회의당은 야당이 될 수 있는 거의 모든 정치세력들을 회의당 내의 파벌로 흡수하여 효과적으로 통제하고 있었고, 이들 파벌들이 회의당 내에서 야당의 역할과 기능을 충실히 대행하고 있었기 때문에, 야당이 존립할 수 있는 기반이 극히 미약하였고, 국민들도 회의당 이외의 정당의 필요성을 느끼지 못하였다.

따라서 야당들은 회의당이 주도하는 정당체계의 주변부에서 정권획득 경쟁을 포기하고 오직 특수이익의 실현을 위해 노력하는 '압력정당'의 역할에 만족할 수밖에 없는 제한된 기능만을 수행하였다. 집권당에 대해 정치적 영향력을 행사하려는 야당의 지도자들은 자신들과 유사한 의견을 가지고 있는 집권당 내 파벌들에게 자신들의 정견을 전달하는 방법을 통하여 정치적 영향력을 행사하였다.(Kothari 1964, 1162)

넷째, 야당 세력은 이념적으로 상당한 다양성을 드러냈을 뿐 아니라 유사한 이념 하에서도 서로 분열되어 이합집산을 되풀이하였다. 이 때문에 야당들은 폭넓은 정치활동을 했지만 실제로 회의당에 위협을 줄만한 정치력을 집약하는 데는 실패하였다.(Hardgrave 1970, 139-154) 따라서 이 시기 인도에는 회의당과 경쟁하여 정권을 장악할만한 힘을 가진 정당이 존재하지 않았을 뿐만 아니라, 정권장악은 못하더라도 회의당의 일당지배에 위협을 줄 만한 전국규모의 정당도 존재하지 않았다. 후일 인도정당체계에서 중요한 변수로 등장하게 될 지역정당들은 일부 정당을 제외하고는 활동이 미미하였다. 또한 지역·카스트·언어·종교적인 다양성을 안고 있는 인도의 풍토에서는 전국규모 정당이 나오기 어려웠다. 이 때문에 전국규모의 정당이 될 수 있는 가능성을 가지고 있는 것은 대체로 이념정당이었다. 그러나 이러한 특수한 이념이나 종교를 표방하는 이념정당들은 전국을 활동무대로 하고 있었지만 지역적인 한계성을 띠었고, 국민 중의 일부계층을 대상으로 활동하기 때문에 대중정당으로 성장하기는 어려웠다.

두 번째 시기는 1967년부터 1989년 총선 시까지로 회의당의 일당우위체계가 동요하던 시기이다. 이 시기에 1967년, 1971년, 1977년, 1980년, 1984년 다섯 차례의 총선거가 실시되었는데 회의당의 득표율과 의석점유율이 안정되지 않고 심하게 동요하였던 것을 볼 수 있다. 특히 1977년 총선에서는 과반수 의석을 확보하는데 실패하여 통합정당 자나따당(Janata Party)에게 일시 정권을 넘겨주기도 하였다.

선거제도가 변화된 것도 아니고 회의당에 대항할 수 있는 새로운 대중정당이 출현한 것도 아닌데도 왜 그러한 현상이 나타났는가. 그 이유는 회의당이 일당우위 정당으로서의 위치를 확보할 수 있게 해 주고 있던 기반들이 무너지기 시작했기 때문이다. 즉 네루 사망을 계기로 표출되기 시작한 회의당의 당권 경쟁과 지도층의 분열, 당권 장악을 위한 권력의 집중화와 권위주의적 통치, 그리고 반회의당정서를 이용한 야당들의 연합이 회의당중심체계 동요의 근본적인 요인이 되었다.

이 시기에 회의당중심체계가 동요하게 된 가장 큰 원인은 회의당의 분열에 있다. 독립 후 어느 정도 시일이 흐름에 따라 인도에서는 새로운 성향의 신진정치인들이 두각을 나타내기 시작하였다. 이들의 성장은 특히 주 수준과 지방 수준에서 현저했는데 이들 대부분은 민족주의 운동의 엘리트와는 달리 해외유학 경험도 없고, 교육수준도 높지 않고, 국제화되지도 않은 보수적인 성향이 강한 사람들로서, 점차 주 수상을 비롯한 당의 요직을 차지하여 중앙당에도 영향력을 행사할 수 있게 되었다.(Singh 1986, 42-43)

이렇게 당조직 상의 변화가 생겨나고 있던 시기인 1962년 인·중전쟁에서의 패배는 네루의 카리스마적 통제력과 당중앙권위의 약화를 촉진시켜 당분열과 파벌대립의 계기를 마련해 주었다. 회의당 분열의 조짐은 1963년 일부 주 지도자들과 중앙 지도자들이 참여하여 결성한 '신디케이트(Syndicate)'라는 강력한 당내 파벌이 등장한 것을 계기로 시작된다.2)

신디케이트는 인 · 중전쟁에 패배한 후 네루의 리더십이 급격히 약화되어 당내에 힘의 공백 상태가 생기면서 이 틈을 파고들어 신진 주 정치지도자들이 집단지도체제를 표방하며 당의 지배권을 장악하려는 데서 나왔다. 이러한 신디케이트는 비공식적인 당 내 조직이었지만 수시로 회합을 갖고 인도의 중요 정치문제들에 대해 의견을 교환하고 통합된 견해를 표명하였으며, 수상 선출에도 강력한 영향력을 행사하였

2) 신디케이트에 참가한 중요 인물로서는 따밀나두주의 주 수상인 까마라즈(K. Kamaraj Nadar), 알드라쁘라데쉬주의 주 수상인 산지바 레디(Sanjiva Reddy), 까르나따까주의 주 수상인 니잘린가빠(Nijalingappa), 서벵갈주의 당 보스인 아뚤리야 고쉬(Atulya Ghosh), 연방정부의 장관으로서 봄베이주의 당 지도자인 빠띨(S. K. Patil) 등을 들 수 있다. 이후 더 많은 당내 저명 지도자들이 이 파벌에 합류하였다(Singh 1986, 42).

다. 네루가 사망한 후 샤스트리(Shastri)나 인디라 간디(Gandhi)가 수상이 될 수 있었던 것도 이들의 지지가 있었기 때문이었다.

그런데 인디라 간디가 수상이 된 후 실시된 1967년 총선거 및 1969년 중간선거에서 회의당의 의석이 대폭 감소되자 선거실패에 대한 책임문제가 제기되고, 그것은 인디라 간디의 리더십·정책·선거전략 등에 대한 비판을 불러 일으켜 심각한 당내 갈등을 야기하였다. 갈등의 요인은 비록 인디라 간디에게 수상직은 양보하였지만 당 영도권은 계속 장악하려는 신디케이트 지도자들과 인디라 간디와의 대립에 기인하였다. 인디라 간디는 자신을 지지하는 당내 소장파를 중심으로 힘을 규합하여 당료파의 신디케이트에 강력히 대응하였다.

그 결과 마침내 1969년 9월 양 파가 분열하여 인디라 간디 파벌의 회의당집권파(Congress(Ruling))와 신디케이트들의 회의당당료파(Congress (Organization)) 두 개의 정당으로 분당됨으로써 회의당은 독립 이래 최대의 위기에 직면하게 되었다. 또한 1969년 분당에 따른 인디라 간디의 집권은 회의당의 제도화의 이완의 단초를 제공하여 회의당의 조직·이념·지지기반에 커다란 변화를 가져오게 되었다. 인디라 간디의 집권은 당권이 정권에 종속되게 만들었고, 많은 당내 파벌지도자들이 당을 이탈함으로써 다양한 국민 이해관계의 조정·통합기구로서의 당기능에 치명적인 타격을 입혔으며, 인디라 간디 개인에 대한 충성심을 기준으로 한 정실인사가 만연함으로써 당내 민주주의를 크게 손상시켰다.

회의당 일당우위체계의 동요를 가져온 두 번째 요인은 인디라 간디 통치기의 주요한 특징이라 할 수 있는 권력의 집중화와 권위주의 통치라 할 수 있다. 인디라 간디는 당을 완전히 장악하여 어느 면에서는 자신의 사당으로 만들기 위하여 당권을 정권을 장악한 자신에게 종속시키려 하였다.[3)]

---

3) 이러한 목적을 위해 인디라 간디는 회의당의 권력 중심부인 당운영위원회, 당중앙의회위원회, 당중앙선거위원회의 위원들의 임명을 직접 관장해 나

더구나 회의당의 분열에 따른 지지기반의 약화를 만회하기 위해 인디라 간디가 선택한 권위주의 정치는 회의당지배체제를 몰락의 길로 이끄는 주요 요인이 되었다. 인디라 간디는 협소해진 국민의 지지기반을 만회하기 위해 하층계층의 지지를 받을 수 있는 민중주의 정치(populism)를 표방하고 좌파편향적인 정책을 추구하였다. 그러나 이러한 정책은 성공을 거두지 못하여 국민적인 저항이 확산되었다. 인디라 간디는 이러한 국민적 저항을 민주적인 방식으로 해결하려 하지 않고 비상사태를 선포하여, 국민의 불만을 강압적으로 억압하는 권위주의 통치를 선택함으로써 국민의 이반과 반회의당 정서를 격화시켰다.[4)]

일당우위체계의 동요를 가져온 또 다른 요인은 반회의당, 반인디라 간디 정서를 적절히 이용한 야당연합에 있다. 1977년에는 인도 역사상 최초로 야당들이 통합정당을 결성하여 회의당에 대항함으로써 선거에서 승리하여 정권교체가 이루어졌다. 1977년 비상사태가 종식되고 총선 실시가 공포된 직후 1977년 총선에서 야당통합으로 형성된 자나따당[5)]은 인디라 간디의 권위주의와 비상사태를 비판하고, 인디라 간디의 재집권은 인도 민주주의의 종식을 초래할 것이라고 선전하여 폭

갔다. 이를 통해 인디라 간디는 주의회 및 연방의회 후보자의 공천을 직접 관장하여, 주와 군 수준의 당무까지도 통제하였다. 인디라 간디가 이같이 자신에게 정권과 당권을 집중시킨 것은 모든 잠재적인 정치적 도전자들이 권력 기반을 닦을 수 있는 가능성을 미연에 방지하기 위한 조처였으며 이러한 행태는 인디라 간디 통치 시기 특유의 정치 현상이 되었다. (Kochanek 1976, 95-112).

4) 인디라 간디는 국민들의 관심사인 경제정책에는 성공을 거두지 못했으면서, 자신에게 권력을 집중시키고 개인화된 리더십을 개발시키는 데 열중함으로써 국민들의 불만을 샀다. 기아와 궁핍으로 곳곳에서 반정부 군중 데모가 일어났고, 대학생을 중심으로 고학력 실업자들이 소요를 일으켜 정부를 궁지에 빠뜨렸으며, 인도가 안고 있는 모든 난제의 원천은 인디라 간디라는 비난이 집중되었다. (Vohra 1997, 238).

5) 자나따당은 5개의 주요그룹들 즉 회의당당료파, 잔상(Jan Sangh), 사회당, 바라띠야 로끄 달(Bharatiya Lok Dal), 민주주의를 위한 회의당(Congress for Democracy)으로 구성되었다.(Park and Mesquita 1979, 140-152) 참조.

넓은 국민의 지지를 이끌어 내었다.

총선 결과는 자나따당의 승리였다. 그러나 자나따당정권은 불과 3년이 못되어 붕괴되고 또다시 회의당에게 정권을 넘겨주었다. 자나따당정권이 단기로 끝난 것은 이질적인 잡다한 정당들이 규합하여 만든 정당이라는 특성 때문에, 회의당정권을 붕괴시킨다는 목표 이외에는 이 정당을 결속시킬 수 있는 요소가 없었기 때문이다. 따라서 일단 회의당으로부터 정권을 탈취한다는 목적이 달성된 후 정권을 구성한 각 정당이 정책상의 차이점을 노출시키면서 내부분열이 불가피하게 되어 자멸하게 된 것이다.

이 시기의 후반부라 할 수 있는 1980년대에는 자나따당에 대한 실망 때문에 회의당이 재집권한 시기로서 회의당의 정책 여하에 따라서는 정치적인 안정 기반을 회복할 수 있는 시기였다. 그러나 재집권한 인디라 간디와 그의 뒤를 이은 라지브 간디가 지난날의 정치행태를 다시 답습함으로써 회의당의 정치적 기반이 점진적으로 붕괴되어 나갔다.

세 번째 시기는 1989년에서부터 2004년 총선 시까지의 시기로 회의당의 일당지배체계가 사실상 종식되고 다당경쟁체계가 정착되어 가는 시기라 할 수 있다. 1989년 총선을 전후하여 회의당에 대한 지지가 급속히 하락하고 야당 세력이 급성장했으나 어느 정당도 과반수 의석을 확보할 수 있을 정도로 강력한 국민의 지지를 받지 못하는 현상이 나타났다. 이 때문에 야당들은 회의당 정권을 물리치고 정권을 장악하기 위해 선거연합 등의 야당 결속을 통해 회의당과 대결하였다. 따라서 이 당시의 인도 의회는 어떠한 정당도 과반수 의석을 확보하지 못한 의회(hung parliament)였다. 1989년 총선을 비롯하여 1991년[6], 1996년, 1998년, 1999년 총선 후 설립된 모든 의회가 그러한 의회였다.

---

6) 1991년 총선 결과 회의당은 과반수를 확보하지 못하였지만 무소속 의원 등을 규합하여 과반수 선을 간신히 확보하여 정권을 유지하였다.

이러한 현상이 나타난 것은 원내에 진출한 정당수는 증가하였지만 회의당을 대체할만한 대정당이 등장하지 못한데 기인한다. 따라서 정당수의 관점에서 보면 인도정당체계는 회의당, 인도인민당(Bharatiya Janata Party), 자나따 달(Janata Dal) 등의 대중정당 및 상당수 지역정당들이 원내 진출한 극단적 다당체계의 특징을 보여준다고 할 수 있다.

인도정치체제는 이러한 군소정당의 난립으로 정당간의 연합에 의한 연립정부의 구성이 불가피하였다. 또한 정당연합의 축이 다극화되어 있어, 각 정당들이 고정적으로 어느 한 축을 선택하는 것이 아니라 자신들의 이해관계에 따라 그 축을 바꾸는 것을 볼 수 있다. 그러나 과거에 비해 정당의 수가 상당히 증가하여 정당 간 다극성이 나타남에도 불구하고 체계 내 경쟁은 원심적이기 보다는 구심적인 것을 볼 수 있는데 이것은 원내 정당들이 정권을 장악하기 위하여 연합을 추진하고 있는데 기인한다.

이 시기 인도의 정당체계가 일당우위체계로부터 다당체계로 변동하게 된 요인은 회의당의 쇠퇴와 이를 이용한 여타 정당들의 부상 등을 지적할 수 있다.

첫째, 회의당의 쇠퇴는 라지브 간디와 나라시마 라오(Rao) 양 수상이 당의 민주화를 표방했으면서도 실제로는 자신을 중심으로 한 권위주의 정치를 시행함으로써 회의당의 단합을 저해하고 국민들의 신뢰를 상실한데 기인한다.

인디라 간디의 뒤를 이어 1984년 회의당 지도자가 된 라지브 간디는 당개혁이야말로 가장 시급히 추진되어야 할 과제라고 하면서 이를 위해서는 무엇보다도 그 동안 유명무실화 되어온 중요 당직자의 선거를 부활하여 당내 민주주의를 회복해야 한다고 강조하였다.(Kohli 1990, 340-341) 그러나 이러한 공약은 제대로 실행되지 못하였다. 라지브 간디는 인디라 간디와 같은 중앙집중화된 통제를 통해 당내 권력을 유지하게 됨으로써 당내 민주화를 후퇴시켰다.(Weiner 1984, 15) 1991년 선거유세 도중 암살당한 라지브 간디의 뒤를 이어 회의당 총재 겸 수상으로 선출된 라오 역시 인디라 간디 이후 20여 년 간 중단되었던 당내 선거를 부활시켜 당내 민주주의를 실현시키겠다고 공약하였다. 이 공약에 따라 라오는 중요 당직자 선거를 실시하였다. 그러나 얼마 후 당내선거를 폐지하였는데, 그 이유는 주에 권력기반을 둔 파벌지도자들이 다수 선출되어 당정책결정기구인 운영위원회를 비롯한 중요 당직을 차지하게 됨으로써 라오 자신의 당통제가 어렵게 되었기 때문이다.

둘째, 당내 파벌의 이해를 조정을 통해 융합시키지 못하고 갈등·대립으로 유도함으로써 당이 분열되게 된 것이 회의당 쇠퇴의 또 하나의 요인이 되었다. 특히 이 시기에는 주당 내에서의 주도권을 둘러싼 파벌갈등이 중요한 문제로 대두되었는데, 과거에는 당내 파벌갈등이 중앙당지도자들의 중재를 통해 해결되는 수평적 갈등의 형태를 띠었으나, 점차 중앙당 지도자와 주당 지도자가 결속된 행동을 취하는 수직적 갈등의 양상으로 변화되어, 중앙당지도자들이 갈등의 조정해결능력을 상실하고 오히려 파벌 간 갈등의 소용돌이 속에 빠져들게 되었다.(Singh 1992, 306-307) 이에 따라 당이 수직적 균열상태에 빠져 통합보다는 분열로 치닫게 되었다.

셋째, 당지도부의 부패에 따른 회의당에 대한 민심이반에서 회의당 쇠퇴의 또 하나의 원인을 찾아볼 수 있다. 특히 라지브 간디와 라오 양 수상이 대형 부패 스캔들에 연루됨으로써, 이들에 대한 국민의 기대가 컸던 만큼 실망과 분노도 컸던 것을 볼 수 있다.[7)]

넷째, 독립 이후 회의당이 포괄정당의 지위를 유지해 오는데 기여해온 민주주의·탈종교주의·사회주의를 내용으로 한 당이념이 퇴색되어 다른 정당과의 차이점이 사라지게 된 것이 회의당 쇠퇴의 또 다른 요인이 되고 있다.

---

7) 부패스캔들에 관해서는 Thakur 1998, 605; Vohra 1997, 288-289; Gill 1998 참조.

마지막으로, 1990년대 다당경쟁 양상을 초래한 또 하나의 요인은 인도인민당과 자나따 달 등의 주요정당들과 수많은 지역정당들의 성장이다. 1980년에 창당된 인도인민당은 1996년 선거 이후 1999년 선거 시까지 제1당의 위치를 차지해왔던 중요한 정당이다. 인도인민당은 1984년 총선 후 힌두지상주의(Hindutva)를 당의 강령으로 내세웠다.(Chatterjee 1994, 15-16) 이러한 인도인민당의 힌두주의 정당 표방은 획기적인 당세 확장을 가져왔다. 힌두주의를 내걸고 무슬림에 대한 호전적 입장을 취하면서 회의당을 힌두주의에 반하는 정당이라고 비난하는 선거전략하에 임한 1989년 총선에서 인도인민당은 의석을 불과 2석에서 85의석으로 신장시켜 회의당과 자나따 달에 이어 제3당의 지위를 차지하는 성공을 거두었다. 나아가 1991년 총선에서는 120석을 얻어 회의당에 이어 제2당의 지위를 획득하였고, 1996년 총선에서는 161석을 획득하여 드디어 제1당에 지위에 올라섰다. 1998년 총선에서는 182석을 획득하여 제1당이 되어, 드디어 연립정부를 구성하여 정권을 장악하였다. 1999년 총선에서도 인도인민당은 역시 182석을 확보하여 제1당의 지위를 유지하고 보다 안정된 연립정권을 구성하게 되었다.

자나따 달은 1998년 총선 이후 당세가 극도로 약화되었으나, 1989년 총선 후 연립정권을 구성하여 일당우위체계를 무너뜨리고 다당체계를 출현시키는데 결정적인 역할을 한 정당이다. 자나따 달의 당수이며 1989년 총선에서 수상이 된 쁘라탑 싱(V. P. Singh)은 파벌갈등을 불식하고 자신의 당통제권을 강화하기 위해 1990년 만달위원회의 보고서(Mandal Report)[8]를 정책화하겠다고 발표함으로써 낙후카스트들의 지지를 이끌어 모았다. 1996년 총선을 앞두고 자나따 달은 당조직 및

8) 만달보고서는 1979년 자나따당 정권 시기 낙후카스트들의 지위 향상 방안을 마련하기 위해 결성한 만달위원회에 의해 작성되었다. 그 주요 내용은 인도 인구의 약 53%를 차지하고 있는 3743개의 낙후카스트들에게 정부관직, 고등교육기관의 입학 및 정부산하기관직의 27%를 할당할 것을 제안하고 있다.

당정책과 프로그램을 재정비하여 하층계층의 이익을 옹호하는 대중정당으로서의 이미지를 부각시키려 하였다.(Narang 1998, 424-426)

1996년 총선의 결과는 기대와는 달리 8.8%의 득표율로 겨우 46석을 확보하였지만, 좌파전선을 비롯한 여러 지역정당을 규합하여 13개의 정당으로 구성된 통일전선 연립정권을 형성하는데 중심축이 됨으로써 1989년 이후 다시 한 번 정권 장악에 성공하였다. 그러나 군소정당 연립이라는 한계 때문에 불과 2년 만에 정권이 붕괴되었다. 그 결과 1998년 실시된 총선에서는 불과 6석을 얻는 참패를 당하였다. 1999년 실시된 총선에서는 21석을 획득하여 어느 정도 당세를 만회하였지만 2004년 총선에서는 다시 세력이 약화되었다.

11. 단순다수제 선거제도

선거제도란 선거에 관한 법률 및 일련의 규칙을 총칭하지만, 일반적으로 당선결정방식(electoral formulas), 선거구의 크기 및 투표의 구조(ballot structure) 등 세 가지 차원으로 기술될 수 있다. 우선 당선결정방식이란 후보의 당선을 결정하기 위한 방식을 의미하는데 인도는 가장 많은 표를 얻은 후보가 당선되는 일위대표제를 채택하고 있다. 선거구의 크기는 한 선거구에서 선출되는 입후보자의 수를 의미하는데 인도는 1952년과 1957년 두 번의 선거에서 부분적으로 중선거구제[9]를 채택한 이후 1962년부터는 일선거구에서 일인을 선출하는 소선거구제를 채택하고 있다. 투표의 구조 즉 투표자가 투표용지에 자신의 선

9) 1952년 선거에서는 86개의 2인 선거구와 1개의 3인선거구가 있었는데 전자의 경우, 투표자는 두 개의 표를 행사했고, 후자의 경우에는 세 개의 표를 행사하였다. 1957년 선거 시에는 91개의 2인 선거구가 있었다. Lijphart 1994, 168-169; Dikshit 1993, 14.

택을 표명하는 기표방법은 선거제도 중 가장 흔히 사용되는 방법으로 1인 후보자에게만 투표할 수 있는 방식을 채택하여 지금까지 계속 사용해 오고 있다.

이와 같이 카스트, 계층, 종교, 지역 등 사회균열 구조가 복잡 다양한 인도가 이를 보다 완화하기 위한 선거제도인 비례대표제가 아닌 단순다수제를 채택하게 되는데 그 배경은 다음과 같다. 우선, 단순다수제는 독립 이전 시기부터 부분적으로 운용되어온 친숙한 선거제도라 할 수 있다.[10] 2차세계대전 이후 독립한 대부분의 제3세계 국가들은 식민통치를 가했던 서구 국가의 정치제도를 유산받았는데, 선거제도 또한 대부분 통치국가에서 사용되어온 제도를 채택하였다. 인도 역시 이미 운용의 경험이 있는 영국식 선거제도인 단순다수제를 채택한 것은 자연스러운 일이라 할 수 있다.

둘째, 신생독립국 인도의 정치안정을 위하여 제헌의회 내 많은 의원들은 비례대표제보다는 다수대표제의 도입을 강조하였는데 이러한 주장은 영국과 미국과 같이 양당체계를 통한 정치안정은 다수대표제를 통하여 가능하다는 논리에 기반한 것이었다.

인도는 독립 후 제헌의회에서 선거제도를 결정하는 과정에서 다수대표제를 채택하였지만 비례대표제를 주장하는 의견도 강하였다. 원래 비례대표제는 다수대표제 선거제도 하에서 심화되었던 민족, 언어, 종교 등에 얽힌 사회적 갈등을 치유하고자 했던 유럽국가들에서 발전되었기 때문에, 유럽 이상으로 심각한 사회균열의 잠재성을 안고 있던 인도 역시 비례대표제에 대한 선호는 자연스러운 것이었다.

특히 소수집단들의 대표들은 비례대표제를 선호하였는데, 무슬림 리그(Muslim League)의 대표들은 비례대표제를 통하여 연립정권을 구

10) 인도는 영국의 식민통치시기인 1909년에서부터 종교와 직업에 따른 분리선거구를 운용하며, 남성에게만 참정권을 부여하는 등 제한적이나마 선거를 실시하여 왔다.

축하고 있는 스위스식 선거제도의 도입을 주장하였다.(Bhagat 1996, 109) 또한 카리무딘(Karimuddin) 등의 의원들은 종파주의의 완화와 소수집단의 대표권 보호를 위하여 비례대표제를 도입해야 한다고 강력히 주장하였다.(Karimuddin *CAD* Book, 1233-1235) 또한 비례대표제를 주장하는 일부 세력들은 다수대표제가 수많은 사표를 만들어 냄으로써 유권자들의 권리를 박탈하고 민주주의의 원칙을 훼손하는 반면 비례대표제는 모든 유권자들의 의사를 보다 적절히 반영함으로서 다수제보다 민주적이라고 주장하였다. 나아가 비례대표제는 인도 사회 내에 존재하고 있는 다양한 소수 그룹의 이익도 무시되지 않도록 함으로써, 타협과 통합의 정치문화와 정치행태를 촉진하는 적합한 제도라고 지적하였다. 또한 비례대표제를 통하여 인도사회 내에 존재하는 다양한 민족, 언어, 종교, 카스트 등에 기반한 이익을 추구하는 소수 집단까지 제도적 틀 속으로 흡수함으로써 잠재적 사회 갈등을 미연에 방지할 수 있다고 주장하였다.(Zari *CAD* Book, 286)

그러나 제헌의회에서 선거제도에 대한 논의가 진행되는 동안 비례대표제는 환영을 받지 못하였다.[11)] 제헌의회 내 대다수 의원들은 비례대표제가 신생독립국 인도의 정치안정을 저해하게 될 것이라는 입장을 취하였다. 이들은 비례대표제의 높은 비례성이 군소정당을 난립하게 함으로써 효율적인 정권 구축을 저해할 뿐만 아니라, 군소정당들은 극단적 정치행태에 의지하는 경우가 많아 정치적 불안정이 우려된다는 것이었다. 따라서 정권의 수명이 짧아질 수밖에 없으며 효율적인 국정운영이 어렵게 된다는 논리로써 비례대표제는 부적합하다고 강조하였다.(Ambedkar *CAD* Book, 1262)

셋째, 인도에 단순다수제가 채택되는 배경으로는 이 제도가 인도

11) 비례대표제를 주장하였던 의원들도 선거 운용의 복잡함, 다수당의 난립으로 인한 연립정권의 출현, 이로 인한 정권의 불안정 등 비례대표제로 인해 야기될 수 있는 문제점들을 잘 알고 있었다. Karimuddin CAD Book, 1234.

유권자들의 실정에 적합한 제도라는 주장을 들 수 있다. 단순다수제를 지지한 제헌의회 의원들은 비례대표제의 실시는 상당한 문자해득률을 전제로 한다고 설득하였다. 즉 1951년 당시 84%에 달하는 높은 문맹율과 1억7천3백만에 달하는 거대한 유권자(Hardgrave & Kochanek 1993, 23), 그리고 의석 계산의 복잡함 등으로 인하여 실제로 비례대표제를 적용하는데 상당한 문제가 따른다는 점을 지적하며 단순다수제의 도입을 강력히 주장하였다.(Ambedkar *CAD* Book, 1261)

넷째, 제헌의회에서 다수대표제가 채택되게 되는 배경에는 제헌의회가 사실상 인도의 최대정당인 회의당의 통제 하에 있었다는 사실도 지적할 수 있다.(Austin 2001, 2) 회의당은 대정당인 자당에 유리한 단순다수제의 채택을 위하여 노력하였다. 당시 회의당은 독립운동의 결집체로서 카스트, 지역, 종교 등 국민들의 다양한 이해를 골고루 반영하는 정당(Austin 2001, 11-2)으로 국민들의 신뢰를 얻고 있었다. 따라서 회의당은 제헌의회에서 자당이 주도한 단순다수대표제의 채택에 대한 국민의 강력한 지지를 규합할 수 있었던 것이다.

단순다수제는 안정된 양당제도를 출현시키기 위해서 고안된 제도이지만, 다당경쟁체계에서는 대정당이 득표율에 비해 많은 의석을 차지하게 됨으로써, 대정당이 집권하는데 유리하게 작용하는 제도이다. 레이(Rae)가 지적했듯이 선거제도에 의해서 부자연스럽게 다수자 내각이 제조된다는 것이다.(Rae 1971, 74-75)

일본에서도 단순다수대표제가 자민당의 장기집권을 가져왔듯이 실제로 인도에서도 단순다수대표제는 인도 독립의 공로자로서 국민들의 신임을 받고 있던 회의당에게 상당히 이롭게 작용하였다. 회의당은 선거제도가 바뀌거나 또는 야당들이 연합하여 대항하지 않는 한 지속적으로 정권을 유지할 수 있는 유리한 기회를 잡은 것이었다.

일당우위시기 동안에도 회의당에 대항하는 야당들은 수적으로 상당히 많았다. 회의당은 어떤 선거에서도 과반수의 유효득표율을 얻은 적이 없었고, 각 선거구에서도 역시 과반수를 획득하여 선출된 당선자는 극히 드물었다. 회의당은 역대 총선에서 과반수의 득표율에 못미치는 약 40%정도를 획득했음에도 불구하고 의석점유율에 있어서는 항상 73-75%를 획득하였고, 반면 야당들 특히 사회당과 같은 정당은 상당한 득표율을 획득했음에도 불구하고 의석점유율은 상당히 저조하였다.(Kamal & Meyer 1977, 76)

1952년 총선에서 회의당은 74%의 의석을 확보하였지만 그 득표율은 45%였고, 당선된 대부분의 선거구에서 절대다수표를 얻지 못하였다. 또한 회의당 입후보자가 당선된 선거구에서 군소정당이 획득한 득표수의 총합은 회의당 입후보자의 득표수를 상회하였다. 이러한 현상은 단순다수대표제 하에서 군소정당에 대한 표가 분산되어 사표가 대거 발생하였기 때문이다. 또한 회의당 이외의 정당들 대부분이 전국적인 지지기반을 가지지 못한 지역적 한계를 지닌 군소정당이었기 때문에 회의당에 비해 상대적인 열세를 보일 수밖에 없었다. 이렇게 회의당의 '제조된 과반수'는 자나따 당이 승리를 거두었던 1977년 총선을 제외하고는 대체로 1952년 첫총선 시부터 1984년 총선 시까지 꾸준히 지속되었던 것을 볼 수 있다.

III. 2004년 총선 결과

2004년 2월 인도인민당 주도의 NDA(National Democratic Alliance) 정부는 8개월의 잔여 임기를 앞두고 의회를 조기 해산하며 14차 총선의 실시를 공포하였다. NDA의 주도 세력인 인도인민당은 "빛나는 인도"(India Shining)와 "좋은 느낌"(feel good)이라는 선거전략으로 과반수 의석 획득을 목표로 하는 선거 승리를 다짐하였다.

인도인민당 정권 말기 인도의 거시경제 지표는 상당한 경제발전을 예고하고 있었다. 2003-2004년 GDP 성장률은 8.2%, 수출증가율은 20%, 외환보유고는 사상 최고로 1,100억 달러에 달했으며, 곡물비축양도 3,200만 톤에 달하고 있었으며, 낮은 인플레이션에 저금리를 유지하고 있었다. IT산업 부문의 성장도 두드러져 세계적인 입지를 확고히 굳혀 나가고 있었고, 자동차 산업과 제약산업에서도 급속한 성장을 이루어 내었다. 또한 산업분야 전반에 대한 국내외 투자가 증가함으로써 국가 경제의 건실한 성장에 대한 자신감이 팽배해 있었다.(Nayar 2005, 42)

집권당에 유리한 이러한 경제 상황 하에서 인도인민당은 기존의 지지세력인 도시 중산층과 부유층뿐만 아니라 인도인민당에 소원했던 농민들을 지지 세력으로 규합할 수 있는 선심성 공약을 남발하며 선거 승리에 대한 자신감을 굳혀 나갈 수 있었다.

연합 형성에서도 인도인민당은 기존 연합세력 외에 신규 세력들과 연합전선을 확고히 구축함으로써 정권 연장에 심혈을 기울였다. 우선 따밀 나두(Tamil Nadu)주에서는 AIADMK와 오리싸(Orissa)주에서는 비주 자나따 달(Biju Janata Dal)과, 마하라쉬뜨라(Maharashtra)주에서는 쉬브 세나(Shiv Sena), 비하르(Bihar)주에서는 자나따 달(United)과 선거 연합을 구축하여 선거에 만전을 기하였다.

반면 회의당은 인구의 절반이 넘는 일반 대중들의 열악한 경제 상황을 낱낱이 폭로하는 선거 전략을 채택하여 인도인민당의 "빛나는 인도"와 "좋은 느낌"에 대항하였다. 회의당은 인도인민당 연합 세력을 견제하기 위하여 사상 최초로 선거 연합도 모색하였다. 따밀 나두주에서 DMK, MDMK, PMK, 좌익정당 세력을 규합하여 인도인민당과 AIADMK 연합에 대항하였고, 마하라슈뜨라주에서 NCP와 연합하여 인도인민당과 쉬브 세나 연합과의 일대 결전을 치르게 되었다.

총선은 누구도 예상치 못한 결과를 가져왔다. 인도인민당은 1999년 182석에서 138석으로 무려 44석이 감소하였다. 반면 회의당은 1999년 114석에서 145석으로 31석을 증가시켰고, 연합세력을 포함하면 219석을 획득하여 189석의 인도인민당 연합 세력 보다 30석을 더 확보하게 되었다. 회의당 주도 연합은 과반수에 달하지는 못했지만, 좌익정당들과 대중사회당 등의 지지를 받아 내각을 형성할 수 있었다.

인도인민당이 선거에서 패배하게 된 원인은 다음과 같다. 우선 인도인민당이 주도하는 NDA 정권은 집권기간 동안 이룩한 경제성장과 발전을 확대 해석하여 선거 승리에 대한 오판을 자초하였다. 정부가 이룩한 경제발전 성과의 혜택은 주로 도시에 거주하는 일부 부유층과 상류층에게만 돌아갔으며, 다수의 대중들은 경제 개혁 과정에서 소외된 채로 남아 오히려 상대적 박탈감에 더욱 곤란을 겪을 뿐이었다. 인도인민당은 도시의 빈민층과 농촌에 거주하는 대다수 대중들이 집권당에 대한 지지를 철회하고 제1야당인 회의당으로 민심을 이반해 나가는 상황을 예상하지 못하였다.

둘째, 연합 형성의 실패를 들 수 있다. 인도인민당은 기존의 연합을 유지하지도 못했고 새로운 연합 형성에서도 성과를 거두지 못하였다. 제1당의 지위를 이용하여 기존 연합세력들에게 비타협적 태도를 보임으로써 따밀 나두주에서 DMK, MDMK, PMK, 비하르주의 LJP(Lok Janashakthi Party), 아쌈(Assam)주의 AGP(Asom Gana Parishad), 하리야나(Hariyana)주의 INDL(Indian National Lok Dal)과 결별하게 되었으며, 이는 해당 지역 선거에서 패배를 초래하였다. 반면 회의당은 비하르주, 안드라 쁘라데쉬(Andhra Pradesh)주, 따밀 나두주, 마하라쉬뜨라주에서 NDA 이탈 세력들과 연합하여 승리를 확고하게 구축할 수 있었다.

또한 인도인민당은 자당을 전국정당으로 급성장시킨 힌두뜨와(Hindutwa, 힌두지상주의)를 무리하게 고수하고, 아요디야(Ayodhya)의 람(Ram) 사원 재건을 NDA 강령에 명시하도록 강요하는 등 힌두주의를 강력히 추진함으로써 연합 세력 내 균열을 야기하였다.

〈표 1〉 2004년 총선 결과

정당명	입후보자수	의석수	의석점유율	유효득표율
BJP	364	138	25.41	22.16
BSP	435	19	3.49	5.33
CPI	34	10	1.84	1.41
CPM	69	43	7.91	5.66
INC	417	145	26.70	26.53
NCP	32	9	1.66	1.80
National Parties	1351	364	67.03	62.89
State Parties	801	159	29.28	28.90
Registered Parties	898	15	2.76	3.96
Independents	2385	5	0.92	4.25
Total	5435	543		

<출처> Election Commission of India, http://www.eci.gov.in

14차 총선 결과 특기할만한 점은 공산당을 포함한 좌익정당들이 무려 61석을 확보하면서 정부 정책에 실질적인 영향력을 확대할 수 있는 기회를 장악하게 되었다는 것이다. 특히 좌파는 선거 후 수립된 회의당 주도 연립정권에 대한 각외지지를 통하여 정치적 흥정력을 발휘하게 되었고, 이로써 회의당 연립정권의 제반 정책은 중도좌파적 성향을 배제할 수 없게 되었던 것이다.

Ⅳ. 인도 정당정치의 문제점과 개혁을 위한 제안

오늘날 인도의 정치체계는 어디로 가고 있는가? 현재 인도정치는 상당히 불안정하다 할 수 있다. 1989년 총선 이후 원내에는 다수 정당이 존재하지 않는다. 따라서 여러 정당의 난립으로 인해 내각책임제

국가인 인도에 안정된 정권이 수립되지 못하고 있다. 따라서 현재 인도정치의 과제 중 하나는 어떻게 하면 안정된 정당정치를 실현시키느냐는 것이다. 2004년 총선에서 양대 정당 즉 인도인민당과 회의당은 전체 득표율의 48.6%와 원내 의석의 52.1%를 확보하고 있지만, 개별적으로 양 정당은 소수 정당에 불과할 뿐이다. 양 공산당, 양 자나따 당 그리고 대중사회당을 포함한 나머지 전국정당 역시 득표율과 의석율에서 상당히 취약하여 전국정당 전체가 획득한 득표율은 63%, 의석율은 불과 67%에 그치고 있는 것을 볼 수 있다. 군소정당과 등록정당(registered party) 가운데는 18개의 주요 지역정당이 존재하며 32%의 득표율과 의석율을 확보하였다. 지역정당들은 지지기반을 확보하고 있는 주에서는 상당한 정치적 영향력을 행사하고 있으며, 연방 수준의 연립 형성 과정에서도 정치적 지렛대를 행사할 수 있는 행위자가 되고 있다. 군소정당에까지 열려져 있는 연립체계의 이러한 개방성은 지역적·인종적 분파세력을 체제 내로 수용함으로써 국민 통합을 촉진할 수 있지만 반면 극단적인 정치적 파편화와 지역주의를 야기하며 무원칙한 타협과 절충, 정치 불안정을 초래하는 요소로서 작용하고 있다.

따라서 새로운 형태로 안착되고 있는 인도의 정당정치가 보다 발전적인 방향으로 나아가기 위해서는 정치권의 각성과 더불어 제도적 측면에서의 개혁이 필요하다고 할 수 있다.

우선 무엇보다도 정치지도자들의 정치 개혁 의지가 절실히 요청된다고 할 수 있다. 1989년 이후 만연된 정치불안은 정당체계 운용의 실패라 할 수 있다. 특히 이것은 민주정치를 수립하고 정당체계의 제도화를 확립하고자하는 정치엘리트들의 의지 부족에 기인한다는 점을 강조하고자 한다. 독립운동지도자들의 반제민족주의 운동의 고상한 이상주의는 사라지고, 네루 시기 이후 정치·경제 과정에서 정치엘리트들의 부패와 범죄는 날로 증가하고 있으며, 특히 1970년대 데사이(Desai)에 의해 구자라뜨(Gujrat) 주에서 영도되었던 나브니르만

(Nav-Nirman) 운동과 나라얀(Narayan)이 북인도를 중심으로 영도했던 반부패, 반권위주의 정권 운동 이후 정치적 부패가 상당히 심각해진 것을 볼 수 있다. 인도에서 사회봉사주의, 민주주의, 평등주의와 애국주의에서 생성된 근대적 전문주의는 후원-수혜의 봉건주의, 개인적 축재와 권력욕 등으로 퇴행하였다.

다음은 제도적인 측면에서의 개혁을 심각하게 고려해야 할 것이다. 1990년대 이후 연방수준의 정치불안은 선거제도, 정당제도, 의회 내에서 개혁이 시급하다는 것을 말해준다. 우선 선거제도를 살펴보면 과거 일당우위정당체계기와는 달리 1990년대 들어 선거의 비례성과 공정성이 높아지면서 정치권과 학계에서 선거제도 개혁에 대한 논의[12)]가 많이 감소된 것이 사실이다. 하지만 선거의 비례성이 높아진 반면 하원 의석의 분산경향이 심각해져 인도정치체계의 발전을 위협하고 정치불안을 초래하고 있다고 할 수 있다.

선거제도에 대한 개혁안 중 법률위원회(Law Commission)가 제시한 개혁안은 제한적이나마 하원 의석의 심각한 분산 경향을 완화하는데 도움이 될 수 있을 것이다. 법률위원회는 1999년 선거관련법 개정안에서 연방하원과 주하원 의석의 25%를 증가할 것을 제안하였다. 나아가 연방하원에 증가될 138개의 의석은 명부제를 통해서 선출되어야 하고, 특히 의석들을 할당하는 과정에서 5% 이하의 득표율을 얻은 정당은 배제되어야 한다는 것이다. 원내 군소정당의 수를 줄인다는 면에서 제한적이기는 하지만 명부제로 선출된 의석은 하원 의석의 분산경향에 긍정적인 영향을 미칠 것으로 판단된다.

다음으로는 정당정치에서의 개혁안을 살펴보자. 우선 정당 개혁에 대한 선거관리위원회의 노력을 지적할 수 있다. 1970년대 이래로 가시적 성과도 없이 정치개혁에 대한 논의만 진행하고 있는 의회와는 달리 셰샨(Seshan) 전 중앙선거관리위원장과 그 후임자들은 정치개혁에 대

12) 인도 선거제도 개혁 논의에 대해서는 Kashyap(2002) 참조.

해 상당히 적극적인 의지를 보여왔다. 또한 대중운동에서뿐만 아니라 일부 주 사법부의 조치들은 제한적이기는 하지만 1990년대에 들어와 정치환경에 변화를 가져오기도 하였다. 최근 선거관리위원회는 우후죽순으로 늘어나고 있는 정당 결성에 대한 우려를 표명하였다. 인도 정당정치에서 심각하게 제기되어야 할 문제 중 하나는 어떠한 조직이 정당으로서 인가되어야 하는가의 문제라 할 수 있다. 따라서 정당법 개정을 통해서 다음의 내용들이 명확히 규정되어야하고 지켜져야 할 것이다.

우선 정당이란 권력 장악이란 목적을 가지고 선거에 참여해야 하는 것 이외에도 전국수준, 주 수준 나아가 뻘푸리 수준에서 정례적인 선거를 통하여 결성된 조직이어야 하며, 전국 전당대회를 통해서 매 총선 전에 전국지도자를 선출해야 한다. 이러한 과정을 통하여 다양한 집단 이익이 전국적으로 집약되는 과정을 충실히 수행할 수 있으며, 이는 민주정치 기반 구축에 필수적인 과정이라 할 수 있다. 그러나 현재 대부분의 군소정당들은 이러한 과정을 통하여 전국적인 지도자를 선출하기보다는, 오히려 전국적인 인지도를 가지고 있는 특정 정치인을 중심으로 정당이 결성되고 있는 실정이라 할 수 있다. 이러한 이유로 많은 정당들이 최고지도자를 중심으로 사당화 되고 있으며, 당론 결정 과정도 중앙집권적인 성향을 띠고 있어 당내 민주화는 요원한 일이 되고 있다.

또한 정당은 신당 창당 이후 즉 창당발기인들의 세대 이후에도 조직으로서의 생존 가능성을 가지고 있어야 할 것이다. 이를 위하여 정당명부에 최소한도의 등록 당원 수를 확보하도록 해야 할 것이다. 또한 당 재정의 투명성 확보와 더불어 정당후원금의 모금 행위 역시 법에 의해 엄격하게 제한되어야 할 것이다. 그리고 정당은 헌법에 따른 일관성 있는 민주적 강령을 가지고 있어야 하며 정당 활동 또한 정강에 따라 이루어져야 할 것이다. 나아가 인도 정당들에 가장 절실히 요구되는 문제 중 하나는 뚜렷한 정책과 프로그램을 제시해야 한다는 것이다. 정당이 추구하는 목표가 권력 장악이라 해도 정당은 기본적으로 이념을 같이 하는 구성원들의 조직이라 할 수 있다. 그러나 인도의 정당들은 지도자 개인을 중심으로 뭉친 사인화된 정당들이 많고, 또한 특정 이익을 중심으로 결성된 조직들이 많기에 국가 정책에 있어 뚜렷한 견해를 제시하지 못하고 있는 실정이다. 정당이 표방하는 정책이 뚜렷하지 않기에 정당 간 연합도 이념적 근접성 또는 정책입장의 유사성에 따라 이루어지기보다는 단지 집권을 위한 '수' 만들기 연합에 급급한 것을 볼 수 있다. 이러한 이유로 인도에서 정당 간 연합은 상당히 임시방편적이고 인위적인 성격이 강하다. 다시 말하면 정당연합의 축은 상당히 다극화되어 있고, 각 정당들은 고정적으로 어느 한 축을 선택하는 것이 아니라 자신들의 이해관계에 따라 수시로 그 축을 바꾸는 현상이 나타나고 있다. 정당의 이념과 정책이 보다 명확히 제시되고 이에 기반한 연합이 이루어진다면 정당연합에서도 제한적이나마 변화가 있을 것이라 기대된다.

또한 인도 정당체계의 파편화를 제공하고 있는 요인 중 하나는 정당의 수가 너무 많다는 데 있다고 판단된다. 따라서 선거관리 위원회는 원내외 정당의 수를 감소시키기 위하여 전국정당과 주정당의 규정 그리고 정당 등록에 보다 엄격한 규칙을 적용할 것을 제안한다. 또한 정치자금 배분에 있어 전국정당에 특혜를 줌으로써 각 정당들이 전국정당을 중심으로 통합되는 것을 촉진시킬 수도 있을 것이다.

다음으로는 집권 연합이 안정적으로 지속되기 위해 의회 활동 수준에서 가능한 노력을 살펴볼 수 있다. 인도에서 연립정권의 취약성은 집권세력에 의해 운용되는 정책조정위원회의 피상적이며 형식적인 활동에 기인한다. 집권 연합에 속해있는 정당들은 정책조정위원회를 통하여 수시로 회합을 갖고 정책을 토론하는 것이 정권의 유지와 안정을 위해 바람직하다 할 것이다. 정책조정위원회는 또한 내각의 정책 결정이

용이하게 진행될 수 있도록, 보다 폭넓은 견지에서 집권 세력 간 건전한 정책 토론이 이루어질 수 있는 장으로서 공정성을 강화해 나가야 할 것이다. 이렇게 함으로써 과거 인도인민당이 주도하던 연립기 동안 빈번하게 일어났던 내각 결정에 대한 번복을 피할 수 있을 것이다.

의회 내에는 정책조정위원회 이외에도 원내 모든 정당이 참여하여 활동하는 의회위원회 (Parliamentary Committee)가 존재한다. 인도의 연합정치의 다층적 성격상 내각에 직접 참여하는 정당이 있는 반면 단순히 각외지지만을 보내는 정당들이 있는 상황에서 의회위원회는 정당 간 타협을 위한 부가적 기제로서 활용될 수 있다. 따라서 인도의 연립정권의 안정은 부분적으로는 집권 연합 내의 정책조정위원회와 원내 의회위원회의 활성화에 있다고 할 수 있다.

인도 내 정치권과 학계 일각에서는 정치불안정의 해결책으로 대통령제로 권력구조 변경에 대한 논의가 일어나고 있는 것이 사실이다. 그러나 이러한 견해는 바람직하다고 생각지 않는다. 권력구조의 변경보다는 우선 선거·정당·의회정치에서 개혁의 노력이 이루어져야 한다고 사료된다. 의회제 국가 또는 연방제 의회제를 채택한 국가 또는 대통령제 국가를 막론하고 정치 안정은 민주적이며 제도화된 정당 정치를 통하여 이룩될 수 있다. 따라서 1990년대 이후 인도의 정치불안을 해소하기 위하여 무엇보다도 우선하여 정치 개혁에 대한 정치엘리트들의 의지가 절실히 요구된다 하겠다.

참 고 문 헌

Ambedkar, B. R. *CAD* Book, 7, 2.

Austin, Granville. 2001. *The Indian Constitution: Cornerstone of a Nation.* New Delhi: Oxford University Press.

Dikshit, S. K. 1993. *Electoral Geography of India: With Special Reference to Sixth & Seventh Lok Sabha Elections.* Varanasi: Vishwavidyalaya Prakashan.

Election Commission of India, http://www.eci.gov.in

Gill, S. S. 1998. *The Pathology of Corruption.* New Delhi: HarperCollins Publishers India.

Hardgrave Robert L. & Stanley Kochanek. 1993. *India: Government and Politics in A Developing Nation.* Harcourt: Harcourt Brace College Publishers.

Kamal, K. L. and Ralph C. Meyer. 1977. *Democratic Politics in India.* New Delhi: Vikas Publishing House.

Karimuddin, Kazi Syed. *CAD* Book. 7, 3.

Kashyap, Subhash C. 2002. *National Resurgence through Electoral Reforms.* New Delhi: Shripra Publications.

Kochanek, Stanley A. 1976. "Mrs. Gandhi's Pyramid: The New Congress," In Henry Hart (ed.), *Indira Gandhi's India: A Political System Reappraised.* Boulder, CO: Westview Press.

Kohli, Atul. 1990. *Democracy and Discontent: India's Growing Crisis of Governability.* Cambridge: Cambridge University Press.

Kothari, Rajni. 1964. "The Congress 'System' in India," *Asian Survey.* 4, (December).

Lijphart, Arend. 1994. *Electoral System and Party System.* New Haven: Oxford University Press.

Mitra, Subrata K. 1999. *Culture and Rationality: The Politics of Social Change in Post-colonial India.* New Delhi: Sage Publications.

Narang, A. S. 1998. *Indian Government and Politics.* New Delhi: Gitanjali Publishing House.

Nayar, Baldev Raj. 2005. "India in 2004: Regime Change in a Divided Democracy," Asian Survey. 45, 1, (January/February).

Park, Richard L. and Bruce Bueno De Mesquita. 1979. *India's Political System.* New Jersey: Prentice-Hall, Inc.

Rae, Douglas W., 1971. *The Political Consequences of Electoral Law*. New Haven, Conn.: Yale University Press.

Singh, M. P. 1986. *Split In A Predominant Party: The Indian National Congress in 1969.* New Delhi: Abhinav publications.

______. 1992. "The Dilemma of the New Indian Party System: To Govern or Not to Govern?," *Asian Survey*. 32, 4 (April).

Thakur, Ramesh. 1998. "A Changing of the Guard in India," *Asian Survey.*, Vol.XXXVIII, 6, (June).

Vohra, Ranbir. 1997. *The Making of INDIA: A Historical Survey.* New York: M.E. Sharpe.

Weiner, Myron. 1967. *Party Building in a New Nation: The Indian National Congress.* Chicago: Chicago University Press.

______. 1984. *India at the Polls, 1980: A Study of the Parliamentary Elections.* New Delhi: Munshiram Manoharlal Publishers.

Zari, Z. H. *CAD* Book. 8, 3.

태국의 정당체계와 선거제도

이병도

1. 들어가는 말

선거제도는 통치자의 선출 및 정권 경쟁에 있어서 필수불가결한 제도이며, 민주정치를 실현하는 기본적인 제도이다. 사실 민주정치는 선거권의 확대와 선거제도의 합리화와 더불어 발전해 왔다. 근대 시민사회의 성립과 함께 발전한 민주정치는 대의제 민주주의를 기초로 하고 있는데 이를 가능케 한 것이 선거제도이다. 즉, 선거로 구성된 대의기관과 정치권력이 곧 국민의 동의에 의해 형성된 것으로 인정받으면서 민주정치는 발전해 왔다. 따라서 선거는 민주주의 실현에 기초가 되며 이러한 측면에서 선거제도의 운용은 민주정치의 성패와도 직접적인 연관성을 갖고 있다.

이러한 선거제도와 밀접한 관련을 가지고 있는 것이 정당체계[1]인데, 그 이유는 선거에 있어서 주도적인 역할을 정당이 맡고 있기 때문이다. 특히 정당의 본질적인 목표가 정치권력 획득에 있다면 더더욱

1) 학자에 따라서는 정당체계라는 용어 대신 정당체제라는 용어를 사용하는 경우도 있다. '체제'와 '체계'를 명확히 구분하는 경우를 보면, 체제의 관점에서 정치체제를 국가와 레짐(regime)의 속성을 포괄하는 개념으로 규정하는데 반해, 체계의 관점에서 정치체제는 정치구성체의 유기체적 속성, 특히 구조 기능적인 특성을 나타내는 개념으로 규정한다.(김호진 1995: 76).

선거에 후보자를 내세우고, 정책과 선거공약을 제시하여 유권자들의 지지를 얻기 위해 노력해야 한다. 이런 면에서 선거는 정당 간 경쟁이자 정책의 대립이라 할 수 있다. 이와 같은 선거제도와 정당체계 간의 상관성 문제에 관하여는 이미 여러 학자들에 의해 논의되어 왔다. 선거제도가 정당체계의 구조에 영향을 미친다고 있는 견해가 있는 반면, 선거제도는 정당체계 형성에 영향을 미치는 여러 요소들 중 단지 한 요소에 불과하다고 보는 입장도 있다.

그러나 보다 중요한 점은 선거제도는 상이한 국가, 사회적 구조와 역사적 경험, 그리고 정치적 조건 및 성향 등에 의해 형성되며, 이렇게 형성된 선거가 얼마나 민주적인 절차와 과정 속에 진행되는가 하는 것일 것이다. 정당체계와 선거제도 간의 상호관계에 대한 학자들의 다양한 견해와 관련하여 태국의 경우는 어떠한지를 알아보는 것이 본 글의 목적이다. 즉, 기존 학자들이 주장하고 있는 정당체계와 선거제도 간의 법칙이 태국의 경우에 적용이 되는지, 만약 적용이 되지 않는다면 그 이유는 무엇인지를 밝혀보기로 한다.

이러한 목적을 달성하기 위하여 이 글에서는 태국이 입헌민주주의를 도입한 1932년부터 2005년 2월 선거까지를 연구범위로 삼았으며, 구체적인 내용 전개에 있어서는 정당체계의 변화에 따라 1932-1973년, 1973년-1976년, 1976년-1997년, 그리고 1997년-현재까지 크게 네시기로 구분하여 살펴보고자 한다. 이에 따라 2장에서는 각 시기별로 선거법 및 정당법에 관련된 내용 및 규정과 함께 정당정치의 변화를 통해 태국의 정당체계 유형과 변화를 파악한다. 3장에서는 태국의 정당체계와 선거제도의 상호관련성 내지는 다른 변인들을 분석함으로써 태국 정당정치의 특성을 살펴본다. 마지막으로 결론에서는 앞에서 논의된 내용들을 정리하고 동시에 향후 태국 정당정치에 대한 전망을 제시해 보기로 하겠다.

11. 태국의 정당체계 및 선거제도의 변화

1 1932년-1973년

1932년 6월 24일 자칭 카나랏싸던[2)]이 주도하는 쿠데타로 절대군주제가 전복되고 서구식의 민주제도가 도입되면서 정당은 처음에 싸마콤(Samakom: 단체, 협회)의 형태로 출현하였다. 태국 최초의 항구헌법인 1932년 12월 10일 헌법에서는 정당에 관한 언급은 없으나, 14조에서 국민들은 싸마콤 즉, 정치단체나 정치협회 설립에 권리가 있다고 규정함으로써 카나랏싸던은 싸마콤카나랏싸던(Samakomkanarasadorn)이라는 이름으로 내무부에 등록하여 합법적인 정당으로서의 역할과 기능을 담당하고자 했다(Buruphat 1968: 154).

싸마콤카나랏싸던은 진정한 의미의 정당은 아니지만 모든 면에서 정당과 같은 성격을 가진 정치단체였으며, 따라서 태국 최초의 정당으로 준용하여 부르는 것도 틀리지 않다(Tongdhamachart 1971: 17-18).[3)]

---

2) 카나랏싸던은 1927년 프랑스 파리에서 결성되었는데 육군 23명, 해군 14명, 민간관료 24명으로 구성되었다. 이들 세력은 세 부류로 분류할 수 있는데, 첫째는 파혼(Phahon Phonphayuhasena) 대령을 리더로 한 노장파 장교집단으로 보수적 성향을 띄고 있었다. 파혼은 카나랏싸던 단장으로 1932년 쿠데타 당시 연장자로서 쿠데타 단장이 되었다. 둘째는 민간측 지도자 쁘리디(Pridi Panomyong)를 리더로 사회주의적 이념을 갖고 있었던 집단이며, 셋째는 피분(Phibun Songkram) 소령을 리더로 하는 소장파 장교집단으로 군국주의 추진세력으로 이후 가장 강력한 세력을 갖게 된다.

3) 엄격한 의미에서 카나랏싸던은 정당은 아니고 하나의 쿠데타를 일으키기 위해 다양한 세력으로 구성된 정치집단 내지는 정치단체에 불과하다. 태국 정치학자들은 태국 정당의 형성 시기와 관련하여 카나랏싸던을 태국 최초의 정당으로 간주하는 학자들이 있는 반면, 정당이 선거에 의한 정치권력 장악을 목적으로 활동하기 시작한 1945년부터 정당이 출현하였다고 보는 학자들도 있다. 전자의 경우 카짯파이 부루팟(Khachatphai Buruphat)외에 나

왜냐하면 정치권력 쟁취를 위한 여러 집단으로 구성된 정치단체로서, 초대 수상인 프라야마노빠껀니띠타다(Phrya Manopakornnitithada) 이후 1957년 9월 16일 쿠데타가 일어나기까지 약 25년간이나 재임했던 태국의 수상들이 거의 전부 카나랏싸던 구성원들이었기 때문이다.4)

싸마콤카나랏싸던이 정당이라는 말인 팍깐므엉(Pakkanmueng) 대신 싸마콤을 사용한 이유는 당시 팍깐므엉이라는 용어가 아직 생소한 개념이었고, 또한 정당으로 설립하면 다른 그룹들이 똑같이 정당을 설립하여 경쟁을 할 수 있는 기회를 주기 때문이었다. 실제로 1933년 카나랏싸던의 권력에 대항하기 위하여 카나챳(Kanachat)이라는 정치단체가 세력을 규합하여 싸마콤카나챳(Samakomkanachat)라는 이름의 정당설립을 요구하였지만 정부로부터 거절당했다(Buruphat 1968: 62).

따라서 쿠데타 이후 정국을 안정시키고 주도해 나가야 하는 카나랏싸던으로서는 정당의 설립이 아직 적합하지 않다고 보았으며, 결국 카나랏싸던은 1945년까지 정치권력을 독점한 유일한 단체가 되었다. 이후 1946년까지 마노, 파혼, 피분 정권으로 이어지면서 정당의 설립은 금지되었고, 이 기간 중 치러진 4번의 선거에서 입후보자는 개인자격으로 출마하였다. 1932년 쿠데타이후 1946년까지 존속한 헌법에는 의회가 설치되었어도 의원은 정당을 배경으로 선출된 것은 아니었다. 국회의원의 반은 선거 반은 임명에 의거하였으며, 의회의 기능이나 입법과정은 군부관료통치의 수단에 지나지 못했다.

2차세계대전이 끝나자 피분을 중심으로 한 군부세력과의 싸움에서 승리한 쁘리디 민간정부가 들어서면서 1932년 헌법을 폐기하여 새로

롱 씬싸왓(Narong Sinsawat), 끄라몬 텅탐마챳(Kramol Tongdhamachart) 등이 있으며, 후자의 경우는 쑤찟 분봉깐(Suchit Bunbongkan), 리킷 티라웨킨(Likit Teeravekin) 등이 있다.

4) 파혼폰파유하쎄나, 피분, 쿠엉, 타워, 쁘리디, 탐롱 등이 차례로 수상을 역임했고, 단지 1945년 9월 17일-1946년 1월 31일까지 수상이었던 쎄니만이 카나랏싸던의 일원이 아니었다.

운 헌법을 1946년 12월 1일 제정, 공포함으로써 정당이 참여하는 최초의 선거를 실시하는 등 정당정치를 활성화시키고자 하였다. 이 헌법에 따라 진보당(The Progressive Party), 민주당(The Democratic Party), 협력당(The Cooperation Party), 헌법전선당(The Constitutional Party) 등 10여 개의 정당이 출현하였지만, 이때까지 정당법이 없었기 때문에 이들 정당들도 합법적인 근거를 가진 정당이라고 할 수 없다.[5)]

1947년 피분의 쿠데타로 짧은 기간 통치했던 민간정부는 붕괴되었고, 1951년까지 피분정권을 지지하기 위해 많은 정당들이 난립하면서 이합집산하였으나, 태국정치를 확고한 군부주도의 권위주의체제로 이끌고 나아가고자 1947년의 쿠데타주역들이 1951년 11월에 친위쿠데타를 일으켜 모든 정당들은 해산되고 1955년까지 정당정치가 금지되었다. 1955년 피분은 군부의 싸릿(Sarit Thanarat)과 경찰측의 파오(Phao Sriyanond) 세력의 견제와 자신의 정치적 기반 확충을 위해 정당설립을 허용하게 되는데 이것이 1955년 9월 제정된 태국 최초의 정당법이다. 이 정당법에 따라 30여 개의 정당이 난립하였고, 피분은 쎄리마낭카씰라당(Serimanangkasila Party)을 창당하여 1957년 2월 선거에서 임명직을 포함하여 간신히 과반수를 확보하였지만 실제로는 선거부정의 여론과 함께 피분의 패배로 간주되었다.

육군사령관이자 부 당수였던 싸릿과 파오와의 권력다툼은 당의 분열을 가져와 결국 싸릿은 탈당하여 1957년 6월 연맹당(Unionist Party)을 창당하였다. 군과 경찰로 대표되는 두 사람간의 권력경쟁은 1957년 9월 싸릿의 쿠데타로 인해 다시 군부의 권력장악을 확고하게 하는 계기가 되었고, 싸릿은 1958년 다시 친위쿠데타를 일으켜 1953년 헌법과 1955년 정당법을 폐기하고 국내정세가 정당정치에 부적합하다는 이유를 내세워 1968년까지 10년간 계엄령 하에 일체의 정당활동은 물론

---

5) 이때에 나타난 정당들은 대부분 쁘리디, 쿠엉, 피분 등 3인에 의해 주도되면서 이들 3인 중 어느 하나를 지원하는데 설립목적이 있었다.

정치적 집회나 결사를 금지하고 따라서 선거 또한 실시되지 않았다.

싸릿이 1958년 사망하고 타넘(Thanom Kittikachorn)이 새 수상으로 임명되자 1968년 개정헌법이 공포되고 이에 따라 제 2차 정당법이 마련되었다. 이 법에 따라 타넘의 인민연합당(The People's Union Party)을 비롯하여 민주당(The Democratic Party), 민주전선당(The Democracy Front Party) 등 17개의 정당이 출현했다. 그러나 과거 10년 전과 똑같이 육군사령관이자 부 당수인 쁘라팟과 경찰총수인 쁘라씻과의 권력투쟁은 1971년 타넘과 쁘라팟이 주도한 쿠데타 발생의 원인이 되었고 결국 의회가 해산되고 정당활동은 또 다시 금지되는 악순환을 경험했다.

1972년 12월 타넘은 전체 국회의원을 임명하고 이 중 2/3는 군과 경찰에서 선출한다는 내용의 신헌법 개정안을 발표하였지만 이러한 조치는 누적된 태국 국민의 불만이 폭발되는 기폭제가 되었고 결국 학생세력을 중심으로 한 시위로 타넘 정권이 붕괴되면서 오랫동안의 군사독재가 막을 내리고 태국은 민주화의 시기로 접어들게 되었다.

지금까지 살펴본 바와 같이 1932년 이후 1973년까지 시기는 1944년-1946년 민간정부 기간을 제외하고 줄곧 군부 권위주의체제를 유지하였다. 1946년 태국에서 처음으로 민간지도자들에 의해 출현한 정당은 의회의원들을 하나의 그룹으로 결집시키고, 선거에서 입후보자를 출마시켜 선거 후 내각구성에 유리한 고지를 확보하는데 있어서 중요한 장치였다. 그러나 이 시기에 형성된 정당들은 단지 의회의원을 결집하여 특정 지도자들을 지지하기 위해 설립된 것이 대부분이었다(Sinsawat 1995: 45-46). 따라서 특정 지역에만 입후보자를 내세웠고, 선거유세 지원에도 많은 역할을 하지 못했다. 또한 모든 정당들은 공식적인 조직력을 갖추지 못했고, 의회 내에서조차도 정당으로서보다는 하나의 파벌세력으로 존재했을 뿐이다(Sinsawat 1995: 99-100).

1947년 쿠데타로 짧은 기간의 민간정부를 붕괴시킨 군부는 정치권력을 장악하면서 이후 1972년까지 더욱 강력한 권위주의지배를 실시했다. 최초로 정당법이 제정된 1955년부터 1971년까지의 정당의 발전은 1946년-1952년 시기보다 더 합법적이고 구체적인 특성을 보였다. 따라서 정당의 중요성과 역할이 더 증대해졌고 이로 인해 이 시기에 실시된 세 번의 선거에서 유권자의 투표율이 이전과는 달리 급격히 높아진데서 알 수 있듯이[6] 국민의 정치참여 증가에 많은 역할을 했다. 그러나 두 차례의 걸친 정당법의 폐기로 인해 정당은 단명에 끝나고 지속성을 유지할 수 없었다.

또한 이 시기 정당들 역시 대부분이 아직 의회 내 의원들의 결집체에 불과했고, 다른 압력단체나 대중의 지지에 기반을 둔 정당은 아니었다. 이외에도 정당법의 제정 의도가 군사지도자들이 의회 내에서 자신들의 정치권력을 공고히 할 필요성에 의해서였기 때문에 이 당시 형성된 정당체계는 정통성이 낮았다고 할 수 있다. 즉, 정당체계가 아직 국민들에게 생소했고, 정당체계에 대한 신뢰감이 없었다. 또한 정치지도자들, 특히 군부가 정당에 관심이 없었고, 정당 당원들도 책임성이 없어 당수나 당에 대한 충성심이 없이 개인적인 정치권력 경쟁에만 관심을 가졌던 것이다(Bunbongkan 1988: 116-117).

한편, 이 시기의 선거구 및 선거방식에 관해 살펴보면(Vongtrangan 1993: 177-178), 1932년 쿠데타 이후 태국에서 정당이 형성되기 시작한 1945년 이전까지의 시기는 모든 정치권력이 카나랏싸던에 독점되어 있었다. 카나랏싸던은 쿠데타에 성공한 후 1932년 6월 잠정헌법을 기초로 12월 10일 태국 최초의 헌법을 제정하여 1945년까지 지속되었다. 이 헌법 하에서는 1933년, 1937년, 1938년 등 세 번의 선거가 실시되었다. 1933년 선거는 1932년 제정된 선거법에 따라 마을(tambon) 단위의 대표자 한 명씩을 선출하고, 인구 100,000명당 1인의 의원을 기준으로 이들이 각 도(道)당 두 명씩의 대표자를 뽑도록 하는 간접적인 선거방식을 택했다. 또한 인구가 200,000명을 초과할 때마다 의원 1인을 더

6) 1957년 2월 선거 57.4%, 12월 선거 40.1%, 1969년 2월 10일 선거 49.16%.

선출하도록 규정했다(Samuttavanich 1971: 136-137).

1937년 선거부터는 직접선거 방식으로 전환하여 소선거구 다수대표제를 채택하여 1946년 8월 선거까지 지속되었다. 이 방식은 인구수를 기준으로 한 도에서 여러 개의 선거구를 분할하는 것을 의미하는 것으로, 유권자는 자신이 거주하고 있는 선거구에 출마하는 후보자를 선출한다. 만약 인구 15만 명당 1인의 의원을 뽑도록 규정한다면, 인구가 55만 명인 도에서는 선거구를 세 개로 나누어 각 선거구에서 한 명씩 총 세 명의 의원을 선출한다.

한편, 1948년 총선부터는 중선거구제를 채택하여 1969년 2월 선거 때까지 사용하였다. 특히 1958년 싸릿의 쿠데타로 헌법이 폐지되고 모든 정당이 해산되어 1969년 2월 선거 때까지 12년 동안 태국에는 선거가 실시되지 않았다(Samuttavanich 1971: 139). 이 방식은 최소한 한 도가 하나의 선거구가 되어야 하는 것으로 인구 15만 명당 한 명의 의원을 가지며, 15만 명을 초과하는 나머지의 인구수가 반(7만 5천)을 초과하면 의원 한 명을 더 선출한다. 예를 들면 인구가 38만 명인 도에서는 세 명의 의원을 선출한다. 이러한 중선거구제 선거방식을 취하면 반드시 선거법에 다수대표제인지 혹은 비례대표제인지를 규정해야 한다. 그러면 정당체계를 구성하는 제요소들을 종합하여 이 시기의 정당체계를 분석하기로 한다. 먼저 이 시기의 정치체제는 1944년-46년 기간을 제외하고 군부 권위주의체제라 할 수 있기 때문에 정치체제는 경쟁적인 정당체계에 부정적인 영향을 주었다고 평가할 수 있다.

선거제도를 보면 민간정부 시기였던 1946년 1월과 8월의 두 번의 선거에서는 소선거구 단순다수대표제를 채택하였고, 1948년 이후 1952년 기간에 치러진 선거에서는 중선거구제를 채택하였다. 또한 정당법이 제정된 1955년부터 1957년까지의 시기 역시 중선거구제를 채택하였다. 이 시기에 선거제도는 왜곡현상이 그다지 심하지 않고 각 선거에서 많은 정당들이 참여하여 비교적 자유롭게 경쟁할 수 있었기 때문에 정당체계 형성에 있어서 긍정적인 영향을 주었다고 평가할 수 있다. 그러나 잦은 쿠데타에 의한 정당의 해산으로 정당 간 경쟁이 지속적으로 이루어질 수 없었던 것이 큰 특징이었다.

한편 정당법에 있어서도 1955년부터 정당법이 단일법령으로 만들어졌으며, 정당의 설립 및 존속에 관해 제 1차 및 제 2차 정당법 모두 그다지 강한 규제 조항을 담고 있지 않아 비교적 자유로운 정당 활동이 보장되었기 때문에 정당법은 경쟁적인 정당체계 형성에 긍정적인 영향을 주었다고 평가할 수 있다.[7] 따라서 정당 활동이 허용되었던 1944년-46년, 1948년-51년, 1955년-58년, 1968년-71년 시기의 정당체계는 제한적이나마 경쟁적인 정당체계의 유형에 속한다고 볼 수 있다. 선거에 참여한 정당의 수를 볼 때 [표 1] 다당체계를 형성하였지만 내용면에 있어서 정당 간 경쟁은 줄곧 군부정당인 여당들과 최대 야당인 민주당의 양극적 구도 안에서 전개되어 왔다는 점에서 이 시기의 정당체계는 사르토리가 분류한 정당체계의 유형 중 극한적 다당체계 유형과 비슷하다고 볼 수 있다.

---

7) 1932년 쿠데타 이후 1955년까지 23년 동안 정당법은 존재하지 않았고 헌법에 명시된 정당 설립의 자유에 근거해서 형성되었다. 제 1차 정당법은 “500명의 당원 혹은 10명 이상의 의원으로 정당을 설립할 수 있고 반드시 내무부에 등록해야 한다. 또한 정당은 지구당의 설치, 새 당원의 충원, 그리고 유권자들로부터 현금이나 물품으로 당비 및 기부금을 받을 수 있으며, 사회질서와 도덕에 위배되거나 또는 부적절한 방법으로 등록했을 때 대법원에 의해 해산될 수 있다.” 등이다. 1968년에 제정된 제 2차 정당법은 정당 등록의 경우 15명의 발기인 혹은 500명 이상의 당원을 필요로 했으며, 정당 설립을 준비단계와 설립단계의 두 단계로 구분하여 정당설립 요건을 강화시켰다. 이 외에도 정당을 ‘법인’으로 인식하여 정당에게도 다른 법인처럼 자산과 소득을 취득할 수 있는 권리를 부여했기 때문에 정당발전에 긍정적인 효과를 가져다주었다. 또한 수상과 모든 각료는 상원의원이나 하원의원을 겸직할 수 없도록 규정하여 각료 배분으로 인한 정당간의 갈등을 사전에 차단시켰다 (Phrarachabanyatpakkanmueng Pho. Seo. 2498 lae 2511).

〈표 1〉 1955년-1972년 기간 선거참여 정당수 및 의석획득 정당수

선거	선거참여 정당수	의석획득 정당수
1957년 2월 26일	17	8
1957년 12월 15일	19	8
1969년 2월 20일	11	7

그러나 군사정부는 과반수 획득에 실패하여(부정선거였던 1957년 2월 선거는 제외) 의회의존에 부담을 느꼈을 때마다 의회를 해산하고 정당 활동을 금지시킴으로써 27년 기간 중 단지 8년간만 정당정치를 허용했을 뿐이다. 따라서 이러한 상황 하에서는 정당체계의 발전이 이루어질 수 없었고, 또한 그 형성여건조차 충분하지 못하여 정당 간에 균형적인 경쟁관계가 전개되기 위한 기반이 조성되어 있지 않았다는 점에서 그 한계를 보였다.

2 1973년-1976년

1973년 10월 14일 학생주도의 시위로 인한 타넘 정권의 붕괴는 2차 대전 이후 피분의 실각에 이어 등장했던 민주주의 시대를 소생시켰다. 새 수상이 된 민간인 출신의 싼야(Sanya Dhamasakdi) 수상은 1974년 10월 민주적 헌법을 제정하고 이 헌법에 따라 제3차 정당법이 제정되었다. 제3차 정당법에서는 모든 의회의원들이 정당소속이어야 함은 물론 선거 이후에도 당적을 고수해야 하도록 규정했고, 만약 의원이 자신의 소속 정당에서 탈당하거나 당으로부터 제명된 후 60일내 다른 정당의 당적을 갖지 못하면 의원 자격을 상실하도록 규정하고 있어(Phrarachabanyatpakkanmueng Pho. Seo. 2517) 태국의 정당정치 발전에 긍정적인 조건을 제공해 주었다.

그러나 새 헌법에 따라 실시된 1975년 1월 총선에서 선거 결과 다수당이 없었으므로 18개 정당의 지지를 받은 크릿(Kukrit Pramoj)연립정부가 들어섰으나 한 달도 안 되어 불신임안이 통과되어 의회가 해산되는 등 민간정부 하에서도 태국의 정치는 안정을 찾지 못했다. 1976년 4월 총선에서도 야당인 쎄니(Seni Pramoj)의 민주당이 다수당이 되었으나 역시 과반수를 확보하지 못하고 민주당은 내분에 휩싸였다. 또한 국내적으로 좌우의 극심한 대립이 있었고, 국외적으로도 인도차이나 전체가 공산당의 수중에 들어가는 등 태국의 안보위협이 가중되자 군부는 1976년 10월 쿠데타를 일으켰고 3년간 지속하였던 민간정부는 다시 군부의 손에 넘어갔다.

이 시기의 선거제도를 보면, 1974년 선거부터 소선거구제를 원칙으로 하되 하나의 도를 모든 선거구로 하는 중선거구제를 혼합하는 선거제도를 채택하였다. 이 방식은 한 선거구에서 인구수에 따라 1-3명의 의원을 선출하며 한 선거구의 의원정수는 3인을 초과할 수 없다. 즉, 인구수 150,000명에 1명의 비율로 계산된 기준에 따라 전년도의 인구조사에서 발표된 각 선거구(Changwat)의 주민 수에 의하여 결정되며, 인구수 150,000명 미만의 선거구에 있어서는 1명의 하원의원을 선출하고 인구 150,000명을 초과하는 선거구는 150,000명당 1명의 비율로 의원을 추가 선출하여 인구 75,000명 이상으로 그에 단수가 있는 경우에는 150,000명으로 계산한다.

만약 3명의 의원을 초과하는 도가 있으면 선거구를 2개 이상으로 분할하도록 하여 선거구 당 최대 3명의 의원을 갖도록 했다. 예를 들면 의원 수가 4명인 도에서는 선거구를 두 개로 분할하여 각 선거구 당 2명의 의원을 선출하고, 의원 수가 8명이면 선거구를 세 개로 분할하여 제1, 제2 선거구에서는 3명씩 그리고 제3선거구에서는 2명의 의원을 선출한다. 이 시기는 민주적 헌법의 제정으로 정당정치가 뿌리를 내릴 수 있는 기반이 갖추어 졌으나 오히려 많은 정당이 난립하는 가운데 정치적으로 혼란을 가중시켰다. 정당이 난립하였던 이유는 1974년 헌법에서 그 근거를 찾을 수 있다(Mivongukot 1999: 93-125).

즉, 임명직의 상원의원은 수상이나 각료로 임명될 수 없고 이들에 대한 불신임안 제출권도 없었다. 또한 각료의 의원 겸직 금지, 그리고 수상과 장관은 국민의 직접선출에 의한 하원의원 출신이어야 한다고 규정했다. 이러한 법적인 요인 외에도 더 이상 군부통치를 원치 않는 정치적 분위기가 국민들의 정치적 자각을 불러 일으켰고 이러한 것은 오히려 많은 정당이 창당되는 현상으로 나타났다. 따라서 이 시기는 완전한 민주적 헌법의 제정으로 국민들의 정치적 의식이 높아지고, 국가통치에 있어서 정당의 역할이 매우 중요한 시기였다. 즉, 정당을 통한 국민의 정치참여가 높아지고, 선거에서 정당들의 간의 경쟁에 의해 권력을 장악할 수 있는 기회를 가졌다. 그러나 대부분의 정당들은 민주주의제도를 유지하고 지속시킬 수 있을 만한 강력한 정당체계를 형성하지 못했다.

이 시기의 정당체계를 분석하면, 먼저 정치체제는 참여적 경쟁체제로 민주주의체제라고 할 수 있다. 아울러 정치문화는 민주주의 정치체제에서 발견될 수 있는 정도로 참여형 정치문화가 완전히 정착되지는 않았지만 이전 시기보다는 급속한 속도로 참여적인 양상들을 보였다.

또한 이 시기에는 하원의원을 뽑는 선거가 1975년과 1976년 두 번 실시되었는데 이전과는 달리 소선거구제와 중선구제 혼합방식으로 단순다수대표제를 채택하여 동일 선거구에서 같은 정당소속 후보자들이 여러 명 당선될 수 있었다. 따라서 정당들은 비교적 자유롭게 참여하여 경쟁할 수 있었기 때문에 이 시기 선거제도 역시 경쟁적인 정당체계 형성에 긍정적인 영향을 주었다고 할 수 있다.

정당법에 있어서는 제3차 정당법이 제정되어 10명의 발기인과 500명 이상의 당원을 규정한 제1차 및 제2차 정당법과는 달리 15명의 발기인과 1,500명의 당원으로 정당을 설립할 수 있다고 규정하여

(Phrarachabanyatpakkanmueng Pho. Seo. 2517) 발기인 수와 당원 수가 각각 증가하기는 했지만 정당 설립과 존속에 그다지 엄격한 규정이 없었기 때문에 정당법은 경쟁적인 정당체계 형성에 긍정적인 영향을 주었다고 평가할 수 있다. 따라서 1973년-1976년 시기의 정당체계는 경쟁적인 정당체계의 유형에 속한다고 볼 수 있다. 그러나 어떠한 정당도 강력한 정당이 없이 1975년 선거에서 42개 정당이 참여하여 23개의 정당이 의석을 획득하였고, 그리고 1976년 선거에서는 37개의 정당이 참여하여 18개의 정당이 의석을 획득하는 등 수 많은 정당이 난립해 있었으므로 사르토리의 분류에 따르면 극도의 혼란시기에 형성되는 원자화 정당체계의 유형을 보여주었다고 할 수 있다.

3 1976년-1997년

1976년 10월 이후 2년 반 동안 의회는 열리지 못했고, 1978년 군부의 의회와 내각에 대한 강력한 역할을 인정하는 새 헌법이 통과되면서 정당 활동이 재개되어 1979년 4월 총선이 실시되었다. 이번의 총선이 실시될 당시에는 정당법이 아직 검토 중에 있었기 때문에 정치인들은 정당이라는 명칭대신에 '정치가그룹'이라는 이름으로 선거에 임하였다. 한편, 군부의 권위주의적 통치에 의해 지속되어 온 태국정치는 급속한 경제사회발전을 바탕으로 1980년 이후 쁘렘 수상 하에서 안정된 의회정치를 구현하면서 민주화의 길로 들어서는 초석을 다지게 된다. 쁘렘은 육사 5기와 7기로 대표되는 군부의 주요 파벌들과 정치인 그리고 국왕과 국민들 모두로부터 신임을 받으면서 민주적인 제도의 도입을 위해 과감한 정치개혁 조치들을 취했다(Bunbongkan 1987: 34-40).

쁘렘 수상의 민주적인 정부의 확립에 대한 확고한 의지에 따라 정당 활동도 어느 시기보다 활발하게 확대되었고, 정당들도 의회정치에 적극

개입하여 경제적, 사회적 이슈들에 대한 대중의 지지기반을 확보하는데 성공하였으며 자신들의 입지를 강화하였다(서경교 1992-1993: 169). 과거 소수정당들의 난립으로 무질서했던 태국의 정당구도를 바꾸기 위한 새로운 제3차 정당법이 1981년 7월 통과되어 1983년부터 시행되었다. 새 정당법은 전국 4개 지역을 망라하여 최소한 5천명 이상의 당원을 확보하고, 각 지역에서 최소한 5개도에 걸쳐 당원이 있어야 하며, 각 도의 최소 당원 수는 50명으로 규정하였다(Phrarachabanyatpakkanmueng Pho. Seo. 2524). 이 법에 따라 1983년과 1986년에 실시된 총선에서는 과거처럼 무수한 군소정당들이 난립하지 않는 효과를 보았다.

정당정치에 개입할 필요 없이 군과 민간관료의 지지를 받으며 수상직을 수행했던 쁘렘은 재임요청을 거절하고 1988년 선거에서 다수당으로 부상한 찻차이에게 수상 직을 넘겨주었다. 찻차이 수상은 1976년 쿠데타 이래 12년 만에 처음으로 선거에 의해 선출된 의원출신 수상으로서 과거 쁘렘 정부에서 연립정권을 구성하였던 정당들을 계속 정권에 참여시키며 의회민주주의 확립에 노력하였지만 지나치게 자본가의 이익을 우선하는 정책을 취함으로써 정경유착의 악순환이 계속되었고, 일부 내각의 치부 및 파벌투쟁 그리고 정치권력을 이용한 부의 축적과 사리사욕의 추구로 국민들의 불만을 사게 되어 결국 또 다시 군부의 정치개입을 초래하는 결과를 낳았다.

1980년대를 거치면서 태국정치에서는 자본가세력이 정당에 참여하여 의회에 진출하는 현상이 눈에 띄는데, 그 이유는 의원이 되어 출신지역의 이권을 위해 개입할 수 있는 영향력을 확보하기 위해서였다. 따라서 정당의 이념적 성향과는 무관하게 정당참여로 자기에게 돌아올 이익의 여부에 따라 정당을 선택하는 것이 일반적 현상으로 되어 버렸다.

심지어 같은 지방의 기업들은 여러 후보들을 여러 정당에 분산시켜 출마시키고, 당선된 후에는 연립정권에 참여하는 정당으로 옮겨감으로써 이권을 행사하는 내각의 자리에 접근하려고 하였다. 연립정권에 참여한 정당들은 각 정당의 의석에 비례하여 내각의 자리를 분배하는데 익숙해졌고, 정당의석의 변화가 생기면 그에 따라 매년 내각을 개편하는 방식으로 태국의 정당정치가 움직였다.

어쨌든 1980년 이후 쁘렘과 찻차이 정권의 10년 반 동안 민주적 정치체제수립에 노력해 온 태국은 정부와 군의 불신감의 표출로 인해 또 다시 쿠데타를 맞게 됨으로써 민주화 과정에 제동이 걸리게 되었다. 1991년 2월 쿠데타로 다시 정권을 잡은 군부는 국가평화유지위원(NPKC : National Peace Keeping Council)를 구성하여 헌법효력을 정지시키고 의회를 해산하였다. 아난(Anan Panyarachun)을 과도기 수상으로 임명한 군부는 1992년 3월 총선에 대비해 군부정당인 싸막키탐(Samzkkhitham)당을 만들어 태국국가당(Thai National Party)과 사회행동당(Social Action Party)을 끌어들여 의회를 통한 권력유지를 계획하였다. 총선 결과 제1당이 된 싸막키탐당은 다른 4개 친군부 정당들과 연정을 구성하고 수순대로 군부실력자였던 쑤찐다(Suchinda Kraprayoon)를 수상으로 지명하였다. 그러나 직선의원에서 수상이 선출되기를 희망했던 국민들은 1992년 5월 대대적인 민주화 시위를 벌여 결국 군부세력을 퇴진시키고 민간정부를 등장시키는 결정적인 역할을 함으로써 태국정치에 가장 중요한 분수령을 이끌어냈다.

1992년 9월 13일에 있은 총선에서 추언(Chuan Leekpai)이 이끄는 민주당이 제1당이 되고, 반군부 야당인 차왈릿(Chavalit Yongchaiyut)의 새희망당(New Aspiration Party), 짬렁(Chamlong Srimuang)의 진리의 힘당(Palang Dharma), 단결당(United Party) 등이 가세하여 과반수가 약간 넘는 185석을 확보함에 정부여당으로서 연립정권의 구성을 하게 되었다. 1992년 5월 사태로 태국정치에서 가장 영향력 있는 집단이었던 군부가 물러나자 정당을 중심으로 움직이는 정치권력의 변화가 태국정치의 특징으로 나타나게 되었다. 그러나 1992년 5월 민주화시위 이후 1997년까지 3번의 선거를 치루면서 들어선 추언, 반한, 차왈릿, 추언 수상 등 4

번에 걸친 민간정부 하에서도 연립정권내의 갈등과 반목, 헌법개정을 둘러싼 여당과 야당의 대립, 내각분배에 대한 각 파벌들의 불만, 그리고 매 선거 때마다 행해지는 매표와 금권선거의 악순환 등으로 연정탈퇴와 참여가 수없이 반복되면서 정당이 제 기능을 다하지 못하여 왔다.

지금까지 살펴본 바와 같이 1978년-현재까지 시기는 1978년 헌법과 1981년 제4차 정당법의 제정으로 태국 정당체계 형성에 큰 영향을 미친 시기이다. 그러나 새 정당법의 규정은 1979년 4월 22일과 1983년 4월 18일 총선에서는 적용이 되지 않았고 1986년 7월 선거부터 적용되었다. 총선은 총 일곱 번 실시되었는데, 특히 1986년 7월 총선은 새 정당법에 따른 첫 선거로서 태국 정당체계 발전의 도약의 시초라는 점에서 매우 중요한 선거로 간주되었다. 즉, 입후보자는 반드시 정당소속이어야 하며, 국회의원은 자신이 속한 정당의 동의 없이 당적을 옮길 수 없고, 정당의 당헌에 위배될 때는 제명되어 의원자격을 상실하도록 규정했다. 또한 각 정당의 입후보자 공천은 법률이 정하는 수에 의거 1981년 정당법이 총 의원수의 1/2 이상, 1991년 헌법에는 120명, 그리고 1992년의 1981년 정당법 추가 개정에서는 1/4을 각각 규정해 놓았다(Phrarachabanyatpakkanmueng Pho. Seo. 2524).

그러면 1978년-1997년까지 시기의 정당체계를 분석해 보자. 먼저 이 시기의 정치체제는 군부 권위주의체제에서 민주주의체제로 이양되어 가는 과도기형 민주주의체제 혹은 민간정부가 이어지면서 민주주의의 제도화를 위한 준비기에 해당한다고 할 수 있기 때문에 민주주의체제에 속한다고 할 수 있다. 아울러 정치문화에서도 권위주의적인 요소들이 감소되기 시작하면서 참여형 정치문화적 특성들이 강화되기 시작했다. 따라서 이 시기의 정치체제는 민주주의 정치체제와 참여형 정치문화로의 이행 현상이 뚜렷이 발견되기 때문에 경쟁적인 정당체계 형성에 긍정적인 작용했다고 볼 수 있다.

한편, 이 시기에 실시된 선거에서 선거구제 역시 소선거구제와 중선구제의 혼합선거구를 채택하였다. 따라서 1973-76년 기간과 마찬가지로 선거에 자유롭게 많은 정당들이 참여하여 경쟁하였기 때문에 경쟁적인 정당체계 형성에 긍정적인 영향을 주었다고 할 수 있다. 정당법에 있어서는 1979년 및 1983년 선거를 제외하고 이후에 실시된 여섯 번의 선거에는 정당설립 및 존속에 있어 한층 강화된 규제 조항을 담고 있는 제4차 정당법의 제정으로 경쟁적인 정당체계 형성에 부정적인 영향을 주었다고 평가할 수 있다. 그러나 1992년 제4차 정당법의 추가개정에서 각 정당이 추천해야 하는 입후보자의 수가 총 의원수의 1/4로 다소 완화됨으로써 경쟁적인 정당체계 형성에 긍정적인 요인으로 작용했다.

따라서 1978년-1997년까지의 정당체계는 경쟁적인 정당체계의 유형에 속한다고 볼 수 있다. 그러나 정당의 입후보자 공천수에 대한 규정은 각 정당이 이러한 규정을 충족시키기 위해 명목상의 후보자를 내세우는 폐단을 야기 시켰고, 또한 선거참여정당도 줄지 않아 여전히 많은 정당이 난립하는 다당체계를 형성하면서 어느 정당도 과반수이상을 차지하지 못해 5-6개당이 연립정권을 구성함으로써 정치적 불안의 악순환이 계속되었다.

또한 이 시기에 역시선거를 앞두거나 선거 이후에도 많은 정당들이 여러 파벌로 분열되어 정당의 이동이나 해체, 신당의 창당 등이 계속되었다. 따라서 정당체계 유형은 사르토리의 제한적 다당체계의 유형에 해당한다고 볼 수 있다.

4 1997년-현재

1997년 10월 11일 개정된 태국 헌정사상 가장 민주적인 헌법인 신헌법은 선거제도 개혁을 통해 다당제를 극복하여 정치적 안정을 이루고 과거 선거 때마다 문제가 되었던 금권선거를 지양하고자 하는데 목표를 두고 제정되었다. 이를 위해 하원의원은 소선거구제에 의해 정당명부제 비례대표로 선출된 의원(100명)과 지역구 의원(400명)으로 각각 구성되고, 상원의원은 주민직선으로 선출하도록 규정함으로써 선거제도 사상 가장 민주적인 제도적 장치를 마련해 놓았다.

비례대표로 선출하는 의원의 경우 유권자는 각 정당에서 만든 명부에 투표하며 정당은 100명을 초과하지 않는 입후보자의 명부를 작성하여 선거위원회에 제출한다. 명부제 비례대표 의원은 전국 총 유권자의 5% 이상의 득표율을 획득한 정당에서 선출된다. 5% 이상의 득표율을 보인 각 정당은 득표율에 따라 의석수를 획득하게 되며 명부에 기록된 입후보자의 번호순서에 따라 선출된다. 한편 상원의원의 경우 도를 기준으로 하며, 유권자는 선거구당 1명의 상원의원을 선출할 수 있다.

또한 신헌법에서는 지금까지 정치발전을 저해해 왔던 금권선거와 매표행위의 폐해를 개선하기 위해 선거관리위원회를 설치하여 독립적이고 엄정한 선거관리를 하도록 했다. 즉 과거에는 내무부가 선거의 주무 부서였으나 신헌법에서는 상원의 권고에 따라 국왕이 임명하는 선거관리위원회가 하원선거, 상원선거, 지방의회선거는 물론 단체장선거 및 국민투표를 공정하게 감독하고 실행하게 규정하고 있다. 뿐만 아니라 선거관리위원회 위원장은 정당 등록인의 역할을 하도록 했으며, 선거관리위원회는 만일 어떤 선거구나 전체 선거구에서 부정선거가 발생하면 새로운 선거나 국민투표를 실시할 수 있는 권한도 갖도록 했다.

1997년 헌법과 1998년 각각 개정된 정당법 및 선거법에 따라 2001년 1월 6일 총선이 실시되었으며, 총선 결과 예상을 뒤엎고 탁씬 친나왓(Taksin Chinnawat)의 타이락타이당(Thairakthai Party)이 과반수의 2석 모자라는 248석을 획득하여 집권당인 민주당을 누르고 압승을 거둠으로써 태국 선거사상 최대 정당이 탄생함으로써 과거와는 확연히 다른 선거결과가 도출되고 기존 정당체계에도 큰 변화가 생겼다(Matichon 01/02/06: 1).

이번 선거에서 신흥정당인 타이락타이당이 압도적인 국민의 지지를 받을 수 있었던 요인은 경제위기에 제대로 대처하지 못한 추언 전 정부에 대한 반감의 표출과 함께, 빈곤층을 적극적으로 파고든 선거전략이 적중했기 때문으로 풀이된다(Matichon Weelky 01/02/09).[8] 이러한 정당체계 변화의 양상은 2005년 2월 치러진 하원의원 선거를 통하여 일정한 경향으로 자리 잡게 되었다. 즉 타이락타이당의 압도적인 우세와 야당인 민주당의 명맥 유지, 그리고 중소규모 정당들의 소멸 등으로 정리되는 일당지배체계가 등장하는 결과를 가져다주었다. 2001년 총선과 비교해 129석이나 증가한 377석을 차지하게 된 이러한 일당의 일방적 승리는 태국 선거사상 유례없는 것이었다. 또한 선거 이후 과거와 마찬가지로 여전히 금권선거와 매표행위에 대한 논란이 있었지만 대체적으로 태국의 선거가 제도적으로 안정을 찾아가고 있다는 평가를 받았다. 그간 다당체계 연립정부를 특징으로 하던 태국의 정당체계 및 의회정치는 강력한 집권여당인 타이락타이당의 독주가 우려될 만큼 일당지배체제로 바뀌었다.

앞 시기와 유사하게 1997년-현재까지 시기의 정당체계를 분석해 보면, 먼저 이 시기의 정치체제는 민간정부가 이어지면서 민주주의의 제도화를 위한 공고화 단계에 해당한다고 할 수 있기 때문에 민주주의체제에 속한다고 할 수 있다. 아울러 정치문화에서도 1997년 신헌법의 제정으로 권위주의적인 요소들이 감소되기 시작하면서 참여형 정치문화적 특성들이 더욱 강화되기 시작했다. 따라서 이 시기의 정치체제는 민주주의 정치체제와 참여형 정치문화로의 이행 현상이 뚜렷이 발견되기 때문에 경쟁적인 정당체계 형성에 긍정적으로 작용했다고 볼 수 있다.

한편 이 시기에 실시된 선거에서 선거구제 역시 소선거구제와 정당

8) 탁씬은 농가부채 3년 상환 유예, 농어촌 지원용으로 7만개 마을에 1백만 바트(약 3,000만원)씩 무상지원 등의 선거공약을 제시했다.

명부제 도입에 의한 혼합선거구를 채택하였다. 따라서 2001년과 2005년 두 번에 선거에 자유롭게 많은 정당들이 참여하여 경쟁하였기 때문에 경쟁적인 정당체계 형성에 긍정적인 영향을 주었다고 할 수 있다. 정당법에 있어서는 1998년 개정된 정당법 및 선거법에 의해 치러진 두 번의 선거에는 선거제도의 기본 골격이 변화되어 유권자들의 투표참여를 독려하기 위해 투표의무제가 도입되었고, 정당 및 후보자들의 선거비용과 선거운동에 대한 제한이 보다 세부적인 사항까지 강화되었다. 즉 선거비용 지출에 대해 선거법의 일부 조항을 개정하여 선거비용의 규제 및 조사범위를 보다 확대하였으며, 정당 간 협의에 의해 선거관리위원회가 중심이 되어 선거비용의 제한 및 조사활동을 펼치도록 규정했다.

따라서 1978년-1997년까지의 정당체계는 경쟁적인 정당체계의 유형에 속한다고 볼 수 있다. 그러나 2001년 선거의 경우 선거에 참여한 43개 정당들 중 11개 정당이 단지 1명의 후보만을 정당명부 후보로 등록시켜 지난 선거처럼 명목상의 후보자를 내세우는 폐단이 지속되었다. 이러한 폐단을 고려하여 2005년 선거에서는 정당명부를 등록하는 모든 정당들은 최소 5명 이상의 정당명부 후보명단을 제출하도록 요구하였다. 그러나 2005년 선거에서도 총 25개 정당이 참여했지만 정당명부제에 따른 후보자와 전체 400개 선거구에 반수 이상의 후보자를 등록시킨 정당은 네 개당에 불과하였으며, 정당명부 없이 5명 미만의 지역구 후보만 등록시킨 정당도 5개 정당이나 되는 등 일부 군소정당들은 선거를 위해 급조되는 과거의 행태가 계속되었다. 반면 2005년 선거에서는 선거출마자나 출마정당의 수가 2001년 선거와 비교하여 크게 줄어든 것은 다당제에서 탈피하고 있는 정당정치 변화의 경향을 더욱 뚜렷하게 보여주었다고 할 수 있다. 따라서 이 시기 정당체계 유형은 사르토리의 일당우위 정당체계의 유형에 해당한다고 볼 수 있다.

〈표 2〉 1978년-2005년 기간 선거참여 정당수 및 의석획득 정당수

선거	선거참여 정당수	의석획득 정당수	
1979년 4월 22일	46		14
1983년 4월 18일	14		10
1986년 7월 27일	16		15
1988년 7월 24일	15		15
1992년 3월 22일	15		11
1992년 9월 13일	15		11
1995년 7월 2일	12		11
1996년 11월 17일	15		11
2001년 1월 6일	43	지역구 및 정당명부	5
		지역구	4
2005년 2월 6일	20	지역구 및 정당명부	5
		지역구	4

〈표 3〉 태국 정당체계의 유형변화

시 기	정당체계의 유형
1932년 - 1972년	극한적 다당체계
1973년 - 1976년	원자화 정당체계
1976년 - 1997년	제한적 다당체계
1997년 - 현 재	일당우위 정당체계

III. 정당체계와 선거제도의 상호관련성 분석

앞에서 살펴 본 바와 같이 태국에서 최초로 정당이 출현한 1946년부터 현재까지 태국의 정당체계는 <표 3>에서 보는 바와 같은 변화를 발견할 수 있고, 다음과 같은 두 가지 중요한 특성을 나타내었다. 첫째, 오랜 기간 동안 태국의 정당체계는 다당체계였으며, 어떠한 정당도 과반수 의석을 차지한 적이 없어 무소속의원이나 다른 당의 의원을 영입하여 과반수를 확보하여 정부를 구성하거나, 혹은 여러 당의 연합에 의한 연립정권을 구성했다. 둘째, 이러한 다당체계는 군부권위주의시기에는 7-8개의 정당들이, 민간정부 시기에는 10개 이상의 정당들 심지어는 20여개 이상의 정당들이 선거에 후보를 내고 의석도 확보하였다. 그러나 한 두 번의 선거를 치루는 동안 일부 정당을 제외한 다른 정당들은 유명무실한 정당으로 전락해 버렸다. 이러한 현상은 선거제도가 소선거구이든 중선거구이든 혹은 혼합방식을 막론하고 일어났다.

그러나 2001년 선거와 2005년 선거결과를 비교하면 다당체계의 특성이 급격히 사라지고 있는 것을 알 수 있다. 특히 2005년 선거에서 타이락타이당의 의석수가 전체 의석 500석 중 무려 377석에 달함으로써 일당우위제의 경향이 확고히 나타나고 있음을 알 수 있다. 한편, 경쟁성의 측면에서 보면, 태국의 정당체계는 1946년부터 현재까지 제한적이나마 경쟁성을 갖추어 온 것으로 평가할 수 있겠다. 특히 정치체제가 군부 권위주의체제였던 시기에는 경쟁적인 정당체계 형성에 부정적인 영향을 주었지만, 이러한 권위주의체제하에서도 군부지도자들은 종종 의회제도라는 형식을 지배강화와 정당성 확보의 수단으로 삼으려고 노력했고, 정치적 경쟁원리에 따른 선거행위의 경쟁성 원칙을 받아들였기 때문에 제한적이나마 경쟁적인 정당체계를 형성할 수 있었다.

또한 1973년-76년 민간정부시기와 1980년대 이후 현재까지 경쟁적인 정당체계가 지속적으로 형성되고 있음을 확인할 수 있는데, 이러한 변화는 민주화의 흐름과 일맥상통한다고 하겠다. 특히 1988년 태국국가당의 찻차이, 1992년 민주당의 추언, 1995년 태국국가당의 반한, 1996년 새희망당의 차왈릿, 그리고 2001년 타이락타이당의 탁씬 등으로 정치권력이 교체된 사실은 민주정치를 위한 정당정치의 여건이 마련되고 있음은 물론, 태국이 정당간 선거에서 정치권력이 교체될 가능성을 실현시킬 정도의 경쟁성에 이르렀다는 것을 보여주는 것이라 할 수 있다. 헌팅턴은 절차적 민주정치의 공고화를 재는 잣대로서 두 차례의 정당 간 권력 교체를 들고 있는데(Huntington 1998: 266-267), 태국의 정당정치에 이를 적용한다면 민주주의의 공고화 가능성이 그 만큼 커졌다는 것을 의미하는 것이다.

한편 태국의 선거제도를 보면 첫 선거는 1933년 11월 15일에 실시되었고 이후 2005년 2월 6일까지 총 23차례의 선거를 실시하였고, 선거제도로는 다음과 같이 소선거구제 및 중선구제, 그리고 소선거구제와 중선거구제의 혼합 방식 등의 세 가지 형태로 변화를 거쳐 왔으며, 선거구제와 관계없이 지속적으로 단순다수대표제를 유지하여 왔다. 첫째, 선거구당 1명의 의원을 선출하는 소선거구제 방식, 둘째, 각 도를 하나의 선거구로 하여 각 선거구의 의원 수는 각 도의 유권자 수에 따르는 중선거구제 방식, 셋째 소선거구제와 중선거구제를 혼합한 방식 등으로 태국의 첫 선거였던 1933년 11월 15일 선거를 제외한 총 22번의 선거 중 1937년-1946년 기간에는 소선거구제, 1948년-1969년 기간에는 중선거구제, 그리고 1975년 이후 1996년까지는 소선거구제와 중선거구제의 혼합방식, 그리고 2001년과 2005년 선거는 소선거구제와 정당명부제의 혼합방식에 의해 실시되었다. 또한 1975 이후 선거 중 1979년과 1983년 선거를 제외하고는 모든 선거에서 입후보자는 정당에 소속되도록 규정했다.

소선거구 다수대표제는 일반적으로 양당체계와 결부되나 다당체계와 결부될 때도 결국은 양당체계를 촉진하게 된다. 따라서 이 제도는 정당의 수를 줄여주는 동시에 거대정당을 형성할 기회가 많아지는 제도이다. 그러나 이 제도는 과반수이상의 지지를 받지 않고도 의원으로 선출될 수도 있고, 전국적인 규모 면에서 본다면 득표수가 적은 정당이 많은 의석을 차지하고, 반대로 득표수가 많은 정당이 적은 의석을 차지하게 될 수도 있다는 점에서 합리적이지 못하다.

반면 대선거구제의 일종인 중선거구제는 각 선거구에서 최소 3명의 의원을 선출할 수 있기 때문에 과반수를 획득하고자 하는 정당으로 하여금 한 선거구에 여러 명의 후보자를 내게 하도록 하여 다당체계를 형성하는 경향을 낳으며, 이러한 동일 정당후보자간의 경쟁은 정당 내의 파벌 형성이나 정당간의 이합집산을 야기시키고 정당의 조직보다는 파벌의 조직이 우선시되는 경향을 낳는다. 또한 중선거구제는 막대한 선거자금을 필요로 하여 후보자들로 하여금 인맥 등에 의한 지지자의 동원에 총력을 기울이게 하고, 따라서 이를 위한 선거자금의 수요가 커져 결국 투표에서 매표행위 등 부정이 발생하게 된다.

태국의 경우 선거제도가 소선거구제였든, 중선거구제였든, 혹은 이 두 제도를 혼합해서 채택했든지 특정의 정당체계로 귀결되지 않고 지속적으로 다당체계를 유지해 옴으로써 기존 학자들이 제시하고 있는 선거제도와 정당체계 간의 일반적인 법칙이 적용되지 않음을 보여 주고 있고, 따라서 태국의 정당체계는 선거제도와는 무관하게 결정되어 왔음을 알 수 있다. 또한 2001년과 선거에서 타이락타이당이 등장하면서 다당체계의 특성이 사라지고, 특히 2005년 선거 결과 일당우위제의 정당체계가 확고히 나타났는데 이는 태국 정당들의 구조적인 취약성에서 찾아 볼 수 있을 것이다. 일반적으로 소선거구제 단순다수대표제는 양당체계를 유도한다고 하며, 사르토리는 양당체계의 형성은 구조적으로 공고한 정당체계와 결합되었을 때 장기적 과정을 거쳐 이루어진다고 했다. 그러나 태국의 경우 이러한 조건들이 충족되지 못하였다. 타이락타이당의 경우 1998년 만들어진 신생정당이며, 다른 정당들도 분열적 요소가 자주 나타나곤 했다. 한다. 또한 타이락타이당의 대중영합주의 정책은 1997년 경제위기 이후 정부에 대한 신뢰감을 상실하고 있던 태국 국민들에게 큰 기대감을 가져다주었고, 이는 타이락타이당이 일당 우위정당의 지위를 확고히 구축하고 태국 최초로 단독정권을 세우도록 했다. 여기에는 타이락타이당의 압도적인 세력을 견제할 수 있는 강력하고도 인기 있는 야당이 부재하다는 점도 크게 작용했다.

이외에 입헌혁명 이후 다당체계가 지속되어 왔던 1996년 선거 이전까지와는 달리 1997년 신헌법 제정 이후 선거제도와 정당체계 간의 일반적인 인과관계를 통해 설명할 수 있는 태국적인 특성으로는 두 차례 선거에서 정당명부 비례대표제의 채택으로 유권자들은 정책을 정당 선택의 기준으로 삼아 투표하는 일정한 경향을 보이고 있으며, 가장 큰 수혜자는 정책선거를 주도했던 타이락타이당이었다. 사르토리는 다수대표제를 채택해도 다른 사회적 균열구조(언어, 인종, 이데올로기 등을 중심으로 하는)가 존재하고 이런 균열구조가 지역적으로 높은 집중도를 나타낼 경우 양대 정당체계의 성립은 불가능하다고 했다. 그러나 이런 요인이 태국의 양당체계를 방해하는 것은 아니라고 볼 수 있다. 태국은 남부 이슬람 지역을 제외하고는 사회적 균열구조가 심각하지 않기 때문이다.(김홍구 2005: 26-27)

Ⅳ. 맺음말

지금까지 살펴보았듯이 태국의 정당체계는 선거제도와 상관없이 1946년 이후 지속적으로 경쟁적 다당체계를 유지해왔다. 군부 권위주의체제 하에서도 군부지도자들은 종종 의회제도라는 형식을 지배강화와 정당성 확보의 수단으로 삼으려고 노력했고, 정치적 경쟁원리에 따른 선거행위의 경쟁성 원칙을 받아들였기 때문에 제한적이나마 경쟁적 정당체계를 형성할 수 있었다.

또한 1980년대 이후 민주화과정을 겪으면서 여러 차례 실시된 선거에서 비록 선거 참여정당들이 12-16개로 여전히 많은 정당들이 참여하고 있지만 실제적으로 태국 정당정치를 주도해 나가고 있는 정당들은 5-7개 정도로 이는 태국의 정당 구도가 법적, 제도적 틀 내에서 경쟁적 정당체계가 정형화되는 단계로 나아가고 있음을 보여주었다. 따라서 기존 서구학자들이 주장하는 선거제도와 정당체계 사이의 상호관계가 태국에서는 존재하지 않고 있음을 알 수 있겠다. 오히려 태국의 정당체계가 지속적으로 다당체계를 형성해 온 요인으로 태국인의 투표행태와 정치문화적 요인, 정치인들의 행태가 중요한 의미를 지닌다.

즉, 태국에서 선거는 어떤 이념이나 정책 중심이 아닌 후보자 개인의 인물 중심으로 진행되기 때문에 국민들의 투표성향도 정당보다는 인물을 중시하는 경향이 높으며, 정당들 또한 대중의 지지 기반이 빈약한 인물중심의 명사정당이 대부분이기 때문에 거의 모든 선거가 정당들 간의 정책이나 이념 대결이 아닌 후보자 개인 간의 경쟁 양상을 보여 왔다. 또한 후원-수혜관계를 기반으로 한 인물중심적인 정당의 성격을 가지고 파벌행태에 의해 운영되며, 매 선거 때마다 부정선거 및 매표행위가 이루어지는 가운데 여전히 많은 정당이 난립하여 의회의 과반수 의석을 차지하는 정당이 없이 연립정권을 구성해야 했다. 또한 그 동안의 태국정당들의 빈번한 이합집산의 현상은 선거의 직접적인 결과로 나타나는 것이 아닌 선거결과로 형성된 정당체계가 재편되는 정치인의 이합집산 현상이 대부분이었다.

그 결과 정당들은 소수엘리트 계층에 의해 주도되며 그들의 이해관계를 반영할 뿐 일반 대중들과의 연계나 접촉이 부족하고 사회적 계층들 간의 상이한 이해관계나 갈등을 반영하지 못하여 태국의 사회균열구조가 정당정치에 반영이 되지 못하도록 하는 결과를 낳았다. 서구의 정치변혁은 산업화과정 속에서 민족적, 사회계층적, 문화적, 종교적 갈등 등의 제 측면에서의 균열이 중심에 차지하고 있었지만, 태국의 경우 정치체제의 변화를 수반하면서 정치적 측면의 요소가 보다 강하게 표출되고 있고, 시민사회의 성립, 정치참여, 정당정치의 경험 등 여러 면에서 서구의 역사적 배경과는 차이를 보인다. 즉, 태국의 정당정치 변화에 있어서는 서구의 산업화 과정에서 나타난 사회, 경제적 균열 측면보다는 정책과 권력욕에 따른 정치지도자들 간의 갈등에 따른 정치적 균열이 보다 중요한 변수로 작용하였다고 볼 수 있다.

한편 1997년 신헌법 제정 이후 치러진 2001년과 2005년 선거에서는 과거와는 전혀 다른 선거결과의 양상을 보여주었다. 1997년 경제위기를 겪으면서 강력한 리더십을 바라던 국민적 선택으로 출범했던 탁씬의 타이락타이당은 태국의 정당체계를 일당우위체계로 바꿔놓았다. 향후 10년 동안은 이러한 체계가 지속될 것이라는 전망이 지배적이었지만 탁씬의 부정부패로 인한 도덕성의 상실은 2006년 9월 쿠데타를 불러 일으켰다.

태국의 지도자는 5개의 기둥(pillar), 즉 국왕, 국민, 미디어, 의회, 군부의 지지를 얻을 수 있어야 안정된 정치를 할 수 있다고 한다. 위의 상황으로 보았을 때 탁신은 그 어느 분야에서도 신뢰받지 못하는 상황에 처했고 바로 이것이 탁신이 중도하차 하게 된 중요한 원인으로 볼 수 있다. 또 한 가지 간과할 수 없는 것은 이번 사태를 통해 태국 국민의 정치의식 수준을 가늠해 볼 수 있다는 것이다. 1932년 입헌혁명을 통해 서구식의 의회 민주주의를 도입한 태국은 비록 많은 시간이 소요되었지만 1973년의 10월 혁명과 1992년 5월 방콕민주화 사태를 통해 군부권위주의 정권을 퇴진시킨 경험이 있을 정도로 민주화가 진행되어 왔다. 또한 탁신이 등장하면서 그동안 볼 수 없었던 탁신이라는 인물의 리더십이 태국사회에 활력을 주고 크게 변화시킨 것은 사실이다.

탁신의 리더십은 국민적 기대와 좌절을 촉발시킨 양면적 요소를 함께 지니고 있었다. 탁신의 다소 권위적이고 민중주의적 요소들이 국가가 처한 경제적 위기를 현명하게 헤쳐 나가는데 일조했다면, 그러한 위험 요소로부터 어느 정도 해방되자 국민들은 다시 탁신의 리더십에 의문을 제기하기 시작한 것이다. 정치권력이 정도를 벗어나 경제 권력에 예속화 되었을 때 발생하는 부패와 정치왜곡을 여실히 보여주었다고 할 수 있다. 어쨌든 태국의 정당정치는 또 한 번 불확실성의 기간을 연장시키는 결과를 가져왔다.

참 고 문 헌

김호진. 1995. 『한국정치체제론』. 박영사.

김홍구. 2005 ."태국의 선거제도 변화와 정당체제", 『국제지역연구』 (제9권 제4호).

디터놀렌 저. 박병석 역. 1994. 『선거제도와 정당체제: 선거제도의 정치적 효과』. 다다.

서경교. 1992-1993. "태국의 민주화 과정(1980-1992)에 대한 일고찰", 『한국태국학회논총』(제5호).

온만금. 1991."정당체계의 형성에 관한 연구", 『한국사회학』(제18집).

이병도. 2000. "태국 정당정치의 변동과 제도화 수준에 관한 연구", 한

국외국어 대학교 박사학위 논문.
최한수. 1992. “선거제도와 정당체계”, 『월간고시』(12호).
Bunbongkan, Suchit. 1987. *The Military in Thai Politics : 1981-1986,* Singapore: Institute of Southeast Asian Studies.
______. 1988. *Kanpattana tang Kanmueng keung Thai: Patisampan rawang Thahan Sataban Kanmueng lae Kanmisuanruam tang Kanmueng keong Prachachon*. Bangkok : Chulalongkorn University Press.
______. 1999. *Kanpattana tang Kanmueng keung Thai: Patisampan rawang Thahan Sataban Kanmueng lae Kanmisuanruam tang Kanmueng keong Prachachon, 2nd ed.* Bangkok : Chulalongkorn University Press.
Buruphat, Kchatpai. 1968. Kanmueng lae Pakkanmuengthai Bangkok: Odienstore.
Trimat, Chawana 1998. *Keomunpunthan 66pi Prachatipataithai.* Bangkok: P. Press.
Duverger, Maurice. 1954. *Political Parties: Their Organization and Activity in the Modern State,* translated by Barbara and Robert North. New York: John Wiley and Sons, Inc.
Huntington, Samuel P. 1998. *The Third Wave : Democratization in the Late Twentieth Century.* Norman: University of Oklahoma Press.
Mivongukot, Bunsri. 1999. Kanruektang lae Pakkanmueng. Bangkok: P. Press.
Ocekey, James. 2003. “Change and Continuity in the Thai Political Party System.” *Asian Survey* Vol.43,No.4(July/August).
Pongsudhirak, Thitinan. 2003. “Thailand: Democratic Authoritarianism.” *Southeast Asia Affairs 2003.* Singapore: ISEAS.

Sartori, Giovanni. 1984. "Influence of Electoral Systems: Faulty Laws or Faulty Method." in Arend Lijphart & Bernard Grofman(eds), *Choosing an Electoral System: Issue and Alternatives.* New York: Praeger.

Schattschneider, E. E. 1942. *Party Government.* New York: Holt, Rinehart and Winston.

Sinsawat, Narong. 1995. *Kanmuengthai: Kanvikrohcheungchittavitaya*. Bangkok: Oriental Schalla.

Teeravekin, Likhit. 1996. *Kanmueng Kanpokkrongtha*i, Bangkok: Thammasart University Press.

Tongdhamachart, Kramol. 1971. *Ratsapa nai Rabobkanpokkrongthai.* Bangkok: Samakomsangkomsathaengptatuetthai.

Vongtrangan, Kanok. 1993. *Pak Kanmueng Thai*, Bangkok: Chulalongkorn University Press.

Matichon. 2001. Feb 2.

Phrarachabanyatpakkanmueng Pho. Seo. 2498(1955년 제 1차 정당법).

Phrarachabanyatpakkanmueng Pho. Seo. 2511(1968년 제 2차 정당법).

Phrarachabanyatpakkanmueng Pho. Seo. 2517(1974년 제 3차 정당법).

Phrarachabanyatpakkanmueng Pho. Seo. 2524(1982년 제 4차 정당법).

http://www.bangkokpost.com/election2001/ja.../c140101.htm

http://www.matichon/weekly/wk-story.asp?selectdate=2001/04/16.htm

호주의 정당체계와 선거제도

-또 하나의 웨스트민스터 모델?-*

홍재우

1. 호주는 웨스트민스터 모델의 한 예인가?

영국은 근대적 의미의 민주주의를 최초로 이룩한 나라이며, 해가 지지 않는 제국을 유지해온 덕에 그 정치적 유산은 아직도 많은 나라에 영향을 미치고 있다. 특히 과거 영연방(British Commonwealth)이라 불리던 커먼웰스 국가(Commonwealth of Nations)들의 정치제도는 영국의 그것과 매우 유사하다는 점에서 볼 때 영국 민주주의의 영향력은 민주주의 연구에 있어 무시할 수 없는 위치를 차지하고 있다(홍재우 2005). 영국의 민주주의는 흔히 웨스트민스터 모델(Westminster model)이라고 불리는데 레이파트(Arend Lijphart)에 의하면 다수제 민주주의(Majoritarian Democracy)의 가장 전형적인 예이며 이 둘은 서로 동의어처럼 사용된다(Lijphart 1999).

오스트레일리아[1] 또한 영국 여왕을 국가 원수로 삼고 있고 정치제도 전반에 걸쳐 영국의 영향을 받고 있는 나라로 웨스트민스터 모델의 또 하나의 사례로 일컬어져 왔다. 이런 이유 때문에 국내에서는 호주 정치는 영국형 정치의 유사모델로서 독자적인 관심을 받지는 못해왔다. 그

---

* 논문 작성에 도움을 준 강원식, 최홍익, 황은오 조교에게 고마움을 전한다.

1) 본문에서는 오스트레일리아와 호주의 명칭을 구분 없이 사용할 것이다.

래서 영토와 지리적 위상이 한국에 미치는 영향을 작지 않음에도 불구하고 호주의 정치와 민주주의에 대한 연구는 전문적인 논문뿐 아니라 교과서마저 매우 드문 편이다. 하지만 나라 자체로서 대륙국가인 호주는 영국과는 매우 다른 지리적 환경과 역사적 경험을 통해 사뭇 다른 정치제도와 정치적 관습들을 발전시켜 왔으며 독특한 정치문화를 형성해 왔다. 전통적으로 중앙집권적인 영국과는 달리 연방제를 채택하고 이에 따라 미국을 닮은 상·하양원의 권력 분립이 시행되고 있으며, 선거제도로는 1위대표제(first-past-the-post system)의 영국 보다는 매우 복잡하고 다양한 방식을 운영하는 등, 잘 알려져 있지 않은 호주 정치의 제도적 측면은 정치학적으로 매우 흥미로운 사례가 아닐 수 없다. 즉, 호주는 영미계열의 국가이지만 단순히 영국이나 미국의 아류가 아니라 캐나다와 함께 또 다른 정치 제도적 특징을 지닌 나라이다.

이하 본문에서는 오스트레일리아 정당정치에서 선거제도의 특징과 그 영향력을 중심으로 살펴보기로 한다. 연립정권을 기본으로 한 양당정치와 다수제이면서도 변화가 있는 다양한 선거제도들을 살펴봄으로써 호주가 더 이상 웨스트민스터 모델의 한 사례가 아니라 다수제민주주의 국가이지만 합의제민주주의의 성격을 조화시켜 나간다는 점에 초점을 맞춰보도록 하겠다.

11. 호주의 정당정치

호주는 영국과 같이 흔히 내각책임제 혹은 의원내각제[2)]라고 불리기도 하는 의회중심제(parliamentary system)를 채택하고 있다. 의회중심제는 대통령중심제 보다 정당과 의회의 역할이 더욱 부각된다. 호주의 정당체계는 영국이나 미국의 정당체계와 같이 다수제적 특징을 갖지만 미국과 같은 완전한 양당체제(two-party system)는 아니며 영국의 양당체제와도 질적인 차이가 난다. 영국은 최근 자유민주당의 부각으로 2+α 정당체제로 변모하고 있지만 1위대표제가 갖는 불비례성의 효과로 자유민주당에 대한 지지는 과소대표 되며 정부형성에도 거의 영향력을 발휘하지 못했다. 즉 전쟁 시기를 제외한다면 영국 정치에 있어 연립정권은 매우 낯선 단어이다. 하지만 호주에게 연립정부는 매우 친숙한 경험이다. 보수 우파 진영이 승리한 경우에는 1922년부터 한 차례의 예외를 제외하고 자유당과 국민당간의 연립정권이 형성되었다. 또 북부 영지(Northern Territory)의 지방자유당도 연립정권의 제 3당으로서 참여하는 등 지역과 지지층에 따른 권력분점이 이루어져 왔다. 주(state) 수준의 지방 자치의 경우 연립정권에 참여하는 범주는 더욱 넓은데, 예를 들면 남오스트레일리아(South Australia)주에서는 좌와 우의 노동당과 국민당 간의 실질적인 연립이 형성되어 있기도 하다. 이 같은 정당정치의 특징은 호주 특유의 선호투표제에 기인한다고 보는 것이 정확하다. 투표 제도의 특징과 그 효과에 대해서는 다시 자세히 다루기로 하고 우선 오스트레일리아의 대표적 정당들에 대해서 살펴보기로 하자.

---

2) 국내 연구자들은 이를 다양한 용어로 호칭하고 언론에서는 내각책임제, 의원내각제 등으로 통칭하지만 대통령중심제에 대한 상대적 특징들을 고려하고 행정부가 입법부와 융합되어있다는 점을 감안할 때 의회중심제가 가장 적절한 용어이며 Parliamentarism 혹은 Parliamentary systems의 정확한 번역이다.

자유당 (Liberal Party): 1944년 결성된 자유당은 중도우파의 주요 정당으로 주로 기업, 도시근교의 중산층, 그리고 상당수의 농촌지역에 지지기반을 두고 있다. 1941년 오스트레일리아 연합당이 노동당에게 패배한 이후 여러 보수세력이 결집되어 결성된 자유당은 멘지스(Robert Menzies)의 지휘아래 1949년 최초로 집권했고 이후 1972년까지 연속적으로 집권에 성공했다. 전통적으로 노동당과 경쟁관계에 있으며 국민당과는 연립을 형성해왔다. 대내적으로는 시장경제를 강조하는 신우파, 신자유주의적 성향을 띠지만 1980년대 이전에는 전통적으로 국가개입적인 경제정책을 펴, 높은 관세정책을 유지하기도 했다. 사회 정책적으로는 보수적이며 강력한 법집행을 옹호하지만 소수자에 대해서는 관대한 정책적 입장을 취하고 있다. 대외적으로는 미국, 영국과의 우호 관계를 중시해 이웃 아시아 국가들과의 관계를 소원하게 만들기도 했다. 자유당은 멘지스 시절부터 입헌군주제를 옹호해 왔지만 최근에는 당내 공화파들의 입지도 강화되고 있다.

1996년 선거에서 승리한 이후 하워드 총리(John Howard)가 정부를 이끌고 있다. 2004년 선거에서도 역시 상하 양원에서 승리하여 하원 150석 중 74석을 얻었고, 국민당과 연합으로 상원 76석 중 39석을 차지하였다. 자유당은 전통적으로 지방의 거의 모든 주와 영지에서는 여당의 지휘를 차지해 왔지만 1997년 이후에는 연방정부를 장악한 대신 모든 지방에서 노동당에게 권력을 내주었다.

노동당 (Australian Labor Party): 19세기 말 식민지 시절의 노동운동을 기반으로 하여 성립된 노동당은 호주에서 가장 역사가 깊은 정당으로 1901년에 성립되었다. 1904년 최초로 소수파 정부로 집권에 성공했으며 1910년에 처음 다수파 정부로 집권했다. 1917년까지 20세기 초엽과 1929년에서 1932년 그리고 1941년에서 1949년까지, 또 1972년에서 1975년까지 집권했으며 가장 최근에는 1983년부터 1997년까지 집권하는 등 20세기의 상당한 기간 동안 집권 정당으로서 호주 정치를 좌우했다. 정강정책으로 보면 유럽식 사회민주주의 정당에 가깝다. 좌파정당이지만 국유화 등 사회주의 정책을 추진한 적은 거의 없다. 노동자층에 지지기반을 두고 있지만 중산층의 지지 또한 강한 편이다. 좌파정당으로는 독특하게 한 때 인종주의적인 백호주의(白濠主義)[3] 정책을 추진해 왔다. 오히려 우파 정당인 자유당이 집권한 90년대 이후에 급격한 호주 이민이 시작되었다. 1980~1990년대 집권 기간 중에는 자유화, 탈규제, 관세장벽 철폐 등의 신자유주의적 정책을 시행하기도 했으나 자유당의 하워드 집권 이후부터는 소득의 평등, 평화주의, 노동의 권리, 민주주의 등 전통적인 노동당의 정책들을 다시 전면에 대두시키고 있다. 현재 연방정부에서는 야당이지만 2002년 이후 6개 주와 2개의 영지 등 모든 지방선거에서 승리했다.

국민당 (National Party of Australia): 1922년에 처음 결성된 국민당은 자유당의 연립 파트너로 1982년 이전에는 지방당(Country Party)과 국민지방당(National Country Party)로 불렸다. 주로 농촌/비도시지역에 지지기반을 두는 보수 정당으로 1940년대부터 자유당의 연정파트너였으며 노동당 집권 시기에도 두 당은 야당으로 행동을 함께했다. 집권 기간 동안 자유당 당수는 전통적으로 부총리직을 수행해 왔다. 사회정책적으로 주요 정당가운데 가장 보수적인 입장을 취하고 있으며 서비스업과 2차 산업을 보호하기 위한 관세정책에 반대해 왔다. 또 주요 정당 가운데 유일하게 공식적으로 호주의 공화국화를 반대하는 입장을 취하고 있다. 1980년대 이후 도시화와 농촌인구의 감소로 당세가

---

3) White Australian Policy: 비백인계 이민자들을 금지하는 정책으로 실제로는 낮은 임금의 노동력이 유입되는 것을 꺼려하는 정책적 목표가 있었기 때문에 이민자체가 거의 허용되지 않았다. 1967년 이후에는 노동당도 다문화주의를 표방하고 있으나 몇몇 노조를 중심으로 급격한 이민정책을 반대하는 분위기는 아직 남아있다.

약해지기 시작했으며 도시화된 지역에서 자유당과 무소속에 의석을 빼앗기는 일이 늘어났다. 2004년에는 녹색당보다 적은 제1선호 득표를 기록하기도 했다. 2006년 현재 하원에서는 12석을 차지하고 있다.

이들 세 정당 이외에도 소수의 의석을 차지하고 있는 군소정당이 있다.

민주당 (Australian Democrats): 1977년에 결성된 민주당은 자유당에서 떨어져 나온 사회적 자유주의자들이 결성하였다. 이들은 자유당 보다는 사회정의와 환경문제에 대해 전향적이며 신케인즈주의에 기반한 경제에 대한 국가개입을 선호하고 열린정부, 평화적 대외정책 등을 주장한다. "악당들을 정직하게 만들자(Keep the Bastards Honest)"라는 구호에서 알 수 있듯이 자유-국민당 연합과 노동당에 대한 비판적인 견해를 유지하고 있다. 하지만 노동당이 우경화됨으로써 정책적으로 노동당보다 때론 더 좌파적인 경향을 띠기도 한다. 주요 지지세력은 도시의 인구밀집지역의 부유층이다. 연방하원의원은 없으며 상원에서는 4석을 갖고 있다. 5%에서 10%에 이르는 지지를 받아왔지만 2004년 연방선거와 2006년 지방선거에서 2%의 지지밖에 얻지 못하고 대패한 이후 당의 앞날이 어두운 편이다.

녹색당 (Australian Greens): 대표적인 환경정당으로 1970, 1980년대 타즈마니아(Tasmania)주의 환경운동에 그 뿌리를 두고 있다. 환경운동가들의 간헐적인 정계진출 끝에 1984년 독일녹색당의 영향을 받아 50여명의 환경운동가들이 전국위원회를 개최한 이후 각 지역의 환경 당들이 연합하여 1992년에 오스트레일리아 녹색당을 결성하였다. 현재 연방하원의원은 없으나 지역의회와 연방 상원에서 점차 두각을 나타내고 있다.[4] 2004년 선거에서는 기록적인 7.2%를 득표해 전체 76석 중 4

4) 2002년 보궐 선거에서 처음으로 하원의원을 당선시켰으나 현재는 하원 의

석을 차지하고 있다. 2001년 노동당 정부의 난민정책에 강력히 반대함으로써 노동당 지지자들을 끌어들였으며 더 이상 환경이라는 개별 이슈가 아니라 평화, 사회정의, 풀뿌리 민주주의를 대변하는 정당이라는 이미지를 얻고 있다. 민주당과 지지층이 겹쳐 경쟁관계에 있으나 민주당 지지층의 이반을 효과적으로 이용하지는 못하고 있다.

지방자유당(Country Liberal Party): 지방자유당은 북부영지에만 존재하는 지역당으로 원래 이 지역의 지방당과 자유당원들의 연합이었다가 1974년부터 독자적인 정당을 형성하였다. 하지만 지역 내에서 자유당과 국민당을 대변하며 실제적으로 양정당의 지역연립 파트너로서 양정당의 분파에 불과하다고 할 수 있다. 북부 영지에서 그 지지가 강해 1927년부터 2001년까지 지방 의회를 지배했으나 최근에는 노동당에게 연패하고 있다.

가족제일당(Family First Party): 남오스트레일리아 주에서 시작된 가족제일당은 세속정당이지만 기독교적인 가치관에 근거하고 있다. 2002년 주의회 선거를 빌어 형성된 이후 2004년 선거에서 공격적인 선거운동전략을 통해 전국적으로 알려졌으며 하원서 2.0%의 지지를 상원서 1.8%의 지지를 받았다. 상원에서 녹색당과의 치열한 경합 끝에 득표이양과정을 거쳐 신승한 이후 한 석을 유지하고 있다. 자유-국민당 연합과 선호투표의 순위에 대해 상호 협력을 했다.

석이 없다.

〈표 1〉 역대 하원 선거결과

년도	노동당(석)	자유당(석)	국민당(석)	기타(석)	합계(석)
1946	43	15	11	5	74
1949	47	55	19	::	121
1951	52	52	17	::	121
1954	57	47	17	::	121
1955	47	57	18	::	122
1958	45	58	19	::	122
1961	60	45	17	::	122
1963	50	52	20	..	122
1966	41	61	21		124
1969	59	46	20		12
1972	67	38	20	..	125
1974	66	40	21	..	127
1975	36	68	23	..	127
1977	38	67	19	..	124
1980	51	54	20		125
1983	75	33	17		125
1984	82	45	21		148
1987	86	43	19		148
1990	78	55	14	1	148
1993	80	49	16	2	147
1996	49	75	19	5	148
1998	67	64	16	1	148
2001	65	69	13	3	150
2004	60	75	12	3	150

출처: Wikipedia, “Australian House of Representatives”
(http://en.wikipedia.org/wiki/Australian_House_of_Representatives)

III. 의회와 선거

호주 연방의회는 양원제로 구성되어 있으며 하원은 개별 지역구를, 상원은 주(state)와 영지(territory)를 대표한다. 초기 헌법기초자들은 두 가지 목표를 갖고 있었는데 첫째는 가능하면 영국식 모델을 그대로 이식하는 것이며, 다른 하나는 미국식으로 권력을 중앙과 지방으로 분배하는 것이었다. 즉, 구조적으로 보면 호주의 연방의회는 1인 선거구에서 선출되는 하원의원과 인구수와 상관없이 주마다 균등하게 배분된 상원의원을 갖는다는 점에서 미국의 제도와 유사하다. 하지만 기능적으로 보면 총리가 의회에서 선출되고 의회의 지지를 받아야만 직을 유지할 수 있다는 점에서 또 각료의 대부분이 의원들이라는 점에서 보자면 영국식과 유사한 특징을 보인다.

선거제도에 있어 호주는 의무투표(compulsory vote) 제도를 도입한 극소수의 나라 중 하나이다. 1924년부터 시행된 의무투표는 연방 및 주 와 영지의 모든 선거에 적용된다.[5] 유권자 등록과 투표가 모두 의무조항이다. 선거 종료 직후 선관위원은 불참자의 이름과 주소가 적힌 명부를 작성한다. 만약 투표장에 출석했다 하더라도 투표용지에 기표하길 거부하거나 투표용지를 투표함에 넣기를 거부해도 불출석으로 간주되어 처벌된다. 불출석한 유권자들은 타당한 이유(신병이나 종교적 이유 등)를 제출하거나 벌금을 낼 것을 요구받는다. 등록 유권자의 5% 정도가 투표에 불참하지만 불참에 대한 기소는 매우 드물며 대개는 벌금형으로 끝난다. 타당한 이유 없이 선거에 불참하면 벌금은 현재 약 20달러(호주달러)이며 법원에서 그 이유가 가려질 때도 벌금은 50달러를 넘지 않는다. 벌금을 피하기 위해 투표장에 가서 투표는 하

5) 주 이하의 자치단체(municipal) 수준에서도 의무투표가 부분적으로 채택되었다. 투표일은 토요일이다.

지만 고의로 무효표를 만드는 유권자들도 있는데 호주 선거제도의 특성상 무효표를 만드는 일은 그리 어렵지 않다. 하지만 지난 두 번의 선거에서 무효표는 약 5%에 불과했다. 의무투표는 대개 노동당에 유리하게 작용한다고 주장되지만 그 효과에 대해서는 논란이 남아 있는 편이며 아직 어떤 정권도 이에 대한 폐기를 시도한 적이 없다. 하지만 많은 정치학자들은 이 제도가 다른 나라에 적용된다면 위헌으로 판정받을 가능성이 크다고 본다.

호주는 거의 모든 수준의 선거에서 선호투표제도(preferential vote system)를 사용한다. 투표자는 투표용지에 후보들에 대한 자신의 선호순위를 표시할 수 있다. 이 방식은 1918년 지방당(Country Party)의 부상과 이로 인한 반노동당 표의 분할을 방지하기 위해 채택되었는데, 점차 상원과 각급 지방단위의 선거, 정당의 후보자 선출과정, 노동조합 선거, 심지어 교회와 축구클럽 선거에서도 받아들여져 호주에서는 보편적인 선거제도가 되었다. 하지만 개표와 표의 합산 과정은 서로 달라서 상하양원만 하더라도 선호투표의 한 종류인 대안투표제(alternative vote system)와 이양식(transferable vote system)을 각기 사용하고 있다.

1 하원과 선거제도

하원(House of Representatives)은 모두 150명으로 구성되어 있으며 모두 1석 지역구에서 선호투표제에 의해 선출된다. 과거에는 도시에 비해 농촌에 유리한 지역구 획정이 잦았고 심지어 법으로 규정되기도 했으나 최근 들어 각 지역구의 유권자 수는 비교적 균등하게 조정되고 있다(현재 유권자 약 8만 5천 명당 1석). 하원의원의 임기는 3년이지만 의회제의 특징상 총리가 의회를 해산하면 언제라도 임기 종료 전에 선거가 열릴 수 있다. 하원의 다수당은 정부를 구성하고 총리를 선출하는 권한을 갖고 있다.

〈그림 1〉 하원의원 투표용지

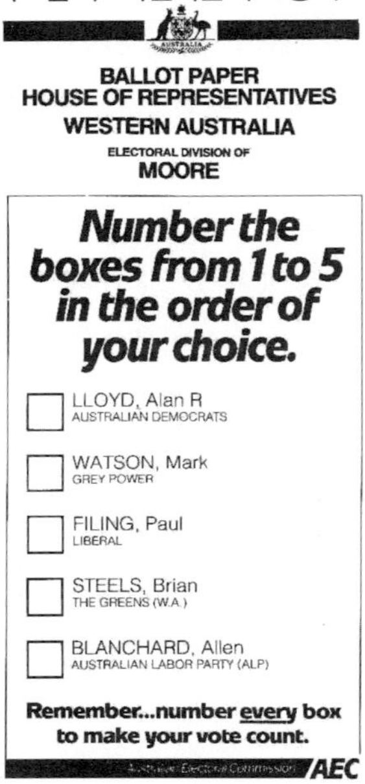
AUSTRALIA

BALLOT PAPER
HOUSE OF REPRESENTATIVES
WESTERN AUSTRALIA
ELECTORAL DIVISION OF
MOORE

Number the boxes from 1 to 5 in the order of your choice.

- [ ] LLOYD, Alan R — AUSTRALIAN DEMOCRATS
- [ ] WATSON, Mark — GREY POWER
- [ ] FILING, Paul — LIBERAL
- [ ] STEELS, Brian — THE GREENS (W.A.)
- [ ] BLANCHARD, Allen — AUSTRALIAN LABOR PARTY (ALP)

Remember...number every box to make your vote count.

Australian Electoral Commission AEC

출처: (Farrell 1997. 46)

호주 하원의 투표제도는 흔히 대안투표제(AV: alternative vote system)라고 불리는 일종의 선호투표제이다[6]. 투표자는 가장 좋아하는 후보 이외에도 두 번째, 세 번째 식으로 선호 순위를 밝혀서 대안(代案)을 제시한다는 의미에서 그 명칭을 얻었다. 이 방식은 1870년대에 미국 MIT의 웨어(R. Ware)가 고안한 것으로 알려져 있다(Farrell 1997). 호주에는 1893년 퀸즈랜드 주의회 선거에서 처음 채택되었고 연방 차원으로는 1918년부터 사용되기 시작했다. 호주가 독립할 무렵부터 논의되던 이 방식은 1위 대표제(FPTP)가 갖는 표의 분산으로 인한 소수 대표의 문제를 극복하기 위해서 채택되었다.[7]

이 제도는 1위대표제에 비해서는 매우 복잡한 선거방식이다. 투표 방식은 상대적으로 간단한데 비해서 개표의 절차는 많은 단계와 시간을 요한다. 우선 투표자는 위의 <그림1>에서 보듯이 무효표가 되지 않기 위해서는 후보자 전체의 이름 옆에 있는 박스에 1부터 순서대로 번호를 써 넣어야 한다. 기본적으로 모든 번호를 결번이나 중복 없이 다 써넣어야만 유효표로 인정된다. 이런 강

6) 실제로 대안투표제라는 말이 호주에서 사용되지는 않는다.
7) 호주를 제외한다면 현재는 아일랜드에서 보궐선거와 대통령선거 시에 사용하고 있다.

제 규정을 둔 이유는 전체 보다 적은 수의 선호만 밝힘으로서 표의 이양이 중간에 정지하는 상황을 방지하기 위한 것이다. 투표자가 할 일은 여기까지이다. 하지만 개표는 보다 복잡한 과정을 거쳐야 한다.

〈표 1〉 대안투표제 당선확정과정: 2001년 Queensland주, Hinkler 선거구

	Bates (녹색당)		Melville (무소속)		White (민주당)		Dorron (노동당)		Neville (국민당)		Janke (한나라당)		
합산	득표	%		%		%		%		%		%	합계
1차	1904	2.55	7147	9.57	1393	1.86	28483	38.12	29231	39.12	6562	8.78	74720
2차	392	28.14	337	24.19	이양	탈락	398	28.57	177	12.71	89	6.39	1393
합계	2296	3.07	7484	10.02			28881	38.65	29408	39.36	6651	8.90	74720
3차	이양	탈락	1089	47.43			749	32.62	246	10.71	212	9.23	2296
합계			8573	11.47			29630	39.65	29654	39.69	6863	9.18	74720
4차			3496	50.94			1406	20.49	1961	28.57	이양	탈락	6863
합계			12069	16.15			31036	41.54	31615	42.31			74720
5차			이양	탈락			6296	52.13	5777	47.87			12069
합계							37328	49.96	37392	50.04			74720
										당선			

출처: (Australian Electoral Commission 2004, 91)

개표가 시작되면 우선 각 후보의 제 1선호 득표만을 계산한다. 여기서 유효득표수의 50%+1 이상, 즉 과반수를 차지하는 후보가 나오면 그 후보는 당선으로 확정된다. 위의 표는 퀸즈랜드 힝클러 선거구의 2001년 하원선거 개표 과정이다. 이 표에 의하면 제 1선호 득표 수 총 74,720표 중에서 과반수인 37,361표를 얻으면 바로 당선이 확정된다.

하지만 이를 득표한 후보가 없기 때문에 최하위인 화이트(Lisa White)의 득표 1,393표를 제 2선호에 의해서 배분하게 된다. 화이트의 표들은 제 2선호 순위에 의해 베이츠에게 392표, 멜빌에게 337표, 돌론에게 398표, 잭크에게 89표가 이양되었다. 하지만 여기서도 과반수 득표자가 나오지 않았기 때문에 다음 최하위인 녹색당의 베이츠(Theresa Bates)의 2,296표를 배분한다. 여기서 베이츠가 제 1선호로 얻은 1,904표는 제 2순위대로 이양되며, 화이트에게서 베이츠로 이양된 392표는 제 3선호에 의해서 이양된다. 이 같은 방식으로 최후의 2인이 남을 때까지 이양을 계속해서 한 후보가 결과적으로 과반수를 차지하여 당선되게끔 만드는 것이다. 위의 예에서 최종 승자는 네빌(Paul Neville)인데 그는 최종적으로 50.04%의 표를 얻어 당선되었다. 2위를 한 돌론보다 불과 64표를 더 얻었을 뿐이다. 이런 이양 과정은 후보자의 숫자에 따라서 또 득표의 비율에 따라서 상당히 여러 번 반복될 수도 있으며 제 1선호 득표에서 1위를 한 후보가 최종승자가 아닌 경우도 발생할 수 있다. 또 중간 개표 과정에서 과반수를 얻은 승자가 나오더라도 선관위는 모든 표가 최종 2명의 후보에게 이양될 때까지 개표를 계속하며 이를 기록한다. 즉 한 후보가 승리하더라도 최종 2위와 얼마만큼의 차이로 승리하는지를 밝히는 것이다. 위의 예에서 네빌이 얻은 최종적인 50.04%의 표는 양당 선호득표(two-party preferred vote)라고 하며 2위와의 오차인 0.04%는 승부를 가름하는 양당 다수표 (two-party majority)라 불린다. 선거가 끝나면 호주 언론들은 전 지역구에 걸쳐 승부를 결정짓는 이 차이를 표로 그려서 보도하는데 이를 선거 진자(electoral pendulums) 혹은 이를 대중화시킨 학자의 이름을 따서 마커라스의 진자(Mackerras pendulums)라고 부른다. 이런 수치들은 선거가 얼마나 박빙으로 치러졌는지를 보여주며 차기 선거에서 해당 지역구의 판세를 가늠하는데 도움을 주는 역할을 한다.

2 상원의 구성과 선거제도

오스트레일리아의 상원은 76명으로 구성되어 있다. 여섯 개의 주는 각각 12의석을 가지며 북부 영지(Northern Territory)와 연방수도 영지(Australian Capital Territory)는 각각 2명의 상원의원을 선출 할 수 있다(보설 참조). 다른 영지는 북부와 연방수도 영지 의원들이 나누어서 대표한다. 주를 대표하는 상원의원의 임기는 6년이며 매 연방선거마다 절반이 새로 선출된다. 영지 의원들의 임기는 최장 3년으로 하원의 임기와 함께한다.

일반적인 웨스트민스터 모델과는 달리 호주 상원은 하원과 거의 동등한 권한을 갖고 있으며 세계에서 가장 강력한 상원 중 하나이다. 총리는 하원에서 선출되지만 정부 각료는 양원에서 모두 선출될 수 있다. 헌법상 양원의 권한이 다른 예외적 조항은 예산안은 하원에서 먼저 발의되어야 하며 상원이 독자적으로 조세를 부과할 수 없다는 점이다. 하지만 상원은 하원을 거친 예산안을 부결시키거나 혹은 표결을 연기할 수도 있다. 상원이 하원이 통과시킨 법안을 부결하면 정부는 법안을 포기하거나 수정하거나 혹은 동시해산(double dissolution)을 선택할 수 있다. 즉, 총리는 국가원수인 여왕의 직을 대행하는 호주 총독(Governor-General)의 명령을 빌어 상하 양원을 해산하고 새로운 선거를 요구할 수 있다. 동시해산으로 선거가 치러진 이후에 해산의 빌미를 준 법안이 다시 상원에서 부결되면 정부는 상하원 합동회의(Joint sitting)를 요구해 법안의 통과를 요구한다. 지금까지 여섯 차례의 동시해산이 있었으나 선거이후에 합동회의가 열린 것은 1974년 한 번 뿐이었다. 나머지는 정부가 선거에 졌거나 상하 양원에서 승리해서 법안이 통과되었거나 혹은 법안을 포기한 경우였다.

상원의 선거방식은 지금껏 두 번 변경되었다. 독립 이후에는 단순다수제의 블록투표를 시행하다가 1919년에 가서 선호식 블록투표로 바뀌었다. 그러나 블록투표는 그 특성상 절대 다수를 양산하거나 심지어는 '싹쓸이' 효과를 만들어내기도 하는데 1946년 선거에서 노동당은 36개 의석 중 33개의 의석을 차지했다. 이런 문제점이 지적되어 1948년 단기이양식 투표제도(STV: single transferable vote system)가 도입되었다. 단기이양식은 대안투표제와 마찬가지로 선호투표제 종류 중 하나이다. 하원에서 쓰는 대안투표와 마찬가지로 투표자는 자신의 선호순위에 따라 후보자들에게 기표하는데, 대안투표제가 최종 1인을 뽑기 위해 인위적으로 과반수를 만드는 다수제 선거방식인데 비해 단기이양식은 일정한 쿼터의 득표를 얻으면 선출되는 방식으로 중선거구제에서 쓰이며 비례제의 한 종류라 할 수 있다. 단기이양식은 개표 방식의 측면에서는 현존하는 모든 의회 선거방식 중에 사실상 가장 복잡한 방식이며[8] 대안투표제보다도 개표 과정이 훨씬 길다. 최근에는 컴퓨터 투표가 도입되기 시작했으나 수작업으로 개표할 시 상원의 선거결과는 길게는 몇 주가 지나서야 최종적으로 알 수 있었다.

〈그림 2〉 상원의원 투표용지

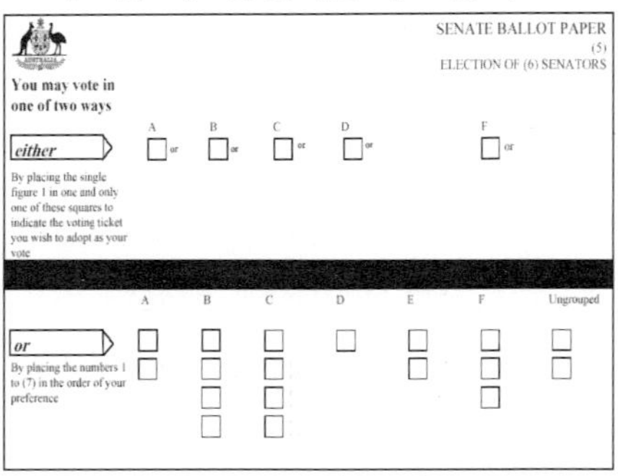

출처: http://www.aph.gov.au/senate/pubs/odgers/chap0423.htm

호주 상원의 단기양식 투표제도는 원래 이 제도로 유명한 아일랜드의 방식과는 약간 차이가 있다. 아일랜드에서는 투표자가 후보자의 선호를 모두 밝혀야 하는데 비해 호주에서는 선호를 밝히거나 정당만을 선택하는 복수의 방식을 채택하고 있다. 왼쪽 <그림 2>는 상원 투

8) 많은 학자들의 칭송에도 불구하고 이런 복잡성 때문에 실제로 채택한 나라는 많지 않다. 아일랜드와 말타가 대표적인 사례이다.

표용지다. 투표자는 두 가지 중 하나의 방법으로 투표를 하게 되는데 첫 번째 방법은 하나의 정당을 고른 이후에 투표 용지의 선 위에 있는 박스 안에 숫자 1을 써 넣는다. 이 경우 투표자가 정당을 선택하고 그 정당이 제시한 후보자의 선호 순위를 그대로 인정한다는 것을 의미하는 것으로 티켓투표(ticket voting) 혹은 '선 위 투표(above the line voting)'이라고 불린다. 두 번째 방법은 선 아래 있는 각각의 후보자의 박스 안에 1부터 마지막 순위까지 써 넣는 것으로 '선 아래 투표(below the line voting)'라고 불린다.

몇몇 주에서는 후보가 70명에 육박하기도 하는데 이 경우 투표자가 만약 두 번째 방법을 선택하였다면 70명의 후보 모두에 대한 선호 순위를 밝혀야 한다. 실제로 투표자가 이 방법을 택하면 모든 후보에 대한 정확한 정보를 알고 있거나 아니면 상위 몇 명을 제외하고는 무작위로 선택을 하게 됨으로 인해 선호 순위를 반영하려는 제도의 취지를 잃게 된다. 따라서 95%이상의 투표자들은 단지 정당만을 선택하는 티켓투표를 한다. 물론 예외 규정도 있어서 투표자가 두 번째 방식을 취해 후보자에 대한 선호 순위를 밝힐 때 단 한 명에게만 1을 표기한 경우, 10명 이상의 후보가 있을 때 그 중 90%이상의 후보자에 대해서만 표기한 경우, 10명 미만의 경우에는 한 명을 제외한 모든 후보자에게만 순위를 밝힌 경우도 유효표로 간주 된다[9]. 무소속으로 출마한 후보자들은 기본적으로 정당득표를 얻을 수 없기 때문에 투표자들이 후보에게 개별적

9) 상원의 개표 규정은 매우 투표자에게 우호적으로 구성되어 있는데, 투표자의 실수들을 여러 경우로 나누어 유효표를 최대화하고자 한다. 예를 들어 정당 표시와 후보자 선호표시를 양쪽에 다 했을 경우에 그들을 개별적으로 했다고 가정한 채 양 득표가 모두 개별적으로는 문제가 없을 경우에는 후보자 선호 표시만을 계산하고, 개별적으로 가정한 채 어느 한 쪽에 문제가 있을 경우에는 문제가 없는 쪽의 표시만 계산한다. 또한 정당에 대해서는 1을 표시하지 않고 X표를 한 경우에도 유효표로 인정한다. 자세한 사항은 상원홈페이지(http://www.aph.gov.au/senate/pubs/odgers/chap0413.htm)를 참조하라.

으로 투표하지 않는 한 1순위 득표는 한 표도 얻을 수 없게 된다. 따라서 많은 무소속 후보들은 혼자서 혹은 다른 후보와 함께 그룹을 만들어서 등록을 하게 된다. 투표용지에 나온 F와 G그룹이 그 예이다.

개표과정은 경우의 수에 따라 이론상 많은 계산절차를 거쳐야 하는데 그 원칙은 다음과 같다.

1) 우선 후보자들의 제 1선호표만을 합산한다. 이 과정에서 어떤 후보가 주어진 쿼터 이상을 득표했다면 그 후보는 당선된 것으로 간주하다. 당선에 필요한 쿼터는 대개 유효득표수의 14.7% 정도이다.[10)]

2) 그러나 제 1선호에서 당선된 후보는 거의 쿼터보다 많은 득표를 한다. 즉, 당선되는데 사용될 필요가 없는 잉여표가 생기는 것이다. 이 잉여표는 용지에 밝힌 제 2선호에 의해 다시 다른 후보들에게 분배된다. 여기서 문제가 발생하는데 당선자가 얻은 표 중에서 어떤 표를 잉여표로 간주하여 다른 후보에게 이양할 것인가 하는 점이다. 아일랜드에서는 이 과정에서 단순히 가장 위에 있는 투표 묶음을 잉여표 만큼 골라 분배했는데, 우연의 여지가 들어가며 공정성의 문제가 발생한다(Gallagher 1996). 따라서 다른 방법을 취해야 한다. 예를 들어 살펴보자.

만약 스미스(Smith)라는 후보가 60,343표를 얻었고 쿼터가 35,430표라면 잉여표는 24,910표다. 즉 전체 득표 중 잉여표의 비율은 0.4128273118이다. 선거법에 의해 소수점 아래 여덟째 자리까지 계산해서 0.41282731을 잉여표의 이양비율로 삼는다. 전체 60,343표의 제 2선호를 모두 검토해 각각의 후보에게 0.41282731배 만큼의 비율로 이양한다. 예를 들면 스미스의 표 중 존(John)이라는 후보를 제 2선호로 찍은 표가 33,000표라면 실제로 존에게 이양되는 표는 33,000 x 0.41282731 = 13,623.30123

10) 쿼터는 전체유효득표수를 (의석수+1)로 나누고 그 몫에 다시 1을 더한 후 나온 결과의 정수 자리를 의미한다. 이를 두룹 (Droop) 쿼터라 부른다.

표이다. 여기서 소수점 이하 자리는 삭제하고 존은 스미스로부터 13,623표를 이양 받는다. 만약 존이 제 1선호표에서 22,390표를 받았다면 이양받은 표 13,623표를 더해 존이 얻은 전체 표의 가치는 36,013표이다. 이 수치는 쿼터를 583표를 초과한 수치이기 때문에 존은 당선되고 그가 얻은 잉여표 583표는 다시 이양된다. 이 때도 이양비율을 계산하는데 제 1선호로 받은 22,390표에다 실제로 스미스에게서 이양받은 33,000표(이양가치인 13,623표가 아니라)를 더해 55,390표를 분모로 삼아 잉여표 583표를 나눈다. 여기서 나온 이양비율 0.01052536을 이용해 다음 후보에게 앞의 이양과정과 같은 방법으로 분배하는 것이다.

3) 위와 같은 잉여표 이양과정을 거쳐 당선자를 결정하는데, 잉여표가 이양된 이후에도 주어진 의석 숫자에 당선자의 숫자가 미달하는 경우, 즉 나머지 후보들이 모두 쿼터에 못 미치는 득표만 하는 경우가 발생한다. 이때부터는 하원의 대안투표제와 같이 최하위 투표자의 표를 나머지 후보들에게 이양한다. 여기서는 최하위 투표자가 얻은 1순위 표는 2순위에 의해, 잉여표는 이양과정에서 합산이 끝난 다음 순위에 의해 다른 후보들에게 분배된다. 이 과정을 쿼터에 이르는 당선자가 나올 때까지 반복하여 모든 의석의 당선자를 결정한다.

요약하자면 쿼터를 정하고 잉여표가 나오면 잉여표를 이양하며, 잉여표를 이양한 이후에도 쿼터에 도달하지 못하면 최하 득표자의 표를 이양하며, 여기서 쿼터에 이른 후보가 잉여표를 갖게 되면 다시 잉여표를 이양한다. 주의 경우에는 주를 묶어 한 선거구로 6명을 선출하는데, 잉여표와 최하위표 이양이 반복되지만 실제 계산 과정은 그렇게 많은 단계를 거치지는 않는다. 참고로 티켓투표를 한 표의 경우 제1선호 계산 시는 정당이 정한 1순위 후보가 얻은 표로 간주한다. 물론 이 표들이 이양될 때도 모두 정당이 정한 리스트 순서대로 분배된다.

Ⅳ. 선거제도의 영향력과 정당정치

그럼 이런 방식은 실제 선거 결과에 어떤 영향을 미쳤을까? 과거 오스트레일리아의 선호투표제에 대한 평가는 그리 우호적이지 않았다. 하원의 대안투표제에 대해서는 1위대표제의 아류에 불과하며 선거결과나 정당체계에 미치는 영향도 크게 다르지 않다고 평가 받아왔다(Rae 1967; Butler 1973; Hughes 1977). 하지만 하원의 대안투표제와 상원의 단기이양식 투표제는 정치적으로 연관되어 순수한 웨스트민스터 모델에서는 볼 수 없는 정치행태를 만들어내고 있다(Reilly 2001). 이들 선거제도가 만들어내는 호주 정당정치의 특징을 짚어보자.

첫째, 1위대표제가 만들어내는 소수 대표 문제를 인위적으로 해결한다. 즉, 단순한 상대적 다수가 아니라 과반수의 승자를 만들어 내서 상대적 다수를 선출하는 1위대표제 보다는 대표성에 있어서 우위에 있다. 물론 이 두 방법을 적용하면 다른 후보가 당선될 수 있다. 예를 들어 대안투표제가 처음 실시된 1918년 코란가미트 군(Corangamite Shire)의 보궐선거에서부터 제 1선호에서 1위를 차지한 노동당 후보는 득표이양절차 이후 빅토리아 농민연합 후보에게 패배하였다. 아래 <표3>에서 보듯이 1960년대부터 1990년대에 이르기까지 제 1선호 득표에 의해서만 당선되는 후보의 숫자는 감소되는 경향을 보였다. 1990년대에는 절반 이상의 선거구에서 득표이양이 필요했다. 물론 1선호 득표의 1위 후보가 이양절차가 끝난 후 패배하는 비율은 생각보다 크지 않아 약 6% 정도이다. 하지만 이 수치는 결코 작은 수치가 아니다. 만약 대안투표제가 아니라 1위대표제였다면 1961년, 1969년, 1990년의 집권당은 전혀 달랐을 것이다(Reilly 2001, 49). 즉 1위대표제가 갖는 소수 대표의 문제를 어느 정도 극복할 수 있다는 장점을 보여준다.

〈표 3〉 대안투표제하의 선호표 이양의석 비율과 최종결과 변화 비율 1963년-1998년

선거년도	선호표 이양의석(%)	1선호-최종결과변화(%)
1963	19.2	6.6
1966	25.0	4.0
1969	32.0	9.6
1972	39.2	11.2
1974	26.0	7.9
1975	18.9	5.5
1977	36.2	3.1
1980	32.0	4.8
1983	24.8	1.6
1984	29.7	8.8
1987	36.5	2.7
1990	60.1	6.4
1993	42.2	8.2
1996	39.2	4.7
1998	66.2	4.7

출처: Hughes 1997, 166-7 (Reilly 2001, 50에서 재인용)

둘째, 비슷한 정책적·이념적 위치를 갖는 정당들 간의 연립을 촉진한다. 각 정당은 "투표선택 카드(How-to-Vote Card)"를 투표장 밖에서 유권자들에게 나누어준다. 이 카드는 자기 당의 유권자들에게 제 2선호부터의 기표 순위를 정해주는 것으로 주로 경쟁정당을 맨 마지막에 표기할 것을 요구하며 많은 후보 앞에 혼란스러운 유권자들에게 자신이 지지하는 정당에게 가장 유리한 투표 전략이 어떤 것인지를 알려주는 역할을 한다. 이런 선거운동 방식은 동시에 선거 전에 정당 간의 연립을 촉진시킴으로서 선거 이후의 정당 간 연립협상에서 유권자들이 배제되는 상황을 방지할 수 있다. 즉, 유권자들은 정당 간의 연립에 직접적으로 투표를 통해 의사표시를 할 수 있는 것이다. 비슷한 정당 간의 지역에 따른 선호교환(preference-swapping)의 대표적인 예는 자유당과 국민당의 지속적인 선거연합이다. 만약 호주가 대안투표제가 아닌 방식을

사용했다면, 이들 두 당의 오래된 결속은 지속되기 어려웠을 것이다.

셋째, 웨스트민스터 모델에서 소수 정파는 쉽게 배제되는 경향이 있다. 특히 1위대표제를 실시하는 경우에 소수당 지지자들이 원하는 정책은 실현되기 어렵다. 하지만 호주의 선거방식은 이들 소수파들에게 일정한 정치적 권력을 분배하거나 그들이 원하는 정책을 실현시킬 수 있는 기회를 제공한다. 하원 선거에서 대안투표제를 통한 제 2선호의 이양은 양당경쟁이 치열한 노동당과 자유-국민 연합 간에 승패를 가를 결정적인 변수이다. 1990년 연방선거를 앞두고 노동당 정권은 여론조사에서 자유-국민 연합에 뒤지고 있었다. 동시에 소수정당인 민주당과 녹색당은 역사상 가장 높은 지지세를 얻고 있었다. 노동당 선거전략을 책임진 리차드슨 (Graham Richardson) 상원의원과 호크 (Bob Hawke) 수상은 이들 소수파 지지자들에게 직접 호소했다. 특히 우파가 집권했을 시에 얼마나 많은 우라늄 광산이 개발되고, 공공 의료혜택이 줄어들지를 강조하며 제 2선호로 노동당을 선택할 것을 부탁했다. 즉 환경문제 등 소수파 정당 지지자들이 원하는 정책들을 제시하기 시작했다. 그 효과는 제대로 나타났는데 예를 들면, 뉴 사우스 웨일즈(New South Wales) 주의 리치먼드 선거구에서 노동당의 뉴웰(Neville Newell)은 제 1선호에서 27%의 지지만을 받았고 자유-국민 연합 후보가 41%의 지지를 받았다. 하지만 이양과정이 끝나자 1선호 투표에서 3위였던 반핵운동가였던 캘디콧(Helen Caldicott)의 표는 대부분 뉴웰에게 이양되었고 뉴웰은 결국 50.5%를 얻어 최종 승자가 되었다. 노동당이 소수당 유권자들에게 호소한 이 같은 제2선호 전략은 성공적이었다. 이 선거에서 소수파가 받은 제 1선호표는 17%나 되었고 이중 3분의 2가 노동당으로 이양되었으며 이는 판세를 가르는 결정적인 요소가 되었다. 이는 소수당들과 노동당간에 윈-윈(win-win) 전략이었는데 노동당은 30%대의 제 1선호에도 불구하고 집권에 성공했고, 의석을 얻지 못한 소수당 지지자들도 노동당이 약속한 정책을 해당 지역에서 얻어낼 수 있었다.

상원 선거가 단기이양식 선거제도로 치러진다는 점은 소수파에게 또 하나의 기회를 제공하였다. 다수의석을 뽑는 상원 선거구에서 민주당이나 녹색당은 단기이양식의 비례적 성격을 이용해 의석을 확보할 수 있다. 하지만 소수정당의 정치적 중요성은 상하 양원간의 선호협약(preference deal)의 맥락에서 더욱 강화되는데, 군소정당이 양대 정당에게 하원에서의 제2선호 지지를 약속하는 대신 한 선거구에서 다석을 뽑는 상원에서 적절한 선호 순위를 보장받는 일종의 교환이 가능해진다(Sharman and Miragliotta 2000). 이를 통해 소수파는 하원에서는 정책적 영향력을, 상원에서는 의석확보를 얻을 수 있게 되었다. 이 같은 협약은 모두 정당들이 '투표선택 카드'를 배포하며, 지지자들이 이를 따르기 때문에 가능한 것이다. 그렇지만 만약 양원이 모두 대안투표제를 사용한다면 소수파 정당의 존재 자체가 어려웠을 것이며, 모두 단기이양식을 쓴다고 해도 그 영향력은 상하원 각각의 내부에서 따로 존재해 의미가 크지 않았을 것이다.

이처럼 호주 선거제도는 호주 정당정치를 기존의 순수한 다수제적 정치모형과는 다른 방식으로 작동하게끔 만든다. 호주의 정당정치는 단순히 웨스트민스터 모델의 한 사례에 불과한 것이 아니다. 요약하자면 호주의 선거제도는 실제로 다수가 아닌 소수의 지지로만 집권하게 되는 다수제의 약점을 인위적으로나마 극복하게 만들고, 정당들 간에 선거 전 연립이 가능하게 만들어 표의 분산으로 인한 대표성의 왜곡을 방지하고, 유권자들이 선거를 통해 정당간의 연립과 협력에 대해서 직접 의사표시를 할 기회를 제공하며 마지막으로 소수파에게도 정치적 영향력을 발휘할 기회를 만들어주는 제도라 할 수 있다.

V. 2004년 연방선거

가장 최근의 연방 상하원 선거는 2004년 10월 9일에 있었다. 보수집권 연합인 자유당-국민당 연정이 승리해 1997년 이후 세 번째 집권에 성공했다. 자유당-국민당 연립정권은 4석을 추가해 150석 중 87석을 얻은 반면 노동당은 4석을 잃어 70석을 얻는데 그쳤다. 연립정권은 상원에서도 전체 76석 중 39석을 얻어 1981년 이래 처음으로 상하양원을 장악하는 정권이 되었다. 선거결과는 사실 많은 언론이나 전문가의 예측에서 벗어난 것이었다. 총리인 하워드는 오스트레일리아 역사상 두 번째로 긴 기간 동안 재임하는 총리가 되었으며 논란이 있었던 그의 이라크전 참전결정도 큰 문제가 되지 않았다. 아래 <표 4>에서 보듯이 하원에서 군소정당은 무소속 3석을 제외하고는 의석을 획득하는데 실패하였으나 상원에서는 녹색당이 7.7%를 얻어 4석을 민주당이 2.1%의 지지만으로 4석을 획득했다. 하지만 하원선거만을 볼 때, 민주당은 1977년 이래 가장 적은 지지를 받았으며 3석의 현역 상원의석을 잃었다. 녹색당도 유일한 하원의석이었던 커닝햄(Cunningham) 선거구의 의석을 잃어 하원에서 완패했으며 타당의 선호투표 협상의 결과로 빅토리아, 퀸즈랜드, 남 오스트레일리아 주에서 상원 의석을 얻을 수 없었다.

〈표 4〉 2004년 오스트레일리아 연방선거 결과

정당	하원			상원		
	득표	득표율	의석	득표	득표율	의석
자유당	4,741,458	40.5	74		17.7	
국민당	690,275	5.9	12		1.4	
자유당-국민당 연합 (New South Wales/Victoria)	-	-	-	5,390,114	25.7	39
지방자유당	39,855	0.3	1		0.4	
노동당	4,409,117	37.6	60	4,186,715	35.0	28
녹색당	841,734	7.2	-	916,431	7.7	4
가족제일당	235,315	2.0	-	210,567	1.8	1
민주당	144,832	1.2	-	250,373	2.1	4
한나라당	139,956	1.2	-	206,455	1.7	-
기독교민주당	72,241	0.6	-	140,674	1.2	-
무소속	288,206	2.4	3	-	-	-
합계 (투표율 90%)	11,715,132	100.0	**150**	11,953,649	100.0	**76**
무효표	639,851					
전체 투표수	12,354,983					
등록 유권자수	13,021,230					

출처: Australian Electoral Commission.

처음 선거운동은 노동당에게 유리하게 진행되었다. 선거 운동이 시작된 지 사흘 뒤 수행된 여론조사에서 노동당은 52%를 얻어 자유-국민 연합을 앞서 나갔다. 하지만 이 시작이 반드시 노동당에게 희망을 준 것은 아니었다. 1998년 선거에서도 노동당은 초기에 앞서 나갔으나 선거에서 패배했다. 더욱이 현 총리인 하워드는 노동당 당수 라탐(Mark Latham)보다 총리후보로서 더 인기가 있었다. 첫 주가 지나자 많은 여론조사 기관은 서로 다른 지지율을 보도하기 시작했다. 즉, 양대 정파의 지지가 매우 비슷한 수준을 유지했다. 당 지도자들 간의 토론에서 라탐은 하워드를 압도했으나 지지도의 변화에 큰 영향을 주지 못했다.

더욱이 선거를 한 달 앞두고 일어난 주인도네시아 주재 호주 대사관에 대한 폭탄 테러는 테러와의 전쟁에 강경한 입장을 취한 자유당-국민당 연립에 긍정적으로 작용했다. 선거막바지까지 여론조사들은 일관된 결과를 보여주지 못했고, 선거는 매우 치열하게 보였다. 이런 까닭에 실제 선거결과는 많은 이들에게 놀라움으로 다가왔다.

호주의 선거운동 과정 가운데 가장 중요한 이슈 중 하나는 정당들 간의 선호 교환 협약이다. 특히 소수당 지지자들의 선호 순위는 누가 정권을 차지하는가에 상당한 영향력을 미친다. 2004년 선거에서도 몇 가지 선거 협약이 이루어졌다. 이 협약은 공식적인 협력관계가 아니라 정당이 지지자들에게 투표 방향을 지시함으로서 이루어진다. 자유당-국민당 연합은 노동당을 약화시키고자 녹색당 지지자들에게 추파를 던졌다. 하워드 총리는 오랫동안 이슈이던 타즈마니아 주의 산림채벌에 관한 정책에서 양보를 하고 지지자들에게 상원에서 녹색당을 노동당보다 앞 순위에 표기하도록 호소하였다. 하지만 녹색당은 대부분의 주에서 노동당을 지지하도록 투표선택 카드를 작성하였다. 이에 대한 반대급부로 노동당은 지지자들에게 녹색당을 민주당 앞에 위치하도록 요구하였는데 이는 뉴 사우스 웰즈, 퀸즈랜드 그리고 서부 오스트레일리아 주에서 민주당 상원의원을 낙선시키고 노동당이 승리하는데 도움이 되길 바랐기 때문이었다. 민주당은 가족제일당과 협력을 했는데 이들 두 정당의 협력은 특히 민주당 지지자들의 분노를 사기도 했다. 상원 선거에서 이런 정당들 간의 협력은 각 주의 경우에 따라 다르게 진행되었다.

하원 150석 중 61석이 투표이양으로 결정되었다. 노동당은 녹색당의 제 2선호 80.79%를 민주당의 58.91%를 얻는 상위 5개 소수정당에서 자유당보다 41만 표를 더 얻었다. 하지만 노동당의 패인은 노동당이 얻은 제 1선호 투표가 37.6%밖에 되지 않았던데 있었다. 이는 1934년 이래 노동당이 얻은 가장 낮은 제 1선호 투표 비율이다. 반면에 자유당은 2001년보다도 3.4% 향상된 40.5%를 얻었으며 전체 자유당-국민당 연합은 46.9%를 얻었다. 선호투표제를 통한 제 2선호표의 유입효과는 노동당은 제 1선호에서 크게 패배함으로써 약화될 수 밖에 없었다. 상원의 선호 교환의 결과는 각 주마다 달랐다. 각 주가 가진 6석 중 문제가 된 의석은 대개 표 이양과정 중 마지막으로 남는 한 두석이었다. 이 한 두석이 정당들 간의 선호 교환에 의해 결정되는데, 빅토리아 주의 가족제일당은 제 2선호로 노동당을 지지하도록 했고 반대급부로 노동당으로부터 녹색당보다 우선순위를 약속받았다. 결과적으로 가족제일당은 1.88%의 제 1선호를 얻었음에도 8.8%를 얻은 녹색당을 누르고 한 석을 얻을 수 있었다. 남 오스트레일리아 주에서는 마지막 한 석을 녹색당에게 주지 않기 위해서 가족제일당과 민주당이 협력하였다. 이들 협약에 의해 민주당의 제 2선호는 녹색당이 아니라 가족제일당으로 흘러들어갔고, 녹색당 후보는 이 때문에 중간 개표 중에 노동당 내 세 번째 순위의 후보를 제칠 수 없었다. 만약 여기서 녹색당 후보가 노동당 후보를 이겼다면, 노동당 후보의 표는 녹색당으로 다시 흘러가서 녹색당이 승리했을 것이다. 노동당은 녹색당과의 마지막 의석 대결에서 승리함으로써 녹색당과 한나라당의 득표를 흡수해 가족제일당과 자유당 후보를 이겨서 마지막 의석을 차지했다.

Ⅵ. 결론: 캔버라 모델?

어떤 정치 제도의 분명한 효과를 예측하는 것은 불가능한 일이며, 오히려 그 예측이 가능하다면 그 정치 제도는 게임의 규칙으로서의 의미를 상실할 것이다. 다소 복잡해 보이는 호주의 선거제도와 정당정치 간의 상관관계는 정확한 예측이 불가능한 것이기 때문에, 또 그럼에도 불구하고 어떤 특정한 결과의 가능성을 암시하기 때문에 정당 사이의 협상과 전술을 의미 있게 만든다. 실제로 언론과 유권자들은 선호투표 제도 같은 정치제도가 갖는 다중적인 의미에 대해서 관심을 기울이지 않지만 게임의 규칙에 복종하고 그 규칙을 통해 가장 원하는 결과를 만들어내야 하는 정당과 정치인들은 게임의 규칙이 갖는 함의에 대해서 숙지하며 예상 가능한 결과를 만들도록 자신들의 행동의 범주와 선택들을 만들어나간다. 중요한 점은 제도적 제약으로부터 비롯된 이런 정치적 행동들은 한 국가의 정치적 성격을 형성 시킨다는 것이다. 독특한 제도들을 만들어 운영하고 있는 호주도 그 예외가 아니다.

호주는 민주주의 정치제도의 발전에 있어 몇 가지의 발명품을 남겼다. 그 첫 번째는 오늘날은 너무도 당연시 되는 비밀투표제이다. 과거 영미의 선거방식은 각 정당마다 고유의 투표용지를 만들었기 때문에, 투표용지를 수령하는 그 자체가 어떤 정당을 지지하는지를 보여주는 것으로 공개투표에 가까운 형태였다. 호주식 투표용지(Australian Ballot)는 처음으로 모든 후보를 한 장의 투표용지에 표기한 것으로 비밀투표의 제도적 기초가 되었다. 두 번째는 의무투표제(compulsory vote system)이다. 정치참여의 자유를 강제하기 때문에 나라에 따라 위헌소지가 있는 제도이긴 하지만 많은 민주주의 국가들이 날로 감소하는 투표율로 고민한다는 사실을 고려할 때, 대안으로 생각해 볼만한 제도이다. 세 번째는 선호투표에 있어서 '선 위의 투표(above the line vote)'와 '선 아래의 투표(below the line vote)'의 구분 그리고 '투표선택카드(how-to-vote card)'이다.

이들 제도들은 호주가 자신만의 뿌리 깊은 민주주의 전통을 갖고 있음을 말해주는 것이다. 특히 본문에서 살펴본 선거제도를 통해 호주는 호주 정치의 원형으로 일컬어지던 웨스트민스터 민주주의와는 다른 정치행태와 정당 정치를 만들어 왔다. 기본적으로는 호주는 다수제 민주주의 형태를 유지하고 있다. 즉, 다수제가 가진 정책의 효율적 결정과 정책의 실패와 성공에 대한 분명한 책임소재의 장점을 취하고 있다. 하지만 동시에 선거전 선호투표 협약과 상·하원을 연계한 소수정당 대표성 제고 그리고 심지어 소수당이 당선되지 않아도 소수당 지지자의 표를 얻기 위해 다수당이 소수당 지지자들이 원하는 정책을 시행해야 하는 상황은 분명 합의제 민주주의의 성격을 지닌 것이라 하겠다. 따라서 호주는 영국의 아류 정치가 아니라 자신만의 캔버라 민주주의 모델을 만들어 나가고 있다고 결론지을 수 있다.

〈보충설명〉

호주연방

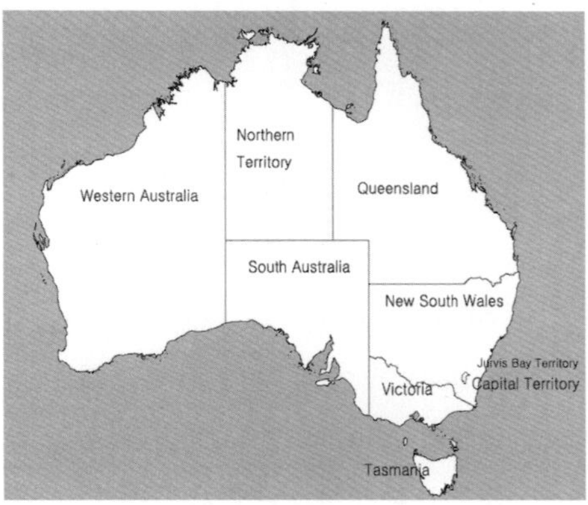

호주는 연방공화국으로 면적은 769만 km2이며 인구는 2천 1백만 명이다. 1901년 여섯 개의 영국 식민지가 연합하여 독립한 후 연방국가를 구성하고 있다. 연방은 6개의 주와 3개의 본토 영지(territory) 그리고 7개의 도서/해외 영지로 구성된다.

주 (State)

서부오스트레일리아(Western Australia)
남오스트레일리아(South Australia)
퀸즈랜드(Queensland)
뉴사우스웨일즈(New South Wales)
빅토리아(Victoria)
타즈마니아(Tasmania)

영지 (Mainland Territory)
북부 영지(Northern Territory)
수도 영지(Captial Territory)
저비스만 영지(Jurvis Bay Territory)

해외영지 (External Territory)
크리스마스 섬(Christmas Island)
노스포트 섬(North Folk Island)
오스트레일리아 남극 영지(Australian Antartic Territory)
허드 앤 맥도널드 군도(Heard and McDonald Islands)
애쉬모어 앤 카르티어 군도(Ashmore and Cartier Islands)
코코크 군도(Cocos (Keeling) Islands)
코랄시 군도(Coral Sea Islands)

연방정부의 수반은 오스트레일리아 국왕인데 영국여왕이 겸임하고 있지만 실질적인 권한은 여왕이 임명한 총독(Governor-General)이 수행한다. 총독은 의회의 해산, 장관과 판사의 임명, 선거 개최, 훈장의 수여 등의 역할을 여왕의 이름으로 수행하고 명목상 군대의 최고통수권자이다. 하지만 전형적인 웨스트민스터 모델을 따라 지극히 형식적인 역할만을 수행할 뿐 실질적인 권력은 연방 총리에게 있다. 연방은 주와 영지로 구성되어 있는데 식민지 시절에 근거한 여섯 개의 주는 헌법에 의해 그 권한이 인정되며 주지사(Governor)는 총독이 아닌 여왕에 의해 임명된다. 주의 통치구조는 연방정부의 그것과 매우 비슷해서 주의 형식적 수반은 주지사이지만 주정부의 수반은 선거로 구성된 주 의회에서 선출된 주총리(Premier)가 맡는다. 영지는 본토의 영지와 해외영지로 구분되는데, 북부 영지는 영토에 비해 인구수가 적은 편이며, 1998년 주로서 승격되기 위한 국민투표가 부결되었다. 나머지 영지들은 연방정부의 관할 하에 있는 수도 영지와 수도의 대외적인 항구 역할을 하는 저비스만 영지 그리고 태평양상의 군도들로 구성되어 있다. 북부 영지와 노스포크 섬의 수반인 행정관(Administrator)은 국왕이 아니라 총독에 의해서 임명되며, 영지 자치정부는 행정관이 임명한 제1장관(Chief Minister)이 맡는데 북부 영지의 경우는 주로 자치의회 여당의 지도자가 임명된다. 수도를 중심으로 한 수도영지는 시의회에서 선출된 행정정관이 정부조직을 책임진다. 기타 영지는 연방정부에 의해 직접 통치를 받으며 남극 영지의 경우에는 국제적으로 인정되지 않고 있다. 각 주는 빅토리아 주를 제외하고는 양원제를 채택하고 있다. 비례대표제로 뽑는 타스마니아 하원을 제외하고는 모든 주의 하원은 연방하원과 같은 대안투표제를 채택하고 있다. 주상원은 다석선거구를 갖는 비례제로 선출된다. 노스포크 섬, 북부 영지, 수도 영지는 모두 단원제의 의회를 갖고 있다.

참 고 문 헌

안순철. 1998. 『선거체제비교: 제도적 효과와 정치적 영향』(서울: 법문사)

홍재우. 2005. "민주주의 정치제도의 적용과 분포" [비교민주주의연구] 1집 1호.

Australian Electoral Commission. 2004. *Commonwealth Electoral Procedure.* (AEC:http://www.aec.gov.au/_content/how/procedures/comm_elect_procedures.pdf)

Butler, David, E. 1973. *The Canberra Model*. (Melbourne: Cheshire).

Farrell, David M. 1997. *Comparing Electoral Systems.* (New York: Prentice Hall).

Gallagher, Michael. 1996. "Appendix 4: Electoral Systems." in *Report of the constitutional Review Group*. (Dublin: Stationery Office)

Hughes, Colin A. 1977. "The Electorate Speaks -and After," in Howard R. Penniman ed., *Australia at Polls.* (Washington DC: American Enterprise Institute)

Lijphart, Arend. 1999. *Patterns of Democracies: Government Forms and Performance in thirty-six countries*. (New Haven: Yale University Press).

Rae, Douglas W. 1967. *The Political Consequence of Electoral Laws*. (New Haven: Yale University Press).

Reilly, Benjamin. 2001. *Democracy in Divided Societies: Electoral Engineering for Conflict Management.* (Cambridge: Cambridge University Press).

Sharman, Campbell . and Narelle Miragliotta. 2000. "Western Australia" in Marian. Simms and John. Warhusrt eds. *Howard's Agenda: the 1998*

Australian Elections. (St. Lucia: University of Queensland Press).

Australian Electoral Commission (http://www.aec.gov.au/)

Parliament of Australia (http://www.aph.gov.au/index.htm)

Wikipedia (www.wikipedia.org)

- Politics of Australia in Wikipedia
  (http://en.wikipedia.org/wiki/Australia_politics)
- Australian legislative election, 2004 in Wikipedia
  (http://en.wikipedia.org/wiki/Australian_legislative_election%2C_2004)
- Parliament of Australia in Wikipedia
  (http://en.wikipedia.org/wiki/Parliament_of_Australia)

제한적 변화를 시도하는 이집트 정당 및 선거제도

서정민

아랍권 최대 정치・문화강국인 이집트의 정치 상황은 중동의 민주주의를 논하는 척도로 이용돼왔다. 100여년이 넘는 의회정치 역사 때문이다. 영국의 간접통치 하에서 중동 내에서 최초로 의회를 개원했고, 이에 따라 정당제도도 가장 먼저 도입했다. 현재는 야권이지만 와프드당(黨)은 100년 이상의 역사를 가지고 있다. 1900년대 초부터 총선을 실시해 나름대로 민주적인 선거를 치르기도 했다.

그러나 1952년 발생한 가말 압둔 나세르의 쿠데타 이후 이집트의 민주주의 싹은 시들어갔다. 군사독재 정권의 등장은 의회를 '고무도장(rubber stamp)'화했다. 정권과 기득권층에 반하는 정당은 존재할 수 없었다. 1970년 집권한 안와르 사다트 대통령 하에서 정당정치는 다시 활성화하기 시작했다. 군부 출신이었지만 사다트 대통령은 전임자의 사회주의정책을 포기하고 '개방정책'을 실시했다. 민주주의가 정착할 기미가 보이기 시작했다. 하지만 오래가지 않았다. 사다트 대통령이 아랍권을 배반하고 이스라엘과 평화조약을 체결하자 이에 반발하는 세력이 과격화했다. 이중 '이슬람 지하드'라는 이슬람단체는 1981년 군사퍼레이드 도중 대통령을 암살했다.

뒤를 이은 후스니 무바라크 대통령은 사다트의 개방정책을 그대로 따를 수 없었다. 과격 이슬람세력의 위협에 맞서야 했기 때문이다. 정국은 다시 비상계엄 하에 들어갔다. 25년이 지난 지금도 아직 이집트는 계엄 하에 있다. 공군출신 무바라크 대통령이 주도하는 군사독재정권의 정치개혁에는 한계가 있을 수밖에 없다. 2003년 이라크 침공이후 미국의 조지 부시 대통령은 '대중동 민주화구상(Greater Middle East Initiative)'을 추진해 오고 있다. 미국의 압력 하에 이집트는 2005년 대통령 선거와 총선에서 어느 정도 정치개혁을 단행했다. 하지만 정권유지에 위협이 될 수 있는 부분은 모두 빠졌다. 이집트는 친미 정권이지만 미국이 요구하는 민주화개혁을 거부하고 있다.

이집트는 전세계에서 이스라엘에 이어 미국의 무상원조를 가장 많이 받는 나라다. 매년 20억 달러의 군사원조를 받고 있다. 그러나 인구 약7,500만의 아랍권 최대국가인 이집트는 아직도 이슬람세력의 위협을 강조하면서 서방의 민주화개혁 요구를 거부하고 있다. 이슬람 세력이 실질적으로 국가존립의 위협일까? 아니면 장기집권을 원하는 정권이 내세우는 구실일까? 현재 무바라크 정권은 차남 가말을 후계자로 추진하는 물밑작업을 하고 있다. 세습왕정이 아니라 공화정임에도 불구하고 부자세습을 꾀하는 이집트의 정당체제와 선거제도를 살펴보자.

大중동 민주화구상(Greater Middle East Initiative)

2004년 G8 정상회담에서 미국의 조지 부시 대통령이 도입한 대중동 정책이다. 미국의 네오콘이 입안한 정책으로 중동의 정치질서를 서구의 기준에 맞게 재편한다는 것을 골자로 한다. 정치와 교육 개혁을 통해 중동과 이슬람권이 보다 민주적인 사회로 나아가는 것을 유도하는 것이 목표다. 요르단, 이집트, 걸프 산유국 등 친미 국가들을 중심으로 개혁을 유도하고 이를 전 중동지역으로 확산한다는 정책이다. 그러나 대량살상무기 제거라는 이라크 침공 명분이 거짓으로 드러나면서 전쟁의 정당성을 제고하기 위해 미국이 제시한 새로운 명분이라는 분석이 지배적이다.

1. 무늬만 복수정당제

이집트는 '공식적으로는' 복수정당제를 채택하고 있다. 현재 21개의 정당이 활동하고 있다. 정당 설립 자체를 인정하지 않은 걸프 산유국의 왕정이나 리비아 등에 비해서는 나름대로 민주적인 정당 시스템을 가지고 있다. 그러나 거대 여당이 의회는 물론 행정부까지 거의 장악하고 있다. 이 외에는 모두 의회 내 의석 5%를 넘지 못하는 군소정당들이다. 한 석도 가지지 못한 정당도 여럿이다. 여러 원인이 있겠지만 군사독재 정권이 정당 시스템에도 관여하고 있기 때문이다. 쉽게 말해 통치자가 꺼리는 정당은 설립자체가 불가능하다(Al-Masri 2003, 107). 그럼에도 불구하고 이집트의 정당제도는 점차 발전하고 있다는 평가가 지배적이다.

1 100여년 전통의 이집트 정당제도

현재의 복수 정당제에 이르기까지 이집트는 어떤 정치 여정을 겪어 왔을까? 우선 이집트 정당의 역사에 대해 집고 넘어갈 필요가 있다. 중동 근대화과정의 대표적 사례로 꼽히고 있는 이집트의 역사적 경험은 현재 중동정치 현실의 뿌리를 파악하는데 도움을 준다.

이집트 정당의 뿌리는 19세기로 거슬러 올라간다. 1798년 프랑스의 나폴레옹이 이집트를 정복해 3년간 통치한 시기는 서구와의 본격적인 접촉의 시작을 알렸다. 봉건적인 왕정 하에 있었던 이집트에서 서방의 침략에 대해 저항하는 작은 결사조직이 등장하는 계기가 됐다. 이후 이집트는 정치 근대화를 시작했다. 프랑스의 침입에 대항하기 위해 오스만 터키 제국이 파견한 장군 무함마드 알리(Muhammad Ali)는 이집트에 정착해 정치, 군사, 경제개혁을 단행했다. 알리(Ali)는 정치적으로 강력한 중앙집권 정부를 구성했다. 이를 위해 종교 지도자, 지주 등 수백 명을 파티에 초대한다고 불러놓고 집단으로 학살하기까지 했다. 이 같은 폭정에 반발하는 세력이 지하에서 활동하기 시작했다(Marsot 1985, 44-51).

이집트 근대사의 획기적인 사건은 단연 영국의 군사점령과 통치(1882-1936)였다. 알리(Ali)의 장손인 이스마일(Ismail)이 수에즈 운하 건설 등 대규모 국토개발계획을 추진하면서 야기된 사태였다. 외채가 누적되면서 영국, 프랑스, 독일 등이 수에즈 운하의 주식을 대부분 장악하게 됐고, 이를 보호한다는 명분으로 영국은 1882년 이집트를 식민지화했다. 점령국 정부를 완전히 없애고 직접통치를 실시한 일본이나 프랑스의 식민지 정책과는 달리 영국은 이집트를 '간접 식민통치'하기 시작했다. 국방, 외교, 경제를 제외하고는 이집트의 정부를 인정하고 왕권도 유지시켰다. 그러나 카이로에 설치된 영국 총영사관은 국정 수행을 실질적으로 도맡아왔다. 1936년까지 지속된 영국의 식민통치 하에서 독립운동을 펼치는 세력이 등장했다. 여기에 서구와의 관계를 유지하면서 기득권을 유지하려는 세력도 정치 조직화했다.

수십 년 동안 비밀 조직으로 운영된 여러 정치세력은 20세기 초에 본격적으로 정당설립에 나섰다. 국왕이 임명하는 의회가 1866년에 설립됐지만 영국이 20세기 초 이집트 왕권 약화를 위해 총선에 의한 의회 구성을 결정하면서다. 이집트 최초의 정당은 1907년 설립된 민족당(NP)이었다. 온건한 이슬람 민족주의 지도자 무스타파 카말이 설립한 NP는 1953년까지 존속했지만 이집트 정국을 주도하지는 못했다. 같은 해 설립된 민족주의 움마당(UP)도 20여 년 동안 활동하다 문을 닫고 말았다. 이후에도 여러 정당이 출현했지만 이집트 정치발전에 큰 역할을 하지는 못했다. 두 가지 이유에서다. 첫째, 1952년까지 왕정이 지속됐기 때문이다. 일부 정당은 국왕에 충성하는 세력으로 전락하고 말았다. 국민을 대표하는 실질적인 정당 활동에는 큰 관심을 가지지 않았다. 둘째, 영국의 통치가 문제였다. 왕족의 영향력을 약화하기 위해 정당 제도를 도입한 영국이지만 특정 정당이 위협적인 정치조직으로 성장하는 것을 원하지 않았다. 특히 제1차 세계대전이 시작되면서 영국은 1914년 이집트에 대해 보호령을 선포하고 더욱 강력한 통제를 실시했다.

그러나 왕정과 식민통치 하의 이집트에도 민주화의 봄은 있었다. 민족주의자 사드 자글룰(Saad Zaghlul)이 이끄는 와프드(Wafd)당이 그 주역이었다. 와프드는 아랍어로 '대표단'이라는 의미다. 1918년 11월 와프드당이 설립된 이유는 명확하다. 제1차 세계대전이 끝나고 열린 1919년 파리 평화회의에 이집트 대표단을 파견하기 위해 재야인사들이 결집하면서다. 독립을 요구하기 위해 결성된 대표단은 영국의 강력한 반대로 파리 행을 포기해야했다. 영국의 장기 식민지화 의도를 파악한 와프드당은 파리 회의 참석 불발을 빌미로 범국민 저항운동을 펼쳐나갔다. 이집트는 제1차 세계대전에서 영국을 돕는다는 조건으로 독립을 약속받았다. 그러나 영국이 전후 독립에 대한 약속을 어기자 반영투쟁에 들어갔다. 같은 해 한국에서 있었던 3.1운동과 같은 맥락의 독립운동이었다. 와프드당은 영국의 철수와 입헌군주제 개헌을 위해 대대적인 민족봉기를 이끌어나갔다.

봉기는 성공을 거두었다. 1922년 이집트는 영국으로부터 명목상 독립을 쟁취했다. 영국은 1923년 이집트의 독립을 인정하고 군대를 철수시켰다. 이집트는 푸아드 국왕 통치를 인정하는 대신 헌법을 제정하여 입헌 군주제 국가로 변모했다. 1924년에는 총선을 통해 와프드당 내각이 들어섰다. 그러나 왕권과 지속적인 마찰이 발생하면서 와프드당 정부는 1928년 붕괴하고 말았다. 왕이 의회를 해산하고 밀실정치를 시작하면서 이집트는 정치적 혼란을 맞이했다. 군사 주둔권과 수에즈운하의 관리권은 그대로 가지고 있었던 영국이 민족주의 와프드당 붕괴에 간접적인 역할을 하기도 했다. 왕권에 대한 강력한 지지를 보내면서 민족주의 민주정부에 대한 정통성을 제거해나갔다.

달콤했던 이집트의 민주주의 경험은 이처럼 4년을 넘기지 못했다. 왕족과 영국 총독의 긴밀한 협력으로 민주화가 후퇴하면서 이집트에는 여러 과격세력이 등장하기 시작했다. 대표적인 것이 1928년 설립된 무슬림형제단(MB)이다. 현재도 중동 최대 이슬람운동 단체인 MB는 영국 세력 축출운동을 벌이면서 지나친 서방화를 경계하는 종교운동을 펼치기 시작했다(Hamad 1999, 31-40). 이 같은 야권의 공세에 영국은 다시 1936년 이집트에 독립을 보장하고 수에즈 운하 관리권만 유지한다고 발표했다. 20세기 전반의 이집트 정당과 정치운동은 항구적인 민주화 기반을 마련하지 못했다. 그러나 완전에 가까운 독립을 쟁취하는 등 이집트 국가운명 결정에 중대한 영향을 주었다.

2 정당 활동의 암흑기

1952년 나세르가 이끄는 자유장교단은 쿠데타에 성공해 왕정을 폐지하고 이집트 아랍공화국을 건립했다. 영국으로부터 완전한 독립을 가져왔을 뿐만 아니라 BC 341년 그리스의 이집트 정복 이래 약 2300년간 지속된 이민족 지배에 종지부를 찍은 역사적인 사건이었다. 나세르 정부는 1956년 서방의 통제권 하에 있던 수에즈 운하 국유화를 선언하면서 이집트와 아랍권의 자존심도 회복했다. 나세르는 아랍권은 물론 제3세계의 영웅으로 부상했다. 그러나 이집트 민주화과정에는 심각한 타격을 주었다. 나세르가 주도하는 혁명위원회는 1953년 1월 모든 정당을 해체하고 일당 독재를 시작했다.

정당을 대신해 들어선 것은 정부가 주도해 결성한 정치 그룹들이었다. 1953년 1월 '해방그룹(LG)'이 설립됐다. 혁명 정신을 받들어 국민을 동원하는데 사용된 일종의 정부주도 이념 및 정치기구였다. LG의 지지를 바탕으로 나세르 혁명정부는 토지개혁, 산업시설 국유화를 진행해 나갔다. 1956년에는 국민 각 계층 대표가 참여하는 '국민연합(NU)'이 LG를 대체했다. 수에즈 전쟁을 계기로 반제국주의적 경향을 강화하고 비동맹주의로 나가기 위해 국민을 총동원한 정치조직이었다. 같은 해 나세르는 공화국 헌법을 공포하고 대통령에 취임했다.

그러나 나세르의 비동맹 아랍 민족주의도 한계를 드러내기 시작했다. 1958년 2월 시리아와 합병하여 아랍 연합공화국을 결성한 이집트는 전 아랍의 통일을 목표했다. 하지만 시리아에게 적용한 급격한 혁신정책이 실패하면서 연합공화국은 3년도 지속하지 못했다. 시리아는 1961년 연합국에서 이탈했다. 아랍 민족주의가 현실적으로 어렵다는 것을 깨달은 나세르는 이후 제2차 농지개혁, 국민헌장채택 등을 통해 사회주의 노선을 걷기 시작했다. 이를 위해 1962년10월 창설한 정치조직이 '아랍 사회주의연합(ASU)'이였다. 이전의 LG, NU와는 달리 ASU는 특정 계층의 정치적 동원을 목표로 했다. 노동자와 농민 계급만이 ASU에 가입할 수 있었다. 독재정치에 대한 지식인층과 지주층의 반발이 거세지면서, 나세르는 지지기반으로 서민을 선택했다. ASU 설립과 함께 노동자를 위한 각종 법안이 채택됐다. 이 같은 사회주의적 정책은 아직도 경제 및 사회 전반에 남아 현재도 이집트의 경제개혁을 어렵게 하고 있다. 예를 들어 해고를 할 수 없기 때문에 공기업의 민영화 정책 추진이 사실 불가능한 상황이다.

ASU를 통한 국정장악 노력은 1967년 큰 타격을 받았다. 그 해 6월 이스라엘과의 제3차 중동전쟁에서 이집트가 주축이 된 아랍측은 대패(大敗)했다. 소련을 등에 업은 시리아, 이집트, 요르단 등이 군사동맹을 체결하고 이스라엘의 티란(Tiran)항 봉쇄 조치 등을 취하자, 미국과 영국의 지원을 받은 이스라엘이 이집트 등을 기습 공격했다. 전쟁은 6일 만에 끝났고, 이스라엘은 시나이반도, 가자지구, 요르단 서안 및 골란 고원을 점령했다. 수에즈 운하도 폐쇄돼 이집트는 큰 경제적 손실도

입었다. 나세르가 주창하던 아랍 민족주의는 사실상 이 전쟁으로 사형 선고를 받았다. 나세르는 패전의 책임을 지고 일시 사퇴하기도 했다. '국민의 요청'에 의해 복직해 전후처리에 나섰지만 괄목할 만한 결과를 얻지 못했다. 민심과 여론은 이미 나세르를 버렸다. 1969년에는 대규모 반정부 폭동이 일어나기도 했다. 1970년 나세르는 병으로 급사했다.

3 제한적 민주 정당제의 부활

나세르의 뒤를 이은 안와르 사다트(Anwar Sadat)는 초기에 나세르 노선을 계승했다. 그러나 1967년 전쟁패배 이후 이집트 정권의 사회장악력은 점차 약화했다. 60년대 말과 70년대 초에는 정치 및 경제개혁을 요구하는 반정부 시위가 잇달아 발생했다. 사다트는 큰 전환점이 필요하다고 생각했다. 1973년 10월 그는 시나이 반도를 점령하고 있던 이스라엘을 기습 공격했다. 국내의 불만을 해소하는 동시에 이스라엘의 점령을 종식할 외교적 돌파구를 마련하기 위해서였다. 예상대로 이집트의 기습을 받은 이스라엘과 중동의 석유 무기화에 놀란 서방은 서서히 변해갔다. 미국도 중동평화 노력을 본격화하면서 중재자 역할을 자청했다. 1977년 11월 중동문제의 독자적 해결을 위해 사다트는 아랍권을 배신하고 이스라엘을 방문했다. 이어 1978년 9월의 캠프데이비드협정, 1979년 3월의 이집트・이스라엘 평화조약 체결 후 시나이 반도를 돌려받았다.

사다트의 개방정책(Open Door Policy)은 더 본격화했다. 나세르의 친소 외교정책을 벗어나 친서방 온건노선을 추구하는 과정이었다. 정치뿐만 아니라 경제도 개방과 자유주의 시장경제로 나아갔다. 정부 주도의 사회주의 경제 하에서 이집트 국민의 불만이 너무 고조됐기 때문이다. 그러나 아랍을 배신한 것은 민족주의 이슬람주의자들에게 용서

받을 수 없는 과오였다. 1981년 10월 사다트는 카이로 군사 퍼레이드 중 총격으로 암살당했다.

외교와 경제정책이 바뀌면서 정치 개혁도 단행됐다. 그동안 지나친 일당 독재 때문에 사회 전반에 이슬람 과격단체가 급증하기 시작했기 때문이다. 1974년 사다트는 ASU의 개혁 작업을 시작했다. 1975년 ASU 총회는 "혁명정신을 크게 벗어나지 않는 범위에서 정치조직을 구성할 수 있다."는 결의안을 채택했다. 1976년 3월 사다트는 우익인 자유사회주의 기구(LSO), 중도파인 이집트 아랍 사회주의기구(EASO), 좌파인 국민진보통합기구(NPUO)의 설립을 허용했고, 같은 해 11월 이 세 조직이 정당으로 태어났다고 선언했다. 정부가 주도하던 ASU 내에서 생겨난 것이지만 다시 다당제 정치제도를 복원한 것이다. 이어 1977년 6월 정당법을 제정해 복수정당제와 의회민주주의를 보장했다.

그러나 정당법의 제정과 복수정당 허용이 ASU의 해체를 의미하는 것은 아니었다. 오히려 정치조직 구성에 있어서 ASU의 권한을 더욱 강화시켰다. 정당설립이 신고제가 아닌 허가제라는 것을 분명히 밝혔기 때문이다. ASU의 인가를 받은 정당만이 합헌정당으로서 활동할 수 있는 법적 근거가 마련된 것이었다. 1977년 정당법은 아직도 유효하다. 정당의 자격조건을 심사하는 기구가 ASU에서 집권당이 장악하고 있는 의회의 '정당위원회'로 바뀌었을 뿐이다. 정당위원회는 8명으로 구성된다. 상원의장, 사법부 장관, 내무부 장관, 하원의장, 정무장관과 대통령이 임명하는 3명이다. 실제로 여권이 장악하고 있어 대통령이나 집권당의 이익에 반하는 정치세력은 정당을 구성할 수 없다(Amin 1993, 93-97). 이 정당법은 또 민족적, 인종적, 지역적, 종교적 이념을 가진 정당의 설립을 금하고 있다. 이집트의 실질적 최대야권인 무슬림형제단을 겨냥한 것이다. 1979년 이스라엘과의 평화조약 체결이후, 정부는 "평화협정에 반대하는 세력은 정당을 설립할 수 없다"는 추가조항을 정당법에 삽입했다.

다당제를 도입했지만 사다트 정권의 말기는 혼란스럽기만 했다. 시장경제를 추구하면서 정부가 빵, 쌀, 설탕 등에 지급되는 보조금을 없애려고 하자 1977년 카이로 시내에서 대규모 폭동이 일어났다. 빈곤층들이 거세게 반발한 것이다. 이어 이스라엘과의 평화조약 체결이후 야권의 대정부 비난도 거세졌다. 이에 따라 사다트 정권은 다시 강력한 정당탄압을 시작했다. 사회적 물의를 일으킨 정당에 대한 허가 취소, 전반적인 정당 활동 제한, 야권인사들의 발언에 대한 검찰 수사권 강화 등의 조치를 내렸다. 정권을 위협하는 정당이나 정치조직에 대한 입 막기, 발 묶기 작업이었다.

4 정당 수는 많지만...

암살당한 사다트의 후계자로 정권을 잡은 후스니 무바라크(Husni Mubarak) 대통령은 어려운 입장에 처했다. 무바라크는 이 위기를 극복하는데 특별한 노선을 취하지는 않았다. 나세르의 아랍 민족주의와 사다트의 친서방주의의 장점을 모두 활용할 수 있는 중도주의를 지향했다. 두 전임자가 모두 극단적인 조치를 취하다 혼란만 야기했다는 것을 그는 잘 알고 있었다(Raghib 1994, 50-55).

다만 이슬람 강경세력의 활동을 제한하기 위해 사다트 암살 당시 내렸던 계엄령을 아직까지 유지하고 있다. 26년째다. 무바라크는 또 사다트가 마련한 복수정당제를 그대로 받아들였다. 사회가 안정되면서 정당의 설립에 보다 부드러운 자세를 취했다. 이에 따라 정당 수는 크게 늘었다. 21개의 정당이 현재 이집트에서 활동하고 있다. 1990년대 이슬람 과격세력의 반정부 폭력이 거세졌을 때를 제외하고는 정당 활동에 대해 나름대로의 자유를 보장하고 있다.

그러나 1977년 정당법의 골격은 그대로 유지하고 있다. 무슬림형제단의 위협을 사전에 차단하기 위해서다. 이 외에도 공산주의를 바탕으로 한 정당 설립을 거부하고 있다. 1986년에는 정당의 활동을 제한하는 추가 조항을 삽입했다. "정당의 해외활동은 정당위원회의 허가를 받아야하고, 또 해외 출장 후 그 결과를 위원회에 보고한다."라는 내용이다(Abdulla 1993, 29). 당시 무슬림형제단과 연합해 범이슬람주의를 추구하던 사회노동당(SLP)의 활동을 약화하기 위한 조치였다.

무바라크 정권 하에서 정당의 수가 증가하고 활동이 활발해 지면서 시민사회도 급증하게 됐다. 하지만 이집트 정부는 시민사회에 대한 오래된 악법을 계속 적용 중이다. 나세르 대통령이 마련한 1964년의 시민사회법이다. 이 법에 따라 모든 시민사회는 사회부에 등록해야하고, 정치적 활동을 해서는 안 된다. 효율적인 사회 통제를 위해 시민사회의 활동을 비정치적인 것에만 제한해 반정부 운동으로 연결되는 것을 막겠다는 정부의 취지였다(Sullivan and Abed-Kotob 1999, 60-61).

후스니 무바라크 Muhammad Husni Said Mubarak(1928.5.4~)

공군출신으로 1973년 공군사령관을 거쳐 1975년 부통령직을 맡았다. 1981년 사다트 대통령의 암살로 권좌에 오른 이후 26년째 집권하고 있다. 여당인 NDP의 의장직도 맡고 있으며 임기 6년의 대통령 선거에서 2005년 다섯 번째 당선돼 30년 집권의 길을 열었다. 온화한 인물로 중도노선을 걷고 있지만 권력 유지를 위해 강압정책을 동원하고 있다. 현재 중동평화의 중재자로서 친미노선을 걷고 있지만, 정치개혁에는 적극성을 보이지 않고 있다.

복수정당제의 부흥에도 불구하고 이 같은 제재조치의 존재는 결국 집권당의 독주를 가져왔다. 1978년 사다트가 ASU를 대체해 설립한 국민민주당(NDP)은 아직도 이집트 최대 정당으로 군림하고 있다. 중도 사회 민주주의를 추구하는 NDP는 무바라크 정권기간 동안 여러 총선에서 70～90%의 의석을 장악해왔다. 단 한 번도 심각한 야권의 위협을 받지 않았다. 신와프드당(NWP), 알타감무당(TP), 나세르아랍 민주당(ADNP), 자유당(AP), 국민진보연합당(NPUP), 미래당(GP) 등 다수의 주요 야당이 있지만 NDP 이외에는 세력이 미미하다. 이집트를 대표하는 주요 야당이라고 하지만 한 표도 얻지 못하는 경우가 허다하다.

〈표 1〉 이집트 주요정당

정당명	설립연도	당수	슬로건	이념	현 의석수
국민민주당	1978	후스니 무바라크	새로운 사고	사회민주주의	311
新와프드당	1983	마흐무드 아바자	권력보다 권리	자유민주주의	6
국민진보연합당 (타감무)	1977	리파아트 사이드	국민이 우선	민주사회주의	2
나세르아랍 민주당	1992	디아웃딘 다우드	아랍은 하나	범아랍사회주의	0
자유당	1976	아흐마드 살림	자유가 최우선	진보민주주의	0
미래당	2004	아이만 누르	손 잡고 미래 건설	자유민주주의	1

26년째 무바라크 정권의 집권당으로서 자리매김한 NDP는 이집트 기득권층을 대표한다고 할 수 있다. 고위 관료, 군대와 경찰의 지도부, 대기업 소유주, 대지주 등은 대부분 NDP에 속해있다. 장기 독재 하에서 정권의 눈 밖에 나지 않기 위해 대부분 기득권층이 가세하면서 NDP의 성격도 변화했다. 기존의 사회주의를 추구하는 모습은 점차 사라지고 국민의 신망도 받지 못하고 있다. 개방경제를 추구하고 있지만 기득권층의 이익을 위해 실질적인 경제개혁도 실행하지 못하고 있는

상황이다. 또한 당 내부에서조차 권력층에 속하지 않은 부류들의 충성심도 강하지 못한 형편이다. 결국 당이 군사독재와 맞물려 거대한 족벌정치의 수단으로 전락하고 있다. 그럼에도 불구하고 무소불위의 권력을 행사하고 있어 이에 저항하는 세력은 크게 보이지 않는다. 일당독재에 익숙해진 국민의 정치의식 결여도 큰 문제다. 지속적이고 끊임없는 민주화 요구가 없을 경우 기득권층 괴물정당으로 변한 NDP의 아성을 무너트리지 못할 것이기 때문이다.

11. 투명성 결여한 선거제도

이집트는 대통령 중심제로 강력한 중앙집권적 정부형태를 가지고 있다. 임기 6년에 연임 가능한 대통령직은 의회해산권, 비상조치권, 헌법개정안 및 국민투표 발의권, 총리 및 각료임명권 등 많은 권한을 가지고 있다. 이 때문에 대통령의 선출은 국가 정책을 좌지우지하는 결정적인 역할을 한다. 1981년 10월 취임 이후 2005년 9월 제5기 연임에 성공한 무바라크 대통령의 임기는 2011년까지다. 30년 집권을 달성해 아랍권에서도 장수하는 지도자로 평가받고 있다. 대통령 유고 시에는 현재 부통령이 없기 때문에 국회의장, 최고 법원장 순으로 대통령직을 대행한다.

이집트는 또 의회민주주의를 추구하고 있다. 이집트는 양원제다. 하원 격인 국민의회(People's Assembly)는 454명으로 구성되고 임기는 5년이다. 하원은 입법권, 일반국가정책 승인권, 국가경제사회 개발계획 및 국가예산 승인권, 대행정부 견제권, 기타 각료 해임권, 정책제안 토론권 등 을 가지고 있다. 하지만 강력한 대통령 중심제와 대통령이 당수인 집권당이 의회를 장악하고 있어 하원은 현재 제한적인 권한만 행사하고 있다.

상원 격인 슈라 카운실(Shura Council)도 있다. 슈라는 대통령과 의회에 대한 자문역할을 한다. 헌법개정의 제안, 헌법내용을 보완하는 법 초안 작성 등을 자문한다. 또 주요한 사회 경제개발계획, 국가의 영토와 주권에 영향을 미치는 평화조약, 동맹 및 제조약, 대통령이 의회에 회부하는 법안, 그리고 국내정책 또는 아랍 및 외교에 관한 대외정책으로 대통령이 의회에 회부하는 모든 사항들에 대한 자문을 제공한다. 264명으로 구성된 상원은 임기 6년이고 매 3년마다 134명이 지명과 선거로 교체된다. 상원의 1/3은 대통령이 지명한다. 2/3는 88개 선거구에서 각 2명씩 직선에 의해 선출한다. 이집트 의회선거의 특징으로 2명중 1명은 노동자 또는 농민출신을 원칙으로 한다. 현 상원의장은 공보부 장관을 지낸 대통령 측근인 사프와트 알샤리프(Safwat al-Sharif)가 맡고 있다. 자문역할만 하는 상원은 사실 이집트 정국에 큰 영향력을 행사하지 못하고 있다. 따라서 대통령과 하원 선거제도에 대해 알아보겠다.

1 북한식 찬반 투표

1952년 혁명으로 공화정이 선포된 이집트에는 2005년까지 단 한 번도 대통령 선거가 없었다. 일당 독재체제를 유지한 나세르와 사다트는 국민의 동의나 선출 없이 대통령직을 죽을 때까지 수행했다. 그러나 1981년 집권하고 복수정당제를 실천해온 무바라크 대통령은 이보다는 진보한 대통령 선거체제를 보여 주었다. 찬반 국민투표였다. 의회의 추천을 받은 한 사람의 후보가 국민으로부터 찬성 혹은 반대의사를 물었다. 당연 집권당 당수였던 무바라크 대통령이 항상 단독후보였다. 무바라크 대통령은 1981년부터 1999년까지 네 번 단독후보로 출마했다. 결과는 놀라웠다. 88%정도의 투표율에 찬성률은 항상 99%를 넘었다. 북한의 찬반투표 결과와 크게 다르지 않다. 부정이 저질러져 왔다고 이집트 인권단체들은 한결같이 주장해왔다.

그러나 2005년 이집트는 사상 최초로 복수후보에 의한 직선제를 도입했다. 5월10일 이집트 의회(People's Assembly)는 454명 재직 의원 중 405명의 찬성으로 헌법개정안(76조)을 채택했다. 5월 30일에는 개정안이 53%의 투표율과 83%의 찬성으로 국민투표를 통과했다. 2005년 초 이집트 거리를 수놓은 '키파야(이제 그만, 충분해!)' 운동의 결과였다는 지적이 있다. 세속주의 개혁정당인 미래당과 무슬림형제단이 정치개혁을 요구하며 거리로 나섰기 때문이다. 2003년 이라크 전쟁 이후 미국의 중동 민주화구상에 어느 정도 부합하는 움직임이라고 볼 수도 있다. 그러나 실제는 NDP 사무차장으로 있는 차남 가말 무바라크에 대통령직을 승계하기 전에 취한 일종의 양보조치라는 분석이 지배적이다. 개헌안의 내용을 보면 잘 알 수 있다.

무슬림형제단(Muslim Brotherhood)

1928년 수에즈 운하도시 이스마일리아의 초등학교 아랍어 교사였던 하산 알반나가 설립한 중동 최초의 이슬람사회운동이다. 이슬람법이 지배하는 국가 건설을 목표로 한다. 폭력을 사용하는 과격단체들과는 달리 점진적인 사회개혁을 통해 이슬람화를 추구한다. 그러나 무슬림형제단이 폭력시위를 주도했던 1948년 이래 이집트 정부는 이 단체를 불법화하고 있다. 현재 약 100만 명 이상으로 추정되는 MB 회원은 학교, 병원, 고아원 등 서민들을 위한 복지 및 생계지원 시설을 운영하고 있다. 이 때문에 노동자, 농민, 그리고 도시 저소득층의 강력한 지지를 받고 있다. 78년의 역사를 이어오면서 MB는 알제리, 튀니지, 요르단, 수단, 팔레스타인 등지로 세력을 확장해 현대 이슬람 세계에서 가장 영향력 있는 조직으로 성장했다.

대통령 후보 출마요건이 문제다. 2005년 9월 대선에는 적용되지 않았지만, 2011년 대선부터 적용되는 조항들이다. 대통령 후보 등록을 위해서는 하원, 상원, 주의회 의원 중 250명의 추천을 받아야 한다. 이 중 의회 의원 65명, 상원 25명, 26개 주중 14개주 의회 의원 각 10명의 추천 확보가 필수적이다. 후보를 낼 수 있는 정당의 조건도 있다. 5년 이상 공식적으로 정당등록이 돼 있고, 의회와 상원 의석을 각각 5% 이상 점유한 정당만이 대통령 후보를 추천하고 내세울 수 있다. 선출 방법은 총 유권자 50% 이상을 초과하는 다수득표자로 하며 50% 이상 득표자가 없을 경우 상위 투표자 2인에 대한 결선투표가 진행된다. 대통령 선거관리위원회는 5명의 법조계 인사와 5명의 사회저명 인사로 구성하고, 위원장은 헌법재판소장이 맡으며, 사회저명 인사중 3명은 의회 추천, 2명은 상원이 추천하는 인사로 한다. 선거관리위원회 결정은 7명의 찬성을 필요로 한다.

결론적으로 대통령 후보 자격이 지나치게 까다롭다. 반정부 키파야 운동, 무슬림형제단, 기존 주요 야당들은 개헌안 국민투표를 거부했다. 투표율이 예상보다 다소 저조한 것은 이 때문이었다. 이집트 야권은 대선이 끝난 지 1년이 지난 현재도 정부에 대통령 선거법의 수정을 요구하고 있다. 현재의 후보 출마조건에 따르면 단 한명의 야권 인사도 대선에 출마할 수 없기 때문이다. 후보추천은 둘째라도 의회의석 5%이상을 점한 정당도 없다. 5년 이상 등록 정당이라고 규정한 것은 총선에서 새 물결을 일으키는 정당이 등장해도 대권에는 도전할 수 없도록 만든 것이다. 결국 이대로 간다면 2011년 대선은 대통령의 차남 가말만이 단독후보로 나올 것이라는 우려가 팽배해 있다.

2 한 달간 실시되는 마라톤식 총선

실질적 입법권을 가진 하원격인 국민의회(People's Assembly) 선거의 골격은 우리의 총선과 크게 다르지 않다. 21개에 달하는 정당은 지역구마다 공천자를 선정하고 선거관리위원회에 등록시킨다. 정당에 속하지 않은 정치인들은 무소속으로 출마한다. 유세기간을 거쳐 총선에 임한다. 다행히 아직 총선이 실시되지 않고 있고 여성에게 참정권을 부여하지 않는 일부 걸프 왕정국가와는 달리 20세 이상의 남녀 누구나 선거권을 가지고 투표에 참여한다.

그러나 이집트는 우리와 다른 특이한 총선 방식을 가지고 있다. 전국을 222개 선거구로 나눈 후 각 선거구에서 2명을 선출한다. 상원과 마찬가지로 이 중 한명은 노동자 또는 농민출신이어야 한다. 사회주의적 요소가 아직 남아있는 것이다. 여기에 대통령은 10명의 하원 의원을 임명한다. 이집트의 소수종파인 기독교인과 여성을 주로 임명한다.

이집트 총선의 가장 두드러진 사항은 세 차례에 걸쳐 한 달간 치러진다는 것이다. 주별로 투표일이 나르다. 보통 9개 주씩 6일 정도의 간격으로 치러진다. 2005년 11~12월 총선의 경우 제1단계는 11월 9일과 15일에 9개 주에서 164명을 선출했다. 제2단계는 11월 20일과 26일에 역시 9개 주에서 144명을 뽑았고, 제3단계는 12월 1일과 7일 9개주에서 136명을 선출했다.

이 같은 마라톤식 총선에 대한 야권과 국제인권단체의 개선요구가 끊이지 않고 있다. 이집트 정부는 지역사정을 고려하고 선거의 효율적 관리를 위해 이 같은 단계별 총선이 필요하다고 주장하고 있다. 그러나 실제로 이는 조직적인 부정행위를 위한 것으로 풀이되고 있다. 총선을 전국적으로 단 하루에 치르게 될 경우 집권당과 이를 지지하는 정치세력이 관여할 시간이나 인적 · 물적 능력이 없기 때문이다. 이로 인해 이집트 총선은 매번 부정선거 논란이 일었다. 80년대와 90년대 초에는 무슬림형제단과 연합한 정당들이 총선을 보이콧하기도 했다.

3 제도보다는 운영이 더 문제

2005년을 제외하고 이집트 집권당은 90% 전후의 의석을 장악해왔다. 부정선거의 결과였다. 제도 보다는 선거의 운영 방식이 투명하지 않기 때문이었다. 우선 이집트 선거는 경찰서와 깊은 연관이 있다. 유권자는 투표증(카드)을 받기 위해서 경찰서에 가야한다. 하지만 독재 경찰국가인 이집트에서 서민, 특히 야권 지지자들이 경찰서를 찾는 것은 쉬운 결정이 아니다. 폭력과 부당감금 등 비인권적인 행위가 다반사인 곳이 이집트의 경찰서이기 때문이다. 우리가 60, 70년대 경찰서를 무서운 곳으로 생각했던 것과 비슷하다. 이 때문에 여당 지지 세력이 아니면 아예 투표증을 발급받을 엄두도 못 낸다. 신분증과 함께 제시해야하는 투표카드가 없으니 선거에 참여하는 길이 막혀버린 것이다. 반(反)여당 표가 급감할 수밖에 없다(Kienle 1998, 221-224).

또 상당수 투표소가 경찰서 내에 설치된다. 주로 공공학교 시설이 이용되지만 큰 경찰서가 있는 지역의 주민들은 예외 없이 투표를 위해 경찰서로 가야한다. 상당수 유권자가 야권에 표를 던지기 위해 경찰서로 가기를 꺼려할 수밖에 없다. 경찰서의 투표 시설은 열악하다. 2005년 총선당시 필자가 들른 카이로 남부의 한 경찰서에서는 비밀투표자체가 이뤄지지 않고 있었다. 복잡한 사무실에 마련된 투표소에서 유권자는 아예 투표용지를 들고 나와 경찰의 책상위에서 기표하기도 했다.

유권자 등록도 마찬가지다. 보통 총선이 있기 1년 전에 유권자 등록을 해야 한다. 등록 장소는 또 경찰서다. 그곳에서 한참을 수작업으로 지역구 주민임을 확인하고 유권자임을 확인해야 한다. 집권당과 정부는 의도적으로 유권자 등록기간을 크게 홍보하지 않는다. 이 때문에 일반 주민들은 유권자 등록 기간이 언제였는지도 잘 모른다. 집권당의 회원이나 정권 지지자들은 알아서 집권당이 단체로 유권자 등록을 한다. 아예 선거를 할 수 없도록 차단하는 장치다.

대규모 투표조작도 집권당에 의해 저질러지고 있다고 야권과 인권단체는 지적하고 있다. 대통령 찬반투표의 찬성률이 매번 99%를 넘었던 것은 이를 입증한다. 2005년 개헌으로 약간은 투명해 졌지만 아직도 선거관리 위원회 자체가 독립적인 기관이 아니다. 대통령이 임명하는 헌법재판소장이 위원장이다. 2005년 총선부터 재판부와 사법부가 대거 선거관리위원회에 포함됐지만, 아직도 집권당의 입김이 확실히 작용하는 곳이 선거관리위원회다. 독립성을 가지지 못한 선관위가 정부와 집권당의 대대적인 선거조작을 눈감아 왔다.

III. 카이로에도 '민주화의 봄'이 오나

2005년은 선거의 해였다. 더욱이 특별한 의미를 갖는 선거들이 치러졌다. 사상 최초로 대통령 직선이 실시됐다. 또 이집트 역사상 가장 자유로운 총선도 치러졌다. 2월 초부터 시작된 무바라크 대통령의 퇴진과 정치개혁·민주화를 요구하는 시위가 1만 명 규모로 늘어나면서 이집트 정권은 최소한의 양보조치를 취할 수밖에 없었다. 무바라크 대통령은 개헌(改憲)을 통해 복수후보가 출마하는 대통령 선거를 허용했다. 무소속의 자격이었지만 이집트 최대 야권으로 분류되고 있는 무슬림형제단이 참여하는 총선도 실시됐다. 전문가들은 일단 이집트 정치개혁의 물꼬가 트였다는 분석을 내놓고 있다. 2006년에도 무바라크의 권력세습 반대, 26년째인 비상계엄 철폐 등을 요구하는 반정부 시위가 간간히 이집트 전역에서 발생하고 있다. 그러나 이집트의 민주화는 불투명하다. 무바라크는 대선법 개정 등에서도 최소한의 개혁 조치만 보였을 뿐이다. 25년간 통치하면서 미국으로부터 500억 달러의 원조를 받았지만, 미국의 민주화 요구는 계속 거부하고 있다. 야권도 문제다. 현재 이집트 내 야당 인물로는 2005년 대선에 출마해 2위를 차지한 미래당의 아이만 누르가 있지만, 범야권의 구심점이 되지는 못하고 있다. 또 7,500만 인구의 절반 가까운 문맹률과 실업률 25%의 경제 현실을 고려할 때, 최근의 반정부 시위가 '민주화' 열매를 맺을 수 있을지는 여전히 불투명하다(Al-Haya, 2005년 12월 7일).

1 30년 집권 기반 마련한 무바라크

2005년 9월 7일 실시된 대통령 선거에서 무바라크는 5선에 당선됐다. 그러나 투표율은 크게 저조했다. 총 3250만 명 유권자중 23%인 747만 명이 투표에 참가했다. 유효 투표 중 88.57%의 지지를 얻은 무바라크가 차기 대통령으로 확정됐다. 미래당 누르 후보는 7.3%의 지지를 획득해 2위를 기록했고, 3위는 2.8%의 지지를 얻은 新와프드당의 누만 구마 후보가 차지했다.

직선제라는 역사적인 개혁이 있었지만 결과는 예상대로였다. 9명의 대선 후보가 등장해 무바라크에 도전했지만 역부족이었다. "큰 고래와 9마리의 새우가 먹이를 놓고 경쟁하고 있다. 싸움이 된다고 생각하는가." 이집트 수도 카이로의 한 시민은 말했다. 타리크라는 이 청년은 "'포악한 고래'에게 표를 줄 수도 없고 한 없이 약한 새우를 밀어주는 것도 무의미하다."고 설명했다. 선거 결과는 현 대통령의 압도적인 승리였다. 야권은 패배를 인정하지 않았다. 선거가 끝난 후 2위를 차지한 누르 후보는 "이번 선거가 부정으로 얼룩졌다."며 재선거 실시를 요청했다. 新와프드당의 구마 후보는 당 차원에서 부정선거 의혹 사례리스트를 선관위에 제출할 것이라고 밝혔다. 그러나 얼마 후 선관위는 누르 후보의 재선거 실시 요청을 기각했다.

선거 결과는 예상대로였지만 최초의 직선제 대통령 선거가 이집트 민주주의의 출발로 보는 시각도 있다. 알자지라 방송 등 중동언론은 "일부 부정선거 의혹 사례에도 불구하고 이집트 대선은 정치 개혁에 대한 논의가 활발해진 계기가 됐으며 무바라크 대통령에 대한 비판까지 이뤄지는 등 민주주의 발전에 기여했다."고 평가했다(Al-Jazeera, 2005년 9월 9일). 선거의 자유도에 있어서도 다른 중동국가에 비해서는 만족할 만한 수준이었다는 지적도 있다. 이집트 내 대다수 시민단체들은 "투표일 당시 다양한 부정선거 사례가 확인되었지만 선거결과를 뒤집을 정도는 아니었다"며 "선관위 공식 발표 결과를 인정한"다고 발표했다. 국제사회의 반응도 긍정적이었다. 미국은 일부 절차적 문제에도 불구하고 선거절차의 투명성 제고 및 언론의 역할 확대를 금번 선거에서 가장 중요한 진전으로 평가했다. 미국 국무부는 "이번 선거를 통해 이집트의 민주주의가 보다 발전하고 정착될 수 있기를 기대한다."며 "앞으로 미국은 비상계엄법의 폐지 등 공약사항의 이행에 대해 계속 주시할 것"이라고 밝혔다(Al-Ahram, 2005년 9월 11일).

대통령 선거의 문제점은 투표율이었다. 23%에 지나지 않은 저조한 투표율로 인해 선거의 신뢰성에 대한 논란이 제기됐다. 물론 선거의 유효성에는 영향을 미치지 못했지만, 이집트의 낮은 정치의식이 그대로 드러났다. 무바라크 대통령의 당선이 기정사실로 받아들여지면서 관심이 저조했다고 할 수 있다. 또 높은 문맹률과 식자층의 정치적 무관심 때문에 이집트 국민의 낮은 정치적 수준이 대선에서 두드러졌다.

2005년 대선의 가장 큰 수혜자는 역시 무바라크 대통령이었다. 1981년 이후 장기 집권하고 있는 무바라크는 어느 정도 민주적인 외양을 갖춘 선거를 거침으로써 정치적인 승리를 거두었다. 정권의 정통성이 제고되면서 국정운영에 안정을 찾을 수 있게 됐다. 그러나 이집트의 야당 및 재야세력은 지속적인 개혁을 요구할 것으로 보인다. 장기 집권 및 권력세습 분위기에 대한 비판, 일반 서민의 경제적 여건 악화에 따른 불만 등이 점증하면서 개혁요구가 거세지고 있다. 이로 인해 무바라크는 앞으로도 제한적이라도 정치 경제 분야에서 개혁, 개방정책을 계속 추진해야 할 것으로 보인다. 2005년 9월 27일 취임 선서식에서 무바라크 대통령은 추가적인 개혁을 약속했다. 대통령의 일부 권한을 국회와 총리에 이양하는 헌법 개정을 추진할 계획이며, 지난 25년간 지속되어온 비상조치법을 반(反)테러리즘에 초점을 둔 새로운 법률로 대체하겠다고 밝혔다. 대통령은 또 6년간 4～5백만 개의 일자리를 창출해 나가면서 근로자의 봉급 수준을 평균 80～85% 인상시키겠다고 공약을 제시하면서 경제개혁도 시사했다. 동시에 경작 면적의 확대를 통해 농촌 경제의 성장을 도모하고 중소기업에 대한 지원을 늘려나갈 계획임을 천명했다. 대외적으로는 이집트의 주권과 영토를 공고히 하는 가운데 이-팔 분쟁 해결 과정에 참여하면서 안보적 측면에서 수단 및 이라크 문제 접근도 도모하겠다고 밝혔다.

2 무슬림형제단의 약진

2005년 11～12월에 치러진 총선은 큰 의미를 갖는다. 집권당 NDP가 전체의석의 72%를 차지하여 이전과 다름없는 안정적인 정국 운영의 토대를 만들었다. 그러나 국민의 불만은 무슬림형제단의 약진을 가져왔다. NDP의 의회 내 의석이 70여석으로 감소한 반면 무슬림형제단은 88석을 차지하는 기염을 토했다. 종전 17석에서 5배에 가까운 의석수를 늘리면서 의회 의석수의 약20%를 차지했다. 실질적 최대 야권으로 알려진 무슬림형제단이 명실상부 공식적인 제1야당 자리를 차지한 것이다. 하지만 현행법상 종교를 이념으로 하는 정당 결성이 금지돼 있기 때문에 향후 이집트 정부가 무슬림형제단을 어떻게 받아들일지 여부가 정국의 변수로 등장했다.(Al-Watan al-Arabi, 2005년 12월 9일)

◇ 2005년도 국민의회 선거결과

- 국민민주당(NDP) : 311석 (71.9%)
- 무슬림형제단(무소속으로 출마) : 88석 (20.2%)
- 무소속 : 24석 (5.5%)
- 新와프드당: 6 (1.4%)
- 타감무당: 2 (0.4%)
- 미래당: 1 (0.2%)
- 카마라당: 1 (0.2%)
- 대통령 임명 : 10석

2005년 총선의 특징은 1976년 다당제 부활 이후 의회를 줄곧 장악해 온 NDP의 독주체제가 또다시 인위적으로 연장됐다는 점과 법외단체인 무슬림형제단이 거대 정치세력으로 입지를 굳힌 점을 꼽을 수 있다. NDP는 2명씩 뽑는 전국 222개 선거구에 모두 후보를 내세웠지만 1, 2단계 선거에서는 3분의 2가 낙선했다. 과반수의석 확보도 어렵게 된 NDP는 이전처럼 당 공천에서 탈락한 뒤 무소속으로 출마해 당선한 후보들을 대거 영입해야했다. 1, 2단계에서만 총 118명의 무소속 당선자를 끌어들였다. NDP 확보의석 311석 중 절반 이상이 영입후보로 알려졌다. NDP는 또 1, 2단계 투표에서 무슬림형제단 후보들이 돌풍을 일으키자 3단계 투표에서는 경찰력을 동원해 무슬림형제단 지지자들의 투표를 봉쇄하는 부정을 공공연하게 자행했다. 이런 이유로 여당이 총선 승리를 훔쳤다는 지적도 나왔다. 반면 무슬림형제단은 여당의 조직적인 부정선거 속에서도 150여 명의 후보 중 절반 이상인 88명이 의석을 차지해 당선율이 50%를 넘어섰다.

집권당으로서 면모는 계속 유지했지만, 70여석이 감소한 NDP는 선거에서 패했다고 할 수 있다. 패인은 간단하다. NDP는 무바라크 대통령의 정치개혁 공약을 이루기 위해서는 안정의석이 필요하다며 유권자들에게 지지를 호소했지만 먹혀들어가지 않았다. NDP가 사실상 참패한 실질적인 이유는 겉으로는 개혁을 외치면서 실상은 그렇지 못했던 무바라크 정권의 장기 집권에 따른 유권자들의 염증이 반영됐다고 볼 수 있다(Al-Sharq al-Awsat, 2005년 12월 9일). 이집트에서는 NDP의 장기집권으로 남은 것이라고는 빈부격차 심화와 인구의 10%를 넘는 800만 실업자뿐이라는 말이 있을 정도로 여당에 대한 정서가 극도로 악화돼 있다.

이런 상황에서 무슬림형제단은 2만 5000여명에 달하는 자원봉사자들을 활용해 변화를 갈구하는 유권자들을 투표소로 끌어내는데 성공했다. 알자지라 방송은 이번 투표율이 지역별로 10~25% 수준에 그쳤다며 투표소에 나간 유권자들 중에는 무슬림형제단 지지자들의 비율이 높았다고 전했다(Al-Jazeera, 2005년 12월 2일). 여당 편을 든 경찰이 2단계 결선 투표 때부터 투표소 보호를 명분으로 투표방해 작전에 나선 것은 무슬림형제단 지지자들의 적극적인 투표참여와 관계가 있다. 이밖에 관영 언론매체들의 노골적인 여당 편들기, 무슬림형제단 지지자들에 대한 대규모 검거, 여당 후보들의 조직적인 금품살포 등이 유권자들의 반발을 초래해 여당을 외면토록 하는 요인으로도 작용했다. 여기에다 '이슬람이 해결책'이라는 구호를 내건 무슬림형제단에 대한 유권자들의 호의적인 기대와 여당의 보호막에 안주해온 제도권 야당들에 대한 실망감도 무슬림형제단을 거대 정치세력으로 만드는 요인이 됐다는 분석이다.

Ⅳ. 제한적 아니면 포괄적 개혁? 기로에 선 이집트

이집트의 민주화 정치 개혁 작업은 시작됐다. 지난 수년간 야권의 개혁요구가 길거리 시위로 이어지면서 정부는 제한적이지만 개혁조치를 단행했다. 물꼬가 트이면서 개혁에 대한 요구는 더욱 거세지고 있다. 2005년의 대선과 총선은 이집트 정국에 중대한 변화를 가져왔다. 집권당이 많은 것을 장악하고 있지만, 야권은 도전할 발판을 마련했다.

가장 큰 도전 세력으로 무슬림형제단이 부상했다. 수십 년 동안 실질적인 최대야권이었지만, 2005년 총선에서 88석을 얻으리라고는 이집트 정부도 예상하지 못했다. 이 때문에 법외조직인 무슬림형제단의 합법화 문제가 최근 쟁점으로 떠오르고 있다. 정부와 여당은 일단 현행 헌법이 종교정당을 인정하지 않고 있는 만큼 무슬림형제단이라는 이름의 정당설립을 계속 불허한다는 입장을 고수하고 있다. 무바라크 대통령은 "종교에 기반을 둔 정당설립을 계속 인정하지 않을 것"이라며 무슬림형제단의 합법화 가능성에 쐐기를 박았다(Al-Akhbar, 2006년 1월 3일).

그러나 여론 주도층에서 무슬림형제단의 합법화를 인정해야 한다는 주장이 나오고 있어 정부와 여당이 기존 입장을 계속 지킬 수 있을지는 미지수다. 이집트 유명 정치 분석가인 무함마드 시드-아흐마드는 "의회를 중심으로 종교정당을 인정하는 문제가 본격 논의될 것"이라며 무슬림형제단이 세속정당과 종교정당의 성격이 결합된 와사트(중도)당으로 탈바꿈하는 것을 하나의 가능한 대안으로 짚었다. 와사트당은 90년대 말부터 매년 정당위원회에 정당결성 신청을 내고 있지만, 정부는 불허하고 있다. 노벨문학상 수상자인 나지브 마흐푸즈도 "종교적 성향이 강한 사람들을 지하조직에 머물러 있게 하기 보다는 제도권으로 들어오게 해 공개논의 장에서 자신들의 주장을 펴도록 하는 것이 바람직하다"며 무슬림형제단의 합법화에 지지입장을 밝혔다(Al-Ahram, 2005년 12월 21일).

무슬림형제단을 정당조직으로 인정하는 문제는 2011년 차기 대선과도 맞물려 있다. 현행 헌법은 의회 의석의 5% 이상을 점유하는 정당에 한해 대선 후보를 낼 수 있도록 규정하고 있어 현재로서는 무슬림형제단만이 대선 후보를 낼 수 있다. 그러나 정당이 아니기 때문에 후보자격 완화를 위한 개헌이 이뤄지지 않으면 NDP말고는 사실상 대선 후보를 낼 정당이 없다. 올해 77세인 무바라크 대통령은 2011년까지인 임기(6년)를 채우지 않고 중도 사퇴해 도중에 차기 대선이 실시될 것이라는 관측이 지배적이다. 차기 대권이 무바라크 대통령의 차남인 가말 무바라크 NDP 사무차장 겸 정책위원장에게 넘어갈 가능성이 높다.

이집트가 무슬림형제단을 합법화해 대선후보를 허용할 가능성은 적다. 야권과 국제사회의 강력한 요구에 밀려 이집트 정부는 대선후보 자격을 완화하는 개헌작업에 다시 나섰다. 2006년 11월 무바라크 대통령은 야권 후보의 대선 출마를 봉쇄한다는 지적을 받고 있는 헌법 조항의 개정을 하원에 공식 요구했다. 그러나 1977년 정당법을 개정하지는 않을 것으로 보인다. 종교 이념을 가진 무슬림형제단을 정당으로 인정하는 것은 현 집권층에 큰 위협이 되기 때문이다(Fahmy 1998, 557).

소위 '알제리 신드롬'이다. 1992년 이례적으로 자유로운 지방선거를 시행한 알제리에선 '이슬람구국전선(FIS)' 등 이슬람운동이 대승을 거두었다. 이슬람 세력의 파워에 놀란 알제리 군사정권은 내부 쿠데타를 일으켜 지방선거 결과를 무효화했다. 이후 알제리는 10년이 넘게 내전에 시달리고 있다(Gerges 1999, 115-118). 다른 지역에서도 마찬가지다. 2005년 1월 이라크 총선에서도 이슬람주의에 입각한 시아파 정치세력이 승리를 거두었다. 2006년 초 팔레스타인 총선에서도 과격 이슬람단체인 하마스가 승리했다. 최근 총선제도를 서서히 도입하고 있는 쿠웨이트, 바레인 등에서도 의회를 이슬람세력이 장악하고 있다.

이슬람 세력이 득세하는 이유는 간단하다. 미국의 이라크 침공 등으로 반(反)서방 감정이 극에 달하고 있기 때문이다. 친(親)서방 정책을 펴고 있는 대부분 중동 정권과는 달리 국민과 야권은 미국 등 서방의 불공정한 대중동정책에 대해 강력한 대응을 요구하고 있다. 또 수십 년째 바뀌지 않고 있는 독재정권에 대한 불만이 고조돼 있다. 삶이 어려워진 국민은 갈수록 이슬람 종교에 의존해 위안을 받고 있다. 90% 이상의 국민이 믿는 종교는 가장 강력한 이데올로기 풀(ideological pool)이 될 수 있다. 이집트도 예외가 될 수 없다. 나세르의 사회주의, 사다트의 친서방주의, 그리고 무바라크의 중도 사회주의는 모두 실패했다고 국민은 믿고 있다. 이에 대한 대안으로 이슬람주의가 강력히 대두하고 있다.

중동 민주화구상을 추진하고 있는 미국으로서도 이점을 간과할 수 없다. 민주적인 자유선거를 실시하면 이슬람 세력이 득세하니 고민일 수밖에 없다. 이스라엘 다음으로 중동의 발판이었던 이란의 1979년 이슬람혁명은 미국에겐 큰 충격이었다. 미국의 중동 민주화 구상의 딜레마다. 이라크 전쟁 이후 강력하게 추진할 것으로 보였던 미국의 중동 민주화작업은 현재 큰 성과를 거두지 못하고 답보상태에 있다. 이집트 등 중동의 친미정권을 다시 잃고 싶지 않기 때문이다. 이슬람 정권보다는 독재정권이 차라리 낫다는 것이 미국의 입장이다. 무바라크가 차남 가말에게 권력을 세습하는 작업을 차근차근 진행할 수 있는 것도 미국이 크게 반대하지 않고 있기 때문이다. 대량살상 무기가 발견되지 않자 조지 부시 대통령은 이라크의 민주화를 위해 침공을 결정했다고 주장하고 있다. 이를 뒷받침하기 위해 시작한 것이 중동 민주화구상이지만 이미 실패로 돌아갔다는 분석이 지배적이다.

이 때문에 중동의 민주화는 외부의 압력보다는 내부의 요구에 의해 이뤄질 가능성이 높다. 실제로 각국 야권의 개혁요구는 점차 거세지고 있다. 하지만 25년간 철권통치를 휘두르고 있는 이집트의 '살아있는 미라' 무바라크 대통령이 포괄적인 민주화 개혁안을 내놓을 지는 확실치 않다. 이 때문에 무슬림형제단은 지속적인 투쟁만이 민주화를 달성할 수 있다고 주장하고 있다. 이외 세속주의 정당들도 '권력세습만은 막아야한다'는 입장이다. 앞으로도 이집트 정가와 거리는 계속 시끄러울 전망이다.

참 고 문 헌

Abdulla, Ahmed, "Egypt's Islamists and the State." Middle East Report 23 (July 1993): 24-36.

Amin, Adil. Qanun al-Ahzab al-Siyasiyya fi Misr. Cairo: Madbuli, 1993.

Al-Masri, Sabah Hasan. al-Nizam al-Hizbi fi Misr. Iskandariya: Jamia al-Jadida, 2003).

Fahmy, Niette S. "The Performance of the Muslim Brotherhood in the Egyptian Syndicates." Middle East Journal 52 (Autumn 1998): 551-562.

Gerges, Fawaz A. "The Decline of Revolutionary Islam in Algeria and Egypt." Survival 41 (Spring 1999): 113-125.

Hamad, Majdi. et al,. al-Harakat al-Islamiya wa al-Dimuqratiyya. Beirut: al-Mustaqbal al-Arabi: 1999.

Kienle, Eberhard. "More than a Response to Islamism: The Political Deliberalization of Egypt in the 1990s." Middle East Journal 52 (Spring 1998): 219-235.

Marsot, Afaf Lutfi al-Sayyid. A Short History of Modern Egypt.Cambridge: Cambridge University Press, 1985.

Raghib, Nabil. Tajriba Mubarak al-Dimuqratiyya: al-Tanzir wa al-Tatbiq. Cairo: al-Haia al-Misriyya al-Amma li al-Kutub, 1994.

Sullivan, Denis J. and Sana Abed-Kotob. Islam in Contemporary Egypt: Civil Society vs. the State. Boulder and London: Lynne Rienner Publishers, 1999.

<정기간행물>

Al-Jazeera 방송 (중동 최대 위성 뉴스 채널)

Al-Ahram (이집트 최대 일간지)

Al-Sharq al-Awsat (범아랍 일간지)

Al-Haya (범아랍 최대 일간지)

Al-Akhbar (이집트 일간지)

Al-Watan al-Arabi (중동 시사 주간지)

팔레스타인 국민정부의 의회 선거 제도와 정치 변동

정상률

팔레스타인 국민정부(PNA, Palestinian National Authority)는 정당제도와 선거제도를 가지고 있는가? 민주적 방식에 의해 대통령과 국회의원을 선출하고 있는가? 이러한 질문에 답하기 전에 먼저 다음과 같은 질문을 할 필요가 있다. 왜냐하면 정상적인 주권국가일 때에 국민이 국가 지도자를 직접 선출할 수 있는 제도를 가질 수 있기 때문이다. PNA는 국가인가, 자치정부인가? 식민지인가? 연방 국가의 한 연방인가? 오스만 터키 제국의 통치 아래 있던 팔레스타인 지역으로의 유대인 이민(1880년대부터 시작됨)과 그로 인한 유대인-팔레스티니안 간 갈등의 증폭, 영-프의 중동지역 분할 통치와 영국의 팔레스타인 지역 위임통치, 1947년 유엔의 팔레스타인 분할 국가 건설안에 따른 이스라엘의 건국(1948년 5월 14일)과 4차에 걸친 중동전쟁, 많은 팔레스티니안들의 타 아랍국가로의 이주와 난민화, 무장 독립단체 PLO 창설과 망명정부 역할, 1988년 하마스의 창설과 PLO-하마스 간 정치경쟁, 1993년 이-팔 간 오슬로 협정에서 요르단강 서안 지역 및 가자 지역에 팔레스타인 임시 자치정부(Palestine interim self-government) 건설 합의와 1994년 아라파트의 귀향 및 1996년 대선, 총선 등 오랜 갈등과 평화 과정(peace process)을 거쳐서 팔레스타인 문제는 오늘에 이르고 있다. 1996년에 역사상 처음으로 대선과 총선을 실시했기 때문에 이때 선거체계가 형성되었고, 정당이 설립되기 시작했다.

평화 과정의 마지막 단계인 2000년 캠프 데이비드 협상의 결렬로 팔레스타인 문제는 원점으로 돌아간 듯 보이며, 현재 이-팔 간에는 매우 높은 수준의 갈등이 존재하고 있다. 2007년 현재 이-팔 간에 주권 국가 건설에 대한 합의가 되어 있지 않고 있기 때문에 PNA는 영토의 불안정성과 안보의 취약성을 갖고 있다. 따라서 완전한 주권 국가로서의 역량을 갖추고 있지 못한 상태이다. 그러나 요르단강 서안지역과 가자 지역에 팔레스타인 자치정부를 구성한다는 데 이-팔 양 당사자가 합의했고, 국제 사회가 이를 수용하고 있으며, 대통령과 의회를 구성하고 있고, 국민적 정체성도 갖추고 있으며, 헌법 및 각종 법률 등 제도화도 갖추고 있기 때문에 형식적으로는 주권 국가라고 할 수 있다. 여기서 다시 물어볼 수밖에 없다. PNA는 국가인가, 자치정부인가, 이스라엘 내의 한 행정구역인가? PNA는 1996년 최초로 선거를 통해 대통령과 의회(입법회의)를 구성했고, 우여곡절 끝에 2005년 1월 제2대 대통령 선거, 2006년 1월에 제2대 입법회의(PLC, Palestinian Legislative Council) 선거를 실시했다. 2005년, 2006년 두 차례의 선거에서 파타당의 압바스가 대통령으로 당선되었고, 하마스가 의회의 다수를 차지함으로써 PNA는 새로운 국면으로 접어들었다.

1. 정당체계, 내외적 갈등 속에 피어난 다당제 민주주의

1993년 이-팔 간에 합의한 오슬로협정에 따라 가자 지역과 요르단강 서안 지역에 자치정부를 구성한다는 데 합의했고, 이에 따라 망명정부 역할을 했던 의장 아라파트를 포함한 PLO 요인들이 1994년 귀향하여 국가건설에 착수했다. 1996년 초대 대통령, 초대 입법회의 선거 이후 10년만인 2006년 1월 25일, PNA 또는 팔레스타인 임시 자치정부의 의회인 팔레스타인 입법회의가 새로운 선거법에 따라 실시되었다. 지방자치 선거는 2005년에 처음 실시되었고, 대통령 선거와 입법회의 선거는 1996년 선거 이후 이-팔 갈등으로 계속 연기되어 오다가 2005년 1월 9일 대통령 선거, 2006년 1월 25일 입법회의 선거가 실시되었다.

PNA는 아직 정당의 법제화를 하지 못한 상태이다. 암마르에 의하면,[1] 여러 이유 때문이기도 하지만, 그 중 가장 큰 이유는 이스라엘의 지배와 팔레스티니안들의 진정한 주권의 부재 때문이다(Ammar Dweik 2005). 정당은 정당원들에게 많은 공약을 해야 하고, 기금을 모아야 하며, 여러 다른 문제들을 야기하기 때문에 이스라엘 지배와 주권 부재 상황은 정당이라는 틀 내에서 정치행위를 하지 못하게 하는 원인이 된다. 이러한 상황에서 대부분의 정파들은 팔레스타인 외부에 지부를 가지고 있다. 포괄적인 정당법을 만든다는 것은 내부적 조건과 정파들의 조직 구조를 복잡하게 만드는 꼴이 된다. 그러므로 만약 정당법을 입법화하려면, 그 정당법은 PNA 지역 내에서만 이행되도록 해야 한다. PNA는 아직 정당법이 없기 때문에 기본법과 선거법의 규정에 따라 정당은 선거에 참여할 수 있다. 2005년 선거법에서 정당이란 용어는 거의 사용하지 않고 있다. 선거법 3조(선거 체계와 의석 배분) 2항 c(비례대표 66석 후보 목록)에서 "후보 명부는 당, 또는 당 연합, 또는 유권자 그룹(grouping of voters)에 의해 구성된다"고 하고 있다. 또한 2003년 3월 개정된 기본법 제26조에서 "팔레스티니안들은 개인적으로 그리고 단체로(groups) 정치생활에 참여할 권리를 가진다. 특히 다음과 같은 권리를 가진다. 1. 법에 따라 정당을 설립하고 합병할 권리 2. 법에 따라 조합, 동업조합(guilds), 협회(associations), 단체(societies), 클럽, 학회(popular institutions)를 설립할 권리....."[2]

---

1) Ammar는 2005년에 팔레스타인 중앙선거위원회(Palestinian Central Elections Commission)의 위원이었음.

2) 기본법에는 법에 따라 정당을 설립할 권리를 부여하고 있으나, 아직까지 정당법을 제정하지 않은 상태이다.

PNA에서 정당 설립은 비교적 자유로운 것으로 판단된다. 기본법에는 권력의 원천은 국민이고, 정부체계는 다수당(party pluralism)에 기초하고 있는 민주적 의회체계(democratic parliamentary system)라고 규정하고 있다(기본법 제5조). 기본법은 선진국 헌법과 마찬가지로 신체, 집회, 언론, 출판, 종교의 자유 등 모든 자유권을 포함한 기본권을 보장하고 있다. 인구에 비해 매우 많은 정당이 난립해 있고, 선거철에는 이들 정당 간에 이합집산을 하고 있다. 2007년 1월 현재 PNA의 등록된 정당은 다음과 같다. (http://en.wikipedia.org/wiki/Category:Political_parties_in_Palestine)

알-무스타끄발(Al-Mustaqbal), 아랍해방전선(Arab Liberation Front), 아랍인민사회주의자 운동(Arab Popular Socialist Movement), 아스-사이카(As-Sa'iqa), 팔레스타인공산당(Communist Party of Palestine), 민주동맹(Democratic Alliance <Palestine>), 팔레스타인해방민주전선(Democratic Front for the Liberation of Palestine), 파타(Fatah), 파타 알-인티파다(Fatah al-Intifada), 하마스(Hamas), 독립당(Independence Party <Palestine>), 팔레스티니안 공산주의자연맹(League of Palestinian Communists), 자유당(Liberal Party <Palestine>), 국민블록(National Bloc), 국민방위당(National Defence Party), 팔레스타인 아랍당(Palestine Arab Party), 팔레스타인 공산당(Palestine Communist Party), 팔레스타인 민주연합(Palestine Democratic Union), 팔레스타인 민주전선(Palestine Liberation Front), 팔레스타인 인민해방기구(Palestine Popular Liberation Organization), 팔레스티니안 아랍전선(Palestinian Arab Front), 팔레스티니안 공산당(Palestinian Communist Party <1922>), 팔레스티니안 공산주의 노동당(Palestinian Communist Workers Party), 팔레스티니안 이슬람 지하드 운동(Palestinian Islamic Jihad Movement), 팔레스티니안 국민구상(Palestinian National Initiative), 팔레스티니안 국민해방전선(Palestinian National Liberation Front), 팔레스티니안 인민당(Palestinian People's Party), 팔레스티니안 인민 투쟁전

선(Palestinian Popular Struggle Front), 팔레스티니안 인민투쟁전선(Palestinian Popular Struggle Front <1991>), 팔레스타인 인민해방전선(Popular Front for the Liberation of Palestine), 팔레스타인 해방 인민혁명전선(Popular Revolutionary Front for the Liberation of Palestine), 개혁당(Reform Party <Palestine>), 대안당(The Alternative <Palestine>), 제3의 길(Third Way <Palestine>), 연합베들레헴 블록(United Bethlehem Bloc), 청년의회당(Youth Congress Party)

〈표 1〉 팔레스타인 정당 및 이념적 정향

이 념	주 요 정 당
이슬람주의정당(Islamist)	하마스(Hamas) 또는 이슬람 저항운동(Islamic Resistance Movement = harakat al-muqawamah al-islamiyyah) ⇒ '변화와 개혁당(Change and Reform)'을 창설하여 2006년 입법회의 선거에 처음으로 참여[3]
중도파(centrist)	① 팔레스티니안 민족 구상(Palestinian National Initiative = al-mubadara al-wataniya al-filastiniyya)[4] ② 제3의 길(Third way)[5]
중도 좌파, 민족주의 정당(centre–left, nationalist)	① 파타(Fatah) 또는 팔레스타인 해방운동(Palestinian Liberation Movement = harakat al-tahrir al-filastini)[6] ② 알 무스타끄발(Al-Mustaqbal), 또는 미래당(The Future)
중도 좌파(centre–left)	팔레스타인 민주연맹(Palestine Democratic Union = al-ittihad al-dimuqrati al-filastini, FiDa(->Fida))
좌익 정당(left–wing)	① 팔레스타인 인민해방전선(Popular Front for the Liberation of Palestine = al-jabhah al-sha'biyyah li-tahrir filastin)[7] ② 팔레스티니안 인민투쟁전선(Palestinian Popular Struggle Front)
극좌 정당(far–left)	① 팔레스타인 민주해방전선(Democratic Front for the Liberation of Palestine = al-jabhah al-dimuqratiyyah li-tahrir filastin)[8] ② 팔레스티니안 인민당(Palestinian People's Party = hizb al-sha'b al-filastini)
기타	① 와아드(Wa'ad)[9] ② 4개의 무소속[10]

출처: http://en.wikipedia.org/wiki/Palestinian_legislative_election,_2006

---

3) PLO 주도의 PA에게 정당성을 부여하지 않기 위해서, 그리고 이스라엘과의 협상에 반대했기 때문에 1996년 선거에 참여하지 않았던 하마스는 2006년 총선에 처음으로 참여했다. 2005년의 지방자치 선거에서 큰 성공을 함으로써 2006년 총선에 참여하는 계기가 마련되었다.

4) 2005년 팔레스타인 대통령 선거에서 2위를 한 무스타파 바르구티(Mustafa Barghouti)가 '팔레스티니안 민족구상'을 중심으로 '독립 팔레스타인당(Independent Palestine)'의 명부를 작성하여 2006년 총선에 참여했다. 이 당은 부패 및 인척 중심주의와의 싸움, 이스라엘의 보안장벽 철거, 대표를 갖고 있지 않은 유권자들을 위한, 진정으로 민주적이고 독립적인 '제3의 길'을 지지해야 한다는 것을 내세웠다.

5) 전 재무장관을 역임한 파야드(Salam Fayyad) 박사와 전 고등교육-연구(Higher Education and Research) 장관을 역임한 애쉬라위(Hanan Ashrawi)가 '제3의 길'의 비례대표 명부를 작성했다. '제3의 길'은 사회-경제 발전, 민주적 개선, 보안군의 개혁을 내세웠다.

6) 중도-좌파-민족주의 정당인 파타는 1996년 선거에서는 88석 중 68석을 차지했었으나 2006년 선거 직전에는 전통적인 지도 세력(the Old Guard)과 다흘란(Mohammad Dahlan), 사형 선고를 받고 이스라엘 감옥에 투옥중인 바르구티(Marwan Barghouti) 같은 젊은 세대의 지도자 간에 내홍을 겪었다. 젊은 세대들은 파타의 부패 척결과 내적인 지도자 선정 방식의 개선을 요구했다. 다흘란과 바르구티는 알-무스타끄발(Al-Mustaqbal = the Future)이라는 당명으로 명부를 작성하기도 했으나, 2005년 12월 28일, 신-구 양 세력은 바르구티의 지도 하에 단일 명부를 작성하기로 합의했다.

7) PLO에서 파타 다음으로 큰 세력인 PFLP를 이끌었던 알리 무스타파(Martyr Abu Ali Mustafa)의 이름을 딴 '마르티르 아부 알리 무스타파' 명부가 작성되었다. 알리 무스타파는 2001년 이스라엘군에 의해 살해된 사람이다. 2001년에 이스라엘 관광장관 제비(Rehavam Zeevi)를 살해한 혐의로 제리코의 감옥에 투옥중인 사아다트(Ahmad Sa'adat)가 주도하여 2006년 총선 비례대표 명부를 작성했다.

8) DFLP가 주축이 되고, 팔레스타인 인민당(Palestinian People's Party), 팔레스타인 민주연맹(Palestinian Democratic Union), 몇몇 무소속이 연합하여 '대안당(Alternative)'을 만들고, DFLP 소속 하디르(Qasi Karim Khadir)를 중심으로 연합 명부를 작성하여 총선에 참여했다.

1996년 초대 입법회의 선거(88석) 이후 우여곡절 끝에 10년 만인 2006년 1월 실시된 PLC 선거(총 132석 중 지역구 66석, 비례대표 66석)에서 하마스가 창설한 '변화와 개혁(Change and Reform)'이 PLO의 당인 '파타당' 45석을 훨씬 상회한 74석(지역구 45석, 비례대표 29석)을 차지함으로써 하마스 정권을 창출했다. 2006년 9월 11일에 하마스와 파타가 연립정부를 구성했으나 양 정치세력 간 폭력적 대결 양상까지 보이는 등 적전분열 양상을 보이기도 했다. PNA의 주요 정당과 이념적 정향, 비례대표 명부를 작성하여 2006년 총선에 참여한 정파들을 분류해 보면 <표1>과 같다. 양대 세력인 하마스와 파타를 제외한 여러 정파들이 2006년 총선에서 이합집산 했음을 알 수 있다.

---

9) '정의와 민주주의를 위한 민족연합(the National Coalition for Justice and Democracy)'으로 알려진 사회개혁주의로 분류되는 당이다. 의사이자 2000년 캠프 데이비드 정상회의 대표 고문이었던 엘-사라즈(Eyad El-Sarraj)가 비례대표 명부를 작성했다. 와아드는 법의 지배, 인권 신장, 보안군 개혁 등을 주장했다.

10) 4개의 무소속 중에는 시리아와 관계를 맺고 있는 파타 내 극단주의 세력인 사아까운동(Sa'aqa movement)과 이라크 바아스당의 팔레스타인 지부인 아랍해방전선(Arab Liberation Front)이 2006년 비례대표 명부를 작성하고 총선에 참여했다.

11. 선거체계, 팔레스타인식의 혼합 선거체계와 소수그룹 할당제

PNA는 1996년과 2005년 두 차례 대통령 선거를 실시했고, PLC 선거는 1996년(파타 독점, 하마스와 이슬람지하드 불참)과 2006년 1월 두 차례(하마스가 과반수 차지) 실시되었다. 1996년 PNC 출범 당시 중선거구제 지역구를 통하여 선출된 88석의 초대 입법회의가 구성되었다. 구 입법회의 선거체계(the old Elections Law - Electoral Law No. 13 of 1995)의 주요 내용은 다음과 같았다.

첫째, 단순 절대다수제를 채택했다. 하나의 투표용지에 지역구에 분배된 의석수만큼의 후보자를 선택하여 그 후보자 번호를 기표하는 방식(중선거구제)을 채택했다. 둘째, 서안(West Bank)과 가자(Gaza Strip)에 총 16개 선거구를 구성하여 총 88명을 선출했다. 셋째, 유효 투표 수 중에서 가장 많은 득표를 한 사람 순으로 지역구에 배당된 만큼의 의원이 당선되었다. 넷째, 2005년 새 선거법과 마찬가지로 기독교인들과 사마리아교도(Samaritan)에게 6석을 배당했다.

2005년 6월 18일에 개최된 18차 PLC 회의에서 혼합 선거체계(mixed electoral system)인 새 선거법(2005 선거법 No. 9)이 채택되었다. 새 선거법에 따르면, 기존의 선거체계보다 더 복잡한 선거체계를 선택했다. 새 선거법은 대통령에게 선거와 관련된 거의 전권을 부여했다. 대통령은 중앙선거위원회(CEC, Central Elections Commission)를 임명하고, 총선 날짜를 결정하여 공표하며, 선거항소법정(Election Court of Appeals)의 판사 임명권을 가진다. 대통령의 결정은 법적으로 종합적인 대통령령(binding presidential decrees)을 통하여 합법화된다.[11] 새 선거법에 의

11) 2005년과 2006년에 몇 차례의 대통령령을 발동하여 일부 선거법 조항을 개정하고, 총선 연기, CEC 위원 임명, 선거 날짜 공고 등을 실시했다.

하면, 지역구는 다수결제도를 채택했고, 전국구 비례대표의 경우, 각 당이나 연합당은[12] 최소 7명, 최대 66명의 비례대표 후보의 명부를 작성하도록 되어 있다. 새 선거법은 총 의석을 88석에서 132석으로 늘렸다. 개정 선거법은 정당명부식 비례대표제(parallel voting system)를 추가하여 지역구 66석, 비례대표 66석으로 구성되었다. 팔 자치정부의 정당명부식 비례대표제는 소수 정당이 상대적으로 유리한 상-라게(Sainte-Laguë) 방식이다. 특히 각 정당은 정당명부 작성시, 첫 최상위 3인 이내에 반드시 여성 후보를 등록하여야 하며, 다음에는 4인 내에 1인, 그리고 그 다음부터는 매 5인마다 1인씩의 여성 후보를 반드시 등록해야 한다. PNA식 여성 할당제라고 할 수 있다. 피선거권은 선거일 현재 18세 이상으로서 서안, 가자지역, 예루살렘에 거주하고 있고,[13] 유권자 등재가 되어 있어야 한다. 모든 선거에는 유권자 등록 절차가 있어야 한다. 유권자 등록을 하는 이유는 이 절차를 통해서 유권자의 적절성 판단, 투표 계획 작성, 투표소 결정, 유권자 공개와 이의신청, 투명성 확보 등을 할 수 있기 때문이다. 유권자 등록 절차는 다음과 같다. ①적정 유권자 등록 ②등록유권자의 모든 정보를 데이터화 ③예비 유권자 명부 공개 및 이의 신청 ④등록센터위원회가 이의 신청의 정당성을 결정 ⑤등록센터위원회는 이의 신청에 대한 결정 사항을 중앙선거위원회에 항소하고, 중앙선거위원회의 결정으로 이의신청 해결 ⑥최종 유권자 명부 작성 등의 절차를 밟는다. PNA의 역대 등록 유권자 수는 다음 <표2>와 같다.

---

12) 대안당(the Alternative)과 마찬가지로 2006년 1월 총선에 여러 정치조직이 연합하여 선거에 참여할 경우, 하나의 비례대표 후보 명부를 작성함.

13) 요르단 등 타 국가에 거주하는 팔레스타인들에게는 피선거권 자격이 주어져 있지 않다.

〈표 2〉 PNA 역대 등록 유권자 수

	2004.1.12	2005.5.28	2005.8.13	2005.10.4	2006.1.1
서 안	711.412	775.640	810.636	811.198	820.103
가 자	421.697	493.081	531.035	529.475	529.931
총 계	1.133.109	1.268.721	1.341.671	1.340.673	1.350.034

각 유권자는 두 장의 투표용지를 받아서 투표한다. 하나에는 각 정당이 제시한 명부가 있는데, 유권자는 그 중 하나의 명부를 선택하여 기표해야 한다. 즉 하나의 지지 정당만을 선택하게 되어 있다. 다른 하나는 지역구 의원을 뽑기 위한 용지이다. 이 용지에는 지역구 후보자들의 이름이 기재되어 있고, 각 유권자는 각 지역구에 배정된 의석수를 초과하지 않는 수만큼 연기하여 투표한다.

비례대표 66석은 총 등재 투표수의 2% 이상을 득표한 정당에게 (상-라게 방식에 따라) 명부의 순서에 따라 의석이 분배된다. 만약 한 정당의 명부가 6석을 받으면 그 정당 명부의 상위 6석이 PLC의 의석을 차지하게 된다. 지역구 66석의 경우, 투표지에 대한 가중치 없이 단순 합산 추계를 통하여 출마 후보 중 지역구 의석수 등위에 들면 당선이 확정된다. 또한 아랍 그리스도교와 사마리아교를 인정하고 그들의 정치적 권리를 보장하기 위해 총 6석은 무조건 그리스도교 및 사마리아교 후보 중 최상위 득표자가 자동 당선된다. 각 지역구의 의석수는 인구비례에 의해 결정된다. 16개 지역구가 있으며, 인구 비례에 따라 각 지역구에 배정된 의석수는 다음과 같다.[14)]

14) 「2005 대통령령」- “PLC 지역구 의석 배분” 참조.

〈표 3〉 인구비례에 따른 지역구 의석수(중선거구제)

지 역 구	의 석 수
예루살렘(Jerusalem)[15]	6 (6석 중 그리스도교에 2석 배정)
투바스(Tubas)	1
툴카름(Tulkarm)	3
칼킬야(Qalqilya)	2
살피트(Salfit)	1
나블루스(Nablus)	6 (6석 중 사마리아교에 1석 배정)[16]
제리코(Jericho)	1
라말라(Ramallah)	5 (5석 중 그리스도교에 1석 배정)
제닌(Jenin)	4
베들레헴(Bethlehem)	4 (4석 중 그리스도교에 2석 배정)
헤브론(Hebron)	9
북 가자(North Gaza)	5
가자(Gaza)	8 (8석 중 그리스도교에 1석 배정)
데이르 알-발라(Deir al-Balah)	3
칸 유니스(Khan Younis)	5
라파(Rafah)	3
총 66석 (그 중 그리스도교와 사마리아교에 6석 배정)	

출처: http://www.elections.ps/template.aspx?id=143

15) PNA의 기본법에서 수도로 규정하고 있는 예루살렘 선거구는 두 개 지역으로 분리된다. 하나는 동예루살렘이고, 다른 하나는 교외지역(suburbs)이다. 25만 명의 동예루살렘 팔레스티니안들이 이스라엘 ID 카드를 가지고 있고, 이들은 이스라엘 당국과의 합의 하에 선거에 참여할 수 있다. 예루살렘 교외에는 27개의 팔레스티니안 거주마을이 있다. 이스라엘은 이 지역을 서안(West Bank)의 한 부분으로 간주해서 서안 및 가자 지역과 같은 방식으로 선거하는 것을 허용한다. 예루살렘 거주 팔레스티니안들은 우편 투표를 하는데, 이스라엘은 여러 방식으로 투표를 방해해 왔다.

16) 나블루스에 사마리아교 본산이 있으며, 사마리아인의 공동체가 있다.

〈그림 1〉 팔레스타인 지도[17)]

The Washington Post

〈그림 2〉 이-팔 갈등의 핵심지역인 동예루살렘 내 구시가지(Old City)

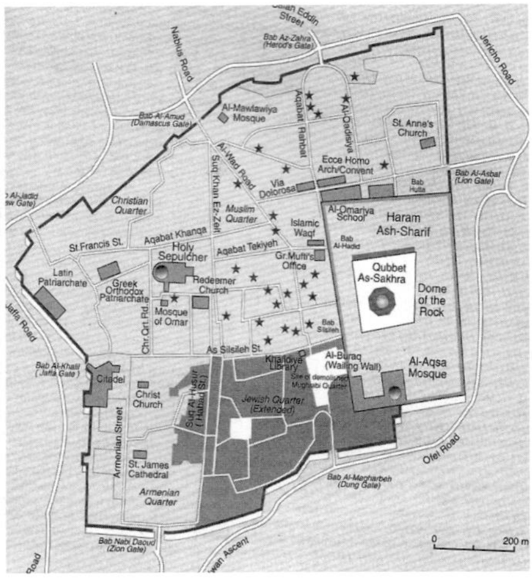

17) PNA는 크게 가자지역, 요르단강 서안지역, (동)예루살렘 지역 등 세 지역으로 나누어진다. 1990년대 평화과정에서 동예루살렘 문제가 가장 핵심적인 문제였던 것과 같이, 선거 때는 동예루살렘 거주 팔레스티니안들의 투표 참여 문제가 항상 대두되고 있다.

〈그림 3〉 PLC 16개 지역구와 의석

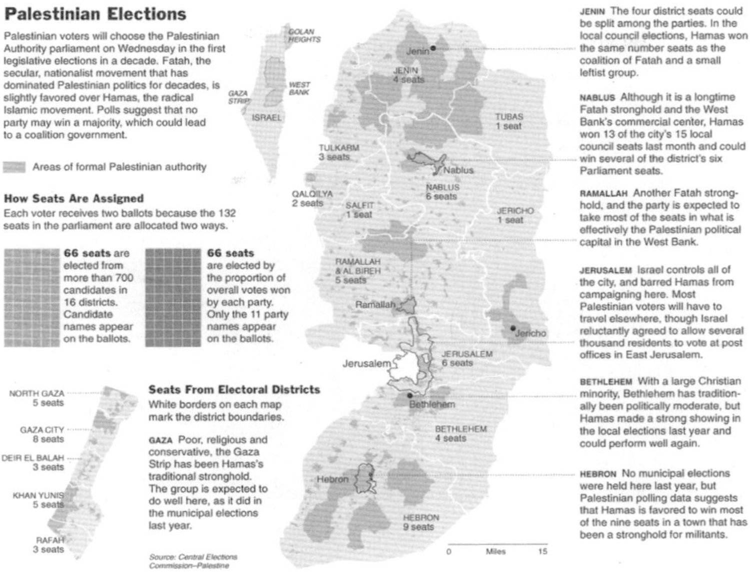

〈그림 4〉 베들레헴을 둘러싸고 있는 분리장벽

〈그림 5〉 서안의 라말라 시 거리에 붙어있는 2006년 총선 벽보(MAANnews/Charlotte de Bellabre 2006.1.4)

〈그림 6〉 PLC 선거 기표 방식: 지역구의 경우, 지역구에 배정된 의석수만큼 기표하고, 전국구의 경우 하나의 명부만을 선택하여 기표한다.

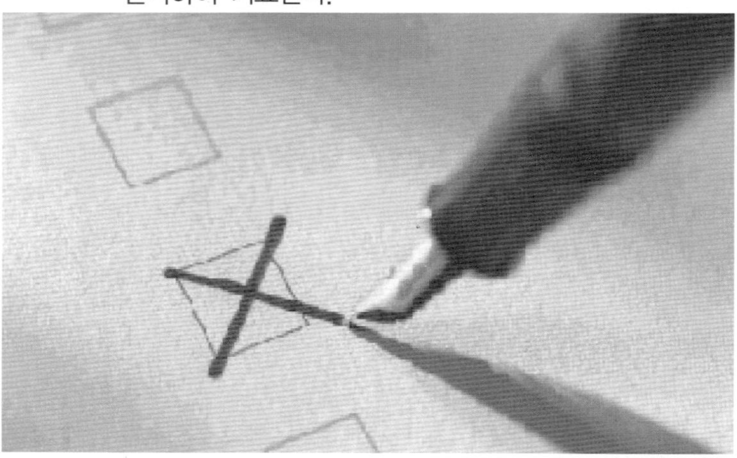

III. 2006년 입법회의 선거, 정치이슬람 그룹 하마스의 승리

1996년 PLC 선거에서 파타가 88석 중 68석을 차지하여 거의 일당 독재 체제를 구축했다. 하마스 등 다른 정당 및 정치이슬람(political Islam) 단체들은 선거에 불참했다. 2006년 선거에서는 무장 이슬람 단체(militant Islamist group)인 이슬람 지하드(Islamic Jihad)가 유권자들에게 선거 보이콧을 요구하면서 불참했으나 세속적 민족주의 정당이자 운동단체인 파타와 여러 주요 정치이슬람 조직인 하마스, PFLP 등 거의 모든 정파들이 이합집산을 한 후 선거에 참여했다.

선거 이전에 실시된 여러 여론 조사는 파타의 승리를 예측했으나, 선거 캠페인 기간 중 점점 하마스 쪽으로 기울기 시작했고, 결과는 하마스의 승리로 나타났다. 선거 이전의 여론조사와 출구조사 결과를 보면 다음과 같다.

〈표 4〉 2006 입법회의 선거 이전의 여론조사 및 출구조사 결과

설문조사 주체	설문지역 및 시기	표본 수	결 과
PCPSR (Palestinian Center for Policy and Survey Research)	서안과 가자 지역 (2005.12 초)	성인 1,316명	파 타: 50% 하마스: 32% 기 타: 9% 미결정: 9%
PCPSR	서안과 가자 지역 (2005.12.29-31)	잠재유권자 4560명	파 타: 43% 변화와 개혁(하마스): 25% 독립 팔레스타인: 5% Martyr Abu Ali Mustafa: 3% 대안당: 2% 제3의 길: 2% 미결정: 19%

PPOP (Palestinian Public Opinion Polls)	서안과 가자 지역 (2006.1.5-6)	1360명	파 타: 39.3% 변화와 개혁(하마스): 31.3% 독립 팔레스타인: 10.4% Martyr Abu Ali Mustafa: 6.8% 제3의 길: 5.5%
출구조사	PCPSR	파 타: 42% 하마스: 35%	
	비르자이트 (Birzeit) 대학	파 타: 46.4%(63석) 하마스: 39.5(58석) Martyr Abu Ali Mustafa: 3석 제3의 길: 2석 독립 팔레스타인: 2석 대안당: 2석	

출처: http://www.pcpsr.org/survey/polls/2005/p18epressrelease.html
http://www.pcpsr.org/survey/polls/2005/preelectionsdec05.html
http://www.miftah.org/Doc/Polls/PalestinianPublicOpinionPollsNo17.pdf
http://www.nytimes.com/2006/01/25/international/middleeast/25 cnd-palestinian.html?_r=1

1996년 대선과 입법회의, 2005년 대선, 2006년 1월의 PLC 선거 결과를 비교해 보면 다음의 여러 표와 같다.

1996년 대선은 단순 인기투표(a simple popular vote)로 진행되었다. 결과는 이미 여러 학자나 언론들이 예측했던 것과 같이 아라파트가 일방적으로 승리했다. 아라파트(Arafat)는 수 십 년 동안 PLO 의장으로서 망명정부를 이끌어왔고, PNA 창설 이후 계속해서 PNA의 의장 역할을 해왔으며, 대부분의 팔레스타인 국민들의 지지를 받고 있었기 때문이었다. 1996년 대통령 선거에는 유일하게 할릴리(Samiha Khalil)가 아라파트와 경쟁했다. 아라파트는 88.2%, 할릴리는 11.5%를 획득하여 아라파트가 팔레스타인 자치정부의 초대 대통령이 되었다.

〈표 5〉 1996 팔레스타인 입법회의 선거 결과

1996년 1월 20일 팔레스타인 입법회의 선거 결과	의석수
파타 또는 팔레스타인 해방운동(Fatah or Liberation Movement of Palestine: Harakat al-Tahr r al-Filistini)	55
무소속 파타(Independent Fatah)	7
무소속 이슬람주의당들(Independent Islamists)	4
무소속 크리스천당들(Independent Christians)	3
무소속(Independents)	15
사마리아당(Samaritans)	1
기타	1
공석	2
총계	88

출처: Keesings Historisch Archief

〈표 6〉 2005년 1월 12일 대선 결과

2005.1.9 대통령 선거 후보자	득표수	득표율(%)
압바스(Mahmoud Abbas) - 파타당	501,448	62.52
바루구티(Mustafa Barghouti) - 무소속	156,227	19.48
할드(Taysir Khald) - 팔레스타인해방민주전선 (Democratic Front for the Liberation of Palestine)	26,848	3.35
알-아쉬카르 (Abdel Halim al-Ashqar) - 무소속	22,171	2.76
알-살히(Bassam al-Salhi) - 팔레스타인 인민당 (Palestinian People's Party)	21,429	2.67
바라카흐(Sayyid Barakah) - 무소속	10,406	1.30
슈베이르(Abdel Karim Shubeir) - 무소속	5,717	0.71
무효표	30,672	3.82
무기표 용지	27,159	3.39
총계	802,077	100.0

출처: Central Elections Commission

〈표 7〉 2006년 1월 25일 PLC 선거 결과

정당과 연합(alliances)	득표 수	득표 비율(%)	의석 (비례/지역구)
하마스당의 **변화와 개혁**	440,409	44.45	74(29/45)
파타당의 **팔레스타인 해방운동**	410,554	41.43	45(28/17)
Martyr Abu Ali Mustafa[18)] • 팔레스타인 인민해방전선 (Popular Front for the Liberation of Palestine)	42,101	4.25	3(3/0)
대안당(Alternative=al-Badeel)[19)] • 팔레스타인 민주해방전선 (Democratic Front for the Liberation of Palestine) • 팔레스타인 인민당 (Palestinian People's Party) • 팔레스타인 민주연맹 (Palestine Democratic Union, Fida) • 여러 독립기구 (Independents)	28,973	2.92	2(2/0)
독립 팔레스타인 **(Independent Palestine)**[20)] • 팔레스티니안 민족구상 (Palestinian National Initiative) • 독립당(Independents)	26,909	2.72	2(2/0)
제3의 길 **(The Third Way)**[21)]	23,862	2.41	2(2/0)
자유와 사회정의 (Freedom and Social Justice) • 팔레스타인 인민투쟁전선	7,127	0.72	0(0/0)
자유와 독립 **(Freedom and Independence)** • 팔레스타인 아랍전선 (Palestinian Arab Front)	4,398	0.44	0(0/0)
마르티르 아부 압바스 **(Martyr Abu Abbas)** • 팔레스타인 해방전선 (Palestine Liberation Front)	3,011	0.30	0(0/0)

정의와 민주주의 국민연합 (National Coalition for Justice and Democracy = Wa'ad)22)	1,806	0.18	0(0/0)
팔레스티니안 정의 (Palestinian Justice)	1,723	0.17	0(0/0)
여러 독립 그룹들 (Independents)	-	-	4(0/4)
총 투표율 74.6% • 서안: 73.1% • 가자지구: 76%	990,8 73	100.0%	132(66/66)

출처: Central Election Commission, Preliminary Results (http://en.wikipedia.org/wiki/Palestinian_legislative_election 2006/09/26)

2006년 PLC 선거에서 하마스는 유권자 44%의 지지를 받았으나 의석의 56%를 획득했고, 파타는 유권자 42%의 지지를 받았으나 의석은 34%만을 획득했다.

이스라엘은 2005년 12월 25일 '동예루살렘은 이스라엘의 통제 하에 있기 때문에 팔레스타인 유권자들의 투표를 허용하지 않는다'고 발표

---

18) PFLP 사무총장인 아부 알리 무스타파(Abu Ali Mustafa)의 이름을 정당명으로 함. 그는 2001년 이스라엘군에 의해 살해됨. PFLP는 PLO 산하에서 파타 다음으로 큰 구성원을 가지고 있음.

19) 여러 단체들의 연합 정당.

20) 마르완 바르구티(Marwan Barghouti)의 먼 친척인 무스타파 바르구티(Mustafa Barghouti)가 창설. 무스타파 바르구티는 2005년 대선에서 2위를 했던 인물임.

21) 제3의 길은 금융장관(Finance Minister) 살람 파야드(Salam Fayyad) 박사와 전 PA의 고등교육・연구(Higher Education and Research) 장관인 하난 아쉬라이(Hanan Ashrawi)가 만든 정당임. 안보군(security forces)의 개혁과 민주적 발전(democratic improvements), 사회경제적 진보를 내세움.

22) 가자의 의사인 에야드 엘-사라즈(Eyad El-Sarraj)가 지도함. 그는 캠프 데이비드 2000 정상회담(Camp David 2000 Summit) 팔레스타인 대표단의 고문이고 몇 개의 평화협정을 주장하는 팔레스타인과 이스라엘의 학교를 운영함.

했다. 그 주요 이유는 동예루살렘을 수도로 하는 PNA의 주권 문제 때문이 아니라 하마스의 선거 참여와 하마스의 승리가 예측되었기 때문이었다. 동예루살렘의 팔레스타인인들은 2005년 PNA 대통령 선거에 참여하는 것이 허용되었었다. 이에 대해 PNA는 동예루살렘 유권자들이 선거에 참여할 수 없다면, 선거를 할 수 없다고 주장했다.(http://www.foxnews.com/story/0,2933,179342,00.html). 2006년 1월 10일, 이스라엘 당국은 1996년 선거와 마찬가지로 제한된 수의 동예루살렘의 팔레스타인 유권자들이 우편투표를 할 수 있고, 후보자들도 이스라엘 경찰에 등록한다면 선거운동을 할 수 있다고 허용했다. 그러나 이스라엘 경찰은 '하마스 소속의 어떠한 사람도 선거 캠페인을 하는 것을 허용하지 않을 것'이라고 주장했다(http://news.bbc.co,uk/1/hi/world/middle_east/4598258.stm). 이스라엘 경찰은 선거 캠페인 기간 동안 최소한 동예루살렘의 하마스 선거사무실 3개를 폐쇄했다(http://www.alertnet.org/thenews/newsdesk/L19770240.htm). 2006년 PLC 선거의 특징을 보면 다음과 같다.

첫째, 하마스 등 기존의 무장 독립운동 조직들이 대거 선거에 참여하여 의석을 획득함으로써 제도권에 진입했다.[23] 둘째, 변화와 개혁을

---

23) 최근 아랍지역에서 치러진 몇 차례의 선거에서 정치이슬람세력이 민주적 선거에 참여하여 의석을 확보했다.
2005년 11월 7~12월 9일 사이에 치러진 이집트 국회의원(People's Assembly, 하원에 해당됨) 선거에서 총 454석 중 국민민주당이 의석의 68.5%인 311석을 차지했고, 무슬림 형제당(Independents = Muslim Brotherhood)이 88석(19.4%), 무소속(Independents)이 24석(4.6%), 신와프드당 6석(1.3%) 등을 차지했다(http://en.wikipedia.org/wiki/politics_of_egypt).
2005년 12월 15일 치러진 이라크 총선에서 시아파 정치블록인 통합이라크 연맹은 전체 275석 중 128석(UIA, 이라크이슬람혁명최고위원회<SCIRI> 30석, 급진 시아파 지도자 무크타드 알-사드르 측 30석, 알-자파리가 소속된 다와당 25석, 비주류 정파 43석. 2005년 제헌의회 선거에서 146석이었음)을 차지해 단독정부를 구성하는 데 필요한 의석(138석) 확보에 실패했다. 2005

주장하는 하마스가 처음으로 선거에 참여하여 다수 의석을 차지함으로써 정권 획득에 성공했다. 셋째, 여러 조직들이 정치적 이해관계에 따라 연합하여 새로운 정당을 창설하고 선거에 참여했다. 넷째, 정당명부식 비례대표제를 채택하여 다양한 전문가를 수혈할 수 있었다. 다섯째, 다른 중동 아랍 국가들에 비해 비교적 자유롭게 선거 캠페인을 했고, 선거를 실시했다. 여섯째, 선거 직전에 실시된 여러 차례의 여론조사 모두에서 파타가 하마스를 앞지르는 것으로 나타났으나 선거 결과는 반대로 나타났다. 일곱째, 지역구에서는 하마스가 압승했으나 정당명부식 비례대표에서는 하마스가 파타에 박빙의 차이로 승리했다.

Ⅳ. PLO와 하마스, 동지인가 경쟁자인가?

PNA 내에 여러 정치세력이 존재하고 있음에도 불구하고, 1988년 이전에는 PLO가 주도했고, 1988년 이후에는 PLO와 하마스가 정치적 주도권을 잡기 위해 경쟁해 왔다. 1996년 최초 선거 이후, PLO가 주도권을 잡고 집권했으나, 2006년 총선에서 하마스가 처음으로 총선에 참여하여 다수를 차지하는 이변이 발생했다. 한 마디로 말해서, PLO-하마스 간 관계는 '협력적 경쟁 관계'였고, 앞으로도 상당 기간 동안 이러한 관계는 지속될 것으로 판단된다.

1968년 PLO 내에서 가장 많은 회원의 지지를 받고 있고 파타(Fatah)의 지도자였던 야세르 아라파트(Yasser Arafat)가 하무다(Yahya Hamuda)를 제치고 PLO 의장이 되었다.

년 레바논 국회의원 선거에서 히즈불라는 30석을 확보했다.

아라파트는 누구인가?

아라파트의 출생지와 어머니(야세르 아라파트가 5세 때인 1933년에 사망)에 대해서는 현재까지도 일치된 견해가 없다. 그의 본명은 Mohammed Abdel Rahman Abdel Raouf Arafat Al Qudua Al Husseini이다. Mohammed Abdel Rahman은 그의 이름이고, Abdel Raouf는 부친의 이름이며, Arafat는 할아버지의 이름이다. Al Qudua는 성이고, Al Husseini는 Al Qudua가 속한 씨족의 이름이다. 팔레스타인의 무프티 Hajj Amin Al Husseini의 가계와는 관계없는 집안이다. 아라파트는 스스로 Abdel Rahman이라는 이름을 사용하지 않기로 결정한 바 있다. 그는 1929년 8월 24일 카이로에서 팔레스타인 아버지로부터 태어났다(7남매). 그의 아버지 Abdel Raouf Arafat Al Qudua Al Husseini는 잠시 섬유장사를 했고 오스만 터키 행정부에서 경찰을 한 적이 있는데, 그는 카이로의 압바시야(Abbasiya) 지역에서 살고 있는 어머니(Radwan 가계)로부터 그 지역 토지를 유산으로 받기 위해 1927년에 가자로부터 카이로에 이주했다(Aburish 1998, 7-9)

1973년의 10월 전쟁 이후 팔레스타인민족평의회(PNC, Palestinian National Council)는 1974년 6월에 '모든 팔레스타인 지역의 해방을 위한 일시적 조치로서 이스라엘 지배지역에 팔레스타인 국가를 건설한다'는 원칙을 채택했다. 1974년 말에 아랍연맹은 PLO를 팔레스티니안의 유일한 대표로 인정하고 연맹회원의 자격을 부여했다. PLO는 1974년 11월 중순에 개최되었던 UN총회에 팔레스타인 문제를 논의하기 위해 참석했다. 11월 22일 UN총회 결의 3236은 PLO를 '팔 아랍인의 대표'라고 표현함으로써 팔 아랍인의 자결권과 국가독립권, 그리고 팔 난민의 귀향과 재산권을 재확인했고, 74년 11월 25일 UN총회는 PLO에 옵서버 지위를 부여했다.[24] 1975년 1월 22일 UN안보이사회는 팔

24) 아랍연맹 및 유엔이 팔 아랍국가 건설을 승인해 줌으로써 형식적으로는

독립국가 건설권을 재확인하는 결의안을 채택했지만, 미국 포드 행정부는 이 결의안을 거부했다. 1970년대 말까지 PLO는 이스라엘보다 훨씬 많은 100개국 이상으로부터 공식적인 승인을 받았다. PLO는 연간 5억 달러의 예산을 집행했고[25], 약 2만 3천 명의 무장 게릴라와 8천 ~ 1만 명의 팔레스타인 해방군(Palestine Liberation Army)을 관리했다. ALF(Arab Liberation Front), DFLP(the Democratic Front for the Liberation of Palestine), 파타(Fatah), PCP(the Palestine Communist Party), PFLP(the Popular Front for the Liberation of Palestine), PFLP-GC(the Popular Front for the Liberation of Palestine-General Command), PSF(the Popular Struggle Front), 사이카(Saiqa) 등이 PLO에 가입했다. PLO 가입단체에는 학생, 노동자, 여성, 저널리스트, 법조인, 의사 등을 대표하는 14개 조직이 있었다. 1979년 1월 15일 ~ 22일 시리아 다마스커스에서 개최된 PNC 14차 회의에서 아라파트가 제시한 국민통합 프로그램(National Unity Program)이 승인되었다.[26] 1982년 6월 이스라엘의 레바논 침공 이후, PLO는 베이루트로부터 쫓겨나 아랍 8개 국가로 분산되었다. PLO는 본부를 튀니지의 수도 투니스(Tunis) 외곽 해변으로 이동했다.

팔 아랍인들은 '국민국가'를 건설한 것이나 마찬가지이다. 그러나 명실상부한 국민국가로서 인정을 받으려면, 내외의 폭력으로부터 자신을 방어할 수 있는 무력을 보유해야 한다. 즉 주권국가는 타국, 특히 강대국으로부터의 승인(인정), 사회를 통제할 수 있는 힘과 권위, 외적 침략으로부터의 방위 능력 보유, 일정한 영토 등의 조건을 갖추어야 한다. 그런데 팔 아랍 국가는 특히 내외로부터의 도전에 대응할 힘이 아직 부족한 상태이다(정상률 1999, 129-174).

25) 그 중 3억 5천 달러는 오일 부국으로부터 지원 받았고, 1억 5천 달러는 아랍 국가들이 팔레스타인간접세(indirect Palestine tax)를 거두어 지원했다.

26) 이 프로그램은 ① On the Palestinian Level ② On the Arab Level ③ On the International Level ④ On the Organizational Level ⑤ Functions of the Palestine Liberation Organization 등으로 구성되어 있다(Hadawi 1991, 198-204).

이때부터 PLO 정책은 점차 온건 노선을 걷게 되었다. 이스라엘은 1985년 10월 1일 아라파트가 있는 PLO 본부를 폭격하여 71명이 사망했으나 아라파트는 폭격을 피했다. 1987년 12월 가자 지역에서 인티파다(민중봉기)가 발생한 이후, PLO의 역할은 급격하게 축소되기 시작했다. 1993년 오슬로 협정으로 아라파트를 비롯한 PLO 세력이 팔레스타인으로 귀국하여 국가 건설을 주도해 왔다. 아라파트를 중심으로 한 PLO는 1996년 팔레스타인 자치정부의 주요 요직을 차지하고 의회도 장악함으로써 팔레스티니안의 대표성을 획득했다. 그러나 10년 만에 치러진 2006년 PLC 선거에서 패배함으로써 PNC 내 새로운 정치변동 상황에 직면해 있다.

한편 하마스는 무장독립해방투쟁, 이슬람국가건설, PLO 정부의 부정부패 척결을 주요 정치 이념으로 하여 1988년에 설립되었다. 그러나 그 뿌리는 1928년에 설립된 이집트의 무슬림형제단이라고 할 수 있다. 1967년 이스라엘이 가자 및 서안을 점령한 이후, 이 지역 정치이슬람(political Islam) 세력으로는 무슬림형제단과 이슬람해방당이 있었다. 당시에는 PLO가 민족주의 세력으로서 가장 강력한 영향력을 가진 망명정부 역할을 하고 있었다. 그러나 1987년 인티파다의 발생으로 팔레스타인 정치는 또 한 번의 정치변동을 겪게 되었다. 1987년 12월 8일 하나의 교통사건으로 인티파다가 촉발된 지 2개월 20여일 후인 1988년 2월 말, 무슬림형제단의 지도자 야신(Shaikh Ahmad Yasin)과 다른 6명의 지도자들이 하마스를 설립했다.[27] 하마스는 1980년대 중반에 무슬림형제단의 팔레스타인 지부의 투쟁단체로 출범했다. 요르단강 서

27) 하마스는 아랍어 Harakat al-Muqawama al-Islamiyya(= Movement of Islamic Resistance)의 약자로서 '이슬람 저항운동'을 의미한다. 1988년 8월에 발표한 규약에서 하마스는 '무슬림 형제단의 하나의 팔레스타인 지부(a wing of the Muslim Brotherhood in Palestine)'라고 밝히고 있다. 하마스 초기의 조직은 정치국, 정보수집국, 군사국(al-Qassam의 이름을 사용함)으로 구성되었다.

안과 가자의 팔레스타인 점령지역에서 가장 중요한 이슬람운동단체였던 형제단은 1987년까지만 해도 이스라엘의 점령군 통치에 적극적인 저항운동을 하지 않았다. 이러한 소극적인 태도가 인티파다의 폭발과 함께 갑작스럽게 변하게 된다. 아흐메드 야신이 형제단의 하부 투쟁조직으로 하마스란 단체를 결성하면서 팔레스타인 민족운동의 주도 세력이었던 PLO에 대항하는 세력으로 부상했다. 하마스는 팔레스타인 대중들의 대이스라엘 강경 입장을 대변하고 격렬한 대 이스라엘 무장 항쟁을 주도하면서 팔레스타인 점령지역, 특히 가자지구에서 PLO 내의 최대 정당인 파타(Fatah)와 쌍벽을 이루는 정치적인 운동조직으로 성장했다. 즉 하마스의 출현은 팔레스타인 정치에 새로운 장을 여는 계기가 되었다. 하마스는 서안의 이스라엘 점령군과 싸우기 위해서 설립되었는데, 하마스가 설립된 직후부터 무슬림형제단과 PLO의 군사조직 간에 선전전이 시작되었다. 아라파트는 이스라엘이 PLO를 통제하기 위해서 하마스를 설립하는데 중요한 역할을 했다고 비난했다. 오슬로 협상 기간 동안에 아라파트의 경제고문 역할을 했던 코아쉬(Mohammed Abu Koash) 박사는 하마스운동과 이스라엘을 연결시키면서 다음과 같이 비난한 바 있다.

"이스라엘은 우리(PLO)와 경쟁하도록 하기 위해 하마스 단체를 설립했다.....그러나 하마스가 너무 영향력을 갖게 되었다. 결국 이스라엘은 협상 대상으로 하마스와 우리 중 하나를 오슬로 협상 파트너로 선택할 수 있었다. 그런데 우리를 선택했다(PASSIA 1999, 42)."

밀튼-에드워드도 다음과 같이 주장한다.

"이스라엘은 PLO를 견제할 의도로 하마스에게 정당성과 일정한 지위를 부여했다. 하마스 지도자들은 이스라엘 고위 관료들과 만나기도 했다. 이스라엘 정책결정자들은 하마스가 이스라엘의 팔레스타인 전 지역의 지배를 종식시키기 위해 지하드 목표를 가진 이슬람주의자 조직으로 남기보다는 사회 개혁을 위한 온건 이슬람운동 조직으로 남게 되기를 원했다. 이러한 관계는 1989년 4월에 발생한 두 명의 이스라엘 군의 살해사건에 하마스 지도자와 활동가가 개입했다는 판단에 따라 1989년 중반에 극적으로 변했다. 이스라엘은 하마스가 '이슬람 성전(Islamic Jihad)'를 한다는 판단에 따라 하마스와의 관계를 청산하고 하마스 지도자 야신과 자하르(Mahmoud Zahar)를 포함하여 300여명을 체포했다(Milton-Edward 1999, 151-153)."

하마스는 인티파다의 와중에서 태어났다. 팔레스타인 독립운동에 큰 획을 긋는 인티파다는 하나의 교통사고로부터 시작되었다. 1987년 12월 8일 가자에서 이스라엘 트럭 운전사가 교통사고를 내어 팔레스타인 근로자 4명이 사망한다. 팔레스타인 주민들은 이 교통사고가 의도적이었다고 주장했다. 사고를 낸 운전사의 친척이 그 교통사고 이틀 전 가자에서 팔레스타인 주민의 칼에 찔려 사망했는데 이에 대한 보복으로 일부러 사고로 위장하여 4명의 무고한 사람을 죽였다는 것이다. 이 사건은 가자지구 주민들의 대대적인 시위를 촉발했고 이들의 시위는 순식간에 요르단강 서안지구로 번져나갔다(Schiff and Ya'ari, 1990). 바로 그 다음날 가자의 무슬림형제단 지도자들이 이 사건을 대대적인 민중시위로 연결시키기 위해 회동했다. '무자마'의 지도자 아흐메드 야신의 집에서 7명의 이 단체 지도자들이 모였다. 이 모임은 이후 인티파다가 확대되면서 정기적인 모임이 되었고, 결국 하마스로 발전했다.

인티파다는 요르단강 서안과 가자지구에서 이스라엘의 군 점령 통치에 항거하는 대대적인 민중봉기로 변했고, 하마스는 이 과정에서 팔레스타인 민족운동에서 지배적인 위치를 차지하던 세속적인 성격의 PLO에 대한 대안(代案) 운동단체로 성장한 것이다. 인티파다는 어느 단체의 계획이나 준비, 또는 특별한 정치적인 결정이 없이 일어난 사건이었다. PLO와 마찬가지로 형제단 역시 갑작스런 인티파다의 발발과 그 이후 역동적으로 확대된 결과를 예측하지 못했다. 1988년 8월 18일 발표된 하마스 헌장(5장 36조)을 보면 하마스가 이슬람적 성격을 가진 운동단체임을 알 수 있다.

하마스의 기반(basis)은 이슬람이고(제1조), 하마스는 이슬람을 생활방식으로 채택하며(제5조), 팔레스타인 무슬림형제단의 여러 산하단체 중의 하나임을 공식 선언한다(제2조). 알라가 하마스의 목표이고, 예언자(무함마드)는 하마스의 모델이며, 꾸란은 헌법이고, 지하드는 그들이 가야할 길이며, 알라를 위해 죽는 것은 가장 갈망하는 소망이다(제8조). 하마스는 유일성(Unique, 제6조)과 보편성(universality, 제7조)을 가진 운동단체이다. 하마스는 시오니스트 침략에 대항하여 지하드를 실천하고 순교자 알-카삼·무자히딘(Mujahidin)의 결합체와 연합한다. 하마스는 민족주의 운동에 대해 공산주의와 십자군인 서구에 충성하지 않는 한 지지하며(제25조), PLO는 하마스와 가장 가까운 운동단체이고 아랍-이스라엘 갈등에서의 그 역할을 과소평가하지는 않지만, 하마스는 현재 또는 미래의 팔레스타인의 이슬람적 성격(Islamic nature)에 대한 PLO의 세속적 사고(secular thought)를 사용할 수 없다(제27조).

1987년 인티파다로 팔레스타인 사회 내부의 정치관계에 큰 변화가 일어났다. 권력투쟁, 내적 민주화, 민중 감정을 인정하려는 경향, 상당한 정도의 PLO 지도력 상실 등을 반영하는 중요한 분기점이 되었다. 그러나 인티파다 초기에는 민족주의자들이 발빠르게 대응했다. 인티파다 발생 후 한 달 동안 이슬람 지하드(Islamic Jihad)는 민족주의자 그룹들과의 상호협력을 통해 국민들을 동원시키는데 중요한 역할을 했다. 이에 이스라엘은 파시 쉬까키(Fathi Shqaqi), 쉐이흐 압드 알-아지즈 아우다(Sheikh Abd al-Aziz Auda)를 포함한 많은 이슬람 지하드 지도자들을 국외추방하고, 투옥하는 방식으로 대응했다. 그래서 부상한 조직이 하마스였다. 민족운동(national movement)은 활력을 찾는데 시간이 걸렸지만, 곧 PLO가 지원하는 UNLU(United National Leadership of the Uprising)의 보호 아래 조직되었다.[28] 인티파다 초기에 이슬람 세력은 이스라엘의 지배를 종식시키고 팔레스타인 전 지역에 이슬람국가를 건설하기 위한 거대 정치전술의 한 부분으로 참여하지 못했다. 일부 인과론자들은 인티파다는 이슬람에 의한 봉기(Islamic uprising)로 보고 있지만, 종교는 사망사건에 대한 항의로 발생한 팔레스타인인들의 시위과정에서 문화적 부분을 담당할 뿐이었다. 인티파다의 맥락에서 볼 때, 민족주의자 운동 그룹이나 이슬람 지하드와는 달리 새로운 이슬람 운동단체가 출현하는 데에는 몇 달이 걸렸고, 그것도 무자마(Mujama) 운동의 리더십에 대한 압력 및 다른 많은 요인들의 결과였다(Milton-Edwards 1999, 145).

1990년 8월의 걸프 위기는 하마스-UNLU 관계를 더욱 첨예하게 만드는 계기가 되었다. 1990년 8월 12일에 발표된 하마스의 광고전단은 미군과 연합군을 비난했고, 그 몇 주 후 발표된 '전단 64(leaflets 64)'는 사담 후세인이 쿠웨이트로부터 철수해야 한다고 주장했다. 결국 미국 및 연합군과 후세인 양쪽을 비난한 것이다. 반면에 PLO는 후세인의 반서구 운동을 지지하고, 후세인의 쿠웨이트 지배를 이스라엘의 가자와 서안 지배와 연계시켰다. 1990년 9월 경에는 서안의 툴카람(Tulkaram) 난민캠프와 예닌, 가자의 일부 지역에서 하마스와 PLO 지지자들 간에 충돌이 발생했다. 1990년 9월 말에 양대 정파 지도자들이 13개 협력안을 발표하기도 했지만, 그 직후에 나블루스의 하마스 지지자들이 민족주의 진영의 알-마스리(Nihad al-Masri) 박사를 공격함으로써 협력안은 원점으로 돌아갔다. 1990년 10월 8일에는 알-아크사 사원에서 이스라엘 경찰에 의해 팔 아랍인 17명의 사망자와 100명 이상의 부상자가 발

28) UNLU는 파타, PFLP, DFLP, 공산주의자를 포함했고, 민족주의자들의 목표를 실현하기 위해서 조직되었다(Milton-Edwards 1999, 145).

생하는 사건이 터졌다. PLO는 재정적 위기에 처하게 되었다. 사우디아라비아가 PLO에 제공해왔던 매달 2,800만 달러의 지원을 하마스에 제공하기로 결정했기 때문이었다. 더욱이 하마스는 자카트 위원회(Zakat committees)를 통하여 계속 자금을 조달할 수 있었다. 하마스와 PLO의 경쟁에서 하마스가 승리하는 것처럼 보였다.

1991년에는 이스라엘과 팔레스타인 간의 평화회담 개최 제안을 둘러싸고 민족주의 세력과 정치이슬람 세력 간에 논쟁이 격화되었다[29]. 하마스와 PFLP는 이스라엘과의 평화협상을 반대했기 때문에 이 두 조직은 연합할 수 있었다[30]. 1992년 봄, 가자지역에서는 하마스와 파타 간에 평화협상을 둘러싼 의견 차이로 무장 충돌까지 발생했다. 알-까삼 여단(Izz ad-Din al-Qassam Brigade)의 이스라엘군 공격으로 팔 아랍인들로부터 많은 지지를 받게 되었다. 하마스는 이스라엘은 물론, 팔레스타인 내 협상파를 이스라엘 협력자로 여기고 적으로 간주하기 시작했다. 하마스

---

29) 1991년 10월 31일, 이스라엘, 팔레스타인-요르단(공동대표), 시리아 대표들이 참여한 마드리드 회담이 개최되었다. 1993년 8월 까지 이스라엘과 팔레스타인 대표들은 유럽의 여러 도시에서 11차에 걸친 비밀협상을 했다. 마드리드 협상(Madrid process) 과정에는 많은 문제들, 즉 지배지역에서 계속되는 이스라엘의 정착촌 건설, 팔레스타인 공동체 내에서의 평화과정에 대한 의견 불일치, 이스라엘 수상 샤미르(Yitzhak Shamir)의 비타협성 등으로 결실을 맺지 못했다.

30) 1992~93년 비르 자이트 대학(Bir Zeit) 학생위원회 선거에서 하마스는 35-40%, PFLP, DFLP와의 동맹 이후에는 52%의 지지율을 확보했다(황병하 2001: 61-62). 지난 2003년 1월 현지조사 설문조사를 위해 비르 자이트 대학을 방문했었다. 이 대학의 부총장은 대학생 대상 설문조사는 ①대학생들이 민감하게 대응하기 때문에 위험하며, ②이스라엘군이 가끔 학교 내에 진입하여 조사하고 문제가 발생했을 경우 학교가 폐쇄될 수 있다는 이유로 만류했다. 어쨌든 설문조사ㆍ분석을 하긴 했지만, 이 설문조사의 결과만으로는 하마스 등 정치이슬람 단체와 PLO 등 민족주의 단체의 지지율을 확인할 수 없었다. 다만 종교성이 강한 학생일수록 하마스 등 정치이슬람 단체에 가입할 가능성은 높은 것으로 추측된다.

는 협력자에 대한 처벌을 종교적 의무로 여겼다(Milton-Edwards 1999, 155-157). 이러한 일련의 과정으로 보아 이스라엘은 하마스와 PLO 간의 갈등을 주시하고 소위 '사탕과 채찍'을 통해 갈등을 조장했고, 결국에는 PLO를 평화과정의 협상 파트너로 선택했다.

1987년 인티파다 이후 하마스는 걷잡을 수 없이 확대되는 인티파다의 진행과 함께 PLO에 도전하는 팔레스타인 제2의 정당으로 성장하게 된 것이다. 하마스 헌장에 의하면 하마스는 단기적으로 이스라엘이 지배하고 있는 서안, 가자지역, 예루살렘을 회복하고, 장기적으로 모든 팔레스타인 지역에 이슬람국가(Islamic state)를 건설하는 것을 목표로 한다. 민족주의 세력인 PLO의 목표와는 매우 상반되는 목표를 가지고 있는 것이다.

Ⅴ. 향후 정치 전개 양상, 정파 간 '협력적 경쟁 관계'는 계속될 것

PNA의 정치 전개 양상은 하마스-파타 관계만으로 분석하기 힘들다. PNA 국내 정치는 이스라엘, 주변 이슬람국가들, 미국 등 서구 세력의 영향이 매우 강하게 미치기 때문이다. 미국 내, 이스라엘 내 정치행위자 간 역학관계와 정책도 PNA 정치에 크게 영향을 미친다.

세속적 민족주의를 지향하고 있는 PLO의 당이라고 할 수 있는 파타(당)와 이슬람국가(Islamic state) 건설을 목표로 하는 무장해방투쟁 세력의 대표 주자인 하마스는 그 동안 협력적 경쟁 관계 속에서 팔레스타인 아랍국가 건설을 위해 대 이스라엘 투쟁을 해왔다. PLO 의장이면서 PNA의 대통령이었던 아라파트가 2004년 사망하고 2005년 선거에서 PLO계의 파타당 소속 압바스가 대통령으로 당선되었으나 2006년

PLC 선거에서 파타당의 '팔레스타인 해방운동(Palestinian Liberation Movement = harakat al-tahrir al-filastini)'이 패배함으로써 정권이 하마스당의 '변화와 개혁(Change and Reform)'으로 넘어갔다. 하마스가 선거에서 승리하자마자 이스라엘은 물론이고 미국과 서구 국가들은 하마스가 테러 단체라는 이유로 하마스 정권을 인정할 수 없으며 재정지원을 중단하겠다고 선언했다. 특히 미국의 부시정부는 '테러와의 전쟁'을 선포하고, 이라크 전쟁을 시작했으며, 이슬람국가(Islamic State)의 전형으로 여기는 이란과도 심각한 갈등상황에 있다. 이러한 상황에서 '테러조직'으로 여기는 하마스가 집권함으로써 미국과 이스라엘은 새로운 도전에 직면해 있다. 하마스가 집권한 이후 얼마 안 되어 이스라엘-히즈불라 간 전쟁이 발생했다.[31] 결코 우연이라고 할 수 없는 전쟁이었다. 미국, 이스라엘, 서구 국가들의 하마스 정부 불인정에 대응해서, 하마스와 파타는 2006년 9월 11일 하마스-파타 연립정부를 구성함으로써 이에 대응했다. 그러나 아직 완전한 독립 국가를 건설하지 못한 상태에서 연립정부 구성 이후에도 PNA 내 정파 간 주도권 싸움은 계속 이어지고 있다. 파타-하마스 간 또는 각 정파 간 합종연횡, '경쟁과 협력 관계'는 계속될 것으로 보인다.

31) 이 전쟁의 명칭을 둘러싸고 논쟁이 있다. 이스라엘-히즈불라 전쟁인가, 이스라엘-레바논 전쟁인가? 히즈불라는 레바논 내 시아파 무슬림을 대표하는 군사조직이고, 레바논 정규군이 따로 있으며, 실제로 이스라엘군과 히즈불라가 전쟁 당사자였다는 점에서 이스라엘-히즈불라 전쟁이라고 할 수 있다. 다른 한편, 레바논 국경 내에서 전투가 벌어졌고, 레바논 정부와 정규군이 히즈불라의 대이스라엘 전쟁에 대해 묵인했다는 점에서 이스라엘-레바논 전쟁이다.

참 고 문 헌

Aburish, Said K. 1998. *Arafat from Defender to Dictator,* London: Bloomsbury.

Dweik, Ammar. 2005. "The Legal Framework Of Political Party Registration In Palestine : A General Overview In Light Of The Election Experience," http://www.passia.org/meetings/2005/Ammar-Dwaik-2005p.htm(2007/1/10)

Milton-Edwards, Beverly. 1999. *Islamic Politics in Palestine,* New york: I.B.Tauris.

Watzal, Ludwig. 1999. *Peace Enemies: The Past and Present Conflict between Israel and Palestine,* PASSIA.

Palestine Central Election Commission.

2003년 수정 기본법(Basic Law).

2005년 수정 선거법(Election Law).

http://en.wikipedia.org/wiki/Palestinian_legislative_election,_2006(2006/9/10)

http://www.elections.ps/template.aspx?id=143(2006/9/10)

http://www.pcpsr.org/survey/polls/2005/p18epressrelease.html(2006/9/10)

http://www.pcpsr.org/survey/polls/2005/preelectionsdec05.html(2006/9/10)

http://www.miftah.org/Doc/Polls/PalestinianPublicOpinionPollsNo17.pdf(2006/9/10)

http://www.nytimes.com/2006/01/25/international/middleeast/25cnd-palestinian.html?_r=1(2006/12/10)

http://en.wikipedia.org/wiki/Palestinian_legislative_election(2006/09/26)

http://www.foxnews.com/story/0,2933,179342,00.html(2006/9/26)

http://news.bbc.co,uk/1/hi/world/middle_east/4598258.stm(2006/9/26)

http://www.alertnet.org/thenews/newsdesk/L19770240.htm(2006/6/10)
http://en.wikipedia.org/wiki/politics_of_egypt(2006/6/10)
http://en.wikipedia.org/wiki/Category:Political_parties_in_Palestine 2007/1/15)

급진 세속주의국가 터키에서 온건 이슬람정당의 부상과 집권

장지향

Ⅰ. 서론

중동지역은 흔히 민주주의의 확산이라는 세계적 흐름에 합류하지 못하거나 이를 거부하는 예외적이고 폐쇄적인 곳으로 인식되어 왔다. 1974년 이래 해마다 전 세계 190여개 나라를 대상으로 정치적 권리(political rights)와 시민적 자유(civil liberties) 정도를 측정해온 미국 NGO인 Freedom House에 따르면 2005년 그 수치가 가장 낮은 민주주의 최저발전 지역이 중동으로 나타났다(Freedom House 2006).[1] 전 지구적 추세에 역행하여 나타나는 중동의 현상은 종종 이슬람과 이에 만연한 과거회귀정신을 통해 설명되며 그 전형적인 예로서 이슬람원리주의 정치세력의 부상이 거론되고 있다. 그러나 Freedom House의 자료에 따르면 이러한 낮은 민주주의 정도의 결정적 요인이 이슬람이 아님

1) 2005년의 평가결과에 따르면 전 세계 192개 국 가운데 46%가 "자유로운" 나라, 30%가 "부분적으로 자유로운" 나라, 24%가 "자유롭지 않은" 나라로 나타났다. 지역별 분류에 따르면 서유럽의 경우 각각 96%, 4%, 0%, 중동부 유럽의 경우 48%, 26%, 26%, 미주의 경우 68%, 26%, 6%, 아시아의 경우 41%, 31%, 28%, 사하라 이남 아프리카의 경우 23%, 48%, 29%, 마지막으로 중동의 경우 6%, 33%, 61%가 이에 해당하였다(Freedom House 2006).

을 분명히 알 수 있다. 전 세계에서 무슬림이 전체인구의 다수를 차지하는 나라만으로 정치적 권리와 시민적 자유의 정도를 측정할 경우 그 평균이 중동지역의 수치보다 더 높기 때문이다.[2)]

이슬람이 문제가 아니라면 무엇이 문제인가? 대부분 중동국가들의 근대화는 식민통치기를 거치며 위로부터 수동적이고 강압적으로 실시되었고 그러한 과정 속에서 과도하게 성장한 국가권력에 대항할 수 있는 토착적이고 독립적인 사회세력이 생겨날 수 없었다. 대신 권위주의국가와 독점적 후원관계를 맺고 체제의 지속을 바라는 소수 특수권력계층만이 존재해왔을 뿐이다. 즉 위압적이고 강력한 강권기구를 기반으로 한 국가의 압도적 역할 아래에서 과소발전한 시민사회가 과대성장국가와 더불어 비대칭적으로 형성되어왔다. 따라서 중동지역의 민주주의 저발전의 논의에 있어서 이슬람운동세력은 그 원인 이라기보다는 오히려 기존의 소수기득권 세력이 유지하고 있는 강고한 권위주의 권력구조에 변화를 가져올 원동력이 될 수도 있다. 이슬람운동세력은 부패하고 무능한 현 정권을 비판하며 이로 인해 대중으로부터 지지와 성원을 받고 있는 유일하게 조직적인 반대세력이기 때문이다. 다만 대부분의 정권이 정치적 다원주의를 보장하지 않고 있기 때문에 이러한 이슬람운동세력의 활동이 자유롭지 못하며 제도적으로 배제되어온 실정이다.

이러한 논의를 바탕으로 이 글에서는 최근 터키에서 관찰된 온건이슬람정당의 부상과 집권 및 이후 실시된 일련의 정치개혁에 대해 살펴보고자 한다. 터키 정치를 둘러싼 다양한 갈등 가운데 가장 핵심적인 것은 세속화정책의 지지 세력과 이슬람세력 사이의 긴장관계이다

---

2) 무슬림이 국민의 다수를 차지하는 나라는 43개 국가로 분류되며 이중 24개 국가가 비중동권이다. 무슬림 국가의 경우 7%가 "자유로운" 나라, 43%가 "부분적으로 자유로운" 나라, 50%가 "자유롭지 않은" 나라에 해당하였다 (Freedom House 2006).

(서재만 2006). 제 1차 세계대전에서 패한 오스만 제국이 해체된 후 1923년 터키 공화국의 선포와 함께 시작된 세속화정책은 대체로 소수의 서구화된 엘리트에 의해 강압적으로 이루어졌으며 이에 대한 저항은 전통적인 이슬람주변부에서 조직된 반정부운동을 동반하였다. 그러나 세속주의자 엘리트와 이슬람운동세력 간의 대립은 세속주의 정치질서를 회복하고 이슬람정당을 해산시키기 위해 개입한 군부의 등장으로 대부분 마무리되었다. 터키 군부는 정치 자유화와 민주화 과정을 거치면서 네 차례 이슬람정당을 불법화시켰으며, 이는 터키의 민주주의가 공고화되지 못하고 지극히 제한적인 상태에 머물러 있게 된 주원인을 제공하였다.

오스만 제국의 해체

오스만 제국은 제 1차 세계대전에서 패함에 따라 1918년 영국, 프랑스, 러시아, 이탈리아, 그리스의 연합군 점령 하에 들어갔다. 그러나 제국의 장군이었던 무스타파 케말이 조직한 독립군이 해방전쟁에서 승리를 거듭하자 수세에 밀린 연합군은 1923년 로잔(Lausanne) 조약을 통해 현재 터키 공화국의 영토인 아나톨리아 반도를 중심으로 최종적인 국경을 인정해주었다. 결국 오스만 제국은 모든 아랍 영토를 잃게 되었고 다민족, 다종교 제국에서 세속주의 터키 민족국가로 새롭게 탄생하였다.

최근 터키에서는 이슬람원리주의를 내세웠던 복지당(the Welfare Party)의 후신인 정의발전당(the Justice and Development Party)이 실용적이고 중도적인 노선을 추구하며 새롭게 등장하여 집권당으로 부상하였다. 이슬람원리주의는 이슬람 법 샤리아에 근거한 이슬람국가 건설이 주 목적인 반면, 일반적인 정치적 이슬람주의나 이슬람운동은 정치 및 경제생활 전반에서 이슬람의 역할 증대를 목표로 삼고 있다.

2001년 정의발전당을 결성한 신진 이슬람개혁주의자들은 이슬람의 역할을 보다 개혁적이고 자유주의적인 시각으로 해석하여 반서구 입장을 철회하고, 세계화와 터키의 EU 가입 지지를 적극적으로 천명하였다. 신진 온건이슬람정당은 2002년 11월 총선에서 압승을 거두고 최근 터키 정치역사상 10여년 만에 처음으로 단일정부를 구성하였다. 집권 이후 정의발전당 정부는 군부의 정치개입 금지, 쿠르드어 방송허용, 사형제 폐지, 고문 폐지 등을 골자로 하는 개혁안을 헌법개정을 통해 실시했다. 이러한 개혁조치로 인해 2005년 말 터키의 시민적 자유지수가 Freedom House에 의해 두 등급 상위 조정되었다. 한편 근대화를 서구화로 동일시하며 급진적인 세속화정책을 폄쳤던 친서구성향의 케말주의자 군부는 EU로부터 군의 개혁 및 축소 압박을 받자 서구 및 EU에 대한 불편한 심기를 드러내었다.

이 글에서는 현대 터키 정치의 전개와 변화에 따라 케말주의자 권위주의 일당지배 시기, 자유화된 권위주의 복수정당제 시기, 제한적 민주주의 시기로 나눈 후 각 시기별 정당과 선거 체제의 주요 특징을 살펴보고자 한다. 또한 급진 세속주의 체제 하에서 1970년 결성된 이래 군부에 의해 4차례나 강제 해산되었던 이슬람정당에 대해 간략하게 알아보고자 한다. 이어서 1990년대 말 등장한 신진 이슬람개혁주의자들과 이들이 결성한 온건 이슬람 정의발전당의 집권과정과 내용에 대해 살펴볼 것이다. 마지막으로 2001년 말 집권한 이래 정의발전당 정부가 보여준 성공적인 정치개혁과 경제수행 능력을 통해서 무슬림 민주주의의 가능성과 그 함의에 대해 모색해 볼 것이다. 즉 이슬람정치세력과 쿠르드분리주의자들에 대한 탄압과 배제로 특징 지워졌던 제한적 민주주의 체제로부터의 점진적인 이행 가능성을 탐색해보고자 하는 것이다.

11. 터키의 정당 및 선거 체제

1 케말주의자 권위주의 일당지배 시기(1923-46)

이 시기는 케말주의자 일당독재와 급진적인 세속화 개혁정책으로 특징 지워지며, 이로 인해 세속주의자 중앙과 전통적 주변부 사이에 커다란 균열의 구조화가 시작되었던 때이다. 국가의 권위주의적 공권력에 기반 하여 위로부터 행해진 세속화정책과 이슬람통제는 주변부로부터의 강한 반대에 부딪히게 되었고, 이는 반정부운동과 동반된 자유화와 민주화 이행의 시도로 이어졌다. 결국 1946년 케말주의자 공화인민당(the Republican People's Party) 정부가 복수정당제 실시를 약속함으로써 권위주의 일당지배 체제는 막을 내리게 되었다.

이슬람세계의 칼리프국이었던 오스만 제국의 해체와 뒤이은 터키 공화국의 설립은 이슬람사회의 근대국가 이행 과정중에서 가장 복잡한 사례의 하나로 손꼽힌다. 1923년 공화국 출범 이후 건국의 아버지인 무스타파 케말(Mustafa Kemal)과 민족주의세력은 근대국가의 기초를 강화하기 위해 강력한 세속화정책을 추진하였다. 오스만 제국의 이슬람 전통은 철저히 부정된 반면 강력한 군부와 중앙집권적 체제의 유산만이 새로운 공화국으로 이전되었다. 초대 대통령으로 선출된 케말과 그의 공화인민당 정부는 이슬람 샤리아법과 칼리프제를 폐지하였고 이슬람 국교조항을 철폐하였으며 세속주의원칙을 헌법으로 채택하였다. 구체제의 상징인 이슬람단체들은 해체되었고 이슬람정당 결성이나 정치적 목적을 위한 종교이용이 법으로 금지되었으며 종교와 관련한 조직결성은 오직 공식적인 기관을 통해서만 허용되었다. 또한 아랍식 표기가 아닌 로마식 알파벳 문자의 사용과 서구식 복장의 착용이 위로부터 제도적으로 요구되었다. 즉 600여년의 오스만 제국 시기 동안 국가와 사회를 이어주던 매개체이자 대중의 일상생활 속에 깊숙이 자리 잡고 있던 이슬람이 갑자기 사라진 것이다.

그러나 개혁정책의 단행과 함께 병행되어야 할 사회구조적 변화는 뒷받침되지 못하였고 전통적인 주변부는 새로운 근대 민족국가의 체제내로 충분히 편입되지 못한 채 지방의 소규모 공동체내에서 이슬람 전통을 유지하였다. 따라서 소수 서구화된 도시엘리트에 의해 장악된 강권국가로서의 중앙과 이러한 중앙에 의해 선택적으로 흡수되거나 대부분 배제된 전통적인 주변부와의 첨예한 갈등이 시작되었다. 강력한 중앙집권화와 민족의 동질화를 강조하는 중앙은 세속주의자 관료와 군부 엘리트로 구성되었으며 그 내부 결속력과 통합이 뛰어났다. 반면 주변부는 지방의 지주, 소자본가, 소상인, 단순기술자, 영세수공업자, 농민, 보수종교세력 등 다양하고 이질적인 지역 세력들을 광범위하게 포함하고 있었으며 이들의 정당결성 시도는 공화인민당 개혁독재정권에 의해 번번이 좌절되었다. 이러한 중앙-주변부의 균열과 갈등은 이후 현대 터키 정치를 특징짓는 주요 변수가 되었다.

무스타파 케말(Mustafa Kemal 1881–1938)

터키 공화국의 초대 대통령. 제 1차 세계대전의 패전국인 오스만 제국이 연합군의 점령 하에 들어가고 이스탄불의 술탄정부가 꼭두각시로 전락하자 독립전쟁을 전개하여 승리를 거두었다. 전쟁 중인 1920년 민족주의세력을 중심으로 구성된 임시의회에서 의장으로 추대되었고 이어 1923년 터키 공화국이 선포되자 초대 대통령으로 선출되었다. 1934년 의회는 터키인의 아버지라는 뜻의 아타튀르크(Ataturk) 칭호를 부여하였고 구체제인 오스만 제국과 이슬람을 대체할 상징으로서 그에 대한 대대적인 신격화 작업이 이루어졌다. 그의 사상인 케말리즘은 터키 민족주의와 세속주의로 요약되며 군부는 케말리즘의 강력한 수호자임을 자처하고 있다.

2 자유화된 권위주의 복수정당제 시기(1946-83)

이 시기는 권위주의 일당지배 체제에서 복수정당제로의 이행이 이루어진 자유화된 권위주의 시기이다. 첫 정권교체는 '분출(*raptura*)'이 아닌 '개혁(*reforma*)'의 좋은 예로서 권위주의의 기반을 확대하고자 하는 케말주의자 집권세력의 의도 하에 허용된 것이었다. 20여 년간의 공화인민당 일당독재는 1950년 첫 자유선거에서 야당인 민주당(the Democrat Party)의 압승으로 인해 무너졌다. 개혁독재에 반대한 이슬람세력과 자유주의세력의 연합전선 구축이 성공한 것이었다. 그러나 시장경제의 활성화와 이슬람 완화정책을 펼친 민주당 정부는 대중영합적 포퓰리즘에 기반 하여 독재를 실시한다는 이유로 1960년 군부에 의해 해체되었고 주요 정치인들은 사형 및 실형에 처해졌다. 이러한 군부의 정치개입은 이후 10년 주기로 두 차례 더 단행되었다. 즉 아래로부터의 조직적인 투쟁 없이 위로부터 쉽게 얻어진 자유화는 1960, 1971, 1980년 케말주의 사수를 주장하며 개입한 군부에 의해 3차례 방해를 받고 권위주의로 후퇴하게 되었다.

1950년대 정당 체제는 중앙-주변부의 균열에 기초한 공화인민당과 민주당에 대한 명확한 선호로 나타났다. 1960년대 역시 당의 사상적 방향을 중도좌파로 전환하였으나 여전히 중앙의 가치를 대표하던 공화인민당과 강제 해산된 민주당을 이어서 주변부를 대표하던 정의당(the Justice Party)의 양당 경쟁구도가 당시 정당 체제를 대표하고 있었다. 하지만 사회구조가 분화되어감에 따라 이러한 이분적 균열체계는 조금씩 약화되기 시작하였다. 한편 1950년대에 채택되었던 단순다수제 대신 1960년대에는 비례대표제 방식에 의해 상하원의원들이 선출되었다. 정당별 득표율에 따라 의석을 배분하되 할당 산출시 정당의 후보자 명부에 최고평균법을 적용하는 동트방식(the D'Hondt method)을 결합하였고 이는 주로 다수득표 정당에게 유리하게 작용하였다. 비례대표제와 동트방식의 조합으로 이뤄진 선거 체제는 1960년 군부개입 직후 군부의 주도하에 제정된 제2공화국 헌법에 기초한 것이었으며[3] 1980년 군부의 3차 개입 이후 제정된 새 헌법에 의해 일부 수정되었다.

비례대표제 실시의 영향으로 군소정당의 결성이 활성화되자 케말주의자 권위주의 체제 시기 정치적으로 철저히 배제되었던 주변부내의 이슬람세력 역시 조직화되기 시작하였다. 1970년 민족질서당(the National Order Party)이 최초의 이슬람정당으로서 결성되었으나 1년만에 군부에 의해 해산되었고 이의 뒤를 이은 민족구세당(the National Salvation Party)은 선거에서 약진하여 1974년과 1977년 두 차례 연립정부에 참여하기도 하였다. 1970년대 말 터키 사회 내 사상적 분극화가 심화되자 극우정당인 민족행동당(the National Action Party)에 대한 과장된 대표성이 나타난 반면 중도좌파, 중도우파, 이슬람정당으로 구성된 결속력이 낮고 허약한 연립정부들은 좌우의 대결과 폭력으로 인한 잇따른 유혈사태와 정국혼란을 수습하지 못하였다. 결국 1980년 3차 군부개입이 이루어지게 되었고 주요 정당들은 해산되었으며 정치인들은 활동금지 조치를 당하였다. 즉 자유화 이행 이후 정권의 위기와 몰락, 군부의 정치개입과 권위주의로의 회귀를 거듭하는 가운데 터키의 정당과 선거 체제는 세속적인 엘리트들, 특히 군부에 의한 위로부터의 독단적인 방식으로 재편되어왔다.

---

3) 1961년 선거에서 4년제 임기의 450석 하원만이 비례대표제와 동트방식으로 선출되었으나 1964년 중간선거부터는 18석의 종신제 임명제 의석을 제외한 132석의 상원 역시 같은 방식으로 선출되었다.

3 제한적 민주주의 시기(1983-현재)

1983년 이후는 제한적 민주주의의 시기이며 자유화된 권위주의 시기에서처럼 군부의 전횡적이고 예측 불가능한 권력행사로 인한 정권의 몰락과 재건의 반복은 더 이상 존재하지 않았다. 그렇지만 현재의 제한적인 민주주의가 곧 포괄적이고 공고화된 민주주의로 전환되리라고 보기도 어렵다. 1997년 군부는 자유롭고 공정한 선거를 통해 연립정부를 구성한 이슬람 복지당의 당수에게 수상직을 사임하도록 압력을 가함으로써 "최초의 탈근대 쿠데타(the first post-modern coup) (Diamond 1999, 29)"를 통해 다시금 정치적 영향력을 행사하였다. 또한 복지당의 후신인 미덕당(the Virtue Party) 역시 반세속주의 활동을 벌이고 이슬람을 정치적으로 악용하였다는 이유로 2001년 다시 한 번 군부의 주도에 의해 불법화되었다. 케말주의자 군부의 비민주적 권력행사는 이슬람정치세력 뿐만 아니라 쿠르드분리주의자들에게도 해당된다. 1980년대 중반 이래 약 15여 년 간 지속되었던 터키 군과 쿠르드분리주의자 그룹사이의 충돌로 인해 남동부 지역에서만 약 3만 5천여 명의 쿠르드인들이 희생된 것으로 알려져 있다. 이처럼 세속적 터키 민족국가의 수호자임을 자처하는 군부가 종교적, 인종적 다원주의를 인정하지 않는 이상 터키의 민주주의는 지극히 제한적일 수밖에 없다 (Henry and Springborg 2001). 비록 군부에 의한 즉각적인 권위주의로의 회귀 가능성은 낮아 보이지만 군부의 민간 정부를 향한 관용 역시 높은 수준이 아님에는 확실하다.

1980년대 이후 정당 체제는 전통적인 중앙-주변부 균열화가 아닌 지극히 파편화된 모습으로 변화하였다(Angrist 2004, Ozbudun 2000). 양대 균열의 한 축이었던 중앙은 결속력을 잃고 분열되어 갔으며 그 중요성을 점점 상실해갔다. 공화국 수립 직후 무스타파 케말이 건설한 공화인민당은 중도좌파인 사회민주인민당(the Social Democratic People's Party)과 민주좌익당(the Democratic Left Party)으로 분열되었고 이들은 더 이상 중앙의 이해나 민족주의적 관료와 군부를 대변하지 않았다. 주변부 역시 시장경제의 성장과 문화적 정체성의 관심이 높아짐에 따라 팽창, 분화되었다. 중도우파는 정의당을 이은 정도당(the True Path Party)과 1983년 선거에서 새롭게 부상한 조국당(the Motherland Party)으로 나뉘면서 주도권을 둘러싸고 다투었다. 이러한 갈등은 개별정당 내부에서도 발견되었는데 특히 종교와 문화를 둘러싼 쟁점에 대해 당내 구세대와 신진세대가 마찰을 빚게 되었고 이는 당내 세력교체로까지 이어졌다. 일례로 1990년대 중반 이후 조국당내 친 이슬람 성향의 국회의원들은 자유주의적 세속주의 성향의 새로운 당 지도 체제에 불만을 품고 탈당하여 이슬람정당에 가입하기 시작하였다. 조국당은 당의 건립자인 외잘(Turgut Ozal)의 사망 이후 종교적 보수주의의 색채에서 벗어나고자 노력하였고 정도당 역시 자본주의와 세속주의의 결합을 추구하는 정책을 활성화시켜 나갔으며 군부와 연합하기도 하였다. 이처럼 정책적, 이념적인 큰 차이 없이 동일한 선상의 경쟁구도 하에서 형성된 정당체제의 파편화는 1983년 군부의 개헌에 의해 채택된 새로운 선거법의 실시로 인해 더욱 악화되었다. 기본득표율이 10% 이상을 넘었을 경우에만 정당의 의회진출이 가능하도록 허용하는 새로운 동트방식[4)]은 안정된 양당 체제 확립을 위한 명목으로 채택되었음에도 불구하고 군소정당의 난립과 사표화 현상만 심화시켰으며 취약한 연립정부의 구성으로 이어졌다.

한편 1980년대 10%의 기본득표율 기준을 넘지 못한 채 하나의 의석도 배분받지 못했던 복지당은 1994년 지방선거를 통해 급부상을 하기

4) 1983년 선거부터 비례대표제와 10% 기본득표율 하한선을 두고 있는 새로운 동트방식이 적용되었고 기존의 4년 임기의 양원제가 아닌 5년 임기의 400석 단원제가 채택되었다.

시작하였다.[5] 총 76개 도시 가운데 이스탄불과 앙카라를 포함한 28개 지방정부를 석권하면서 일개 군소정당에서 전국 단위의 거대정당으로 탈바꿈한 것이다. 이어서 1995년 총선을 통해 21.4%의 득표율과 158석을 얻음으로써 일약 제1당으로 성장하였고 결국 1996년 7월 중도우파인 정도당과 함께 연립정부를 구성하면서 당수인 에르바칸(Necmeddin Erbakan)이 수상에 올랐다. 이러한 이슬람정당의 부상은 복수정당제 실시 이후 자리잡아가기 시작한 정치적 다원주의의 영향 때문이기도 했지만, 사회주의자와 쿠르드분리주의자들의 정치적 영향력을 약화시키기 위해 국가가 전략적으로 이슬람의 가치를 강조하며 이를 의도적으로 확산시켰던 것에 크게 기인하고 있었다. 또한 중도좌파와 중도우파 정당들의 부정부패로 인한 유권자들의 실망 역시 큰 요인으로 작용하였다. 그럼에도 불구하고 이슬람정치세력은 여전히 통제와 제약의 대상이었다. 1997년 6월 정부를 구성한 지 1년이 못 되어 복지당-정도당 연립정부의 수상이 군부의 압력에 의해 사임하였다.[6] 이어 이듬해 1월 종교를 정치적 목적으로 이용하여 사회의 불안을 조장하고 이슬람 국가건설을 꾀하려 했다는 이유로 복지당 역시 불법화되었다. 즉 1980년대 이후 심화된 정당 체제의 파편화는 유권자의 유동적 투표행태로 이어졌고 허약한 지지기반을 바탕으로 구성된 연립정부는 태생적 불안정성을 드러낼 수밖에 없었다. 무능하고 무기력한 민간인 정부는 군부의 정치개입 위협으로부터 여전히 자유로울 수 없었던 것이다.

---

5) 민족구세당의 후신인 복지당은 창당 후 처음으로 참여한 1987년 총선에서 7.2%의 득표율을 획득함으로써 10% 기준을 넘지 못하였으나 1991년 총선에서 16. 9%의 득표율을 얻어 62석을 차지하였다.

6) 1997년 2월 28일 국가안보위원회는 ‘이슬람원리주의와의 전쟁’을 선포하면서 자국 내 원리주의자와 테러주의자들뿐만 아니라 이들에게 자금을 대는 것으로 추정되는 100여개의 이슬람 계 기업과 은행들을 상대로 대대적인 조사 작업을 실시한다고 발표하였다.

〈표 1〉 터키 정치 체제와 이슬람정당의 변화

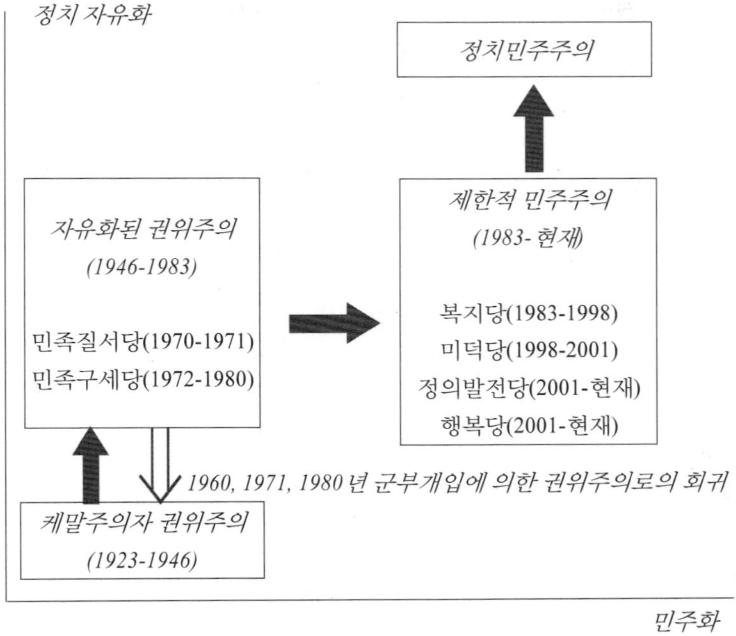

III. 이슬람 정당의 온건화 및 정의발전당의 집권

복지당이 해산된 이후 결성된 미덕당은 터키 이슬람정당의 30여년 역사상 처음으로 심각한 당내 분열을 겪게 되었다. 국가의 지속적인 탄압과 통제 하에서 흔들림 없이 유지되어온 조직적 단결이 전통 보수파와 신진 개혁파 사이의 첨예한 갈등과 대립으로 인해 무너진 것이다. 개혁파는 종교적 색채가 짙은 당 강령과 정책의 전반적 수정을 주장하였고 지금껏 보수파가 인선을 통해 장악해오던 당 지도부를 민주적 절차를 통해 구성할 것을 요구하였다. 결국 정당 역사상 최초로 치르게 된 당 지도부 선거에서 보수파가 개혁파를 적은 표차로 간신히 따돌렸으나 보수파의 권위와 지도력은 크게 실추되었다. 2001년 미덕당이 군부의 주도하에 또 다시 불법화되자 신진 개혁파는 이스탄불시장 출신 에르도안(Recep Tayyip Erdogan)을 중심으로 온건 이슬람주의를 표방하는 정의발전당을 결성하였다. 한편 전통주의자 보수파는 30여 년 간의 지도자 에르바칸을 다시 옹립하여 행복당(the Felicity Party)을 창당하였다. 정의발전당은 1980년대 외잘 지도 체제의 중도우파 모국당의 계승을 주장하며 반서구 입장을 철회하고 신자유주의적 시장화, 민영화, 세계화를 지지하고 있다. 또한 정당의 구조, 리더십, 태도, 역할, 지지기반의 측면에서 무색무취한 포괄정당(catch-all party)의 특징(Duverger 1954, Mainwaring 1999, Sartori 1976)을 보이고 있다. 즉 당의 하부구조는 더 이상 열성 이슬람활동가들에 의해 조직적으로 동원되지 않으며 지도부는 연합적 리더십의 형태를 띠고 있다. 또한 중도적 성향을 취하고 정책위주의 선거전략과 공약을 내세우며, 특히 이슬람으로 묶여진 특정계층이나 집단이 아닌 광범위하고 포괄적인 지지기반의 확보를 목표로 한다. 이는 대중정당(mass party)이라 할 수 있는 복지당 시절로부터의 큰 전환이라고 볼 수 있다.

결국 정의발전당은 2002년 11월 총선에서 압도적인 승리를 하여 1983년 외잘의 조국당 정부 수립 이후 10여년 만에 처음으로 단일정부를 구성하게 되었다. 정의발전당은 34.2%의 득표율을 얻어 350석 이상을 보유하게 되었고, 공화인민당은 19.3%를 득표하여 2대 정당으로서 의회진출이 가능하게 되었다. 18개의 정당과 무소속 후보들이 선거에 참여했으나 오직 정의발전당과 공화인민당만이 의석을 얻었고, 특히 기존의 주요 중도좌파와 중도우파 정당들 가운데 기본득표 하한선인 10%를 초과한 정당은 유일하게 공화인민당뿐이었다. 이슬람원리주의에 기반 한 정책과 공약을 그대로 답습한 행복당 역시 선거에서 참패하여 국회진출에 실패하였다. 1990년대 말 이래 세속주의 정당들의 이합집산으로 구성되어 온 연립정부는 심각한 경제위기를 극복하지 못하였고, 주요 정치인들은 번번이 부정부패사건에 연루됨에 따라 유권자들의 실망과 분노를 증폭시켰다(Onis 2001). 이러한 구도에서 기성정당들의 무능, 무책임, 부정부패를 종식하고 EU 회원국을 향한 확실한 터전을 다지겠다는 약속으로 대안정당의 입지를 강화한 정의발전당이 선거에서 승리하게 된 것이다.

집권 이후 정의발전당은 공약으로 내세웠던 정치, 경제 개혁안들을 성공적으로 추진함으로써 국내외의 우려와 불신을 종식시켰다. 2003년 IMF와 새로운 조약을 체결하고 민영화 정책의 활성화를 위한 40억 달러 투자계획을 밝힘으로써 EU와 유럽 투자자들의 걱정을 해소시켰다. 이어 2004년에는 군부에 대한 민간의 감시, 쿠르드어 방송 시작, 78년간 지속되었던 사형제의 완전한 폐지, 고문 폐지, 남녀불평등 개선, 국가안보법원의 축소 등의 주요 개혁을 실시함으로써 EU 정회원자격의 요건을 갖추어나가기 시작했다. 또한 터키 내 세속주의자들이 우려했던 이맘 하팁(Imam Hatip) 종교교육자 양성학교의 증가, 공립학교나 정부기관에서 머릿수건(headscarf)의 착용 허용 등의 친 이슬람적 법률 개정은 이루어지지 않았다.

> **타입 에르도안**(Recep Tayyip Erdogan 1954-)
>
> 터키의 제57대 수상이자 현 집권당인 온건 이슬람계 정의발전당의 당수. 1994년 지방선거를 통해 이스탄불 시장으로 선출되면서 정계에 입문하였으나 1998년 종교적 증오를 불러일으키는 시를 공식석상에서 낭송하였다는 명목으로 군부에 의해 기소되어 4개월 간 투옥되기도 하였다. 이스탄불 시장 시절 효율적이고 깨끗한 시정운영으로 가장 인기 있는 정치인 중의 한 명으로 부상하였고 이후 젊은 이슬람개혁주의자 그룹의 지도자로 떠오르며 2001년 정의발전당을 결성하였다. 집권 이후 터키의 EU 정회원자격 획득을 위해 외교적 노력을 아끼지 않고 있으며 일련의 정치개혁 역시 성공적으로 추진하고 있다.

Ⅳ. 결론: 무슬림 민주주의의 실험

터키 국민들은 5년 임기의 단원제 국회의원들을 자유롭고 공정한 선거를 통하여 뽑을 수 있고 민주적인 절차를 통해 정부를 바꿀 수 있다. Freedom House의 2005년 말 평가결과에 따르면 터키는 '부분적으로 자유로운' 나라로 분류되며, 최근 몇 년간 정치적 권리와 시민적 자유도의 수치가 꾸준히 상승하고 있는 추세이다. 이는 군부에 의한 이슬람정당의 강제해산 위협이 이전만큼 높지 않은데다가 정의발전당의 집권이후 성공적으로 실시된 개혁조치들 덕분이다. 1970년 최초로 결성된 이래 이슬람정당은 세속주의자 군부와 관료에 의해 소외되어 온 전통적인 주변부의 이해를 대표한다고 주장해왔다. 2001년에 이르기까지 이슬람정당은 군부에 의해 모두 4차례 해산되었고 미덕당은 복지당, 민족구세당, 민족질서당을 계승해왔다. 그러나 미덕당 시기에 이르러 이슬람정당은 처음으로 전통주의자와 개혁주의자 그룹사이의 심각한 당내 분열을 겪게 되었고, 이후 두 정당으로 나뉘게 되었다. 시장경제와 이슬람 자유주의의 결합을 내세운 신진 개혁주의자들은 무슬림 포괄정당의 결성을 통해 일약 집권당으로 부상하였고 실질적인 정치, 경제적 개혁을 성공적으로 추진하였다. 집권 정의발전당은 2004년 3월 지방선거에서 43%를 득표함으로써 중간평가에서의 높은 합격점과 함께 지지도의 건재를 과시하였다.

2004년 이후 터키 사회 내 비민주적 요소와 제약들은 많이 줄었으나 여전히 사회주의 정당이나 쿠르드족의 이익을 대표하는 정당은 자유롭게 결성되거나 활동할 수 없다. 특히 인구의 20%를 차지하는 쿠르드족에 대한 이익은 충분히 대표되지 못하고 있으며 이들의 대표성과 관련된 문제는 국내외적으로 매우 복잡하고 민감한 사안이다. 1999년 쿠르드 분리주의자 단체 PKK로 더 잘 알려진 쿠르드 노동자 정당(the Kurdistan Workers Party)의 지도자였던 오잘란(Abdullah Ocalan)이 터키 비밀경찰에 의해 체포되자 PKK는 대 터키 군 게릴라활동의 중지를 선언하였다.[7] 그러나 2004년 6월 PKK가 5년간의 정전선언을 갑자기 철회하면서 쿠르드족 밀집지역인 남동부 지역에서 다시금 분리주의자들과 터키 진압군 사이의 격렬한 충돌이 시작되었다.이는 2003년 시작된 이라크 전을 통해 미국의 부시 행정부가 과거 후세인 정권하에서 탄압을 받아 온 이라크 내 쿠르드족의 정치적 권리와 이익을 보장해주기 시작한 것에 크게 자극을 받은 것이다. 그러나 이슬람정치세력과 쿠르드분리주의자들을 국가통합의 가장 큰 적으로 여기고 있는 군부는 쿠르드족의 존재 자체마저 인정하기를 꺼린다. 반면 EU는 터키 정부에게 정회원 자격의 주요 요건 중의 하나로서 소수민족에 대한 권익보호를 강력히 요구하고 있는 실정이다. 이렇듯 터키 군부와 EU사이

7) PKK는 1984년 결성된 이래 쿠르드족의 터키로부터의 분리와 독립된 사회주의국가 건설을 목표로 삼고 있으며 2002년 KADEK으로 2003년에는 Kongra-Gel로 조직의 이름을 바꾸기도 했지만 많은 사람들이 아직도 PKK로 칭하고 있다.

의 상이한 입장과 이해관계가 걸려있는 구도에서 현재 단일정부를 구성하고 있는 온건 이슬람 정의발전당은 쿠르드족의 인정과 권익보호에 대해 여타 세속주의정당들 보다 훨씬 우호적인 입장을 취하고 있다. 일례로 정의발전당 정부는 이제껏 금지되어왔던 쿠르드어 방송을 처음으로 허용하는 개혁을 단행하기도 하였다. 2004년에는 터키 역사상 최초로 민간인 국가안보위원회 의장이 탄생하였고, 현 상황으로는 군부가 정의발전당 정부를 상대로 강제적인 영향력을 행사할 것으로 보이진 않는다. 하지만 4차례의 직간접 정치개입을 통해 공정하게 선출된 민간정부를 교체하고 주요정당들을 해산시켜왔던 군 수뇌부는 여전히 정치와 경제 영역에서 막강한 권력을 보유하고 있다. 반면 군부 엘리트에 의해 수시로 재편되는 악순환적 제도화 과정을 거친 정당 및 선거 체제는 여전히 허약하며, 이는 유권자의 유동적이고 불안정한 투표행태로 이어지고 있다.

참 고 문 헌

Angrist, Michele Penner. "Party Systems and Regime Formation in the Modern Middle East: Explaining Turkish Exceptionalism." *Comparative Politics* 36, no. 2 (2004).

Diamond, Larry. *Developing Democracy.* Baltimore: Johns Hopkins University Press, 1999.

Duverger, Maurice. *Political Parties*. New York: Wiley, 1954.

Freedom House. *Freedom in the World*, Lanham: Rowman & Littlefield Publishers. 2006.

Henry, Clement M. and Robert Springborg. *Globalization and the Politics of Development in the Middle East.* Cambridge: Cambridge University Press, 2001.

Mainwaring, Scott P. *Rethinking Party Systems in the Third Wave of Democratization*. Stanford: Stanford University Press, 1999.

Onis, Ziya. "Political Islam at the Crossroads: From Hegemony to Co-existence." *Comparative Politics* 7, no. 4 (2001).

Ozbudun, Ergun. *Contemporary Turkish Politics: Challenges to Democratic Consolidation*. Boulder: Lynne Rienner Publishers, 2000.

Sartori, Giovanni. *Parties and Party Systems*. Cambridge: Cambridge University Press, 1976.

서재만. "터키 공화국의 정치발전과 이슬람." 중동정치의 이해 3. 서울: 한울아카데미. 2006.

미국의 정당과 최근 선거

주미영

미국의 정당체계와 선거제도는 세계의 다른 국가들과 비교해 봤을 때 오랫동안 그 구조나 기능에 있어서 큰 변화가 없다는 것이 가장 큰 특징이다. 건국의 아버지들은 헌법제정 당시 미국에 필요한 다양한 정치제도의 틀을 마련하면서도 유독 정당의 필요성에 대해 매우 회의적인 시각을 갖고 있었다. 그들이 지닌 정치적 파벌에 대한 부정적인 생각 때문에 미국 헌법에는 정당에 대한 조항이 전혀 존재하지 않게 되었다.[1] 그럼에도 불구하고 미국의 역사를 살펴보면 식민지 시절부터 이미 정당의 전신이 될 수 있는 정치적 파벌이 존재했고, 그들 간의 경쟁은 지속되어 왔다. 이와는 달리 선거제도와 관련된 내용은 헌법에 분명하게 언급되어 있었고 그 기본적 틀은 200년 이상이 지난 현재까지도 큰 변화 없이 그대로 유지되고 있다. 결국 2000년 대통령선거에서 그 동안 누적되어 왔던 선거제도상의 문제점이 드러나 미국 전체가 큰 혼란에 휩싸이기도 했지만, 그렇다고 해서 그 계기로 선거제도가 크게 변화되지는 않았고, 다만 문제가 되고 있는 투표 방법을 개선하기 위한 새로운 법이 마련되고 있을 뿐이다.

---

1) 제임스 매디슨(James Madison)은 '연방주의자 논고(Federalist Paper)'에서 정치적 파벌은 연방주의와 권력분립에 의해 통제되어야 하는 필요악이나, 영국의 정치를 지배해온 것과 같은 정당은 무슨 일이 있어도 피해야만 한다고 주장하였다.

Ⅰ. 미국의 정당체계

1 미국의 정당체계의 특징

미국의 정당체계는 그 유형에 있어서 양당제의 특성을 지니고 있다. 대부분의 미국인들은 양당제가 민주주의를 위한 전형이라고 믿고 있지만, 실제로 전세계적으로도 양당제를 지닌 국가는 소수에 불과하다. 대부분의 민주주의 국가들이 다당제를 채택하고 있는 상황에서 미국은 극히 예외적인 경우라 할 수 있다.[2)] 그럼에도 불구하고 미국인들은 일당제나 다당제도 경험하고 있는데, 그 이유는 특정 주와 도시가 일당 지배 또는 다수 정당 지배의 역사를 보여왔기 때문이다. 미국의 대통령선거와 의회선거는 공화당과 민주당이라는 두 정당간의 경쟁으로 170년 이상 지속되어 왔고, 두 정당이 번갈아 가며 지배해왔기 때문에 당연히 양당제로 간주된다. 1836년 이전에는 일당제를 유지했으나 1832년 민주당이 탄생되고 공화당(1854년 창당)의 전신인 휘그당이 1836년 등장함으로써 양당제의 전통이 시작되었다. 1868년부터 2004년까지 35번에 걸친 대통령선거에서 두 정당의 득표에서 20% 이상의 차이가 나타난 경우는 단지 6번밖에 없을 정도로 두 정당 간의 경쟁만이 있었다고 해도 과언이 아니다.

미국이 오랫동안 양당제로 유지될 수 있는 이유는 다음과 같다. 첫째 단순다수제(first-past-the-post)를 기초로 한 미국의 선거체제 때문에 미국 정당체계는 양당제가 되었다. 다수 득표한 후보 한 명만이 당선되는 승자독식(Winner-takes-all) 방법 때문에 제3당이나 소수 정당은 선거에서 승리할 가능성이 없을 경우 후보를 내세울 필요가 없기 때문에 결국

2) 현재 전 세계적으로 약 15개국 정도에서만 양당제가 운영되고 있다.

공화당과 민주당과 같은 주요 정당 출신 후보들 위주로 대부분의 선거가 실시되고 있다. 하지만 예외적으로 일부 주들과 지역에서는 일당체제가 이루어지기도 하며, 아예 정당이 존재하지 않는 경우도 있다. 예를 들면 네브래스카 주는 주의원 선거의 경우 정당을 기초로 이루어지지 않고 있으며, 많은 주에서는 판사 선출시 같은 양상을 보이고 있다.

이와 더불어 투표명단 제한법(Ballot Access Law, Ballot Restrictions) 때문에 미국 내 제3당의 출현이 어려운 상황이다. 1854년 새로 창당된 공화당이 선거에서 완승했던 것처럼 19세기에는 제3당의 존재가 가능했었으나 1888년 이 법이 등장함으로써 미국 내 양당제적인 성향은 보다 확고하게 유지될 수 있었다.[3] 공화당과 민주당 양당 의원들의 지지로 투표용지에 제3당을 기재하지 못하도록 하는 제한법이 통과되었고, 따라서 제3당 후보는 투표용지에 이름이 기재되기 위해서는 마감일까지 일정수의 유권자들로부터 서명을 받아야만 했다. 이 법이 제정된 이후 1931년까지는 약 5만 명 정도(이전 선거에서 투표한 사람들의 0.15%)의 서명이 요구되어 그다지 엄격한 편은 아니었으나 1930년대부터 보다 엄격해지기 시작하여 1960년대에는 보다 어려운 기준을 요구하게 되었다.[4] 현재에는 주별로 그 제약의 정도가 다르긴 하지만 주 유권자의 일정 비율이 새로운 정당에 가입하거나 투표에서 새로운 정당의 후보를 내세우기 위해서는 주의 등록된 전체 유권자의 약 3-5%의 서명을 받아

3) 그 이전까지만 해도 인쇄된 투표용지가 없었기 때문에 유권자들은 자신들이 자유롭게 선택한 후보에 투표할 수 있었다. 이후 정부가 인쇄된 투표용지를 만들었고, 경우에 따라서는 투표용지에 선호하는 후보 이름을 써넣을 수 있는 빈칸이 있기도 했다.

4) 1924년에는 5만 명의 서명이 48개 주에서 요구되었다. 1930년대에는 새로운 정당은 더 많은 서명을 얻어내야 했고, 선거캠페인이 있는 년도 초까지 신청해야 했다. 1994년에는 모든 하원선거에 후보를 내세우기 위해서는 신정당일 경우 반드시 1,593,763명의 정당원이 등록되어 있어야 하고 그들 전체의 서명이 요구되었으며, 민주당의 경우 예비선거 시 138,996면의 서명을 요구하였다.

내야 한다. 하지만 1900년 초부터 현재까지 어떤 제3당도 유권자의 5%를 등록시키는 데 성공한 적이 거의 없으며, 제3당에 투표하고 싶은 유권자가 있다 하더라도 그 정당에 등록하길 원하지 않았다. 제3당 후보로서의 어려움은 대통령선거보다 의회선거에서 더욱 큰 편이다. 1930년대 이후 제3당 후보로 가장 많은 표를 획득한 후보는 1968년 대선에서 미국독립당(American Independent Party) 후보였던 월러스(George Wallace)였으며, 1992년 대통령선거에 출마한 페로(Ross Perot)는 무소속 출신 후보 중 가장 높은 득표율을 기록한 바 있다.[5)]

이와 더불어 미국정당은 특성상 이념정당이나 계급정당이라기보다는 인중정당 내지 포괄정당(catch-all party)으로 분류된다. 현재 미국에서는 민주당과 공화당이 거의 모든 선거에서 그들만의 경쟁을 하면서 진보와 보수의 진영을 각기 대변하고 있다. 따라서 미국 정당은 마치 이념정당이라고 간주되기 쉬우나 실제로 이들의 과거를 살펴보면 가능한 중도성향을 지닌 당원들을 많이 모으려는 인중정당의 특징을 보인다. 각 정당은 선거에서 승리하기 위해 다양한 지리적, 사회 집단적 이해를 포섭해야 하기 때문에 가급적 이념적 성향을 배제하려고 한다. 또한 이들 정당들은 유럽과는 달리 계급적 이익을 대변하지도 않는다.

마지막으로 미국 정당 조직은 모습만 위계적이지 운영 면에서는 하부조직들이 큰 자율성을 누리고 있다. 우선 전국정당위원회(National Party Committee)는 각 주 출신의 위원들로 구성되는데 이들은 4년마다 전국대의원대회(전당대회)에서 선출되며, 전당대회를 준비하고 대통령선거 운동을 지원하는 임무를 수행한다. 중앙당 조직으로는 하원선

5) 1900년대 이후 제3당 후보로서 성공적인 예로는 1912년 진보당(Progressive Party) 후보가 27.4%, 1924년 진보당 후보가 16.6%, 1968년 미국독립당 후보가 13.5%, 1996년 개혁당(Reform Party) 후보가 8%를 득표한 경우이고, 무소속후보로서 성공적이었던 경우로는 1980년 6.6%를 얻은 앤더슨(John B. Anderson)과 1992년 18.9%를 얻은 페로가 있다.

거위원회와 상원선거위원회가 있는데 이들은 의원들의 재선을 위해 조직되었으며 주로 중간선거 운동을 지원하고 있다. 한편 각 주에는 중앙당 중심으로 위계적인 모습이 아닌 각 주와 지역 중심의 권력분산적 조직이 존재하는데 주별 정당법에 따라 그 구조적 모습을 달리한다. 대체로 각 주는 주위원회(State Committee), 연방의회 지역구위원회(Congressional District Committee), 군 위원회(County Committee), 시 입법·사법위원회(Intermediate Committee), 읍 위원회(Ward Committee), 구 위원회(ward, precinct committeeperson) 등 미국 내 행정단위별로 구성된 위원회를 포함하고 있으며 이들은 각기 독립적으로 운영되고 있다.

2 현존 정당에 대한 소개와 특징

미국에서는 공식적으로 정당이 탄생되기 이전에도 이미 식민지 시절부터 왕당파와 애국파와 같은 분파가 형성되어 있었고, 이들은 독립 이후 헌법비준을 둘러싼 연방주의자와 반연방주의자간의 분파적 갈등으로 이어졌다. 연방주의자가 쇠퇴하고 반연방주의자가 민주공화파(Democratic-Republicans)로 개명되어 계속 정권을 유지하는 등 일당제적인 모습을 보였다. 민주공화파의 내분으로 인해 일부는 공식적으로 1828년 민주당으로, 일부는 휘그당으로 분할되었는데, 현재의 공화당은 1854년 휘그당과 노예제에 반대하는 북부 지역의 민주당 지지자들의 연합으로 인해 탄생된 후 GOP(Grand Old Party)로 불리기도 했었고 현재에도 이는 공화당을 의미한다. 새로운 정당으로서의 공화당은 1860년 링컨(Abraham Lincoln)이 대통령에 당선됨으로써 최초로 정권을 획득하였다. 이렇듯 두 주요 정당은 역사적으로 거슬러 올라가면 같은 부모에서 탄생된 형제나 다름없다.

미국에는 역사상 특정 시기에 필요한 다양한 제3당들이 여럿 존재했었지만 선거에서 민주당과 공화당과의 경쟁할만한 여력이 전혀 없어 오래 지속되지 못했다.[6] 이외에도 수많은 소수정당들도 나타났었고, 현재에도 수십 개의 소수정당들이 있으나 실제로 선거에 후보를 내세울 수 있을 만한 소수 정당은 거의 없다.[7]

최근 민주당은 최소임금 인상, 건강보험, 환경보호, 차별금지, 여성의 재생산권(reproduction rights)[8], 줄기세포연구 지원, 미국의 일방주의 외교정책 반대 등과 같은 이슈에 초점을 두고 있고, 2008년 대통령 선거에서 승리하기 위해서 중도좌파적인 성향을 계속 유지하자는 주장이 민주당 내에서 일고 있다. 민주당은 북동부, 중서부 지역의 북부, 미국 오대호 지역, 캘리포니아와 하와이를 포함한 태평양 연안 주에서, 그리고 뉴욕, 로스앤젤레스, 시카고, 필라델피아, 보스톤, 디트로이트, 샌프란시스코, 달라스, 워싱턴 디씨와 같은 주요 도시에서도 강세를 보이고 있다. 최근에는 버지니아, 플로리다 그리고 로키산맥 인근 주들에서도 민주당에 대한 지지가 높아지고 있다.

한편 공화당은 세금삭감, 기업선호, 노조 반대, 낙태 반대, 동성애자 결혼 합법화 반대, 인종을 기초로 한 할당제 반대[9], 복지혜택 축소, 총기 소지 찬성, 줄기세포 연구에 대한 연방지원 반대, 테러와의 전쟁을 뒷받침하는 네오콘 정책, 지구온난화 금지를 위한 교토협정 반대, 자유무역협정 등을 주장한다. 공화당은 주로 남부와 서부 주들의 교외에 거주하는 기독교 복음주의를 믿는 백인들과 미네소타와 위스콘신 등

---

6) 현재에는 제3당으로 인정되는 정당으로 자유당(Libertarian Party), 헌법당(Constitution Party), 그리고 녹색당(Green Party)이 있다.

7) 소수정당으로는 금주당(Prohibition Party, 1867-), 개혁당(Reform Party, 1995-), 기독교자유당(Christian Freedom Party, 2004-), 사회주의당(Socialist Party, 1972-), 사회주의노동당(Socialist Workers Party, 1938-) 등이 있다.

8) 과거에는 재생이 낙태에 대한 자유로운 결정권으로 Pro-choice로 표현되었다.

9) 하지만 공화당은 여성과 소수자에 대한 적극적 조치(Affirmative Action)에 대해서는 찬성하고 있다.

부의 중서부 주들을 비롯하여 미국 내륙 지역 대다수 주들로부터 지지를 얻고 있다. 지역을 기반으로 하는 기업은 물론 대기업들이, 여성보다는 남성이, 그리고 미혼자보다는 기혼자가, 대학 졸업자들, 그리고 연 5만 달러 이상의 중산층 이상의 유권자들이 공화당을 지지하는 성향이 높다.

〈표 1〉 현존 미국의 주요정당과 제3당[10]

정당 이름	설립년도	특징
민주당 (Democratic Party)	1828	• 민주공화파에서 분리해서 탄생됨 • 앤드류 잭슨(Andrew Jackson)이 대통령으로 당선된 직후 창당함 • 1848년 최초로 전당대회를 개최됨. 민주당 전국위원회는 세계적으로 최장수 정당위원회임 • 정치적 이념: 자유주의, 진보주의, 중도좌파 • 시민의 자유, 사회적 자유, 평등권, 기회의 평등, 정부간섭에 의한 자유기업
공화당 (Republican Party)	1854	• 1836년에 탄생된 휘그당과 노예제에 반대하는 민주당 지지자의 연합으로 탄생됨 • 1860년 링컨이 최초의 공화당 출신 대통령으로 당선됨 • 정치적 이념: 보수주의, 중도우파 • 사회적으로는 보수주의적, 경제적으로는 자유지상주의적: 감세, 경제적 이슈에 대한 제한 정부추구, 자유시장경제, 사회적 이슈(낙태)에 대한 정부간섭
자유당 (Libertarian Party)	1971	• 50개 주와 워싱턴디씨에 조직된 전국 정당으로, 역사상 미국 내 제3당 중 가장 큰 정당임 • 정치적 이념: 자유지상주의 • 자유방임주의적 시장(국가와 경제의 완전 분리), 최대한의 시민적 자유(감세, 사회보장과 복지의 사유화, 기업에 대한 규제 제거, 노동규제 폐지, Pro-choice, 징병제 반대) • Ballot Access: 2006년 23개 주

헌법당 (Constitution Party)	1992	• 주 정당들의 연합으로 '미국 납세자 정당'에서 출발하여, 2000년 헌법당으로 개명 • 1995년 연방선거위원회가 역사상 5번째로 공식적인 전국적 정당으로 인정함 • 정치적 이념: 정통적 보수주의, 경제적 자유주의 • 미국 헌법과 독립선언의 원칙을 고수, 도덕적 이슈 중시, 불간섭주의적 외교정책, 불법이민 반대, Pro-life, • Ballot Access: 2006년 12개 주
녹색당 (Green Party)	1996	• 주 정당들의 연합으로 실제로는 1980년대 이래 존재해옴 • 1996년, 2000년 대통령선거에서 랄프 네이더(Ralph Nader) 후보를 영입함 • 정치적 이념: 진보주의 • 환경주의, 분권화와 지역의 자율성 • Ballot Access: 31개 주

3 정당일체감의 변화와 정당 약화 현상

미국에서 정당일체감이 급격히 변화된 경우는 1964년 민주, 공화 양당에 대한 정당일체감을 보여 왔던 유권자 비율(75%)이 1970년에는 60%로 크게 하락함으로 나타나기 시작하였다. 결과적으로 무당파 유권자가 급증한 셈이었다. 1960년대 중반에서 1970년대에 걸쳐 등장한 무당파들은 이전에 남부지역 백인들과 남부 이외의 지역에 있는 가톨

10) 주요 정당은 대통령 선거에서 적어도 25%의 국민투표를 얻은 정당으로서 선거자금을 정부가 전담하는 경우이고, 제3당으로서의 지위는 국민투표에서 적어도 5% 이상의 지지를 얻을 경우를 의미하며 소급해서 선거 비용 일부를 정부로부터 받는다.

릭교도로서 민주당을 지지하던 유권자들과 동북부 대도시의 교외지역에 거주하는 젊은 고학력 중산층들인 공화당 지지자들이었다. 전후세대의 정치적 정향에서 무당파 비율이 증가한 것은 변화된 환경에서 성장한 유권자들의 교육수준이 향상되어 가치관이 바뀌게 됨으로써 사춘기까지 영향을 받아온 부모로부터의 정치사회화가 약화 내지 실패했기 때문이다. 결국 그들이 성년 초기에 강력하게 반정당적 시대효과(period effect)를 보여주게 된 것이다. 예를 들면, 1940년대 중반에서 1950년대에 걸쳐 출생한 베이비붐 세대의 경우에는 정당일체감 약화로 무당파가 증가한 반면, 1950년대 후반 출생한 유권자의 경우 1976년 투표권 행사에서 무당파 비율은 다소 감소되지만 친공화당 성향이 다소 증가되는 모습을 보였다.

이와 더불어 선호정당이 있는 유권자들 중에서도 그들의 정당일체감의 정도가 변화되고 있다. 1964년에는 약한 정당일체감을 지닌 유권자와 강한 정당일체감을 지닌 유권자의 비율이 거의 같았던 반면, 1970년대에는 무당파 유권자의 수가 증가됨에 따라 정당 내에서는 정당일체감이 약한 유권자들의 비율이 증가되는 반면 강한 정당일체감을 지닌 지지자는 비교적 줄어들게 되었다. 1980년대에 와서는 무당파 비율이 더 이상 증가하지 않고 강한 일체감이 오히려 증가하는 추세를 보였다. 이와 같은 정당일체감의 약화는 공화당에게는 유리하고 민주당에게는 아주 불리한 결과를 초래하였다. 그 이유는 미국 내 유권자들의 정당 일체감이 약화됨으로써 투표율이 감소하게 되었는데 공화당 지지자들의 투표참여율이 민주당 지지자들보다 높은 편이었기 때문이다. 게다가 이데올로기 일체감(Ideological identification)이 정당일체감보다 안정적이어서 진보적 성향의 유권자보다 보수적 성향의 유권자가 훨씬 많아 보수 성향 유권자들의 정치적 동원이 증가될 수 있기 때문이다. 또 다른 이유로는 선거에서 선출될 대상과 상관없이 어느 한 정당에 일관되게 지지하는 일관투표(straight-ticket voting)의 감소현상이 나타나는 한편, 선출되는 대상에 따라 지지하는 정당을 각기 달리하는 분리투표(split-ticket voting)가 증가하고 있는 추세이다. 이것이 바로 유권자들의 무당파적 성향의 증가를 의미하는 것이다.

〈표 2〉 미국 선거에서의 분리투표 경향

선거년도 / 선거종류	1952/1954	1980/1982	2000/2002
대통령과 하원의원 선거	23%	34%	40%
하원의원과 상원의원 선거	22%	30%	36%

〈그림 1〉 정당일체감의 변화

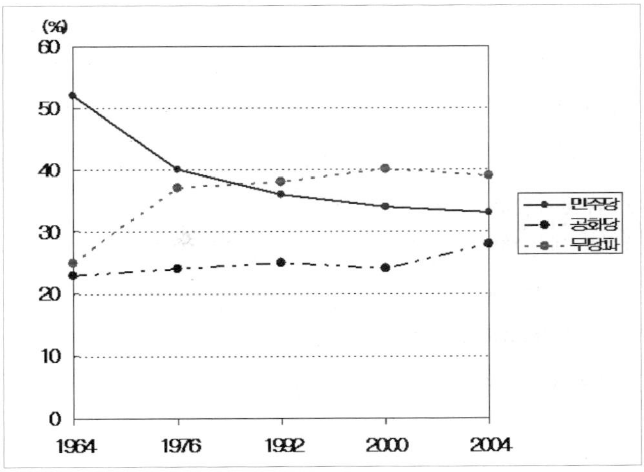

11. 미국 선거체제

미국의 선거체제는 정당체계와는 달리 헌법제정 당시에 주 대표들 간의 이견이 많아 여러 번에 타협을 거쳐 형성되었다. 대통령 선출과 연방의원들 선출 등에 대한 조항들이 헌법에 명시되어 있다.

1 선거체제에 대한 소개와 특징

미국에서는 아주 다양한 선출직을 위한 선거가 시기를 달리하며 시행되고 있다. 대통령 선거와 함께 연방의회 상·하원의원, 주지사, 주의회 의원, 시장, 검찰, 판사, 보안관, 군(county)의원, 읍의원, 교육감 등에 이르기까지 선거를 통해 선출한다. 대통령 선거는 4년에 한 번씩 실시되고 있으며, 임기가 2년인 하원의원 모두는 1875년 이래 짝수해에 그리고 임기가 6년인 상원의원은 1/3씩 1914년부터 매 2년마다 선출된다. 주지사와 주 대표들을 선출하는 주선거는 4년마다 실시되며, 지역의회의원들을 선출하는 지역선거와 시나 카운티의 학교위원회 의원을 위한 선거도 존재한다.

선거는 두 유형으로 나눠지는데, 첫째는 동시선거(On-year Election)로서 대통령과 하원의원 전체, 상원의원의 1/3, 주지사, 주의회 의원, 기타 등이 동시에 이루어지는 선거이고, 둘째는 하원의원 전체와 상원의 1/3, 주지사, 주의회 의원, 기타 등에 대한 선거로서의 중간선거(Off-year Election, Mid-term Election)가 있다. 특히 중간선거의 경우는 대통령의 4년 임기 중간에 시행되는 선거로서 대통령의 업무수행에 대한 중간 평가의 의미를 지닌다. 따라서 중간선거 결과로 정부의 국정운영체제가 변화되는 경우가 많이 발생한다. 대통령이선출될 당시 단점정부(unitary government)였던 경우가 분점정부(divided government)로 전환되기도 하고, 그 반대현상이 발생하기도 한다.[11)]

미국 대통령 선거는 헌법, 법령, 각 정당의 당헌, 정치적 관례에 따라 치러지며, 선거인단 제도를 통한 간접선거방식을 채택하고 있다. 이와는 달리 연방의회 선거는 직접선거 또는 유권자 투표에 의해 공천을 받은 후보자들을 대상으로 유권자들이 직접 투표하는 방식으로 실시된다. 이 경우 각 주의 헌법과 각 정당의 당헌에 따라 다양한 모습의 선거가 치러진다. 대통령 선거는 <표 3>의 네 단계 과정에 걸쳐 아주 복잡하게 실시되고 있다.

---

11) 분점정부(divided government)란 의회 내 상원과 하원 모두에서 또는 양원 중 한 원(院)에서 다수를 차지하는 정당이 대통령의 출신 정당과 다른 경우를 말한다. 이는 한국에서의 여소야대 현상과 같다.

〈표 3〉 미국 대통령 선거의 4단계 과정

예비선거(Primary Election): 후보자 지명단계 각 당의 대의원 선출을 위한 선거	
코커스(Caucus)	**예선(Primary)**

⇩

전당대회(National Party Convention) 예비선거에서 확정된 각 당의 대의원들이 모여 각 당의 대통령과 부통령 후보자를 결정

⇩

본선거(General Election) 11월 첫 번째 월요일이 지난 다음 화요일에 각 당 대통령 후보들이 일반 유권자를 대표하여 대통령/부통령을 선출하는 권한을 위임받은 선거인단 (electoral college)을 확보하기 위한 선거

⇩

선거인단 투표(Electoral Vote) 12월 두 번째 화요일이 지난 다음 월요일 각 주의 선거인단이 각 주 도시에 모여 투표를 하는 대통령 선출을 확정짓는 최종적 선거이며 결과를 의회(상원의장인 부통령)에 통보

예비선거는 각 정당이 대선후보를 결정하기 위해 전당대회에 참여할 대의원(delegates)을 선출하는 선거인데, 예선(Primary)과 코커스(Caucus)의 두 방법이 존재한다.[12)] 각 주별로 그리고 정당 별로 다른 방법이 사용된다. 각 당은 예비선거에서 확보된 대의원들을 소집하여 전국전당대회를 개최하여 대통령과 부통령 후보를 확정짓게 된다. 그 후 각 정당의 대선후보를 두고 국민투표가 실시되고 이를 기초로 산출되

12) 예선은 뉴햄프셔 주에서 그리고, 코커스는 아이오와 주에서 제일 먼저 치러지는데, 선거의 시작이기 때문에 언론으로부터 큰 관심을 받기 때문에 이 두 예비선거 결과는 향후 선거 결과에 큰 영향을 준다.

는 선거인단 수로 대통령이 결정 된다.[13] 한 주에서 유권자로부터 최다 득표를 한 후보가 그 주의 모든 선거인단을 독차지하는 승자독식 방식에 의해 대통령이 선출된다. 최종적으로 12월에 대통령 선거인단이 각주 수도에 모여 자신이 소속한 당의 대통령 후보자에게 투표하는 본선거(general election)가 실시된다.

이 때 선거인단 총 수는 상원의원 100명(각 주당 2명), 하원의원 435명 그리고 수정헌법 제23조(1961년)에 의해 워싱턴 디씨(District of Columbia)를 대표하는 3명을 합쳐 538명이며, 대통령에 당선되기 위해서는 과반수가 넘는 270명을 확보하면 된다. 이것은 11월에 결정된 것을 확인하는 형식 절차에 지나지 않는다. 이듬해 1월 상하원 의원이 집결한 의회에서 상원의장이 이를 확인해 당선자를 선포하게 된다. 각 후보가 확보한 선거인단이 동수일 경우이거나 과반수를 확보한 후보가 없을 경우에는 하원에서 대통령을, 상원에서 부통령을 선출한다. 하원에서는 주 규모에 상관없이 각 주가 한 표씩만 행사할 수 있는데, 그 주에서 하원 의원수가 많은 정당의 의원이 주대표가 된다. 당선자가 정식으로 확인되면 새 대통령은 1월 20일 취임한다.

2 선거제도에서의 변화

미국의 선거제도는 주로 투표권과 투표절차와 관련되어서만 오랜 시간 동안 많이 변화되어 왔을 뿐 선거 방식에 있어서는 큰 변화가 없다. 1971년 최소 투표연령이 21세에서 18세로 하향조절이 된 이후 보

13) 각 주의 선거인단 수는 10년마다 실시하는 인구조사를 근거로 숫자가 조정된다. 2000년 인구조사를 기초로 현재 노스다코타, 와이오밍, 버몬트, 워싱턴 디시가 3명의 최소 선거인단을, 캘리포니아가 55명으로 최대의 선거인단을 가지고 있다.

통선거를 위한 투표권 확대는 완성되었고, 최근에 와서는 주로 선거관리에 관련된 개정이 이루어지고 있다. 1993년에는 투표율 저하의 문제를 해결하기위해 유권자 등록법이 마련되었다.

〈표 4〉 선거 관련법의 변화

헌법 제1조 4항	1789	연방헌법 내지 연방법에 저촉되지 않는 범위 내에서 선거 관련된 모든 법안들을 주의회에서 제정할 수 있게 함
수정헌법 제14조	1868	연방정부가 주정부에 대해 소수민족(흑인)의 투표권을 제한하지 않는다는 것을 보장함
수정헌법 제15조	1870	흑인남성에 대한 투표권이 차별적 행동이나 주법으로부터 보호됨. 하지만 남부 주들의 통합 이후 문서상으로만 유효함
수정헌법 제19조	1920	여성의 투표권과 참정권이 인정됨
이민국적법	1952	모든 인종이 차별 없이 시민권을 취득하도록 명시함
투표권법	1965	각종 차별행위로 인한 소수민족의 투표권 차별을 막기 위해 제정함. 21세 이상의 시민권자는 누구도 차별 없이 유권자 등록을 법적으로 보장됨. 선거구역 내 5% 또는 1만 명이 일정 민족으로 구성되어 있을 경우 해당 언어로 된 투표 관련 자료를 제공함[14]
수정헌법 제26조	1971	최소투표연령을 만 21세에서 만 18세로 하향 조절함
신체장애자 및 노년층에 대한 투표관리법	1984	투표장애 신체장애자 및 노년층 투표참여를 가능하도록 각종 시설설비를 의무화함
유권자 등록법 (NVRA, 또는 Motor Voter Act)	1993	각 주는 우편으로 신청한 등록을 허용하고 운전면허를 받거나 갱신할 때 유권자 등록도 함께 할 수 있게 됨

14) 한국어로 된 투표 관련 자료가 제공되는 지역으로는 캘리포니아 주의 로스앤젤레스 카운티와 오렌지 카운티, 그리고 뉴욕 주의 퀸스 카운티가 있다.

신규 선거개정법 (Help America Vote Act, HAVA)	2002	펀치카드(Punch cards, 천공식) 투표기제 사용금지, 신규 유권자 관련 신분증명 요구사항, 언어 보조 홍보/교육/지원 강화, 잠정투표(provisional vote)[15] 신청 의무화

일부 주가 여전히 약간의 다른 사항을 요구하고 있긴 하지만 대부분의 주는 선거 30일 전을 유권자 등록 마감기한으로 하고, 등록신청서는 각 지역의 자동차등록사무국이나 선거관리국, 인터넷 웹사이트에서 신청서를 다운로드하여 직접 제출하거나 우편등록 하는 것을 인정하고 있다.

가장 최근에 개정된 HAVA는 2000년 대통령 선거에서 나비형 투표용지(butterfly ballot paper) 때문에 발생된 문제점을 비롯하여 그 동안 누적되어왔던 것들을 개선하는 내용을 담고 있다. 우선 모든 주는 유권자에게 잠정투표 기회, 장애인을 위한 효과적인 투표방법, 그리고 투표에 대한 정보 등을 제공해야 한다. 또한 최소 투표 기준으로서 각 주는 새로운 유권자에게 신분 증명을 요구하여 본인임을 확인하고, 주 전체에 걸쳐 새롭게 전산화된 유권자 목록을 준비하고, 펀치카드 투표를 폐지해야 한다.[16] 이 밖에도 HAVA는 1965년 투표권법에서 제공되

15) '잠정 투표'는 자신이 선거권이 있다고 생각하는 유권자가 행정적인 또는 개인적인 착오 때문에 정해진 투표소의 유권자 명부에서 자신의 이름을 찾지 못했을 경우 일단 투표를 허용하는 제도이다. 이는 저소득층이나 흑인 등의 소수 인종들이 유권자 등록을 했음에도 불구하고 선거기관의 오류로인해 유권자 명부에서 누락된 경우가 자주 발생했었기 때문에 이 문제를 해결함으로써 민의를 보다 폭넓게 반영하려는 목적에서 마련되었다.

16) 따라서 2004년부터 광학스캐너(Optical Scan), 직접기록전자투표(Direct Recording Electronic, DRE) 또는 터치스크린(Touch Screen) 등이 사용되고 있는데, 아직도 일부 주에서는 펀치카드나 기계식 레버장치(Mechanical Lever Machines)를 사용하고 있다, 하지만 HAVA 사항에 따라 2006년 중간선거에서는 유권자의 1/3정도가 DRE를 사용하였고, 13개 주가 여전히

었던 소수 민족과 이민자 투표 인구를 위해 다중 언어제공 제도의 범위를 확대하지는 않았지만 주정부는 권리가 침해된 유권자들을 위해 불만 호소 절차와 '적절한 해결책'을 마련하여 거부당한 유권자의 경우 항소할 수 있도록 했다.

〈그림 2〉 직접기록전자장치(DRE)

HAVA를 따르지 않았다.

III. 2004년 대통령 선거와 2006년 중간 선거의 결과

1 2004년 대통령 선거 결과

미국은 1812년 미국-영국 전쟁 이후 1970년대 베트남 전쟁까지 전쟁 중에 있었던 선거는 총 다섯 번이었는데 모두 현직 대통령이 당선되는 결과를 보였다. 전시 대통령의 불패론을 증명하듯 2004년 대선에서도 현직인 부시대통령이 재선되는 데 성공하였다. 민주당 상원의원 출신 케리(John Kerry)와 부시대통령과의 경쟁으로 이루어졌던 2004년 대통령 선거에서는 이라크 전쟁이 주요 쟁점이었다. 선거 결과에서는 미국 서부와 동북부가 민주당을 지지하고 남부는 공화당을 지지하는 전형적인 지역적 성향이 또 다시 재현되었는데, 세부적인 내용을 살펴보면 종교, 성별, 결혼여부와 교육 수준에 따라 미국 사회가 크게 갈라져 있는 결과를 보여주었다. 하지만 미국 유권자들은 테러에 대한 공포, 전통적 가치가 위협받는데 대한 두려움, 일자리에 대한 걱정 등을 보이고 있는 것이 공통점이었다.

〈그림 3〉 2004년 대통령선거 당시 공화당 승리 예측이 쉬었음을 보여준 만화평

미국이 처한 위기적 상황에서 선거 결과를 예측하는 것은 그다지 어려운 일이 아니었다. 2000년에는 부시가 국민투표에서는 뒤졌으나

선거인단수에서 고어를 앞서 대통령이 되었으나, 2004년 선거에서는 그 때보다 8백만 표 이상을 더 얻어 국민투표에서도 케리를 완벽하게 따돌릴 수 있었다. 부시 대통령의 승리는 "도덕적 소수"를 각성시킴으로써 선거를 도덕적 가치관의 싸움으로 만들고, 지리적, 사회적, 문화적으로 양분화 된 상황을 이용하고, 테러의 위협을 유권자에게 재인식시키면서 자신을 총사령관으로, 그리고 케리 후보를 허약하고 우유부단한 인물로 각인시키는 선거 전략 덕분이었다.

2004년 선거에서 찾아 볼 수 있었던 새로운 양상은 다음과 같다. 첫째, 잠정투표(provisional vote) 제도가 2000년 대선에서는 19개 주에서 실시되었으나, 2004년에는 50개 주에서 시행되었다.[17] 둘째, 2004년 대통령 선거는 36년 만에 1960년과 거의 비슷한 수준인 63%의 높은 투표율을 기록하였다. 이는 공화, 민주 양당이 적극적으로 투표 참여를 위한 노력을 꾸준히 했기 때문이다.[18] 결국 양당의 노력으로 430만 명의 지지자를 유권자로 등록시킬 수 있었다. 이와 함께 '록 더 보트(rockthevote.com)'란 인터넷 사이트에서도 투표 장려 운동을 펼침으로써 특히 30세 이하의 많은 젊은층과 소수민족의 선거 참여를 이끌어내어 18세에서 30세에 이르는 유권자의 등록이 2000년과 비교해볼 때 크게 증가하였다. 젊은층의 참여 증가로 투표율이 증가했음에도 불구하고 결코 민주당이 유리하지 않은 결과가 나온 점도 흥미로운 일이다.

---

17) 2000년 선거에서 400만~600만 명이 이런 문제로 투표권을 행사하지 못했었는데, 이 투표는 나중에 투표자의 적법성을 확인해야 하는데 시간도 많이 걸릴 뿐더러 적법 판정 기준도 주마다 달라 이를 둘러싼 갈등이나 소송이 발생할 소지는 여전히 높다. 특히 오하이오 주는 잠정투표 개표가 선거 후 11일이 지나 시작되도록 되어 있어 선거가 박빙일 경우에는 미국민들은 선거 후에도 선거결과를 알기 위해 한참을 기다려야 하는 문제가 발생하기도 했다.

18) 민주당은 자원봉사자들을 통해 2,350만 통의 전화를 걸어 유권자들의 투표와 지지를 독려했으며, 공화당은 전화 혹은 방문을 통해 1,800만 명의 유권자들에게 다가갔다.

또한 2000년 선거에서 투표하지 않았던 400만 명의 보수 기독교인인 복음주의자들의 투표참가는 공화당에게 큰 힘을 실어주게 되었다.

셋째로는 2004년 선거에서는 과거와는 달리 테러와 안보 문제가 처음으로 경제보다 우선되는 선택 기준이 되었다는 점이다. 이라크와의 전쟁과 테러에 대한 위협때문에 인한 국민의 안보에 대한 경각심이 상승하여 지난 4년 동안 20만 명 이상의 실업자 증가로 인한 경제적 불만보다도 우선되었다. 미국 대선에서 수십 년간 공화당이든 민주당이든 '중도 온건노선'을 보이면서 부동층 유권자를 끌어들이려는 전략을 이용해왔었는데, 2004년 대선은 이와는 달리 공화당과 민주당이 처음부터 많은 문제에서 서로 갈등과 대결 양상을 분명히 보여주는 전략을 채택하고 있었다. 결국 각종 사회적 이슈인 낙태 문제, 동성결혼 문제, 인간배아 줄기세포 연구 문제, 총기소유 규제 문제 등의 보수적 도덕적 가치를 비롯하여 이라크전쟁, 테러와의 전쟁 등의 외교정책적 문제에 있어서도 양 당은 서로 대립되었다. 오하이오 주를 비롯한 11개 주가 '동성결혼을 금지하는 주헌법 개정안'에 대한 찬반투표가 있었기 때문에 보수적 유권자들의 동원이 증가되었을 뿐만 아니라 가족의 가치를 중시하는 기혼 여성들도 도덕을 강조하는 부시를 지지하였다. 무엇보다도 미국 내에서 급속히 증가하고 있는 남미계 인구가 '민주당 지지자'라는 속설을 깨고 공화당 후보인 부시를 더 많이 지지했고, 흑인 인구의 10% 정도가 9·11 이후 부시 대통령을 지지하는 태도로 바뀌었다.[19]

마지막으로 2004년 대선은 선거캠페인 동안 접전 양상이 끊임없이 이어왔기 때문에 과거에 비해 선거비용이 엄청 증가되었다는 점에서 큰 오점을 남겼다. 인쇄매체나 다른 비용을 제외하고라도 공화당과 민주당 모두 방송광고비로 6억 달러를 소비해 2000년 비용의 3배나 되었다. 상하원과 주지사 선거비용까지 합친 총 선거비용은 39억 달러로

19) 전통적으로 민주당이 강세였던 뉴멕시코 주에서 유권자의 51%가 부시를 선택하였고, 플로리다에서도 부시가 54%의 지지를 얻을 수 있었다.

2000년의 30억 달러보다 30% 이상 증가했다. 케리는 선거기간 중 2억 8,600만 달러를, 부시는 2억 4,300만 달러를 모금하였고, 연방정부로부터 각각 7,460만 달러의 정치자금을 받아 2000년에 비해 총 1억 5천만 달러나 증가한 그야말로 사상 최대의 '돈 선거'가 되어버렸다.

테러와의 전쟁과 이라크 전쟁 이슈를 선악이란 도덕적 가치와 연결시켜 보수적 유권자들을 결집시킨 부시는 선거에서 승리 했지만, 양극화된 미국 사회를 통합시켜야 하는 과제가 큰 부담으로 등장했다. 대선과 함께 치러진 의회선거의 결과 역시 상하원 모두 공화당이 다수당을 차지하여 제2기 부시행정부는 자신들이 추구하는 보수적인 성향의 정책들을 더욱 안정적이고 강력하게 수행할 수 있는 기반이 마련되었다.

2 2006년 중간 선거 결과

〈그림 4〉 2006년 중간선거 결과 민주당의 승리를 표현한 만화평

2006년 중간 선거는 부시 대통령의 제2기에 대한 평가라는 측면도 있지만 그보다는 오히려 선거 결과를 통해 차기 대통령 선거에 대한 전망으로서 더 큰 의미가 있다. 2000년 부시가 대통령으로 선출될 때 하원은 공화당 우위였고, 상원은 의석수가 동수였으나 상원의장인 부통령의 캐스팅 투표로 공화당이 실제로 우위였기 때문에 부시 행정부는 단점정부로 출발할 수 있었다. 따라서 9.11테러 이후 국가적 위기 상황에 직면하여 부시 행정부는 '테러와의 전쟁'을 선언하면서 국제사회 내에서의 큰 저항

에도 불구하고 이라크 전쟁을 과감히 강행할 수 있었다. 그 후 부시대통령은 재선되었고 대통령 임기가 2년 남은 시점인 2006년 선거에서 결국 민주당이 의회 양원에서 다수당이 됨으로써 처음으로 부시대통령은 분점정부 상황에서 국정운영을 해야 하는 매우 어려운 정치적 환경을 맞게 되었다.[20] 특히 1995년부터 12년 계속 공화당 우위의 상원과 하원이었던 의회가 민주당 우위의 의회로 전환되었다는 것도 큰 의미를 지닌다. 게다가 주지사 선거와 주의회 선거에서도 민주당 후보가 많이 당선됨으로써 전체적으로 28개 주의 주지사가 민주당 출신이며, 2007년에는 주의회도 민주당이 다수를 차지하는 등 정치에서의 민주당이 큰 승리를 이루어냈다.

2006년 중간 선거가 보여준 가장 큰 특징은 여성 유권자의 투표 증가와 여성의원의 약진이라고 할 수 있다. 1992년 선거가 '여성의 해'라는 타이틀이 붙여질 정도로 의회에 진출한 여성의원의 수가 급격히 증가된 적이 있었는데, 그때만큼의 증가폭을 기록하진 못했지만 2006년 중간 선거 역시 새로운 역사를 만들었다고 할 수 있다. 이번 선거는 역사상 가장 많은 여성의원들이 하원에 70명 그리고 상원에 9명 등 총 79명이 당선된 선거로 기록됨과 동시에 캘리포니아 주 민주당 출신 11선 의원인 낸시 펠로시(Nancy Pelosi)가 최초의 여성 하원의장이 될 예정이라 곧 미국 내 권력지도가 변화될 것으로 예측되고 있다.

민주당이 대성공을 이룰 수 있었고, 여성의 의회진출이 증가하게 된 이유 무엇일까? 우선 선거 캠페인 과정에서 불거진 공화당 출신 남성 의원들의 부패를 포함한 부도덕한 스캔들로 인해 유권자들은 변화된 새로운 정치 환경을 원했고, 여성은 권력의 중심세력이 아니고 남성들보다 정직하다는 인식 때문에 선거에서 훨씬 더 유리할 수 있었다. 이 때문에 134명이라는 많은 수의 여성후보들이 하원선거에 도전

---

20) 상원은 민주당과 공화당이 동석이긴 하나 무소속 2석이 모두 민주당 성향을 지닌 의원들로 채워졌다.

하여 경쟁 기회가 확대되었고, 상원의 경우 66.7%, 하원은 52.2%이라는 높은 성공률을 기록했다. 둘째로 부시 행정부가 허리케인 카트리나로 인한 재해극복에 미비하게 대처함으로써 부시행정부의 위기대응체제의 문제점도 선거에서 중요한 쟁점이 되었다. 셋째, 이라크 사태, 테러리즘, 북핵 등으로 야기된 국가 안보 이슈가 미국 유권자들에게는 여전히 가장 중요했지만 이라크 사태가 장기화 되면서 많은 유권자들이 이라크에 대한 공화당정부 정책에 대해 반대하는 성향을 보였다. 그로 인한 부시행정부의 방만한 지출이 유권자들에게는 큰 불만이 되었고, 국가안보도 중요하지만 경제적 안정이 보다 더 절실한 문제로 다가왔기 때문이었다. 결국 이런 부시의 공화당 행정부에 대한 불만이 민주당의 승리를 가져오게 한 셈이다.

〈표 6〉 의회 내 정당별 의석수 변화(2000-2006)

	정당 \ 선거년도	2000	2002	2004	2006
하원	공화당	221	229	232	202
	민주당	212	204	202	233
	무소속	2	1	1	0
상원	공화당	50	51	55	49
	민주당	50	48	44	49
	무소속	0	1	1	2

한편 최소임금인상, 낙태금지, 차별철폐조항, 건강보험, 육아교육 등의 여성관련 이슈들이 여러 주에서 핵심적인 선거 쟁점이 되었기 때문에 여성 유권자들의 투표율 증가와 민주당 선호는 자연스런 현상이었다. 그러한 쟁점들은 그 동안 저조했던 민주당 선호의 미혼여성들의 투표율을 끌어올리고 지난 선거에서 공화당 선호를 보였던 기혼여성

들을 민주당 선호로 바꾸기에 충분한 조건이었다. 특히 최소임금근로자의 2/3가 여성인 상황에서 경제적 안정 확보를 위한 최소임금인상은 전국적으로 여성유권자들에게는 큰 관심사였다. 하원의 경우 10명의 새로운 여성의원이 탄생되었는데 그 중 8명이 민주당 출신인 것은 바로 여성관련 이슈의 중요성이 반영된 것이었다. 무엇보다도 1990년대 중요하게 다뤄졌던 여성문제가 그동안 정치부패와 테러리즘에 묻혀 있다가 다시 쟁점화 된 사실은 여성들에게는 큰 의미가 있었던 점이다.

1980년대 레이건(Ronald Reagan) 행정부에서 꽃을 피운 미국의 보수주의 혁명은 부시 행정부를 거치며 종말을 맞은 셈이다. 그렇다고 해서 미국민들은 12년 만에 상·하원에서 다수당 지위를 되찾은 민주당이 미국사회의 새로운 지표를 내놓을 준비가 되어 있다고 생각하지는 않는다. 중간선거 결과는 민주당이 잘했다기보다는 공화당이 못했다는 전반적인 민심의 반영이었고, 공화당이나 민주당이나 기존의 방식으로는 곤란하다는 막연한 공감대의 형성으로 유권자들이 지닌 변화에 대한 욕구의 표출이었다고 할 수 있다. 결국 이념으로서의 보수와 진보의 경계가 갈수록 희미해지는 상황에서 미국은 새로운 정치실험의 시대를 열게 되어 사회의 향방을 논의하긴 매우 어렵게 되었다.

IV. 향후 정치적 상황과 2008년 대통령 선거에 대한 전망

중간 선거에서 민주당이 압승하자 부시대통령에 대한 지지율은

31%로 급락한 상태이고, 2007년 1월 민주당 우위의 제110대 의회가 시작되면 부시 대통령은 임기가 끝날 때까지 레임덕 대통령으로서 국정운영이 상당히 어려워질 수밖에 없다. 이미 중간선거가 끝난 직후 네오콘의 수장역을 맡았던 럼스펠드(Donald Rumsfeld) 국방장관이 사퇴하였고, 이어 미국 외교의 강경분위기를 주도해온 볼턴(John Bolton) 유엔 대사가 물러남으로써 향후 미국의 대외정책에 적잖은 변화가 초래될 가능성이 높다. 과거 북한과 이란, 이라크를 '악의 축'으로 몰고, 선과 악의 기준에서 모든 것을 평가하는 네오콘의 강경 외교기조가 퇴조하고 온건 보수주의자들의 시각이 반영된 현실주의 외교가 주류를 이룰 것이라는 예측이 많다. 미국민들이 중간선거에서 민주당을 더 지지했지만 여전히 민주당이 서둘러 이라크 주둔 미군을 철군시키고, 민주당 주도 의회가 미국의 테러와의 전쟁에 영향을 줄 것에 대해서는 우려하고 있기 때문에 이와 관련된 큰 정책적 변화는 없을 것이다.

한편 미국 국민들은 국외문제보다는 국내문제 해결이 보다 중요하다고 생각하고 있기 때문에 국내 정책에 있어서는 많은 변화가 예측되고 있다. 중간 선거에서 가장 중요하게 다루어졌던 경제적 이슈와 관련하여 우선 부시의 자유무역주의에 반대하는 '경제 포퓰리즘[21)]'이 부상할 가능성이 있다. 무엇보다도 자동차 회사들이 경영난으로 수만 명을 감원하고, 무역적자가 급증하고 있기 때문에 경제 포퓰리스트들은 그동안 관세 철폐 등 자유무역정책을 시행한 결과 값싼 중국 상품이 미국 시장을 완전 점령했다며 보호무역주의를 다시 도입해야 한다고 주장해왔다. 또한 중간선거에서 공화당 의원들을 밀어내고 '의석

21) 이코노미스트 최신호(2006년12월호)는 '루 돕스 민주당원(Lou Dobbs Democrats)'으로 불리는 경제 포퓰리스트들이 득세하고 있다고 지적했다. CNN의 유명 앵커인 루 돕스는 원래 보수적 경제 칼럼니스트였지만 최근 수년 동안 극적으로 방향을 전환, '자유무역(free trade)'이 아니라 '공정한 무역(fair trade)'을 해야 한다는 민주당 내 보호무역주의자들의 목소리를 대변하고 있다.

교체'에 성공한 민주당 의원들의 성향이 대부분 보호무역주의에 치우쳐 있으므로 민주당이 의회를 장악한 이상 공화당 정부의 자유무역 기조를 대신해 보호무역주의가 실제 정책 입안 과정에 영향을 미칠 것으로 전망된다. 경제 포퓰리스트들의 주장이 실제 정책에 미치는 영향이 크지 않을지라도 미국 경제가 침체에서 벗어나지 못한 상황에서 2008년 대선 정국과 맞물리게 된다면 이들의 영향력은 훨씬 커질 것이다.

세부적인 국내문제로는 약값 인하, 최저 임금 인상 문제, 학생대출 이자율 인하 등의 문제들이 쌓여 있다. 제약업체들은 민주당이 "현재 시행 중인 메디케어법이 약값 인하 협상을 금지한 것은 공화당이 제약업계의 이익을 보호해주기 위한 것으로, 기본적으로 제약업계가 만든 법"이라는 인식을 갖고 있기 때문에 곧 제약업계에 불리한 입법이 이루어질 것을 우려하고 있고, 정유업체들은 환경문제에 더 강경한 민주당의 승리로 연방정부의 온실가스 규제조치가 불가피할 것으로 판단하여 자구책 마련이 급해지는 등 부시행정부 하에서 이득을 챙기던 기업들의 고민이 늘고 있다.

미국은 현재 역사상 최악의 예산 적자를 기록하고 있는데, 그 이유는 부시 대통령이 무절제한 예산집행으로 재정적자가 쌓였고 늘어난 정부지출은 '작은 정부'의 명분을 무색케 만들었다. 이라크 전쟁과 함께 공화당 및 정치권의 부패, 갈수록 벌어지는 빈부격차와 중산층의 실망이 증가되던 상황에서 보수시대는 끝날 수밖에 없었다. 민주당이 내친김에 2008년 대선에서 승리하고 의회 지분을 더 늘리게 된다면 지난 1993년 클린턴 행정부가 중단했던 짧은 '진보 실험'이 새로운 형태로 시작될 수도 있다. 이렇게 되면 세계화의 폐단에 대한 수술 작업이 시작되어 임금적체와 벌어진 빈부격차, 중산층의 불안정에 대한 대책이 마련될 것이다. 하지만 한편으로는 상하원을 장악한 민주당 입장에서는 오히려 이런 상황에서 다수당이 된 것이 불리할 수도 있다. 펠로시 하원의장이 감당해내야 할 첫 번째 어려움이 바로 조세정책을 변화하여 예산적자를 극복하는 문제가 될 것이다.

11.7 미국 중간선거 결과 민주당 내에 보수적 성향의 네오뎀(Neo-Dem, 신민주) 또는 뉴데모크래츠(New Democrats) 그룹이 향후 정치 지형을 좌우할 주요 변수로 떠오르고 있다. 반면 공화당에선 네오콘(Neo-Con, 신보수주의) 세력이 가고 공화당 정통파가 힘을 얻고 있다. 미국의 우월성과 종교적 신념을 강조하는 극단적 보수파가 네오콘이라면, 네오뎀은 진보적 색채의 기존 민주당 노선과 달리 국내 정책에선 보수적 성향을 지니는 중도파이다. 네오콘이 외교에 치중한다면 네오뎀은 국내 문제에 정책의 무게중심을 두고 있다. 네오뎀은 이라크전쟁에는 반대하지만 총기 소유에 찬성하며 낙태를 반대하고 줄기세포 연구에도 부정적이며 세금 인상에도 반대한다. 반전을 제외하곤 대부분 공화당의 정책 기조를 띠는 이들 네오뎀은 당내에선 친공화당 계열이라는 비난을 받기도 하지만 이제 민주당 전체 의원 중 20%를 차지하는 무시하지 못할 세력이 되었다.

의회는 펠로시 하원의장을 비롯하여 상·하원의 각 상임위 위원장들은 대부분 진보적 인사들로 채워질 것이므로 이런 네오뎀 성향의 의원들은 지도부와 충돌할 가능성이 높아 민주당 리더십을 흔드는 골칫거리가 될 수도 있다. 이들의 영향력은 곧 2008년 대선을 향한 민주당 노선과도 직결될 가능성이 있어 민주당 대통령 후보군들은 이념적으로 중도 노선을 걸어야 유리할 수 있다. 하지만 네오뎀이 기존의 민주당 중도파 모임인 '블루독 연합'[22]이나 '신민주당원 연합' 등과 연대해 민주당 내 새로운 세력으로 떠오를 경우 이들은 그동안 스스로 중도를 대표하는 인물로 이미지 관리를 해 온 클린턴(Hillary Clinton) 상원의원을 집

---

22) '블루독(blue dog)'은 민주당을 상징하는 파란색(blue)과 감시 기능의 '개'를 합한 단어로, '항상 감시하는 민주당'을 의미한다. 1995년 결성된 '블루독 연합' 소속 민주당 의원 35명은 재무 건전성을 추구하며, 보수적 사회 정책을 지지한다.

중 공략할 가능성이 높다. 현재 민주당 후보군에는 여론조사에서 선두에 있는 클린턴 의원, 사회적 보수주의 세력과 중도파를 내세우고 있는 경쟁자인 오바마(Barack Obama) 상원의원, 바이든(Joe Biden) 상원의원, 에드워즈(John Edwards) 전 상의원 등이 있다. 한편 공화당 대선 후보들에는 전 뉴욕시장이었던 줄리아니(Rudy Giuliani), 맥케인(John Mc cain) 상원의원 등이 있다.

참 고 문 헌

미국정치연구회 편, 『부시재집권과 미국의 분열: 2004년 미국대통령선거』(서울: 오름, 2005).

서현진 외, 『미국 의회선거의 변화와 지속성』(서울: 오름, 2003).

윤용희, 『현대 미국대통령선거론』(서울: 청림, 2002).

주미영, "미국의 대통령선거", 미네르바정치연구회편.『정치학이란?』(인간사랑, 2005).

Aldrich, John H., *Why Parties?: The Origin and Transformation of Political Parties* (University of Chicago Press, 1995).

Banning, Lance, *Liberty and Order: The First American Party Struggle* (Liberty Fund, 2004).

Bibby, John F. and L. Sandy Maisel, *Two Parties - or more?: The American Party System* (Westview Press, 2002).

Blevins, David, *American Political Parties in the 21st Century* (McFarland & Company, 2006).

Cohen, Jeffrey E. et. al.(eds), *American Political Parties: Decline or Resurgence* (CQ Press, 2001).

Dudley, Robert and Alan Gittelson, *American Elections: The Rules Matter* (Longman, 2001).

Federal Election Commision. Http://www.fec.gov.

Gilje, Paul, *The Making of the American Republic, 1763-1815* (Prentice Hall, 2005).

Goldstein, Michael L., *Guide to the 2004 Presidential Election* (Washington, D.C.: Division of Congressional Quarterly Inc., 2003).

Hershey, Marjorie Randon and Paul Allen Beck, *Party Politics in America.* (Addison-Wesley Educational Publishers, Inc., 2003).

Jacobson, Gary C., *Politics of Congressional Elections* (Longman, 2003).

Janda, Kenneth, et. al., *The Challenge of Democracy,* 5th edition (Boston and New York: Houghton Milfflin Company, 2004).

Jewell, Malcolm E. and Sarah McCally Morehouse, *Political Parties and Elections in American States* (Washington, D.C.:Division of Congressional Quarterly Inc., 2000).

멕시코의 정당과 최근 선거

강경희

멕시코 정당과 선거는 다른 라틴아메리카 국가들과 비교했을 때 비교적 큰 단절 없이 개혁과 변화를 겪으며 점진적으로 발전해 왔다. 선거는 이미 독립 직후인 19세기 초반부터 꾸준히 실시되어왔고, 정당은 19세기 말엽에 출현했다. 그러나 정당과 선거의 '전통적' 요소들은 멕시코 정치의 근대화를 저해하는 요인으로 작용하기도 했다. 가장 대표적인 사례가 무려 71년 동안 장기집권을 유지한 PRI(제도혁명당)[1])이다. 스스로 20세기 초 멕시코혁명(1910-1917)의 정신을 계승했다고 주장하는 PRI 정부는 야당의 합법적 정치활동을 용인하고 규칙적인 선거를 실시하면서도 신당 창당을 제한하고 야당에 불리한 경쟁규칙을 부과하면서 소위 일당독재라고 불릴 만큼 무소불위의 권력을 자랑했다. 이 고도로 제도화된 패권정당은 연방정부와 지방정부의 행정권, 입법권, 사법권을 모두 장악하면서 독특한 권위주의 정치체제를 만들어내었다. 이로 인해 PRI에게는 단일정당(partido único), 헤게모니정당(partido hegemónico), 지배정당(partido predominante), 공식정당(partido oficial), 정부정당(partido del gobierno), 체제정당(partido del régimen), 정당 중의 정당(partido de partidos), 대정당(Partido), PRI를 통한 평화(Pax of PRI) 등 다양한 수식어가 붙었다. PRI는 정당의 개념을 넘어서며 멕시코 정부이자 정치체제 자체로 기능했던 것이다. 그러나 멕시코

1) PRI(Partido Revolucionario Institucional)

정치체제가 위기에 직면하자 PRI도 곧바로 위기를 맞았다. 1982년 외채위기가 발생하고 신자유주의 경제정책이 실시되자 당내 분열이 시작되었고, PRI에 도전하는 좌파와 우파 정치세력들은 진정한 경쟁선거를 주장하고 나섰다. 이에 따라 패권적 일당제 하 PRI의 전통적 권위는 약화되었고, 일부 주요 정당들과의 경쟁적 다당제가 형성되었다.

Ⅰ. 멕시코의 정당체계

1 패권적 일당제의 성립

멕시코의 근대적 정당은 멕시코혁명 당시 혁명군을 이끌었던 까우디요(caudillo)들에 의해 조직되었다. 대표적인 정당들로는 멕시코공산당(Partido Comunista Mexicano), 자유제헌당(Partido Liberal Constitucionalista), 멕시코노동당(Partido Laborista Mexicano), 전국농민당(Partido Nacional Agrarista), 전국협력당(Partido Nacional Cooperatista) 등이 있었다. 혁명 직후 까우디요들은 군부를 통한 무력통치보다는 선거와 정당을 통한 민간통치를 선택했다.

그러나 살인과 배신이 난무하는 정치 상황에서 민주적 외양을 갖는 민간통치로의 이행은 용이하지 않았다. 1917년 1대 대통령이었던 까란사(Venustiano Carranza)는 제헌당을 창당했지만 오브레곤(Álvaro Obregón)을 비롯한 동료장교들에게 살해당했다. 오브레곤은 1920년 자유제헌당을 결성하여 스스로 대통령이 된 후 멕시코노동당, 전국농민당, 전국협력당 등을 불법조직으로 규정했다. 1924년 오브레곤은 까란사 살인을 공모했던 엘리아스(Plutarco Elías Calles)를 차기대통령으로 지명했고, 이후 현직 대통령에 의한 차기 대통령의 지명 관행은 PRI에서도 이어져왔다.

PRI는 멕시코혁명을 계승한 공식 정당으로서 사회민주주의, 혁명적 민주주의, 민중주의(populismo) 등의 이념적 정향을 갖는다. PRI는 1946년에 정당으로 정식 등록했으나, 그 기원은 1929년 창당된 PNR(민족혁명당)[2)]이므로 1929-2000년의 71년 집권정당이라 불리는 것이다. PNR은 혁명 후 권력투쟁에 참여한 다양한 정치세력들이 '단일한' 거대정당의 틀 내에서 경쟁함으로써 멕시코 혁명은 제도화하기 위한 목적으로 창당되었다. 많은 정치세력들이 이에 동참함에 따라 PNR은 점차 확대, 강화되었고 이른바 국가정당의 면모를 갖추기 시작했다. 1938년에 PNR은 PRM(멕시코혁명당)[3)]으로 개편되었다. PRM은 조합주의[4)] 구조를 형성하고, 연방·주·자치시라는 지역적 부문과 노동자·농민·민중·군부라는 사회적 부문들을 당내에 포함하게 되었다.[5)] 이 가운데 군부는 1940년에 당의 조합주의 구성부문에서 제외되었는데, 그 계기는 당시 대통령선거 국면에서 일부 장교들이 독자후보를 내세우며 탈당한 사건이었다.

PRM을 계승한 PRI는 당의 하부대표기구로서 CTM(멕시코노동자총연맹)[6)], CNC(전국농민총연맹)[7)], CNOP(전국민중조직총연맹)[8)]을

---

2) PNR(Partido Nacional Revolucionario)

3) PRM(Partido de la Revolución Mexicana)

4) 멕시코의 조합주의(corporatism)는 국가가 사회세력을 위로부터 통제하는 동시에, 일부 구성원들에 대해서는 독점적 특혜를 제공하는 정치·사회적 조직화 형태를 의미한다.

5) 그러나 혁명 전 멕시코사회를 주도했던 은행가·상인·기업인 등 경제인 집단과 교회는 조합주의 구성부문에서 제외되었다. 또한 1917년 헌법에 따라 성직자들은 투표를 포함한 모든 정치활동에서 배제되었다.

6) CTM(Confederación de Trabajadores de México)

7) CNC(Confederación Nacional Campesina)

두면서 1946년에 창당되었다. 이후 멕시코의 정치체제는 '정당=정부=정치엘리트'라는 삼위일체의 이미지와 함께 정치·경제·사회의 모든 부문에서 PRI의 독점적 권력이 행사되는 권위주의적 성격이 유지되었다. 1994년까지 PRI는 9명의 대통령을 모두 배출했으며, 연방상·하원 의회에서도 항상 과반수 이상의 의석을 유지했다. 1929년까지 거슬러 올라간다면 PRI는 무려 71년간 행정부를 장악했고, 68년 동안 입법부에서 절대 다수당의 지위를 차지했다. PRI가 정치체제에서 거의 절대적인 권력을 확보할 수 있었던 이유는 '혁명적 민족주의'라는 포괄적이고 광범위한 정치이념의 틀 속에 조합형태를 갖추고 있는 다양한 정치·사회집단들을 탄력적으로 흡수할 수 있었던 조합주의 정치구조가 성공적으로 작동했기 때문이었다.[9)]

2 패권적 일당제에서 경쟁적 다당제로

현재 멕시코의 정당체계는 PRI의 패권적 일당제에서 경쟁적 다당제로 이행하는 과정에 있다. 이는 20여년에 걸친 점진적인 정치개혁의 결과였다. 특히 두드러진 계기들은 1977년 정치개혁[10)], 1987년 대통령

8) CNOP(Confederación Nacional de Organizaciones Populares)

9) 조합주의 정치구조의 효율적 통치 이외에 PRI가 수십 년 간의 장기집권을 달성할 수 있었던 또 다른 요인은 수입대체산업화의 성공이었다. 이에 따라 멕시코는 1940년대 후반 이후 30여 년간 고도성장을 했고, 1955년부터 1970년까지는 인플레 안정을 동반한 안정적 고도성장을 누릴 수 있었다.

10) 1977년 정치개혁의 계기는 멕시코군대가 1968년 10월 2일 뜰라뗄롤꼬(Tlatelolco)의 삼문화광장(Plaza de las Tres Culturas)에서 학생시위대에 총격을 가해 300명 이상을 사살한 사건이었다. 당시 대학생들은 PRI의 전통적 권위와 규율 반대, 교육제도 개선, 대학의 자율권 쟁취 등을 주장하는 학내 민주화운동을 진행하였다. 뜰라뗄롤꼬 학살사건 이후 학생운동은 점차 노동자 · 농민 · 중산층 등의 운동으로 확산되었으며, 사회주의 사상

선거, 1996년 정치개혁[11] 등이다. 우선, 1977년 정치개혁은 PRI가 '절대적 준유일정당'에서 다원주의 외양을 갖춘 '상대적 준유일정당'으로 전환하게 됨으로써, 위기 상황에서 PRI의 수명을 어느 정도 연장할 수 있도록 했다. 이후 PRI 권력은 최소한 1980년대 중반까지 큰 변동없이 유지되었다. 그러나 1988년 대통령 선거를 맞아 PAN(국민행동당)[12]이 북부지역 기업인들을 지지기반으로 급성장하고, PRI를 탈당한 까르데나스(Cuauhtémoc Cárdenas)가 중도좌파연합인 FDN(민족민주전선)[13]의 대통령후보로 출마하여 폭발적 인기를 얻자, PRI는 강력한 두 야당의 존재를 인정하며 다당제로의 이행을 준비하지 않을 수 없었다. 또한 1996년 정치개혁은 선거가 투명하게 치러질 수 있도록 제도와 규칙을 재정비함으로써 야당들의 정치적 입지를 한층 더 높였다. 이에 따라 1997년 7월 6일 중간선거에서 PRI는 멕시코시티 시장선거에서 패했을 뿐 아니라 연방하원의회 선거에서도 최초로 과반수의석 확보에 실패했다. 또한 2000년 대통령선거에서도 PRI가 패배하자, 멕시코에서 이른바 패권적 일당제는 종말을 맞았고 경쟁적 다당제가 점차 확립되고 있다.

을 추구하는 좌파정당들도 대거 등장했다.

11) 1996년 정치개혁의 계기는 1994년 1월 발생한 사빠띠스따민족해방군(EZLN: Ejército Zapatista de Liberación Nacional) 봉기와 PRI의 대통령후보인 꼴로시오(Luis Donaldo Colosio) 암살사건이었다. 일련의 사건들로 인해 정치에 대한 시민들의 관심이 증폭되었으며, 점차 시민들은 선거과정의 투명성과 정치적 다원주의에 입각한 경쟁적 · 민주적 선거를 주장하고 나섰다.

12) PAN(Partido Acción Nacional)

13) FDN(Frente Democrático Nacional)

3 멕시코의 야당들

〈표 1〉 현재 멕시코의 주요 정당

정당 이름	설립 년도	특징
제도혁명당 (PRI)	1929 (PNR) 1938 (PRM) 1946 (PRI)	• 멕시코의 71년 패권정당 • 멕시코혁명을 계승한 공식정당 • 정치적 이념: 사회민주주의, 혁명적 민주주의, 민중주의 • 조합주의 정당구조(노동자, 농민, 민중)
국민행동당 (PAN)	1939 (창당) 1948 (등록)	• 1970년대 초까지 실제적 정치활동에 참여했던 유일한 야당 • 2000년 이후 집권여당 • 정치적 이념: 가톨릭주의, 기업정당
민주혁명당 (PRD)	1989	• 1988년 대통령선거를 기점으로 결성된 FDN의 후신 • 정치적 이념: 중도좌파, 자유주의, 사회민주주의 • 1997년 이후 멕시코시티 시장 배출 • 2006년 대선에서 PAN에 근소한 차로 패배

혁명 후 1970년대 초반까지 멕시코에는 세 개의 야당만이 존재했다. 그 중 PPS(사회주의민중당)[14]과 PARM(정통멕시코혁명당)[15]이 대통령

14) PPS(Partido Popular Socialista)는 1960년에 사회주의, 반제국주의, 개혁주의를 정당이념으로 창당되었다. 그 기원은 1944년 창설된 멕시코사회주의연맹(Liga Socialista Mexicana)과 1948년 창설된 민중당(PP: Partido Popular)이다. 1987년에는 FDN에 참여하였다.

15) PARM(Partido Auténtico de la Revolución Mexicana)은 1954년에 헌정주

선거에서 PRI 후보를 지지하기 위한 일종의 위성정당이었다는 점을 감안하면, 실질적 야당은 우파정당인 PAN이 유일했다고 할 수 있다. PAN은 1939년 창당되어 1948년 공식적 정당으로 등록하였다. 그 기원은 1925년 결성된 종교자유수호연대(Liga Defensora de la Libertad Religiosa)와 1929년 결성된 멕시코가톨릭행동(Acción Católica Mexicana)이다. 정당의 이념으로는 초기에 사회적 기독교주의를 표방했지만, 1978년 기업세력이 가톨릭세력을 누르고 당 주도권을 장악하자 점차 '기업정당'으로 변모하였다. PAN은 2000년 대통령선거 승리 이후 현재까지 멕시코 집권여당의 지위를 유지하고 있다.

멕시코에서 야당이 우후죽순 생겨나기 시작한 계기는 1977년 선거개혁이었다. 이 선거개혁은 군소정당의 조건부 등록을 허용하여 선거에서 총 유효투표의 1.5% 이상을 획득할 경우 정식등록을 할 수 있도록 했다. 1970년대에 창당된 정당들로는 PDM(멕시코민주당)[16], PMT(멕시코노동자당)[17], PST-PFCRN(사회주의노동자당-국가재건까르데나스전선당)[18], PRT(노동자혁명당)[19] 등이 있었고, 1980년대에는 PMS(멕시코사회주의당)[20], FDN(민족민주전선), PRD(민주혁명당)[21] 등이 창당되었다.

의, 혁명적 민족주의, 민중주의를 정당이념으로 창당되었다. 1948-1949년 창설된 정치사회연합인 '혁명적 인간들(Hombres de la Revolución)'과 PRI의 전신인 PRM에서 축출된 군부세력이 당을 주도했다. 1988년 까르데나스가 대통령후보에 나서자 PPS와 마찬가지로 FDN에 참여했다.

16) PDM(Partido Demócrata Mexicano)

17) PMT(Partido Mexicano de los Trabajadores)

18) PST(Partido Socialista de los Trabajadores)는 1988년 PFCRN(Partido del Frente Cardenista de Reconstrucción Nacional)으로 개칭하고 PARM과 함께 까르데나스를 공식 대통령후보로 추대했다.

19) PRT(Partido Revolucionario de los Trabajadores)

20) PMS(Partido Mexicano Socialista)

21) PRD(Partido de la Revolución Demócratica)

이 가운데 특히 주목해야 할 정당은 FDN과 PRD이다. FDN은 1986년 PRI의 민주주의파(Corriente Democrática)를 기원으로 창설되었다. 1987년 무뇨스 레도(Porfirio Muñoz Ledo)는 까르데나스를 PRI의 대통령 예비후보로 내세웠지만 받아들여지지 않았다. 이후 PRI가 별도의 공식후보를 지명하자 민주주의파는 PRI를 탈당하여 선거연합인 FDN을 결성하였다. 여기에는 1970년대와 1980년대 창당한 다수의 좌파 군소정당들이 참여하였다. FDN은 1988년 대통령선거에 참여하여 선전을 하였지만 아쉽게 패하였다. 1989년 FDN은 정당등록을 마치고 PRD라는 당명을 갖게 되었다. PRD는 PRI나 PAN보다 정치적 영향력이 떨어지는 당이었으나, 1997년 멕시코시티 시장선거에서 승리한 후 현재까지 멕시코시티를 집권하고 있다. PRD는 2006년 총선에서도 매우 선전하여 PRI를 누르고 두 번째 정당으로 등극하였다.

〈표 2〉 멕시코의 소수정당[22)]

정당 이름	설립 년도	특징
사회주의민중당 (PPS)	1960	• 1987년 이전까지 PRI의 위성정당 • 정치적 이념: 사회주의, 반제국주의, 개혁주의 • 1987년 FDN에 참여
정통멕시코혁명당 (PARM)	1954	• 1987년 이전까지 PRI의 위성정당 • 정치적 이념: 헌정주의, 혁명적 민족주의, 민중주의 • PRI의 전신인 PRM에서 축출된 군부 세력이 주도
멕시코민주당 (PDM)	1972-1975 1977(등록)	• 1970년대 창당된 유일한 우파정당 (극우파) • 정치적 이념: 기독교주의, 민중주의, 경제·사회·정치 다원주의 • 기원은 시나르끼스따국민동맹 (Unión Nacional Sinarquista)

멕시코노동자당 (PMT)	1974	• 정치적 이념: 민주주의, 민족주의, 사회주의 • 1987년 PMS(멕시코사회주의당) 창당에 참여
사회주의노동자당 (PST)	1975	• 정치적 이념: 사회주의, 반제국주의, 개혁주의 • 1987년 PMS에 참여하지만 탈당, 당명을 PFCRN으로 개칭 • 1988년 PARM과 함께 까르데나스를 대통령 후보로 추대
노동자혁명당 (PRT)	1976	• 정치적 이념: 마르크스주의, 레닌주의, 트로츠키주의 • 1988년 FDN에 참여
멕시코사회주의당 (PMS)	1987	• 정치적 이념: 사회주의 • 1919년 창당되었던 PCM(멕시코공산당: Partido Comunista Mexicano) 계승 • 1988년 조건부 정당등록을 했으나 1989년 PRD에 등록 양보
멕시코녹색환경당 (PVEM)23)	1990	• 정치적 이념: 환경보호, 생태주의 • 2006년 선거에서 PRI와 정당연합 결성
노동당 (PT)24)	1990	• 정치적 이념: 다른 정당과는 차별적인 고유 노선 • 2006년 대선에서 PRD와 정당연합 결성
꼰베르헨씨아당 (Convergencia)	1999	• 정치적 이념: 사회민주주의 • 2000년 총선에서 PRD 주도의 정당연합 (Alianza por México)에 참여 • 2006년 총선에서도 PRD, PT와 함께 '만인의 행복추구를 위한 정당연합 (Coalición por el Bien de Todos)'을 결성

22) 멕시코에서는 조건부 등록 후 국민투표에서 최소 2% 이상의 지지를 얻을 경우 공식 정당등록이 가능하다.

23) PVEM(Partido Verde Ecologista de México)

24) PT(Partido del Trabajo)

11. 멕시코 선거제도

1 선거제도에 대한 소개와 특징

멕시코 선거제도의 특징은 '분할된 선거제도'라는 점이다. 이는 PRI가 정치적 우위를 유지하기 위해 필요에 따라 선거제도를 개방하거나 개혁하는 과정이 오래 동안 반복되면서 형성되었다. 분할된 선거제도의 경향은 대통령선거나 주지사선거보다는 입법부 선거에서 주로 나타난다. 다른 한편 멕시코 선거는 인물선호도에 의한 투표보다 정당지지도에 의한 투표 경향이 많이 나타난다. 이러한 경향은 멕시코 선거에서 사용되는 투표용지의 모양에서 잘 볼 수 있다. 2006년 대통령선거 투표용지 모형인 <그림 1>에서 보는 바와 같이, 멕시코의 투표용지에는 정당 및 정당연합의 로고가 가장 크게 부각되고 그 다음에 후보명이 작은 글씨로 표기된다. 이러한 표기 방식은 정당명부투표뿐 아니라 인물투표에서도 공히 나타난다.

〈그림 1〉 멕시코의 투표용지

멕시코는 헌법의 규정에 따라 대통령, 연방하원의원, 연방상원의원, 주지사, 주의회의원, 자치시 구성원(시장, 시의원, 감사관), 연방구주지사(멕시코시티 시장), 연방구의회의원, 연방구청장 등을 직접선거로 선출한다.25)

25) 멕시코의 헌법은 "입법부와 행정부는 자유롭고 실제적이며 주기적인 선거를 통해 구성될 것이고"(제41조), "주지사 및 자치시 선거도 직접선거로 치러질 것이며"(제116조), "각 자치시는 직접선거에 의해 자치적으로 통

우선 전국적 수준에서 실시되는 선거로는 대통령선거, 연방하원의원선거, 연방상원의원선거가 있다. 대통령은 후보 수나 득표율에 관계없이 단순다수 득표로 선출된다. 대통령후보의 요건은 35세 이상의 멕시코출생 국적소지자로서 최소 20년 이상 멕시코에 거주한 자이어야 한다. 또한 선거일 1년 전부터 30일 이상 국외에 거주하지 않아야 한다. 종교성직자, 현직군인, 그리고 선거 6개월 전 이후 공직에 있는 자는 대통령후보로 출마할 수 없다. 대통령은 임기가 6년이고 단임제이므로 재선될 수 없다. 대통령 선거는 총선 당해 7월 첫째 일요일에 실시되며, 대통령당선자는 동해 12월 1일 취임한다. 다른 라틴아메리카 국가들과 비교하면 멕시코의 대통령선거는 혁명 이후 큰 변동 없이 규칙적으로 시행되어왔다.

〈표 3〉 멕시코의 대통령선거

임기	대통령	소속정당
1917–1920	까란사(Venustiano Carranza)	제헌당
1920–1924	오브레곤(Álvaro Obregón)	자유제헌당
1924–1928	엘리아스(Plutarco Elías Calles)	자유제헌당
1928–1930	뽀르떼스(Emilio Portes Gil)	PNR
1930–1932	오르띠스(Pascual Ortiz Rubio)	PNR
1932–1934	로드리게스(Abelardo L. Rodríguez)	PNR
1934–1940	까르데나스(Lázaro Cárdenas)	PRM
1940–1946	까마초(Ávila Camacho)	PRM
1946–1952	알레만(Miguel Alemán)	PRI
1952–1958	루이스(Adolfo Ruiz Cortines)	PRI
1958–1964	로뻬스(Adolfo López Mateos)	PRI
1964–1970	디아스(Gustavo Díaz Ordaz)	PRI

치될 것이다"(제115조) 라고 규정하고 있다.

1970–1976	에체베리아(Luis Echeverría)	PRI
1976–1982	뽀르띠요(López Portillo)	PRI
1982–1988	델라마드리드(Miguel de la Madrid)	PRI
1988–1994	살리나스(Carlos Salinas de Gortari)	PRI
1994–2000	세디요(Ernesto Zedillo Ponce de Leon)	PRI
2000–2006	폭스(Vicente Fox)	PAN
2006–현재	깔데론(Felipe Calderón Hinojosa)	PAN

연방하원의원은 3년 임기로 연임할 수 없으며, 6년마다 실시되는 동시선거와 3년마다 실시되는 중간선거에서 각각 선출된다. 21세 이상의 멕시코출생 국적소지자는 연방하원의원 후보가 될 수 있다. 연방하원의회 의석은 총 500석이며, 이 가운데 300석은 인구수에 비례한 1인 소선거구에서 단순다수 득표로 선출된다. 단, 아무리 인구수가 적은 주라 할지라도 최소한 2개의 선거구를 보유해야 한다는 저지조항이 있다. 다시 말하면, 모든 주(32개 주[26])는 최소 2명 이상의 연방하원의원을 보유할 수 있는 것이다. 연방하원의회의 나머지 200석은 정당명부 비례대표제에 의해 선출된다. 비례대표 의석은 전국 32개 주를 5개 구역으로 구분한 후, 각 구역별로 40석이 배당된다. 비례대표 의석의 배분은 각 구역별로 얻은 정당 득표율이 아니라 전국에서 획득한 정당 득표율을 기준으로 이루어진다. 전국 득표율 2% 이상을 획득하지 못한 정당은 비례대표 의석의 배분에서 제외된다.

26) 정확히 말하면, 31개 주 + 연방특별구(Distrito Federal-멕시코시티)

〈표 4〉 주별 연방하원의원 선거구 수

주	선거구 수	주	선거구 수
아구아스깔리엔떼스	3	나야릿	3
바하깔리포르니아	8	누에보레온	12
바하깔리포르니아수르	2	오아하까	11
깜뻬체	2	뿌에블라	16
치아빠스	12	께레따로	4
치와와	9	낀따나로	3
꼬아우일라	7	산루이스뽀또시	7
꼴리마	2	시날로아	8
연방특별구(멕시코시티)	27	소노라	7
두랑고	4	따바스꼬	6
과나후아또	14	따마울리빠스	8
게레로	9	뜰라스깔라	3
이달고	7	베라끄루스	21
할리스꼬	19	유까딴	5
멕시코주	40	싸까떼까스	4
미초아깐	12		
모렐로스	5	총 선거구 수	300

연방상원의원은 6년 임기이고 연임할 수 없으며, 25세 이상의 멕시코출생 국적소지자는 후보로 출마할 수 있다. 연방상원의회 의석수는 인구수나 면적에 관계없이 32개 주에 각 4석이 배당되어 총 128석이다. 대통령선거와 연방하원의원선거가 인물투표로 실시되는 반면, 연방상원의원선거는 정당투표로 실시된다. 투표 결과 연방상원의회 의석은 세 가지 방법으로 배분된다. 다시 말하면, 의석수의 절반인 64석(32개 주 × 2석)은 최다득표정당(mayoría)에게로, 의석수의 1/4인 32석

(32개 주 × 1석)은 차점득표정당(primera minoría)에게로 배당되며, 의석수의 마지막 1/4인 32석(32개 주 × 1석)은 정당 득표율에 따라 비례대표로 선출된다. '차점득표정당제'의 채택은 멕시코 연방상원의회의 역사적 기능과 관련이 있다. 즉, 멕시코 연방상원의회의 가장 중요한 역할은 중앙권력으로부터 주의 대표성을 확보하는 것이다. 따라서 주의 연방상원의원들은 소속정당을 불문하고 주를 수호하는 공동의 목표를 추구해야 한다. 이 목표에 따라 2위 득표정당은 일정한 의석수를 배분받아 1위 득표정당과 협력하여 중앙권력으로부터 주의 이익을 대표하게 되는 것이다.

〈그림 2〉 전국선거 투표모습

다음으로 지방 차원에서 실시되는 선거로는 31개 주에서 실시되는 주지사선거, 주의회의원선거, 자치시선거가 있다. 지방선거는 최근까

지 전국선거와는 다른 별도의 법으로 실시되다가 1996년 8월 헌법개정 이후 연방선거법으로 통일되었다. 따라서 현재 모든 지방선거는 헌법 116조에 의해 적용을 받게 된다. 그러나 선거일은 전국선거와는 별도로 각 주의 상황에 따라 결정된다.

주지사의 임기는 6년이며 직접선거를 통해 단순다수 득표로 선출된다. 후보 자격은 멕시코출생 국적소지자이며, 소속된 주 출신이거나 최소 5년간 그 주의 실질적 거주자이어야 한다. 주지사는 소속 주에서는 재선될 수 없으나 주를 바꾸어 1회 연임이 가능하다. 이에 따라 PRD의 까르데나스는 미초아깐 주지사를 거친 후 멕시코시티(연방특별구) 시장이 되었다. 주의회의원은 연임될 수 없으며 주법이 정한 단순다수 득표와 비례대표 기준에 의해 선출된다. 주의회 의석수는 인구비례로 배분된다. 즉, 40만 미만의 인구를 가진 주는 7석, 40-80만의 인구를 가진 주는 9석, 80만 이상의 인구를 가진 주는 11석을 갖는다. 자치시는 주정부와 연계된 어떠한 기관도 갖지 않으며, 독립적인 직접선거로 선출된 시정부에 의해 통치된다. 자치시를 구성하는 시장, 시감사관, 시의회의원(regidores)은 직접선거를 통해 선출되며 연임할 수 없다.

마지막으로 멕시코의 수도(멕시코시티)인 연방특별구(Distrito Federal)에서 실시되는 선거는 연방구 시장(Jefe de Gobierno del DF), 연방구의 회의원, 구청장(delegados)을 선출한다. 연방특별구는 제한적 성격을 가진 '주'로서 31개의 다른 주와는 상이한 성격을 갖는다. 즉, 다른 주들과는 달리 자율적이고 독립적인 주도 아니며 고유한 법도 갖고 있지 않다. 준 주법으로서 조례가 있지만, 주법과는 달리 연방구의회가 승인하고 개정할 수 없다. 조례를 승인하고 개정하는 것은 연방하원의회의 소관이다. 연방구의 대표는 주지사가 아니라 연방구 시장이라 불린다.

연방구 시장은 과거에는 대통령이 임명했으나, 1996년 선거법개정 이후 멕시코시티 시민들의 직접선거를 통해 단순다수 득표로 결정된다. 그 결과 1997년 멕시코시티 시장선거에서 PRD의 까르데나스가 당

〈그림 3〉 연방특별구 투표모습

선될 수 있었다. 연방구 시장의 임기는 6년이며, 30세 이상의 멕시코출생 국적소지자로서 연방구에서 최소 3년을 거주해야 한다. 그리고 연방구 시장으로 선출된 경험이 없는 자이어야 한다.

연방구의회 의원의 임기는 3년이며, 연방하원의원과 마찬가지로 21세 이상의 멕시코출생 국적소지자에게 후보자격이 주어진다. 연방구 조례에 따르면, 어떠한 정당도 연방구의회의 63% 이상을 점유할 수 없다. 총 66명의 연방구의원 중 40명은 직접선거를 통해 단순다수 득표로 결정되며 26명은 비례대표에 의해 선출된다. 정당이 비례대표 의석을 얻기 위해서는 전국선거와 마찬가지로 최소 2% 이상의 득표율이 필요하다. 연방구에는 지방정당이 없으며 전국적 성격의 정당들이 선거에 참여하고 있다.

구청장은 연방특별구를 정치·행정적 구역으로 분할한 16개 구(delegación)[27]의 대표로서 직접선거에 의해 단순다수 득표로 선출되고 연임할 수 없다. 구청장은 연방구의회의 보조적인 역할을 담당하며 소속된 구의 행정업무를 수행한다. 구청장의 임기는 3년이며 멕시코출생의 국적소지자이어야 한다. 또한 선거 당일 기준으로 연방특별구

27) 멕시코시티의 16개 구는 아스까뽓쌀꼬, 꼬요아깐, 꾸아히말빠데모렐로스, 구스따보아마데로, 이스따깔꼬, 이스따빨라빠, 라막달레나꼰뜨레라스, 밀빠알따, 알바로오브레곤, 뜰라우악, 뜰랄빤, 소치밀꼬, 베니또후아레스, 꾸아우떼목, 미겔이달고, 베누스띠아노까란사이다.

에서 2년 이상 거주한 자이거나, 멕시코시티 근교에서 최소 3년 이상 거주한 자이어야 한다.

2 선거제도에서의 변화

현재 멕시코 선거제도의 기원은 1917년 제정된 헌법이지만, 정당의 선거 참여권과 선거관리를 위한 기관들이 창설된 것은 1946년 선거관련법을 통해서였다. 이후 수차례에 걸친 선거관련법 개정이 있었지만 1990년대 이전까지는 부분적인 개정에 그쳤다.

〈표 5 선거관련법의 변화〉

1946	전국선거에 대한 정당 참여권 조항 마련 선거과정을 책임지는 선거기관 창설 조항 마련[28)]
1947	지방선거에서 여성의 참정권 인정됨
1953	전국선거에서 여성의 참정권 인정됨[29)]
1963	연방하원의원선거에서 최초로 비례대표제 도입[30)]
1970	최소투표연령이 만 18세로 하향 조정됨
1976	바하깔리포르니아수르와 낀따나로 주가 신설되어 총 32개 주가 형성됨
1977	연방하원의회 의석수가 300개의 1인 소선거구 의석과 100개의 비례대표 의석으로 조정됨[31)]
1987	연방상원의원 임기가 3년으로 하향 조정됨 (1991년 선거에 단 한번만 적용됨) 연방하원의회 비례대표 의석이 100석에서 200석으로 상향 조정됨[32)]
1993	연방상원의원 임기가 다시 6년으로 상향 조정됨 연방상원의회 의석이 총 64석(32개 주×2석)에서 총 128석(32개 주×4석)으로 상향 조정됨 연방상원의회 의석 중 1/4(32석)이 비례대표 의석으로 배당됨

1996	연방선거관리위원회(IFE) 및 선거관련 사법체계 재정비 선거제도와 선거과정에 관한 연방법(COFIFE)[33] 개혁

1990년대 들어 선거개혁이 본격화된 이유는 1980년대 이후 PRI에 대한 야당 및 시민단체들의 정치적 압력이 증대되었기 때문이다. 1988

28) 이 법에 따라 1951년에는 선거의 실시와 감시를 담당하는 대표기관인 연방선거위원회(CFE: Comisión Federal Electoral)가 창설되었다. CFE에는 입법부, 행정부, 전국규모의 정당들, 시민들이 고루 참여할 수 있도록 되어있었지만, 실제로는 대통령과 행정부의 지속적 개입이 있었다.

29) 멕시코는 오랜 여성참정권 투쟁에 비해 비교적 뒤늦게 여성의 참정권이 부여되었다. 여성참정권 투쟁은 멕시코혁명 말기 제헌논의에서 여성의 참정권과 정치적 평등 조항을 1917년 헌법에 포함시킬 것을 주장하면서 시작되었다. 1923년 5월 개최된 '제1회 전국페미니스트회의', 1931년 11월 멕시코혁명 21주년을 맞아 결성된 '혁명여성블록', 1935년에 결성된 '여성의 권리를 위한 단일전선' 등을 통해 멕시코여성들은 여성의 투표권·시민권 확보를 꾸준히 주장하였다. 결국 1947년 2월 지방선거에서 여성의 선거권과 피선거권이 공포되었고, 1953년 10월 헌법 제23조 개정을 통해 "남성과 여성은 공화국 시민으로서 기혼자는 18세 이상, 미혼자는 21세 이상의 건전한 삶을 영유하는 멕시코인은 모두 선거권과 피선거권을 갖는다."라는 내용이 추가되었다. 그러나 당시 멕시코 정부의 입장은 여성의 전통적 역할과 기능을 존중하는 차원에서 여성의 참정권과 시민권을 부여한다는 것이었다.

30) 1961년까지 연방하원의원은 단순다수 득표로만 선출되었다. 그러나 1963년 비례대표제가 도입된 후 1976년까지 소수정당 할당제가 부분적으로 실시되다가 1977년 선거법개정을 계기로 본격적인 비례대표제가 시행되었다.

31) 1977년 선거법개정은 군소정당의 제도권 진입을 목표로 했으므로, 100개의 비례대표 의석은 군소정당에게만 배당되었다.

32) 1987년 선거법개정은 비례대표 의석을 100개에서 200개로 늘렸지만, 군소정당에 한정되던 기존의 비례대표 의석을 모든 정당으로 확대 적용하도록 했다. 다만, 어떠한 정당도 연방하원의회 의석의 70%를 넘지 못한다는 저지조항이 포함되었다.

33) COFIFE(Código Federal de Instituciones y Procedimientos Electorales)

년 대통령 선거에서 PRD 대통령후보인 까르데나스의 승리가 명백해진 가운데 PRI가 온갖 부정한 방법으로 선거를 승리로 이끌었다는 인식이 선거 이후에 더욱 팽배해졌다. PRI는 새로운 정부의 정당성을 국내외로 알려야할 필요가 절실했으며, 그 결과 민주적 선거의 형식적 최소 요건들을 수용하기 시작했다. 이러한 과정의 결실이 1996년 선거법개정이었다.

1996년 선거법개정은 재정적으로 자립적이며 정당 및 정부의 압력으로부터 독립적인 선거기관 운영, 선거관련 사법체계의 재정비, 선거의 투명성 보장 등을 목표로 했다. 이에 따라 연방선거관리위원회(IFE[34])와 연방선거재판소(TEPJF[35])의 권한과 자율성이 증대되었다. 선거법 개정의 결과, PRI는 1997년 연방하원의원선거에서 최초로 과반수 의석 확보에 실패하여, 더 이상 행정부가 입법부에 대해 강력한 통제를 행사할 수 없는 정치상황이 만들어졌다. 또한 2000년 대통령선거에서도 PRI는 역사상 처음으로 패배하여 PAN에게 정권을 이양할 수 밖에 없었고, 이후 PRI의 약화 경향은 계속 심화되고 있다.

III. 2006년 총선 결과 및 특징

1 2006년 총선 결과

멕시코는 지난 2006년 7월 2일 전국선거와 지방선거를 포함한 총선을 실시하였다. 총 8개의 정당이 단독으로 또는 정당연합을 결성해 5명

34) IFE(Instituto Federal Electoral)

35) TEPJF(Tribunal Electoral del Poder Judicial de la Federación)

의 후보를 내세웠다. 2000년 선거에서 정당연합을 결성해 승리했던 PAN은 단독으로 출마한 반면, 항상 단독 출마만 해오던 PRI가 정당연합을 결성하여 선거에 참여했고, PRD는 지난 선거에 이어 또 다시 정당연합을 결성하여 출마하였다. 구체적으로 보면, PRD는 PT-Convergencia와 'Coalición por el Bien de Todos(만인의 행복추구를 위한 정당연합)'을 결성했고, PRI는 PVEM과 'Alianza por México(멕시코를 위한 정당동맹)'을 결성하였다. 대통령후보로는 PAN에서 깔데론(Felipe Calderón Hinojosa)[36]이, PRD-PT-Convergencia 정당연합에서 오브라도르(Andrés Manuel López Obrador)[37]가, PRI-PVEM 정당연합에서 마드라소(Roberto Madrazo)가 각각 출마했다. 한편 군소정당들도 정당연합을 결성하면서 대통령후보를 내세웠는데, 사회민주대안(Alternativa Social Demócrata)이 메르까도(Patricia Mercado)를, 신동맹(Nueva Alianza)이 깜빠(Roberto Campa)를 대통령후보로 내세웠다.

대통령선거의 결과, PAN의 깔데론 후보가 PRD-PT-Convergencia 정당연합의 후보 오브라도르를 불과 0.58%의 차이로 누르고 승리하였다. PRI 후보 마드라소는 22.26%의 지지율에 그쳤고, 군소정당연합 후보인 깜빠와 메르까도는 매우 낮은 득표율을 보였다.

---

36) 깔데론 후보는 멕시코시티의 Escuela Libre de Derecho에서 법학을 전공했고, ITAM(Instituto Tecnológico Autónomo de México)에서 경제학 석사학위를 받았으며, 하버드대학에서 공공행정으로 석사학위를 받았다. 20대 초반에 PAN에 가입하면서 정치계에 입문했고, 폭스 정부 하에서는 Banobras 은행의 은행장을 역임했고, 에너지부 장관을 역임했다.

37) 오브라도르는 멕시코 남부 따바스꼬 주 출신으로 UNAM에서 정치사회학을 전공했고, 1976년 PRI에 가입했다. 1988년 까르데나스가 이끄는 PRI 내 민주주의파에 들어간 이후 PRD의 창당멤버가 되었다. 1994년 따바스꼬 주 주지사 선거에 입후보했지만, PRI의 마드라소(Roberto Madrazo)에 패하였다. 이후 1996년부터 1999년까지 PRD 당대표를 역임했고, 2000년 7월 2일 선거에서 38.3%의 지지율로 멕시코시티 시장으로 선출되었다. 이후 저소득층 시민들의 호응을 받아 한때 80% 이상의 높을 지지율을 획득하기도 했다.

〈표 6〉 대통령선거 결과

소속 정당		대통령후보		득표수	비율(%)
PAN		깔데론		15,000,284	35.89
Alianza por México	Alianza por México	마드라소		9,301,441	22.26
Coalición por el Bien de Todos		오브라도르		14,756,350	35.31
Nueva Alianza		깜빠		401,804	0.96
Alternativa Social Demócrata		메르까도		1,128,850	2.70
미등록 후보들				297,989	0.71
무효표				904,604	2.16
총 투표수				41,791,322	100

연방하원의원선거 결과, PAN이 206석으로 1위를 차지했으나 과반수에는 못 미치는 41.2%의 지지율에 그쳤다. 그리고 PRD-PT-Convergencia 정당연합이 31.8%의 지지율로 2위를 차지했고, PRI-PVEM 정당연합이 24.2%로 3위를 차지했다. 향후 정당연합의 의석배분 결과를 감안한다

면, PRD는 25.4%, PRI는 20.6%의 의석을 차지할 것이다.

〈표 7〉 연방하원의원선거 결과

	단순다수제	비례대표제	합계	비율(%)
PAN	137	69	206	41.2
Alianza por México	64	58	121	24.2
- PRI	<62>	<41>	<103>	<20.6>
- PVEM	<2>	<17>	<18>	<3.6>
Coalición por el Bien de Todos	99	60	160	31.8
- PRD	<88>	<36>	<127>	<25.4>
- Convergencia	<6>	<11>	<16>	<3.2>
- PT	<5>	<13>	<17>	<3.4>
PANAL	0	9	9	1.8
PASDC	0	4	4	0.8
합계	300	200	500	100

연방상원의원선거 결과, PAN이 52석으로 1위를 차지했으나 과반수 의석에 못 미치는 40.6%의 지지율에 그쳤다. PRI-PVEM 정당연합은 30.4%의 지지율을 획득했고, PRD-PT-Convergencia 정당연합은 28.1%의 지지율을 보였다. 향후 정당연합의 의석 배분을 감안한다면, PRI는 25.7%, PRD는 22.6%에 그칠 것이다.

〈표 8〉 연방상원의원선거 결과

	최다득표정당 (주별 2석)	차점득표정당 (주별 1석)	비례 대표제	합계	비율(%)
PAN	**32**	**9**	**11**	**52**	**40.6**
Alianza por México	**10**	**19**	**10**	**39**	**30.3**
- PRI	<8>	<19>	<6>	<33>	<25.7>

- PVEM	<2>	<0>	<4>	<6>	<4.6>
Coalición por el Bien de Todos	**22**	**4**	**10**	**36**	**28.0**
- PRD	<19>	<4>	<6>	<29>	<22.6>
- Convergencia	<3>	<0>	<2>	<5>	<3.9>
- PT	<0>	<0>	<2>	<2>	<1.5>
PANAL	**0**	**0**	**1**	**1**	**0.78**
합계	64	32	32	128	100

주의 선거일은 각 주의 상황에 따라 별도로 결정할 수 있기 때문에, 2006년 7월 2일 선거에는 깜페체, 꼴리마, 과나후아또, 할리스꼬, 모렐로스, 누에보레온, 께레따로, 산루이스뽀또시, 소노라가 참여했다. 같은 해 3월 12일에는 멕시코주, 8월 20일에는 치아빠스, 10월 15일에는 따바스꼬가 선거를 실시했다. 2007년에는 5월 20일에 유까딴, 6월 24일에 바하깔리포르니아, 7월 1일에 치와와, 두랑고, 싸까떼까스, 8월 5일에 아구아스깔리엔떼스, 9월 2일에 베라끄루스, 10월 7일에 치아빠스, 11월 11일에 미초아깐, 뿌에블라, 시날로아, 따마울리빠스, 뜰라스깔라가 선거를 실시할 예정이다.

2006년 7월 2일 실시된 주선거 결과를 살펴보면, ① 깜뻬체 주는 11개 자치시 가운데 PRI가 6개시에서, PRD 정당연합이 3개시에서, PAN이 2개시에서 승리했고, 35명의 주의회의원선거(단순다수 21명, 비례대표 14명)를 실시하여 PRI가 14석, PAN이 6석, PRD 정당연합이 1석을 차지했다. ② 꼴리마 주는 10개 자치시 중 PRI 정당연합이 8개시에서, PAN이 2개시에서 승리했고, 25명의 주의회의원선거(단순다수 16명, 비례대표 9명)에서는 PRI 정당연합이 9석을, PAN이 7석을 차지했다. ③ 과나후아또 주는 PAN이 주지사선거에서 승리했고, 46개 자치시선거는 PAN이 36개시, PRI가 7개시, PRD 정당연합이 1개시, PVEM이 2개시에서 승리했으며, 36명의 주의회의원선거(단순다수 22명, 비례대표 14명)에서는 PAN이 22석 모두를 차지했다. ④ 할리스꼬 주의 경우, PAN이 주지사선거에서 승리했고, 124개 자치시선거는 PAN이 63개시에서, PRI가 46개시에서, PRD 정당연합이 10개시에서, PVEM이 5개시에서 승리했으며, 40명의 주의회의원선거(단순다수 20명, 비례대표 20명)에서는 PAN이 19석, PRD가 1석을 차지했다. ⑤ 모렐로스 주의 경우, 주지사선거에서 PAN이 승리했다. ⑥ 누에보레온 주의 경우, 51개 자치시선거는 PRI 정당연합이 32개시에서, PAN이 16개시에서, PRD 정당연합이 2개시에서, Nueva Alianza가 1개시에서 승리했고, 42명의 주의회의원선거(단순다수 26명, 비례대표 16명)에서는 PAN이 16석, PRI 정당연합이 10석을 차지했다. ⑦ 께레따로 주의 경우, 18개 자치시선거는 PAN이 10개시에서, PRI 정당연합이 4개시에서, PRI가 1개시에서, PRD가 2개시에서, Convergencia가 1개시에서 승리했고, 25명의 주의회의원선거(단순다수 15명, 비례대표 10명)에서는 PAN이 12석, PRI 정당연합이 3석을 차지했다.

연방특별구(멕시코시티) 시장선거 결과, 1997년 이후 계속해서 집권해 온 PRD와 PT-Convergencia 정당연합 후보인 에브라라르드(Marcelo Ebrard)가 46.37%라는 압도적인 지지율로 시장에 당선되었다. 반면, PAN의 후보 소디(Demetrio Sodi)는 27.26%의 지지율에 그쳤고, PRI-PVEM 정당연합의 후보인 빠레데스(Beatriz Paredes) 후보는 21.59%의 득표율을 보였다.

〈표 9〉 연방특별구 시장선거 결과

	PAN	Unidos por la Ciudad (PRI-PVEM)	Por el Bien de Todos (PRD-PT-Convergencia)
득표수	1,302,097	1,031,334	2,215,147
득표율(%)	27.26	21.59	46.37

연방특별구 구의회선거 결과, PRD-PT-Convergencia 정당연합이 총 66석 중 36석을 차지하여 과반수를 초과했다. 반면, PAN은 16석을 차

지했고, PRI-PVEM 정당동맹은 8석이라는 낮은 득표율을 보였다.

〈표 10〉 연방특별구 구의회선거 결과

	합계	PAN	Unidos por Ciudad (PRI-PVEM)	Por el Bien de Todos (PRD-PT-Convergencia)	Nueva Alianza	Alternativa Social Demócrata
합계	66	16	8	36	4	2
단순다수제	40	4	0	36	0	0
비례대표제	26	12	8	0	4	2

연방특별구 구청장선거 결과, PRD-PT-Convergencia 정당연합은 무려 51.97%의 지지율을 보인 반면, PAN과 PRI-PVEM 정당동맹은 각각 24.26%와 12.82%의 지지율에 그쳤다.

〈표 11〉 연방특별구 구청장선거 결과

	PAN	Unidos por la Ciudad (PRI-PVEM)	Por el Bien de Todos (PRD-PT-Convergencia)
득표수	1,157,222	611,843	2,479,421
득표율(%)	24.26	12.82	51.97

2 2006년 총선의 특징

2006년 멕시코 총선의 특징을 몇 가지로 나눠 정리해보면 다음과 같다. 첫째, 정당에 대한 투표선호도에 있어 많은 변화가 있었다. PRD의 득표율은 6년 만에 2배나 증대된 반면, PAN은 현상유지에 그쳤고, PRI는 수백만의 표를 잃었다. 이러한 투표선호도의 변화는 다른 국가들에서는 일상적으로 발생하는 일이나 멕시코의 경우는 새로운 현상이라 할 수 있다. 실제로 PRI가 2000년 대선에서 패배했다 하더라도 71년 장기집권의 지대한 영향력으로 인해 2006년 선거에서는 지지율이 회복될 것이라는 예측이 많았다. 그러나 이번 선거의 결과 PRI의 쇠퇴 경향은 더욱 두드러졌다. PVEM과 정당동맹을 결성했음에도 PRI는 역사상 가장 낮은 득표율을 획득했고, 대통령선거와 연방하원의원선거에서는 3위를 차지했다. 반면, PRD는 1989년에 시작된 짧은 역사에도 불구하고 제2정당의 지위를 갖게 되었다.

둘째, 강력한 대통령제의 전통이 급속히 약화되고 있다. 이번 대통령선거 결과, PAN의 대통령후보는 1/3을 약간 상회하는 지지율로 당선되었다. 더욱이 PRD-PT-Convergencia 정당연합 후보와의 표차는 불과 243,934표(0.58%)에 그쳤고, 이는 현재까지 지속되는 정치적 분쟁의 근거가 되고 있다. 멕시코에서 집권정당에 대한 낮은 지지도는 연방상·하원의회에서 여당의 과반수 획득 실패라는 상황과 아울러 행정부가 더 이상 독단적으로 정책결정을 추진할 수 없는 정치적 환경을 만들었다.

셋째, 행정부와 입법부간 정치적 분립 현상이 심화되었다. 여당인 PAN는 연방상·하원의회에서 다수석을 차지하기는 했으나 과반수 의석 확보에는 실패했다. <표 12>에서 볼 수 있듯이, 1982년 델라마드리드 정부 하에서 PRI는 대통령 74.3%, 연방상원의원 100%, 연방하원의원 74.7%, 주지사 32%, 주의회의원 76%, 자치시장 97%이라는 압도적인 지지율을 얻었다. 그러나 2006년 선거에서 PAN에 대한 지지율은 대통령후보 35.9%, 연방상원의원 40.6%, 연방하원의원 41.2%, 주지사 25%, 주의회의원 26.7%, 자치시장 17.95%에 불과했다.

〈표 12〉 멕시코의 정치권력의 분립과정, 1982-2006

	델라마드리드 (1982, PRI)	살리나스 (1988,PRI)	세디요 (1994,PRI)	폭스 (2000,PAN)	깔데론 (2006,PAN)
대통령	1 (74.3%)	1 (51%)	1 (50.2%)	1 (43.5%)	1 (35.9%)
연방상원의원	64 (100%)	60 (93.7%)	95 (74.2%)	46 (35.9%)	52 (40.6%)
연방하원의원	299 (74.7%)	260 (52%)	300 (60%)	206 (41.2%)	206 (41.2%)
주지사	32 (100%)	32 (100%)	28 (90%)	7 (21.8%)	9 (25%)
주의회의원	448 (76%)	558 (69%)	590 (60%)	327 (29.4%)	297 (26.7%)
자치시장	2322 (97%)	2148 (90%)	1520 (63%)	326 (13.4%)	437 (17.95%)

넷째, 선거 국면에서 정당연합의 경향이 빈번히 나타나고 있다. 이미 2000년 대선에서 PAN은 PVEM과 '변화를 위한 정당동맹(Alianza por el Cambio)'을 이끌어 폭스 후보를 대통령에 당선시켰다. 이는 지방선거에서도 마찬가지인데, 치아빠스 주지사선거에서는 PAN과 PRD, 그리고 6개 소수정당이 정당연합을 결성해 PRI 후보에 대응하기도 했다. 2006년 총선에서도 PRD는 PT, Convergencia와, PRI는 PVEM과 정당연합을 결성해 대부분의 선거에 공동으로 참여했다. 이러한 정당연합의 경향은 일상적 정치로까지 확산될 전망이다. 왜냐하면 입법부 내 절대다수당이 존재하지 않는 상태에서 한 정당이 정책을 결정하고자 한다면 다른 정당과의 타협과 합의가 불가피하기 때문이다. 멕시코에

서 법률개정은 연방하원의원 251명, 연방상원의원 65명의 승인이 필요하고, 헌법개정은 연방하원의원 333명과 연방상원의원 85명의 승인이 필요하다. 이에 따라 PAN은 법률개정을 위해서는 45명의 연방하원의원과 13명의 연방상원의원의 지지가 부족하고, 헌법개정을 위해서는 127명의 연방하원의원과 33명의 연방상원의원의 지지가 부족하다. 또 연방하원의회에는 8개의 정당이 참여하고 있으며 연방상원의회에는 6개의 정당이 참여하고 있어, 현재 입법부는 다양한 정치적 대표성을 확보하고 있다. 따라서 정당들 사이의 정치연합은 선거기간뿐 아니라 정책결정 과정에서 더욱 빈번해질 것이므로 정당들의 협상 기술이 절실히 필요해질 것이다.

다섯째, 지역간 투표선호도에 있어 극단적 대립 경향이 나타나고 있다. 2006년 선거 결과, 멕시코는 PAN을 지지하는 중부와 북부지역, PRD를 지지하는 중부와 남부지역의 분리 현상이 심화되었다. 다시 말하면, '부유한 멕시코'인 중·북부지역과 '빈곤한 멕시코'인 중·남부지역 간의 첨예한 대립이 선거에서 표 분리 현상으로 표출된 것이다.

〈그림 4〉 지역별 지지 정당

Ⅳ. 지속되는 정치적 분쟁과 향후 전망

멕시코에서 선거가 끝난 지 수개월이 지났음에도 불구하고 선거 결과에 따른 정치적 분쟁은 여전히 지속되고 있다. 첫 번째 이유는 선거 과정에서 네거티브 선거전이 난무하는 가운데 정치적 양극화가 심화되었기 때문이다. 이번 선거는 불안과 무질서, 그리고 공포의 확산이 특징적이었다. 대중매체 및 여론도 선거과정 내내 불신과 공포를 광범위하게 유포시켰다. PRD의 주장에 따르면, 선거에서 공포와 불신 전략은 사회적 불안을 확산시킴으로써 유권자들의 비판적 사고를 가로막아 보수적 우파정당에게 유리한 상황을 조성한다.

실제로 멕시코 방송매체들은 아르헨티나, 브라질, 베네수엘라, 에콰도르, 볼리비아 등에서 좌파 및 중도좌파 정당들의 승리가 예측되는 가운데 '멕시코 살리기', '멕시코 경축하기' 등 독점적 TV 선전을 내보냄으로써 선거에 간접적으로 개입했다. 추악한 TV전쟁(Teleguerra)이라 일컫는 방송매체들의 선거개입은 정치에 대한 언론의 자율성과 중립성을 표방하던 과거 멕시코 사회의 경향과는 배치되는 것이다. 이에 따라 멕시코에서 정부와 언론매체 간 새로운 유착관계가 형성되었다고 분석되기도 한다.

또한 폭스 대통령도 선거운동 과정에 지속적으로 개입하면서 노골적인 공포전(campaña del miedo)을 펼쳤다. 즉, PRD 주도의 'Por el Bien de Todos' 정당연합의 오브라도르 후보가 대통령이 되면 멕시코는 위기에 처하게 될 것이라고 공공연하게 선전했다. 이에 대해 연방선거재판소(TEPIF)는 명백한 명예훼손이고 중상모략이라 결론을 내렸지만, 폭스 대통령의 공포전은 선거 막바지까지 지속되었다. 기업대표들도 PRD와 오브라도르가 베네수엘라의 차베스(Hugo Chávez) 대통령과 협력관계에 있다는 근거 없는 유언비어를 유포하였다. 또한 기업대표들은 멕시코 유권자가 오브라도르를 선택한다면 새로운 경제위기와 화

폐의 평가절하가 있을 것이라 위협하기도 했다.[38)]

네거티브 선거전과 상대후보에 대한 지속적 비방에도 불구하고 IFE(연방선거관리위원회)는 소극적으로 대응할 뿐이었다. IFE는 1993년-2000년에 네 번의 선거를 치르면서 대정부 자율성을 추구하는 기관으로 발전하였다. 그러나 전국 300개 선거구의 선거인명부를 작성하고 선거구 관리들을 지정하며 투표를 배분하고 선거결과를 확인하는 IFE의 기존 기능은 2006년 선거에서 상당히 후퇴하였다고 평가된다. 특히, PAN의 대통령후보와 IFE의 위원장이 개인적으로 긴밀한 친분관계에 있다는 것이 알려지면서 IFE가 PAN과 유착관계가 있는 것이 아니냐는 의혹을 사기도 했다.

현재 멕시코에서 선거 결과에 대한 정치적 분쟁이 지속되는 두 번째 이유는 0.58%라는 너무 근소한 차로 오브라도르 후보가 패배했기 때문이다. 오브라도르와 그의 지지자들은 컴퓨터 개표과정에서 부정이 있었다고 주장하며, 그 증거로 IFE의 사전선거결과프로그램(PREP[39)])이 수도인 멕시코시티와 근교의 투표함을 먼저 개표하지 않은 점을 들었다. 이에 대해 오브라도르와 PRD는 IFE가 깔데론 후보에게 유리한 초기 결과를 보여주면서 선거 결과를 조작하고자 했을 것이라고 주장했다. 뿐만 아니라, 이들은 PRD가 압도적인 지지를 받고 있는 멕시코시티 투표함이 개표되는 과정에서 오브라도르가 2% 이상 앞서고 있었는데, 이후 깔데론이 0.58%의 차이로 갑자기 승리하게 된 경위에 대해서도 의문을 제기했다.

이와 같이 오브라도르와 PRD가 컴퓨터 개표 결과를 불신하는 이유는 1988년 대통령선거에서 컴퓨터 부정 조작으로 PRI 후보에게 패했

38) 이와 같은 네거티브 선거전에 반발해 PRD의 오브라도르 후보는 2006년 7월 11일 뗄레비사(Televisa) 뉴스에 출연해 폭스 대통령과 기업대표들인 곤살레스(Claudio X. González), 아스까라가(Gastón Azcárraga), 에르난데스(Roberto Hernández) 등을 파시스트라 칭하며 분개했다.

39) PREP(Programa de Resultados Electorales Preliminares)

던 기억 때문이기도 하다. 그러나 당시는 PRI 후보와의 표 차이가 컸기 때문에 PRD와 까르데나스가 현재처럼 크게 반발할 수 없었다. 그러나 이번 대선은 오브라도르가 너무나 근소한 차이로 패배했기 때문에 컴퓨터 상 약간의 오차가 발생할 수 있다는 의견이 PRD 내에서 지배적이었다. 이에 따라 오브라도르와 PRD는 이번 대선에 대한 세간의 의혹을 불식시키기 위해 '투표함을 모두 열어 하나씩 개표할 것(voto por voto, casilla por casilla)'을 요구했다.

〈그림 5〉 오브라도르 지지자들의 시위모습

이러한 요구에 대해 연방선거재판소는 총 투표함의 9%만을 재개표할 것을 결정했고, 선거결과를 뒤집지 못한 채 결국 2006년 9월 5일 PAN의 깔데론 후보가 멕시코의 대통령당선자임을 선포했다. 또한 연방선거재판소는 폭스 대통령과 기업대표들이 선거개입을 했던 것은 분명하지만 선거 결과에 영향을 줄만큼 결정적이지는 않았으므로 이번 선거는 유효하고 정당했다고 발표했다.

PRD는 연방선거재판소의 결정에 불복하여, 그리고 2006년 11월 22일 깔데론 정부의 출범 선언과 내각 구성에 대응하는 한편 멕시코혁명

개시의 96주년을 맞아, 오브라도르를 멕시코의 대통령당선자와는 대별되는 '합법적 대통령(presidente legítimo)'으로 선언했다. 또한 오브라도르는 12명으로 구성된 '합법적 내각(gabinete legítimo)'을 구성하였다. 그는 이 내각이 예비내각(gabinete de fantasma)은 아니며 PAN 정부의 반민중적 정책과 권위주의적 통치방식을 견제하는 역할을 하게 될 것이라고 밝혔다. 또한 오브라도르와 PRD는 깔데론 신정부를 '제도들을 통제하는 신파시스트 과두제'라고 규정하면서 독자적인 20개의 의제를 발표했다. 이 의제에는 새헌법 제정, 대중매체의 개방성, 이민문제, 부정부패, 약품 및 식량가격 인하, 건강, 교육, 고용을 위한 국민복지 증대, 전화·시멘트·TV·전기 부문의 경제적 독점 문제, 구제금융기관·멕시코석유회사·연방전기위원회의 부정부패를 규명하는 진실위원회 설립, 옥수수·강낭콩의 수입자유화 반대, 정당한 임금, 비공식부문 노동자 보호, 노동조합의 민주화와 노조활동의 자유, 전기·석유산업·문화자원의 민영화 반대, 사회적 소수자들에 대한 경제적 지원, 국공립대학의 문호확대, 건강권 보호, 공공서비스 확대 등이 포함되었다.

현재 멕시코에는 PAN의 깔데론 대통령과 PRD의 오브라도르 '합법적 대통령'이 공존하고 있다. 또한 깔데론 새정부의 내각과 오브라도르의 '합법적 내각'도 공존하고 있다. 더욱 심각한 문제는, 앞서 지적한 바와 같이, PAN을 지지하는 중북부 지역과 PRD를 지지하는 중남부 지역이 대립하고 있고, PAN을 지지하는 '부유한 멕시코'와 PRD를 지지하는 '빈곤한 멕시코'가 첨예하게 대립하고 있다는 점이다. 이와 같은 지역적 분리와 계층간 분열은 향후 멕시코의 정당과 선거의 운용에도 지대한 영향을 미칠 것이다.

참 고 문 헌

Assad, Carlos Martínez(coord.), *La sucesión presidencial en México, 1928-1988*, México: Nueva Imagen, 1992.

Crespo, José Antonio, *Los riesgos de la sucesión presidencial: actores e instituciones rumbo al 2000*, México: Centro de Estudios de Política Comparada, 1999.

Favela, Alejandro and Pablo Martínez, *México: ciudadanos y partidos políticos al inicio del siglo XXI*, México: Universidad Autónoma Metropolitana, CEDIOC, Plaza y Váldes Editores, 2003.

Gómez Tagle, Silvia, *La transición inconclusa: treinta años de elecciones en México 1964-1994*, México: El Colegio de México, 2001.

Rodríguez Araujo, Octavio and Carlos Sirvent, *Instituciones electorales y partidos políticos en México*, México: Jorale Editores, 2005.

Rojas, Jesús Salazar, *La transición mexicana: realidad y utopía*, México: Plaza y Váldes Editores, 2002.

Rus, Jan and Miguel Tinker Salas(coords.), *México 2006-2012: neoliberalismo, movimientos sociales y política electoral*, México: Universidad Autónoma de Zacatecas, Miguel Ángel Porrúa, 2006.

Contralínea, no. 61, 2006년 8월 1-15일.

EstePaís, no. 185, 2006년 8월.

MILENIO, no. 462, 2006년 8월 7일.

Nexos, no. 344, 2006년 8월.

Prospectiva, no. 31, 2006년 7-8월.

PROCESO, no. 1553, 2006년 8월 6일.

http://es.wikipedia.org/wiki/Mexico

칠레의 정당과 선거제도*

이순주

칠레는 피노체트의 독재정권으로 우리에게 매우 유명한 나라다. 피노체트 집권기를 제외하면 칠레는 오랜 다당제와 민주주의의 전통을 가진 국가로서 라틴아메리카에서 가장 민주주의의 질이 높은 국가로 인식되어왔다. 이는 정부의 투명성과 효율성의 측면에서는 모범이 되고 있기 때문이다. 그러나 아직 민주주의에 대한 지지는 우루과이나 코스타리카만큼 높지 않다. 2001년 통계를 보면 45%의 칠레인들이 민주주의를 지지하는데 있어 모호한 입장을 보였고, 19%의 칠레인들은 간혹 특정상황에서는 민주주의보다는 권위주의 정부가 나을 수 있다고 생각했다.(Hagopian, 2003) 이러한 입장은 선거에서의 좌·우파에 대한 지지가 극명하게 나뉘는 것으로 나타났다. 좌파연합인 '꼰세르따시온'이 민주화 이후 지속적으로 승리하여 4번째의 대통령을 탄생시켰지만 칠레 사회내의 좌파와 우파의 대립은 권위주의 청산문제와 함께 여전히 지속되고 있는 문제다.

---

* 이 글은 2007년 2월 28일 발간된 「중남미 연구」 제 25권 2호에 실린 논문을 재구성, 편집한 것이다.

1. 칠레의 정당제도: 다당제와 정당연합

칠레는 1973년 피노체트의 군사쿠데타가 발생하기 전까지 라틴아메리카에서 가장 오래된 입헌민주주의의 전통을 자랑하던 국가다. 역사적으로 이데올로기에 강하게 기반을 둔 다당제를 유지해 오고 있다. 칠레 정당들은 지방의 작은 마을에서부터 중·소도시, 수도에 이르기까지 사회전반에 깊숙이 침투하고 있으며, 전국규모의 정당들이다. 정당 가입과 활동은 대학, 노조뿐만 아니라 사적 모임에서도 리더십 획득에 중요한 바탕이 될 정도로 매우 일반적이다. 정치적 성향은 부모세대에서 자녀세대로 이어져 개인 정체성의 한 부분을 차지하고 있다.

현재 칠레 정당은 공식적으로 9개가 있으며 좌파, 우파, 중도파 세 가지 정향[1])으로 구분된다. 이러한 정향에 바탕을 둔 정치적 역동성은 1960년대 말의 기독교민주당(Partido Democracrático Cristiano, PDC)의 농지개혁, 1970년-1973년 사이의 살바도르 아옌데의 사회주의 혁명시도, 1973-89년 사이의 우익 군사독재 등 3가지 역사적 경험에서 비롯된다. 이러한 정치적 혼란의 반복은 칠레 국민들이 실용과 안정에 바탕을 둔 국민화합을 열망하게 하였고, 그 결과 중도좌파 정당연합이 16년 동안 집권하는 것이 가능하게 되었다.

칠레의 정당들은 지금의 선거제도 속에서 4개의 연합을 구성하고 있는데, 실제로는 이중 2개의 연합간의 대립구도로 나타나고 있다. 그러한 대립구도를 형성하고 있는 하나의 연합은 피노체트에 반대하고, 현재 집권하고 있는 중도좌파연합으로 '꼰세르따시온(Concertación de

---

1) 일반적으로 라틴아메리카의 정당들은 정치적 성향에 따라 좌 · 우 · 중도 · 중도좌 · 중도우파 등으로 분류된다. Coppedge(1997)는 라틴아메리카의 특성을 반영한 좀 더 세부적인 정당분류를 시도했다. 상 정치적 성향과 함께 기독교적 · 세속적; 개인추종적; 기타(환경, 지역, 종족적(ethnic), 페미니스트적) 등의 다양한 기준으로 분류하고 있다.

Partidos por la Democracia)[2]'과, 다른 하나는 피노체트를 옹호하던 중도우파연합인 '칠레를 위한 연대(Alianza por Chile, APC)'다.[3] 이러한 칠레정당은 각 선거구당 2명씩의 명부를 구성하도록 하는 '2석 선거구 방식'에서 보다 많은 의석을 확보하기 위해서 적극적으로 정당 간 연합을 구성하고 유지해 왔다.(Siavelis 2004)

'꼰세르따시온'은 1990년 대선과 총선을 위해 1989년에 구성되었다. 처음에는 군사독재에 반대하던 17개의 반대그룹으로 시작하여 '꼰세르따시온' 내부에서 소규모 정당이 대규모 정당으로 흡수 통합되는 과정을 거쳐 현재는 기독교민주당(Partido Democracrático Cristiano, PDC), 사회당(Partido Socialista, PS), 민주당(Partido por la Democracia, PPD), 급진사회민주당(Partido Radical Social Demócrata, PRSD)으로 구성되어 있다. 이중 PPD와 PS는 좌파계열이고, PDC, PRSD는 중도파에 속한다.

PDC는 라틴아메리카 뿐만 아니라 칠레에서도 현대적 정당 중 가장 오랜 전통을 자랑한다. 1910년 칠레의 민족팔랑헤(Falange Nacional)라는 명칭으로 창설되었다. 이 당은 창설 초기부터 필요한 사회개혁을 인정하고 사회혁명에 초점을 맞추어왔다. 이 당은 주로 중산계급의 가톨릭신자, 엘리트, 엔지니어, 전문직업인, 여성들의 지지가 높은 편이며(민만식 1971), 현재 '꼰세르따시온' 내에서 가장 큰 정당이다. PS는 1933년 창설되었고, 1973년 군부쿠데타에 의해 제거된 살바도르 아옌데(Salvador Allende) 대통령이 창설자 중 한사람이다. 쿠데타 이후 수

2) 'Concertación de Partidos por la Democracia'는 직역하면 '민주주의를 위한 정당연합'이고, '민주연합'이라고도 불린다. 여기서는 편의상 '꼰세르따시온'이라고 하겠다.

3) 나머지 2개의 연합은 지역 정당들을 중심으로 하는 '독립지역세력(Fuerza Regional Independiente)'과 공산당과 칠레휴머니스트당의 연합인 'Juntos podemos más'가 있으나 FRI는 하원 1석을 획득했고, JPM은 단 한 개의 의석도 얻지 못했다. 그럼에도 2석 선거구 방식으로 인해 공산당은 5%이상의 유권자들로부터 지지를 받음에도 불구하고(표1 참고) 의석을 획득하지 못했다.

립된 권위주의 정부가 정당 활동을 불법화시키자 공식적으로는 정당 활동을 수행하지 못했으며, 다른 정당들과 마찬가지로 다양한 그룹으로 해체되었다. 1980년대 말 공산당과 결별한 이후 사회민주주의 성향을 강화하고, PDC와 연계하여 '꼰세르따시온'을 구성했다. PS는 전임 리카르도 라고스 대통령과 현 미첼 바첼렛 대통령을 배출했다. 원래는 좌파성향의 정당이기는 하지만 실용적 정책노선을 취하고 있다. 따라서 현재는 정책적 측면에서는 좌파라기보다는 중도파의 성향에 가깝다고 볼 수 있다. PPD는 1989년에 사회주의자들에 의해 탄생했다. 1990년대 초에는 PS보다 더 진보적 정책을 채택하기도 했지만, 현재는 PS와 그다지 큰 차이가 없다. PRSD는 구 급진당의 국가통제주의적 성향을 유지하고 있으나 정책에 대한 논쟁에는 적극적으로 참여하지 않는다.(EIU 2006)

야당진영으로 1999년 결성된 APC는 1993년 출범한 칠레를 위한 연합(Unión por Chile)의 변신이다. APC는 중도우파성향을 가지고 있는 독립민주연합(Unión Demócrata Independiente, UDI)과 우파인 국민개혁당(Renovación Nacional, RN)으로 구성되었다. 독립민주연합(UDI)은 가톨릭 교리와 시장경제에 뿌리를 두고 있다. UDI는 신흥기업 엘리트들과 중간계층의 지지를 확보하고, 피노체트 시기에 이루어져 온 정책들 중 빈민의 생활여건 개선 등에 지속적으로 관심을 많이 기울여 전국의 빈민층과 젊은 유권자들의 지지를 받고 있다. 2001년 총선에는 칠레 내 최대정당인 PDC를 앞선 이후 현재 가장 많은 의석을 확보하고 있다. RN은 1989년 총선에서 상원 6석과 하원 29석을 확보하면서 우파의 중심정당으로 자리 잡았다. 의회 내에서의 의석비율은 매우 낮지만, 칠레 정치의 틀 속에서 독자적인 정당의 색을 매우 강하게 유지하고 있다. RN은 2005년 대통령선거에서 세바스띠안 삐녜라(Sebastián Piñera Echeñique)를 'APC'의 대통령후보로 내세웠다.

11. 선거제도

칠레의 선거제도는 오랜 피노체트의 권위주의 정권(1973-1990)이라는 역사적 경험의 맥락에서 이해될 수 있다. 피노체트 정권기(1973-1989)에 만들어진 선거제도는 권위주의적 민주주의를 공고히 하는데 목적을 두고 있었다.

의회는 양원으로 구성되어있다. 하원은 120명이 4년의 임기로 60개의 선거구에서 각 2명씩 선출된다. 상원은 38명으로 구성된다. 19개 선거구에서 2명씩 8년의 임기동안 활동하는데, 매 4년마다 하원 선거 시에 상원의 절반을 선출하여 운영한다. 2005년 선거이전까지 칠레에는 선출에 의한 것이 아니라 '제도'에 의해 임명되는 상원의원과 종신상원의원제도가 있었다. '제도'상원의원은 국가안보위원회에서 3명, 대법원에서 3명, 대통령이 2명을 추천하여 임명하고, 추가로 전임대통령이 종신상원의원으로 활동했다. 이 제도는 피노체트 정부가 '1980년 신헌법'을 통해 자신의 퇴임 후의 권력을 보장받기 위한 수단의 하나였고, 상원에서 군부를 지지하는 우파의 세력이 지속되도록 하는 결과를 낳기도 했다. 따라서 칠레의회는 군부잔재청산과 보다 더 민주적인 의회구성을 위해 2005년 개헌을 통해 제도의원과 종신상원의원제도를 폐지하고 모든 의원들이 선거에 의해서만 선출되도록 했다. 이에 따라 2000년도에 종신상원의원의 자격을 획득했던 에두아르도 프레이(Eduardo Frei Ruiz-Tagle, DC, 1994-2000)도 2005년 총선에서 로스 라고스(Los Lagos, X 지역)주의 '꼰세르따시온'의 후보로 출마하여 상원의원에 당선되었다.

칠레에서는 개방형 정당명부 비례대표제[4])를 실시하고 있다. 특징

4) 일반적인 개방형 정당명부 비례대표제는, 각 정당과 그룹은 다수선거구의 후보자 명부를 제출하고 유권자는 정당에 투표한다. 정당은 득표의 비율에 따라 의석을 배당받는다. 공개명부 비례대표제는 유권자들이 투표를 통해 정당에서

적인 것은 2석(binomial) 선거구방식을 채택하고 있다는 점이다. 이러한 방식은 앞서 언급한 '1980년 신헌법'을 통해 고안되었다. 군부정권은 새로운 선거시스템을 통해 우파정당을 과대표(over-represent)하는 동시에 국내정당의 수를 감소시키고자 했다. 정당의 수를 감소시키기 위해서는 미국이나 영국과 같은 1석 선거구방식이 더 합리적이었다. 그럼에도 불구하고 군부정권은 이러한 시스템에서는 자신들이 보장받을 수 있는 지지율이 40%에 불과하며 우파가 보장받을 수 있는 의석이 적다고 판단하고 '2석 선거구방식'을 선택한 것이다.(Siavelis 2004,60)

이 선거방식에서는 각 정당, 정당연합 혹은 무소속자들은 상원선거와 하원선거 모두 각 선거구당 최대 2명의 후보자 명부를 제출할 수 있다. 유권자들이 각기 선호하는 후보자에게 투표하면 첫 번째 의석은 각 후보자들 중에서 개인적으로 가장 많은 득표자에게 돌아간다.

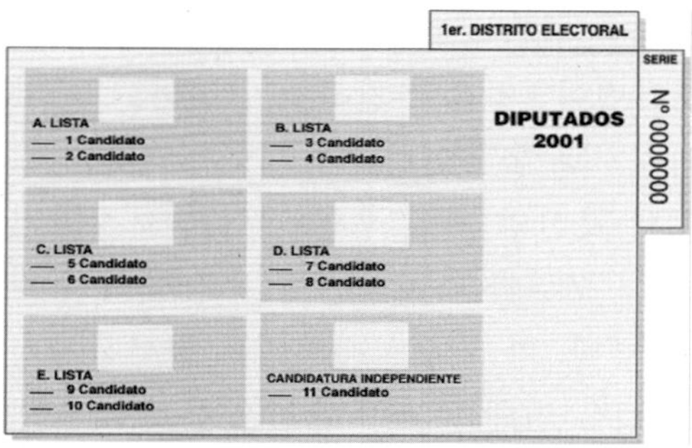

〈그림 1〉2001년 하원선거 투표용지 견본

두 번째 의석까지 한 정당명부에서 모두 획득하기 위해서는 해당명부가 두 번째로 많이 득표한 명부보다 2배 이상의 표를 획득해야한다. 이러한 시스템 속에서 두 후보 모두 당선시키기 위해서 요구되는 득표율이 매우 높기 때문에 각 정당들이 선거연대를 형성하도록 만든다. 하나의 의석을 확보하기 위한 리스트의 최소 득표율은 33.4%이고, 두 의석을 모두 보장받기 위해서는 해당 리스트가 66.7%를 득표해야 한다.(Huneeus 2005, 79) 1980년 헌법에서 만

제시한 후보자의 순위를 변경할 수 있어 유권자에게 직접선출기회를 부여하고 정당의 독점체체를 방지할 수 있다는 점에서 장점으로 인식되고 있다.

들어진 이러한 선거방식은 선거제도 고안자들이 원했던 바가 명확하게 나타난다. 의회구성을 변경시키기 위해서는 위에서 본 바와 같이 유권자의 표가 대량으로 움직여야 하고, 안정적인 의회 내의 의석확보를 위해 정당들이 연합을 하도록 하는 환경을 조성하고 있다. 한편으로는 비교적 대중적이지 않은 연합이 의석을 획득하여 의회로 진출하는 것을 어렵게 하고 있다.(Helgesen, 2006) 예를 들면, <표1>에서 볼 수 있는 바와 같이 칠레 지역행동당(Partido de Acción Regionalista de Chile)은 하원선거에서 전 국민의 0.41%에 불과한 득표를 했는데도 불구하고 1개의 의석을 확보했다. 그러나 칠레공산당(Partido Comunista de Chile)은 전 유권자의 5.13%의 지지를 받았음에도 불구하고 단 한 개의 의석도 갖지 못했다. 이러한 의미에서 현 칠레의 선거시스템은 '엘리트의 이익에 의해 냉동된 시스템'(Huneeus 2005)이라는 평가를 받고 있다. 이러한 2석 선거구방식은 최근 칠레 선거제도 개혁논의의 핵심쟁점이 되고 있다.(Navia, 2006)

대통령선거는 의회선거와 같은 해에 실시되는데, 칠레 대통령선거 입후보자는 일정 정도의 유권자들의 서명을 받아 출마할 수 있다. 대통령선거는 직접선거를 통해 이루어진다. 1차 선거에서 과반수이상을 득표하지 못하는 경우, 최다득표자 2인 중에서 결선투표를 통해 대통령으로 선출된다. 대통령의 임기는 6년이었는데, 2005년 개헌을 통해 4년으로 축소되었으며 연임은 금지되어있다.

칠레 선거에서 매우 특징적인 정당들의 연합은 1988년 피노체트의 재집권 여부를 묻는 투표이후 실시된 첫 민주적 절차에 의한 선거에서부터 나타난 현상이다. 대통령선거의 양상은 일반적으로 좌-중도파 연합과 우파간의 대결구도로 나타났다. 이러한 대결구도는 1989년, 1993년, 1999년 그리고 2005년 선거에서 지속적으로 이어졌다[5]. 각 좌-중도파와 우파의 정당연합 내에서 경선을 거쳐 각 정당연합의 대통령후보를

5) 양극화 현상에 대해서는(Garretón, 2000)을 참조.

선출한다. 이러한 정당연합에 포함되지 않은 정당의 대통령후보들과 함께 1차 대통령선거를 치르게 된다. 1차에 절대다수를 획득한 후보자가 있는 경우 바로 대통령에 당선되지만, 그렇지 않은 경우 최다 득표한 두 명의 후보를 두고 결선투표에서 대통령을 선출하도록 하고 있다.

III. 2005년 총선과 대통령 선거

1 2005년 선거배경

2005년 선거에 가장 큰 영향을 준 두 가지 배경적 요소는 전임 리카르도 라고스 대통령의 정치적 회복과 우파연합의 약화라고 볼 수 있다.

라고스 대통령은 2000년 선거당시 경제위기와 '꼰세르따시온' 내의 정당비리 등으로 인해 우파에게 유리한 상황에서 2.6%의 근소한 차이로 집권했다. 라고스 대통령 정부는 1997년-1999년 아시아 경제위기의 여파로 인한 위기상황에서 불안하게 시작되었다. 그러나 2003년부터 경제성장률의 증가와 실직율의 감소를 비롯한 경제지표의 회복은 정부에 대한 국민과 여론의 지지로 이어졌다. 그에 대한 긍정적인 평가는 2004년 지방선거에서의 '꼰세르따시온'의 승리로 나타났다.

이러한 '꼰세르따시온' 정부에 대한 강한 국민들의 지지는 우파의 정책적 선택을 약화시켰다. 또, '스피니악 사건(caso Spiniak)'[6]으로 알

6) 스피니악 사건은 2004년 시작된 법적공방으로 2005년 대선과 총선에 상당한 영향을 미쳤다. 이 사건은 칠레 유명 기업가인 끌라우디오 스피니악(Claudio Spiniak)이 칠레 산티아고에서 소아성도착자들의 그룹에 가담한 혐의로 경찰에 체포되면서 시작되었다. 이와 함께 삐아 구스만 (Pía Guzmán, RN소속)의원이 두명의 'APC'의원들과 '꼰세르따시온'소속 의원 한명이 스

려진 스캔들은 우파의 신뢰성에 치명적인 영향을 미치면서 심각한 리더십에서의 취약성을 보여주었고, 그 결과 2004년 지방선거에서 우파에 대한 낮은 지지로 이어졌다.(Hunneus 2005, 10) 이러한 상황은 우파정당연합의 분열로 이어졌다. 칠레 최대의 기업가이자 RN의 당수였던 삐녜라는 APC내에서의 UDI의 계속적인 헤게모니 장악을 견제하고자 하였고, UDI는 지난 2000년도 대선에서 라고스와 근소한 차이로 패배한 호아낀 라빈(Joaquin Lavín)후보를 APC의 단일후보로 추대 하고자 했다. 결국 삐녜라가 APC내의 경선을 거부함으로써[7] 1차 대통령선거에서 두 정당이 독자적인 후보를 내세웠다.

〈그림 2〉 삐녜라 후보는 칠레에 최초로 신용카드를 도입했다. 플래카드에는 "더 많이 속이기 위한 날개"라고 되어있다.

피니악이 주최한 파티에 참여했다고 기자회견을 통해 폭로함으로서 칠레전체를 들썩이게 만들었다. 이후 다른 UDI 소속의원(Joavino Novoa)의 과거 청소년 성유린 사실도 함께 폭로되면서 그에 대한 진실공방이 치열했다.

7) 삐녜라의 대통령 출마선언은 RN의 지도부와 RN내의 라빈지지자들(lavinistas)에게 커다란 충격이었다. RN내의 대표적인 라빈지지자들과 UDI의 맹비난에도 불구하고 대통령에 출마했다.

한편 '꼰세르따시온'은 매우 다른 상황에서 선거를 맞았다. '꼰세르따시온' 내의 정당들은 매우 응집되어 있었고, 경선을 통한 공동의 후보를 선출에 동의 하였으며, 정부는 실업률의 감소와 경제성장으로 시민들의 지지를 받고 있었다.(Hunneus 2005, 10) '꼰세르따시온'에서는 PDC의 예비대통령후보로 선정된 여성외무부 장관이었던 솔레닷 알베아르(Soledad Alvear)[8]와 PS의 미첼 바첼렛(Michelle Bachelet)중에서 경선으로 결정하기로 하였다. 경선 준비과정에서 알베아르는 매우 공격적으로 임했으나 PDC 당수의 지지가 소극적이었던 반면, 바첼렛에 대한 '꼰세르따시온' 내의 진보블럭의 지지는 압도적이었다. 또한 경선을 앞둔 시기까지의 여론조사에서 나타난 바첼렛에 대한 지지도와의 격차[9]는 결국 알베아르가 바첼렛을 "꼰세르따시온의 유일한 후보이자 미래의 대통령"으로 지칭하면서 경선에서 물러나도록 만들었다.(La Nación 2005/05/13)

이러한 상황은 총선에서의 정당연합의 후보명단을 확정하는 데에도 영향을 미치면서 '꼰세르따시온'은 각 지역구별 2명의 후보명단 중 PDC에서 1인, 나머지 진보블럭(PS, PPD, PRSD)에서 1인으로 구성하기로 합의했다. 따라서 하원후보명단에서 PDC가 제 1후보로서 60명, 그리고 나머지 진보블럭이 제 2후보로서 60명, 그리고 상원후보는 PDC가 9명, 진보블럭이 11명[10]을 공천하기로 합의했다. 중도우파 연합인 APC의 대통령 단일후보추대는 삐녜라의 돌연 출마로 무산되었고 RN와 UDI의 관계에 심각한 손상을 주기는 했지만, 총선에서의 후보명단 구

8) 알베아르는 2004년 지역선거를 한 달 앞두고 입각했다. PDC내 경선에서 55%의 지지를 얻어 상원의원이었던 아돌포 살디바르(Adolfo Zaldívar)를 10% 차이로 앞서 예비후보로 추대되었다.(La Nación 2005/01/17)

9) 경선을 앞두고 실시된 타임리서치(Time Research)가 실시한 여론조사에서 두 예비후보에 대한 지지도는 바첼렛이 74%, 알베아르가 20%로 매우 큰 격차를 보이고 있었다.(La Nación 2005/05/13)

10) 하원후보 PS 6명, PPD 3명, PRSD 2명(Gamboa & Segovia 2006, 93).

성에까지 변화를 가져오지는 않았다. 이는 2석선거구제도에서 우파정당연합의 후보명단이 분리될 경우 매우 부정적인 결과를 초래할 것이기 때문에 불가피한 선택이었다.(Gamboa & Segovia 2006, 950)

2 총선

2005년 총선에서 가장 많은 의석을 확보한 정당그룹은 '꼰세르따시온'이다. 하원 총 120석 중에서 65석을 차지했고, 2001년 보다 2명이 더 많이 선출되어 2001년 50%보다 조금 높은 55% 당선율을 보였다. 그 결과 2006년-2010년까지의 임기동안 '꼰세르따시온'은 전체 38개 의석 중 20개 의석을 확보하여 상·하원모두 과반수를 차지하였다.

총선결과 집권여당이자 중도좌파연합인 '꼰세르따시온'이 전국에서 51.76%를 득표, 65개의 하원의석을 확보했다. 그 다음으로는 중도우파연합인 APC가 38.72%를 득표하고 54개의 의석을 확보했다. 이러한 정당간의 선거연대 결성은 앞의 선거제도에서 언급된 바와 같이 현재의 칠레선거제도 내에서는 안정적인 의석확보를 위해 정당들에게 매우 중요한 사안이다. 그러나 선거연대의 형성은 의회 내에 새로운 세력의 진입을 방해하고 세력을 확보한 엘리트의 이익에 의해 시스템이 고착화된다는 문제를 안고 있으며 선거제도 개혁에 있어 논란이 되고 있는 부분이다.

2005년 의회선거 결과는 우선 '꼰세르따시온'이 하원 120개 의석 중 65개 의석과 상원 20개 의석 중 11개를 획득하여 양원 모두 과반수 의석을 회복했다는 점을 가장 중요하게 볼 수 있다. 이는 1990년 이후 처음으로 양원모두 '꼰세르따시온'이 과반수 의석을 확보한 것으로 2005년 선거법개정을 통해 '제도'의원을 폐지한 결과라 할 수 있다. 반면 APC는 하원에서 54개 의석을, 상원에서는 8개 의석을 확보하는 데 그쳤다.

PDC는 의회 내에서 개별정당으로서는 가장 많은 의석을 확보하고 있는 정당이다. '꼰세르따시온' 내에서도 가장 큰 정당이지만, 그 비중은 점차 약화되고 있다. PDC의 의회 내 비중은 1997년 총선 당시 31.7%였는데, 2001년에는 20%로 축소되었고, '꼰세르따시온' 내의 진보블럭을 형성하고 있는 PS, PPD, PRSD의 비중은 31.7%에 달했다.(Gamboa & Segovia 2006, 87-88) 상원에서는 '꼰세르따시온'이 20개 의석을 확보한 가운데 PDC는 7개 의석 나머지13개 의석은 진보블럭이 차지했고, 그 중 PS가 8개 의석을 확보했다. 결과적으로 2001년 선거결과를 통해 세력 강화가 두드러졌던 '꼰세르따시온' 내에서의 '진보블럭'은 2005년 선거를 계기로 확실한 자리매김을 한 것으로 볼 수 있다.

PDC의 '꼰세르따시온' 내 상대적인 위상은 이번 선거를 통해 약화되고 PS와 PPD의 위상은 높아졌다. 이러한 위상의 변화는 2석 선거구 방식의 유지와 함께 상당히 안정적인 연합의 가능성을 약화시키고 있다.(Siavelis 2004)

〈표 1〉 2005년 12월 11일 상 · 하원 선거결과 요약

	정당연합명/정당명	하원 득표율 %	하원 의석수	상원 득표율 %	상원 2001(1)	상원 2005(2)	상원전체
List A	**Fuerza Regional Independiente**	1.18	1	0.64	0	0	0
	Alianza Nacional de los Independientes	0.31	0	0.28	0	0	0
	Partido de Acción Regionalista de Chile (칠레지역행동당)	0.41	1				
	Independents List A	0.46	0	0.36	0	0	0
List B	**Concertación de Partidos Por la Democracia**	51.77	65	55.73	9	11	20
	Partido Demócrata Cristiano (기독교민주당)	20.81	20	29.65	2	5	7
	Partido por la Democracia(민주당)	15.45	21	10.74	2	1	3
	Partido Socialista de Chilie(칠레사회당)	9.98	15	12.12	4	4	8
	Partido Radical Socialdemócrata (급진사회민주당)	3.54	7	2.44	1	1	2
	Independents List B	2.00	2	0.79	0	0	0

List C	**Juntos Podemos Más**	7.38	0	5.98	0	0	0
	Partido Comunista de Chile (칠레공산당)	5.13	0	2.17	0	0	0
	Partido Humanista de Chile (칠레휴머니스트당)	1.56	0	1.46	0	0	0
	Independents List C	0.7	0	2.35	0	0	0
List D	**Alianza por Chile**	38.70	54	37.26	9	8	17
	Unión Demócrata Independiente (독립민주연합)	22.34	33	21.56	4	5	9
	Renovación Nacional (국민개혁당)	14.13	19	10.8	5	3	8
	Independents List D	2.23	2	4.90	0	0	0
Independent(off-pact)		0.95	0	0.38	0	1	1
전체		100	120	100	18	20	38

1. 2001년 선거에서는 18개 의석 선출

2. 2005년 선거에서는 38개 의석 중 20개 의석 선출

출처: (http://www.tribunalcalificador.cl/admin/upload/SENA2005.pdf)에서 부분 발췌.

3 대통령 선거

2005년 12월에 실시된 1차 대통령선거에서는 4명의 후보가 출마했다. PS의 미첼레 바첼렛 후보가 '꼰세르따시온'의 후보로 출마하였고, 기업가 출신의 삐녜라(Sebastian Piñera)가 RN의 후보로, UDI의 후보 라빈(Joaquin Lavin)과 '함께 더 할 수 있다(Juntos Podemos Más)'의 공동후보로 토마스 히르쉬(Tomás Hirsch)가 출마했다. 칠레 원주민부족인 마뿌체족 지도자 아우깐 우일까만(Aucán Huilcamán)은 유권자 서명의 최소 요구량을 채우지 못해 선거를 3개월 앞 둔 시점에서 선거사무국(Servicio Electoral)으로부터 후보자격을 인정받지 못했다.

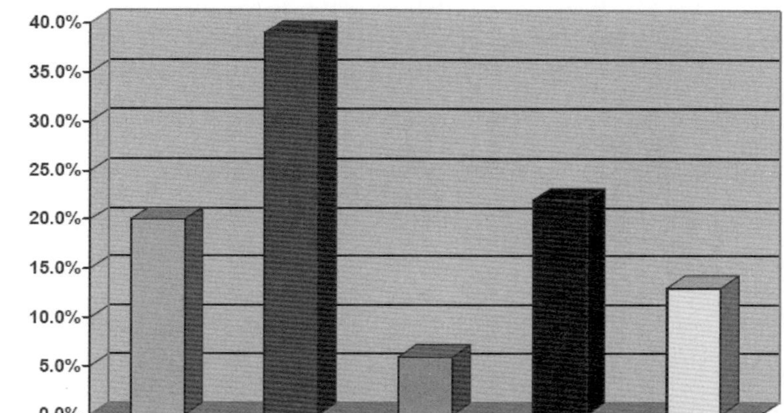

	Piñera	Bachelet	Hirsch	Lavin	Ninguno
Noviembre	20.0%	39.0%	6.0%	22.0%	13.0%

〈그림 3〉 2005년 11월 28일-30일 사이에 벤치마크(benchmark)가 실시한 여론조사결과

출처: http://www.emol.com/noticias/documentos/pdfs/benchmark_NOVIEMBRE_2005.pdf

2005년 12월 11일 1차 선거결과 바첼렛과 삐녜라가 결선투표에 진출했다. 1차 선거에서 각각 단독으로 대통령후보를 내세웠던 RN과 UDI는 RN의 삐녜라가 결선에 오르자 다시 연대하여 삐녜라를 APC의 대통령후보로서 추대하면서 결선에서 협력하기로 합의했다. 한편 공산당은 '꼰세르따시온'으로부터 선거제도개혁과 연금제도개혁을 약속받고 '꼰세르따시온'의 후보 바첼렛을 지지함으로써 결선은 중도좌파-중도우파의 양대 대결구도가 재현되었다.

바첼렛은 1차 선거에서 45%이상을 획득하여 다른 후보들의 2배에 가까운 지지를 받았다고도 볼 수 있지만, 반면 라빈과 삐녜라로 나뉘어 졌던 우파(Alianza por Chile)에 대한 지지는 바첼렛보다 많은 것이었다. 더군다나 가톨릭 성향이 강하고 보수적인 칠레사회에서 이혼경험이 있고, 사회주의자이며, 독신모이기도 한 바첼렛은 대통령감으로 적합하지 않다는 흑색선전에 휘말려야 했다.(Espíndola, 2006) 또 결선투표 4일전에 실시된 한 여론조사에서는 43.5%의 유권자가 기업가인 삐녜라를, 42.5%가 바첼렛을 지지하는 것으로 나타났다.(El Diario Austral: La Araucanía 2006/1/12) 이러한 상황에서는 바첼렛의 승리를 장담하기 힘들었다.

결선투표의 지역별 결과를 보면, 칠레 13개 주 중에서 단 1개 주(Araucania)[11]를 제외하고 모든 주에서 바첼렛이 승리했다. 그 중 바첼렛이 승리하고 20% 이상의 득표차를 보인 곳은 2개 주, 10% 이상 2개 주, 5% 이상 4개 주였다. 그리고 1% 내외로 두 후보 간 득표차가 매우 근소한 차이를 보인지역은 3개 주다. 아라우까니아 주는 전통적으로 우파를 지지하는 성향이 강한 지역으로(El Diario Austral: La araucanía 2006/1/16) 이번 선거에서도 우파 지지가 득표차이로 이어진 것으로 보인다. 칠레정부[12]의 발표에 따르면, 결선투표에서 바첼렛을 지지한 유권자중 남성의 53.69%, 여성의

11) 바첼렛:45.9%, 삐녜라:54.1%
12) http://www.elecciones.gov.cl

53.33%에 이르러 성별에 따른 지지도는 거의 차이가 없었다. 이는 최소한 2005년 대통령선거에서는 바첼렛의 성별과 개인적인 문제들이 선거에서 패배로 이끄는 변수는 되지 못했다.

〈표 2〉 2005-2006 대통령선거 결과요약

대통령후보 (소속정당/정당그룹)	1차 선거 득표수 (2005/12/11)	비율(%)	2차 선거 득표수 (2006/1/15)	비율(%)
Michelle Bachelet Jeria (사회당/CPD)	3,190,691	45.96	3,712,902	53.49
Seastián Piñera Echeñique(National Renewal/Alianza por)	1,763,964	25.41	3,227,658	46.50
Joaquín Lavín Infante (Independent Democrattic Union)	1,612,608	23.23	-	-
Tomás Hirsch Goldschmidt (Humanist Party / Juntos Podemos Más)	375,048	5.40	-	-
전체 유효투표	6,942,041	100	9640,560	100

출처: Servicio Electoral, http://www.servel.cl

Ⅳ. 2005년 선거의 특징과 '꼰세르따시온' 승리 배경

1 특징

이번 대선과 총선에서의 특징들은 군사정권의 역사적 잔재의 지속, 쟁점의 다양화와 큰 대립이 없는 논쟁, '꼰세르따시온' 내의 역관계 변화 등으로 요약될 수 있다.

선거전 과정에서 역사적 요소들은 여전히 중요한 한 부분을 차지했다. 1988년 국민투표에서 피노체트 정권에 대한 지지여부는 선거전에서도 매우 중요했다. 바첼렛은 자신의 가족과 함께 군사정권의 인권남용으로 고통받았음을 공공연하게 밝히는가 하면, 피노체트 정권말기인 1980년대 말에 정부요직에 있었던 호아낀 라빈(Joaquín Lavín)의 경우는 가급적 이에 대한 언급을 회피했다. 같은 우파이면서도 삐녜라의 경우는 1988년 국민투표에서 자신을 피노체트정권과 인권남용에 대해 반대하는 입장이었다고 라빈과 차이를 두려고 했다.

이번 총선과 대선에서 가장 중요한 이슈는 사회적 불평등과 교육불평등, 보건, 연금시스템, 에너지, 고용, 차별, 범죄 등의 사회경제적 문제들과 군대내 군인들의 투표, 이전 정부들에 대한 평가, 그리고 라틴아메리카 내에서의 칠레의 입지 등이었다. 특히 최근 칠레사회 내에서 나타난 빠른 변화들 - 예를 들면 2004년 이혼법 제정과 같은 변화 - 이 반영되어 후보자들은 지난 1999년 선거에서는 금기시 되었던 주제 중 하나인 동성애자간 결혼 등에 대한 견해도 다루어 졌다.(Sehnbruch, 10-11) 정치적 측면에서는 과거에는 금기시 되어왔던 주제들이 공론화 되어있으며, 선거는 매우 경쟁적으로 이루어졌다.

칠레 전체 정당연합들의 선거전에서의 정치적 성향과 선거공약으로 내세운 정책들은 '중도'를 유지하는 것이 대세였다. 우선 '꼰세르따시온'의 경우는 피노체트 시기부터 시작된 신자유주의에 기반한 정책들을 민주화 이후에도 지속하고 있었고, 이러한 정책기조는 새로운 정부에서도 지속될 것임을 강조했다. 특히 '꼰세르따시온'의 후보 바첼렛은 '실용주의'를 강조하면서 4가지 공약을 제시했다. 이러한 4가지 주요 공약은 원주민을 비롯한 다양성을 지닌 사회구성원에 대한 인정과 함께, 신자유주의에 기반한 성장정책, 교육개혁, 연금개혁 등을 통한 사회경제적 불평등해소, 그리고 선거제도개혁을 공약으로 내세웠다.

RN의 삐녜라 후보는 전통적인 우파의 지지를 결집하고 '꼰세르따시온'내의 가장 보수적인 그룹의 지지를 얻기 위해 노력했다. 라빈의 리더십은 약화되어가고 있으며 자신이 우파의 승리를 가지고 올 유일한 인물임을 강조하면서 사회적 불평등, 개인의 자유확대를 비롯한 7가지의 대통령프로그램의 목표[13)]를 제시했다. 또한 자신의 정부는 바첼렛이 이끄는 좌파정부보다는 현재의 APC뿐만 아니라 많은 중도의 뜻을 더 잘 대변할 것이며 '새로운 연대'를 만들어 낼 것이라고 주장했다. 자신이 구상하고 있는 '새로운 연대'가 '기독교적 휴머니즘'에 바탕을 둔다고 역설함으로써 군사정권에 대한 반감으로 인해 PDC를 지지해 왔던 보수 및 중도성향의 유권자들의 표를 획득하고자 했다.

2005년 선거에서는 각 후보자들과 정당을 명확하게 구분할 수 있는 선거공약에서의 정책적 차이는 크게 없었다. 각 후보들의 논쟁은 광범위한 일반화를 넘어선 근본적인 이슈들에 대한 실질적인 논쟁이나 정치와 경제시스템에 대한 심도있는 개혁에 관한 논쟁은 거의 찾아보기 힘들었다.(Sehnbruch, 11;Gamboa & Segovia, 2006, 97)

---

13) 삐녜라후보의 7가지 주요선거공약은 다음과 같다. 1)기회의 평등을 통한 사회적 불평등 감소 2)민주적인 제도에 대한 신뢰회복 3)국가에 대한 개인의 자유및 권리의 강화 4)지방의 활성화 5)생산적인 중간계급의 활성화 6)세계의 글로벌화에 대응하기 위한 참여 7)환경보호 (Gamboa & Segovia 2006, 98)

2 왜 다시 '꼰세르따시온'인가?

집권여당인 '꼰세르따시온'의 입장에서 다시 정권을 잡을 수 있었던 배경은 전임 리카르도 라고스 대통령기에 대한 평가, 바첼렛 후보에 대한 기대로 압축될 수 있다.

라고스 대통령이 집권할 당시의 고실업과 마이너스 성장의 경제위기에서 벗어나기 위해 자유무역협정 등을 통해 대외관계를 강화해 나갔고, 그의 재임기간 동안 평균 5-6%의 경제성장을 이루어 냈다. 또한 자유무역협정 등을 통해 대외관계, 그리고 '꼰세르따시온'정부의 강한 결속력에 그 바탕을 두고 있다. 리카르도 라고스 대통령은 바첼렛과 마찬가지로 사회주의자로서 대통령에 당선되었다. 그럼에도 경제정책에 있어서는 지속적으로 개방과 시장중심의 신자유주의 정책을 유지함으로써 사회주의자 대통령이 이끄는 정부에 대해 상당한 우려를 가지고 있었던 기업가들의 불안감이 제거된 것도 중요한 이유가 된 것으로 보인다.(Contreras, 2005) 라고스 정부는 좌파, 중도파, 그리고 우파 모두에게서 강력한 지지를 받았다. 라고스의 국내외적 경제정책운용 및 그 성과는 칠레상공인연합회(Confederación de la Producción y del Comercio, CPC)의 회장인 소메르비예(Hernán Somerville)를 비롯한 많은 기업인들로부터 지지를 받았다.(La Tercera, 2005/11/18)[14] 많은 사회문제들이 산적해 있음에도 불구하고 2005년에는 GDP 6%와 일인당 GDP 7,000불에 이르는 성장을 보였다. 2005년도 실업률[15]도 평균 8.1%를 기록하여

14) 칠레의 정치분석가 까를로스 우네우스(Carlos Huneeus)는 이러한 라고스 정권에 대한 지지가 직접적으로 여성대통령 후보인 바첼렛의 득표로 이어지지는 않을 것으로 예견하기도 했다. 그 이유로 바첼렛이 지나치게 양성평등에 집착하는 인상을 주고 있으며 남성유권자들을 별로 인식하지 않기 때문(La Tercera 2005/11/18)이라고 밝혀 여성에 대해 여전히 매우 보수적인 견해를 보여주었다.

1998년 이후 최저치를 기록했다.(Malamud 2006, 2) 1980년대에는 칠레 인구의 거의 절반이 빈민이었지만 지금은 5명중 1명이 빈민이다. 칠레의 전 재무장관에 의하면, "1990년대 칠레 빈곤퇴치의 60%는 경제성장, 40%는 사회정책으로 이루어 진 것이다."(Tucker 2006, 8에서 재인용) 이러한 칠레의 사회경제지표의 달성은 신자유주의정책의 성공에 의한 것이 아니라 사회지출확대를 위한 세원확보와 같은 확대재정 정책이 있었기에 가능한 것이었다.(Tucker 2006)

바첼렛은 권위주의 정권기에 PS관련활동으로 체포, 국외로 추방된 경험이 있으며, 소아과 의사로서 2000년도에 보건장관을 역임했고, 2002년 초반 민간인 여성으로서 국방장관에 임명되었다. 그의 국방장관취임은 군사잔재 청산과 민군관계 개선이 최대 정치적 쟁점이던 시기에 국민화합의 상징 인물로 떠올랐다. 소아과 의사로서 많은 봉사활동을 해 온 그녀는 신자유주의 경제개혁에 따른 시장의 강화는 시민들에게 매우 가혹한 것이라고 전제하고 이를 완화하기 위해 정부의 사회정책이 반드시 필요하다는 인식을 가지고 있다.

바첼렛은 처음에는 "제가 당신과 함께 있습니다.(Estoy Contigo)"를 사용하다가 "칠레를 위해, 국민을 위해, 대통령 바첼렛(Por Chile, por la gente, Bachelet Presidente)"을 슬로건으로 사용했다. 그는 개헌으로 축소된 4년의 임기동안 사회경제적 불평등해소, 교육, 보건, 노동의 질적 향상, 그리고 연금개혁을 통한 노후보장을 위해 최대한 노력할 것을 다짐해 왔다. 이를 위해 바첼렛은 대화와 참여를 통해 시민들에게 다가서는 새로운 스타일의 정부를 만들겠다고 공약했다.(http://www.michellebachelet.cl/)

앞에서 본 바와 같이 바첼렛에 대한 남성과 여성의 지지도에는 거의 차이가 나타나지 않았지만, 바첼렛의 여성정책프로그램은 최소한

15) 야당은 이러한 실업률의 감소가 정부의 후견주의에 의한 공공부분 고용확대에 의한 것이며 선거전에서 긍정적인 효과를 노린 것으로 본다.

결선에서의 다른 후보에 대한 지지를 최소화 할 수 있었던 것으로 보인다. 바첼렛의 여성정책은 "Plan Más Mujeres para Chile(칠레를 위한 더 많은 여성계획)"으로 압축된다. 그는 2005년 7월 아라우까 원주민 여성들과의 만남에서 이 계획을 제시했는데, 모두 6개 분야로 나뉜다. 1)교육의 질 향상을 통해 여성을 위한 더 많은, 더 나은 일자리 창출, 2)여성의 평균수명을 고려한 연금 및 사회보장제도의 개선, 3)동등한 권리를 누리는 가족, 4)여성에 대한 폭력근절, 5)교육, 노동, 문화 등 다양한 분야에서의 여성차별철폐, 6)여성건강 증진 및 섹슈얼리티 등을 세부내용으로 하고 있다.

그는 칠레 전체가구의 1/3에 해당하는 여성가장의 한사람이다. 이러한 그의 입장은 다양한 가족형태에 따른 정부의 다양한 정책이 필요하다고 역설하는 직접적인 배경이 되었고, 정책실현에 있어서 진실성을 인정받기에 충분했다.

V. 전망

2005년 총선과 대선의 결과는 '꼰세르따시온'의 승리로 끝났다. 특히 민주화 이후 처음으로 상, 하원 모두 '꼰세르따시온'이 과반수의 의석을 차지함으로써 일반적인 법안의 통과가 야당인 우파와의 협상 없이도 가능하게 되었으며, '꼰세르따시온'과 바첼렛 대통령 모두에게 매우 긍정적인 출발이었다. 그러나 여전히 높은 정족수가 요구되는 중요 법개정과 임명동의 가결을 위한 야당과의 협상이 필요한 상황이다. 또한 이번 선거결과를 통해 '꼰세르따시온' 소속 정당들의 세력변화가 더욱 더 두드러졌는데, PDC와 진보블럭간의 대결양상으로 나타났다. 이는 의회 내에서 '꼰세르따시온'이 과반수를 차지하기는 하지만 이러한 세력변화가 특정정당의 이탈을 유발할 가능성을 가지고 있으며 그에 따라 정부의 정책이 순조롭게 진행되지 않을 가능성도 상존해 있다.

특히 오래전부터 칠레 선거제도 개혁의 핵심이었던 '2석 선거구 방식'은 개혁을 위한 집중적 논의의 대상이 되어왔다. 정당간의 연합이 '2석 선거구 방식'의 선거제도 속에서 각 정당들의 많은 의석을 확보하기 위한 전략적 선택이었음을 감안한다면 '꼰세르따시온'을 비롯한 기존의 정당연합은 와해될 가능성이 높다고 볼 수 있다. 이러한 개혁의 방향은 향후 칠레의 정당들 간의 역관계와 지형에 많은 변화를 가지고 올 것이다.

권위주의 정권의 잔재로 인한 칠레 국민들의 정치적 성향은 이번 선거에서도 뚜렷한 좌우 분리양상으로 나타났다. 칠레사회는 긍정적인 경제성장 지표의 이면에 매우 심각한 사회경제적 불평등 문제를 안고 있고, 바첼렛은 자신의 역량을 이러한 불평등 문제의 완화에 집중할 것으로 공약했다. 2006년 바첼렛은 미주대륙에서 최초로 같은 수의 남성과 여성으로 내각을 구성하여 성별격차 없는 내각을 출범시켜 자신의 공약을 실천함으로써 다양한 사회적 불평등에 강력히 도전하겠다는 의지를 보였다. 2010년경까지 전 국민을 위한 사회보장시스템의 완비, 영·유아기에서 대학 및 기술학교까지 양질의 교육제공, 시민에 근간을 둔 보다 더 양질의 참여민주주의, 차별 없는 사회건설, 원주민의 정체성과 전통과 뿌리유지 및 발전, 양질의 노동시장제공, 환경과 자연을 보호하고 존중하는 사회, 모든 시민, 지역에서 문화적 소양이 넘치는 사회 등 바첼렛 정부가 제시하고 있는 목표들(http://www.presidencyofchile.cl/2006/3/12)은 모두 상당한 시간을 요구하는 과제들임에도 불구하고 바첼렛이 가진 시간은 4년 밖에 없다.

참 고 문 헌

Contreras, Marcelo(2005) "Las Nuevas Tendencias que Muestran las Encuestas y la Campaña Presidencial," *Revista Foro, No.43, Enero-Febrero,* http://www.chile21.cl/foro21/43/5.act

Coppedge, Michael(1997), "A Classification of Latin American Parties," *Kellogg Institute Working Paper,* No. 244(Nov.)

EIU(2006), *Country Profile: Chile.*

Elias, Antonio.(2006) *Los gobiernos progresistas en debate. Argentina, Brasil, Chile, Venezuela y Uruguay.* Programa de edicion y distribucion cooperativa de CLACSO. CLACSO, Consejo Latinoamericano de Ciencias Sociales; PIT-CNT Instituto Cuesta Duarte : Buenos Aires, Argentina. Julio.

Espíndola, Roberto(2006), "Chile's New Era", Open Democracy Ltd. http://www.opendemocracy.net

Garretón, Manuel Antonio(2000), "Chile's Elections: Change and Continuity," *Journal of Democracy,* Vol.11, No.2. pp.78-84

Hagopian, Frances(2003). "The (Too-Low but) Rising Quality of Democracy in Brazil and Chile?" paper prepared for the Conference on The Quality of Democracy: Improvement or Subversion? Stanford University, October 10-11.

Helgesen, Vidar(2006), "Options for reforming Chile's electoral system," International Institute for Democracy and Electoral Assistence(IDEA), paper presented I Santiago, Chile, 24 April.

Huneeus, Carlos(2005) "Chile: A System Frozen by Elite" in *Electoral Syetem Design: the New IDEA Handbook* by International IDEA, PDF file in http://www.idea.int/

Lijphart, Arendt & Carlos A. Wiseman.(eds.)(1996). *Institutional Design in New Democracies: Eastern Europe and Latin America,* Boulder: Westview Press.

Mc Donald, Ronald H. & J. Mark Ruhl(1989), *Party Politics and Elections in Latin America,* Boulder: Westview Press.

Navarrete, Bernardo(2005), "Un centro excéntrico: Cambio y Continuidad en la Democracia Cristiana 1957-2005", *Política,* Vol.45, Primavera. pp.109-146.

Navia, Patrica(2006), "Principios rectores para una reforma electoral", *en foco,* No.68. Santiago: expansiva.

Sehnbruch, Kiersten(2006), "Bachelet: Sí", http://www.clas.berkeley.edu:7001/Publications/newsletters/Winter2006/Winter2006-Sehnbruch.pdf

Siavelis, Peter(2004), "Sistema Electoral, Desintegración de Coaliciones y Democracia en Chile:¿El Fin de la Concertación?" *Revista de Ciencia Política*, Vol.24, No.1.pp.58-80.

Tucker, Todd (2006), *The Use of Chile: How Politics Trumped Truth in the Neo-Liberal Revision of Chile's Development,* Discussion Paper, september, Washington: Public Citizen's Global Trade Watch.

Gamboa, Ricardo;Segovia, Carlos(2006), "Las Elecciones Presidenciales y Parlamentarias en Chile", *Revista de Ciencia Política*, Vol. 26, No.1, pp.84-113.

http://countrystudies.us/chile/100.htm

http://www.elecciones.gov.cl/

http://www.europarl.europa.eu/meetdocs/2004_2009/documents/fd/200/200

601/20060125_04_chile_elec.pdf "Chile: Political parties and elections"
http://www.michellebachelet.cl/
http://www.servel.cl
http://www.presidencyofchile.cl/
http://www.tribunalcalificador.cl/admin/upload/SENA2005.pdf

EL Diario Austral: La Araucanía 2006/1/12
EL Diario Austral: La Araucanía 2006/1/16
La Tercera, 2005/11/18
La Nación, 2005/01/17
La Nación, 2005/05/13

브라질의 정당과 선거제도

김영철

Ⅰ. 브라질의 정당제도

1 정치체제와 정당의 역할

정당은 정치인들이 자신의 정치적 권익을 추구하기 위해 만든 것으로 정치적 변화에 민감하게 반응하기도 하고 정치체제 전환을 주도하기도 한다. 따라서 정당은 정치체제가 규정한 법률과 규칙에 따라 경쟁하면서 상호작용을 통해서 정당 체제를 형성하게 된다. 그러므로 정당체제의 민주화 정도가 국가의 민주주의 수준을 나타내준다.

브라질 정당은 독립 직후 친 브라질파와 친 포르투갈파로 나누어진 때부터 브라질 정치 발전과 맞물려 성장했다. 브라질 정치사는 독립이후 왕정체제, 제1공화정, 신국가 체제, 제2공화정, 군부 집권기, 민주화 이후 제3공화국으로 구분되어 진다(Dabène 2003, 4; McDonald & Ruhl 1989, 254; Mainwaring and Timothy 1995, 357). 이러한 구분은 정치체제의 변화에 따라 이루어지기 때문에 각 시기의 정당체제를 살펴보면 브라질의 정치 발전뿐만 아니라 개별 정당의 성장 과정을 파악할 수 있다.

독립 이후 브라질은 다른 라틴아메리카 국가들과 달리 왕정체제를 채택했다. 왕정 기간에 의회제도는 양원제로 운영되었지만 왕정의 절대적 권력 행사로 인해 의회의 역할은 크지 않았다. 의원들은 대지주 농업 엘리트의 보수주의자와 상업 엘리트의 자유주의자들이 장악하고 있었다. 정치권력에 대한 입장에서도 대립적인 구도를 지니고 있었는데 농업 엘리트들은 왕권과 중앙집권 권력을 강화하려고 했고, 상업 엘리트들은 왕의 권한 축소와 지방의 자치권을 어느 정도 인정해 주는 권력 구조를 구성하려고 했다.

왕정 정치는 공화주의 사상이 전파되면서 붕괴되었다. 1870년 상파울루의 이투(Itú)에서 공화주의 운동이 나타나면서 제1공화정이 탄생했다. 공화당은 콩트의 실증주의에 영향을 받아 구체제인 왕정체제의 폐지, 공화 정부 구성과 노예제 폐지를 주장했다(McDonald & Ruhl 1989, 257-258). 마침내 1889년에 동페드루 2세를 몰아내는 공화혁명을 일으켜 공화정부를 수립했다. 공화당은 미국의 대통령제, 의회제도와 양원제를 내용으로 하는 공화국 헌법을 공표했다. 비로소 브라질에 미국식 공화주의가 시작된 것이었다. 그러나 제1공화정 기간은 상파울루와 미나스 제라이스 주의 공화당이 모든 권력을 장악하고 있는 과두체제였다. 정치권력이 두 주에 집중되어 권력을 양분하고 있었는데, 당시 두 주의 주요 경제 활동이 커피와 목축업이었다. 이와 같이 정치권력과 경제가 두 주에 집중되어 있다고 해서 "밀크 커피(Café com Leite) 정치"라고 부른다.

과두체제는 1920년대 새로운 이데올로기가 유입되면서 변하기 시작했다. 브라질은 독립 100주년을 맞이하여 모더니즘 운동과 소장 장교운동(Tenentismo)이 본격화되었다. 모더니즘 운동은 정체성 운동으로 발전하여 '진정한 브라질'을 찾기 위한 것으로 이어져 브라질에게 맞는 정치 체제는 어떤 것인가에 대한 논의를 확대시켰다. 또한 유럽의 사회주의와 신디칼리즘 등의 새로운 사상이 브라질에 유입되었다[1]. 유럽의 신사상은 브라질의 도시노동자들의 사회적 인식의 변화

1) 1922년에 루이스 카를루스 프레스테스(Luís Carlos Prestes)가 히우와 포르

를 가져왔다. 이와 같은 변화들은 대통령 선거에 불만을 품은 정치인들의 분노를 폭발시켰다. 정치적으로 소외되었던 지역들이 히우 그란지 두 술 주를 중심으로 단결하여 제툴리우 바르가스(Getulio Vargas)를 지도자로 하는 1930년 혁명을 일으켰다. 따라서 1930년 혁명은 지방 엘리트들이 중앙 엘리트들에 대한 반봉건, 반과두제, 민족주의 운동으로 평가할 수 있다.

1930년 혁명이후 모든 정당 활동을 인정했을 뿐만 아니라 비밀투표를 실시하고 여성들에게 참정권을 부여했다. 짧은 기간이었지만 브라질에서는 파시스트 정당, 공산당과 팔랑헤 운동 등 다양한 이데올로기 정당들이 등장하여 민주주의 체제가 정착되는 듯 보였다.

그러나 바르가스는 혁명정부를 장악하고 신국가 체제를 형성했다. 신국가 체제는 모든 정치인, 정당과 정치단체들의 활동을 통제했다. 당시 정당들은 20년대 모더니즘 운동과 30년 혁명에 자극받아 대부분이 민족주의적 성향을 띠고 있었다(Dabène 2003, 4). 바르가스의 정치적 토대도 민족주의에서 벗어나지 못했다. 따라서 신국가 체제는 민족주의적 민중주의 정권이라 할 수 있을 것이다.

투 알레그리에서 브라질 공산당을 창당했고, 1928년에는 노동당이 창당되었다.

〈표 1〉 브라질 정치와 정당

정치사 구분	주요 정당	특 성
왕정체제 (1822–1889)	자유파 보수파	중앙권력의 분산과 지방의 자유, 소득보유자 선거 제도, 소수에게 만 투표권(소득, 자유, 백인)
제1공화정 (1889–1930)	1870년 공화혁명 1873년 공화당 창당 1903년 지역공화당 창당	1891년 투표권 확대 공화주의 과두체제 강화 대령주의(Coronelismo) 강화
1930년대 혁명기 (1931–1936)	이데올로기 정당 등장 1922년 공산당 1932년 파스트 정당 등	비밀투표, 여성투표, 선거재판소 창설
신국가체제 (1937–45)	정당제 폐지	독재체제 정치인-군인-관료 중심
제2공화정 민중주의적 민주주의 (1945–64)	사회민주당 브라질 노동당 국민민주연합	민족주의자와 외부개입주의자 (entreguistas)간의 이데올로기 대립 보수주의자에 의한 쿠데타 유발 정치와 선거 참여 확대
군부정권 (1964–84)	양당체제: 국민혁명연합(ARENA) 브라질 민주운동(MDB)	대통령과 주지사 간접선거 강력한 행정부와 약한 의회
민주화 이후 제3공화정 (1985년 이후)	다당제 신당 창당 이데올로기 자유화	재민주화 완전한 정치적 자유 다당제 강화 정당조직의 다변화

출처: http://educaterra.terra.com.br/voltaire/brasil/2003/08/18/001.htm(2006.10.26)

제2공화정은 신국가 체제가 붕괴되고 민주주의 시스템이 복원되면서 시작되었다. 특히, 다당제가 도입되면서 역사상 처음으로 정당 경쟁을 통해 정권을 창출하는 계기를 마련했다(Mainwaring and Timothy 1995, 358). 이 기간에는 공산당을 비롯한 신국가 체제 이전의 정당들이 활동을 재개했으며 새로운 정당들이 결성되었다. 그러나 민중주의적 민주주의 체제는 크게 친바르가스와 반바르가스로 나누어져 있었으며 정당도 이 논리에 따라 구분되었다. 친바르가스 세력은 사회민주당과 브라질 노동당이 주도했다. 사회민주당은 농촌 부르조아지와 고위관료들을 중심으로 결성되어 중도파 정당임을 표방했지만 실상은 보수파 정당이었다. 브라질 노동당은 조합주의 체제를 통해 노동자 세력을 규합하기 위해 만든 정당으로 바르가스가 직접 창당했으며 정권을 창출하는데 결정적인 역할을 하게 된다. 이와 같이 정치적 기반을 마련한 바르가스는 쿠데타로 정권에서 물러났지만 여전히 가장 영향력 있는 정치 세력으로 남아있었다. 반면, 반바르가스, 반민중주의 정치인들은 국민민주연합(UDN)을 창당하여 바르가스의 민중주의 정치권력에 맞서고 있었다. 국민민주연합은 주로 외국자본과 사적 부분에 대해 호의적인 부르조아지, 도시 중산층이 대부분이었는데 이데올로기적으로는 자유주의와 반민중주의적이었다(McDonald & Ruhl 1989, 259). 이처럼 제2공화정 기간은 민주주의 체제를 유지하고 있었지만 민중주의 대 반민중주의로 양분되어 있었다. 이런 특성 때문에 당시의 정치를 민중주의적 민주주의라 평가한다.

이와 같은 대결구도는 1960년대 초반까지 지속되었으며 양극화는 쿠바를 비롯한 중남미 좌파 정권의 등장으로 더욱 악화되었다. 결국 정치적 대결이 격화되면서 사회적 혼란으로 발전하여 군부쿠데타의 빌미가 되었다.

군부정권은 정치활동을 효율적으로 통제하기 위해 정당을 통합하여 양당제를 도입했다. 제도 법령 2호(Ato I-2)를 발표하여 모든 정당을 국민민주연합 당원들과 쿠데타 지지 세력을 주축으로 하는 국민혁명연합(ARENA-Aliança Renovadora Nacional), 브라질 노동당과 사회민주당을 중심으로 반정부 정치인들이 모인 브라질민주운동(MDB-Movimento Democrático Brasileiro)으로 통합시켰다. 강압적인 방법을 통해 성향이 다른 정치인들이 동일한 정당에 소속되면서 당내 분파들 간의 협력보다는 대립과 경쟁이 나타나면서 민주화 운동이 둔화되었다. 이런 점에서 군부정권이 노린 반정부 인사들 간의 결속력 약화 전략은 성공적이었다고 평가할 수 있을 것이다.

군부정권은 1974년 자유화 이후 정치적 통제력을 조금씩 상실하고 있었고, 노조를 중심으로 시작된 민주화 운동은 전국적으로 확산되었다. 군부 내에서는 강경파와 온건파간의 대립이 진행되면서 온건파의 영향력이 점점 증가했다. 이러한 변화는 1979년 정당 활동의 자유화로 이어졌고, 강압으로 통합되었던 정당들이 분리되고 새로운 이념의 정당들이 나타났다(Rêgo 1994, 8). 신생 정당들의 등장은 억눌러 있던 브라질인들의 정치적 욕구들을 충족시키고 1970년대 중반 이후 이어지고 있던 민주화에 새로운 활력을 불어 넣었다.

현재 활동하고 있는 대부분의 정당들은 1980년 이후에 만들어진 것으로 정당의 역사가 비교적 짧다. 민주화 과정에서 정당 활동은 민주세력들의 정치적 의지를 통합하는 수단으로 활용되었다. 다당제 도입은 다양한 이익집단의 정치세력화를 가능하게 하여 많은 국민들이 정치에 참여할 수 있는 기회를 제공했다. 이런 측면에서 다당제가 민주화를 앞당기고 공고화시키는데 긍정적이라 할 수 있다.

이와 같이 브라질은 독립이후 다양한 정치와 정당체제를 경험했다. 브라질의 경우에도 정당은 주요한 정치 행위자였으나 민주 사회로 정치를 이끌지 못하고 오히려 체제에 순응하는 태도를 보였다.

2 민주화와 다당제

브라질 정당은 이념 정당, 혹은 정당의 정강을 철저하게 지키는 현대적인 정당의 성격보다는 인물 중심으로 이루어져 있으며 당원의 당적 이동이 비교적 자유로운 편이다. 이러한 특성 때문에 브라질 정당은 “잡동사니 정당”으로 평가된다.

브라질 정치와 정당의 관계는 몇 가지 특징적인 요소로 정의된다. 첫째, 조직이나 이념적인 측면에서 매우 허약한 통합정당(Cathall Party)이 대부분을 차지하고 있다. 둘째, 정당체제의 이데올로기 확산이 정당 창당의 기회를 제공하고 있을 뿐만 아니라 정치·경제적 위기를 초래할 수 있는 환경이다. 셋째, 다당제가 민주주의의 안정화에 장애가 되지는 않지만 다당제와 대통령제의 조합은 문제를 발생시킬 수 있다. 여소야대가 될 경우에 의회의 지원을 받기 어렵기 때문에 정치적 혼란을 야기할 수 있다. 넷째, 정당정치의 허약성이 대중정치의 실패에서 비롯되었다. 정치적 대표자들이 개인주의적이고 분자화되어 있고 정당보다는 개별 정치인의 대표성에 기초하고 있기 때문이다. 다섯째, 근대적 정당발전이 느리게 진행되고 있다. 앞에서 살펴본 바와 같이 민주화 이전까지 정당의 역할이 매우 제한적이었다(Mainwaring and Timothy 1995, 391-393).

브라질의 다당제는 정당간의 이동이 자유롭고 정당창당도 비교적 간단한 절차를 통해 이루어지기 때문에 너무 많은 정당들이 형성되면서 정치적 색깔을 흐리게 하고 있다는 비판을 받는다. 반면 정당 활동이 자유로워짐으로 인해 민주화의 공고화를 진척시켰다고 평가하는 학자들도 있다. 특히, 군부정권 기간 강압적인 양당체제를 경험하면서 다당제가 민주주의 정착에 중요한 제도가 될 수 있음을 인식하고 1988년 신헌법에 다당제를 채택하여 권위주의로의 회귀를 회피할 수 있는 정치제도를 마련했다. 일반적으로 다당제는 사회 내 모든 주요한 분파들을 대의적이고 민주적인 정책결정 기구에 끌어들일 수 있고, 제도 내로 수렴되지 않으면 폭력으로 표출될 수 있는 이견을 흡수하고 요구를 수용하는 표현적이고, 유동적인 정당체제이므로 민주주의의 안정적 제도화에 기여하는 것으로 평가된다(박봉규 2004, 298-230). 브라질은 민주화 이후 닥친 정치적 위기에서 다당제가 효율적으로 작용했던 경험을 지니고 있다. 1992년에 꼴로르 전대통령의 탄핵소추로 촉발된 정치적 위기와 1994년 입헌군주제와 대통령제를 두고 실시된 국민투표 과정에서 각 정당들이 자신들의 정치권력을 확보하기 위해 논쟁하면서 정치적 안정과 민주주의 체제를 유지할 수 있었다. 이런 점에서 다당제가 브라질의 민주주의 정착에 도움이 되었다고 할 수 있다.

현재 브라질에는 정강과 정책을 달리하는 총 29개의 정당이 활동하고 있다. 브라질 정당들은 앞에서 살펴본 바와 같이 이념, 정강, 구성원, 조직 등에서 현대적 정당체제에 비해 상대적으로 매우 허약하다. 정당 자체의 허약성 외에도 선거에 따른 높은 이동성, 사회적 기반의 허약성, 빠른 정당의 창당과 소멸 등의 현상이 많이 발생하고 일반 시민들과 동떨어진 관계를 나타내고 있다. 그렇지만 정당들은 자신들의 정치적 세력을 확대하기 위해 다양한 접근 방법을 사용하고 있다.

브라질과 같이 많은 정당들이 활동하고 있는 상황에서는 당원의 규모가 세력을 나타내는 것 같지만 이동성이 매우 높기 때문에 명확하게 규정하기 어렵다. 정당 규모와 함께 다른 군소 정당과의 연합 가능성이 얼마나 높은가에 따라 정치적 세력을 결정할 수 있다. 특히, 민주주의가 정착되지 않은 국가에서 정당은 일반 국민들이 정치와 정책결정에 참여하는 하나의 방법으로 활용되기 때문에 상당히 중요한 의미를 지니게 된다. 정당의 실질적인 세력은 의회의 정책 결정에 영향을 미치는 의석수로 결정된다(박봉규 2004, 311). 브라질은 민주화 초기 형식적으로는 다당제였지만 여전히 양당체제와 유사한 분포를 나타냈다. 여당이 다수의석을 차지하는 거대정당으로 성장하고 군소정당들이 여당에 맞서기 위해 연합하면서 만들어진 구도였다.

그러나 민주주의가 점차 정착되고 제도가 확립되면서 양당체제가 극명한 다당제의 형태로 변화하고 있다. 2006년 10월에 치러진 하원의원 선거에서 주요 정당들의 의석 분포를 살펴보면 전체 513석 중에 브라질 민주운동당 89석, 노동자당 83석, 브라질 사회민주당 65석, 자유전선당이 65석으로 제1당이 17.3%를 차지하는데 그치고 있으며, 전체 29개 정당 중에 21개 정당이 의석을 차지하고 있다.

브라질 정당은 다소 모호한 정체성, 당명의 중복성, 높은 당적 이동성 등과 같은 특성을 지니고 있다(Epstein 2003, 2-4). 일부 정당을 제외한 많은 정당들은 자신들의 정치적 이념을 명확하게 규정하지 않고 있거나 이중적인 성격을 띠고 있다. 좌·우의 정치 성향을 함께 지니고 있기도 하고 특정한 이데올로기 없이 기존 정당과 분리하기 위해 만든 당도 있다. 그렇기 때문에 정당명이 비슷비슷한 경우가 많다. 예를 들어 좌파이면서 노동자계층을 대상으로 하는 노동자당(PT), 브라질 노동당(PTB), 민주노동당(PDT) 등이 있는가 하면 사회민주당(PSD)과 브라질 사회민주당(PSDB) 같이 우파정당들도 유사한 당명을 지니고 있다. 따라서 당명으로 그 정당의 성격을 규정하는 것이 매우 어렵다. 이와 더불어 정치인들의 당적 이동이 매우 흔하게 일어난다. 차기 선거에서 자신이 당내에서 공천을 받지 못하면 다른 정당으로 당적을 옮겨 출마한다. 이런 과정은 유권자들의 권익을 보호하기 위해서가 아니라 자신의 개인적인 정치적 이익을 위한 선택이기 때문에 일반 시민들로부터 폭 넓은 지지를 얻지 못한다.

많은 정당들이 활동하고 있지만 아래 <표1>에서 알 수 있는 바와 같이 사회민주주의, 사회주의, 민중주의와 기독민주주의를 표방하고 있는데 이런 특성에 따라 좌파, 보수파, 중도파와 우파로 구분하는 것이 가능하다. 사실 각 정당들이 정강을 통해 이념적인 부분을 강조하고 있지만 현실적으로는 그렇지 못한 경우가 많다. 정치인들은 정당 이름을 붙일 때 좌파적 성향을 나타내는 것을 선호한다. 그래서 당명으로 정당의 성격을 규정할 경우에는 모두 좌파 정당이다. 그렇지만 정강을 잘 살펴보면 우파이거나 중도파인 경우가 대부분이다. 이것은 브라질 사회가 양극화되어 있어 두 측면을 모두 담고자 하는 의지를 표현한 것이라 할 수 있다.

3 주요 정당

표에서 보는 바와 같이 현재 브라질에는 선거위원회에 등록된 29개의 정당이 있다. 그 외 등록되어 있지 않거나 창당 중에 있는 정당도 있어 전체적으로 약 40개에 이른다. 각 정당들은 자신들의 정치적 목적과 이익을 추구하기 위해 다양한 이데올로기와 정책을 추진한다. 이러한 정당들은 정당의 조직도, 이념성과 프로그램 실행 능력에 따라 3가지 형태로 분류된다(Mainwaring and Timothy 1995, 376). 첫 번째는 정당의 조직도가 매우 높고, 이념성이 강하고 프로그램 실행 능력이 뛰어나며 정치지도자의 개인적 리더십 보다는 정당의 정치력에 의해 유지되는 정당으로 노동자당, 사회진보당과 브라질 공산당이 여기에 해당한다. 두 번째는 정당의 조직도가 높지 않으며 좌파정당보다는 이데올로기적 특성이 높지 않은 정당으로 노동민주당, 브라질 사회민주당, 사회당과 보수적인 자유당 등이 이에 속한다. 마지막으로 정당의 조직도가 낮으며 국가 후원에 의존하고 있으며 선거를 목적으로 만들어진 정당들인데 브라질 민주운동당, 자유전선당 등으로 브라질의 전통적인 체제의 정당들이라 할 수 있다. 여기에서는 노동자당, 브라질 사회민주당과 브라질 민주운동당을 살펴보고 브라질의 정당 정치의 특성을 분석할 것이다.

〈표 2〉 브라질의 정당

	정당명	창당일	이데올로기	정당기호
1	**브라질 민주운동당** (**PMDB**, Partido Do Movimento Democrático Brasileiro)	1981.6.30.	중도파, 민중주의	15
2	**브라질 노동당** (**PTB(PSD)***, Partido Trabalhista Brasileiro)	1981.11.03	민중주의, 보수주의, 민족주의	14
3	**노동민주당(PDT**, Partido Democrático Trabalhista)	1981.11.10.	민주적 사회주의, 민족주의	12
4	**노동자당(PT**, Partido Dos Trabalhadores)	1982.2.11.	민주적 사회주의, 사회민주주의	13
5	**자유전선당(PFL**, Partido Da Frente Liberal)	1986.9.11.	기독민주주의, 자유보수주의	25
6	**자유당(PL(PST/PGT)***, Partido Liberal)	1988.2.25.	민중주의, 중도파	22
7	**브라질 공산당(PC do B**, Partido Comunista Do Brasil)	1988.6.23.	맑스-레닌주의	65
8	**브라질 사회당(PSB**, Partido Socialista Brasileiro)	1988.7.01	사회민주주의, 민주적 사회주의	40
9	**브라질 사회민주당(PSDB**, Partido Da Social Democracia Brasileira)	1989.8.24.	중도파: 사회민주주의	45
10	**기독노동당(PTC**, Partido Trabalhista Cristão)	1990.2.22.	기독민주주의, 자유보수주의	36
11	**기독사회당(PSC**, Partido Social Cristão)	1990.3 29.	기독민주주의, 중도파	20
12	**국민동원당(PMN**, Partido Da Mobilização Nacional)	1990.10.25.	사회민주주의, 중도파	33
13	**국민질서회복당(PRONA**, Partido De Redificação Da Ordem Nacional)	1990.10.30.	민족주의, 통합주의	56

14	**진보공화당(PRP,** Partido Republicano Progressista)	1991.10.29.	민중주의, 보수주의	44
15	**사회민중당(PPS,** Partido Popular Socialista)	1992.3.19.	민주적 사회주의, 사회민주주의	23
16	**녹색당(PV,** Partido Verde)	1993.9.30.	녹생운동, 사회민주주의	43
17	**브라질 노동자당(PT do B,** Partido Trabalhista Do Brasil)	1994.10.11.	중도파	70
18	**진보당** (**PP,** Partido rogressista)	1995.11.16.	자유보수주의, 민중주의	11
19	**통합노동사회당(PSTU,** Partido Socialista Dos Trabalhadores Unificado (ANTIGO PRT)	1995.12.19.	맑스-레닌, 트로츠키주의	16
20	**브라질 공산당(PCB,** Partido Comunista Brasileiro)	1996.5.09.	맑스-레닌주의	21
21	**브라질노동혁신당(PRTB,** Partido Renovador Trabalhista Brasileiro)	1995.3.28.	민중주의, 중도파	28
22	**사회인도주의당(PHS,** Partido Humanista Da Solidariedade)	1997.3.20.	기독민주주의, 중도파	31
23	**기독민주사회당(PSDC,** Partido Social Democrata Cristão)	1997.05.08	기독 민주주의	27
24	**노동운동당(PCO,** Partido Da Causa Operária	1997.9.30.	좌파; 트로츠기주의	29
25	**국민노동당(PTN,** Partido Trabalhista Nacional)	1997.10.02.	민족주의, 중도파	19
26	**민은퇴당(PAN,** Partido Dos Aposentadoes Da Nação)	1998.2.19.	중도파	26
27	**자유사회당** (**PSL,** Partido Social Liberal)	1998.6.02.	자유주의, 사회자유주의	17

28	**브라질공화당(PRB,** Partido Republicano Brasileiro)	2005.8.25.	민중주의, 중도파	10
29	**자유사회주의당(PSOL,** Partido Socialismo e Liberdade)	2005.9.15.	사회주의, 트로츠기주의	50

출처: 브라질 중앙 선거 관리 위원회, 등록 정당과 워키 백과사전 브라질 정당 이데올로기 성향을 통합한 것임.

http://www.tse.gov.br/internet/index.html(2006.10.24);http://en.wikipedia.org/(2006.10.24)

1) 노동자당(PT)

노동자당은 1979년 상파울루 주의 ABC 지역의 금속 노조운동이 성장하여 제도권내로 진입하면서 창당되었다. 브라질의 노동자 계층이 민주화 운동을 주도할 수 있는 기틀을 마련하여 노동 세력의 정치화로 발전시켰다. 노동자당은 브라질 유일의 이념 정당으로서 유래없는 성장을 했을 뿐만 아니라 루이스 이나시우 룰라((Luís Inácio Lula da Silva) 당수가 대통령 선거에 출마하여 2002년에 정권을 창출했다.

노동자당은 정치적으로 많은 어려움을 겪었지만 이념적 변화나 정치 노선 변화 없이 정권을 창출하여 제3세계 국가의 정당에 많은 점을 시사하고 있다. 또한 브라질 역사에서도 처음으로 이념 정당으로 성장하여 정권을 창출하여 브라질 정치를 변화시키고 있다. 노동자당은 좌파 이데올로기를 수용하고 있지만 맑스-레닌주의나 유럽의 사회민주주의와 다르게 기존 정치제도를 활용하여 브라질의 자본주의를 변혁시켜 브라질 모델을 만들고 있다(신원철 1997, 64).

노동자당의 당원들은 다양한 사회적 계층으로 이루어져 있다. 노동자들이 노동자당의 가장 큰 지지 세력이면서 정당 노선에 가장 많은 영향을 미치고 있다. 1970년대 민주화 과정에서 노동자들의 힘이 증가하면서 노동운동에 변화가 발생하여 신노조운동이 등장했다. 노동자당은 신노조운동을 주도했을 뿐만 아니라 당시의 주축세력들이 당의 중심을 이루고 있다. 다음으로는 민주화 운동에 참여하고 있던 재야 인사들이 참여했다. 재야인사들은 주로 가톨릭의 기초공동체를 중심으로 활동했기 때문에 가톨릭교회도 창당에 큰 역할을 했다. 이와 더불어 인종차별반대운동, 여성운동, 인권운동 등 다양한 사회적 약자들을 보호하는 단체들이 포함되었다.

따라서 노동자당은 창당될 때부터 다원주의, 민주주의와 사회주의를 지향하고, "아래로부터의 민주주의"를 실현하기 위해 많은 노력을 기울였다(오삼교 1999, 90-91). 브라질의 정당들은 대부분이 온정주의적인 정당으로 아래로부터의 민주주의를 실현하기에는 문제를 지니고 있었던 점과 비교하면 혁신적인 정당운영 방식이라 할 수 있다. 노동자당은 이를 실현하기 위해 예비대회, 기초조직을 운영했다. 예비대회는 공식적인 당원이 아닌 노동자당의 모든 구성원들이 소속별로 참여할 수 있는 제도로 기초 단계의 의결기구이다. 여기서 결정되는 내용이 대부분 정당의 정책으로 수용된다. 기초조직은 대도시의 경우 사회운동 부문별, 직장별, 직업별로 구성되며 모든 당원이 반드시 가입해야 하는 단체로 당의 문제에 대해 토론하고 정치교육이 이루어진다. 이와 같은 노동자당의 실험은 정당 활동으로만 그치지 않고 지방정부를 운영하는데도 시도되어 노동자당이 장악하고 있는 지자체에서는 참여 예산제를 도입하고 있다.

이와 같은 노동자당은 사회주의와 민주주의를 대표 이념으로 삼고 있다. 사회주의는 동구권 사회주의와 다른 길을 걷고 있다. 브라질 자본주의를 변혁하고 착취자와 피착취자가 없는 사회를 건설할 목표를 지니고 있다. 노동자당이 주장하는 민주주의는 다양한 사고방식을 인정하는 다원주의를 지지하며, 아래로부터의 참여에 의한 노동계급의 정치적 자주성에 기초한 대중정당을 지향하고 있다(오삼교 1999, 99).

이와 같은 정치적 성향을 지닌 노동자당은 2002년 대선에서 보수적 성향을 지닌 브라질 사람들을 변화시키고 대통령 선거에서 승리하여 정권을 창출했다. 노동자당은 브라질 사회가 안고 있는 양극화 문제를 해결하지 못한 보수 우파의 무능력과 그동안 끊임없이 민주주의를 실천하려고 했던 노동력이 어울어져 브라질 국민들로부터 인정을 받은 것이라 할 수 있다. 이런 측면에서 노동자당의 승리는 선거에서 이루어지는 '투표의 승리'가 아니라 '정당의 승리'라 할 수 있다.

2) 브라질 사회민주당(PSDB)

브라질 사회민주당은 1988년 6월에 브라질 민주당내의 사회민주주의자, 사회자유주의자, 기독민주주의자와 민주사회주의자들이 만들었다. 유럽에서 사회민주당은 노동자 대중들의 적극적인 지원을 받을 뿐만 아니라 노조와 긴밀한 관계를 맺고 있다. 그래서 유럽의 사회민주당은 사회민주주의 이념을 실현하는 계급정당의 성격이 강하다. 그러나 브라질 사회민주당은 구성원들이 다양할 뿐만 아니라 노동자들의 지원을 받지 못하는 보수정당이다. 브라질 정당들은 우파 정강을 지니고 있으면서 좌파 정당명을 사용하는 특성을 지니고 있는데 사회민주당이 대표적인 경우라 할 수 있다.

사회민주당은 "기본적 가치로서의 민주주의와 사회정의 실현"을 최고의 목표로 삼고 있다. 민주주의와 사회정의가 브라질의 전통적인 민중주의, 관료주의와 민족적 국가주의로 인해 이루어지지 못하고 있다고 보고 이를 배격한다. 이러한 특성 때문에 브라질의 전통정당과는 구별되는 것처럼 보이지만 사실은 정치지도자들의 개인적 인맥에 의존하고 있다.

사회민주당이 이데올로기 정당이 아니라는 것은 창당과정을 살펴보면 잘 나타난다. 1988년 제헌의회에서 헌법을 제정하는 과정에서 사회당의 정책과 헌법 내용에 불만을 가진 정치인, 당내 패권 싸움에서 패배한 정치인, 1989년 대선과 주지사 선거를 준비하는 과정에서 후보 추천과 관련 문제에서 극명하게 대립했던 정치인들이 만들었다(Roma

2002, 73). 그러므로 이데올로기적 동일성을 찾아보기 어렵고 대신에 정치지도자들의 개인적 권익을 보호해주는 측면이 강하다. 사회민주당은 신헌법을 제정하는 과정에서 브라질의 정치적 안정에는 대통령제보다는 의원내각제가 더 적절하다고 주장했다. 또한 대통령 임기에서도 이견을 보였는데 대부분의 정당과 정치인들이 4년 임기를 주장했는데 사회민주당은 5년 임기를 주장했다. 이와 함께 창당초기에는 사회정의 구현, 균등한 소득분배, 주권강화, 고용창출과 농지개혁을 강력히 요구하여 중도 좌파로 평가되기도 했다.

1994년 선거에서는 시장개방, 탈규제와 민영화 정책을 포함하는 신자유주의를 수용했다. 이 선거는 사회민주당이 다수정당으로 성장하는데 있어 매우 중요한 것이었다. 7월에 엔리키 카르도주 재무장관이 실시한 안정화 프로그램인 "헤알 계획(Plano Real)"이 성공하면서 대통령 선거뿐만 아니라 지방 선거에서도 승리하여 정권을 창출하고 전국 규모의 정당으로 발돋움했다. 카르도주 대통령은 집권이후 꾸준히 신자유주의 경제정책을 추진하면서 외형적으로 경제적 안정을 달성했을 뿐만 아니라 정치적 안정으로 헌법 수정과 정부개혁을 추진했다.

선거에 승리하기 위해 북부와 북동부 지역에서 폭 넓은 지지층을 확보하고 있던 자유전선당, 브라질 노동당과 연대했다. 특히, 자유전선당은 원내 다수당을 차지하고 있었기 때문에 공공 행정을 개혁하는데 반드시 필요했다. 1998년 선거에서도 페르난두 엔리키 카르도주 대통령은 자유전선당, 브라질 민주운동당, 브라질 진보당, 브라질 노동당과 연합하여 정권 창출에 성공했다. 이와 같이 브라질 사회민주당은 실용적인 정치적 선택을 통해 빠르게 거대 정당으로 성장했다

3) 브라질 민주운동당(PMDB)

브라질 민주운동당은 세 번째 유형에 해당하는 정당이면서 정통 중도파 정당이라 할 수 있다. 이념정당이 아니기 때문에 특정한 이데올

로기를 지니고 있지는 않지만 자유주의자뿐만 아니라 게릴라 운동 단체였던 MR-8의 구성원들도 포함되어 있다. 브라질 민주운동당은 농촌과 도시지역에서 비교적 고른 지지를 확보하고 있다.

이념적인 면에서나 조직적인 면에서 노동자당과 브라질 사회민주당의 수준에는 미치지 못하지만 군부정권기간 전신인 브라질 민주운동이 80년대 초반 불붙은 민주화 운동을 제도권 내에서 이끌면서 일반 대중에게 민주적인 정당으로 인식되었다.

브라질 민주운동당은 1979년 복수정당제를 허용하는 정당법이 발표되면서 권위주의 체제기간 야당이었던 브라질 민주운동(MDB)에 정당이라는 이름을 붙여 만들어졌다. 창당 초기에는 이질적인 특성을 지니고 있었지만 사회민주주의를 지향했다(Mainwaring and Timothy 1995, 369). 또한 1980년대 대통령 직선제(Diretas já)를 요구하는 민주화 운동의 주축 세력이었다. 직선제 요구는 의회 내에서 부결되었으며 1984년 선거인단을 통한 간접선거가 실시되었다. 여기서 브라질 민주운동당의 탕크레두 네비스(Tancredo Neves) 후보가 승리하여 민주화를 완성했다. 그는 취임직전 지병으로 사망하고 부통령이었던 주제 사르네이가 대통령에 취임했는데 그가 속한 사회민주당이 급성장하는 계기가 되었다.

이처럼 브라질 민주운동당은 군부정권 기간 제도권 내에서 민주화 운동을 주도했다. 민주화 이후 헌법 제정과 선거를 앞두고 당원들의 권력 싸움과 정치적 이익을 달리하는 당원들이 브라질 사회민주당으로 분당하면서 정치력이 약화되었다. 이후 치러진 대통령 선거에 후보자를 내었으나 정권 창출에는 실패했다.

그렇지만 브라질 민주운동당은 폭넓은 지지층을 확보하고 있다. 이를 바탕으로 상원과 하원에서 제1당 혹은 제2당의 지위를 누리고 있다. 그리고 대통령 선거에서도 영향력을 미치고 있는데 1차 투표에서 과반수를 획득하지 못한 후보들이 이 정당과의 연합함으로써 당선의 가능성이 높기 때문이다.

11. 선거체제

1 선거제도의 변화

선거제도는 정치체제와 긴밀한 관계를 지니고 있다. 브라질은 독립 당시 참정권은 남자이며, 문자를 해독할 수 있고, 일정한 소득을 가지고 있는 사람으로 규정하여 매우 제한적으로 인정했다[2]. 이러한 규정은 왕정체제 기간에도 계속되었는데 1841년까지는 간접, 다단계 선거제를 운영했고, 1855년에는 소선거구제를 도입했다. 1875년에 일부 선거에서 비례대표제를 실시했지만 그 내용을 살펴보면 큰 의미를 부여하기 어렵다. 1881년에 브라질 인구 1,600 만 명 중에 약 14만 명만 투표할 수 있었다(McDonald & Ruhl 1989, 267). 이와 같은 선거제도는 공화정이 수립된 1891년에 21세 이상의 문자를 해독할 수 있는 모든 남성들에게 참정권이 주어지면서 변화되었다. 그렇다고 하더라도 선거권을 가진 사람은 많지 않았다.

1930년 혁명이 발생하여 개혁적인 정책들이 도입되었다. 선거제도와 참정권에도 변화가 발생했는데 1933년에 여성에게 투표권이 주어졌다. 투표 연령도 21세에서 18세 이상의 성인으로 조정되었다. 그러나 여전히 인구의 대부분을 차지하던 문맹자들에게는 참정권이 부여되지 않았다. 제1공화정은 과두지배체제였는데 투표권을 확대하여 시스템을 변화시키려 했으나 뚜렷한 성과를 거두지 못했다.

더욱이 바르가스가 신국가 체제를 형성한 이후에는 정치활동이 금지되면서 예정되어 있던 선거들을 취소시켜 버렸다. 또한 자신의 지배

2) 일명 만디오카 헌법의 규정에 따라 일정량의 만디오카를 생산하거나 토지를 약 24,000 평방미터 소유하고 있는 사람에게 시민권이 주어졌다.

를 유지하기 위해 투표의 결산 방식을 기준수와 단순 다수제라는 2단계 시스템을 도입했다. 첫 번째 단계에서는 당선에 필요한 기준수를 정해두는 것이었다. 후보자 중에 다수표를 얻었다 하더라도 일정한 기준을 넘지 못하면 당선되지 않는 것으로 재투표를 실시했다. 두 번째 단계에서는 단순 다수제로 당락을 결정하는 방식이었다. 이러한 방식은 지금도 대통령과 주지사 선거에 이용되고 있다. 이와 더불어 전체 선출 의원의 1/3을 뽑는 직능대표제를 도입했다. 신국가 체제가 국가조합주의에 기초한 코포라티즘 체제였다는 것을 고려한다면 직능대표제가 자발적이고 민주적으로 운영되었을 것이라 평가하기 어렵다. 대신에 의회 내에서 대통령과 정부 정책을 지원하는 역할을 담당함으로써 바르가스의 독재체제를 유지시키는데 이용되었다.

제2공화정에서는 정치적인 자각과 사회적 동원이 증가함에 따라 투표권에 대한 요구도 증가했다. 이러한 현상은 교육의 확대로 문자 해독율이 높아지고, 산업화가 진행되면서 도시화의 비율이 점증하면서 사회 참여가 확대되었기 때문이었다. 일반 대중들의 참정권 요구가 수용되어 문맹자들에게로 확대되어 비로소 보통선거를 실시하게 되었다. 유권자 수가 급격하게 증가하여 선거 관리에 더 많은 행정력을 필요로 했으나 공무원의 수준, 기술적 문제와 넓은 국토 면적 등으로 인해 투표권을 확대하여 실시하는데 어려움을 겪기도 했다.

선거제도의 확대는 브라질 정치행태를 변화시켰다. 제1공화정과 바르가스 집권기에 정치참여는 전통적인 엘리트, 농촌 부르조아지, 도시중산층으로 제한되었고 투표권 행사가 정치적 변화에 크게 영향을 미치지 못했다. 그러나 제2공화정에서는 투표권 행사가 선거결과를 변화시킬 수 있게 되면서 정치참여율이 높아지기 시작했다. 이와 같은 변화는 브라질 정치의 대중화로 이어져 노동자와 농민이 정치에 동원되는 현상으로 이어졌다.

선거방식도 일반 대중의 정치참여가 반영될 수 있도록 대선거구제와 단순다수제로 바뀌었다. 대선거구제는 군소정당의 난립으로 인한 정국의 혼란이 우려되고, 선거비용이 많이 든다. 그리고 보궐선거나 재선거의 어려움이 있고, 유권자와 대표자의 유대감이 상대적으로 낮다. 대신에 소수자들의 의견을 수렴하는데 유리하고, 군소정당들이 의회에 진출할 수 있는 기회가 된다. 그러나 제2공화정에서는 대선거구가 지닌 긍정적인 측면보다는 부정적인 측면이 심화되어 정치적 위기를 초래하여 군부쿠데타의 빌미가 되었다.

군부정권은 선거법을 통해 시민들에게 영향력을 행사하려고 했다. 군부는 정치상황을 장악하기 위해 득표율에 정확히 비례하는 결과를 얻기 어렵고, 대정당에게 유리한 동트식 비례대표제를 채택했다. 또한 거대 정당에 유리한 바이어스에 따라 선거가 이루어졌다. 서버레젠드(Sub-legenda)시스템으로 정부여당이 같은 지역에 3명의 후보를 추천하는 방식이다(Branco 2002, 3). 승리하면 3명의 후보가 획득한 표를 합산하여 이중에 가장 많은 표를 획득한 후보가 상대 정당의 후보보다 적은 표를 얻었다고 하더라도 당선된다. 결국 선거에서 정부여당의 후보가 당선될 수 있는 가능성이 그 만큼 높아지기 때문에 정권 유지에 유리하다.

1970년대 초반 군부정권은 대표제를 유권자 비례대표제에서 인구비례대표제로 바꾸었다. 그러면서 하원의석을 409석에서 310석으로 줄였다. 그리고 유권자가 주와 연방 하원 의원을 동일한 정당에서 뽑도록 하는 제한투표를 실시했다. 1978년에는 "4월 정책(Pacote de Abril)"을 발표했는데 각주에서 3명의 상원의원을 직접선거와 간접선거를 통해 각 1명을 뽑는 방식이었는데 정부여당이 주 하원을 장악하고 있었기 때문에 정부여당이 상원을 장악하게 된다(Branco 2002, 3).

이와 같이 브라질의 선거제도는 정치제제에 따라 발전해 왔다. 이런 과정에서 정부여당의 정치적 목적과 단기적인 이익에 따라 조작되었다. 선거제도가 정당과 정치지도자들의 성장에 직접적으로 영향을 미치기 때문에 민주주의 발전에도 큰 역할을 한다. 그럼에도 불구하고 브라질은 독립이후 선거제도가 대중들의 정치적 요구를 수용하는 측면보다는 정치지도자 개인의 권익을 보호하기 위한 장치로 활용되었다. 이러한 과정이 지속되면서 정치가 개인주의로 변색되었다. 군부정권이후 민주화 과정에서는 선거제도가 브라질 대중의 정치참여를 이끌고 있다. 그렇지만 여전히 일반 대중들은 전통적 투표 행태에서 벗어나지 못하고 있다.

2 민주화와 선거

브라질의 대통령은 민주주의 원칙과 절차에 따른 자유 경선을 통해 선출된다. 군부정권 기간에는 간접 선거를 통해 선출되었으나 민주화 이후에는 브라질 국민들의 직접·비밀·보통 선거를 통해 결정된다.

따라서 헌법이 규정하고 있는 방식에 따라 진행된다. 민주화 이후 제정된 신헌법은 대통령 선거일을 국경일로 지정하고 있는데, 차기 대통령의 취임 90일 전인 10월 3일을 1차 투표일로 정하고 있으며 결선투표는 11월 15일이었다. 1998년 대통령 연임을 인정하는 헌법을 수정하면서 투표일에 대한 규정도 조정했는데 1차 투표는 10월 첫째 일요일에 실시하고 결선투표는 10월 마지막 일요일에 실시하여 불필요한 비용을 줄이도록 했다.

선거법은 대통령 선거에 대해 매우 복잡하고 상세한 부분까지 규정하고 있다. 모든 후보들은 선거 6개월 전에 공직에서 물러나야 한다. 또한 등록된 정당이 추천한 후보만이 선거에 입후보할 수 있다. 그러나 정당 창당 절차가 비교적 단순하여 선거에 임박해 많은 정당들이 생기고 있으며 이를 기반으로 대통령에 입후보하는 사례가 나타나고 있다. 정당이 정치지도자의 개인적 이익을 충족시키고 있기 때문에 개인주의적인 정치형태가 유지되는 것이다.

브라질 선거는 절대다수제와 단순다수제를 각각 적용하고 있다. 대통령, 주지사와 시장 등은 절대다수제에 따라 당락이 결정되는데 대통령과 주지사는 전체 투표의 과반수를 얻어야 당선이 결정된다. 만약 과반수를 얻지 못하게 되면 상위 1,2위가 결선투표를 가지게 된다. 시장은 최소 20만 표 이상을 얻어야 승리하게 된다. 상원의원 선거는 단순다수제로 이루어진다.

상원의원은 중앙정부, 지방정부와 국제금융에 이르기까지 브라질 정부의 거의 모든 영역에 영향력을 행사할 수 있다. 또한 대통령, 부처장관, 헌법재판소장, 검찰 총장에 대한 탄핵권을 가지고 있다. 전체 의석은 81석이며 26개주와 연방특별구에서 각각 3명을 선출한다. 상원의원의 임기는 8년이며 매 4년 마다 선출하는데 1/3을 먼저 선출하고 나머지 2/3는 다음 임기 만료 년도에 선출한다.

의원은 최고득표자가 당선되는 단순다수대표제에 의해 직접 선출된다. 1/3을 선출할 때는 각 정당이 한 주에 1명의 후보를 추천하고 투표자들이 한 표만을 행사한다. 2/3을 뽑을 때는 각 정당이 2명의 후보를 추천하고 1인 1표를 행사하는데 이 결과에 따라서 상위 2명이 상원의원에 당선된다. 1/3을 뽑을 때는 각 선거구에서 각 정당이 1명만을 추천할 수 있기 때문에 선거과정에서 같은 정당의 후보들 간의 경쟁은 발생하지 않는다. 2/3을 뽑을 때는 각 선거구에서 각 정당이 2명의 후보를 추천할 수 있기 때문에 같은 정당의 후보 간의 경쟁이 발생하게 된다. 이 때문에 정당에 대한 충성심이 약하게 된다.

이와 같은 특성으로 정당 지도자들이 당원들의 투표 접근을 통제할 수 있다. 상원선거에서는 현직 의원이라고 해서 정당의 재추천이 보장되는 것은 아니다. 대신에 정당이 후보자로 지명하면 당선될 수 있는 가능성이 매우 높아진다. 상원의원 선거는 선거구당 의석수가 적은 소선구제에 따라 치러지기 때문에 개인주의적인 성향은 줄어들고 정당

추천이 당락에 결정적인 영향을 미친다.

하원 의원 선거는 26개주와 연방특별구를 선거구로 하는 27개의 대선거구제를 채택하고 있다. 인구비례에 따라 각 주당 최소 8석에서 최대 70석까지 허용되는데 전체 의석은 513석이다. 1994년까지는 최소 4석에서 최대 60석까지 배분되었다. 의석은 주 전체, 중대선거구, 개방형 정당명부식 비례대표제를 통해 나누어진다. 개방형 정당 명부식은 선거권자가 여러 명부 중에서 자유롭게 후보자를 선택하여 자신만의 독자적인 명부를 작성할 수 있는 명부제로 정당의 영향력이 매우 크게 작용한다. 유권자들은 1인 1표를 정당이나 개별후보자들에게 투표한다.

투표결과는 두 가지 방법으로 결산이 이루어진다. 첫째는 정당의 모든 후보가 획득한 득표 비율에 따라 의석이 배분된다. 둘째는 정당 내에서 가장 많은 득표를 한 후보자 순서에 따라 배분된다(Desposato 2001, 6). 이로 인해 개방형 정당 명부식 비례대표제는 다른 정당 후보와의 경쟁뿐만 아니라 같은 정당의 후보들 간의 경쟁을 유발시킨다. 이 제도에 따르면 다른 정당에서 많은 득표를 한 후보보다는 같은 정당의 2위 후보가 당선될 가능성도 있다. 이런 구조 때문에 정당 지도자들이 당원의 충성심을 비롯한 정강을 준수할 수 있는 강제력을 행사하지 못한다.

III. 최근에 실시된 선거의 분석

브라질은 매년 4년 마다 새로운 왕을 뽑는다고 할 만큼 대통령의 권한이 강력한 나라이다. 그러므로 대통령의 정치적 성향이 향후 브라질의 국가 운명을 좌우하게 된다. 지난 2006년 10월에 대통령, 주지사, 상원의원과 하원의원, 주의원을 교체하는 선거가 있었다. 제도권 내에서 활동하고 있는 거의 모든 정치인들을 바꾸는 선거이기 때문에 결과를 분석하면 유권자들이 지난 4년간의 룰라 정권을 어떻게 평가하고 있는가를 파악할 수 있을 뿐만 아니라 브라질이 해결해야할 과제가 무엇인가 잘 알 수 있다.

1 대통령 선거

이번 대통령 선거에는 총 8명의 후보자들이 입후보했으나 현대통령인 룰라 후보와 브라질 사회민주당의 제랄두 알크민(Geraldo Alckmin) 후보의 경쟁구도였다. 그런 가운데 1차 투표에서 룰라 후보가 과반수를 획득해 결선 투표 없이 재선될 수 있는가가 초미의 관심사였다. 결과는 룰라 후보가 48,61%, 알크민 후보 41.64%, 나머지 후보들은 1% 미만의 득표에 그쳤다. 결국 룰라 후보가 과반수 획득에 실패해 2차 결선투표에 들어갔다. 결선투표에서는 룰라 후보가 60,57%를 얻고 알크민 후보가 39,43%에 그쳐, 20%이상의 득표차로 재선에 성공했다.

선거를 앞두고 실시한 여론 조사에서 룰라 대통령의 정치·경제 정책은 긍정적인 평가를 받았다. 그래서 룰라 대통령의 재선을 의심하는 사람들은 많지 않았다. 그러나 선거운동 개시 직전 정치 스캔들이 터지면서 룰라 대통령의 승리를 장담할 수 없게 되었다. 사실 집권초기부터 부정부패 척결을 주장해왔으나, 지난해부터 계속된 정치권과 정부 내 측근들의 부패·비리 스캔들이 터져 나오고 있었다.

룰라 후보는 노동자 출신이 브라질의 대통령에 당선되었다는 입지전적인 기록과 함께 카르도주 전 대통령에 이어 역사상 두 번째로 연임에 성공한 대통령이 되었다. 그는 선거공약으로 공공지출에 대한 책임성 강화, 경제성장과 부정부패 추방을 약속했다. 또한 “모두를 위해 브라질을 통치하겠지만, 도움이 더 필요한 사람들에게 더 많은 관심을 보여야 한다.”고 주장해 집권 2기에서는 특히 빈민들에게 더 많은 관심을 보일 것이라고 언급했다.

〈그림 1〉 대통령 선거 결과

출처: Tribunal Superior Eleitoral

후보들이 이번 선거에서 얻은 득표현황을 살펴보면 브라질 사회가 경제적으로 뿐만 아니라 정치적으로도 양극화되어 있다는 것을 알 수 있다. 위의 그림에서 보는 바와 같이 룰라 후보는 북부와 북동부지역에서 절대적인 우위를 점하고 있고 알크민 후보는 남부와 남동부 지역에서 많은 지지를 받았다. 인구 분포에서 보면 남부와 남동부가 북부와 북동부 주들보다 훨씬 높다. 하지만 룰라 후보가 자신의 표밭에서 절대적인 지지를 획득한데 비해 알크민 후보는 겨우 반수를 넘기는 지지만 얻었다. 따라서 룰라 후보가 큰 표 차이로 알크민 후보를 이길 수 있었다.

룰라 후보가 북부와 북동부 지역에서 폭넓은 지지층을 확보할 수 있었던 것은 역시 그가 추진한 사회·경제정책과 무관하지 않다. 룰라 대통령은 지난 4년간 브라질에서 기아를 없애기 위해 많은 노력을 기울였다. 이 정책의 최대 수혜지역이 바로 북부와 북동부였다. 결국 경제정책의 성과가 표로 나타난 것이라 할 수 있다. 반면 알크민 후보는 도시중산층과 도시 빈민층들의 표를 얻는데 실패했다. 알크민 후보가 지니고 있는 엘리트적, 보수적 성향이 이미 비엘리트적이고 진보적인 룰라 후보의 이미지를 뛰어넘지 못한 것이라 할 수 있다.

재선에는 성공했지만 룰라 대통령은 몇 가지 해결해야 할 문제들을 안고 있다. 첫째는 마찰을 빚고 있는 의회와의 관계를 정상화하는 것이다. 의회는 측근들의 스캔들을 빌미로 정부가 추진하는 부정부패 추방 프로젝트를 거부하고 있다. 다음으로는 지지율 현황에서 알 수 있는 바와 같이 지역적 편중 현상으로 야기되는 양극화의 문제를 해결해야 한다. 브라질 대통령 선거 방식은 1차 투표에서 50%를 득표하지 못한 1위와 2위 후보가 2차 결선 투표를 치르게 된다. 이런 과정은 자칫 국민들을 이분법적으로 나누어 양극화가 발생할 수 있는 가능성이 커진다. 특히, 이데올로기적으로 대립구도가 형성될 때는 더욱 심화된다. 따라서 정치적 대립이 지역적·인종적·사회적 대립으로 발전하지 않도록 특별한 주의를 기울여야 한다.

2 상·하원 의원 선거

〈그림 2〉 2006년 상원의원 선거 결과

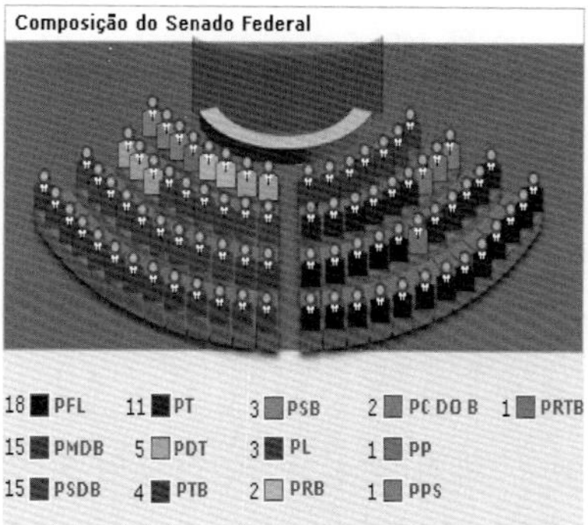

〈그림 3〉 하원의원 의석분포

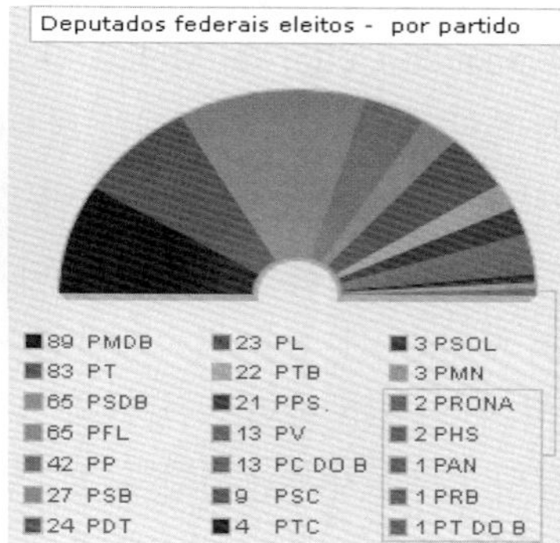

출처: http://noticias.terra.com.br/eleicoes2006/

상 · 하원의석 분포가 대통령의 국정운영에 영향을 미치기 때문에 매우 중요한 선거이다. 상원 의원 선거는 전체의 1/3에 해당하는 27명의 의원을 뽑는 것이었고 하원은 전체 의원을 새로 선출했다. 상원의원 선거에서는 각각 자유전선당 6명, 브라질 민주운동당 4명, 브라질 사회민주당 5명, 브라질 노동당 3명, 노동자당 2명, 진보당 1명, 사회민중당 1명, 브라질 노동혁신당 1명, 브라질 사회당 1명, 브라질의 공산당 1명, 자유당 1명, 노동민주당 1명이 당선되었다. 자유전선당은 18석을 차지하게 되어 제1당의 지위를 확보했다. 브라질 민주운동당은 20석에서 5석이 줄어들어 15석을 얻는데 그쳤다. 반면 진보당, 사회민중당과 브라질 노동혁신당은 새롭게 상원에 진출했다. 정부여당인 노동자당은 전체 의석이 11석으로 줄어 대통령이 국정을 운영하는데 큰 힘이 되기는 어렵게 되었다.

당명으로 보면 대부분의 정당들이 좌파나 진보적인 성향을 지닌 정당인 것 같지만 거대 정당들은 보수파와 우파인 경우가 많고, 군소정당들은 좌파와 진보적 성향을 나타내고 있다. 이번 선거에서 관심을 끌었던 것은 최초의 브라질 민선 대통령이었던 페르난두 콜로르 지 멜루(Fernando Collor de Mello) 후보가 자신의 텃밭인 알라고아스 주의 상원의원에 당선된 것이다. 그는 1992년 부정부패 스캔들로 인해 탄핵 위기에 직면하여 스스로 대통령직에서 물러났었는데 이번 선거를 통해 다시 중앙 정치 무대에 등장하게 되었다.

하원의원 선거에서는 브라질 민주운동당이 승리했다. 선거 직전까지 의석 분포를 살펴보면 전체 513석 중에 노동자당 81석, 브라질 민주운동당 79석, 자유전선당 63석, 브라질 사회민주당 59석, 진보당 50석, 브라질 노동당 44석, 자유당 35석, 브라질 사회당 27석 등으로 구성되어 있어 노동자당이 제1당으로서 대통령의 정책 운영에 도움을 주었다. 그러나 이번 선거 결과 브라질 민주운동당이 89석을 차지해 제1당으로 성장했다. 전체적으로 보수적인 성향을 지닌 정당들이 하원의석의 다수를 차지하고 있다는 점에서 룰라 대통령이 하원의 지원을 받아 정책을 결정하고 추진하기는 어려울 것으로 보인다. 따라서 현 정부는 안정적인 국정 운영을 위해 야당과의 연합정부나 정당 간 협력을 강화해야 한다.

Ⅳ. 좌파의 승리와 선택의 문제

지난 10월 브라질은 대통령, 주지사, 상원의원과 하원의원, 주의원을 한꺼번에 뽑는 그야 말로 선거 정국이었다. 선거열풍은 여당의 정치스캔들 폭로로 이어져 혼탁한 정국이었다. 이런 가운데 대통령 선거는 1차에서 과반수의 득표자가 없어 상위 1, 2위가 다시 결선투표를 실시해 현대통령인 룰라 후보가 보수진영을 대표하는 알크민 후보를 누르고 승리하여 연임에 성공했다. 좌파 정권의 연임 성공을 두고 남미 '실용 좌파'의 승리, '우파의 경제정책과 좌파의 선거운동의 결과' 등 다양하게 평가하고 있다.

룰라 대통령은 구두수선공에서 '노동자 대통령'으로 브라질 역사에서 길이 남을 정치적 성공을 거둔 인물이다. 또한 민주화 이후 실시된 대통령 선거에 한 번도 빠지지 않고 도전해 3전4기로 대통령에 당선되었다. 이 과정에서 룰라는 변함없이 브라질의 노동자와 빈민을 대표하는 상징으로 성장했지만 보수진영과 대립적인 관계를 오랫동안 유지해오면서 브라질 사회의 양극성을 증가시켰다. 양극화의 현상은 대통령 선거 방식이 강화시키고 있다는 비판을 받고 있다.

룰라 대통령은 선거 과정에서 '자신의 승리가 곧 브라질의 승리'라고 홍보했다. 진정한 브라질의 승리인지 한번 생각해봐야 할 것 같다. 우선 각 후보들이 득표한 지역을 살펴볼 필요가 있다. 룰라 후보는 가난한 사람들이 많이 사는 북부와 북동부의 개혁적인 계층에서 절대적인 강세를 보였고 알크민 후보는 상대적으로 부유한 남부와 남동부, 보수 계층에서 강세를 보였다. 그러므로 룰라 후보는 절반의 선택에 의해 재선에 성공했다고 평가할 수 있다. 결국 브라질의 승리로 귀결시키기 위해서는 또 다른 절반을 위해 가장 먼저 안고 있는 절반을 부드럽게 내려놓고 나머지를 위한 몸짓을 해야 할 것이다.

브라질은 최근 경제성장으로 개발도상국의 선두주자인 브릭스(BRICs)로 두각을 나타내고 있다. 그러나 룰라 집권 이후 다른 국가들에 비해 상대적으로 낮은 성장률을 기록하면서 경제성장의 필요성이 강조되고 있다. 사실 집권 1기 룰라 대통령은 빈곤퇴치를 위해 '기아 제로(Fome Zero)'를 외쳤다. 일부에서는 성공적인 정책이라고 하지만 또 다른 측면에서는 성장을 잡아먹은 분배라고 한다. 성장과 분배에 대한 논란은 집권 2기에도 계속될 것이다. 이를 예상한 듯 당선 이후 발전주의 경제정책을 추진할 것이며 이 과정에 가난한 사람들이 최우선이라고 언급하기도 했다. 발전주의는 '외국자본'에 의한 성장을 의미하는데 이는 국내자본과 연대를 형성하게 된다. 일방적으로 이렇게 진행된다면 성장과 분배의 마찰은 피할 수 없을 것이다. 성장과 분배가 균형점을 찾는 수준에서 이루어진다면 좋겠지만 그리 쉽지 않을 것 같다.

남미는 다시 좌파 운동이다. 1988년 베네수엘라의 차베스가 반미·반자본의 강경좌파를 주장하면서 등장한 이후 남미의 많은 국가들에서 좌파 정권이 등장하고 있다. 이에 룰라는 남미 실용 좌파를 대표하고 있으며 시장경제, 자유무역, 외국자본에도 유연한 자세를 지니고 있는 브라질 모델을 만들었다. 그 동안 성장 모델을 찾지 못해 헤매고 있던 브라질이 자신만의 모델을 구축하기 위한 룰라의 선택은 신중할 수밖에 없다. 그 선택이 남미의 강경좌파들과 부딪히지 않게 실현하는 것은 브라질의 리더십과 관련된 문제이다. 다행히 베네수엘라를 브라질이 주도하는 남미공동시장 회원국으로 끌어들임으로써 일부 희망적인 일면들이 보인다.

결국 사회가 양극화로 진행되고 있는 상태에서 룰라가 선택할 수 있는 것들이 그렇게 많아 보이지 않지만 해야 할 것들은 있다. 우선 나머지 절반을 안기 위해 정책적 선택을 강요받게 될 것이며, 자신이 안고 있는 절반을 설득해야 한다. 이런 과정에서 성장과 분배의 선택이 자유롭지 않을 것이다. 남미의 주도권 싸움에서도 룰라에게 선택은 강요될 것이지만 폭이 크지는 않을 것 같다. 이런 과정에서 제도권 내로 진입하면서 벗어 버렸던 노동자당을 만들고 민주화를 외치던 룰라가 필요할지도 모른다. 노동자당 내의 다양한 이익집단과 사회세력들을 통합시켜 정권을 창출했듯이 룰라가 브라질 사회를 '조화롭게' 통합시킬 수 있다면 브라질 역사에 최초로 '양극화를 극복한 사회통합주의자'로 기록될 것이다.

참 고 문 헌

디테놀렌, 박병석 역(1994), 『선거제도와 정당체제』, 서울, 도서출판 다다.

박봉규(2004), 『당체제와 민주주의: 스페인, 브라질 사례 비교』, 한국동북아학회, 『한국동북아논총』

신원철(1997), 『브라질 노동자당(PT)의 역사』, 『노동사회』, Vol.14, No.0.

신중현(1998), 『브라질의 민주화와 노동운동의 딜레마: 중위조합주의의 모색』, 『틴아메리카연구』, Vol.11, No.1.

오삼교(1999), 『제3장 브라질 노동자당의 건설과 성장』, 노동자 정치세력화, 『진단과 모색』, Vol.0, No.0.

중앙선거관리위원회(2003), 『각국 의회 선거 연대기』, 2001-2002

Alan Daniel Freire de Lacerda, "O PT e a Unidade Partidária como Problema", Dados, 2002, vol.45, no.1, p.39-76

Alcántara Sáez, Manuel and Freidenberg, Flavia "Partidos políticos na América Latina". Opinião Pública Out 2002, vol.8, no.2, p.137-157

Alcántara, Manuel, "Political Parties in Latin America: a tentative typology", European Consortium for Political Research Joint Session, Workshop "Political Parties and Democratic Consolidation in Latin America", Edinburgh, UK, March 28-April 3, 2003

Dabène, Oliviere(2003), "Party Fractionalization and Democratic Consolidation in Brazil", European Consortium for Political Research Joint Session, Workshop "Political Parties and Democratic Consolidation in Latin America", Edinburgh, UK, March 28-April 3, 2003

Epstein, Dan, "Clientlism and Consolidation: Linkage Mechanisms and Party-Building and Problems for Parties and Democracy in Brazil",

European Consortium for Political Research Joint Session, Workshop "Political Parties and Democratic Consolidation in Latin America", Edinburgh, UK, March 28-April 3, 2003

Guia do Eleitor, "Partidos Políticos", (http://www.guiadoeleitor.com.br/partidos.htm, 2006.10.26)

Mainwaring, Scott and Timothy R. Scully(1995), *Building Democratic Institutions: Party System in Latin America,* Standford, Standford Univ.Press,

McDonald H. Ronald & Ruuhl J. Mark(1989), *Party Politics and Elections in Latin America, Boulder*, Westview Press

Rêgo, João(1994), "As Bases Socioeconômicas dos Partidos Políticos no Brasil: 1982/90", Revista Cadernos de Estudos Sociais, Vol. 10 N°1.

Roberta Clemante, District Level parties within a federation: testing some institutionalist hypothesis in Brazil, (http://www.al.sp.gov.br/, 2006.10.24)

Roma, Celso(2002). "A institucionalização do PSDB* entre 1988 e 1999", Revista Brasileira de Ciências Sociais, Jun, vol.17, no.49, p.71-92

Samuels, David(2004). "As bases do petismo". Opinião Pública, Out, vol.10, no.2, p.221-241

Samuels, David(1997). *"Determinantes do Voto Partidário em Sistemas Eleitorais Centrados no Candidato: Evidências sobre o Brasil".* Dados, vol.40, no.3

Terra. "Partidos Políticos no Brasil",
(http://educaterra.terra.com.br/voltaire/brasil/2003/08/18/003.htm,2006.10.26),

Tribunal Superior Eleitoral, "Histórico dos partidos políticos", (http://www.tse.gov.br/partidos/partidos_politicos/hist.doc, 2006.10.25)

Branco, Poliani Castello(2002), *"A História do voto no Brasil"*, (http://www.camara.gov.br/internet/agencia/materias.asp?pk=227062006,11,29)

독일의 정당과 선거제도

장준호

1. 서론: 이상한 나라의 앨리스

루이스 캐럴의 동화 『이상한 나라의 앨리스(Alice's Adventures in Wonderland)』에서 앨리스는 토끼를 따라 이상한 나라로 들어간다. 앨리스는 그 곳에서 자신이 살고 있는 일상과 전혀 다른 모습들을 경험한다. 정치제도를 삶의 방식으로 이해한다면 한국과 독일은 다른 점이 많다. 예를 들어 일반적으로 국회의원 숫자는 정해져 있는데, 독일에서는 총선 후에 그 숫자가 변한다. 왜 그럴까? 독일에서는 4년 주기로 실시되는 총선에서 국회의원과 총리가 동시에 선출되고 총리는 막강한 권력을 가진다. 왜 그럴까? 독일에서 총리에게는 필요한 경우 연방의회를 해산시킬 수 있는 권리를 가지고 있다. 왜 그럴까? 이와 같은 퍼즐을 풀어나가며 독일의 선거제도와 정당을 이해하는 것은 비유적인 차원에서 앨리스가 이상한 나라를 경험하는 것과 같은 것이다. 이상한 나라는 그 고유한 논리를 인식하면 이해된다. 독일의 정치제도도 그 안에 내재된 내각책임제의 논리를 인식하면 쉽게 이해될 수 있다.

이 장은 독일의 선거제도와 정당을 개괄하는 데 그 목적이 있다. 글의 중심은 총리의 신임안(Vertrauensfrage)에 의한 조기총선이 될 것이다. 조기총선에 글의 포커스를 맞추는 이유는 정치제도를 구성하는 수많은 요소들이 조기총선이라는 예외의 경우에서 확연히 드러나기 때문이다. 신임안은 독일의 기본법 68조에 보장된 총리의 고유한 권한이며, 이에 따라 총리는 연방하원에 자신의 신임을 묻고 필요한 경우 연방하원을 조기에 해산시킬 수 있다. 총리가 신임안을 제출할 수 있는 권한을 규정하는 기본법 조항을 정확히 이해하기 위해서는 신임안과 관련된 다음과 같은 질문에 대한 설명이 필요할 것이다: 총리는 어떻게 선출되는가? 총리의 권한에는 어떠한 것이 있는가? 어떠한 정당들이 있는가? 총리와 정당의 관계는 어떻게 설정되는가? 연방하원은 어떠한 선거방식을 통해 구성되는가? 조기총선은 어떠한 절차를 통해 실시되는가? 총리의 신임안을 견제할 수 있는 연방하원의 권한은 무엇인가?

위의 질문에 대하여 적절하게 설명하는 과정은 바로 독일의 선거제도와 정당을 개괄적으로 이해하는 과정이 될 것이다. 따라서 글의 전개는 다음과 같은 순서를 따른다. 우선 독일의 정당과 선거와 관련하여 기초가 되는 제도를 살펴볼 것이다. 여기에서는 민주주의의 제도적 기초, 총리를 중심으로 하는 연방정부의 기능, 기민련(CDU)과 사민당(SPD)이라는 거대 양당을 중심으로 구성된 정당체제, 정당명부제 또는 혼합형 비례대표제로 특징지워지는 선거제도가 개괄적으로 설명될 것이다. 그 다음 신임안에 의한 조기총선 제도가 무엇인가를 알아보며 브란트, 슈미트, 콜, 슈뢰더가 제출한 신임안의 사례를 시대적 상황에 따라 분석한다. 마지막으로 신임안의 부결이 가져오는 정치적 파장과 신임안에 내재되어 있는 정치적 함의를 살펴본다. 이와 더불어 2005년의 조기총선은 기민-기사련과 사민당이 연립하여 내각을 구성하는 대연정이라는 결과를 나았는데, 이러한 대연정의 성격을 생각해볼 것이다.

11. 독일 정당과 선거제도

1 독일 민주주의의 제도적 기초

대통령제인 미국 및 한국과 다르게 독일은 영국과 같은 내각책임제이다. 대통령제와 내각책임제 모두 고대 그리스의 폴리스(polis)에서 실현되었던 "정치"를 실현시키고 있지만, 그리스인의 직접민주주의는 현대의 대통령제와 내각책임제에서 실행되고 있는 대의민주주의와는 구분되어야 할 것이다.[1] 직접민주주의는 그리스 시민이 가치공동체인 폴리스에서 살아가는 삶의 방식(ethos)이었다. 17세기 이후 근대화가 진행되면서 산업생산과 내부교역에 필요한 공간을 마련하고 내부적 통일성을 유지하기 위해 국가가 등장하게 되었다. 영국의 홉스(Hobbes)는 계약론에 의해 국가권력을 절대화하였지만, 로크(Locke)는 개인재산권보장, 다수결제, 시민의 저항권을 주장하며 국가권력을 제한하였다. 루소(Rousseau)는 국민의 "일반의지(volonté générale)"로부터 주권을 이끌어 내며 "국민주권"을 개념화하였다.[2] 대의민주주의는

1) 그리스인은 정치를 발견했다. 하지만 그리스인의 정치는 근대의 산물인 국가정치와 구분되어야 할 것이다. 그리스인의 정치는 도시였던 폴리스와 관련되어 있었다. 이런 점이 영토의 규모, 시민의 정치참여도 면에서 국가와 구별된다. 그리스인들에게 정치란 국가정치가 아닌 시민정치였던 것이다. 정치란 폴리스의 시민들이 공동 사안에 대해 토론하고 해결점을 찾으며, 그들의 동의를 규범화하여 시행하는 절차였다(Ottmann 2001, 7).

2) 홉스의 『리바이어던』은 1651년, 로크의 『정부론』은 1690년, 루소의 『사회계약론』은 1762년에 발간되었다. 이들은 모두 사회계약론에 입각하여 국가를 근거지우고 있지만, 그들의 계약론은 각자 다른 색깔을 보인다. 홉스는 절대왕정을 정당화하며, 로크는 자본주의와 현실적 메커니즘 그 자체를 합리화하며, 루소는 부조리한 현실을 극복하는 차원에서 사회계약론을 적

국가를 디자인해왔던 정치철학을 기초로 구체화되었던 것이다. 따라서 대의민주주의는 근대 이후 시민들이 국가라는 새로운 공동체에서 살아가는 삶의 방식이었다. 국가권력이 국민으로부터 나온다는 국민주권의 사상과 '견제와 균형(checks and balances)'에 기초한 삼권분립의 원칙, 국민의 대표자를 선출하는 방식 등은 대의민주주의의 근간이 되었다. 선출된 국민의 대표자가 국민의 의사에 따라 정치를 하는 공간이 의회였던 것이다.

현대의 대의민주주의에서는 입법, 사법, 행정의 삼권이 분리되어 있으나, 이 삼권은 서로 견제하고 균형을 이루면서 국가에서 살아가는 국민이 직면한 공동의 사안을 해결하려고 노력한다. 일반적으로 대통령제는 입법, 사법, 행정의 삼권에서 행정부에 무게를 실어주며 정책을 효과적으로 집행할 수 있도록 하며, 대통령은 별도의 선거로 선출된다. 이와는 반대로 내각책임제에서는 정치의 중심이 입법부인 의회이며, 의원을 선출하는 총선에서 과반수의 의석을 차지한 당으로부터 행정부의 수장인 총리가 선출된다. 의회에서 과반수를 확보한 당의 실력자가 집권하기 때문에 정책을 실행하는데 안정감이 있다는 것이 내각책임제의 장점이라고 할 수 있다(Lehner and Widmaier 2002, 14-112; Bellers and Kipke 1993, 169-170).

독일의 기본법 제1조는 "대한민국은 민주공화국이다"라고 국체(國體)와 정체(政體)를 표현하고 있는 대한민국의 헌법 제1조와는 다르게 "인간의 존엄성은 침해할 수 없다"라는 규범으로 시작된다. 따라서 입법, 행정, 사법 등의 국가권력은 인간의 존엄성에 기초한 기본권의 보호와 실현으로부터 그 정당성을 획득한다.[3] 제2차 세계대전 이후 1948년 제헌헌법을 제정하기 위해 미국, 영국, 프랑스 등의 서방이 점령한

용하고 있다(Hobbes 1996; Locke 1998; Rousseau 1998).

3) Bundeszentrale für politische Bildung이 1995년에 펴낸 『Staatsrecht』에 수록된 기본법. 이하에서는 독일 기본법의 조항을 인용할 때 괄호 안에 GG로 표기한 후 인용한 조항을 약자 Art.와 함께 기재한다.

지역의 11개 주의회에서 65명이 선출되었다. 이들은 의회평의회(Parlamentarischer Rat)를 구성하고 바이어른(Bayern) 주에 위치한 킴제(Chiemsee)의 헤렌킴제성(Schloss Herrenchiemsee)에서 인간의 기본권에 입각한 기본법을 제정했다. 기본법 제정에 참여한 위원들은 "우선은 인간이 있었고, 그 다음이 국가이다(Erst war der Mensch - dann der Staat)"라는 원칙에 공감하고 있었던 것이다 (Freundl 외 1996, 14, 24). 인간이 국가보다 우선한다는 원칙은 자연권(Naturrecht)에 입각한 유럽의 전통적 정치철학에 근거하고 있었다. 유럽의 정치사상적 맥락에서 인간의 존엄성은 국가 이전에 이미 주어져 있는 것으로 이해되고 있었던 것이다. 따라서 국가권력은 인간이 지닌 자유와 평등의 기본권을 구체적으로 실현시킬 수 있을 때 정당화될 수 있다.

기본권 보장을 기초로 하는 독일의 정치질서는 대의민주주의와 내각책임제의 혼합 형태를 띠고 있다. 대의민주주의는 국가의 전체적 조직원리이며, 의원내각제는 정부의 형태를 정하고 권력을 관리하는 방법이다. 여기에 경제적 분야에서 사회복지와 국가의 역할을 배려한 사회시장경제(Sozialmarktwirtschaft)가 가미되어 있으며, 역사적으로 독일의 전통이었던 공화주의적 법치와 연방주의적 지방자치의 요소가 접맥되어 있다. 독일 정치질서에서 특이한 점은 특정이슈에 대한 국민발안이나 국민투표와 같은 직접민주주의적 요소를 지양(止揚)하고 있다는 것이다. 이는 바이마르 공화국 시대(1919-1933)에 히틀러의 국가사회주의 독일노동자당(NSDAP: Nationalsozialistische Deutsche Arbeiterpartei)이 악용한 국민발안을 극복하려는 기본법 제정자의 시도라고 볼 수 있다. 예를 들어 바이어른 주의 헌법은 국민발안과 국민투표와 같은 직접민주주의적 요소를 허용하고 있으나, 기본법은 연방차원에서 국민이 총선에 투표하는 것으로, 즉 자신을 대표할 의원을 선출하는 것으로 정치적 참여를 제한하고 있다. 따라서 대부분의 중요한 정치적 이슈는 연방하원에서 논의되고 결정된다. 이러한 독일의 정치질서는 아래의 기본법 제20조에 함축적으로 정리되어 있다(Art. 20 GG).

(1) 독일연방공화국은 민주주의적, 사회적 연방국가이다.
(2) 모든 국가권력은 국민으로부터 나온다. 국가권력은 선거와 투표를 통해 국민에 의해 행사되고, 특정한 입법, 행정, 사법 기관에 의해 행사된다.
(3) 입법은 합헌적 절차에 따르고, 행정과 사법은 법률에 따른다.

2 총리와 연방정부 - Art. 62-66 GG

대의민주주의와 내각책임제라는 정치질서에서 총리는 막강한 권한을 소유하고 있다. 강력한 권한에 따른 리더십책임이 주어지기 때문에 이를 '총리민주주의(Kanzlerdemokratie)'라고 지칭하기도 한다. 기본법은 다음과 같이 총리와 연방정부의 권한을 보장하고 있다. 연방정부의 내각은 기본적으로 총리와 장관으로 구성된다(Art. 62 GG). 연방총리는 연방대통령의 제청으로 연방하원에서 재적과반수의 득표로 선출된다(Art. 63 GG).[4] 연방하원의 총리선출절차는 하나의 형식적인 의식(儀式)이며, 실제로는 총선의 결과에 따라 연방하원의 과반수를 확보하는 정당 간에 연정이 협의되고 이에 따라 누가 총리가 될지 미리 정해진다. 형식적인 절차에 의해 연방하원에서 선출된 총리는 연방정부의 최초 일원이 되는 것이다. 총리의 제안에 따라 연방대통령은 장관을 임명하는데, 장관을 해임하는 경우에도 총리의 제안으로 연방대통령이 이를 처리한다(Art. 64 GG). 즉 연방정부의 업무를 수행할 장관을 선출하고 해임하는 것은 총리의 고유권한인 것이다. 총리는 4년의 임기동안 장관에 비해

4) 분데스탁(Bundestag)은 연방의회 또는 연방하원으로 번역되나, 이하에서는 연방하원으로 표기하였다.

독립적인 지위를 유지하며 포괄적인 '연방정부의 정책노선(Richtlinien der Politik)'을 결정하고 실행한다. 총리의 이러한 권한을 '총리원칙(Kanzlerprinzip)'이라 한다. 또한 총리는 연방하원과의 관계에 있어서도 연방정부의 업무에 대해 총괄적으로 책임진다(Art. 65 GG).

연방정부의 업무는 총리원칙과 더불어 다음의 두 가지 원칙에 의해 수행된다. 하나는 관할원칙(Ressortprinzip)으로서 각 장관이 총리의 정책노선을 벗어나지 않으며 자신의 관할업무를 책임지고 추진하는 것이며, 다른 하나는 합의원칙(Kollegialprinzip)으로서 특정 사안에 대해 의견이 불일치하는 경우 모든 장관이 하나의 합의점을 도출하기 위해 노력한다는 것이다(Freundl 외 1996, 64). 연방정부는 총리원칙, 관할원칙, 합의원칙에 입각하여 연방하원 과반수의 정치의지를 정책과 입법을 통해 구체화하고 집행한다. 또한 연방정부는 국가재정을 고려한 장기적 정책을 개발하고 이에 대한 사회적 합의를 도출하기도 한다.

총리가 포괄적 책임성과 이에 기초한 리더십을 가지고 연방정부를 이끄는 총리민주주의는 정치적인 의미에서 역동적인 정치제도라고 할 수 있다. 총리에게 집중된 정치권력은 연방정부의 업무에 추진력, 통일성, 효율성을 부여하기 때문이다. 하지만 총리민주주의는 연방하원의 정치적 세력구도에 기초하고 있다. 따라서 총리는 항상 당내 입지, 연정의 구도, 연방하원의 과반수 유지 등을 고려해야 한다. 예를 들어 장관선출은 총리의 고유권한이지만 당내의 계파와 연정파트너를 고려해야 하는 것이다(Rudzio 1996, 265). 또한 총리민주주의는 총리의 정치스타일, 카리스마, 성격, 정치철학 등에 의해 운영방식이 바뀔 수 있는 제도이다(Wilson 1999, 249). 권위적이었던 아데나우어는 총리원칙을 관철시켰으며, 합의와 토론을 중요시했던 에르하르트는 관할원칙과 합의원칙에 역점을 두었고, 합리적이었던 슈미트는 총리원칙, 관할원칙, 합의원칙을 조화롭게 운영하며 연방정부를 이끌었다.

3 정당

독일 정치의 중심에는 사민당(SPD: Sozialdemokratische Partei Deutschlands)과 기민-기사련(CDU: Christlich Demokratische Union / CSU: Christlich Soziale Union)이 놓여 있다. 양대 정당은 정치를 주도하는 세력으로서 독일의 정치역사에서 실제적 정권창출의 중심에 놓여 있었던 것이다. 이와 더불어 양대 정당은 좌익-진보와 우익-보수를 대변하며 사회의 영역과 국가의 영역을 연결하는 정치균형자의 역할을 하고 있다. 즉 이들은 사회의 의지(여론과 다양한 이익집단의 의지)를 사민당적 혹은 기민련적 의지로 국가에 전달하고, 이들 정당의 정책결정을 국가의 정책결정과정에서 구체적으로 반영하고 있다(이경호 2005, 308, 310).[5] 기민/기사련은 자매 정당으로서 기민련과 기사련이 결합되어 있는 형태라고 볼 수 있다. 기사련은 독일 남부에 위치한 최대 주인 바이어른에서 상당한 지지 기반을 가지고 있다.

좌와 우의 중심을 대표하는 사민당과 기민/기사련 이외에도 2006년 현재 독일 연방하원에 진출한 정당은 자민당(F.D.F: Freie Demokratische Partei Deutschlands), 녹색당(Die GRÜNEN), 좌파연합(Die LINKE)이다. 자민당은 1948년 창당 이후 시장의 자유화와 현실적 외교정책을 기조로 기민/기사련 사민당과의 연정을 구성하며 여당의 위치를 고수하였으나, 1998년 이후 야당의 역할을 수행하고 있다. 녹색당은 1980년 창당 이후 환경과 국제평화의 문제를 주요 정책 사안으로 관철시키고 있으며, 1998년부터 2005년 조기총선까지 사민당과 연정을 구성하며 중앙정치에 등장하게 되었다. 좌파연합은 2005년 조기총선의 국면에서

5) 기본법 21조는 "정당은 국민의 의사형성에 참여한다. 정당의 설립은 자유이다. 정당의 내규는 민주주의 기본원칙에 합치해야 한다. 정당은 자금의 출처를 공개해야 한다"라고 규정하고 있다(GG, Art. 21).

구동독 공산당의 후신인 민사당(PDS: Partei des Demokratischen Sozialismus)과 자란트(Saaland)에 기반을 둔 라퐁텐(사민당의 당수를 지냈으나 슈뢰더와의 불화로 사민당을 탈퇴했었다)의 "노동과 사회정의를 위한 선거대안(WASG: Wahlalternative Arbeit und soziale Gerechtigkeit)"의 결합으로 등장하게 되었다. 선거전에서 좌파연합은 노동자, 실직자, 연금생활자의 목소리를 대변한다는 명분을 내걸었다. 아래 <표 1>은 2005년 조기총선 결과이다. 2005년 선거 참여율은 2002년 79.1%에 조금 못 미치는 77.1%이었다.

〈표 1〉 2005년 조기 총선 결과

정당	2005년 득표율	2002년 득표율	지역구 의석	비례 의석	전체 의석 수
기민/기사련	27.8+7.4 =35.2%	29.5+9.0 =38.5%	150	76	228
사민당	34.3%	38.5%	145	77	222
자민당	9.8%	7.4%	-	61	61
좌파연합	8.7%	4.0%	3	51	54
녹색당	8.1%	8.6%	1	50	51
의원총수			229	315	614
16석 초과의석: 기민/기사련에 7석(작센에서 4석, 바덴뷰르템베르크에서 3석)과 사민당에 9석(함부르크에서 1석, 브란덴부르크에서 3석, 작센안할트에서 4석, 자란트에서 1석)					

출처: www.bundestag.de/parlament/wahlen; www.bundeswahlleiter.de

4 선거제도

4년마다 치러지는 연방하원총선(Bundestagswahl)에 유권자는 2개의 표를 행사한다. 제1표(Erststimme)는 자신이 속한 선거구(총 229개의 선거구)에서 출마한 정치인에게 행사하고, 제2표(Zweitstimme)는 자신이 선호하는 정당에 행사한다. 여기에서 제2표는 두 가지 기능을 한다. 첫째, 제2표로 비례대표 의원 299명이 선출된다. 598석으로 구성된 연방하원의 의석수는 우선 제1표에 의해 299명이 선출되고 제2표에 의해서 나머지 299명이 선출되는 것이다. 둘째, 제2표는 의석산출방식에 있어 정당득표율에 따라 개별 정당이 차지할 수 있는 총의석수를 배분하는 기능을 한다. 이는 제2투표수에 따라 정당에게 배분되는 의석수가 미리 결정되는 것을 의미한다. 따라서 선거전에서 개별 정당은 지역구의 당선자수가 많이 나오게 노력하는 동시에 정당지지율을 높이기 위해 최선을 다한다.

연방하원의 의석수는 598명으로 정해져 있지만 선거결과에 따라 유동적이다. 598명 이상의 의원이 당선되는 경우는 초과의석(Überhangmandate)이 생길 때이다. 2002년의 총선에서는 5명의 초과의석이 발생하여 의석수가 603명으로 증가하였으며, <표 1>에서 볼 수 있듯이 2005년 총선에서는 16명의 초과의석이 발생하여 의석수가 614명으로 증가하였다. 지역구 의석수가 해당권역에 배정된 의석수보다 많을 때 "지역구의석 우선배정의 원칙"에 의해 그 잉여분의 의석수는 모두 인정되는데, 바로 이러한 의석을 초과의석이라고 한다(김종갑 2006, 116). 전체의석의 배분은 제2표수(정당투표)에 따라 정해지지만 의석산출방식에서 지역구를 우선 채우고 나머지를 주별로 작성된 비례명부의석으로 채우기 때문에 이러한 초과의석이 발생할 수 있는 것이다(김종갑 2006, 167). 지역구 다수대표제와 비례대표제를 혼합하여 적용하지만 지역구의석 우선배정의

원칙에 따라 초과의석이 나올 수 있는 독일의 선거제도를 "인물본위 비례대표제(das personalisierte Verhältniswahlrecht)"라고 한다.

예를 들어 의석산출방식에 의해 2005년 총선에서 얻은 사민당의 의석수를 살펴보자. 독일의 의석산출방식은 1987년 이후 니마이어(Niemeyer) 방식을 사용하고 있다.[6] 우선 총 투표수를 사민당이 얻은 제2표수로 나누고, 그 결과를 총의석수에 곱하면 사민당이 얻는 의석수가 나온다. 이 방식에 따라 사민당은 16,194,665표(34.3%)를 얻어 213명의 의원을 연방하원에 보낼 수 있다. 사민당에게 배분된 의석수 213명은 독일의 16개 주별로 계산한 것과 동일하다. 사민당이 얻은 16,194,665표는 16개 주에서 받은 표의 총합이기 때문이다. 사민당은 총 16,194,665표 중에서 브란덴부르크에서는 561,689표를 얻었다. 따라서 니마이어 방식에 따라 브란덴부르크에서는 7명의 의석이 확보된 상태였다. 하지만 제1표의 다수에 의해 당선되는 지역구에서 10명이 당선되어 3명의 초과의석이 발생하였다. 사민당은 이와 같은 방식으로 함부르크와 자란트에서 각각 1석과 작센안할트에서 4석의 초과의석(총 9석)을 얻었기 때문에 제2투표수에 의해 결정된 213석을 넘겨 총 221석을 확보할 수 있었다.[7]

---

6) 니마이어 방식에 의한 비례의석의 배분은 전국득표율 5% 이상을 획득하거나 지역구에서 최소 3석을 확보한 정당을 대상으로 한다(김종갑 2006, 172).

7) http://www.bundeswahlleiter.de/bundestagswahl2005/downloads/ergebn2005/heft3_mit_grafiken.pdf(2006년 12월 12일)

III. 신임안에 의한 조기총선

1 신임안의 법적 근거 - Art. 68 GG

신임안은 현대의 대의민주주의 제도를 채택하고 있는 국가에서 볼 수 있는 일반적인 정치적 수단이다. 정부가 의회에 대해 신임안을 제출하는 경우, 그 궁극적 목적은 정부가 의회를 상대로 정부정책에 동의하는가를 문의하고 정부와 의회간의 갈등을 해명하는 데 있다. 신임안이 부결되면 정부의 수장이 퇴임하거나 의회가 해산되기도 한다. 의회가 해산되면 조기 총선이라는 정국이 연출되기도 한다. 독일에도 이러한 정치적 수단이 제도화되어 있다. 기본법 제68조는 "신임안(Vertrauensfrage)"을 규정하고 있다. 이로서 총리는 연방하원에 표결안(Antrag)을 제출하여 연방하원의 과반수에 의해 신임 받고 있는가를 문의할 수 있는 것이다. 연방하원에서 신임안 제출과 이에 대한 표결은 48시간 이내에 이루어져야 한다.[8)]

총리는 정치적 위기에, 즉 연방하원에서 자신을 지지하는 의원이 과반수를 형성하고 있지 않다고 느낄 때 자신의 자발적인 주도로 신임안을 제출한다. 그는 연방하원을 상대로 신임안을 제출한다고 위협하거나 실제로 신임안을 제출함으로써 의원 과반수가 자신을 지지하도록 규율할 수 있는 것이다. 하지만 신임안에 대한 연방하원의 표결에서 과반수가 새로운 총리를 선출하지 못하고 현 총리에 대한 신임을 거부했을 경우,[9)] 총리는 21일 이내에 연방대통령에게 연방하원을 해

---

8) Vertraunsfrage (Stand: Dienstag, 13. Nov. 2001), http://www.bundesregierung.de (2005년 7월 4일).

9) 여기서 의미하는 연방하원의 과반수는 선출된 총 의원의 과반수로서, 2002년에서 2006년까지 의회회기 기준으로 334명이다. 이 과반수는 총리를 지

산하도록 제안할 수 있다. 연방대통령이 총리의 제안을 받아드려 연방하원을 해산할 경우, 연방하원은 60일 이내에 새롭게 선출되어야 한다. 이는 조기 총선을 의미한다. 하지만 연방대통령이 연방하원의 해체를 결정하지 못할 경우, 총리는 21일 이내에 연방대통령에게 제출한 연방하원 해산신청서를 취하할 수 있다(Art. 68 GG).

총리는 연방하원에서 과반수 상실 등의 정치상황에 직면하여 "일반적으로(allgemein: 정치적 신임을 묻는다는 의미에서)" 신임안을 제출할 수 있으며, 또한 법안과 결의와 같은 특정 사안(eine Sachfrage)에 대한 그의 정치적 결정과 연계시킬 수도 있다. 그가 신임안을 특정 사안과 연계시킨다면, 이는 그가 신임안을 연방하원 의원의 과반수를 상대로 그의 결정에 대한 찬반여부에 결부시키고 있음을 의미한다. 만약 연방하원의 과반수가 특정 사안에 대한 총리의 결정에 반대한다면 총리에 대한 신임도 거부되어지는 것을 의미한다.[10)]

총리는 자신이 불신임되었을 경우 이에 대한 대안으로 퇴임을 공포하거나, 총리직을 유지하며 계속 통치행위를 할 수 있다. 이를 "소수정부(Minderheitsregierung)"라고 한다. 총리의 제안으로 연방대통령이 연방하원을 해체할 수 있는 권한은 연방하원에서 의원이 과반수를 형성하여 새로운 총리를 선출할 경우 그 효력이 상실된다. 이것은 단지 기본법 제67조에 명시된 "건설적인 불신임표결(konstruktives Mißvertrauensvotum)"에 의해서만 가능하다. 건설적이라는 수식어가 붙은 것은 연방하원의 의원들이 현 총리에 대한 불신임을 새로운 연방수상의 선출과 연계시킴으로써 국정의 연속성을 배려하기 때문이다.[11)] 총리가 능동적으로 제기하는 신임안과 달리 건설적인 불신임표결에서는 주도하는 역할이 전도되어 연방하원이 4년의 임기를 보장받은 총리를 퇴진시킬 수 있다. 따라서 건

지한다는 의미에서 총리다수(Kanzlermehrheit)라고도 한다.

10) Vertraunsfrage (Stand: Dienstag, 13. Nov. 2001).

11) Vertraunsfrage (Stand: Dienstag, 13. Nov. 2001).

설적인 불신임표결은 연방하원이 총리를 대상으로 사용할 수 있는 가장 강력한 무기라고 할 수 있다.12)

2 신임안의 진위구별: 사실적 또는 허구적

건설적인 불신임표결이 4년의 임기가 보장된 총리를 견제하고 퇴임시킬 수 있는 연방하원의 정치적 수단이라면, 그 반대로 신임안은 4년의 회기가 보장된 연방하원을 해체할 수 총리의 정치적 수단이다. 기본법은 한편으로는 연방하원과 총리의 임기를 보장하고 있지만, 다른 한편으로는 그 임기를 중단시킬 수 있는 수단을 건설적인 불신임표결과 신임안이라는 제도를 통해 제공하고 있다. 영국의 정치제도도 총리가 의회를 해체할 수 있는 권한과 의회가 총리를 해임할 수 있는 권한을 상호적으로 보장하고 있다(Hübner 1995, 104).

기본법 제68조에서 사용되는 "신임(Vertrauen)"이라는 개념은 일상적인 의미가 아닌 정치적인 함의를 담고 있다. 이 개념은 우선적으로 총리의 인격과 정책에 대한 동의와 지지를 담고 있다. 이러한 의미에서 신임안은 총리가 자신의 정책에 대한 연방하원 과반수의 신임을 실제로 더 이상 확신할 수 없을 경우에 합헌적이다. 총리의 정치적 행보가 심하게 제한받으며, 총리가 연방의회에서 과반수의 상실로 인해 정책을 효과적으로 수행할 수 없을 때 신임안 제출의 정당성이 확보되는 것이다. 정치적 정황이 이러한 특징을 보인다면, 이는 제68조를 충족시키는 "불문의 사실구성요건(ungeschriebenes Tatbestandsmerkmal)"이 된다. 이러한 경우 총리의 신임안 제출은 "사실적(echt)" 신임안이라고

12) 독일 연방하원에서 지금까지 건설적인 불신임표결은 두 번 행해졌다. 첫 번째는 1972년 브란트 총리에 대해 행해졌지만 부결되었고, 두 번째인 1982년 슈미트 총리에 대한 불신임표결은 가결되었다.

볼 수 있다. 사실적 신임안과는 다르게 총리가 그의 정책을 지지할 의원 과반수를 확보할 수 있음에도 불구하고 조기 총선을 실시하기 위해 의도적으로 불신임을 연출하는 경우, 이를 "허구적(unecht)" 신임안이라고 한다. 허구적 신임안에 담겨있는 정치적 의도, 즉 조기 총선은 기본법에 위배될 수 있다. 기본법 제39조에 규정된 연방하원의 회기보장이 침해되기 때문이다.[13)]

신임안이라는 제도적 장치에 내재되어 있는 기본적인 논리는 연방하원에 대항한 총리의 권력행사이다. 간접적 협박의 형태를 띠며 연방하원의 과반수가 총리를 지지하도록 유도하기 때문이다. 또한 실시될지도 모르는 조기 총선에 대한 부담과 두려움으로 인해 당과 의원은 총리 쪽으로 기울게 됨으로써 불확실한 정국이 확실성을 띠게 된다 (Ruzio 1996, 237). 신임안이 부결되었을 때 나올 수 있는 결과는 - 총리가 직책을 유지하며 소수정부를 이끄는 경우를 제외하면 - 현실적으로 건설적 불신임표결이 아니면 연방하원의 해산이다. 총리는 물론 연방하원의 의원도 "이것 아니면 저것(Entweder-Order)"의 정치적 상황에 놓이게 된다. 연방하원의 야당 의원들이 새로운 연정을 구성하며 신임안을 제출한 총리에 대항하여 건설적 불신임표결을 감행해 새로운 총리를 선출한다면, 현 총리는 퇴임할 수밖에 없다. 아래의 <표 2>는 지금까지 총리에 의해 제기되었던 5개의 신임안을 보여주고 있다.

13) Vertraunsfrage, http://de.wikipedia.org/wiki/vertrauensfrage (2005년 7월 4일).

〈표 2〉 독일 총리의 신임안

날짜	총리	찬	반	기권	불참	신임 가부	결과
1972.09.22	Willy Brandt, SPD	233	248	1	14	부결	연방하원의 해산
1982.02.05	Helmut Schmidt, SPD	269	225	0	3	가결	
1982.12.17	Helmut Kohl, CDU	8	218	248	23	부결	연방하원의 해산
2001.11.16	Gerhard Schröder, SPD	336	326	0	4	가결	
2005.07.01	Gerhard Schröder, SPD	151	296	148	6	부결	연방하원의 해산

출처: http://de.wikipedia.org/wiki/vertrauensfrage (2005년 7월 27일).

Ⅳ. 신임안의 사례

앞에서 살펴본 바에 의하면, 신임안은 대의민주주의와 내각책임제를 특징으로 하는 독일의 정치질서에서 총리가 연방하원을 규율하거나 해산할 수 있는 정치적 수단이었다. 신임안은 사실적, 허구적 신임안으로 구별될 수 있다. <표 2>에서 보는 바와 같이 신임안의 부결은 연방하원의 해산을 가져왔다. 총리의 제안으로 연방대통령이 조기 총선을 결정하였던 것이다. 아래에서는 신임안의 5개의 사례를 살펴보면서 정치적 배경과 함의를 살펴볼 것이다.

1 빌리 브란트(Willy Brandt, 1969-1974)

1969년 정권교체는 역사적 의미가 있었다. 처음으로 한 정당이 선거를 통해 다른 정당을 교체했기 때문이었다. 브란트는 선거유세에서 "실험을 두려워하지 말자"라는 표어를 내세웠고, 그의 카리스마와 고수머리는 젊은 유권자와 여성의 마음을 사로잡았다. 기민/기사련은 46.1%로 최다 득표했으나 집권에는 성공하지 못했다. 42.5%의 득표를 기록한 사민당이 5.8% 을 획득한 발터 쉘(Walter Schell)의 자민당과 연정을 구성하였기 때문이었다. 사민-자민 연정은 연방하원에서 과반수보다 12석이 많은 의석을 확보할 수 있었다. 브란트는 55세의 나이로 1969년 10월 21일 4대 총리로 선출되었다(귀도 크놉 2000, 196-197).

브란트 총리는 동독을 승인하는 국가와 외교관계를 수립하지 않는다는 "할슈타인정책(Hallstein-Doktrin)"을 폐기하고 이전 정부에서부터 수행해왔던 "동방정책(Ostpolitik)"을 더욱 강력하게 추진하였다. 폴란드 서쪽 국경을 "오데르-나이세 선(Oder-Neisse-Linie)"으로 승인하며 "모스크바조약"과 "바르샤바조약"을 체결하였고, 에르푸르트(Erfurt)와 카셀(Kassel)에서 동·서독 정상회담을 개최하였으며, 4개 연합국과의 신협정 등을 통해 1972년 11월 6일 "동·서독 간 기본조약(Grundvertrag)"을 맺었다. 이러한 동방정책을 통하여 브란트는 소련과 폴란드 등 동유럽국가와의 외교관계를 정상화하였으며, 동독을 국가로 인정하면서 두 개의 독일 국가가 서로 공존할 수 있는 외교적 틀을 만들어 나갔다. 브란트의 동방정책은 그 동안 초대 총리였던 아데나우어가 유럽통합과 미국과의 동맹구축에 치중하며 구축해 놓았던 친서방정책을 보완할 수 있었다(Schöllgen 2004, 103-137).

1969년 사민-자민 연정은 과반수보다 12석이 많은 의석을 확보하고 있었지만, 1970년부터 자민당과 사민당 의원들이 탈당한 후 의석을 반납하지 않고 기민/기사련 당원이 되기 시작했다. 사민-자민 연정은 1972년 3월에 기민/기사련의 의석보다 겨우 2석을 더 확보하고 있었으나, 4월에 들어 브란트 총리는 연방하원에서 과반수를 더 이상 확보할 수 없었다. 4월 24일 기민/기사련은 바첼스(Barzels)를 새로운 총리로 추대하며 브란트에게 건설적 불신임표결을 결의했다. 기민/기사련의 불신임표결은 성공하지 못했지만 연방하원은 미궁에 빠지게 되었다. 1973년 회계연도 예산안 표결을 위해 4월 25일 소집된 연방하원에서 기민/기사련은 247대 247로 예산안을 거부했던 것이다. 브란트 총리는 더 이상 자신의 정책을 집행할 수 없었다(귀도 크놉, 2000, 215, 219). 이러한 정국을 타파하기 위해 브란트 총리는 1972년 9월 20일 신임안을 제출하게 되었다. 그는 내각의 장관들이 표결에 참석하지 않도록 함으로써 의도적으로 신임안이 거부되도록 하였고, 조기 총선을 실시하도록 연방대통령에게 건의하였다(Ruzio 1996, 237).

1972년 11월 19일 조기 총선의 실시로 사민당은 45.9%를 얻어 처음으로 최다 득표정당이 되었고, 자민당도 표를 더 얻어 8.4%를 득표했다. 따라서 사민-자민 연정은 연방하원에서 271석을 차지해 완전한 과반수를 확보할 수 있었다. 기민/기사련은 44.9%로 지난 총선에 비교해 득표율이 떨어졌다(귀도 크놉 2000, 220). 이러한 선거결과는 브란트 총리가 내린 정치적 결단, 즉 신임안을 통한 조기 총선의 전략이 성공했음을 의미한다. 자신의 동방정책의 추진으로 의원 과반수의 지지를 받지 못했던 정치적 상황을 고려하면 브란트의 신임안은 사실적 신임안으로 이해될 수 있으나, 의도적으로 조기 총선을 유도했다는 점에서 허구적 신임안으로도 볼 수 있을 것이다.[14)]

---

14) Vertrauensfrage, http://de.wikipedia.org/wiki/vertrauensfrage.

2 헬무트 슈미트(Helmut Schmidt, 1974-1982)

브란트 총리는 국내정치의 상황, 건강의 악화, 자신의 비서가 동독의 스파이였다는 스캔들 등을 견디지 못하고 슈미트에게 총리직을 넘겨주게 된다. 슈미트는 1974년 5월 17일 "연속성과 집중"이라는 취임연설문을 읽어 내리며 총리가 되었다. 이전 총리들의 정책을 계승하되 독일이 처한 본질적인 문제에 국력을 집중한다는 컨셉이었다. 슈미트는 유능한 각료를 선출해서 자신의 컨셉을 현실화시켰다. 그는 합의를 잘 도출해내었으며, 위기관리자로서의 역량을 발휘하였다. 슈미트는 막스 베버(Max Weber)의 도덕적으로 요구되는 "신념윤리(Gesinnungsethik)"와 분석적이고 실용주의적인 "책임윤리(Verantwortungsethik)"를 이해하고 있었으며, 자신의 정치가 이 둘 사이에서 갈등을 일으킬 때 책임윤리에 무게를 두기도 하였다. 또한 그는 국제간의 평화는 구축되는 것이라는 칸트의 사상을 정확히 이해하고 있었다. 이는 슈미트의 외교정책에 그대로 적용되었다(귀도 크놉 2000, 251-253).

슈미트 총리는 독일의 경제 및 안보 문제를 국제관계에서 풀어나갔다. 또한 장관과 총리실의 업무책임자와의 긴밀한 협조체제를 유지하며 정책기조를 결정하는 총리의 권한을 잘 활용했다. 우선 그는 경제정책이 각 국가간의 밀접한 조정을 필요로 한다는 사실을 알고 있었기 때문에 프랑스, 미국, 영국 등의 선진국 수반과의 회담을 제안했다. 이 회담은 주요 선진국이 모여 무역, 에너지, 자원, 통화정책을 조정하는 G-7의 시초가 되었다. 또한 슈미트는 프랑스 대통령과의 친밀한 우정을 바탕으로 서유럽이라는 공간적 틀 안에 고정환율제를 제도화하며 유럽통화체제를 확립하였다. 그는 외교안보 분야에서도 자신의 국제감각과 인맥을 활용하며 동구권과의 긴장완화와 재무장을 동시에 추진하였다. 소련의 SS-20 중거리 핵미사일에 대한 위협에 직면하여 슈미트는 자신의 외교정책의 원칙에 따라 소련을 비롯한 동구권과 군축 협상을 계속하며 이와 동시에 독일에 현대식 중거리 미사일을 배치한다는 이중결정을 내리게 되었다. 하지만 이중결정은 국내에서 큰 저항을 불러왔다. 총리였지만 사민당의 당수가 아니었던 슈미트는 자신의 국제적 성공으로 사민당의 지지를 받아왔지만, 그의 집권말기에는 자민당이 사민당과 거리를 두었기 때문에 사민-자민의 연정을 더 이상 유지할 수 없었다(Pilz/Ortwein 1995, 133; 귀도 크놉 2000, 260-262, 269, 273-274).

슈미트 총리는 1980년에서 1982년 초까지 안보정책상 자신의 이중결정이 사민당으로부터도 비판을 받기 시작하고 원자력발전소 건설에 대한 국민들의 저항이 거세지는 상황에서 사민-자민 연정이 표류하고 있는 정국을 경험하게 되는데, 그는 이러한 정국을 타파하기 위해 1982년 2월 5일 연방하원에 신임안을 제출하였다(Ruzio 1996, 238). 그의 신임안은 가결되어 사민-자민 연정은 계속되었고, 의원 과반수를 확보하며 자신의 정책을 계속 수행할 수 있었다. 그의 신임안은 총리의 정책기조였던 이중결정과 원자력정책에 대한 신임을 묻고 연방하원의 과반수를 규율하는 사실적 신임안이었던 것이다. 하지만 1982년 10월 1일 연정파트너였던 자민당이 새로이 기민/기사련과 연정을 구성하고 콜을 수상으로 추대하며 슈미트에게 건설적인 불신임표결을 감행했으며, 슈미트는 총리직에서 물러나야 했다.[15]

---

15) Vertrauensfrage, http://de.wikipedia.org/wiki/vertrauensfrage.

3 헬무트 콜(Helmut Kohl, 1982-1998)

슈미트와는 다르게 콜은 기민련 내에서 권위를 끌어내었다. 그는 총리이자 동시에 기민련의 당수직을 유지했다. 그는 당을 통제하며 권력을 유지하는 스타일이었던 것이다. 1982년 9월부터 자민당을 기민/기사련으로 끌어드리며 연정을 추진했던 콜은 10월 1일 건설적 불신임표결을 통해 총리가 되었고, 자민당과 연정에 대한 협상을 추진하며 이미 조기 총선의 일자를 1983년 3월 6일로 확정하고 있었다. 1982년 12월 17일 콜 수상은 조기 총선을 실시하기 위해 의도적으로 신임안을 제출하였다. <표 2>에서 볼 수 있듯이 콜 수상을 지지했던 연방하원의 248명의 의원들이 표결에서 기권함으로써 신임안은 부결되었고, 칼 카스텐스(Karl Carstens) 연방대통령이 총리의 제안에 따라 조기 총선의 실시를 결정하였다.

콜의 신임안과 카스텐스의 조기 총선 결정은 기본법 68조에 관련하여 위헌논쟁을 야기했다. 연방하원의 의원 4명은 위헌소송을 제기했는데, 그들은 그 당시 콜 총리가 연방하원에서 자신의 정책을 지지할 수 있는 과반수 의원을 확보할 수 있었음에도 불구하고 조기 총선을 실시할 목적으로 신임안을 악용했다고 판단하고 있었다. 헌법재판소는 판결문에서 조기 총선의 실시 여부에 대한 판단은 연방대통령의 양심적 결정사안이라는 것을 명확히 했고,[16] 신임안 제기와 조기 총선을 국민의 신임과 정부의 안정성을 확보하기 위한 총리와 연방대통령의 노력으로 인정했다(Hübner 1995, 107-108). 이로서 헌법재판소는 국민들에게 허구적 신임안도 연방하원을 해산할 수 있음을 확인시켜 주었다.

16) 콜 수상이 제기한 신임안에 관련된 헌법재판소 1983년 판결문(BVerfGE 62, 1)은 다음의 사이트를 참조하시오.
http://www.oefre.unibe.ch/law/dfr/bv062001.html (2005년 7월 4일).

1983년 3월 6일 치러진 조기 총선에서 기민/기사련은 48.8%의 득표로 244명의 의원을 확보했으며, 자민당은 7.0%의 득표로 지난 총선과 비교했을 때 9명의 의원을 상실하였다. 기민/기사련과 자민당은 총 278명의 의원을 확보하며 연정에 돌입하게 되었다(Freundl/Blumöhr/März 1996, 66, 95).

콜 수상은 신임안 제출과 조기 선거를 통해 연정에서 기민/기사련의 영향력을 강화하고 자민당의 영향력을 약화시키려고 했던 자신의 정치적 의도를 달성할 수 있었다. 헌법학자 디터 움바크(Dieter C. Umbach)는 헌법재판소가 콜의 신임안을 합헌으로 판결한 것은 여론 때문이었다고 지적한다. 건설적 불신임표결에 의한 새로운 연정은 조기 총선을 통해 국민의 재신임을 확인할 필요가 있다는 여론이 형성되어 있었다는 것이다(Umbach 1989, 11-17). 그 당시 여론이 정치적인 의도로 제기된 허구적 신임안을 허용했던 것이다.

4 게르하르트 슈뢰더(Gerhard Schr der, 1998-2005)

1998년 9월 총선이 끝난 후 독일의 시사주간지『FOCUS』는 "독일은 왼쪽으로 옮겨 갔다(Deutschland ist nach links gerückt)"라고 표현하며 독일의 정치적 지각변동을 소개했다. 사민당은 40.9%, 녹색당은 6.2%, 민사당은 5.1%를 득표하며 좌파정당들이 총 53%의 표를 얻었다. 이로서 독일은 16년간의 콜 총리 시대는 물론 기민/기사련과 자민당의 연정인 우파정당의 집권을 마감하고 정치적으로 좌측을 향하게 되었던 것이다.[17] 하지만『FOCUS』의 분석은 단지 표면적인 분석일 뿐이다. 독일의 정치지형이 좌측으로 옮겨진 것처럼 보이지만 실제로는 사민당과 녹색당이라는 두 가지 유형의 중도적 정당이 승리한 선거라고 볼 수 있

17) FOCUS Wahl-Spezial (27. September 1998), 3, 11-16.

다. 따라서 슈뢰더의 사민-녹색 연정도 중도적 성격을 보였던 것이다.

정당은 일반적으로 "좌"와 "우" 내지는 "진보"와 "보수"로 구분된다. 이러한 구분은 자유와 평등의 가치를 기준으로 하는데, 좌는 평등에 우선하며 우는 자유에 중점을 둔다. 하지만 사회의 규모가 커지고 다원화됨에 따라 좌와 우의 명확한 분리가 어려워지고, 정당들도 중간적 입장을 취하게 되었다. 양극의 중간지대가 생기게 되었는데, 이것이 바로 "중도"라고 지칭된다. 중도에도 두 가지 종류가 있다. 하나는 좌와 우를 모두 부정하는 "배제적 중도"이고, 다른 하나는 좌-우를 변증법적으로 취하는 "통합적 중도"이다. 공통점은 둘 다 "부정(Negation)"을 내재하고 있다는 점이다. 배제적 중도는 좌와 우를 부정해서 생겨난 빈 공간을 확보하며, 통합적 중도는 변증법적인 정·반·합의 지양과정에서 좌와 우 둘 다 자신의 바구니에 담는다. 따라서 두 가지의 중도는 좌와 우의 존재에 근거하고 있다. 좌와 우가 사라지면 배제하고 통합할 대상도 없어지기 때문이다. 다원적 사회에서는 통합적 중도가 정치에서 가장 넓은 공간을 확보하며 본래적인 좌와 우를 구석으로 몰아내는 경향을 보인다(Bobbio 1994, 11-17).

1998년 슈뢰더를 총리후보로 내세웠던 사민당은 통합적 중도였고, 요쉬카 피숴(Joschka Fischer)를 중심으로 했던 녹색당은 배제적 중도였다. 같은 중도지만 배제와 통합이라는 상이한 방향성을 내재하고 있었던 두 당이 연정을 한다는 것은 개와 고양이의 결혼과 같았다. 선거 직후 슈뢰더는『Der Spiegel』인터뷰에서 "우리는 시험하지 않을 것이다(Wir machen keine Experimente)"라고 말했지만,[18] 녹색당과의 연정 그 자체가 권력을 향한 새로운 시험이었던 것이다. 예를 들어 좌와 우를 막론하고 "발전(Entwicklung)"의 가치는 긍정되었지만, 녹색당은 환경과 평화의 문제에 관심을 두었던 지식인을 중심으로 구성된 조직으로 발전의 가치를 거부해왔다. 이에 반해 사민당은 독일의 경제, 안보,

18) Der Spiegel: Wahlsonderheft '98 (29. September 1998), 12.

사회 문제를 발전이라는 관점에서 현실적이고 실용적으로 풀어나가야 했으며, 평등과 분배적 정의를 중요하게 여겼지만 정권을 획득한 이상 자유와 평등 둘 다 실현하고자 했다. 이러한 가치적 대립과 문제를 내재하며 사민당(298명)과 녹색당(47명)의 의원 345명은 324명의 야당 의원(가민/기사련 245명, 자민당 44명, 민사당 35명)에 대항하며 1999년에 연정을 시작하였다.

슈뢰더 총리가 추진하고자 했던 "새로운 중도(Neue Mitte)"는 위에서 언급한 통합적 중도를 다르게 표현한 것에 불과했다. 새로운 중도는 "제3의 길"처럼 영국의 사회학자 앤소니 기든스(Anthony Giddens)가 인식했던 지구화에 따른 좌와 우의 위기를 전제로 한다. 보수적이었던 자본주의는 자유무역과 금융자유화를 극단적으로 추진하고 있으며, 진보적이었던 사회주의는 구축된 복지국가체제를 보존하려고 보수적 입장을 보인다는 것이다. 따라서 기든스는 영국의 블레어(Blair) 총리에게 좌파의 입장에서 우파의 정책을 수용하는 제3의 길을 제시했던 것이다(앤소니 기든스 1997, 13-14, 37-69). 슈뢰더의 새로운 중도도 이와 유사했다. 이는 지구화에 대한 이중적 입장에서 여실히 드러난다. 첫째는 지구화를 비판적으로 고찰하며 부작용을 최소화할 수 있는 장치를 마련한다는 것이고, 둘째는 지구화를 독일의 경쟁력 강화에 활용한다는 것이다. 이와 더불어 새로운 중도에서 중요한 것은 사회복지체제가 생산적으로 작동할 수 있게 개선한다는 입장이었다. 슈뢰더는 제도를 통해 개인을 보호한다는 소극적 의미의 사회복지를 지양하며 개인이 적극적으로 생산활동에 참여할 수 있도록 돕고자 하였다. 이 컨셉은 실업자에게 실업수당을 확대하는 소극적 정책보다는 일자리를 창출해서 사람들이 노동을 통해 정상적인 소득과 소비가 이루어지도록 하는 적극적 정책을 담고 있었다(게르하르트 슈뢰더 1999, 30-32).

슈뢰더 총리는 두 차례 신임안을 제출하였다. 첫 번째 신임안은 2001년 11월 16일에 제기되었다. 이는 총리가 사민-녹색 연정의 의원들을 파병문제에 찬성하도록 규율하려고 했던 사실적 신임안이었다. 두 번째 신임안은 2005년 7월 1일에 제기되었다. 이는 총리가 자신에게 불리한 정국을 타파하기 위해 조기 총선을 의도하며 제기한 허구적 신임안이었다.

첫 번째 신임안은 2001년 9.11테러와 밀접한 관련이 있었다. 9.11테러가 발생한 후 슈뢰더 총리는 미국에게 "무조건적 연대(bedingungslose Solidarität)"를 약속했다. 그 후 미국의 희생양을 찾던 부시(Bush) 대통령은 아프가니스탄의 탈레반 정권을 테러의 배후로 지목하고 아프가니스탄을 침공했다. 독일은 나토(NATO)의 틀 안에서 미국과 동맹관계에 있었기 때문에 미국의 전쟁에 참가해야 할 의무가 있었다. 하지만 1994년 헌법재판소의 판결은 나토의 방위 범위인 북미와 유럽지역을 벗어난 지역에 독일군을 파병할 경우 연방하원의 동의를 받도록 규정하고 있었다. 이에 따라 슈뢰더는 연방하원의 동의가 필요했지만, 사민-녹색 연정을 구성하고 있었던 의원들 모두가 이에 찬성하는 것은 아니었다. 사민당과 녹색당의 평화주의자들이 독일군 파병을 반대하고 나섰던 것이다. 슈뢰더는 기민련과 기사당의 지지를 받아 파병동의안을 통과시킬 수 있었음에도 불구하고 사민-녹색 연정을 구성하고 있던 의원들이 자신의 정책을 지지하도록 규율하기 위해서 파병동의안과 함께 신임안을 제출하였다. 표 대결은 336대 326으로 나왔으며 신임안은 가결되었다. 이로서 슈뢰더는 파병동의안을 빌미로 시민-녹색 연정이 자신을 지지하도록 규율할 수 있었다.[19)]

두 번째 신임안은 사민당의 지지도 하락과 슈뢰더 총리의 정치적 위기와 관련되어 있었다. 2005년 5월 22일 노르트라인 베스트팔렌(Nordrhein-Westfalen)에서 실시된 주의회 선거에서 참패한 후 슈뢰더는 허위적 신임안이라는 정치적 결단을 내리게 되었던 것이다. 사민당은 전통적으로 노동자와 노조에 의존하고 있었는데, 바로 그 지지계층

---

19) Vertrauensfrage, http://de.wikipedia.org/wiki/vertrauensfrage.

이 분포한 지역이 루르공업지대가 위치한 노르트라인 베스트팔렌 주였다. 이 지역의 시민들은 경쟁력확보, 기업우선정책, 복지 및 실업자수당 축소 등을 골자로 하는 슈뢰더의 "새로운 중도"를 더 이상 받아드릴 수 없었던 것이다. 전통적 지지기반의 상실과 더불어 사민당은 주의회 선거에서 내리 11번째 패배하고 있었다. 기민/기사련을 주축으로 하는 야당이 16개 주 가운데 11개 주정부를 장악하고 있었기 때문에 사민당은 연방상원에서 주도권을 상실하고 있었던 것이다. 이러한 정치적 위기에서 슈뢰더는 2005년 7월 1일 연방의회에 신임안을 제기했으며 표결에서 자신의 의도대로 "불신임을 얻었다(Schröder gewinnt das Misstrauen)".[20]

슈뢰더 총리의 신임안 제기와 관련 헌법학자 움바크는 다음과 같은 문제를 지적했다. 첫째로 사민-녹색 연정이 연방하원에서 여전히 과반수를 확보하고 있는 상황은 기본법 제 68조의 사실구성요건에 해당될 수 없다는 점이다. 둘째로 기민/기사련이 연방하원을 장악하고 있지만 2/3의 절대다수를 확보하고 있지 않기 때문에 연방하원의 결정을 무조건 반대할 수 없다는 점이다. 더구나 조기 총선으로도 연방상원의 구도는 바뀔 수 없다. 셋째로 총리가 신임안을 통한 조기 총선을 신임을 위한 국민투표와 비슷하게 이해함으로써 기본법의 정신이 확대 해석되었다는 점이다.[21] 하지만 법학자 에르하르트 데닝어(Erhard

20) 슈뢰더 총리는 연방하원에서 신임안 제출과 관련 다음의 세 가지 근거를 제시했다. 첫째는 과반수보다 단지 3표가 많은 총리가 자신의 정책을 시행하는데 신뢰할만한 기초가 되지 못한다는 점이었고, 둘째는 여당의 장악하고 있는 연방상원의 상황이었고, 셋째는 국민투표에 의한 국민의 신임을 허용하지 않는 대신 신임안의 부결에 기초한 조기 총선을 통해 총리와 정부의 정책에 대해 민주적 주권자인 국민의 신임을 묻도록 하고 있는 기본법의 내용이었다. Schröder gewinnt das Misstrauen, http://www.spiegel.de/politik/deutschland/0, 1518,363163,00.html (2005년 8월 1일); Dokumentation, Schröders Begründung der Vertrauensfrage, http://www.spiegel.de/politik/deutschland/0,1518,363171,00.html (2005년 8월 1일).

Denninger)는 총리 신임안에 따른 조기 총선을 긍정적으로 평가했다. 그는 신임안이 조기 총선과 연결되면 국민의 신임을 묻기 때문에 신임안이 국민에게도 향해 있다는 입장을 취했으며, 조기 총선의 실시 여부는 연방대통령의 고유한 양심적 판단에 의해 결정되기 때문에 연방대통령이 조기 총선을 결정하면 그 결정은 위헌이 될 수 없다는 의견을 개진하였다.[22)]

조기 총선에 대한 여론 동향을 살펴보면, 2005년 6월 30일 독일 국민의 71%가 조기 총선에 찬성하는 것으로, 24%가 이에 반대하는 것으로 나타났다. 하지만 7월 1일 신임안의 부결 직후 실시된 여론조사에 의하면, 국민의 49%는 허구적 신임안 제출을 통해 조기 총선을 유도했던 총리의 방법에 대해서는 정직하지 못하다는 평가를 내렸고, 41%는 문제가 없다는 평가를 내렸다. 7월 6일의 여론 조사에서도 조기 총선에 대한 국민들의 입장은 이와 비슷했다. 68%는 연방대통령의 연방하원 해산에 찬성했으며, 21%는 이에 반대했다.[23)] 이러한 여론을 반영하듯 7월 21일 호르스트 쾰러(Horst Köhler) 대통령은 2005년 9월 18일에 조기 총선을 실시하기로 결정하였다.

21) Vertrauensfrage: Die Verfassung bleibt auf der Strecke, http://www.spiegel.de/politik/deutschland/0,1518,363445,00.html (2005년 8월 1일).
22) V-Frage: Die Vertrauensfrage richtet sich auch ans Volk, http://www.spiegel.de/politik/deutschland/0,1518,363450,00.html (2005년 8월 1일).
23) Mehr als 70 Prozent der Bundesbürger für Neuwahlen, http://www.spiegel.de/politik/deutschland/ 0,1518,363025,00.html (2005년 8월 1일); Fast die Hälfte halten Vertrauensfrage für unehrlich, http:// www.spiegel.de/politik/deutschland/0,1518,363247,00.html (2005년 8월 1일); Schlechte Werte für Schröder, http://www.spiegel.de/politik/deutschland/0,1518,363905,00.html (2005년 8월 1일).

V. 결론: 2005년 조기총선 이후 대연정

연방하원을 규율하거나 해산시킬 수 있는 정치적 수단으로서 총리의 신임안은 복합적인 파장을 몰고 온다. 선거를 통해 국민의 대표자로 선출된 연방하원의 과반수 의원은 총리를 선출하였지만, 총리는 그 과반수가 불안정하기 때문에 신임안을 제기하게 된다. 연방정부를 구성하고 정책을 입안하고 집행하는 총리의 권력은 연방하원의 과반수에 근거하고 있기 때문이다. 신임안이 부결되고 총리가 조기 총선을 제안하면 연방대통령은 조기 총선의 타당성을 검토하게 된다. 연방대통령이 양심적 판단에 따라 조기 총선을 결정했음에도 불구하고, 이에 대해 위헌소송이 제기되면 헌법재판소는 판결문을 작성한다. 국민의 과반수와 여야 모두가 조기 총선을 원하는 상황이라면 헌법재판소는 허구적 신임안일지라도 위헌판결은 내지 않는다. 정당은 자신의 정책을 선거운동을 하며 국민의 지지를 호소한다. 조기 총선에서 국민은 지지하는 정당과 지역구의 후보자에게 자신의 표를 행사한다. 결국 새로운 연방하원이 선출되고, 과반수를 차지한 연정에서 새로운 총리가 나오게 된다. 신임안의 제출로 시작된 정치적 절차는 이렇게 다시 과반수로부터 지지를 받는 총리를 선출하는 것으로 끝난다.

총리의 신임안 제기와 그에 따른 복합적인 파장을 고려하면, 대의민주주의에서 정치란 결국 국민들의 신임에 근거하고 있다고 볼 수 있다. 우선 국민들이 선거를 통해 연방하원에 신임을 부여하고, 그 다음 연방하원의 과반수가 총리에 신임을 부여한다. 총리는 직접적으로는 연방하원 과반수의 신임을 받지만 의원에 대한 신임 자체가 국민으로부터 부여된 것이기 때문에 총리에 대한 신임도 간접적으로는 국민의 신임에 기초하고 있는 것이다. 결국 신임을 받는다는 것은 권력의 획득과 밀접히 연관되어 있다. 따라서 총리의 신임안이 본질적으로 내재하고 있는 정치적 함의란 재신임을 통한 권력의 유지라고 볼 수 있을 것이다.

슈뢰더의 두 번째 신임안에서 주목할 만한 것은 신임안을 제기한 상황(situation)과 시점(Timing)이라고 볼 수 있다. 슈뢰더는 자신의 임기가 1년 정도 남은 상황, 주의회 선거에서 패배한 상황, 야당인 기민/기사 자매당의 지지율이 높은 상황 등을 고려할 때 신임안을 제기할 수 있는 최적의 시점으로 판단했던 것이다. 특히 야당인 기민/기사련은 자신들의 지지율이 높은 상황에서 신임안의 부결로 야기되는 조기 총선을 호재라고 판단했기 때문에 허위적 신임안에 내재되어 있었던 위헌성을 이슈화하지 않았다.[24] 슈뢰더는 이러한 야당의 입장을 예측할 수 있었기 때문에 신임안을 제기할 수 있었다. 또한 조기 총선이라는 카드가 일종의 정치적 도박이었지만, 그것이 결과적으로 효과를 발휘하지 못해도 1년의 남은 임기를 희생하는 것에 불과했다. 하지만 조기 총선에서 성공하는 경우 4년의 임기를 보장받게 된다. 허구적이라는 위헌성을 배제한다면 슈뢰더의 신임안은 권력의 연장이라는 통치자의 존재성과 새로운 중도를 계속 추진한다는 당위성에 근거한 합리적인 정치적 결단이었다. 2005년 9월 18일 선거 결과 기민/기사련과 사민당과의 대연정이 수립되었다. 2006년 현재 앙겔라 메르켈이 수상을 하고, 사민당의 주요 정치인들이 내각에 참여하고 있는 상황이다. 사민당이 기민/기사련과 대연정을 구성하며 내각을 구성하고 있는 결과를 놓고 보자면 슈뢰더의 조기 총선 카드는 반쪽의 성공이었다고 평가할 수 있다. 총선을 통해 여당의 지휘를 상실하지 않고 메르켈과 기민/기사련을 견제할 수 있는 상황을 만들었기 때문이다.

---

24) 총리의 신임안에 대한 위헌소송은 2005년 7월 22일에 오히려 사민당과 녹색당 쪽에서 제기되었다.

참 고 문 헌

게르하르트 슈뢰더 지음, 김누리 옮김, 『아직도 시간은 있다』(서울: 생각의 나무, 1999).

권세기, 서준원, 전복희, 차명제, 『독일의 대의제 민주주의와 정당정치』(서울: 세계문화사, 1999).

김종갑, "지역주의극복을 위한 선거제도 개편방향: 독일식 정당명부제를 중심으로", 『국가전략』 제12권 1호, 163-187(2006).

귀도 크놉 지음, 안병억 옮김, 『통일을 이룬 독일 총리들』(서울: 한울, 2000)

앤소니 기든스 지음, 김현옥 옮김, 『좌파와 우파를 넘어서』(서울: 한울총서, 1997).

이경호, "독일 정당민주주의에 대한 고찰," 『국제정치논총』 제45권 4호, 307-330(2005).

Bellers, Jürgen / Kipke, Rüdiger, *Einführung in die Politikwissenschaft* (München: R. Oldenburg Verlag, 1993).

Bobbio, Norberto, *Rechts und Links*(Berlin: Verlag Klaus Wagenbach, 1994).

Bundeszentrale für politische Bildung (ed.), (Staatsrecht, Bonn: Ebner Ulm, 1995).

Freundl, Otto, Fritz, Blumöhr, and Peter, März, *Die Politische Ordnung in Deutschland*(München: Bayerische Landeszentrale für Politische Bildung, 1996).

Henning Ottmann, *Geschichte des politischen Denkens*, Band 1/1(Stuttgart: Verlag J. B. Metzler, 2001).

Hobbes, Thomas, *Leviathan*(New York: Cambridge University Press, 1996).

Hübner, Emil, *Parlament und Regierung*(München: Druck+Verlag Ernst Vögel, 1995).

Lehner, Fraz and Ulrich, Widmaier, *Vergleichende Regierungslehre* (Opladen: Leskne+budrich, 2002).

Locke, John, *Zwei Abhnadlung über die Regierung*(Frankfurt am Main: Suhrkamp, 1998).

Pilz, Frank and Heike, Ortwein, *Das politische System Deutschlands* (München: R. Oldenburg Verlag, 1995).

Rousseau, Jean Jacque, *Gesellschaftsvertrag*(Stuttgart: Reclam, 1998).

Rudzio, Wolfgang, *Das politische System der Bundesrepublik Deutschland* (Opladen: Leske+budrich, 1996).

Schöllgen, Gregor, *Die Außenpolitik der bundesrepublik Deutschland.* Von den Anfängen bis zur Gegenwart, (München: Verlag C.H. Beck, 2004).

Umbach, Dieter C., *Parlamentsauflösung in Deutschland*(Berlin: de Gruyter, 1989).

Wilson, Frank L., *European Politics Today*(New Jersey: Prentice-Hall Inc., 1999).

http://www.bundeswahlleiter.de/bundestagswahl2005/downloads/ergebn2005/heft3_mit_grafiken.pdf (2006년 12월 12일)

Vertraunsfrage, http://de.wikipedia.org/wiki/vertrauensfrage (2005년 7월 4일)

Vertraunsfrage (Stand: Dienstag, 13. Nov. 2001), http://www.bundesregierung.de (2005년 7월 4일)

영국 선거체제와 변화

안병억

영국은 흔히 의회민주주의의 모국이라고 불린다. 1215년 대헌장(Magna Carta)과 17세기 두 차례의 혁명(청교도혁명과 명예혁명) 과정에서 나온, 권리청원(Petition of Rights)과 권리장전(Bill of Rights)을 통해 점차 왕의 권한이 축소되고 의회의 권한은 확대되었다(박지향 1997, 53-55).

영국은 양당체계(two-party system)가 특징이다. 보통 한 정당이 정권을 차지하고 다른 한 정당은 주요 야당으로 정부를 비판하고 대안을 제시하려고 한다. 주요 2개 정당을 제외한 다른 정당들도 있지만 대개 두 주요 정당이 번갈아 정권을 차지한다. 이를 한 학자는 한 정당이 의회에서 권력을 과점하고 있으며 번갈아가며 행정부를 독점한다고 특징짓고 있다(Dearlove 2000, 70-71). 물론 시기에 따라 이런 양당체계의 변화도 있었다. 이 글은 영국 양당체계의 특징과 이를 뒷받침하는 선거체제, 앞으로의 변화양상 등을 분석한다. 상원은 그동안 많은 개혁이 있었지만 아직도 의원들이 선거가 아니라 임명이 되기 때문에 이 글에서 논의를 제외한다.[1)]

---

1) 상원개혁에 관해서는 Coxall(1994), 223~224 참조.

1. 영국의 주요정당

언제부터 영국에서 양당체제가 확립됐는가에 대해서는 학자들마다 약간의 의견차이를 보인다. 한 역사학자는 17세기말 비록 현대식 정당형태를 갖추지 않았지만 토리와 휘그의 등장부터 양당체제의 성립으로 보는 의견이 지배적이다(한규선 in 고상두 2002, 72; 박지향, 58-59). 그러나 제2차 세계대전 이후 영국이 계속해서 양당제를 유지하고 있는가에 대한 논란이 제기되었다. 특히 1980년대 사회민주당과 자유민주당은 연합공천을 통해 1983년과 1987년 총선에서 선전하기는 하면서 이런 논란이 제기되었다(Madgwick 1994, 227).

양당체제를 지속한 요인으로는 크게 역사적 요인, 사회적 요인, 제도적 요인이 거론된다. 보수당 내에 토리와 휘그라는 파벌이 성립된 이후 역사적으로 양당제가 틀을 갖추어왔다. 국교도와 비국교도, 토지 소유의 대귀족과 경제적 분화에 따른 신흥 산업자본의 등장 등 사회적 요인에 맞추어 토리와 휘그가 이익을 대변했다. 이런 계급적 제휴로 양당제가 유지되었다(한규선, 75). 제도적 요인으로는 왕이 군림하면서 통치하지 않는다는 철학에 따라 의원내각제가 성립되었고 의회해산권의 존재는 당의 규율을 확립했다. 이런 점들이 복합적으로 양당체제를 지속한 이유이다(Beer 1965, 349-351).

물론 영국이 아직도 양당제 인가에 대해 학자들은 많은 논란을 벌였다. 1977년 드러커(Drucker)는 영국 정당제가 “다당제가 되었다”며 1974년 총선을 예로 들었다. 그 해 2월 선거에서 노동당은 총선에서 승리했지만 과반수 확보에 실패해 소수정부를 이끌었다. 또 다른 학자는 1980년대 사민당이 활동하면서 영국정당체계가 기존의 보수당과 노동당 중심의 양당체제의 틀을 벗어나 다당제로 변화되었다고 주장했다(Dearlove, 87). 1985년 베링턴은 영국이 3당제로 진입했다며 양당제가 종식되었다고 주장했다(한규선, 73~4). 반면에 파이너(Finer)는 1979년 영국이 여전히 양당제라고 주장했다. 일부는 영국이 '지배정당체제'(a dominant party system)를 유지하고 있다고 주장한다(Coxall, 230; Dearlove, 86-88). 이들은 1918-1997년까지 보수당이 58년간 단독 혹은 연립정부하에서 주도 정당으로 권력을 유지했다는 점을 지적한다. 특히 1979-1997년까지 보수당은 18년 동안 집권정당이었다. 그러나 여당인 상황에서도 보수당의 득표율을 비교하면 이런 주장은 설득력이 떨어진다. 1979년 이후 4번의 총선승리에서조차 보수당의 득표율은 44%를 넘지 못했기 때문이다.

보수당은 톱다운(top-down) 방식의 조직을 특성으로 한다. 당수(총재)의 권한이 강하다. 19세기 중반 현재의 보수당의 별칭인 '토리'라는 말이 처음 사용되었을 때 주로 의회 내 뜻을 같이하는 귀족 명망가들의 모임이었다. 반면에 노동당은 원내와 원외간의 자체 갈등도 많고 총재의 권한도 보수당과 비교, 많은 제약을 받는다. 이처럼 두 정당 총수의 권한행사가 차이가 나는 것은 양당의 역사적 발전과정이 다르기 때문이다.

보수당은 크게 원내보수당과 전국보수연합연맹(National Union of Conservative Association, 이하 전국연맹), 중앙사무국(Central Office)으로 조직되어 있다. 원내보수당은 보수당 출신의 상하 양의원으로 구성되어 있으며 24개의 전문위원회(specialist committees)가 있다(Coxall, 212). 이 위원회는 외교와 국방, 복지 등 정책분야에 대한 심층연구를 목표로 하고 있다. 특히 당이 야당일 경우 정부의 정책을 심층 분석하고 비판하는 기능을 한다. 이런 전문위원회와 별도로 '1922년 위원회(1922 Committee)'가 있다.[2] 당이 여당일 경우 당에서 보직을 맡지 않은 평의원(backbencher)들이 회원이 된다. 이 위원회는 의회가 회기중

---

2) 1922년 런던 중심가 칼톤클럽(Carlton Club)에서 당시 보수당 의원들이 모임을 가져 당수 오스틴 챤바렌을 물러나게 했다. 여기에서 그 이름이 유래했다.

일 때 1주일에 한 번씩 모임을 갖는다. 매우 비밀스런 조직으로 자체 임원과 18명의 집행위원을 선출한다. 당의 분위기와 당수에 대한 당원들의 견해 등을 사무총장 등에게 전달하기도 한다. 당이 야당일 경우에는 당수를 제외한 모든 의원들이 참석할 수 있다(Coxall, 212). 보수당 당수라도 이 위원회의 초청이 있어야 회의에 참석할 수 있다. 특히 당수의 경우 당내 불만이 표면화되거나 정책갈등이 빈번하게 되면 이 위원회에 참석, 설명을 하고 지지를 구하는 것을 흔히 볼 수 있다. 이 위원회에 소속된 위원의 수가 상당하기 때문에 이 위원회의 지지를 얻지 못하면 대개 당수는 물러나야 한다. 이 위원회에 소속된 15%의 위원들이 당수의 재신임을 요구하면 신임투표가 열린다.

전국연맹은 1867년 설립되었다. 각 선거구 연합체를 조정하는 역할을 하며 해마다 연례 전당대회를 조직하는 역할을 한다. 선거구부터 지역, 중앙에 이르는 피라밋 구조로 되어있어 보수당의 이념을 널리 전파한다. 이 연맹은 당시 신흥자본가의 이익을 대변하는 자유당의 대두로 총선에서 패배한 보수당이 조직을 정비하면서 출범했다(H.C.G. Matthew 1984, 499-500).

중앙사무국은 정당의 사무처 역할을 하고 있다. 당수를 보좌하고 전국연맹과 원내보수당 간을 연계시켜준다. 중앙사무국은 조직국(局)과 연구국 등 여러 국을 두어 업무를 처리하고 있다. 이밖에 해마다 열리는 연차전당대회(Annual Party Conference)는 당원들이 참석, 당의 중요정책을 토론하며 제안하는 역할을 한다. 단합대회 성격이 농후하며 보통 당총재의 정책을 지지하는 경우가 많다.

노동당은 원래 노동운동에 뿌리를 두고 있다. 19세기 산업혁명의 본격화로 노동계급이 급성장하며 정치세력화를 시도했다. 1900년 2월 노동조합과 지식인이 중심이 된 파비언협회(The Fabian Society) 등이 하원(House of Commons)에 노동대표단(the Labour Representation Committee)을 결성했다. 이들이 모태가 되어 1906년 노동당(The Labour Party)이 정식 설립됐다(Madgwick, 191). 정당 설립의 역사적 배경이 보수당과 상이하기 때문에 조직에서도 보수당과 차이를 보이고 있다. 즉 보수당의 경우 원내보수당이 우위를 점하고 있고 전국보수연합연맹이 종속되어 있다. 그러나 노동당의 경우 원내노동당과 원외노동당의 관계가 매우 복잡하고 시기에 따라 변화를 거쳐왔다(D. Kavanagh and B. Jones 1998, 192). 노동당 내에는 원내노동당(The Parliamentary Labour Party)과 원외노동당, 전국집행위원회(National Executive Committee: NEC), 연례전당대회(Annual Conference) 등의 조직이 있다.

원내노동당은 하원에 진출한 국회의원(Member of Parliament: MP)으로 구성되어 있다. 총재, 부총재, 사무총장(whip) 등이 주요 직책이다. 보수당과 마찬가지로 10개가 넘는 전문 주제별 위원회를 운영하며 의원들이 정책을 토론한다. 한편, 원외노동당은 지구당협회(constituency associations)와 각종 조직으로 이루어져 있다.

전국집행위원회는 보수당에서 볼 수 없는 노동당만의 독특한 조직이다. 노동당이 노조와 지식인 등 각 단체 간의 연합체로 구성되어 있으며 연방형태로 중앙당이 지구당을 자의적으로 통제하지 않음을 보여주고 있다. 이 위원회는 당 관리자와 정책결정 관여자 등 2가지 기능을 가지고 있다. 당 관리자로서 국회의원 입후보자의 결정과 연구, 정책홍보, 재정과 규율 등을 책임지고 있다. 또 내각이나 예비내각과 함께 당의 정책강령 중 선거책자에 들어가야 할 항목을 선택한다. 물론 노동당 총재가 이런 결정을 거부할 수 있다.

전국집행위원회는 29명의 의원으로 구성되어 있다. 원내지구당에서 총재와 부총재가 당연직으로 의원이 된다. 나머지 26명은 전당대회에서 선출된다. 이 가운데 노동조합이 12명의 위원을 선출, 가장 높은 비율을 차지하고 있다. 7명의 위원은 지역구에서, 여성위원이 5명을 차지하고 있다. 이밖에 청년노동당이 한 명을, 연차 전당대회에서 나머지 1명을 선출한다(Madgwick, 235-6). 노동조합의 경우 여성위원과 연차 전당대회에서 선출하는 위원에 실제적인 영향력을 행사한다. 즉 노동조합이 지원하는 당원들이 전국집행위원회의 위원이 된다.

원내노동당과 원외노동당간의 갈등은 해마다 열리는 연차전당대회에서 등장하곤 한다. 단합을 과시하는 보수당의 전당대회와 달리 노동당의 전당대회는 많은 정책토론이 있고 또 정책제안에 대한 표결도 있다. 물론 노동당 총재는 전당대회의 결의를 거부할 수 있다(Madgwick, 236-7).

노동당 조직의 특성상 원내노동당과 전국집행위원회간의 갈등이 외부로 자주 드러났다. 1976-1979년 총리를 역임한 제임스 캘러한은 당시 전국집행위원회 참석을 연옥에 심문을 받으러 가는 것과 같다고 말한 바 있다(Madgwick, 236).[3] 1981년 마이클 풋(Michael Foot)이 노동당 총재로 취임했다. 당시 원외노동당을 중심으로 좌파가 노동당을 장악해 노동당을 이끌었다(B. Jones 1998, 100-101).

노동당의 연차전당대회는 당규에 따르면 당의 정책을 결정하며 전국집행위원회 의원들을 선출한다. 그러나 실제로 권한은 이에 미치지 못한다. 대개 노동당 당수는 전국집행위원회에서 채택된 안건이라도 강령에서 제외할 수 있다(Coxall, 248). 단합대회 성격이 짙은 보수당의 전당대회와 달리 노동당의 전당대회에서는 매우 활발한 토론이 벌어진다. 그리고 대개 몰표를 행사하는 노동조합이 큰 역할을 하곤 한다. 전국집행위원회에서는 상정된 안건을 토론하고 통과시킨다.

보수당과 노동당의 총재 선출과 당운영을 요약 비교해보면 다음과 같다(Madgwick, 235).

---

3) 학자에 따라 총리 혹은 수상이라고도 번역되나 이 글에서는 총리로 용어를 통일했다.

	보 수 당	노 동 당
선출방식	1965년부터 의원들이 직선. 현재는 의원들이 2명의 최다 득표자를 선출한 후 의원과 당원들이 2명을 대상으로 표결함. 이전에는 지도부가 비공식적으로 총재를 추대함. 10% 의원들이 총재선거를 요구시 이를 따라야 함.	1981년까지 원내노동당원들이 투표로 선출함. 1981년부터 노동조합, 지역구와 원내노동당이 40:30:30의 비율로 당수를 선출함. 1993년부터 이 비율이 3자가 동등해짐. 총재가 물러나지 않는 한 총재선거는 없음.
보직 임명	총재의 재량임.	야당일 경우 원내노동당이 예비내각을 선출함. 1981년 개혁으로 집권당이 되면 예비내각이 바로 내각이 됨.
평의원과의 관계	총리가 된 보수당 총재가 때때로 1992년 위원회에 참석했음. 야당 총재일 경우 더 빈번히 참석하기도 함.	총리가 된 노동당 총재는 원내노동당의 모임에 참석함. 야당일 경우 원내노동위원회(The Parliamentary Committee of the PLP)의 의장이 됨. 즉 위원회에 소속 됨.
연차전당대회와의 관계	에드워드 히쓰가 전당대회에 첫 참석한 보수당 총재였음. 전당대회는 대개 총재를 지지하는 모임의 성격임.	총재는 규약과 전통에 따라 전당대회의 결정을 준수해야 하지만 실제 이를 지키지 않는 경우가 많음. 전당대회는 정책에 영향을 미치지만 정책을 결정하지 않음.

자유당은 원래 보수당의 한 파벌이었다. 그러나 1832년 선거법 개정을 계기로 자유당의 틀을 조금씩 갖추었고 1860년대를 거치면서 본격적인 틀을 갖추게 되었다(Dearlove, 102; H.C.G. Matthew, 466-468). 당시 영국은 산업화의 진전으로 산업자본이 대두했다. 기존의 토리는

주로 토지를 소유한 대귀족을 지지, 신흥 산업자본에 대한 선거권 확대를 반대했지만 자유당은 이를 지지했다. 이런 분열로 자유당은 별도의 정당조직을 갖추었다(장원석 1996, 112-3; 박지향, 59). 자유당은 신흥 산업자본의 이익을 대변했으며 종교적 관용(비성공회 교도의 인정)을 주창했다(Matthew, 468-470). 제1차 세계대전 이후부터 노동당에게 점차 제1야당의 자리를 내주게 되었다. 제2차 세계대전 이후 보수당과 노동당이라는 거대정당의 틈바구니에 끼게 되었다. 그러나 1980년대 변화가 있었다.

1981년 '4인방'(Gang of the Four)이 노동당의 좌파선회에 반대 사회민주당(The Social Democrat Party)을 설립했다(Coxall, 252-3).[4] 이들은 노동당의 유럽공동체 탈퇴 등에 반대하며 친유럽정책을 강령으로 채택했다. 그해 말 자유당과의 정책연합 논의를 시작해 '영국을 위한 새로운 출발'(A Fresh Start for Britain)이라는 공동정책선언문을 발간했다(Dearlove, 102-3). 1983년 총선에서 자유당과 연합공천을 실시, 20%가 넘는 득표율을 올리는 등 선전했다. 자민당과 사민당이 총선에서 득표율을 획기적으로 늘림에 따라 양당체제에 큰 변화가 왔다는 분석이 제기되었다. 1987년 총선까지 양당의 연합공천이나 정책연합이 있었다. 1987년 선거후 양당은 합병을 논의, 합의했다. 많은 논란을 거쳐 1989년 자유민주당(The Liberal Democrat Party)이라는 이름의 정당명에 합의했다.

보수당과 노동당이 정당설립 배경이나 구성원, 조직 등이 매우 상이함에도 불구하고 두 정당이 매우 흡사하다는 주장도 제기된다. 즉 두 정당 모두 당총재와 각료들(야당일 경우 예비내각의 각료들 포함), 원내지구당과 원외지구당 간의 권력분포가 총재와 원내지구당 중심으로 짜여있다는 것이다(R.T. McKenzie 1963, ix).

4) 4인방은 로이 젠킨스(Roy Jenkins), 쉘리 윌리엄스(Shirley Williams), 윌리엄 로저스(William Rodgers), 데이비드 오웬(David Owen)이다.

II. 선거체제

양당체제를 가능하게 한 제도적 요인 중의 하나가 소선거구 다수대표제(single majority, first-past-the-post majoritarian system)이다. 즉 한 선거구에서 최다 득표자 1명만이 국회의원이 된다. 그동안 많은 선거구 개혁관련 논의가 있었지만 아직도 이렇다 할 변화가 없다.

소선거구 다수대표제는 특히 다수 정당에게 유리하며 정국을 안정적으로 운영하게 해준다. 반면에 소수당에게는 매우 불리한 체제이다. 예컨대 노동당과 보수당의 득표율을 비교해보면 그리 차이가 나지 않을 때가 많았다. 그러나 일단 의석수는 소선거구에서 1위 득표를 한 사람을 기준으로 배분되기 때문에 상당한 차이가 난다. 다음 <표 1>에서 볼 수 있듯이 1951년 선거에서 노동당의 득표율은 48.8%로 보수당보다 0.8%나 높았다. 그러나 의석수는 보수당이 26석이나 많았다. 보수당 후보가 1위를 한 소선거구가 많았기 때문이다.

특히 자유민주당의 경우 사회민주당과 연합공천을 실시한 1983년 득표율이 25.4%를 기록, 노동당의 득표율과 비교해 2.2%낮았다. 그러나 의석수는 노동당이 209석, 자유민주당이 23석으로 거의 10배 가까운 차이를 보이고 있다. 1987년에도 비슷한 상황이었다.

〈표 1〉 영국 총선결과, 1945-2001

선거	보수당		노동당		자유민주당		기타정당		의원총수
	의석	득표율(%)	의석	득표율(%)	의석	득표율(%)	의석	득표율(%)	
1945	210	39.7	393	47.7	12	9.0	2	3.4	640
1950	297	43.3	315	46.1	9	9.1	4	1.4	625
1951	321	48.0	295	48.8	6	2.6	3	0.6	625
1955	344	49.6	277	46.4	6	2.7	3	1.1	630
1959	365	49.4	258	43.8	6	5.9	1	0.6	630
1964	303	43.3	317	44.1	9	11.2	1	0.9	630
1966	253	41.9	363	47.9	12	8.5	2	1.0	630
1970	330	46.4	287	43.0	6	7.5	6	1.5	630
1974 (2월)	297	37.8	301	37.2	14	19.3	23	5.8	635
1974 (10월)	276	35.7	319	39.3	13	18.3	26	6.8	635
1979	339	43.9	268	36.9	118	13.8	17	6.7	635
1983	397	42.4	209	27.6	23	25.4	21	4.6	650
1987	375	42.2	229	30.8	22	22.6	24	4.4	650
1992	336	41.9	271	34.4	20	17.8	24	5.8	651
1997	165	30.7	418	43.2	46	16.8	30	9.2	659
2001	166	31.7	412	40.7	52	18.3	29	9.4	659

출처: House of Commons 2003, 9. 1983년과 1987년 자유민주당은 사회민주당과의 연합공천임. 1992년부터 자유민주당 단독 의석수임.

이처럼 거대정당에게 지나치게 유리한 소선구제를 둔 논란이 계속 제기되어 왔다. 소선거구 다수대표제를 비판하는 사람들은 대개 이하의 논거를 제시한다(D. Kavanagh 1998, 129-131; Madgwick, 278~282).

첫째, 이 선거제도에서 한 정당이 항상 과반수를 획득한 것은 아니다. 즉 위의 <표 1>에서 보듯이 1964년도 선거와 1974년 2월, 10월 선거에서 승리를 거둔 정당은 임기 4년을 지탱하기에 충분한 과반수를 얻지 못했다. 이 때문에 1966년도에, 그리고 1974년도의 경우 8개월 만에 다시 선거를 치렀다.

둘째, 기존정당이 의석의 3/4정도를 가져가기 때문에 많은 유권자들은 포괄적인 선택의 기회를 박탈당한다. 이 때문에 하원 그리고 행정부는 유권자의 폭넓은 선택을 제대로 반영하지 못하고 있다.

셋째, 의석을 기준으로 볼 때 주요 정당을 과대대표하고 소수정당은 과소대표한다. 1980년대 자유민주당과 사회민주당의 약진에서 드러나듯이 이 정당은 연합공천을 통해 1983년도에 25.4%, 1987년도에 22.6%의 득표율을 올렸다. 그러나 득표율에서 그리 차이를 보이지 않는 노동당과의 의석수는 거의 1/10에 불과하다. 이처럼 기존의 소선거구제는 당시 양당제도의 변화를 제대로 반영하지 못한다. 자유당과 사회민주당처럼 골고루 모든 지역에서 득표율이 높지만 최고 득표율을 얻지 못하는 정당에게는 특히 더 불리하다. 1980년대 연합공천을 통해 노동당과 거의 비슷한 득표율을 기록했던 자유당이나 사회민주당, 혹은 통합 이후 1990년대 선거에서 득표율을 높인 자유민주당이 이런 논거를 제시한다.

넷째, 소선거구제는 양당제도를 뒷받침하고 있는데 이 때문에 갑작스런 정책 변화가 빈번하다. 이 때문에 야당은 정부 여당의 정책에 대해 건전한 대안을 제시하기보다 비판을 위한 비판을 한다. 야당이 여당이 되면 교육이나 경제정책 등 중요정책에 대해 정책을 변경하기가 일쑤이다.

다섯째, 양당제도에 따른 지역적 득표현상이 고착화되었다. 1992년 선거까지 보수당은 영국남부와 중부에서 얻은 의석수가 증가했다. 반면에 노동당은 영국 북부와 스코틀랜드 등 주로 경제적으로 낙후된 지역에서 얻은 의석수가 증가했다.

반면에 소선거구제를 지지하는 사람들은 이런 비판을 반박한다(Madgwick, 279-281). 대부분의 경우 소선거구제로 한 정당이 안정된 과반수를 확보해 정국을 안정적으로 운영할 수 있었다. 또 선거에서 승리했다는 것은 유권자들이 선거공약을 믿고 지지해주었기 때문에 공약을 정책으로 이행할 수 있다. 이런 정책이 잘못되었다면 유권자들로부터 표를 잃어 야당으로 전락하기 때문에 문제될 것이 없다는 주장이다.

2005년 5월 총선 직후 자유주의적 일간지 가디언을 중심으로 소선거구제를 비례대표제로 변경하자는 논의가 제기되었다. 물론 자유민주당은 강령으로 비례대표제 도입을 지속적으로 주장해왔다. 독일 등에서 흔히 볼 수 있는 비례대표제를 채택하면 대개 최다 득표 정당과 소수정당이 연립정부를 구성한다. 연립정부는 소선거구제와 비교 국민의 의사를 좀 더 잘 반영할 수 있다는 논리가 제시되었다. 그러나 집권 노동당이나 보수당 모두 이런 논의에 성의를 보이지 않았다. 늘 제기되었던 소선거구 양당제도의 장점이 집중 부각되었다.

이런 소선거구제의 예외는 유럽의회 선거와 잉글랜드, 웨일즈 지역의 지방의회선거(council)이다(P. Dunleavy and H. Margetts 2005, 854). 영국에서 유럽의회 선거는 비례대표제를 채택했다. 영국과 북아일랜드가 12개 선거구로 나뉘어져 선거구 규모에 따라 한 선거구에 최소 3명부터 최대 10명의 유럽의회 의원을 선발한다.[5)]

1997년 5월 정권을 장악한 노동당의 토니 블레어 총리는 스코틀랜드와 웨일즈 의회에 제한적인 자치를 허용했다. 이에 따라 스코틀랜드 의회의 경우 비례대표제를 채택했다.

---

5) 자세한 내용은 House of Commons, 2004 참조.

III. 최근 선거결과와 분석[6]

2005년 5월 5일 총선이 치러졌다. 토니 블레어가 이끄는 노동당은 1997, 2001년에 이어 이번 선거에서도 승리했다. 2차 세계대전 이후 노동당이 3선 고지를 달성한 적은 없었다. 그러나 이런 역사적인 업적도 빛이 많이 바랬다. 노동당의 득표율도 많이 떨어졌고 선거 이후 당내 분열이 심화되었기 때문이다(House of Commons, 2005).

우선 노동당의 득표율은 역대 총선에서 승리한 정당이 획득한 득표율 중 최저로 35.2%에 불과했다. 보수당은 32.4%, 자유민주당은 22%를 기록했다. 노동당의 득표율은 2001년과 비교 5.5%포인트나 감소했다. 이에 따라 노동당의 하원의석도 2001년에는 412석이었으나 2005년 선거결과 355석으로 크게 줄었다. 반면에 보수당과 자유민주당의 의석은 늘어났다.

2005년 선거의 쟁점은 의료서비스(National Health Service: NHS) 개선, 공교육개선, 조세, 범죄와 이민 등 실생활과 밀접한 관련이 있는 안건이 중심이 되었다. 미국 주도의 이라크 침공에 맹방으로 참여한 토니 블레어의 외교정책도 비판의 대상이 되었다.

보수당은 서민의 피부에 와 닿는 의료보험과 공교육 개선을 획기적으로 개선하지만 세금을 올리지 않겠다는 공약을 제시했다. 의료서비스, 학교, 교통기반시설, 국제개발원조 예산은 삭감하지 않고 대신 경찰과 국방, 연금 부문을 증액한다는 것이다. 집권시 40억 파운드 조세삭감을 약속했다. 정부지출을 대폭 삭감하고 기존의 지출을 효율적으로 사용하면 된다고 주장했다(보수당 선거강령 참조; Guardian, 2005/04/12). "세율 인하는 근로자와 기업의 근로의욕을 높여 경제성장을 유발한다"

6) 영국에서 발간되는 학술지 Parliamentary Affairs는 58/4(2005)에서 2005년 총선을 집중분석했다. 각 당의 선거공약과 전략분석, 토니 블레어의 리더십 분석 등이 있다.

며 대폭적인 세금인하를 공약으로 내세웠다. 2009-2010까지 연간 150억 파운드를 추가로 초·중등학교에 투자한다. 지방교육위원회 소관이었던 학생 징계권을 교장에게 부여하겠다는 공약도 제시했다.

범죄와 불법이민에도 강경대처를 약속했다. 연간 5,000명의 경찰관을 추가로 충원한다. 노동당 정부가 교도소가 만원이며 죄수의 조기석방이 추가 범죄를 야기한다고 비판하면서 교도소를 더 지어 2만 명의 재소자 수용능력을 확보한다. 또 국경수비대(Border Police) 창설과 불법난민 추방도 공약으로 내세웠다.

보수당의 집중 공약으로 수세에 몰린 노동당은 맞불 작전을 썼다. 소득세를 올리지 않고 세금 인상 없이 학교와 병원에 추가투자를 약속했다(Guardian, 2005/04/13). 학교장에 더 많은 자율권을 부여하고 병원도 재단형태로 독립채산제식 운영을 확대하겠다고 밝혔다. 보수당과 유사하게 엄격한 법과 질서 준수, 범죄에 엄격한 대처도 공약으로 제시했다. 최소임금을 시간당 4.85파운드에서 5.05파운드로 인상할 것을 약속했다.

그러나 의료보험(national insurance) 인상여부는 언급하지 않았다. 노동당은 2001년 선거 이후 의료보험료를 개인당 1펜스 씩 인상했다. 보수당은 2005년 선거공약에서 이런 점을 지적하며 노동당이 재집권하면 부부당 연간 1000파운드 세금을 더 낼 수밖에 없을 것이라고 비판했다(노동당 선거강령 참조). 토니 블레어가 사퇴의사를 밝혔다는 점을 주목할만하다(세부내용은 4절 참조). 112페이지 선거공약 서론에 토니 블레어는 '3기 마지막 즈음에 사퇴하겠다(stand down towards the end of his third term)'고 썼다. 구체적인 시기를 묻는 기자들의 질문에도 "3기를 다 채우겠다"면서 언제 물러날지 구체적 시기를 언급하지 않았다. 또 누가 차기 총수가 되든지 "지난 10년간 추진된 노동당의 개혁은 계속될 것이다"라고 대답했다.

자유민주당은(자유민주당 선거강령 참조; Guardian, 2005/04/14) 자당만이 두 거대정당을 대체할 수 있는 '진정한 대안'이라며 조세감축 계획을 대대적으로 선전했다. 전형적인 가정의 경우 연간 450파운드 정도의 세금을 덜 내게 된다. 600만 명의 연금생활자가 지방세(council tax)를 납부하지 않아도 된다.[7] 그러나 구체적인 수치계산을 명확하게 하지 않아 집중포화를 받았다. 노동당은 지방세 납부를 면제할 경우 부부의 경우 연간 260파운드를 추가로 세금을 낼 수밖에 없다고 구체적인 수치를 제시하며 자유민주당을 공격했다. 보수당은 제대로 구체적인 수치도 없이 한심한 정당이라고 비판했다.

〈표 2〉 2005년 5월5일 선거결과

	보수당	노동당	자유민주당	기타 정당	총계
획득 의석수	198	355	62	31	646
변화(2001년과 비교)	+33	-47	+11	+3	
투표자수(천명)	8,784.9	9,552.4	5,985.5	2,825.7	27,148.5
투표율	32.4	35.2	22.0	10.4	100
변화(2001년과 비교)	+0.7	-5.5	+3.8	+1.0	

출처: House of Commons 2005, 10.

Ⅳ. 토니 블레어의 예상된 사임과 노동당의 진로

토니 블레어는 2007년 안에 사임이 예정되어 있다. 왜 그가 임기 중에 사임을 미리 발표하게 되었는가? 그리고 그의 사임 이후 노동당의

7) council tax는 교육비, 오물 수거비, 치안유지비 등을 망라한다. 보통 한 달에 수십~수백 파운드를 지불한다(주거장소에 따라 다르다).

진로를 전망하기 위해서는 1980년대 노동당의 상황부터 분석해야 한다. 1980년대 좌파로 기울어진 '올드 레이버'(Old Labour)를 시대변화에 맞게 현대화하고자 했던 것이 '뉴레이버'(New Labour)이다.[8]

1979년 보수당의 마가렛 대처가 총리가 된 후 보수당은 1997년까지 18년간 집권당이었다. 민주주의가 발달한 서방 선진국에서 한 정당이 이 정도로 오랫동안 집권정당이었던 예는 드물었다. 1980년대 초반에 노동당은 제1야당으로서 정책방향이 점차 좌파로 기울게 되었다. 1979년 당수가 된 마이클 풋(Michael Foot)은 유럽공동체로부터 탈퇴와 주요 산업의 국유화 등을 정책으로 내세웠다. 1975년 당시 집권당이었던 노동당이 실시한 국민투표에서 유럽공동체 잔류로 결정이 났지만 공동체 가입으로 자국의 경제정책이 제약을 받는다는 이유를 내세워 유럽공동체로부터의 탈퇴를 내세우게 되었다. 또 이 기간 동안 당을 좀 더 민주적으로 변화시킨다는 모토로 노동조합의 발언권이 강해졌다(한영철 1998, 210-212).

1981년 웸블리에서 열린 특별 전당대회에서 총재와 부총재 선출을 위해 선거인단(electoral college)을 운영하며 노동조합은 40%, 지구당이 30%, 원내 노동당이 30%의 투표권을 가진다는 합의사항이 통과되었다. 또 기존 의원들도 총선 때마다 재심사를 거쳐 후보로 출마했다. 따라서 좌파의 정책을 지지하는 않는 사람은 재심사에서 탈락할 우려가 컸기 때문에 당은 좌파에 의해 휘둘려졌다(Dearlove, 99; Kavanagh and Jones, 192~193). 이런 당규약 개정이 있기 전에 노동당 총재와 부총재는 원내의원들에 의해 선출되었기 때문에 원내노동당의 힘이 컸다.

그러나 1983년 총선에서 노동당은 경제회복을 우선과제로 내세운 마가렛 대처의 보수당에게 2차 세계대전 이후 최악의 패배를 당했다.

8) 혹자는 '뉴레이버'를 '신노동당'으로 번역하기도 한다. 그러나 본문에서 설명했듯이 노동당의 현대화가 맞는 표현이다. 따라서 이 글에서는 '올드 레이버,' '뉴 레이버'로 표기하기로 한다.

노동당의 득표율은 27.6%로 1945년 이후 최저를 기록했다. 자유당과 사회민주당 연합은 25.4%의 득표율을 기록하며 선전했다. 노동당의 좌파편향적인 정책이 유권자의 희망과는 너무나 거리가 멀었음이 총선결과에서 분명하게 드러났다.

당시 보수당의 마가렛 대처 총리는 신자유주의 정책을 채택해 국가의 개입을 최소화하고 노동조합의 힘을 약화시키는 일련의 개혁법안을 통과시켰다. 이런 정책이 유권자들에게 인기가 있었다.(Margaret Thatcher 1994, 156-177). 2차 세계대전 이후 노동당이나 보수당에 관계없이 유지해왔던 사회적 합의 - 복지와 완전고용을 제공한다는 국가의 역할 - 에 대한 일부 수정을 의미했다(장원석, 92-94).

1983년 총선 이후 닐 키녹(Neil Kinnock)이 노동당 총재가 되었다. 키녹은 좌파로 기울어졌던 노동당의 정책을 점차 수정하기에 이르렀다. 유럽공동체 탈퇴라는 정책을 번복했고 유럽통합을 지지하게 되었다. 또 노동조합의 힘을 차차 약화시키고 당 지도부의 권한을 강화하는 방향으로 당 운영방식을 수정했다. 1992년 총선은 여론조사에 따르면 노동당의 승리가 예상되었다. 그러나 예상과 달리 보수당의 존 메이저 총리가 신승을 거두었다. 2절의 표에서 볼 수 있듯이 보수당은 336석을 획득했다. 1987년의 375석보다 훨씬 적은 의석이었지만 어쨌든 여론조사와 달리 4기 집권에 성공했다.

닐 키녹 당수는 선거패배의 책임을 지고 당수직을 사퇴했다. 존 스미스(John Smith)가 노동당 총재가 되었다. 스미스는 전임 닐 키록 당수가 시작한 노동당의 현대화를 야심차게 추진했다. 시장의 역할을 수용했고 노동조합의 개혁도 받아들였다. 또 세제개혁이 아닌 경제성장을 통한 분배쪽으로 정책을 전환했다(이연호 2002, 88-89). 그러나 그는 1994년 5월 심장마비로 급사했다. 존 스미스는 1987년 키녹 총재가 이끄는 예비내각에서 재무장관으로 일했다. 이 때 고든 브라운은 존 스미스 예비내각 재무장관의 보좌역으로 일했다. 존 스미스가 노동당 총재가 되면서 예비내각을 구성하자 고든 브라운은 재무장관으로 일했다. 당시 토니 블레어는 예비내각의 내무장관이었다.

1983년 같은 시기에 하원 국회의원이 된 토니 블레어와 고든 브라운은 '뉴레이버'의 핵심이다. 그러나 두 사람은 많은 공통점을 갖고 있으면서도 출생배경이나 활동반경이 매우 상이했다.

토니 블레어는 1953년생이고 사립고등학교를 졸업한 후 옥스퍼드대학교에서 법을 공부했다. 1976년부터 법정변호사로 일하면서 부유한 생활을 해왔다. 사립중고등학교와 옥스퍼드를 졸업한 배경에서 알 수 있듯이 보수당 의원이나 총재와 비슷한 경력을 소유했다. 반면에 고든 브라운은 1951년생으로 공립중고등학교를 졸업했으며 에딘버러대학교에서 역사를 전공, 박사학위를 받았다. 졸업 후 대학 강단에서 가르치기도 했으며 주로 스코틀랜드 노동조합에서 활발한 활동을 벌였다.

두 사람 모두 노동당이 전후 최악의 패배를 겪은 1983년 하원 의원이 되었다. 노동당이 왜 선거에서 참배하게 되었고 당개혁을 위해서는 무엇이 필요한가를 몸소 겪은 세대에 속한다.

이런 협력적인 경쟁관계는 그러나 1994년 존 스미스 당수가 급사하면서 일단 고비를 맞게 되었다. 언론이나 많은 정치평론가들은 당시 고든 브라운을 노동당의 당수감이라고 예상했다. 그가 당내외의 고른 지지를 받고 있었기 때문이다. 그러나 사태의 반전이 있었고 결국 토니 블레어가 노동당 총재가 되었다.

1994년 5월 31일 토니 블레어와 고든 브라운은 런던 중심가의 그래니타(Granita) 식당에서 만나 담판을 벌였다. 당시 맺은 합의서가 2003년 한 영국신문에 공개됐다. 주요 내용은 경제와 사회정책 주도권을 고든 브라운에게 주겠다. 신문에 보도된 것은 이것까지 만이다. 그러나 많은 정치평론가들은 토니 블레어가 두 번만 총리를 역임하고 물러나며 브라운의 당권 도전을 지지하겠다고 두 사람이 구두밀약을 한 것으로 보인다고 추정했다(안병억 2001).

이처럼 총재경선에서 선두를 달리던 고든 브라운이 당권경쟁에 뛰어들지 않은 것은 피터 만델슨 때문이다. 그는 고든 브라운을 지지하다가 토니 블레어 지지로 입장을 선회했다. 텁텁한 서민형의 고든 브라운보다 귀족형의 토니 블레어가 '뉴레이버'(New Labour)의 정책을 잘 집행할 수 있다고 믿었기 때문이다.[9)]

1994년 7월21일 실시된 노동당 당수선거에서 토니 블레어가 당수가 됐다. 부당수는 노조의 대폭적인 지지를 받고 있던 존 프레스콧(John Prescott). 블레어는 52.3%, 프레스콧은 28.4%의 지지를 얻었다. 블레어의 당수 선거 매니저는 잭 스트로우(Jack Straw)였다. 그는 1기 내각 때 내무장관, 2001년 6월 2기 내각 때 외무장관을 역임했다.

노동당 총재가 된 토니 블레어는 노동조합이 총재선출 선거인단에서 보유하고 있던 40%의 투표권을 인하했다. 즉 노동조합과 지구당, 원내노동당이 동등하게 30% 투표권을 보유하게 당 규약을 수정했다. 또 주요 산업의 국유화를 규정하고 있던 노동당 정관 4조를 폐기했다(Kavanagh and Jones, 194).

이처럼 10년이 넘는 시간을 거쳐 많은 시행착오를 거친 이후에 노동당은 좌익편향에서 벗어나 넓은 지지기반을 확보한 국민의 정당으로 탈바꿈했다.

'올드 레이버'와 '뉴레이버'의 차이점을 살펴보면 다음과 같다(Kavanagh and Jones, 196; A. Giddens 1998, 66~70).

---

9) 피터 만델슨은 토니 블레어 집권1기(1997~2001) 통상산업부 장관 등을 역임했다.

'올드 레이버'(Old Labour)	'뉴 레이버'
노동자 계층이 득표 주요 목표	모든 유권자로부터 득표 목표
주요 산업 국유화	경제성장을 가능한 한 시장에 의존
과세와 공공지출을 통해 중산층으로부터 노동자에게 부의 재분배	경제성장을 통한 부의 재분배
당과 경제에서 노동조합이 핵심적인 역할	노동조합의 역할이 약화됨
지도부 견제	지도부 신뢰와 지도부 권한 강화
당원이 선거운동의 주역	대중매체를 적극 이용함
개헌에 별로 관심이 없음	열린정부와 지방분권을 목표로 개헌에 관심이 있음

이처럼 노동당이 변신을 거듭한 끝에 18년 만에 재집권에 성공한 이후 야당으로 전락한 보수당은 갈팡질팡했다. 마가렛 대처라는 보수당의 강력한 지도자가 권좌에서 물러나고 1990년 11월 후임자로 존 메이저가 등장했다. 존 메이저는 1992년 총선에서 예상을 뒤엎고 신승을 거두었으나 이후 보수당은 유럽통합정책을 두고 분열을 거듭한 끝에 1997년 총선에서 최악의 패배를 당했다.

노동당은 집권을 위해 보수당이 내놓은 정책의 상당부분 즉 시장의 역할을 수용하고 경제성장을 통한 분배를 수용해 두 정당간의 정책차이가 많이 줄어들었다. 1997년 총선에서 참패한 후 보수당은 이렇다 할 정책대안을 제시하지 못하는 등 어려움을 겪었다. 2001년 다시 선거에서 패배하자 당시 윌리엄 헤이그 보수당 총재가 사임했다. 이어 2001년 10월 이언던컨 스미스가 당수로 취임했다. 그러나 그는 총선 한 번 치르지도 못하고 중도에 사퇴해야 하는 수모를 겪었다. 2003년 10월 그는 총재의 자리에서 물러났다. 2차 세계대전 이후 보수당 당수가 총선도 치르지 못한 채 당원들에게 불신임당해 물러나는 일은 처음이다. 이언 던컨 스미스가 총재로 선출된 배경과 총재 취임 이후 그의 역할을 분석하면 이유가 드러난다.

당시 던컨 스미스 의원은 유망한 총재 후보자 명단에 오르지 못했다. 92년 의원이 된 불과 3선 의원에 불과했기 때문이었다. 그는 육사를 졸업하고 군장교로 복무하다 예편, 방위산업체에서 근무한 경력이 있다는 것과 90년대 중반 보수당의 존 메이저 총리 시절, 유럽 통합에 반대해 당 규율을 어기고 유럽연합조약에 반대표를 던졌다는 정도로만 알려져 있었다. 유망한 후보로 거론된 사람은 존 메이저 총리 시절 재무부 장관을 지낸 케네스 클락 의원이었다. 보수당 당규약에 따르면 총재 경선에서 후보자가 과반수를 얻을 때까지 선거를 계속하기 때문에 당시 보수당 총재 선거는 3개월 동안 계속됐다. 이 과정에서 놀랍게도 무명의 이언 던컨 스미스 의원이 당수가 됐다. 쟁쟁한 경력을 갖고 있던 케네스 클락 의원이 유럽 통합에 너무 적극적이었던 반면, 던컨 스미스 후보는 단일화폐 유로화 가입 반대 의사를 분명히 밝혔기 때문이다. 보수당 의원의 과반수가 유로화 가입에 반대하고 있는 점을 적절히 이용, 보수당 총재로 등극한 것이다(A. Russell 2004, 401-403).

그러나 당수가 된 지 1년도 채 안 된 시점에서 총재를 갈아치워야 한다는 소리가 나오기 시작했다. 던컨 스미스 당수가 신뢰성 있는 정책 대안을 제시하지 못하고 인사에서 전횡을 일삼는다는 것이 문제점으로 지적됐다. 그런데도 던컨 스미스 당수는 동성애자 부부나 동거부부들의 자녀 양육을 허용하는 법안에 반대한 것은 물론, 중앙당 사무국 내 주요 보직에 유로화 가입에 반대하는 인물을 앉혔다.

누적된 불만이 2003년 9월에 다시 공론화됐다. 토니 블레어 총리가 이라크 침략전쟁으로 국민의 신뢰를 잃고, 집권 6년 중 최저의 지지도를 기록하고 있는데도 보수당 지지도는 바닥을 헤매고 있었기 때문이다. 이라크 침략전쟁을 정당화하기 위해 이라크의 대량살상무기에 관한 정보를 과장했다는 BBC의 보도를 두고 정부와 BBC가 서로 옳다고 주장하며 싸우는 와중에 BBC의 정보원으로 지목된 저명한 과학자 데이비드 켈리 박사가 숨진 채 발견됐다. 켈리 박사의 사인을 조사하는 '허튼위원회' 활동이 연일 언론에 보도되자 각종 여론조사에서 국민의 90%가 "정부는 이라크대량살상무기에 관해 국민을 기만했다"고 대답하기에 이르렀다. 이렇듯 여당의 지지도가 바닥에 떨어졌지만, 제1야당은 제대로 된 정책대안 하나 제시하지 못한 실정이었다.

결국 예비내각에 속하지 않은 보수당 평의원(back-bencher)들이 당수교체를 요구했다. 지역구 당원들의 여론을 속속들이 알고 있는 평의원들은 1922년 위원회 위원장에게 당수 교체를 요구하는 내용의 편지를 보냈다. 불신임당할 것이 거의 확실한 상황에서 던컨 스미스 총재 지지자들은 치욕을 당하느니 용퇴하라고 종용했지만 그는 불신임 투표까지 갔다. 그리고 지난달 10월29일 실시된 투표에서, 165명의 의원 가운데 90명이 그를 불신임했고 신임 표를 던진 의원은 75명에 불과했다.

이어 2003년 11월6일 마이클 하워드 의원이 신임 보수당 당수로 취임했다. 하워드 총재도 2005년 5월 총선 이후 당수직에서 물러났다. 이처럼 잦은 당수교체와 별다른 정책차별성이 없는 정책제시로 보수당의 미래는 암울해 보였다.

보수당은 그러나 신임 데이비드 캐머론 총재의 취임으로 활기를 되찾았다. 데이비드 캐머론은 2005년 12월 보수당 총재로 취임한 후 야심찬 당개혁을 추진했다. 보수당 역사상 39살의 최연소 당수가 되었으며 옥스퍼드대학교를 수석 졸업한 그는 우선 여성의원의 비율을 늘리고 환경문제 등에 더 관심을 가졌다. 그동안 보수당이 우선순위를 두지 않았던 분야이다.

1997년 총선 이후 하원이 구성되었을 때 보수당의 의석은 165석이었으며 이 가운데 여성의원은 13명에 불과했다. 반면에 노동당은 418석 의원 가운데 여성의원이 101명이나 되었다. 여성의원의 비율을 비교해보면 큰 차이가 난다(Dearlove, 84). 물론 캐머론의 이런 당개혁에 대해 보수당 내는 물론이고 정치평론가들의 비판도 이어졌다. 이들은 캐머론이 단지 선거에서 이기기 위해 당을 개혁하는 시늉만 하며 구체적인 변화가 없다고 지적했다.

그러나 이런 비판에도 불구하고 캐머론은 야당 당수로서의 첫 시험대를 성공적으로 통과했다. 2006년 5월 5일 치러진 지방선거에서 노동당은 참패했고 보수당은 대승을 거두었다.

노동당의 득표율은 26%였으나 보수당은 40%, 자유민주당은 27%를 기록했다. 원래 노동당은 100명의 시정부 의석을 보수당에게 빼앗길 것으로 예상했다. 그러나 3배나 더 많은 300명 정도를 빼앗기게 되었다.

최종 선거결과가 발표되기 전 블레어는 당내의 비판을 무마하기 위해 신속한 개각을 단행했다. 불법이민자의 출옥과 추방이 제대로 되지 않아 문제가 된 케네스 클락 내무장관이 경질되었으며 고든브라운파로 분류된 잭 스트로 외무장관도 물러났다. 블레어는 노동당 헤이젤 블리어스 사무총장에게 서한을 보내 당의 지속적인 개혁을 주문했다. 그는 서한에서 "야당이 개혁을 하고 있기 때문에 우리도 10년 전 노동당 개혁을 시작했을 때에 품었던 동일한 열성으로 이런 도전에 대응해야 한다"고 강조했다. 토니 블레어는 지방선거에서 참패를 당했지만 친정체제를 강화했고 당을 이끌어나가겠다는 포부를 밝혔다. 1997년 집권 초기 총리실로 권한을 집중해 '대통령제의 블레어'(Blair Presidency), 혹은 '통제형 총리제'(command premiership)라는 별명을 얻었던 블레어이다(Hennessy 2000, 478 and 483~4). 하지만 이런 친정체제구축 노력에도 불구하고 지방선거 패배는 토니 블레어의 몰락을 재촉하는 계기로 작용했다.

지방선거 참패 후 2달이 지난 2006년 7월 말 파이낸셜타임스(FT, 07/27)는 분석기사를 통해 영국관가(White Hall)가 복지부동임을 묘사했다. 토니블레어가 어차피 머지않아 물러난다. 따라서 중요하게 추진하던 업무도 미루고 있으며 심지어 "고든이 이를 싫어할 것이야"라는 이야기도 공공연히 나돌고 있다. 일례로 내무부는 눈동자 인식 정보를 담은 여권 겸 새 신분증 도입계획, 의회표결을 계획하고 있었으나 예산이 최소한 100억 파운드 이상 소요된다며 재무부가 제동을 걸어 이 계획이 일단 제동이 걸렸다.

이처럼 블레어가 일방적으로 몰리게 된 것은 그에 대한 불만이 누적된 결과이다. 직접적으로 5월 지방선거의 참패, 2003년 3월 미국 주도의 이라크 침략에 맹방으로 참여해 영국 내 테러위협을 가중시켰다는 점, 2005년 12월 최연소 당수를 선출한 보수당이 각종 여론조사에서 토니블레어를 앞서면서 노동당내 위기감이 고조되었다. 즉 선거에서 이기고 승승장구하던 토니 블레어가 이제는 노동당내에서 선거에 부담이 되는 존재(electoral liability)가 되었다. 보다 구조적으로는 토니 블레어와 고든 브라운이 1994년 5월 맺은 밀약이다(안병억 2001). 집권 2기 중반부터 두 사람의 갈등은 영국 언론의 단골메뉴였다(안병억 2003; 안병억 2004; 안병억 2005).

결국 9월초 노동당 일부 의원들의 반란이 시작되었다. 토니 블레어의 열렬한 추종자였던 사이언 사이몬(Sion Simon)과 크리스 브라이언트(Chris Bryant)의원이 블레어의 사임을 요구하는 편지를 보냈다. 6명의 노동당 의회 담당 의원이(parliamentary secretaries) 이에 동조했다. 특히 국방차관인 톰 왓슨(Tom Watson)까지 공개적으로 블레어의 사임을 요구했다. 결국 노동당내 내분이 며칠간 언론의 톱뉴스를 장식한 후 9월7일 토니 블레어는 자신의 사임에 관한 성명서를 발표했다.

사임 시기는 상황에 맞게 자신이 결정해야 한다며 구체적인 사임시기를 명시하지 않았다. 그러나 2006년 9월말 전당대회가 마지막 전당대회가 될 것이라고 못 박았다. 따라서 언론은 블레어가 2007년 여름에 물러날 것으로 대체적으로 분석했다.

블레어가 노동당 총재와 총리 자리에서 물러나면 노동당은 당규약에 따라 총재를 선출하고 신임 총재가 총리가 된다. 미래를 예측하기는 어렵지만 고든 브라운 재무장관이 토니 블레어의 뒤를 이어 노동당 총재와 총리가 될 가능성이 높다. 고든 브라운은 국가의 역할에 좀 더 비중을 부여하는 중도에 가깝다. 또 지난해 10월말 여론조사에 따르면 야당인 보수당의 지지율이 39%로 노동당의 29%보다 무려 10%포인트 앞서고 있다(Guardian, 2006/10/25). 신임 데이비드 캐머론 보수당 당수의 참신한 이미지와 당개혁이 당의 지지율을 높이는데 기여했다. 반면에 노동당은 토니 블레어의 퇴임압력을 둘러싼 내분으로 지지율이 떨어졌다. 고든 브라운이 노동당 총재와 총리가 되면 그는 2009년에 예정된 총선을 위해 전력질주할 것으로 예상된다. 보수당도 총선에서 3연패한 것을 만회하기 위해 총력을 다 할 것이다.

과거 정부에서도 총리가 임기를 다 채우지 못하고 중간에 물러난 경우는 몇 차례 있었다. 그러나 토니 블레어처럼 미리 물러나겠다고 하며 사퇴에 몰린 적은 한 번도 없었다.

1957년 당시 보수당의 앤소니 이든(Anthony Eden) 총리는 건강을 이유로 사임했다. 1956년 수에즈 운하 침공으로 치욕을 겪은 후 본인이 자원해서 물러났고 외무장관이던 해롤드 맥밀런(Harold Macmillan)이 총리가 됐다. 해롤든 윌슨은 전립선으로 건강에 문제가 있어 1963년 10월 사임했다. 알렉 더글라스-홈(Alec Douglas-Home)이 총리가 되었다. 1976년 노동당의 해롤드 윌슨(Harold Wilson)도 건강상의 이유로 총리직을 사퇴하고 외무장관이던 제임스 캘러한(James Callaghan)이 총리가 됐다(Hennessy 2000).

이런 경우와 달리 블레어는 당권 경쟁자이던 고든브라운과의 밀약을 통해 총리가 되고 집권 2기 때부터 사퇴압력을 받아오다가 결국 여러 가지 요인이 겹쳐 더 이상 사퇴요구를 물리칠 수 없자 성명을 발표하게 됐다.

자신이 원하는 때 물러나겠다는 생각은 정치인의 오만이다. 국민만이 표라는 심판대를 통해 정치인의 수명을 결정할 수 있다. 많은 정치인들은 자신의 오만함을 무기로 버티다가 선거에서 패배한 후 물러났다. 독일의 헬무트 콜 총리는 1982년부터 1998년까지 16년간 총리로 재직했다. 재직기간 후계자를 키우지 않아 비판을 받았고 결국 1998년 9월 총선에서 패배한 후 물러나는 수모를 겪었다.

Ⅴ. 영국 정당정치의 전망

영국은 양당정치가 특징임을 상술하고 분석했다. 2개 주요정당이 번갈아 정권을 장악하며 활동한다. 이런 가운데 두 정당간의 정책 수렴현상이 또 하나의 특징이다.

1980년대 초 당시 야당인 노동당이 좌익편향적인 정책을 실시해 총선에서 연패했다. 그러나 노동당은 점차 여당인 보수당의 정책을 상당부분 수용하면서 1997년 정권을 장악했다. 마찬가지로 1997년 야당으로 전락한 보수당도 총선에서 잇따라 패배하면서 환경과 여성문제에서 노동당의 정책을 일부 수용했다.

주요 두 정당이 비례대표제를 거부하고 있기 때문에 영국에 이런 방향으로 선거제도의 개혁이 있을 가능성은 매우 낮다. 이런 제도적 요인 이외에 역사적, 사회적 이유 때문에 영국의 양당제도는 지속될 것으로 보인다. 영국의 뿌리 깊은 실용주의도 이런 제도의 유지에 한 몫을 하고 있다.

또 하나의 특징은 내각을 중심으로 하며 집단적인 책임을 지는 의원내각제가 점차 총리의 권한이 강화되면서 대통령제와 유사하게 변모한다는 사실이다(P. Norton 2003, 274-278).[10] 1979-1990년 까지 11년간 총리를 역임한 마가렛 대처 시기와 1997년부터 총리로 재직한 토니 블레어

10) 노튼은 대통령이라는 개념을 '당과 정부, 의회로부터 고립된 정도'를 의미하는 뜻으로 사용한다(274).

시기에 이런 특징이 두드러졌다. 특히 토니 블레어의 경우 대통령제의 대통령과 같은 막강한 권력을 휘두르는 총리가 되었다는 분석이 많다. 1997년 총선에서 이겨 정권을 차지한 노동당이 정국 운영의 경험이 없었다는 점과 함께 블레어와 노동당 각료들의 권력에 대한 이해가 이런 통치스타일 변화를 초래했다고 분석된다(Norton; P. Hennessy 2005, 6-16).

참 고 문 헌

강명세, 고상두, 김정기, 2002.『현대 유럽정치』서울: 동성출판사.

Freedman, Leonardo, 1996. *Politics and Policies in Britain*(London: Routledge), 장원석 역『영국정치론』제주: 제주대학교 출판부.

박지향, 2002.『영국사: 보수와 개혁의 드라마』. 서울: 까치글방.

안병억, 2001. "영국 내각제 1,2 인자 한솥밥 짓기 힘드네,"「주간동아」(12월20일), 45~46.

_____. 2003, "차기 영국 총리는 고든 브라운",「주간동아」(3월27일), 49~50.

_____. 2005, "선거 이긴 블레어 걱정이 태산,"「주간동아」(5월24일), 52~53.

이연호, 2002. "영국 신노동당의 자본주의 개혁: '이해관계보유경제'의 실험과 국가성격의 변화;" 박태규 외『유럽의 정치와 경제』83-110, 서울: 나남.

한규선, "영국의 정치," 강명세 외, 2002.『현대 유럽정치』서울: 동성출판사, 53~84.

한영철, 1998. "1997년 영국총선 분석,"『유럽연구』8, 205~225.

Beer, Samuel H., 1965. *Modern British Politics: A Study of Parties and Pressure Groups*, Londn: Faber.

Conservative Party, *Conservative Election Manifesto*, 2005(London).

Coxall, Bill and Robins, Lynton, 1994. *Contemporary British Politics*(London: Macmillan).

Dearlove, John and Saunders, Peter, 2000. *Introduction to British Politics*, 3rd edition(Cambridge: Polity).

Dunleavy, Patrick and Helen Margetts, "The Impact of UK Electoral Systems," *Parliamentary Affairs,* 58/4: 854-870.

Giddens, Anthony, 1998. *The Third Way: The Renewal of Social Democracy,* Cambridge: Polity Press.

Harvie, Christopher, 1984. "Revolution and the Rule of Law(1789-1851)," in Kenneth O. Morgan(ed.), *The Oxford Illustrated History of Britain,* Oxford: Oxford University Press, 419~462.

Hennessy, Peter, 2000. *The Prime Minister: The Office and Its Holders Since 1945*(London: Penguin).

______. 2005. "Rulers and Servants of the State: The Blair Style of Government 1997-2004," *Parliamentary Affairs*, 58/1: 6-16.

House of Commons, 2003. *UK Election Statistics 1945~2003*(London).

______. 2004. *European Parliament Election 2004*(London).

______. 2005. *General Election 2005*(London).

Jones, Bill, 1998. "Political Ideas: The Major Parties," in Jones and Others, pp. 93-104.

Jones, Bill, Andrew Gray, Dennis Kavanagh, Michael Moran, Philip Norton, Anthony Seldon, 1998, *UK Politics*, 3rd edition, London: Prentice Hall.

Kavanagh, D., 1998. "Elections," in Jones and Others, pp. 123-135.

Kavanagh, D. and Bill Jones, "Political Parties," in Jones and Others, pp. 183-202.

Labour Party, *The Labour Party Manifesto*, 2005.

Liberal Democratic Party, *The Liberal Democrat*, 2005.

Madgwick, Peter, 1994. *A New Introduction to British Politics.* Cheltenham: Stanley Thornes.

Matthew, H.C.G., 1984, "The Liberal Age(1851-1914)," in Kenneth O. Morgan(ed.), *The Oxford Illustrated History of Britain(*Oxford: Oxford University Press), pp. 463-522.

McKenzie, R. T., 1963. *British Political Parties*, 2nd edition(London: Heinemann).

Norton, Philip, 2003. "The Presidentialization of British Politics," *Government and Opposition*, 38/2: 274-278.

Russell, A., 2004. "Parties and Party Systems: Realignment or Readjustment?," *Parliamentary Affairs,* 57/2: 396-407.

Thatcher, M., 1993. *Downing Street Years*(London: HarperCollins).

"Conservative Vision for a Greater Britain," *Guardian*, 12th April, 2005.

"Blair Launches Labour's Manifesto," *Guardian*, 13th April, 2005.

"Kennedy Launches Lib Dem Manifesto," *Guardian*, 14th April, 2005.

"Blair: We Must Learn the Right Lessons," *Guardian*, 5th May, 2006.

"Clarke Sacked in Major Cabinet Reshuffle," *Guardian*, 5th May, 2006.

"Analysis: Reshuffle Leaves Brownites Fuming," *The Times*, 5th May, 2006.

"Britain's Drifting Ship of State Awaits the Wind of Change," *FT*, 27th July, 2006.

"Tony Blair's Statement in Full," *Guardian,* 7th Sept. 2006.

"Gordon Brown's Statement in Full," *Guardian,* 7th Sept. 2006.

"Blair's Offer: I will go in a year, Brown: That's not Good Enough," *Guardian*, 6th Sept. 2006.

"Labour's Support at its Lowest Level since Thatcher's Election Victory," *Guardian*, 25 Oct. 2006.

좌우 동거의 기묘한 불완전한 양당제 국가 이탈리아

김종법

1. 정당체제

1861년 피에몬테 왕국 중심의 불완전한 통일을 이룩했던 이탈리아는 제2차 세계대전이 끝나면서 새로운 출발을 기대하고 있었다. 그러나 국민적 기대와는 달리 미군정이 들어서게 되었고, 이는 새롭게 출발하고자 했던 이탈리아의 희망을 굴절시키는 계기가 되었다. 1947년 국민투표에 의해 공화정 정치제도가 결정되면서, 북부를 해방시킨 정치적 주체세력이었던 반파시즘 운동세력들 - 공산당, 사회당의 사회주의 계열의 정당과 노동운동조합 및 반파시즘 저항세력 - 이 정권을 획득하지 못한 채, 미국의 협력과 지원을 통해 결성된 기민당(DC)이 승리하였다. 그러나 기민당은 안정적 정국운영의 필요조건인 과반수 득표에 실패했고, 기민당에 협력할 파트너를 구해 연정을 구성해야 했다. 이후 이탈리아는 불완전한 양당제(Bipartismo imperfetto) 혹은 구심적 다원주의(Pluralismo centripetto)라는 정당체제를 구축하게 되었다(P. Farnetti 1973).

이탈리아의 이와 같은 정당체제는 독특한 몇 가지 요인들이 중첩되어 발생한 것인데, 특히 이탈리아 특유의 지역문제와 연결되었다. 흔히 '남부문제'라고 불리는 이탈리아 지역문제는 북부와 남부의 지역적 편차에 의해 발생된 사회문제이다(김종법 2004). 이 문제는 유력한 정당 지도자들이 자신들의 지역적 근거지를 볼모로 삼아 정치적 생명을 연장하는 수단으로 전락하였다. 정치적 후견인주의와 남부문제의 접목은 남부에 기반을 둔 기민당 지도자들의 강력한 지지기반으로 변형되었다. 이는 1950년대부터 80년대까지 기민당 주도의 연립정부에서 표방하던 주요 정책적 방향으로 표출되었다. 또한 '남부문제'라는 남부에 기반 한 지역문제가 북부에 근거한 새로운 지역문제로서 '북부문제'라는 지리적 대립구조로 발전하면서 북부에서는 분리주의를 표방하는 정당(Lega Nord: 북부동맹)이 등장하였다. 이러한 지역문제가 정치적 환경을 결정하는 요소로서 중요한 기능을 수행하면서 이탈리아 정치상황의 복잡성은 더해갔다.

후견인주의(clietalismo)

이탈리아의 오랜 정치적 전통의 하나로 로마시대 토지소유자와 군사적 실력자들 사이에 맺어진 관계에서 유래된 정치적 관행이다. 보통 중앙의 주요 인물을 후견인으로 놓고 그 아래 수많은 직위와 끈들이 연결되어 있는 것으로 우리의 혈연이나 지연 및 학연 등을 복합적으로 구성한 것으로 이해하면 쉽다.

정치 제도로서 정당이 갖는 순기능 중심의 정치문화가 정당 자체의 모순과 역기능에 지나치게 노출될 경우, 정당에 대한 감시 기능은 주로 시민단체에 의해 행해진다. 이러한 정치적 기능과 역할 때문에 현대 사회의 어느 곳에서나 시민단체들의 정치적 중요성은 증대되어 왔다. 그러나 이탈리아의 경우 이들 시민단체들이 주요한 정치적 세력으로 성장하지 못했다는 사실은 양극 다당제의 전통이 유지되고 있는 이탈리아에서는 바람직한 정치문화의 확립을 어렵게 하였던 결정적 요인이었다.

전(全)세계를 휩쓸었던 68운동은 이탈리아에서도 결정적인 사회변혁운동으로 발전하였다. 이탈리아 68운동의 경우 그 주체 세력이 학생들과 노동자들이었으며, 이들은 이후 다양한 분야와 영역의 정치운동이나 노동운동으로 흡수되어 새로운 정치적 자원으로 충원되었다. 그러나 좌우의 극단적 노선을 표방하는 이들 중에는 새로운 성숙한 시민사회의 주체로 발전하지 못하고 테러리즘[11]이나 폭력적 성향의 노동조직으로 흡수되었다. 이는 현재까지 이탈리아 정치상황에서 발전적이고 바람직한 시민단체의 수가 부족한 결정적 원인이었다. 물론 1990년대 마니뿔리떼(Mani Pulite)라는 일종의 정풍운동으로 시민단체가 성숙될 수 있었던 여건이 조성되었지만, 여전히 한계점을 노출하고 있다(Barbacetto G. Travaglio M. Gomez P. 2003, 95-97).

남부문제와 북부문제

그람쉬를 통해서도 잘 알려진 이탈리아 특유의 지역문제를 말한다. 리소르지멘토 통일 시기에도 이미 이탈리아 북부와 남부의 지역적 격차가 컸지만, 통일에 의해 더욱 커다란 지역적 차이를 초래했으며, 이는 현재까지도 국가통합에 가장 커다란 걸림돌로 작용하고 있다. 최근에는 퍼트남Putman이 이탈리아 시민사회와 지역문제를 고찰하면서 남부문제가 현대적으로 해석되고 있으며, 특히 이론적으로 내부식민지론이나 이중구조론과 같은 지역과 국사사회의 분석에 주요한 기준이자 전형으로 거론되고 있다. 더욱이 최근에는 이탈리아 북부를 중심으로 북부분리주의 운동과 정당이 발생하면서 이 문제가 단순히 남부와 북부라는 지리적 차이의 문제에 국한된 것이 아니라 북부 내에서도 동서의 지리적 분할과 계층별에 따른 지역분할 구도가 고착화될 가능성이 나타나고 있다는 점에서 이탈리아 남부문제는 주목을 받고 있다.

---

11) 이탈리아에는 70년대를 '테러리즘의 시대'로 명명할 정도로 우파에서부터 극좌파에 이르는 수많은 테러리즘 단체가 존재했다. 이는 70년대 이탈리아 정치를 특징짓는 가장 중요한 요소였고, 이념적으로나 제도적으로 이탈리아 정치제도가 발전하는데 커다란 방해요인이었다.

서구 현대정치에서 공산당의 세력이 가장 강력한 국가는 이탈리아이다. 그러나 정당으로서 공산당의 존재와 역할은 세력의 강력함에 전혀 비례하지 못하고 있는 것 또한 사실이다. 제2차 세계대전 이후 미국이 그토록 긴장하였던 것도 공산당(PCI) 정권의 수립 가능성이었다. 그 이후에도 역사적으로 주요한 시기마다 기민당의 대안세력으로 존재하던 공산당은 정치적 야당으로서 보수주의와 반공주의를 기반으로 하는 기민당 정권 유지의 적대자이자 공헌자였다. 그럼에도 불구하고 공산당 역시 남부문제를 정략적으로 이용한 측면이 있었고, 부패한 정치자금에서 자유롭지 못하였으며, 1989년 베를린 장벽 해체사건이후 이데올로기적 정체성을 상실하면서 후견인주의나 파벌성을 극복하지 못하는 등 여전히 후진적 정당 형태를 보이고 있었다. 다시 말해 약 50년간 오랫동안 야당의 입장이었던 좌파민주당(PDS: 이탈리아 공산당의 후신)은 집권 정당으로서의 역량강화나 확장에 대하여 수동적 입장을 견지하는데 그쳤다는 의미이다.

정당과 함께 이탈리아 정치를 움직이는 주체의 하나인 노동조합 역시 이탈리아 정치 환경을 결정하는 요인이다. 특히 주요 3개 상급노조 -Cgil, Cisl, Uil-뿐만이 아니라 산별로 조직되어 있는 수많은 노동조합은 이탈리아의 주요 정당들과 연계되어 있기 때문에 각 정당의 유력한 정치가들은 대개 노동운동조직을 이끌던 인물들이 많다. 실제로 좌파민주당(PDS)의 경우 1994년 총선에 의해 선출된 새로운 인물 중에 노동운동의 경력을 가진 이들은 모두 44.6%에 달할 정도였다(Ginsborg P. 1998, 547). 또한 1990년대 이후 국가의 제도 안에서 새롭게 정착하게 된 네오코포라티즘(Neo-corporativismo)의 한 축이며, 동시에 취약한 이탈리아 시민단체를 대신하는 역할을 하는 등 현재 이탈리아 정치사회의 주요 구성요소이다.

이에 덧붙여 정치적 고려해야할 또 하나의 요소가 있다면, 이는 마피아(Mafia)의 존재이다.[12] 특히 마피아는 지방(주로 남부나 시칠리아와 같은 섬 지방)의 입후보자나 득표까지도 통제할 수 있을 정도의 막강한 지방권력을 가지고 있다(Catanzaro, P. 1995, 420). 이와 같은 마피아의 정치적 특징은 제2차 세계대전 이후 기민당의 출현과 밀접한 관계를 가지며, 현재까지 그 정치적 영향력은 측정이 불가능할 정도로 다양한 형태를 띠고 전개되고 있다. 이들 마피아는 후견인주의와 정치적으로 연결되고, 정책적으로는 1950년대 이후 남부문제의 해결책으로 국가에서 시행하였던 남부개발정책들과 연계하면서, 현재에는 공식적인 사업체를 갖추고 중앙정치세계에까지 더욱 많은 영향력을 미치고 있다.[13)]

이외에도 부패한 정치자금 수사를 계기로 시작된 마니뿔리떼 운동이 갖는 정치·사회적 의미 등은 현재 이탈리아 정치사회를 이해하는 중요한 사건이다. 특히 이 사건을 계기로 새로운 선거법이 개정되고, 이를 토대로 국가의 정치체제가 시작되는 등 이탈리아 제2공화국의 시점으로 삼기도 하기 때문이다. 또한 정치문화를 결정짓는 특징으로 앞서 거론한 후견인주의와 변형주의의 전통이외에도 강력한 노조의 존재, 중소기업 중심의 산업구조, 불투명하고 부패한 행정시스템, 국외로부터의 불법노동자 이주문제, 유럽통합 문제 등은 이탈리아 정당을 이해하는데 있어 거론할 수 있는 주요 요인들이다.

그렇다면 이와 같은 구조 속에서 좌우 양극체제를 지탱하고 있는 정당들은 어떤 것들이 있을까? 시기적으로 이를 두 개로 구분하여 설

---

12) 현역 정치가들 역시 이에 대한 지적을 많이 하고 있는데, 지난 1996년부터 2001년까지 하원의장을 역임했던 비올란떼(Violante)와 같은 이는 밀라노의 경제전문가의 말을 빌려 이탈리아를 움직이는 '제3의 부르주아' 지배계급으로 마피아를 꼽을 정도로 이탈리아 사회에 상당한 영향력을 끼치고 있다.

13) 기민당 정권과 동반성장을 시작한 마피아가 보다 본격적인 모습을 드러낸 것은 1950년대 이후였다. 특히 남부개발이라는 명목으로 시행된 국가정책은 지방에서 막강한 영향력을 끼치고 있던 마피아들에게 도로 건설이나 교량구축 등의 건설 분야에서 합법적인 경제적 근거를 제공하였고, 이탈리아 관광산업이 정착하기 시작한 1970년대 이후에는 요식업이나 호텔업에 진출하면서 또다시 경제적 기반을 조성하였다.

명할 필요가 있다. 첫 번째 시기는 제헌헌법 이후에서 마니뿔리떼가 발생한 1992년까지이며, 두 번째는 마니뿔리떼의 영향으로 시기구분을 하고 있는 제2공화국의 시작에서 현재까지이다. 첫 번째 시기의 주인공은 기민당과 공산당 및 사회당이었고, 두 번째 시기는 베를루스코니의 전진 이탈리아와 두 개의 극우정당 민족연합(AN)과 북부동맹의 우파 정당과 좌파민주당(DS)과 마르게리타(Margherita)를 중심으로 하는 중도좌파정당들이다.

첫 번째 시기에서 가장 중요한 역할을 했던 것은 기민당이었다. 가톨릭에 기반을 두었다는 측면에서 1919년 인민당(Partito Popolare)의 후신이라고 볼 수 있다. 이탈리아에서 가장 친미적이고 보수적이며, 자본가 친화적인 성격과 함께 파시즘에 동조하던 정치가들을 규합한 정당으로 규정될 수 있다. 1948년 제헌헌법 제정 후 치러진 최초의 총선에서 제1당이 된 이래 1992년 마니뿔리떼에 의해 와해 될 때 까지 이탈리아 정부를 구성하는 여당의 기능을 사실상 수행해왔다. 불완전 양당제를 구성하는 우파의 축으로서 경우에 따라서는 공산당이나 사회당 등과 같은 전혀 다른 노선의 정당들과도 연정을 꾀했으며, 1989년 베를린 장벽 해체로 인해 이데올로기적 이득을 보기도 했다. 그러나 1990년에 들어서면서 당 내부의 파벌싸움과 함께 노선 변경을 둘러싼 갈등이 발생했고, 결국 이는 분당과 새로운 세력의 등장으로 세력이 약화되었으며, 마니뿔리떼는 결정적인 치명타를 날렸다. 많은 소속 위원들이 연루되면서 당은 와해되었고, 당의 운명은 새로운 시대의 사명에 호응하지 못한 채 새로운 정체상과 진로를 모색해야 했으며, 1994년에 인민당으로 개명하여 재창당하기까지에는 상당한 인내와 고통의 시간이 소요되었다.

만년 야당이었던 이탈리아 공산당(PCI)은 북부에서의 레지스탕스 투쟁을 통해 국민적 지지를 받고 있던 많은 사회주의와 공산주의 계열의 정치가들과 노동운동가들이 주축이 된 정당이다. 이미 1921년 사회당에서 분리되어 창당했을 정도로 오랜 역사적 전통과 그람쉬(Gramsci)나 톨리아티(Togliatti) 등이 창당멤버인 서유럽 최대의 공산주의 계열 정당이었다. 이런 이유로 이탈리아 헌법 제1조에는 자유민주주의 공화국이라는 통상의 표현이 아닌 '노동에 기초한 민주공화국'이라는 문구가 들어갈 정도이다. 미국이 이탈리아에 공산주의 정당이 집권하는 것에 대해 항상 우려와 걱정을 했던 것은 바로 이런 이유 때문이었다. 그러나 공산당 역시 이탈리아 특유의 정치문화에서 탈피하지 못했고, 부정부패 사건에도 연루되기도 했으며, 1989년 베를린 장벽 해체라는 역사적 사건 앞에서 공산주의라는 이데올로기의 퇴조 영향을 받을 수밖에 없었고, 결국 이는 당명개정(이탈리아 공산당에서 좌파민주당(DS))으로까지 이어졌다.

세 번째로 주요한 정당은 사회당(PSI)이었다. 이탈리아의 정당 중에서 가장 오랜 역사를 가졌던 정당으로, 1892년 이탈리아가 산업발전단계로 들어서면서 프롤레타리아 계급과 사회주의 전통이 결합하여 출발했다. 파시즘 정권이 들어서기 전까지는 제1당의 지위를 유지하기도 했지만, 공산당과의 분당과 파시즘 정권의 탄압 등이 겹치면서 명맥을 유지하는데 그쳤다. 종전 이후에는 기민당과 공산당에 이어 제3당의 위치를 유지하였고, 캐스팅 보드의 역할을 오랫동안 수행했다. 그러나 사회당 내부에서도 독자 노선과 공산당과의 협력 문제를 두고 노선투쟁이 일어나 한때 프롤레타리아 통합사회당(PSIUP)이 분당하는 사태가 벌어지기도 했다. 1960년대의 사회당이 참여하는 연정시대를 거쳤음에도 사회당이 대중정당으로 발전하는데 한계를 보였다. 집권여당이었던 기민당과의 정책적 갈등과 경쟁 정당이었던 공산당과의 선명성 문제 등으로 어정쩡한 입장을 취하게 된 것이 가장 큰 이유였다. 그러나 1980년대에 들어서면서 중도 성향의 개혁적 입장을 견지하면서 보다 폭넓은 지지를 받는 계기를 만들었고, 당의 노선과 방향에 분명한 전환기를 마련하였다. 이런 변화에 힘입어 1984년 크락시

(Craxi)가 총리직에 오르면서 한 때 15%의 지지를 기록하기도 했지만, 이탈리아 특유의 부패한 정치구조가 건설과 서비스 분야의 신흥기업들과 더욱 밀착되면서 1990년대 초 부패한 정치자금 스캔들로 인해 결국 당이 와해되고 말았다. 한 가지 흥미로운 것은 사회당의 전성기가 묘하게도 베를루스코니 관련 기업들이 성장하고 팽창하던 시기와 정확하게 일치한다는 사실이다. 부패한 정치자금 스캔들로 당이 와해되었지만, 또 다른 주역이었던 베를루스코니는 2번에 걸친 총리직을 거쳐 현재까지 이탈리아의 가장 강력하고 주요한 정치지도자로 생명력을 이어가고 있다는 점 역시 흥미롭다.

이들 주요 3개의 정당 이외에 주요한 정당으로는 이탈리아 사회운동당(MSI)과 이탈리아공화당(PRI) 및 사회민주당(PSDI) 및 롬바르디아동맹(Lega Lombardia) 등이다. 민족연합(AN)의 전신인 이탈리아 사회운동당은 신파시즘 정당의 성격이 강했다. 1950년대 이후 5-6%의 지지율을 보이다가 1972년 선거에서는 8.3%라는 괄목할만한 성장을 함으로써 기민당과 공산당과의 역사적 타협(Compromesso storico)의 간접적인 원인을 제공하기도 했다. 1980년대에는 영향력과 지지율이 감소하기는 했지만, 여전히 이탈리아 파시즘의 끈질긴 생명력과 사회적 분위기를 나타내는 지표의 역할을 하고 있다. 공화당(PRI)은 이탈리아 통일운동의 정신적 지주였던 마치니(Mazzini)의 공화주의 사상을 반영하여 창당한 정당이다. 평균 3-4% 대의 지지율을 보였음에도 연정 안에서 좌파적 입장을 취해왔던 중도좌파 정당이었지만, 공화당 지도부가 마니뿔리떼에 연루되면서 위기를 맞았다. 일반적인 정책방향은 협동조합운동을 지지하고 복지국가를 지향하는 사민주의를 표방하고 있으며, 지방자치제도의 강화와 탈종교정책을 지지하며 EU 가입 문제 등의 대외정책 역시 적극적인 입장을 취하고 있는 것이 특색이다. 사회민주당(PSDI)는 사회당에서 분리된 정당으로 1947년 창당 이후 4% 대의 안정적인 지지율을 기록했지만, 사회당과의 선명성이나 정책적 차별화에 실패함으로써 더 이상의 발전을 하지 못했을 뿐만 아니라 1994년 총선에서는 비례대표제도의 축소로 말미암아 국회의원 후보를 형성하는 데에도 실패했다. 북부동맹(Lega Nord)의 전신인 롬바르디아 동맹은 연방제와 비백인 외국인의 이민을 반대하는 전형적인 신나치즘 정당으로 분류할 수 있다. 롬바르디아라는 주의 명칭에서 알 수 있듯이 주로 북부를 중심으로 하는 지역적 기반이 강하고, 1979년 창당 이후 보시(Bossi)가 주도하고 있다.

역사적 타협(Compromesso storico)

당시 공산당 당수였던 베를링궤르가 제안한 정치적 타협선언으로 공산당의 혁명적 체제전복이나 폭력적인 정치권력 획득 방법을 포기하고 사회의 모든 세력과도 대화와 타협을 통해 정책개발과 당의 방향을 바꾸겠다는 원칙을 밝힌 것으로 70년대 테러리즘 시대적 배경에서 보면 가히 혁명적인 변화라고 할 수 있다. 이 선언 이후 공산당은 노선과 정체성의 변화를 추구했지만, 기대만큼의 대중정당으로의 확장과 세력의 신장을 가져오지는 못했다. 그러나 1973년 이후 보다 안정적인 지지율을 확보하고 연정 안에서 일정 부분 공산당이 주도하는 정책 개발과 반영이라는 정치적 목표는 거둘 수 있었다.

제1공화국으로 분류되는 시기인 1948년부터 1992년까지 기간에는 상기의 기존 정당들이 기민당 중심의 연정을 통해 정국이 운영되었다. 그러나 1989년 베를린 장벽 해체 이후 1992년 마니뿔리떼 사건까지의 격변기를 거치면서 기존 정당체계가 붕괴되자 선거제도에 이어 새로운 정당들이 선을 보였고, 전반적인 정당시스템의 변화가 불가피하게 되었다. 그러한 변화의 한 가운데 자리 잡은 이가 바로 베를루스코니와 프로디였다. 이전 정당체제가 주로 집단지도부의 성격을 갖는 정당들에 의해 유지되었다면, 이 시기에는 한 사람의 지도자나 강력한 리더십을 가진 이들을 중심으로 운영되는 정당들이 양당제로 가기 위한 과도기적 전환기의 모습을 보이고 있다는 데 가장 중요한 특징이 있다. 이 시기 주요 정당은 전진이탈리아(FI), 민족연맹(AN), 북부동맹(Lega Nord) 등의 우파연합과 좌익민주당(DS), 마르게리타Margherita, 재건공산당(RC), 녹색당(Verdi), 네트워크(La Rete)당 등의 좌파 계열 정당들이다.

아무래도 이 시기 가장 주목을 받는 정당은 전진이탈리아당이다.[14] 베를루스코니의 정당이라는 사실뿐만이 아니라 정당운영 방식에서도 획기적인 기업형의 현대적 정당의 모습을 갖추었을 뿐만 아니라, 정당명칭에서 알 수 있듯이 축구경기에서 사용하는 구호를 당의 공식명칭에 사용하였다는 것은 그만큼 베를루스코니가 당을 대중정당과 국민의 정당으로 자리매김을 하여 달라진 선거제도와 정치계에서 헤게모니를 잡기 위한 노력의 일환으로 볼 수 있다. 그러나 전진이탈리아가 진정한 현대적 정당의 성격을 갖추었는가에 대해서는 짚고 넘어가야할 점들이 있다. 베를루스코니는 1993년 가을부터 정당조직에 착수하였고, 1994년 2월 6일 로마에서 창당대회를 갖고 전진 이탈리아라는 정당을 출범시켰다. 전진이탈리아의 기본 조직은 크게 세 가지로 분류된다. 중앙기구와 클럽(Club) 및 국회의원단이 그것이다(Maraffi Marco 1995, 247). 이 세 조직, 그 중에도 특히 앞의 두 조직을 규명하고 각각의 역할을 이해하는 것은 전진 이탈리아의 집권 배경과도 밀접한 관계를 갖는다.

먼저 중앙기구는 핀인베스트 그룹의 인사들을 중심으로 결성된 개인적 기구(Apparato personale) (막스 베버(Max Weber)는 이를 '세습적' 유형의 기구로 정의함) 성격을 가지며, 구성원들은 핀인베스트 그룹에서 조직과 마케팅을 담당하던 이들이었다(Maraffi Marco 1995, 248-9). 즉, 베를루스꼬니는 정당구조를 자신 소유의 기업에서 여러 분야의 책임자들을 모아 개인적 기구에서 출발하였다. 실제로 이와 같은 효율적

14) 이하 전진이탈리아에 대한 내용은 다음의 논문에서 축약하여 정리한 것이다. 김종법, "하부정치문화요소를 통해 본 베를루스코니 정부의 성격", 『한국정치학회보』 제38집 5호(한국정치학회). 2004.

이고 조직적인 중앙기구는 짧은 시간 안에 국회의원 입후보자의 선택과 이들을 위한 효과적 선거운동으로 이끄는데 커다란 기여를 하였다. 1994년 총선에서 68.7%라는 신인들이 국회의원으로 당선되었다는 사실을 고려한다면, 정치적 경험이 없던 신인들에게 이들의 조직적이고 효과적인 정당운영과 선거운동은 상당히 중요한 의미를 지닌다. 또한 전진 이탈리아의 '기업형 정당(Partito-azienda)' 특징은 기존의 정당 체계에서 벗어나 효율성과 성과 그리고 마케팅이라는 개념을 도입한 기업적 운영을 하게 됨으로써 짧은 시간 안에 이탈리아 국민들에게 다가설 수 있었다.

두 번째 기구인 club은 지방의 소지역을 단위로 하는 지방기구의 성격을 갖는다. 이 기구는 전진이탈리아가 중앙조직뿐만이 아니라 지방조직의 정비 필요성을 느끼고 창당과 함께 출범한 기구였다. 이 기구의 모집과정은 이탈리아에서 처음으로 기업의 마케팅 기법이 도입된 것으로도 유명한데, "자유 이탈리아와 복지국가 이탈리아를 위해 아래의 수신자부담번호 1670-xxxx로 전화하십시오."라는 회원모집 광고였다(Maraffi Marco 1995, 252). 이 기구는 전진이탈리아의 지방기구로 중앙당의 정책과 노선을 전파하는 전통적 역할뿐만이 아니라 지역을 기반으로 하는 자발적인 문화공동체와 사교모임으로서의 역할도 함께 하였고 운영방식도 미국식 모델을 따랐다. 또한 이 모임에 가입했던 이들이 주로 기존의 기민당과 사회당 지지자들이었다는(Maraffi Marco 1995, 253) 사실은 집권당이던 기민당과 사회당의 와해에 따른 공백을 빠른 시간 안에 전진이탈리아가 대신하였다는 결론에 도달할 수 있다. 실제로 1994년 여름 이후 클럽의 수가 2,000개에 달한다는 전진 이탈리아의 발표는 얼마나 짧은 시간 안에 지방조직이 완성되었는가를 보여주는 예였다.

이들 두 기구는 상호 적절한 대립과 경쟁을 통하여 중앙기구와 함께 전진 이탈리아를 움직이는 중추적 역할을 하였다. 결국 전진 이탈리아가 짧은 기간이라는 시간적 제약에도 불구하고 기업적 경영기법과 지방의 하부조직 지지자들을 지지정당의 와해에 따른 정신적 공황을 겪고 있던 기존 기민당과 사회당 지지자들로 채움으로써 집권에 성공할 수 있었다고 볼 수 있다. 당의 체제가 그렇다보니 민주적 요구나 절차의 민주화에 대한 응답이 굳이 필요하지 않은 제왕적 정당 시스템을 지향하게 되었다. 결국 이러한 시스템은 베를루스꼬니를 위한 정당 구조이자, 베를루스꼬니가 정부의 수반이 되게 하기 위한 정당이라는 독특한 목적과 성격을 가질 수밖에 없는 것이다.

전통적으로 후견인주의와 비례대표제 하에서 정당의 활동과 강령에 따라 활동하는데 익숙하지 않던 정당들의 선거운동에 비해 신생 전진 이탈리아의 선거운동은 많은 점에서 새로운 변화였다. 더군다나 성공한 기업인이었던 베를루스꼬니는 이탈리아 유권자들에게는 매력적인 유혹이 되기에 충분했다. 이런 점들은 전진 이탈리아가 비교적 신생정당이라는 한계와 태생 전후에 보여준 여러 문제점들에도 불구하고 집권정당으로 선택될 수 있었던 요인으로 평가할 수 있다.

두 번째로 중요한 인물과 정당은 프로디와 좌익민주당이다. 프로디는 볼로냐 대학의 경제학 교수 출신으로 정치인으로 입문한 것은 기민당이었다. 기민당 내부의 좌파에 속해 있던 그는 이탈리아 최대의 공기업인 산업재건공사(IRI)의 사장을 1980년 중반부터 1990년대에 걸쳐 역임하면서 만년 적자이던 기업을 흑자로 바꾸어 놓으면서 국민적 인기를 얻었다. 이를 바탕으로 기민당이 와해되자 당명까지 바꾼 좌익민주당의 정당 간 제휴 제의를 받아들여 자신의 정당 마르게리타를 이끌고 월계수 동맹의 대표로 1996년 선거에 나섰고, 결국 총선에서 승리하여 전후 최초의 중도좌파연정의 총리직을 수행한 인물이었다. 총리직에서 물러난 뒤에도 유럽연합 이사회의 의장을 역임했을 정도로 여전히 국민적 인기가 대단한 정치인이자, 거의 유일하게 베를루스코니에 맞설 수 있는 좌파 정당 계열의 정치가이다.

좌익민주당은 프로디가 직접적으로 관여한 정당은 아니었지만 이탈리아 공산당의 후신으로 베를린 장벽이 무너진 이후 개명하여 재창당하였다. 이 과정에서 재건 공산당과의 분당을 겪기는 했지만 현재까지 순수 좌파 진영의 대표 정당으로 군림하고 있으며, 1996년 중도좌파 연정의 두 번째 총리였던 달레마(D'Alema)가 이끌고 있다. 그러나 1980년대 30%에 육박하는 지지율을 보인 이후 분당과 독자세력화로 인해 지지율이 20%를 넘지 않는 한계를 보이고 있어 독자 수권이나 주도적인 정권획득이 어렵다는 점이 해결해야 할 가장 큰 문제로 대두되고 있다.

세 번째는 민족연합과 민족연합을 이끌고 있는 피니(Fini)이다. 1994년 이탈리아 사회운동당의 후신으로 탄생하였는데, 무솔리니의 손녀딸인 알렉산드리아 무솔리니가 참여한 것으로도 유명하다. 보다 온건하고 중도적 입장을 표명하면서 보다 확장된 대중적 기반을 가지게 되었으며, 이는 1994년 총선에서 13.5%의 지지율을 기록할 만큼 이탈리아에서 제3당의 위치를 다투고 있다. 피니 역시 전국적인 지명도를 바탕으로 대중 지도자로서의 이미지를 만드는데 성공했지만, 여전히 잔존하고 있는 신파시즘적 이미지를 벗지 못하는 것이 더 이상의 당세 확장에 걸림돌이 되고 있다.

네 번째는 롬바르디아 동맹의 후신인 북부동맹이다. 보시가 이끌고 있는 이 정당은 연방주의와 인종주의를 정책과 노선의 가장 큰 기준으로 삼고 있으며, 북부만의 독립과 분리를 요구하고 있다. 심지어 단순히 당 차원에서의 활동만이 아니라 독자적인 수도에 자위대 형식의 군대 및 행정 관료들을 독자적으로 임명할 정도로 이탈리아 정치계에서는 독특하며 이단적인 존재라 할 수 있다. 남부에서의 지지는 거의 없지만, 북부에서는 포(Po) 강 유역을 중심으로 20%에 달하는 지지율을 기록하고 있는 전형적인 지역정당이자 부르주아와 자영업자들이 주도하고 있는 신나치즘 정당이라 할 수 있다.

이밖에도 기민당에서 갈라져 나온 좌파 성향의 인사들이 주도하고 있는 인민당(PPI)이나 생태와 환경 문제를 당의 목표이자 정체성으로 내세우고 있는 녹색당 등도 일정 부분 중요한 정치적 역할을 하고 있다. 또한 이 시기 가장 독특한 정당의 하나인 네트워크 당 역시 이탈리아만의 독특한 지역정당이자 특수한 목적을 가진 특수정당으로 분류할 수 있다. 시칠리아의 마피아를 비롯한 범죄 집단을 근절하고 부패한 정치문화를 바로잡기 위해 출범한 네트워크 당은 좌파연합 소속으로 1992년과 94년 총선에 연이어 참여하여 1.9%라는 기대 이상의 성과를 올리기도 하였다.

제2공화국 시대 역시 수많은 정당들이 난립하는 양상을 보이고 있지만, 이전과는 분명하게 다른 새로운 모습과 징표들이 곳곳에서 보이는 것은 그동안의 불완전한 양당제나 양극다당제가 완전한 양당제로의 전환을 앞둔 과도기의 성격을 보이고 있다는 점에서 자못 흥미롭다. 특히 느슨한 정당 연합체 간의 주도권과 집권 경쟁은 확대해석하면 양당제의 전초 현상으로 볼 수 있을 만큼 중요한 의미를 지닌다. 베를루스코니를 정점으로 한 자유의 집(Casa delle Libertà)나 프로디를 정점으로 하는 월계수 동맹(l'Ulivo) - 2006년에는 연합(l'Unione)으로 명치 변경 - 은 각각 중도우파와 중도좌파를 대표하는 연합 정당체의 성격을 갖는다. 아래의 표는 1948년 이후 2001년까지의 각 정당별 하원에서의 득표율을 정리한 것이다. 각 정당별 지지율 변화와 정당변천을 볼 수 있는데, 다음 장에서는 이러한 변화와 개명을 가져오게 한 선거제도 전반에 대해 알아보겠다.

〈표 1〉 이탈리아 역대 선거결과: 하원 비례대표(%)

제1공화국	기민당	공산당	사회당	사민당	재건공산당	공화당	자유당	네오파시스트	녹색당	북부동맹	기타
1948	48.5	31.0		7.1	-	2.5	3.8	2.0	-	-	5.1
1953	40.1	22.6	12.8	4.5	-	1.6	3.0	5.8	-	-	9.6
1958	42.4	22.7	14.2	4.5	-	1.4	3.5	4.8	-	-	6.5
1963	38.3	25.3	13.8	6.1	-	1.4	7.0	5.1	-	-	3.0
1968	39.1	26.9	14.5		-	2.0	5.8	4.5	-	-	7.2
1972	38.7	27.1	9.6	5.1	-	2.9	3.9	8.7	-	-	4.0
1976	38.7	34.4	9.6	3.4	-	3.1	1.3	6.1	-	-	3.4
1979	38.3	30.4	9.8	3.8	-	3.0	1.9	5.3	-	-	7.5
1983	32.9	29.9	11.4	4.1	-	5.1	2.9	6.8	-	-	6.9
1987	34.3	26.6	14.3	2.9	-	3.7	2.1	5.9	2.5	0.5	7.2
1992	29.7	16.1	13.6	2.7	5.6	4.4	2.8	5.4	2.8	8.7	8.2
제2공화국	인민당 Margherita (2001)	좌파 민주당		전진 이탈리아				민족 연맹	녹색연합 Girasole (2001)		
1994	11.1	20.4	2.2	21.0	6.0	-	-	13.5	2.7	8.4	14.7
1996	6.8	21.1	-	20.6	8.6	-	-	15.7	2.5	10.1	14.6
2001	14.5	16.6	-	29.5	5.0	-	-	12.0	2.2	3.9	16.3

기타 정당에 대한 설명 - 1. 기민당: DC, 1993년 해산, 인민당(PPI), 기독민주센터(CCD), 기독민주연합(CDU) 등으로 분리. 2. (신)공산당: PdCI, 1998년 재건공산당에서 분리 창당. 3. 사회당: PSI 1994년 이후 SI. 4. 자유당: PLI. 5. 녹색당: I Verdi. 6. Margherita(마르게리따): PPI, Democratici, Rinnovamento italiano, UDEUR 등이 모인 정당연합체의 성격. 7. 기타: 1968년 이후 1987년까지 급진당(Radicali)과 프롤레타리아 민주당(DP)이 4-5%의 지지율을 유지하고 있다.

자료: 이탈리아 내무부 자료 종합.

II. 선거체제[15]

1948년 제헌헌법으로 출발할 당시에는 '선위투표(voto di preferenza)'[16]를 가미한 정당명부식 비례대표제가 이탈리아의 후견주의적 정당지배체제[17]를 가능하게 했다. 즉, 지역별로 고객의 토대를 가지고 있던 계파 보스와 정당 지도자들이 후보명부 작성과 3-4명에 대한 선위투표를 통해 지역 기반을 공고히 할 수 있었던 것이다. 그러나 정당지배체제가 장

---

15) II장과 III장 및 결론 부분의 서술 내용은 다음의 논문을 축약하고 정리한 것이다. 김종법, "변화와 분열의 기로에 선 이탈리아: 2006년 이탈리아 총선", 『국제정치논총』(제 46집 4호), 2006.

16) 1993년 이전 이탈리아에서는 다기표 방식에 따라 한 정당과 그 정당의 후보 리스트 중에서 3-4명의 후보를 선택하는 선위투표를 규정하고 있었다. 이러한 선위투표에서 당해 선거구의 65% 이상을 득표한 후보는 당선된 것으로 인정되었으며, 그 이하일 경우에도 소속 정당의 득표율과 합산하게 되어 있어 실질적으로 인물 본위 투표의 성격이 가미되었다고 볼 수 있다. 선거구는 중선거구를 기본으로 하여 한 선거구에서 20-22명이 선출되었고, 예외적 대선거구인 로마(Roma)와 밀라노(Milano)에서는 50명이 선출되었으며, 후보들은 당선 후 한 지역을 선택하나 5선거구까지 동시 출마할 수 있었다. Pasquino, Gianfranco, 1995a, "Il sistema e il comportamento elettorale," Gianfranco Pasquino (a cura di), La politica italiana: Dizionario critico 1945-95, Roma-Bari: Laterza, 135-6 참조.

17) 후견주의란 기업들에게 정치자금에 대한 경제적 반대급부를 주고 유권자들에게는 선거 지지에 대해 '이탈리아식 복지제도'의 파행적 운용을 통한 혜택을 주는 '후견인-고객'의 교환 관계를 말하며, 정당지배체제란 "정당 권력의 재생산과 확대를 목적으로 제도와 국민의 희생 하에 이루어지는 무절제하고 과도한 정당 정권"을 의미한다((Pasquino, Gianfranco, 1995b, "La partitocrazia," Gianfranco Pasquino (a cura di), La politica italiana: Dizionario critico 1945-95, Roma-Bari: Laterza, p.341). 그리고 후견주의적 정당지배체제란 정당지도자들이 후견주의에 기반해 정당내 파벌과 계파를 형성하여 국가 제도를 지배하면서 이른바 '정부 속의 정부(sottogoverno)'를 구축해 정부와 사회 전반을 실질적으로 지배해온 현상을 이른다.

기화됨에 따라 헤게모니 영역에서 배제된 정치인들과 기민당 좌파는 세력 간 역관계를 변화시키기 위해 선거법 개정을 주장하게 되었다. 이러한 선거법 개정운동은 명실 공히 정파를 초월한 국민운동으로 확대되어 갔고, 결국 마니뿔리떼의 결과이자 성과로 1993년 4월 국민투표를 통해 개정이 확정되었다.

1993년에 개정된 선거법은 기존에 헌법으로 보장된 선거의 권리와 의무 및 대원칙을 그대로 유지했으며, 2005년에 재개정된 선거법도 이 원칙은 그대로 유지하고 있다. 이탈리아 헌법은 국민들의 보통·평등·직접·비밀 선거를 보장한다. 그러나 이탈리아의 특징 중의 하나로서, 투표는 국민들의 권리일 뿐만 아니라 헌법상의 의무이기도 하다. 일부 학자들은 이 의무조항을 이탈리아 국민들의 투표참여율이 전통적으로 높게 나타나는 이유의 하나로 들기도 한다. 그러나 투표의 의무를 다하지 않는다고 처벌되지는 않는다. 선거권은 하원의 경우 18세 이상, 상원의 경우 25세 이상에 해당되며, 피선거권은 하원의 경우 25세 이상, 상원의 경우 40세 이상의 국민들에게 부여된다.

1993년 선거법은 안정된 다수 형성을 통한 정부 통치력의 강화와 유권자들에 대한 정치인들의 대표성 증대 및 의원들의 당내 계파 보스에 대한 독립성 확보를 위해 다수대표제를 도입하였다. 정당 명부식 선호투표제에 의한 100% 비례대표제를 채택하고 있었으나, 1992년 마니뿔리떼(Mani pulite, 깨끗한 손) 운동을 계기로 75%의 단순다수제(first-past-the post)에 의한 소선거구제도와 25%의 비례대표제를 채택하였다. 그런데 이번 선거에서는 이러한 선거제도의 틀은 그대로 유지하였지만 내용면에서 이전 선거와는 달랐다.

기존의 선거제도에서 두드러진 특징은 파벌이나 지방의 후견인제도의 영향력을 감소시키기 위해 도입한 영국식의 1인 소선거구제의 불합리한 점과 비례대표제에서의 봉쇄조항이었다. 소선거제의 경우 이탈리아 정치의 오랜 폐해였던 후견인 제도의 완화에는 어느 정도 기여를 했지만, 의석수와 득표율의 불일치에서 오는 대표성의 왜곡 현상이 발생했다. 이는 북부지역이나 남부에 기반이 강한 지역 정당[18]들의 의석수 배분과 득표율이 일치하지 않는 경우가 많았으며, 정당간의 연합이나 정책공천 등을 강요하거나 비례대표 의석수를 할당받기 힘든 소수정당들의 연합을 피할 수 없는 것으로 만듦으로써 사표를 방지하고 소수의 유권자들의 권리를 대변하자는 비례대표제의 원칙이 희박해지는 현상이 발생했다.

이러한 문제를 해결하기 위해 오랜 논의 끝에 2005년 12월 개정된 선거법은 비례대표의 원칙을 1993년 이전으로 돌림과 동시에 과반수 확보를 보장하는 방식을 채택했다. 이와 더불어 변화된 봉쇄조항(sbaramento)을 두면서 제1당이나 제1정당연합체에게 나머지 추가 의석을 모두 배분하는 다수정당 프리미엄 비례대표제(un sistema proporzionale con premio di maggioranza)를 채택하였다.

18) 예를 들면 1996년의 경우 북부동맹은 10.1%의 득표율로 20석의 하원의석을 차지했으며, 재건 공산당은 8.6%의 득표율에도 20석을 획득하였고, 이탈리아 개혁-디니(Rinnovamento Italaino-Dini) 당은 4.3%의 득표율에도 8석을 차지한 반면 소수연합정당인 POP-SVP-PRI-UD-PRODI 연합은 6.8%의 득표율에도 불구하고 4석밖에는 획득하지 못했다.

봉쇄조항(sbarramento)

비례대표제의 경우 전국적 득표율이 일정 기준을 초과해야만 의석을 배분받을 수 있는데, 상하양원제를 채택하고 있는 이탈리아는 이에 대한 상원과 하원의 조항이 다르게 규정되어 있다. 정원 630명의 하원 비례 의석 배분의 기준은 정당명부에 대한 전국 유효득표의 4% 이상을 획득한 정당에 국한시켰다. 정당명부 후보자들 중 직접 출마하여 당선된 후보가 있을 경우에는 정당명부 득표 총수에서 직접출마 후보 당선자의 득표수를 감하며, 이때 감하는 득표수는 해당 선거구 전체 유효표의 25%를 충족시켜야 한다. 다만 당선 후보의 득표율이 해당 선거구 전체 유효표의 25%에 이르지 못할 경우 이 후보의 득표수 전체를 감산한다. 감산된 잔여 득표수는 당선자가 속한 정당명부에 대하여 해당 선거구에서 획득한 득표의 비율에 맞추어 각 정당에 귀속된다. 이에 반해 315명 정원의 상원의 경우 비례 의석은 정당이나 선거연합별로 직접 출마한 후보자들의 총득표 수에서 다수대표로 당선된 후보의 득표수를 감한 표들을 각 주별에 다라 배당하여 환산한 후, 주별로 할당된 비례대표의 수가 지수 100에 대한 일정 비율 이상을 획득한 정당들에게 배분된다.

새롭게 개정된 선거제도의 가장 큰 특징은 1위를 한 정당이나 선거연합체에게 하원과 상원 모두 과반수의 수치까지 결정하여 안정적 정국운영이 가능하도록 보장했다는 점이다. 이는 상하양원에서 비례대표 의석수를 할당받는 각 정당이나 선거연합체의 최저 전국 득표율을 조정하여 최대 다수당에게 과반수를 보장하고 있다. 하원의 경우 선거연합체의 경우 적어도 연합체 소속 한 정당이 전국 득표율 2%를 초과한 상태에서 10%의 득표율을 획득하거나 특별 주[19] 중에서 전국에서

19) 이탈리아는 총 20개 주가 있는데, 이중에서 5개의 특별주가 있다. 이 번 선거에서는 특별 주인 트렌티노 알띠 아디제 주의 경우에는 소수 언어 보호 지역 차원에서 해당 주 선거구에서 득표율 20%를 넘는 경우에는 전국 차원에서 10%를 넘지 않더라도 비례득표 의석수를 할당받을 수 있도록 했다.

10%를 획득하지 않더라도 주에서 20% 이상의 득표를 했을 경우 비례대표 의석수를 할당받았다.[20] 선거 연합체에 소속되지 않은 개별 정당의 경우에는 전국적으로 4%의 최저득표율을 획득하면 비례대표 의석수를 할당받을 수 있다.

이렇게 하여 최대 다수당에게 '내부 과반수 확보 비율(quozienti interi: 하원 총의석의 54%)'을 배정하고 상원에서도 총의석의 55%를 확보토록 하는 것이다. 이와 같은 선거법 개정을 추진했던 이는 다름 아닌 베를루스코니 전(前)총리였다. 정치 분석가들이나 주요 일간지들은 선거이전부터 여론조사[21]나 모의투표 결과를 통해 중도좌파의 승리를 조심스럽게 예측했지만, 베를루스코니는 자신의 대중적 인기가 여전히 강고한데다가, 공영방송(RAI)까지 장악하면서 선거에서의 승리를 지나치게 과신하였기 때문에 이와 같은 선거법 개정을 밀어붙였다. 공산재건당(Rifondazione Comunista)을 비롯한 중도-좌파 정당들은 이와 같은 개선안에 줄곧 반대했지만, 과반수를 확보하고 있던 집권여당의 법안이 의회를 통과하는 데 큰 어려움은 없었다. 그러나 역설적이게도 베를루스코니의 의도와는 전혀 다른 결과를 초래하였고, 결국 선거법 개정의 혜택은 0.1% 차이로 신승한 좌파연합에게 돌아갔다.

---

20) http://www.interno.it/news/articolo.php?idarticolo=21931(검색일; 2006년 6월 13일)

21) 2006년 3월 22일부터 1주일간 지속적으로 여론조사가 진행되었는데, '중도좌파연합'(52%~52%)이 '자유의 집'(47%-49%)보다 줄곧 앞서는 결과를 보였다. http://www.repubblica.it/speciale/2006/elezioni_sondaggi/index.html (검색일: 2006년 6월 13일)

마니뿔리떼(Mani Pulite)

흔히 '깨끗한 손'으로 잘 알려져 있는 이탈리아의 대표적인 정풍운동이자 부패한 정치자금 수사사건을 말한다. 1992년 청소용역업자로부터 발단이 되어 이탈리아 국회의원 1/3을 구속하고 당시 집권여당이던 기민당과 사회당을 해체시킬 정도로 그 여파가 컸던 정치수사 사건이었다. 특히 이 사건을 기점으로 언론이나 역사학자들은 제1공화국과 제2공화국으로 이탈리아 역사를 대별할 정도로 그 파장이나 영향력은 컸다. 우리나라를 방문한 바 있는 디 피에트로 검서를 비롯하여 보렐리Borelli, 콜롬보Colombo 등이 주축이 된 밀라노 풀은 현재까지도 부정부패와 싸우는 용감한 검사들의 대명사가 되었다. 이 사건으로 말미암아 당시 수상이던 크락시가 망명길에 올랐고, 두 번이나 총리직을 수행하고 현재까지도 가장 유력한 이탈리아의 정치가이자 사업가인 베를루스코니도 연루되는 등 이탈리아 현대사에 있어 가장 주요한 사건으로 기록되고 있다.

111. 돌아온 좌파연합

2006년 4월 9일과 10일의 선거에서 좌파연합은 그야말로 드라마와 같은 승리를 연출했다. 총선이 끝난 직후 여론조사기관 넥서스(Nexus) 폴이 실시한 출구조사에서 중도좌파연합이 50~54%, 베를루스코니의 우파연합이 45~49%의 득표를 할 것으로 예상하였다. 또한 국영방송(RAI)를 비롯한 현지 방송사들의 출구조사와 부재자투표 전화 설문조사에서도 중도좌파연합이 근소하게 앞선 것으로 보도되어 5년만의 정권교체가 가능한 것으로 예측되었다.

그러나 실제로 개표에 들어가면서 양진영의 득표율과 의석수는 엎치락뒤치락하면서 매시간 희비가 엇갈렸다. 특히 출구조사의 예측과는 다르게 우파 연정이 우세했던 자정까지도 출구조사의 예상과는 다른 실제 득표율과 결과가 나오는 것이 아닌가라는 이변이 벌어지리라는 확신에 이르기까지 하였다. 그러나 11일 새벽 1시(이탈리아 시간)가 넘어서면서 미미하게나마 중도좌파연합이 우세해지자 개표는 말 그대로 한 치 앞을 예상할 수 없는 혼돈의 상황으로 빠져들었다.

언제든지 뒤집을 수 있는 불안한 좌파연합의 우세가 90% 이상 확정된 것은 국내 개표가 모두 끝난 뒤였다. 이번 선거에서 특이한 것의 하나가 6개에 달하는 해외 선거구였는데, 개표가 비교적 순조로웠던 국내에 비해 해외는 시차 문제 등이 얽혀 아직 개표가 끝나지 않은 상황이었다. 그러나 투표가 끝난 뒤 확정된 양 진영의 득표결과는 중도좌파연정이 0.1% 정도 앞서는 49.8%의 득표율을 얻었고, 우파연정은 49.73%를 획득하여 표 차이는 불과 25,224표였다(<표 2> 참조).[22]

〈표 2〉 2006년 이탈리아 총선결과

	연합		자유의 집		무소속	
	득표율	의석수	득표율	의석수	득표율	의석수
하원 (총 630석)	49,8%	348	49,7	281	0.5%	1
상원 (총 315석)	48.9%	158	50.2%	156	0.7%	1

하원에서 중도좌파연합이 0.07%의 득표율과 25,000여 표라는 미미한 차이에도 다수당에 과반수 확보를 위한 비례대표제 할당 원칙이 적용되면서 실제 의석수는 67석이나 나는 결과를 초래했지만, 상원의 경우 오히려 '자유의 집'이 1.3%의 차이로 승리했음에도 의석수는 2석이나 모자라는 결과가 발생한 것은 앞서 이야기한 선거법의 결과였다. 그럼에도 불구하고 중도좌파 연합이 승리한 것은 새로운 선거법이 갖는

22) http://www.corriere.it/Speciali/Politica/2006/Politiche2006/SEAS/camera/italia/20060409(검색일; 2006년 4월 9일).

안정적 국정운영의 원칙을 실현한 것이었고, 이는 이후 진행되었던 공화국 대통령 선거에서도 여실히 증명되었다. 따라서 개정된 선거법과 제도를 통해 이탈리아의 불완전한 양당제가 완전한 양당제나 안정적인 정당체계를 지속할 수 있을지 지켜보는 일도 흥미로운 일이 될 것이다.

신자유주의적 정책 기조를 유지했던 베를루스코니 정부의 이번 패배는 몇 가지 측면에서 변화의 양상과 결정적인 요소들의 작용을 원인으로 꼽을 수 있다. 먼저 소외계층을 중심으로 한 선거에 대한 관심과 참여의 증가이다. <표 3>은 1972년부터 2006년 총선까지의 지난 30여 년간의 총선 투표율을 보여주고 있다. 서유럽 국가들 중에서는 드물게 투표율이 높은 이탈리아는 지난 수십 년간 계속적으로 투표율이 저하되고 있다. 그러나 올해의 투표율은 지난 10년간 최고의 수준에 달할 정도로 정치에 대한 관심과 정치권력에 대한 유권자의 선택 의지가 복원되고 있다고 조심스럽게 평가할 수 있다.

〈표 3〉 총선투표 참여율: 하원 (단위: %)

연도	1972	1976	1979	1983	1987	1992	1994	1996	2001	2006
투표율	93.2	93.7	90.6	89.0	88.9	87.4	86.1	82.9	81.4	83.6

자료: 내부무 선거부(Ministero dell'Interno)

물론 2001년(81.4%)에 비해 2.2%가 증가한 수치만을 보고 정치에 대한 관심의 복원이나 국민에 의한 참여민주주의의 실현이라고 보기에는 어렵다. 특히 이번 총선의 가장 두드러진 특징이자 중요한 변수였던 해외 투표구의 설치는 낮은 투표율(상하양원 모두 39% 정도의 투표율을 기록)에도 불구하고 정권교체의 밑거름이 되었다는 사실을 간과할 수 없기 때문이다. 특히 12석이 걸린 하원의 해외 선거구에서 '연합'이 7석을 차지함으로써 승리에 결정적인 원동력이 되었다는 사실은 베를루스

코니가 재검표와 선거결과에 대한 불복을 불러오기까지 했다.23)

실질적인 증가라고 보기 어렵다고 해도 이러한 투표율의 증가는 지난 5년간 베를루스코니 정책에 대한 심판의 성격을 갖는다는 점과 베를루스코니 정부의 정책적 기조였던 신자유주의 정책의 희생자들이었던 젊은이들과 중남부의 농민과 빈부 계층들이 '자유의 집' 대신에 '연합(L'Unione)'을 선택했다는 사실을 조심스럽게 분석해 볼 수 있다. 이와 같은 사실은 다음의 표를 보면 확연히 드러나는데, 중부와 남부의 경우 '자유의 집' 득표율이 2001년 선거에 비해 줄어들었고, 반대로 투표율은 증가한 것으로 나타나고 있다.

물론 '연합'과 '자유의 집' 모두 획득표는 수치상으로 증가했지만('연합' 160만 표와 '자유의 집' 360만 표), 절대적인 측면에서 보면 '연합'의 지지율 신장세는 두드러진다. 특히 '연합'의 표는 2001년에 비해 160만 표 정도가 증가한 것으로 잠정 집계되었다.24) 이는 2001년 총선에 비해 총 9.4%나 증가한 것이며, 이는 좌파연합이 승리하는데 상당한 기여를 한 것으로 볼 수 있다. 더군다나 중부의 많은 주에서는 '연합'이 2001년에 비해 20%가 넘는 신장세를 기록한 점과 깜파니아, 라찌오, 아브루쪼, 몰리제, 바실리카타 등의 중남부 주에서 득표율이 증가함과 동시에 '자유의 집' 득표율이 감소한 것은 바로 이러한 이유 때문이며, 득표율이 증가했음에도 '자유의 집' 득표율이 줄어든 것은 이전의 지지층이 투표를 포기하거나 '연합'에게 투표했다는 것을 의미한다.25)

---

23) 실제로 베를루스코니는 1,100만여 표의 재검표를 요구하였고, 무효표 50만 표에 대해서도 기민당과 다른 정당에서 재검표를 요구했다. 이에 이탈리아 선관위는 8만여 표에 대한 재검표를 단행했지만, 선거결과를 뒤집지는 못했다.

24) http://www.istcattaneo.org/pubblicazioni/analisi/pdf/Analisi_Cattaneo_Voto_2006(검색일 2006년 12월 14일)

25) 남부의 주 중에서 '자유의 집'이 '연합'과 동시에 유효 총득표수가 증가했지만, 전년 선거에 비해 유효 총득표율의 증가가 '연합'의 증가율에 비해 현저히 감소됨으로써 전체적인 유효 득표율에서 상당히 뒤처지는 현상이

〈표 4〉 지역별 투표율 비교(2001년과 2006년)

지역	증감율(%)*		유효증감 득표수(천표)**	
이탈리아 전지역 평균	투표율(2006)	83,6	투표율(2001)	81,4
	연합***	+9.4	중도연합***	1,630.5
	자유의 집	+2.1	자유의 집	390.8
PIEMONTE(피에몬테)	투표율(2006)	84.8	투표율	86.2
	연합	+5.8	중도연합	+79.1
	자유의 집	-1.6	자유의 집	-23.5
LOMBARDIA(롬바르디아)	투표율	87,6	투표율	86,5
	연합	+5.3	중도연합	+138.7
	자유의 집	+4.2	자유의 집	+146.1
TRENTINO-ALTO ADIGE (트렌티노알토-아디제)	투표율	87,7	투표율	84,6
	연합	-1.8	중도연합	-7.4
	자유의 집	+16.6	자유의 집	+32.3
VENETO(베네토)	투표율	87,7	투표율	85,1
	연합	+3.6	중도연합	+43.9
	자유의 집	+6.6	자유의 집	+123.3
FRIULI-V. GIULIA (프리울리 쥴리아)	투표율	84,0	투표율	78,3
	연합	-2.1	중도연합	-7.7
	자유의 집	+6.6	자유의 집	+27.3
LIGURIA(리구리아)	투표율	83,5	투표율	82,1
	연합	+0.3	중도연합	+1.6
	자유의 집	+0.2	자유의 집	+1.1
EMILIA ROMAGNA (에밀리아 로마냐)	투표율	89,5	투표율	88,8
	연합	+1.1	중도연합	+19.2
	자유의 집	+1.6	자유의 집	+18.7

발생했다. 이는 결국 득표수는 증가했지만, 1인을 선출하는 소선거구제의 특성상 '연합'의 후보가 더욱 많이 당선되었다는 것을 의미한다.

TOSCANA(토스카나)	투표율	87,4	투표율	86,5
	연합	+3.3	중도연합	+48.9
	자유의 집	-0.4	자유의 집	-3.9
UMBRIA(움브리아)	투표율	87,1	투표율	85,8
	연합	+5.2	중도연합	+16.6
	자유의 집	+1.7	자유의 집	+4.1
MARCHE(마르케)	투표율	86,4	투표율	84,2
	연합	+7.9	중도연합	+41.2
	자유의 집	+3.4	자유의 집	+14.9
LAZIO(라찌오)	투표율	84,8	투표율	81,6
	연합	+13.0	중도연합	+210.2
	자유의 집	+2.8	자유의 집	+49.5
ABRUZZ0(아브루쪼)	투표율	83,7	투표율	77,8
	연합	+19.3	중도연합	+74.1
	자유의 집	-2.4	자유의 집	-10.1
MOLISE(몰리제)	투표율	82,2	투표율	69,8
	연합	+10.6	중도연합	+10.2
	자유의 집	+13.1	자유의 집	+11.9
CAMPANIA(캄파니아)	투표율	78,7	투표율	77,0
	연합	+28.0	중도연합	+387.0
	자유의 집	-0.4	자유의 집	-6.7
PUGLIA(풀리아)	투표율	79,3	투표율	78,3
	연합	+12.3	중도연합	+132.7
	자유의 집	+1.8	자유의 집	+22.9
BASILICATA(바실리카타)	투표율	80,3	투표율	75,1
	연합	16.0	중도연합	+30.5
	자유의 집	+9.4	자유의 집	+12.5
CALABRIA(칼라브리아)	투표율	74,2	투표율	70,9
	연합	+34.6	중도연합	+165.2
	자유의 집	-11.4	자유의 집	-62.7

SICILIA(시칠리아)	투표율	74,9	투표율	71,3
	연합	+16.8	중도연합	+174.2
	자유의 집	+4.2	자유의 집	+67.7
SARDEGNA(사르데냐)	투표율	77,9	투표율	77,4
	연합	+15.1	중도연합	+72.3
	자유의 집	-4.8	자유의 집	-23.8

* 의 증감률은 2001년에 비해 2006년의 득표율에 대한 편차를 증감의 형태로 나타낸 것이다.

**는 2001년 대비 유효한 증감 득표수를 수치로 산정한 것이다.

***는 연합의 경우는 좌파연정에 포함된 모든 정당들을 의미하며, 공산주의 재건당을 포함한다.

출처(La Repubblica; 2006년 4월 13일자와 카타네오 연구소 자료 참조)

이와 같은 지지층 변화의 핵은 젊은이들(이탈리아는 하원은 만 18세부터, 상원은 만 25세부터 선거권이 있다)과 중남부의 주민이었다. 이탈리아는 유럽 주요 국가들 중에서도 높은 실업률을 기록하고 있으며, 그중에서도 가장 중요한 경제인구연령의 실업률이 높은 편이고, 특히 청년 실업률은 전체 평균 실업률에 비해 2배에 달할 정도이다.[26] 더군

26) 2005년 3/4분기를 기준으로 전체 실업률은 8.2%이지만, 15-24세의 청년 실업률은 25%에 달한다. 더군다나 북부와 남부의 실업률 차이는 거의 2배에 달할 정도인데, 북부의 경우 전체 실업률이 4.3%이며 15-24세 청년 실업률은 12.6%인데 반하여 중부의 경우에는 각각 6.7%와 22%의 실업률을 기록하고 있으며, 남부는 더 열악해서 각각 15.6%와 41.2%의 실업률을 기록하고 있다. 수치상으로는 이전보다 나아진 것처럼 보이지만, 실제로 구직 희망자를 잠장 취업률로 산정하였다거나 취업률 중에서도 많은 수의 비정규직과 파트타임 근로자를 포함한 수치이기 때문에 실업률의 수치만으로 이탈리아 경제의 위치를 파악하기에는 한계가 있다. http://www.istat.it/salastampa/comunicati/in_calendario/forzelav/20050620_00/testointegrale.pdf(검색일: 2006년 6월 16일)

다나 신자유주의 정책 기조는 사회복지 예산의 삭감으로 나타났다. 이로 인해 일시적으로 정부부채는 줄어들었지만, 재정적자는 거꾸로 증가하여 2005년에는 3.5%에 달할 정도로 정책적 불안정성과 실패의 징후가 나타났다. 이는 마스트리히트 조약에서 설정한 유럽통화연합(EMU)의 상한선인 3.0%를 넘는 것이었고, 1996년에서 2001년 사이 집권했던 중도좌파 정부가 이룩한 유럽통화연합 가입의 성과를 되돌릴 수 있게 하는 것이었다. 그러나 더 심각한 문제는 지난 6년간의 경제성장률이나 국민총생산 및 국가 경쟁력 등의 분야에서 유럽에서 최하위권일 뿐만 아니라 세계 평균에도 못 미치는 결과를 나타내고 있다는 점이다.

2001년 3%였던 경제성장률이 계속적으로 하락하다 2005년에는 0%에 달할 정도로 유럽연합 내부에서도 이탈리아의 경제는 저성장과 침체를 기록하고 있다. 이러한 저성장과 경제 후퇴는 재임기간 중의 경제정책의 실패를 의미한다. 지난 5년간 베를루스코니 연정의 주요 경제 정책의 방향과 기조는 신자유주의적 세계화 정책이었다.[27] 이탈리아와 같이 이미 공적 영역에서의 사회 안전보장정책이나 복지정책의 근간을 오랫동안 유지하던 국가에서의 기반을 흔들 만큼의 방향의 전환이란 곧 중산층 이하 국민들의 생활에 대한 질적 저하와 실질적 소득 저하를 가져올 수밖에 없다는 점에서, 베를루스코니 연정의 정책 기조는 많은 이들에게 비판의 대상이었다.

이러한 저성장과 경제 후퇴는 재임기간 중의 경제정책의 실패를 의미한다. 지난 5년간 베를루스코니 연정의 주요 경제 정책의 방향과 기조는 신자유주의적 세계화 정책이었다.[28] 이탈리아와 같이 이미 공적

---

27) 이러한 정책 기조에 대해 이미 베를루스코니는 정견발표와 연두기자회견 등을 통하여 분명히 밝혔고, 실제로 재임 기간 중에 입법한 여러 법률 중에는 기업경쟁력 강화나 국가 조직의 효율성 제고의 명분을 걸고 개정한 법률들이 상당 수 있다. 보다 자세한 내용은 다음의 책을 참조하시오. G. Alborghetti, *Il libro nero del Governo Berlusconi*(Roma; Nutrimenti, 2005),

28) 이러한 정책 기조에 대해 이미 베를루스코니는 정견발표와 연두기자회견

영역에서의 사회 안전보장정책이나 복지정책의 근간을 오랫동안 유지하던 국가에서의 기반을 흔들 만큼의 방향의 전환이란 곧 중산층 이하 국민들의 생활에 대한 질적 저하와 실질적 소득 저하를 가져올 수밖에 없다는 점에서, 베를루스코니 연정의 정책 기조는 많은 이들에게 비판의 대상이었다. 따라서 경제상황의 악화와 복지혜택의 감소 정책 등은 젊은이들과 중산층 이하의 국민들에게 정권 교체의 당위성을 심어주었을 것이다. 선거 행태의 분석과 이와 같은 득표율에 대한 해석은 다음 장에서 설명하는 구체적 근거를 통해서도 확인할 수 있다. 특히 지난 5년간의 정책 수준에서의 변화는 많은 부문과 영역에서 정치적 의미까지도 변화를 주게 되었으며, 그러한 정책 기조의 변화가 신자유주의적 방향에서 이루어졌다는 것을 알 수 있다.

Ⅳ. 이탈리아 정치의 미래와 해결되지 않은 문제들

사상 초유의 박빙의 승부를 통해 정권교체를 이룬 2006년 총선에서 이번 선거에서 초래된 극단 분열과 대결의 구도는 분열된 이탈리아의 지속가능성이 제기되고 있으며, 선거에서 패배한 쪽이나 승리한 쪽 역시 이를 치유하기가 쉽지 않다는 커다란 정치적 문제가 상정되고 있다. 특히 여전히 선거제도나 정당 시스템에 대한 분명한 장향이 설정되지 않고 있다는 점이나 향후 집권세력이 누가 되느냐에 따라 항상 개정될 가능성이 남아 있다는 점도 이탈리아 정치에 대한 예측가능성을 현격하게 감소시키는 원인이 되며, 미래의 해결책이 쉽지 않음을

등을 통하여 분명히 밝혔고, 실제로 재임 기간 중에 입법한 여러 법률 중에는 기업경쟁력 강화나 국가 조직의 효율성 제고의 명분을 걸고 개정한 법률들이 상당 수 있다. 보다 자세한 내용은 다음의 책을 참조하시오. G. Alborghetti(2005).

예고하고 있다.

어쨌든 이번 선거 결과를 통해 다음의 몇 가지 사실들을 분명하게 읽을 수 있다. 첫째는 지난 5년간 베를루스코니 정부가 보여준 실정이 장기적인 경제적인 침체와 함께 국민들에게 변화의 바람을 불게 했고, 이러한 변화와 정권교체의 열망이 표로 나타난 것이라는 사실이다. 둘째는 1996년 이래 다시 한 번 중도좌파연합이 프로디를 중심으로 결집함으로써 새로운 유권자들, 특히 젊은이들과 중남부 서민들 및 자영업자들이 향후 총선에서 커다란 역할을 할 수 있을 것으로 기대된다. 특히 공산주의 재건당(Rifondazione Comunista)이 연정 안에 들어옴으로써 중도좌파 연정의 득표율을 결집시켜 베를루스코니의 재집권을 막을 수 있었다. 여기에 유럽연합 집행위원회 의장을 역임하면서 보여주었던 프로디 개인의 인기와 역량 역시 선거에서 표로 나타난 것으로 볼 수 있다. 셋째는 이탈리아의 다양한 정책과 이념들에 기반 하였던 양극 다당제라는 정당 구조가 친베를루스코니와 반베를루스코니라는 양극체제로 굳어질 가능성이 있으며, 이는 향후 불완전한 양당제 하에서 오랫동안 잦은 정부교체로 정국이 불안정했던 이탈리아가 완전한 양당제 체제를 구축할 수 있는 계기가 조성되었다는 점이다. 넷째는 베를루스코니를 정점으로 하는 국민들의 갈등과 대립의 양상이 보다 치열하고 복잡해질 것이라는 점이다. 실제로 이번 총선을 통해 나타난 민심은 극한 대결 양상을 보이고 있으며, 승자와 패자라는 이분법적 사고가 지배하고 있다. 이는 향후 프로디 정부의 정국운영이 순탄치 않을 것이라는 사실을 쉽게 예측할 수 있다.

결론적으로 이번 선거결과는 향후 이탈리아 당분간 진통과 갈등의 양상이 지속될 것이라는 사실을 어렵지 않게 예상할 수 있게 해준다. 실제로 선거 직후 우파연정은 재검표를 주장하고 나섰고, 재검표의 결과에도 불구하고 일부 지지자들은 결과에 승복할 수 없다는 입장을 표명하고 있기 때문이다. 또한 '우리와 적'으로 나눠진 이탈리아 국민들의 표심 역시 치유해야할 당장의 문제로 부각하고 있다. 더군다나 이러한 표심이 지역별로 분명하게 갈렸다는 점 역시 그렇지 않아도 '남부문제'라는 지역문제와 북부 지역 안에서도 '동서문제'로 나뉜 소지역문제 등이 복잡하게 얽히면서 향후 정치적 결단이나 해결이 쉽지 않음을 예고하고 있다.

참 고 문 헌

김종법, “이탈리아 마니뿔리떼의 사회적·정치적 의미”. 『세계지역연구논총』 제 23집 1호(2005).

김종법, “하부정치문화요소를 통해 본 베를루스코니 정부의 성격”. 『한국정치학회보』 제38집 5호. (2004).

김종법, “변화와 분열의 기로에 선 이탈리아: 2006년 이탈리아 총선”, 『국제정치논총』 제 46집 4호(2006).

AA.VV. a cura di P. Farnetti. *Il sistema politico italiano*(Bologna; Il Mulino, 1973).

G. Alborghetti, *Il libro nero del Governo Berlusconi*(Roma; Nutrimenti, 2005).

Arlacchi, P. *La mafia imprenditrice*(Il Mulino; Bologna, 1983).

Barbacetto G. Travaglio M. Gomez P. *Mani Pulite*(Roma; Editori Riuniti, 2003).

Catanzaro R, “La mafia”, in *La politica italiana*(Roma-Bari; Laterza, 1995).

Catanzaro, R, *Il delitto come impresa. Storia sociale della mafia*(Rizzoli; Milano, 1991).

Ginsborg P. *L'Italia del tempo presente-Famiglia, società civile, Stato 1980-1996* (Torino: Einaudi, 1998).

Lupo, S. *Storia della mafia dalle origini ai giorni nostri*(Roma: Donzelli, 1993).

Pasquino, G. “Il sistema e il comportamento elettorale,” Pasquino G. (a cura di), *La politica italiana: Dizionario critico 1945-95*,(Roma-Bari: Laterza, 1995a).

Pasquino, G. “La partitocrazia,” Pasquino G. (a cura di), *La politica italiana: Dizionario critico 1945-95*, Roma-Bari: Laterza, 1995b)

프랑스의 정당과 선거제도

김영일

1. 서 론

현행 프랑스 제5공화국은 1958년 알제리 사태가 진행중인 혼란의 와중에서 탄생한 정치체제이다. 프랑스는 구 식민지 인도차이나에서 1946년 독립전쟁이 발발한 뒤 1953년 월남의 디엔 비안 퓨(Dien Bien Phu) 전투에서 치욕적인 패배를 겪고 월남에서 물러난 뒤 숨 돌릴 틈도 없이 1954년 11월 알제리에서 또 다른 식민지 해방투쟁의 발발로 거의 만신창이가 된 지경이었다. 이러한 상황 하에서 1958년 5월 알제리 주둔 프랑스 군부 가운데 과격분자들과 우익집단들의 주동으로 군부반란이 발생하였다. 이들은 식민지 알제리를 결코 포기할 수 없다는 점과 당시 제4공화국 정부는 허약하고 분열되어 있다는 점을 내세워 식민지 알제리를 지켜줄 수 있는 강력한 정부의 출현을 요구하였다. 이에 드골(De Gaulle) 추종자들이 난국을 수습할 수 있는 유일한 지도자로 드골을 추대하였고, 대부분의 프랑스 국민들 또한 2차 세계대전의 영웅 드골 장군을 회상하며 그를 지도자로 환영하였다[1].

드골은 제3, 4공화국 의원내각제의 무능과 비효율성, 그리고 이를 지지하는 정당정치의 폐해를 자신이 직접 체험한 바 있으므로[2] 새로

1) 상세한 내용은 하명수, “알제리 폭동과 드골의 재집권”, 「부산사학」 제21집, 1991. 12. 135-191쪽 참조할 것.

운 정치체제는 반드시 행정부를 강화시키고, 의회권력을 약화시키는 체제가 되어야 함을 야인시절(1946-1958)부터 누누이 강조한 바 있다. 이에 따라 프랑스 제5공화국의 헌법은 정국의 안정을 기하고, 통치의 효율성을 극대화하기 위해 행정부를 강화시키고, 의회권한을 합리적으로 조정한 정부형태를 특징으로 가진다. 따라서 현행 프랑스의 선거제도와 정당체제도 이와 같은 제5공화국 정치체제의 시대적 과제를 해결할 수 있는 방향으로 정립되었다고 할 수 있다. 즉 대통령 선거와 국민의회 의원 선거방식으로 2차 결선투표제를 도입하여 국민과반수의 지지를 얻는 강력한 리더십을 갖춘 대통령을 탄생시키고, 또한 국민의회에는 대통령의 국정운영을 안정적으로 뒷받침 할 수 있는 다수정당의 출현을 의도한 것이다.

제5공화국의 다수 정당인 드골주의 정당, 사회당, 프랑스 민주연합은 이와 같은 역사적·제도적 배경 하에서 탄생한 것이다. 그리고 이들 정당들은 집권당으로서 대통령의 국정운영을 충실히 보조하였다. 그 결과 제5공화국의 의회와 집권정당은 대통령의 '수족(手足)'으로 전락한 것처럼 비쳐지게 되었다. 실제로 우파정당인 드골주의 정당과 프랑스 민주연합은 당명에서부터 전통적인 당(parti)이라는 명칭보다는 연합(Union 또는 Rassemblement)이라는 표현을 사용함으로써 지도자를 중심으로 결집한 집단임을 시사하고 있다. 사회당 또한 1971년 에피네 전당대회를 통해 미테랑 시대가 출범하면서 사회주의의 기본목표는 권력장악임을 천명하고 제5공화국의 제도들을 수용하기에 이른다.

그렇다면 기타 정당의 상황은 어떠한가 ? 여기서 기타 정당이란 좌

---

2) 드골은 역사적으로 프랑스식 의원내각제의 허약과 무능을 뼈저리게 체험하는 기회를 두 번이나 가졌다. 1939년 독일군이 프랑스를 침공했을 때 당시 제3공화국 정부가 침략자와 제대로 싸워보지도 않고 백기를 들었고, 이어 제4공화국 하에서 인도차이나·알제리 독립전쟁이 발발했을 때도 정부의 무능으로 사태에 대응하지 못했으며 그로인해 군부쿠데타가 발생했던 것이 그것이다.

파인 공산당과 녹색당 그리고 극우정당인 국민전선을 지칭하는 바 공산당과 녹색당은 정당의 존립을 위해 사회당과 선거연합·정책연합을 통해 국민의회 진출과 내각참여를 해왔고, 국민전선은 전통 우파정당과의 선거연합이 거부되어 매번 총선에서 10-15%의 득표율을 얻고도 국민의회 진출이 막혀있다. 그 결과 공산당과 녹색당은 사회당과 선거연합·정책연합으로 점차 당의 정체성을 상실하여 내분이 심화되고, 지지도는 하락한 반면 국민전선은 제도권 진출의 좌절로 오히려 소외계층으로부터 지지율이 상승하는 추세를 보이고 있다. 특히 좌우파간의 동거체제의 출현과 그것이 '정상적인 상황'으로까지 정착됨에 따라 좌파정권과 우파정권의 구분이 애매하여 유권자들이 점차 제도권 정당을 외면하고 비제도권 정당을 향해 자신들의 선호를 나타내고 있다. 실례로 2002년 대선 1차 투표에서 사회당 출신 현직 총리였던 리오넬 조스뺑 후보가 극우정당인 국민전선(Front National) 후보에게 패배하여 2차 결선투표 진출에 실패한 사건은 충격으로 받아 들여졌을 뿐만 아니라 2차 결선투표를 앞두고 제도권의 좌우파 정당들이 하나같이 시락 후보를 지지함으로써 대선의 양상이 '체제와 반체제'간의 대결로 급전하는 기이한 현상까지 나타났다.

따라서 이 글에서는 제5공화국 정체체제의 안정과 효율을 극대화시키는데 순기능을 담당했던 프랑스의 선거제도와 정당체제가 90년대에 들어서는 오히려 정치체제를 약화시키는 이중적인 모습을 부각시키고자 한다. 이를 위해 먼저 프랑스의 주요 정당들을 소개하고, 이어 대통령 및 국민의회 선거제도와 그 속성을 살펴 볼 것이다. 또한 프랑스 대선의 하이라이트라고 할 만한 역대 대선후보 TV토론을 통해 대선의 주요쟁점과 후보들의 입장을 설명하고, 최근 2002년 대선과 총선의 주요 특징들을 고찰할 것이다.

II. 프랑스의 정당

프랑스의 대통령 및 국민의회 의원 선거방식은 2차 결선투표를 앞두고 소수정당들이 다수정당 출신 후보를 중심으로 연합하게 하는 결과를 초래하여 결국 거대(巨大) 정당의 출현을 가능하게 한다. 프랑스의 경우 전통적으로 좌·우 갈등이 첨예했던 정치적 전통에 따라 이러한 정당간의 연합은 좌·우파 각각의 진영 내에서 이루어진다. 따라서 프랑스의 정당체제는 2차 결선투표제의 속성에 따라 좌우로 양극화된 다당제의 모습을 띠고 있다. 우파진영의 드골주의 정당, 프랑스 민주연합, 극우파 정당 국민전선과 좌파진영의 사회당, 공산당 등이 그것이다.

1 우파정당

(1) 드골주의 정당

① 역사적 배경

프랑스 제5공화국의 역사는 드골과 그 추종세력들의 역사라고 해도 과언이 아니다. 우선 이들이 프랑스 제5공화국을 수립한 주체세력들일 뿐만 아니라 1958년부터 현재에 이르기까지 48년의 기간 중 드골과 그 후계자들이 27년간 대통령직[3])과 정부요직을 독차지하여 국정을 주도해왔기 때문이다. 더욱 중요한 사실은 1974-1981년 기간 동안 대통령직을 수행한 자유주의 우파출신 지스카르 데스뗑 대통령과 1981-1995년 기간 동안 대통령을 지낸 사회당 출신 미테랑 대통령조차

3) 드골 대통령은 1958-1969년 기간 동안, 퐁피두 대통령은 1969-1974년까지 그리고 시락 대통령은 1995-2006년 현재까지 대통령직을 수행하고 있다.

도 드골주의의 정치적 유산을 계승했기 때문이다.

드골은 제3, 4공화국 하에서의 의회권력과 정당정치에 대한 강한 불신을 바탕으로 제5공화국을 출범시켰음에도 불구하고 결국에는 그 자신이 국가를 통치함에 있어서 안정된 의회다수파의 지지가 긴요함을 다음과 같이 인정하게 된다. “민주주의가 지속되기 위해서는 안정된 의회다수파가 존재하고, 또한 확고히 뿌리내리는 것이 필요하다. 만일 본인이 국민들로부터 국가원수로서의 책무를 수임했다 하더라도 의회 내에서 정상적인 국정수행을 방해하는 다수파가 존재한다면 본인인들 어떻게 대통령직을 원만히 수행할 수 있겠는가?”[4] 드골은 안정된 통치기반과 원만한 국정수행을 위해 자신을 지지하는 정치세력을 필요로 하였고, 이와 같은 배경에서 신공화국연합(UNR : Union pour la nouvelle République)이 탄생하게 되었다.

② 정당 조직

드골주의 정당은 당 명칭에서도 고유한 의미의 정당을 의미하는 parti(=party)를 사용하기보다는 연합 혹은 집합체의 의미를 지닌 Union 혹은 Rassemblement(=rally)이라는 용어를 사용하고 있다(홍태영 2003, 50). 드골 대통령 재임중의 신공화국연합(Union pour la nouvelle République), 퐁피두 대통령 시절의 제5공화국 민주연합(Union Démocratique pour la Ve République) 그리고 1977년에 시락이 주도한 공화국연합(Rassemblement pour la République)이 그것이다. 또한 드골주의 정당은 2002년 총선 이전까지는 공화국연합이라는 명칭을 사용하다가 총선이 임박하자 당명을 ‘대통령을 중심으로 한 다수파 연합’(Union pour la majorité présidentielle)이라는 지극히 실용적인 명칭으로 개칭하여 총 577석 중 365석이라는 절대 다수의석을 확보하였다.

---

4) DE GAULLE(Charles), *Discours et messages Pour l’effort 1962-1965,* Paris. Le Livre de poche. p.45.

이와 같은 명칭의 사용은 지도자를 중심으로 결집한 정당임을 시사하고 있다. 그것은 특히 제5공화국에서 대통령제를 채택하면서 더욱 두드러진다. 1인을 중심으로 한 정당구조의 성립은 드골 자신이 강력한 카리스마와 그것을 이용한 미디어 정치에 탁월함을 발휘했기 때문에 가능한 것이었다. 드골은 신문이나 잡지를 통하기 보다는 텔레비전을 통한 여론과의 직접적인 접촉을 시도했고, 텔레비전을 통해 알제리 문제 등 국정의 주요사안을 직접 설명하였다. 따라서 우파 정당은 당 총재에게 권력이 집중된 형태를 띠고 있다. 시락 대통령은 최근까지지도 도지부의 위원장을 자신이 직접 임명하고 또한 의원후보에 대한 공천에서 전권을 행사하고 있다.

2002년 대선을 계기로 드골주의 정당은 세력이 크게 확산되는데 이는 프랑스 민주연합(Union pour la Démocratie Française) 계열의 당원들이 대거 합류한데 따른 것이다. 그 결과 현재 총 당원수가 13만여 명에 달하는 거대 정치세력으로 발전하였다. 그러나 드골주의 정당은 2004년에 실시된 지방의회 및 도의회 의원선거와 유럽의회 선거에서 사회당에 참패를 하였고, 정부정책의 정당성도 국민들로부터 인정받지 못하였다. 이와 같은 대통령의 실패에 더해서 시락 대통령은 자신이 속한 정당으로부터도 외면당하게 되었다. 2004년 11월 드골주의 정당은 대표로 니콜라 싸르코지(Nicolas Sarkozy) 현 내무장관을 내세운 것이 그것이다. 현재 싸르코지 대표는 2007년 5월에 실시될 차기대선에서 우파진영의 유력한 후보로 부상하고 있다.

(2) 프랑스 민주연합 (UDF : Union pour la D mocratie Fran aise)

프랑스 민주연합은 1978년 당시 대통령이었던 발레리 지스카르 데스뗑(Valéry Giscard d'Estaing)의 주도로 설립된 우파정당연합세력이다. 프랑스 민주연합이 우파정당연합세력으로 간주되는 이유는 자유주의 세력과 기독교민주세력이 상호간의 차별성을 간직한 채 프랑스 민주연합을 설립했기 때문이다. 자유주의 세력은 규제완화를 비롯한 경제활동의 민간우위를 주장하는 세력이고, 기독교민주세력은 사회적 약자에 대한 배려를 강조하는 세력으로 상호간에 추구하는 이념이 차이가 있으나 유럽통합을 강력하게 지지한다는 측면에서는 공통점을 지닌 정치세력이다. 1978년에 이러한 정치세력이 탄생한 배경은 1977년에 드골주의 우파정당인 공화국연합이 쟈끄 시락의 주도로 탄생하여 1978년 총선과 1981년에 있을 대선준비에 돌입한 데 따른 대응으로 설명될 수 있다.

프랑스 민주연합은 1981년 대선에서 지스카르 데스뗑 대통령이 사회당 후보 미테랑에 패배하였고, 이어 실시된 총선에서 사회당이 국민의회의 절대과반수를 차지함에 따라 드골주의 우파정당인 공화국연합과의 선거공조·정책공조를 추진하여 1986년 총선에서 승리하여 1988년까지 미테랑 대통령 하에서 최초의 동거체제에 다수의 각료가 참여하였다. 90년대에 들어서서 프랑스 민주연합은 세력이 점점 약화되는 과정을 겪게 되었는 바, 이는 근본적으로 정당의 구성원들이 여타 대중정당들과 달리 지방의 유력인사들로 구성된 간부정당에다 당원 수가 적었던 데도 원인이 있었지만 시락 대통령이 소속된 드골주의 정당에 상당수의 인물들이 합류한 데에도 적지 않은 원인이 있었다. 따라서 현재는 프랑수아 바이유(François Bayrou)가 프랑스 민주연합의 대표로서 시락 정부를 비판하는 입장에 서 있다.

(3) 극우파 정당 : 국민전선(Front National)

프랑스에서 극우파 세력은 오랜 전통을 지니고 있다. 극우세력의 이념적 전통은 프랑스 혁명과 가톨릭주의, 전통주의 및 군주주의 옹호론에 근거하고 있다.[5] 현재 극우파 정당인 국민전선은 1972년에 쟝 마

5) BALDERSHEIM(Harald), DALOZ(Jean-Pascal), *Political Leadership in a*

리 르뻰(Jean-Marie Le Pen)에 의해 탄생되었고, 제도권 정치세력으로 부상하게 된 계기는 비례대표제로 치러진 1984년 유럽의회 선거와 1986년 총선에서였다. 1984년 유럽의회 선거에서는 득표율 11%로 10석의 의석을, 1986년 총선에서는 9.9%의 득표율로 35석의 의석을 획득하였다. 이후 국민전선 대표 르뻰은 1988년, 1995년 그리고 2002년 대선에서 평균 15%의 득표율을 기록했고, 특히 2002년 대선에서는 1차 투표에서 사회당의 리오넬 죠스뺑 후보를 물리치고 2차 결선투표에서 시락 대통령과 맞서는 이변을 연출하기도 했다. 국민전선은 기성 정치권에 대한 거부, 유럽통합 반대, 이민노동자 축출 등의 과격한 주장을 내세우며 대중적인 정치집단으로의 발전을 꾀하고 있다. 특히 세계화 반대를 외치면서 세계화의 희생양으로 간주되는 중소 자영업자, 이민과 기업구조조정 및 산업공동화로 인해 대량실업의 고통을 겪고 있는 노동자 대중의 지지를 얻기 위해 노력하고 있다.[6)]

현재 국민전선이 당면하고 있는 심각한 문제는 고령의 지도자 르뻰 이후의 생존 가능성의 문제이다. 일반적으로 대중영합적(populist)이고 반체제적 정당의 운명은 당 지도자의 존재와 긴밀히 연관되어 있어 지도자가 사라지면 그 정당도 함께 소멸하는 경우가 적지 않기 때문이다. 국민전선이 제도권 정당으로 발전하는 것을 가로 막고 있는 또 다른 장애물은 국민의회 의원 선거방식인 2차 결선투표제이다. 국민전선은 1986년 총선이 지역별 비례대표제로 실시되었을 때 의석 35석을 획득한 바 있으나 선거법이 다시 2차 결선투표제로 환원된 이후로는 매번 총선에서 10-15%의 득표율을 얻고도 단 한 석의 의석도 차지하지 못하는 불리한 여건에 놓여 있다. 반면 비례대표제 선거인 유럽의회 선거에서는 국민전선이 지속적으로 일정 의석을 확보하고 있다.

Global Age The Experiences of France and Norway, Ashgate, Great Britain. 2003. p. 76

6) *Le Monde* 2006. 11. 13.

2 좌파정당

(1) 사회당(PS : Parti Socialiste)

① 역사적 배경

프랑스 사회당은 1905년에 창설된 사회주의 인터내셔널 프랑스지부(SFIO : Section Française de l'Internationale Ouvrière)의 계승자로서 설립 당시에는 막스 이념에 충실하였다. 그러나 사회당은 프랑스 제4공화국(1944-1958) 하에서 미국과의 동맹을 지지하고, 반공주의 노선을 표방했으며, 국민의회 내에서는 중도우파정당들과의 연립내각 구성에 참여하는 등 좌파정당으로서의 이념적 색채를 불분명하게 하였다. 또한 1958년에는 드골장군의 권력복귀를 지지함으로써 일부 지지세력이 이탈하게 만들었고, 이를 계기로 1971년 에피네 전당대회(Congrès d'Epinay)를 통해 미테랑이 사회당을 재통합하기까지 내분이 지속되었다. 1969년 드골이 사임한 이후 치러진 대통령 선거에서는 SFIO를 대표하는 드페르(Defferre) 후보가 불과 5%의 지지율밖에 얻지 못할 정도로 프랑스 사회당은 군소세력으로 축소되었던 것이다.

② 사회당의 재건

프랑스 사회당의 재건은 1969년 위기상황에서 시작하여 점진적으로 진행되었다고 할 수 있다. 우선 반세기 이상 지속되었던 정당의 명칭을 '사회주의 인터내셔날 프랑스 지부'(SFIO)에서 '사회당'(PS, Parti Socialiste)으로 변경하였다. 명칭의 변경과 함께 사회주의 세력의 규합과 통합이 시작되었다. 1971년 에뻬네(Epinay) 전당대회는 사회당 재건의 시발점으로 간주되는데 그것은 향후 프랑스 사회당의 대표주자로 나설 미테랑이 사회당에 합류하였기 때문이다.[7] 사회주의 세력의 통합과정에서 또 다른 중요한 사건은 1974년 일명 '제2의 좌파'(Deuxième Gauche) 세력을 끌어안는데 성공했다는 점이다. 자본주의와 시장경제를 통제하기 위해 국가의 주도적 역할을 강조하는 프랑스 사회주의의 전통에 대해 시민사회의 역할을 상대적으로 강조하면서 시장의 기능을 부분적으로 인정하고 활용해야 한다고 주장하는 좌파 성향을 '제2의 좌파'라고 부르는데 그 대표주자로는 통합사회당(PSU, Parti Socialiste Unitaire)을 이끄는 로까르(Rocard)를 들 수 있다. 로까르는 통합사회당의 지지세력, 그리고 기독교 민주주의 성향의 프랑스민주노동동맹(CFDT, Confédération Francaise Démocratique du Travail)에서 수천 명의 노조원을 이끌고 1974년 사회당에 가입하였다. 이로써 2차 세계대전 이후 사회주의 세력의 분열의 역사는 끝나고 다시 통합된 사회주의 정당이 완성된 것이다.

③ 사회당의 조직

프랑스 사회당의 경우 서유럽의 여타의 사민당과 달리 노조와의 관계가 미약한 특징을 갖는다. 공산당이 '노동총동맹(CGT)'이라는 노조조직과 밀접한 관계를 맺고 있다면, 사회당은 교원노조와 일정한 관련을 맺고 있을 뿐, 노동자계급 보다는 화이트컬러 층을 중심으로 한 정당이다. 당 내부구조는 1980년대를 통하여 약 20만에 이르는 직접적인 당원의 가입에 근거하여 존재하고 있다. 당의 기본조직은 5명에서 250명 사이에 이르는 지부(section)이다. 지부는 도당위원회와 당대의원대회에 대표자들을 선출하여 파견한다. 대의원대회는 전당대회(Congrés National)에서 다루게 될 의제와 정책들을 결정한다. 2년마다 개최되는 전당대회는 당의 지도위원회(Comité directeur)를 선출하고, 그 지도위원회는 차례로 당의 집행국(Bureau executif)과 당서기(Secrétariat national)를 선출하게 된

7) 조홍식, "1981년 이후 프랑스 사회당 정체성 위기에 관한 연구", .「국제정치논총」, 제41집 3호, 2001. 299쪽.

다. 당 지도위원회를 선출하게 될 대의원의 숫자는 기본적으로 각 지구당의 당원 숫자에 의거한다. 따라서 당원의 숫자가 많은 지구당이 전통적으로 강한 영향력을 행사해왔다. 이러한 지구당과 당내의 각개의 분파의 연관성이 강하게 작용하고 있다.

사회당 내에는 탄생에서부터 다양한 분파들이 존재하였고, 이 분파들은 정세와 권력장악의 목표 속에서 부침하면서 당의 기본적 구조를 형성하고, 또한 상대적으로 독립적인 조직을 운영하고 있다. 따라서 사회당은 이들 다양한 분파들 간의 관계를 통해 당의 정책을 결정하고 당을 운영한다. 이것은 공산당이 민주집중제의 원칙을 통해 분파형성을 용인하지 않는 것과 구별되며, 이를 통해 권력의 집중을 막고 일정한 당내 민주주의의 기제를 형성시킨다고 볼 수 있다. 각각의 분파는 고유의 자기 조직망과 소식지 등을 통해 세력을 유지하고 있다. 이들 분파는 단순한 인물 중심의 차이가 아니라 명확한 노선 차이를 보여주고 있다. 또한 이들 분파들의 차이는 지역적 차이로까지 연결되어 있다.

④ 사회당의 집권

1960년대 프랑스 사회주의가 지리멸렬의 위기에 빠졌던 이유 중에 하나는 사회주의를 대표할만한 대통령 후보를 보유하고 있지 못했다는 점이다. 1971년 에삐네 전당대회는 사회주의 전통을 이어 받은 사회당이 미테랑이라고 하는 훌륭한 대통령 후보를 영입함으로써 집권의 기반을 마련했다는데 가장 커다란 의미가 있는 것이고 프랑스 사회주의 부활의 결정적인 역할을 담당했다고 할 수 있다(조홍식 2001, 309). 1971년 불과 7만 여명에 불과했던 사회당 당원의 수는 1973년 12만 명으로 크게 증가하였다. 그만큼 미테랑의 영입으로 사회당의 집권 가능성이 높아졌음을 의미하는 것이다. 여기에 1974년 제2의 좌파가 합세하면서 사회당은 대통령 후보를 지원할 수 있는 전국적 조직으로 발전하게 된다.

이 과정에서 미테랑은 사회당의 통합을 주도하면서 당권을 장악하게 된다. 미테랑의 당권 장악은 기존의 사회주의와의 단절이었다. 무엇보다도 미테랑은 사회주의의 기본적인 목표가 권력 장악임을 천명하고, 적극적으로 5공화국의 제도들을 수용한다. 공산당과 급진공화주의 사이에서 제3의 길을 걸어 왔던 프랑스 사회주의는 이제 후자에 더 가까워지면서 제도권 정당으로서의 면모를 갖추기 시작한다. 이제 사회당은 권력장악과 행사를 위한 도구로서의 의미를 가지면서 당 자체가 하나의 목적이었던 과거의 전통과 단절한다(A. Bergounioux et G. Grunberg 1992, 254). 그 결과 1981년 이전의 사회당에서는 사회주의 내부의 좌파와 우파가 공존하면서 다양한 정책안을 가지고 당권경쟁을 벌였으나, 1981년 이후 집권당이라는 상황은 재집권이라는 현실적 필요성을 강조하게 되었고 이에 따라 당내 경쟁도 차기 선거에서의 가능성을 중심으로 진행되고 있다. 실례로 프랑스 사회당은 2006년 11월 16일 사회당 역사상 최초로 여성후보인 세골렌 루와얄(Ségolène Royal)을 2007년 5월에 있을 당 대선후보로 선출하였는 바, 이번 사회당 대선후보 선출에서 당원들은 후보선출의 기준으로 사회당의 노선을 내세우기 보다는 우파 후보를 상대로 대선승리 가능성에 더 큰 비중을 부여한 것이 그것이다.[8]

(2) 공산당(PCF: Parti Communiste Français)

프랑스 공산당은 1920년 사회주의 인터내셔널 프랑스지부(SFIO)를 탈퇴하면서 성립되었다(조홍식 2001, 298-299). 1917년 러시아 혁명 이후 소련을 중심으로 공산주의 인터내셔날이 형성되면서 1921년 사회주의 인터내셔날 프랑스 지부는 양분되어 다수의 당원이 탈당하여 프랑스 공산당을 창립하였고, 프랑스 사회주의 운동의 독자노선을 주장

8) *Le Monde* 2006. 11. 17.

하던 소수는 SFIO를 지켰던 것이다. 이후 사회주의 인터내셔날 프랑스 지부와 공산당은 프랑스 좌파내에서 서로 경쟁하면서 협력하거나 갈등하는 미묘한 관계에 있다.

1944년 프랑스가 독일점령으로부터 해방되었을 때 프랑스 공산당은 총선에서 득표율 34%를 얻었을 정도로 당시 제1정당이었고, 1947년까지 내각에 참여하였다. 프랑스 공산당이 이처럼 전후 제1정당이 될 수 있었던 것은 2차 세계대전 기간 동안 프랑스에서 전개된 레지스땅스(Résistance) 운동에서 공산주의자들이 독일점령군을 상대로 가장 활발한 투쟁을 전개하였고, 이로 인해 가장 큰 희생을 겪었기 때문이다. 프랑스 공산당은 노동자 정당으로서 전후 구소련을 무조건적으로 지지했고, 인도차이나, 알제리 등지에서의 식민지 전쟁에 반대했으며 특히 프랑스 제1노동조합인 노동자총연맹(CGT : Confédération Générale des Travailleurs)과의 긴밀한 관계를 통해 70년대 말까지 각종 선거에서 평균득표율 20%를 차지할 정도로 비중있는 정당이었다. 프랑스 공산당은 1972년 사회당과 좌파연합에 참여하여 각종 선거에서 사회당과 선거제휴를 하게 되었고, 이를 계기로 1981년 사회당이 미테랑 후보를 내세워 대선에 승리하고 이어 실시된 총선에서 좌파연합이 과반수를 확보함에 따라 내각에 참여하게 되었다.

그러나 80년대 중반부터 프랑스가 겪게 된 경제위기로 공산당의 주요 지지세력인 노동자 계층이 가장 큰 타격을 받게 되었고, 또한 국제적으로는 구소련이 해체됨에 따라 공산당의 지지기반이 크게 약화되었다. 이러한 추세는 이후 계속되어 1997-2002년 기간 동안 공산당이 사회당과의 연립내각에 참여했음에도 불구하고 지지기반의 붕괴를 막지는 못하였다. 그 결과 2002년 대선에서 공산당 대선후보 로베르 위(Robert Hue)는 3.4%의 득표율에 그쳐 역대 대선에서 공산당 후보의 득표율 가운데 최저를 기록했을 뿐만 아니라 득표율 5%를 넘지 못해 정당 국고보조금 혜택마저 놓치고 말았다. 이에 대해 많은 정치비평가들은 '공산당의 사망선고'라는 표현을 주저하지 않고 있다(PUDAL 2002, 545).

〈표 1〉 공산당 후보 역대 대선 득표율 (단위 : %)

1969	1981	1988	1995	2002
21.3	15.3	6.8	8.6	3.6

*1974년 대선에서는 사회당 후보 미테랑을 좌파 공동후보로 내세웠음.

현재 프랑스 공산당의 몰락을 암시하는 다양한 징후들이 나타나고 있다. 잇따른 선거패배, 당원수의 감소(1980년대 초 50만 명 → 2006년 현재 13만 4천 명), 지지세력의 고령화, 당 재정의 고갈, 이에 따른 유급 당원의 해고 및 보유부동산 매각, 당 지방지 및 출판기관의 폐쇄 그리고 당 전국 일간지 뤼마니떼(*L'Humanité*)의 구독률 격감 등이 그것이다. 이와 같은 당의 존립위기에 직면하여 여성 공산당 서기장 마리 죠지 뷔페(Marie-George Buffet)는 당 조직을 개혁하고 새로운 투쟁영역을 개척하는 등 지지세력 복원에 힘쓰고 있으나 북부 프랑스에 뿌리를 두고 있는 당 보수주의자들은 여전히 막스-레닌주의를 고수하는 데다 당 개혁파들은 당의 전면적인 쇄신을 주장하고 있어 프랑스 공산당의 장래가 불투명한 상태이다.

III. 프랑스의 선거제도

프랑스에는 대통령 선거와 국민의회 의원 선거 외에도 유럽의회 의원선거, 상원의원 선거, 지방의회(Conseil régional) 의원선거, 도의회(Conseil général) 의원선거, 시의회(Conseil municipal) 의원선거 등 다양한 선거가 있으나 이 글에서는 제5공화국 정치체제 운영상의 중요성에 비추어 대통령 선거와 국민의회 의원 선거만을 다루고자 한다.

1 대통령·국민의회 의원 선거제도

현행 프랑스 대통령 및 국민의회 의원 선거방식은 2차 결선투표제이다. 이 선거방식은 1차 투표에서 유효투표의 과반수를 얻지 못하면 2주 후에 실시되는 2차 결선투표에서 최다득표자가 당선되는 방식이다. 대통령선거의 경우 드골을 비롯한 역대 어느 대통령도 1차 투표에서 44% 이상의 득표율을 넘지 못해 2차 결선투표에서 사실상의 당락이 결정된다는 불문율이 생겨났다. 국민의회 의원선거의 경우 1차 투표에서 12.5% 이상의 득표율을 획득한 후보자만 2차 결선투표에 참가할 수 있다는 점이 대통령선거와의 차이점이다. 따라서 2차 결선투표의 관건은 1차 투표에서 흩어진 표를 최대한 결집하는 데 있다.

이와 같은 선거방식은 2차 결선투표를 앞두고 소수정당들이 다수정당 출신 후보를 중심으로 연합하게 하는 결과를 초래하여 결국 거대(巨大) 정당의 출현을 가능하게 한다. 달리 표현하면 2차 결선투표제는 다수 정당을 더욱 강화시켜 줌으로써 정국의 안정을 가능케 해주는 장점이 있는 반면 소수 정당은 약화시키거나 아예 제도권 진입을 어렵게 함으로써 소수파의 대표성을 왜곡시키는 단점이 있다.

〈표 2〉 주요 정당의 역대 총선 득표율 및 의석비율 (단위 : %)

	1993			1997			2002		
	1차투표	2차 투표	의석 비율	1차 투표	2차 투표	의석 비율	1차 투표	2차 투표	의석 비율
드골정당	22.1	25.2	44.5	15.7	22.7	24.3	33.3	47.3	61.5
프랑스 민주연합	20.8	22.7	37.3	14.2	21.0	19.6	4.8	3.9	3.8
사회당	19.4	27.0	9.9	23.5	38.6	43.3	24.1	35.3	24.7
공산당	10.2	4.2	4.0	9.9	3.7	5.9	4.8	3.3	3.7
국민전선	13.8	5.1	-	14.9	5.7	-	11.3	1.8	-

자료 : http://fr.wikipedia.org/wiki

실제로 <표 2>에서 보는 바와 같이 다수 정당의 경우 2차 투표율은 1차 투표율을 상회하는 경향이 있고, 의석비율은 득표율을 능가하는 성향을 보이고 있다. 우파가 승리한 1993년 총선의 경우 드골주의 정당은 1차 투표에서 22.1%, 2차 투표에서는 25.2%의 득표율을 보였고, 의석비율은 44.5%에 달했다. 우파연합의 프랑스 민주연합은 1차 투표에서 20.8%, 2차 투표에서는 22.7%의 득표율과 37.3%의 의석비율을 기록하였다. 반면 공산당은 1차 투표에서 10.2%, 2차 투표에서는 4.2%의 득표율과 4%의 의석비율을 나타냈고, 국민전선은 1차 투표에서 13.8%, 2차 투표에서 5.1%의 득표율을 기록했으나 의석은 단 한 석도 얻지 못하였다. 좌파가 승리한 1997년 총선에서는 사회당이 1차 투표에서 23.5%, 2차 투표에서 38.6%의 득표율과 43.3%의 의석비율을 차지한 반면 공산당은 1차 투표에서 9.9%, 2차 투표에서 3.7%의 득표율과 5.9%의 의석비율을 얻었고, 국민전선은 1차 투표에서 14.9%, 2차 투표에서 5.7%의 득표율을 기록했으나 의석을 확보하는 데는 실패하였다. 국민전선이 이처럼 매번 총선에서 공산당보다 높은 득표율을 얻고도 의석확보에 실패하는 이유는 기존의 전통 온건우파정당들이 국민전선과의 선거연합을 거부하는데 따른 것으로 해석된다. 국민전선과의 공조는 자신들이 파시즘과 제휴하는 것으로 비쳐지는 것을 경계하기 때문이다.

2 국민의회 의원선거의 위상변화 : 대선의 종속변수에서 독립변수로

제5공화국의 정치체제는 안정과 효율을 극대화하기 위해 대통령으로 상징되는 행정권을 강화하고, 의회권력을 제한하는 특징을 지니는 바 이를 달리 표현하면 의회는 오직 대통령의 국정운영을 효율적으로 뒷받침하기 위해 존재하는 기관으로 그 위상이 규정된다. 따라서 역대 대선에서 형성된 대통령 다수파(majorité présidentielle)가 뒤 이어 실시된 총선에서 의회다수파(majorité parlementaire)를 구성하여 대통령의 원활한 국정운영을 지원했던 것이다[9]. 이는 국민의회 의원선거가 대선의 종속변수로 작용한 사례에 해당한다.

그러나 1986년 총선에서 집권사회당이 패배하여 사회당 출신 대통령과 우파출신 총리 간에 프랑스 정치사상 초유의 동거체제가 출범함으로써 그동안 정치적 안정과 효율을 상징했던 제5공화국 정치체제에 균열이 생기게 되었다. 즉 제5공화국 출범초기인 1958년부터 동거체제가 시작된 1986년까지 28년간 프랑스의 정치체제가 안정과 효율을 발휘할 수 있었던 요인은 대통령이 국민의회의 안정된 다수파의 지지

9) 제5공화국의 정치체제는 이를 제도적으로 보장하기 위해 대통령에게 가장 강력한 의회견제수단인 의회해산권을 부여하고 있다. 실제로 1958년 제5공화국 출범시부터 현재에 이르기까지 총 12회에 걸친 총선이 실시되었는 바 이 가운데 5회는 대통령의 의회해산으로 이루어진 총선이었다.

를 확보했기 때문이었는데 대통령 소속 정당이 총선에서 패배하여 의회소수파로 전락함으로써 국민직선으로 선출된 대통령이 더 이상 자신의 공약과 정책을 실천할 수 없는 상황에 처하게 된 것이다. 문제는 이러한 동거체제가 예외적인 상황이 아니라 '정상적인 상황'으로 정착되고 있다는 점이다. 1986년부터 현재까지 20년간 프랑스는 1986-1988년간, 1993-1995년간, 그리고 1997-2002년간 3차에 걸쳐 9년간의 동거체제를 경험했기 때문이다.

동거체제가 프랑스 정치사의 큰 특징인 좌·우파 간의 대립을 완화하고 상호공존을 도모하며 진정한 국민화합의 계기를 만들며[10], 대통령의 의회장악이 초래한 그간의 왜곡된 통치관행을 청산하고 조화로운 정치제도를 정착시킨다 하여 프랑스에서는 동거체제의 출현을 긍정적으로 받아들이는 시각도 있다[11]. 그럼에도 불구하고 동거체제가 '정상적인 상황'으로 정착되는데 따른 문제점은 좌파정권과 우파정권의 구분이 애매하여 유권자들이 점차 제도권 정당을 외면하고 비제도권 정당을 향해 자신들의 선호를 나타내고 있다는 점이다. 실례로 2002년 대선 1차 투표에서 사회당 출신 현직 총리였던 리오넬 조스뺑 후보가 극우정당인 국민전선(Front National) 후보에게 패배하여 2차 결선투표 진출에 실패하는 수모를 겪었고, 2005년 5월 유럽연합 헌법안 인준을 위한 국민투표에서 제도권 정당들이 좌우를 막론하고 열성적인 지지운동을 전개했음에도 불구하고 지지세력으로부터 외면을 당해 결국 유럽통합의 견인차 역할을 했던 프랑스에서 유럽연합 헌법안이 부결되는 패배를 경험한 사실들을 들 수 있다. 이처럼 동거체제의 출현으로 국민의회 선거가 더 이상 대선의 종속변수가 아닌 독립변수로 작용하고 있음을 알 수 있다.

---

10) DEVEDJIAN(Patrick), *Pour la cohabitation, Le Monde* 1992. 3. 12.

11) DUVERGER(Maurice), *Un duel de duos. Le Monde* 1993. 7. 17.

3 프랑스 대선의 하이라이트 : 대선후보 TV 토론

(1) 역사적 배경

프랑스 대선사상 최초의 대선후보 TV토론(이하 TV토론)은 1974년 대선 결선투표를 앞두고 미테랑과 지스까르 데스뗑 두 후보 사이에 이루어졌다. 프랑스는 1960년 미국 대선 때 있었던 케네디와 닉슨 TV토론의 영향을 받아 1965년 대선에서 TV토론을 개최할 움직임을 보였으나 당시 대통령으로서 재선에 출마하였던 드골의 완강한 거부로 실현하지 못했다. 전 세계를 향해 프랑스를 대표한다고 자부했던 드골 대통령은 고작 특정 정파를 대표하여 자신에게 도전한 미테랑과 동격으로 TV토론에 참여하는 것을 용납할 수 없었던 것이다. 드골 대통령이 자신의 국민투표안이 부결됨에 따라 대통령직에서 사임한 직후에 실시된 1969년 대선에서도 당시 집권당의 후보였던 뽕피두의 거부로 TV토론이 성사되지 못했다. 뽕피두 후보는 여론조사 결과 자신의 당선이 거의 확실시되는 상황이었으므로 전례조차 없었던 TV토론에 애써 참여하는 불필요한 모험을 감수함으로써 경쟁자를 이롭게 해 줄 하등의 이유가 없다고 판단하였던 것이다.

그러나 뽕피두 대통령의 급작스런 사망으로 실시된 1974년 대선은 혼미 그 자체였고 따라서 선거결과는 예측을 불허하였다. 대선에 출마한 후보수가 무려 12명에 달했을 뿐만 아니라 집권 우파진영에서는 전 총리 샤방 델마스와 현직 재무장관이었던 지스까르 데스뗑 두 유력후보가 동시에 출마함으로써 집권세력이 분열되었다. 한편 좌파진영에서는 미테랑이 공산당과 사회당의 단일후보가 됨으로써 좌파의 집권 가능성이 그 어느 때 보다도 높아졌다. 1차 투표 결과 미테랑이 43.35%의 득표율로 1위를, 지스까르 데스뗑은 32.93%로 2위를 기록하여 결국 두 사람이 2차 결선투표를 앞두고 TV토론을 벌이게 되었다.

프랑스 대선사상 처음으로 실시된 1974년 대선후보 TV토론은 프랑스 TV역사상 최고의 시청률(71.4%)을 기록하였고 약 2천3백만의 프랑스인들이 시청한 것으로 나타났다. TV토론 직후 실시한 여론조사에서 응답자의 54%는 토론이 매우 유익했다고 대답하였고, 38%는 유익하다고, 단지 8%의 응답자만이 별로 유익하지 않았거나 흥미가 없었다고 대답함으로써 전체 92%의 응답자들이 TV토론의 효용을 강조했다(Le Monde 1974. 5, 12-13).

(2) 1974년과 1981년 대선후보 TV토론

프랑스 TV토론에서는 토론에 참여하는 후보자의 범위선정에 따른 형평성 문제가 제기되지 않는다. 그것은 TV토론이 전통적으로 2차 결선투표를 앞두고 실시되고 있기 때문에 토론에 참여하는 후보자수는 자연스럽게 두 명으로 압축되기 때문이다. 따라서 프랑스 TV토론은 항상 2차 결선투표에 진출한 두 후보자간에 1 : 1 대결의 양상을 띤다. 1974년과 1981년 대선후보 TV토론에서 지스까르 데스뗑 후보와 미테랑 후보는 대선결과에 따른 의회해산 여부, 주요산업의 국유화, 사회당 후보와 공산당의 공조문제를 둘러싸고 열띤 공방전을 벌였다. 흥미로운 사실은 같은 주제로 대결을 벌였음에도 불구하고 선거결과는 달랐다는 점이다. 1974년 대선에서는 지스까르 데스뗑이, 1981년 대선에서는 미테랑이 승리했기 때문이다.

냉전체제가 여전히 유효했던 1974년 시점에서 대다수의 유권자들은 미테랑이 사회당과 공산당의 단일후보로 대권에 도전했다는 사실 자체만으로도 두려움을 갖기에 충분했다. 이러한 상황에서 지스까르 데스뗑 후보가 미테랑의 당선이 초래하게 될 지도 모를 온갖 혼란을 상기시키는 공격적인 토론전략을 구사한 것은 당연한 일이었다. 지스까르 데스뗑 후보는 토론에서 만약 미테랑 후보가 대통령에 당선될 경우 엄청난 정치·경제·사회적인 혼란이 야기될 것이라는 점을 집중적으로 부각시켰다. 즉 미테랑 후보는 의회다수파의 지지세력이 없으므로 의회해산을 시도함으로써 정치적 혼란을 야기하게 되고, 경제정의 실현이라는 명목으로 대대적인 국유화를 단행함으로써 경제·사회적 혼란을 초래할 것이라는 것이다.

미테랑 후보가 당선이 되면 임기 시작 1년도 채 안된 의회를 분명 해산하고야 말 것이라고 거듭 경고함으로써 지스까르 데스땡 후보는 의회해산에 따른 새로운 총선실시를 두려워하는 대다수 의원들의 지지를 얻으려 하였다. 반면 자신이 대통령에 당선되면 의회다수파를 확보한 정치적 안정의 기초위에서 지속적인 경제성장을 이룩할 수 있다는 점을 재삼 강조했다. 미테랑 후보는 이에 대해 1차 투표를 앞두고 우파진영에서 대선후보가 난립하였고, 우파진영은 自中之亂을 통해 분열되었기 때문에 지스까르 데스땡 후보가 자랑하는 의회 다수파 지지는 사실상 소수파의 지지에 불과하며, 자신이 대통령에 당선되는 것은 곧 현 우파주도 의회를 프랑스 국민들이 불신임한다는 것을 의미하므로 필요시 자신은 의회를 해산할 수도 있음을 강력히 시사하였다.

(3) 1988년과 1995년 대선후보 TV토론

1988년 대선은 미테랑 후보와 시락 후보가 1986년 3월부터 1988년 5월까지 2년간 동거정부 하에서 각각 대통령과 총리로서 함께 국정을 이끌어 온 뒤에 실시되었다는 점에서 매우 이례적인 선거였다. 이 사실은 TV토론의 내용에도 영향을 미쳤다(Le Monde 1988. 4. 30). 그 결과 TV토론에서 뚜렷한 쟁점을 찾을 수 없게 되었다. 1988년 TV토론은 국내정치, 유럽통합과 경제·사회정책에 대해 각각 30분씩, 사회문제와 외교정책에 관해 각각 20분씩 시간을 배정하였으나 자신들에게 유리한 주제에 대해서는 두 후보 모두 시간초과를 주저하지 않았다. 가령 대통령의 고유영역인 외교정책과 정치제도 부분에 있어서 미테랑 후보가 주어진 시간의 무려 31%를 사용한 반면 시락 후보는 27%만을 사용하였다. 세금인하 문제에 있어서 시락 후보는 우파 지지세력을 겨냥하여 12.6%의 시간을 사용한 반면 미테랑 후보는 10%의 시간만을 활용하였다(Le Monde 1988. 4. 30).

1981년 대선을 고비로 프랑스 대선의 주요 쟁점들은 과거 이데올로기적 성격에서 현저히 벗어나 구체적인 문제들에 대한 해결방법의 모색에 집중되는 경향을 보였다. 이것은 무엇보다도 1981년 대선에서 사회당이 최초로 집권세력이 됨으로써 특히 14년이라는 미테랑 대통령의 재임 기간 동안 두 차례에 걸쳐 있었던 좌·우파간의 동거정부 경험이 가져다 준 결과인 것으로 보인다.

실례로 1995년 TV토론에서 쟈끄 시락과 리오넬 조스뺑(Lionel Jospin) 두 후보는 마치 해당부서 장관들처럼 관련문제들의 기술적인 측면에 집착하는 경향을 보였고, 시종 신중하고 온건한 태도를 보였다. 이는 당시의 정치상황과 이에 따른 두 후보의 선거전략이 주된 요인으로 작용했기 때문이다. 두 차례에 걸쳐 우파정권이 수립됨으로써[12] 좌·우파가 교대로 집권할 수 있었지만 어떤 정권도 실업자와 소외계층의 증가를 막지 못해 정치권이 국민들의 신뢰를 크게 상실하게 된 것이 미테랑 재임 14년 동안의 정치상황이었다. 더욱이 1995년 대선 1차 투표에서 비제도권 정치세력이 40% 이상의 득표율을 얻어 제도권 정당을 공멸의 위기에 빠뜨리기까지 하였다. 그러므로 두 후보의 선거전략이 상대에 대한 비판을 자제하고 온건한 정책을 표방함으로써 TV토론에 따른 위험성을 최소화시키려고 한 것은 당연한 귀결이었다고 하겠다. 이러한 두 후보의 모습을 지켜 본 여론은 “두 사람 모두 1급 총리감은 될지언정 대통령감은 못된다”며 부정적 반응을 보였다. 일반인들의 머리속에 대통령은 적어도 국가장래에 대한 비전을 제시

12) 미테랑 대통령 재임 중 우파총리와의 1986-1988년 1차 동거체제와 1993-1995년 2차 동거체제를 말함.

해 주는 인물로 각인되어 있었기 때문이다.

이 같은 사실은 1974년과 1981년 대선의 토론내용과 매우 대조적이다. 우선 당시 후보자들의 대선공약에 대한 인식을 살펴보면 1974년 대선에서 미테랑 후보는 "세부적인 국정운영 계획을 제시하는 것은 대통령 후보, 궁극적으로 대통령의 역할이 될 수 없다. 그것은 총리의 역할이고 대통령은 정치·경제·사회 구조의 개혁과 같은 중요한 선택을 국민들에게 제시해야만 한다"고 주장하였다(Le Monde 1974. 4. 18). 미테랑 후보의 대선공약에 대한 이와 같은 인식에 대해 경쟁자였던 지스까르 데스뗑 후보도 견해를 같이했다. 그 예로 그는 국정운영 계획(programme de gouvernement)이라는 표현을 마다하고 굳이 대통령 후보가 제시하는 미래의 청사진(perspectives présidentielles)이라는 표현을 선호하였다. 지스까르 데스뗑 후보는 그 이유로 "대통령이 많은 권한을 가진 것은 사실이나 전권을 행사하는 것은 아니며, 정부, 의회 및 경제·사회단체들도 각자 자기들의 고유한 권한을 행사하고 있기 때문이다. 뿐만 아니라 모든 것을 언급한다는 것은 한 가지도 제대로 말하는 것이 아니며, 모든 것을 약속하는 것 또한 空約에 불과하기 때문이다"라고 밝혔다(Le Monde 1974. 4. 21-22).

(4) 역대 대선후보 TV토론의 최대쟁점

역대 프랑스 대선후보 TV토론에서 다양한 쟁점이 부각되었음에도 불구하고 한결같이 거론되었던 주제가 있다. 그것은 차기 대통령이 의회다수파의 지지를 확보할 수 있는가에 대한 가능성 여부이다. 이 문제는 차기 대통령의 공약실천 가능성 여부와도 직결되어 있어 매우 중요한 사안에 속하기 때문이다. 따라서 대선후보가 의회다수파의 지지를 확보할 수 있는지 여부는 TV토론에서 "당신이 만약 대통령에 당선되면 기존의 의회를 존속시킬 것인가 아니면 해산시킬 것인가"라는 질문으로 표출된다. 흥미로운 사실은 네 차례의 TV토론이 있었던

1974년, 1981년, 1988년 그리고 1995년 당시 의회다수파는 항상 우파였고, 따라서 이 질문을 제기한 측도 우파 후보였다는 점이다.

여기서 우리는 이 질문이 다분히 좌파 후보를 궁지에 몰아넣기 위한 계략이었음을 감지할 수 있다. 즉 좌파 후보가 우파주도 의회를 "존속시키겠다"고 답변하면 스스로 무능한 대통령이 될 것임을 시인하는 것이고, "해산시키겠다"고 대답하면 기존 의회를 선출한 민의를 배신하는 정치인이 될 것임을 자인하는 것이기 때문이다. 참고로 이 질문에 대한 역대 사회당 후보(1974년, 1981년, 1988년의 미테랑 후보와 1995년의 죠스뺑 후보)의 답변은, "대통령에 당선되면 헌법절차에 따라 먼저 총리를 임명하고, 그와 협의를 거쳐 내각을 구성할 것이며, 이어 총리로 하여금 국정운영 계획서를 첨부하여 의회에 신임을 묻게 할 것이다. 만약 의회가 내각을 불신임 할 경우 의회는 해산될 수밖에 없다"는 것이었다.

4 최근 대선 및 총선의 주요 특징

(1) 2002년 대선의 주요 특징

2002년 대선에서 나타난 주요 특징으로는 첫째, 제도권 정치인과 정치집단에 대한 강한 불신과 불만의 표출이다. 이는 주요 정당 대선후보들의 1차 투표 득표율의 합계와 투표기권율을 통해 설명될 수 있다. 우선 사회당, 드골주의 정당 및 프랑스 민주연합 출신 대선후보들의 1차 투표 득표율의 합계는 59%에 불과하여 1981년 대선의 75%, 1988년 대선의 70% 그리고 1995년 대선의 62% 보다 낮게 나타났다. 또한 1차 투표기권율은 28.4%에 달해 역대 대선에서 최고를 기록하였다.[13] 두 번째 특징이자 2002년 대선의 최대이변은 극우정당 국민전선

13) 1974년 대선의 경우 15%, 1981년 18.9%, 1988년 18.5% 그리고 1995년 대선에서는 21.6%였다.

의 대선후보인 르뻰이 1차 투표에서 사회당 출신후보 조스뺑을 누르고 2차 결선투표에 진출했다는 점이다. 세 번째 특징은 2차 결선투표에서 제도권의 좌우파 정당이 모두 시락 후보를 지지하여 대선의 양상이 대통령을 선출한다기보다 체제 대 반체제 세력 간의 대결로 전개되었다는 점이다. 2002년 대선이 이와 같은 이변을 낳게 된 주된 요인으로는 프랑스 국민들의 정치제도와 정당에 대한 신뢰의 상실에서 비롯되는 것으로 설명되고 있다(YSMAL 2004, 58).

(2) 2002년 총선의 주요 특징

2002년 총선에서 나타난 주요 특징들을 보면 첫째, 2000년 6월 6일에 제정된 양성평등 입후보법[14]의 도입으로 각 당의 여성입후보자들이 증가했다는 점이다. <표 3>에서 보는 바와 같이 우파정당의 경우 드골주의 정당과 프랑스 민주연합은 각각 자당후보의 20.6%, 18.9%의 여성후보를 출마시켜 소속의원의 10.4%, 6.8%의 여성의원으로 충원하였다. 한편 좌파정당의 경우 사회당과 공산당은 각각 자당후보의 36.3%, 44%의 여성후보를 출마시켜 소속의원의 16.3%, 19%의 여성의원을 확보하였다.

〈표 3〉 2002년 총선 주요 정당 여성의원 비율 (단위 : %)

드골주의 정당		프랑스민주연합		사회당		공산당	
출마율	의원비율	출마율	의원비율	출마율	의원비율	출마율	의원비율
20.6	10.4	18.9	6.8	36.3	16.3	44.0	19.0

자료 : http://www.inegalites.fr

14) Loi no2000-493 du6 juin 2000(La loi tendant à favoriser l'égal accès des femmes et des hommes aux mandats électoraux et fonctions électives)

이렇게 볼 때 우파정당보다는 좌파정당에서 여성입후보자수와 의원수가 더 많음을 알 수 있다. 그러나 프랑스의 양성평등 입후보법은 비례대표제 선거에서는 의무규정이고[15], 국민의회 선거에서는 선택사항으로 남아 있어 여성들의 의회진출이 상대적으로 부족한 실정이다. 두 번째 특징은 1988년에 제정된 정치자금법의 영향으로 총선에 참여하는 정당의 수가 대폭 증가했다는 점이다. 즉 동 법에 의하면 최소한 50명 이상의 후보자를 출마시킨 정당은 득표수와 당선자수에 따라 5년 임기동안 국가로부터 보조금을 받게 된다. 그 결과 1993년 총선에서는 14개 정당 또는 정치단체, 1997년 총선에서는 12개 정당 또는 정치단체 그리고 2002년 총선에서는 21개 정당 또는 정치단체가 선거에 참여하여 최고기록을 수립하였다. 세 번째는 2002년 대선에서와 마찬가지로 총선에서도 기권율이 가장 높았다는 점이다. 즉 1차 투표에서 35.6%, 2차 투표에서는 39.7%의 기권율을 보인 것이다. 이것은 1997년 총선 1차 투표와 2차 투표의 기권율인 32.1%, 28.5%와 비교하면 상당히 증가된 수치이고, 2차 투표 기권율만 비교한다면 무려 11.2%의 차이를 보여 우려할만한 현상으로 보인다. 이러한 현상이 초래된 데에는 무엇보다도 유권자들의 의사가 의회구성에 제대로 반영되지 못한다는 현행 선거제도의 대표성에 대한 불만(YSMAL 2004, 58)과 지난 1997-2002년 기간 동안의 우파출신 대통령과 좌파출신 총리간의 '부드러운 동거체제'(smooth power-sharing)에 따른 좌·우파 간의 정책차별이 부재했던 데서 그 원인을 찾을 수 있을 것이다(VIGNAUX 2003, 69).

15) 비례대표제 선거에서는 후보자 순번결정에서도 남녀가 교대로 이루어 짐.

Ⅳ. 결 론

현행 프랑스 제5공화국은 1958년 알제리 사태가 진행중인 혼란의 와중에서 탄생한 정치체제이다. 난국의 수습을 위해 권력에 복귀한 드골은 새로운 정치체제는 반드시 대통령으로 상징되는 행정부를 강화시키고, 의회권력을 약화시키는 체제가 되어야 함을 강조하였다.이에 따라 프랑스 제5공화국의 헌법은 정국의 안정을 기하고, 통치의 효율성을 극대화하기 위해 행정부를 강화시키고, 의회권한을 합리적으로 조정하였다. 현행 프랑스의 선거제도와 정당체제도 이와 같은 제5공화국 정치체제의 시대적 과제를 해결할 수 있는 방향으로 정립되었다고 할 수 있다. 즉 대통령 선거와 국민의회 의원 선거방식으로 2차 결선투표제를 도입하여 국민과반수의 지지를 얻는 강력한 리더십을 갖춘 대통령을 탄생시키고, 또한 국민의회에는 대통령의 국정운영을 안정적으로 뒷받침 할 수 있는 다수 정당의 출현을 의도한 것이다.

그러나 제5공화국의 주요 정당들은 집권시 대통령의 국정운영을 보조하는 권력의 전위대로서의 역할에는 충실했을지 모르나 제5공화국 정치체제의 속성에 따라 정당이 사당(私黨)화되고, 종합적인 비판기능과 대안세력으로서의 역할을 상실함으로써 정체성의 위기와 아울러 정당의 존재의 이유마저 의심받는 지경에 이르렀다고 보인다. 이와 같은 현상은 거듭된 좌우 동거체제로 인해 더욱 심화된 것으로 판단된다. 이로 인해 좌파정권과 우파정권의 구분이 애매하여 유권자들이 점차 제도권 정당을 외면하고 비제도권 정당을 향해 자신들의 선호를 나타내고 있다. 더욱 우려할만한 사실은 2002년 대선에서와 마찬가지로 총선에서도 기권율이 역대 선거사상 가장 높았다는 점이다. 이러한 현상이 초래된 데에는 무엇보다도 유권자들의 의사가 의회구성에 제대로 반영되지 못한다는 현행 선거제도의 대표성에 대한 불만과 좌·우파 간의 정책차별이 부재했던 데서 그 원인을 찾을 수 있다.

결론적으로 오늘의 프랑스 정당은 당내 민주화를 통한 활발한 토론형성과 소수의견을 적극 반영하는 의사결정구조를 정비하고, 종합적인 비판기능과 대안세력으로서의 역할을 회복해야 할 과제를 안고 있다.

참 고 문 헌

김영수, "프랑스 제5공화국 헌법의 사적 배경과 그 특성", 「충남대학교 사회과학연구소 논문집」, 제3권 제2호(1976).

김영일, "프랑스 동거정부의 성립배경과 특성", 「입법조사연구」, 국회 도서관(1996).

박기덕, 「민주주의와 정치제도 체제수행능력을 중심으로」, 세종연구소(1998).

조홍식, "1981년 이후 프랑스 사회당 정체성 위기에 관한 연구", .「국제정치논총」, 제41집 3호(2001).

하명수, "알제리 폭동과 드골의 재집권", 「부산사학」 제21집(1991).

홍태영, "일반의지의 실현으로서 국가 그리고 그 거울로서 정당 : 프랑스 정당정치와 정당 민주주의", 「사회과학연구」 11집, 서강대 사회과학연구소(2003).

BALDERSHEIM(Harald), DALOZ(Jean-Pascal), *Political Leadership in a Global Age The Experiences of France and Norway*(Ashgate, Great Britain. 2003).

BERGOUNIOUX(Alain), GRUNBERG(Gérard), *Le long remords du pouvoir, Le Parti socialiste français 1905-1992*(Paris, Fayard. 1992).

FAVIER(Pierre), MARTIN-ROLAND(Michel), *La Décennie Mitterrand 1 Les Ruptures(1981-1984)*(Paris, Seuil, 1990).

PUDAL(Bernard), *La beauté de la mort communiste*(Paris. *Revue Française de Science Politique,* 2002). vol. 52.

YSMAL(Colette), "*The Presidential and Legislative Elections of 2002 : An Analysis of the Results* ", *The French Presidential and Legislative Elections of 2002*(Ashgate. 2004).

러시아의 정당과 선거제도

윤익중

1. 서론

국가와 사회를 매개로 하는 다원적이고 민주적인 정당의 발전과 공정한 선거제도의 확립은 민주주의 정치과정에서 가장 중요한 요소 중의 하나이다. 이러한 측면에서 볼 때, 소연방으로부터 러시아연방으로의 체제전환과정에 있는 러시아의 정당발전과 선거체계의 확립은 러시아 민주주의가 과연 어느 정도 발전하였는가를 가늠할 수 있는 중요한 척도가 된다. 먼저 본장에서는 소연방의 정당과 선거에 대한 간략한 설명을 시작으로 러시아의 정당과 선거제도 발전을 고찰하겠다. 그리고 러시아 선거제도의 특징 등을 1990년대 옐친정권과 2000년 이후 푸틴정권으로 구분하여 서술하고자 한다. 이후 본장에서는 1993년부터 2003년까지 실시된 4차례의 러시아 국가두마선거의 결과와 의미를 분석하고자 한다. 마지막으로 본장에서는 러시아 정당과 선거발전 등을 중심으로 향후 러시아 민주주의의 발전에 대한 간략한 전망을 하고자한다.

11. 소연방의 정당과 선거

1 소련공산당

소련공산당(Communist Party of the Soviet Union: CPSU)은 1991년 8월까지 소연방 국정의 지도적 중핵 역할을 해온 정당이다. 1903년 제2차 전당대회에서 좌우로 분열하였으나 레닌을 지도자로 하는 좌파가 대의원의 다수파였기 때문에 좌파는 당 명칭에 다수파를 뜻하는 볼셰비키를 추가하여 '러시아사회민주노동당(볼셰비키)'이라고 칭하고, 1912년에는 완전한 독립당이 되었다. 이 당은 1917년 10월 혁명을 지도하여 사회주의정권을 수립하고 1918년 당 명칭을 '러시아공산당'으로 바뀌었다. 다른 주요 정당들은 혁명 후 내란 때에 반혁명파에 속했기 때문에 내란이 종식되고 나서 합법 정당이 될 수 없어 소멸하였고, 좌익 소수정당은 공산당에 흡수되어 사실상 일당제가 성립되었다. 1925년 당 명칭을 '전(全)연방공산당'으로 다시 변경하였다. 1952년 당 명칭을 '소비에트연방공산당'으로 변경하고 중앙위원회 정치국을 간부회로, 서기장을 제1서기로 개칭하였다. 1956년 제20차 전당 대회에서는 스탈린을 비판하고 '개인숭배의 부정적 결과 극복'과 당내 민주주의 강화를 결의하였다. 1960년대 후반부터 소련사회는 사회발전에 관한 여러 가지 논의가 행하여 졌는데, 실행된 개혁은 적고 경제는 정체되어 사회적 모순이 표면화되었다.

1985년 당 서기장에 취임한 고르바초프는 사회·경제적 발전의 가속화를 목적으로 근본적인 개혁과 급전환이 필요하다고 주장하였다. 이에 따라, 고르바초프는 1986년 제27차 당 대회에서는 전면 개정이라는 당 강령을 채택하고 개혁노선을 확정하였다. 1987년 1월 공산당중앙위원회 전체회의에서는 복수후보자 추천과 비밀투표로 당 간부를 선출하는 민주선거제도를 채택하였다. 또한 연방최고회의는 국내 주요 문제에 대한 국민의 제한된 공개토론, 전면적인 경제개혁, 시민권리 침해에 대한 법원제소 등을 허용하는 획기적인 3개 법안을 채택하며 개혁(페레스트로이카)과 개방정책(글라스노스트)을 강화하였다. 1990년 2월 전체회의에서 당의 권력독점을 포기하는 내용의 당 강령 안을 채택하고, 최고회의에 헌법 제6조의 개정을 제의하기로 결정하여 복수정당의 길을 열어 놓았다. 같은 해 10월에는 모든 정당과 사회조직은 법 앞에 평등하다는 내용의 사회조직법(정당법)이 제정되어 공산당은 법적으로 모든 특권을 잃게 되었다. 1991년 8월 보수 세력의 쿠데타 이후 소련공산당은 해체되었다.

결과적으로 고르바초프 시대 소련공산당의 내분과 실추는 사회 내 자생적 정치사회 조직체 등장을 야기했다. 소연방의회는 1990년 가을 사회 내 단체들이 정당으로 등록이 가능하도록 하는 법률을 제정하였다. 고르바초프 시대는 소연방의 정치사회운동단체들이 미숙하게나마 정당으로 걸음마를 하려던 단계이었다. 그러나, 유일당은 진정한 의미의 당이 될 수 없다고 주장한 노이만 (Sigmund Neumann)의 입장을 수용한다면 소비에트 대부분의 기간을 통해 소연방에는 당이 없었다고 할 수 있다. 왜냐하면, 노이만에 의하면, 당은 여타의 부분 혹은 여타의 당과의 관계에서만 이해될 수 있는 부분이기 때문이다(Neumann 1956, 395).

2 소연방의 선거제도

과거 소연방의 선거법은 18세 이상의 모든 시민에게는 평등한 투표권을 부여하고 정부기관 구성원에 대한 선거는 직접·비밀선거를 원칙으로 하였다. 또한 23세 이상이면 누구라도 연방이나 자치공화국 소비에트에 출마할 자격이 있다고 명시하였다. 그러나 이러한 선거원칙에도 불구하고 소련의 정치체제는 자유민주주의 국가의 그것과는 여러 가지 측면에서 그 성격을 크게 달리한다.

먼저 소연방에서의 선거는 후보에 대한 선택의 여지가 없다는 점이 가장 큰 특징이었다. 물론 선거 시 유권자들은 투표지에 기재된 입후보자의 이름에 대하여 가위표를 하여 그의 지지를 거부함으로서 당해 입후보자의 당선을 저지할 수 있는 방법이 있기는 하나 실제 대부분의 입후보자는 투표인 절대다수의 지지를 받아 당선되어졌던 것이 소연방 선거제도의 특색이다. 왜냐하면, 투표과정에서 반대표를 찍기 위하여서는 별도로 마련된 투표소에서 설치된 투표함에 투표지가 넣어져야 하기 때문에 사실상의 소련의 선거제도는 비밀선거가 아닌 공개선거의 성격을 띠었다.

투표에서 비밀성이 보장되어지지 않았기 때문에 소연방의 선거제도에서 가장 중요한 요인은 선거절차 그 자체보다 입후보자로의 지명이었다. 따라서 소연방에서 각종 선거에서의 입후보자 지명과정은 대단히 까다로운 것이었으며 이 지명과정 자체가 선거과정의 대부분을 차지하였다고 볼 수 있으며 그 다음의 투표과정은 하나의 요식행위 이상의 의미를 부여할 수 없었다(Lane 1978, 138). 당이나 정부기관 등을 통해 후보자로 지명된 사람은 국가선거위원회로 그 명단이 추천되었다. 국가선거위원회는 당, 연방 등의 각종 조직의 대표들로 구성된 선거준비모임을 통하여 이들에 대한 각종 이력과 경력, 당성 등을 심사하여 이에 대한 지명을 최종 확정하였다. 이러한 과정을 거친 후에 정식후보자로서 지명되었다. 후보자로 선정된 사람은 그를 지명하여 준 조직체의 이름으로 그 지역선거위원회에 정식으로 후보 등록을 하였으며 이어 득표과정에 들어갔다.

III. 러시아 정당제도의 발전

1 주요 정당

과거 소연방시대와는 달리 1990년대 옐친시대 러시아연방에서는 혼란스러운 체제전환 과정을 거치며 점차 다당제가 형성되어갔다. 1993년 이후 여러 선거를 통해 개혁세력, 민족주의세력, 중도세력 등 비공산계의 정치세력들이 정치무대에 주요 세력으로 등장하게 되었다. 결과적으로 1990년대 러시아 국가두마(의회)는 과거 소연방 시절과는 달리 새로운 정치세력들에 의하여 지배되어지게 되었다. 옐친시대 러시아의 정치적 혼란은 대통령과 의회간의 대립과 갈등, 그리고 민주개혁세력과 공산민족세력 간의 충돌 등으로 특징되어진다. 즉, 이 시대는 시장경제 지향적 개혁민주세력의 지속여부와 러시아공산당의 집권 여부가 사회발전을 위한 논쟁의 초점이었다.

옐친시대 러시아의 정당체계는 상대적으로 큰 정당들이 의회진출 블록을 구성한 가운데에 다양한 군소정당 및 블록들이 존재하는 형태를 띠었다. 이때 5% 득표율을 기준으로 한 비례대표 의석배분 규정은 안정적인 정당체계의 정착에 어느 정도 기여 한 것으로 평가된다. 하지만 옐친시대 러시아의 정당들은 실질적으로 기능이 부진하고 불안정한 체계를 유지해왔다. 왜냐하면, 고르바초프 시대 후반기부터 태동하기 시작한 정당제도는 소연방의 붕괴로 자기 자리를 찾지 못한 채 혼란해졌으며 기존 체제에 대한 반대세력으로 등장하고 있었던 당시 정당들[1]은 소연방의 와해로 투쟁대상을 상실하고 이후의 행동계획을 준비하지 못했기 때문이었다. 따라서, 옐친시대 러시아는 시민사회의

1) 이들은 소비에트체제에 대한 반대가 존재이유였던 민주세력을 일컫는다.

미성숙으로 인해 정당이 출현하기 위한 사회적 기반이 발달되어 있지 않았으며 정당이 사회 갈등적 세력을 대변하지 못하였다. 당을 지지하는 자율적 기업이나 노동조직도 거의 발달하지 못했다. 법치에 대해서는 국민들의 기대가 높지만 정당에 대해서는 그렇지 못한 것을 알 수 있었다. 이는 정당이 정치권력구조의 핵심이 되지 못한다는 것을 의미한다. 또한 옐친시대에는 집권여당의 부재로 대표되는 권력창출 집단으로서의 정당의 역할은 상당히 위축되어 있었다. 이 시대는 러시아의 체제 전환적 복수정당체제가 초기수준으로 형성된 시기라고 할 수 있다. 옐친시대 러시아의 주요정당과 특징은 대략 다음과 같이 구분 및 정리되어질 수 있다.[2)]

* 러시아 주요정당의 성향

민주개혁 성향	러시아의 선택, 야블로코, 러시아 단합과 일치, 러시아 민주개혁운동
보수민족주의 성향	자유민주당
좌파 성향	러시아공산당, 농민당

* 옐친시대 러시아 주요정당의 특징

러시아의 선택	1990년대 초 개혁의 상징 가이다르의 당으로 간주되었음. 당시 러시아 정당 중 인맥으로나 정강 상 기본적으로 옐친과 같은 노선을 유지.
자유민주당	소연방 말기부터 극우 러시아 민족주의의 대명사가 된 지리노프스키의 정당. 소연방의 보존 나아가서 연방의 확장을 주창하였음.
러시아공산당	1990년대 원내 좌파세력을 대표하는 정당으로 1985년 이전 소연방상태로 돌아갈 것을 목표로 함.

2) 러시아 정당체제는 정치·이데올로기적 차이에 따라 크게 좌파세력, 보수민족주의세력, 권력당, 그리고 민주개혁세력으로 분류되어진다.

2001년 6월 21일 러시아 하원에서 정당법이 몇 번의 수정을 거친 끝에 채택되었다. 푸틴 러시아대통령이 제안한 지 불과 반년 만에 성립된 것이었다. 새로운 정당법은 정당으로서 등록된 조직만이 지방이나 연방 수준의 모든 선거에 참가할 수 있다는 규정을 두었으며 정당이 되려면 러시아의 7개 연방관할구역 중에서 적어도 절반 이상의 지역에 지부를 개설해야 하며 그 연방관할 구역마다 최저 백 명을 확보해야 하고 전체 당원 수로서 일만 명을 확보해야 한다고 규정했다. 이것으로 당시 러시아에 존재했던 정당 대부분은 그 존재가 부정되었다. 대부분의 정당이 일만 명의 당원 수를 확보할 수 없었기 때문이다. 이것은 러시아를 소수정당 시대로 전환시킨다는 목적을 가진 것으로 정치적으로는 획기적인 법률이었다.[3)]

2003년 12월 국가두마 선거 당시 러시아의 주요정당은 대부분 좌파 성향이고 우파정당은 소수이었다. 2003년 12월에 실시된 선거를 기준으로 러시아의 주요 정당의 특징을 살펴보면 다음과 같다.

- 통합러시아당: 모스크바 시장 루쉬코프가 자신의 대권 도전의 꿈을 이루기 위하여 결성하였던 '조국-전러시아운동블럭'과 친푸틴계 정당인 단합당이 2001년 12월에 결합하여 창설되었음. 당의 이념은 중도적이며 푸틴대통령 정책을 지지한다고 분명하게 언급하고 있음. 2003년 총선에서 제1당이 된 통합러시아당은 이후 친푸틴성향의 무소속의원들을 대거 영입하였다. 통합러시아당은 다수 의석수를 바탕으로 의회 내에서 과거 소련공산당을 능가하는 1당 독재식으로 의회를 운영하고 있음. 당에 합류한 지방지도자등을 활용하여 사실상 전 러시아연방 내의 단일 지배당임.

---

3) 2003년 러시아 법무부에 공식적으로 등록된 정당수는 약 184개이다. 표면적으로는 극심한 다당제 형태를 띠나, 실제로는 10여개 정당을 제외하고는 사실상 서류상으로만 존재하고 있다.

- 러시아공산당: 1993년 2월에 창설된 러시아공산당은 당 강령 선언에서 옛 러시아연방공산당(RSFSR)의 후신임을 분명하게 하였음. 러시아공산당의 최대 전성기는 제2대 러시아국가두마선거이었음. 그러나, 1999년 제3대 러시아국가두마선거에서는 당내 세대교체 실패 등 시대변화에 능동적으로 대처하지 못하였음. 푸틴 정권에서 러시아공산당은 이념의 모호성 등이 제기되는 등 당내 단결력이 이전 같지 않았음. 특히, 2003년 선거과정에서 푸틴대통령에 의하여 대표적 부패재벌로 구속된 러시아 올리가르흐의 상징인 미하일 호도로프스키 등으로부터 3천만 달러에 달하는 선거자금을 받든 의혹 등에 시달리며 '자본가의 당이냐, 아니면 노동자의 당이냐'라는 혹독한 비판을 받았음. 그러나, 러시아공산당은 의사활동과 운영면에서는 아직도 다른 정당들보다 앞선다는 전략집단이라는 평가를 받고 있음.

- 자유민주당: 지리노프스키가 이끄는 자유민주당은 1993년 제1대 러시아국가두마선거에서 당시 아무도 예상하지 않았던 22.9%의 득표율로 제1당이 되었음. 그러나 2003년 선거에서는 지역구에서 단 한 표도 획득하지 못했다. 자유민주당은 러시아 연방 내에 55개 지역에 지부를 두고 있으며 다른 정당들과는 달리 옛 소연방 영토인 카자흐스탄, 발틱 3국, 남카프카즈, 우크라이나 등지에도 지부를 결성해 놓고 있음. 자유민주당은 당 강령을 통해 자신들을 중도파 민주정당이라고 주장하면서 민주적이고 부강한 러시아의 부활을 외치고 있음. 하지만 자유민주당은 반유대주의, 인종차별주의, 극단적 민족주의를 주장하는 극우정당이라고 평가되어지고 있음.

- 조국블럭: 조국블럭의 정식명칭은 '조국 전국-애국연합'이다. 조국블럭은 정당이라기보다는 선거에 참여하기 위해 29개에 달하는 다양한 애국·민족주의 세력이 연합한 선거블럭임. 2003년 12월 선거를 3

개월 앞둔 9월에 러시아 법무부에 등록을 하였으며 공산당 출신의 명망가 글라지예프와 로고진이 창설하였음. 당 강령과 정책은 한편으로는 러시아공산당과 다른 한편으로는 야블로코와 비슷함. 조국블럭은 사회주의적 가치를 포기하지 않으며 애국·민족주의적인 기반으로 한 진화된 좌파정당임. 러시아공산당을 대체할 만한 새로운 좌파연합 정당 창출필요성에 대한 논의가 러시아 내 좌파 명망가 및 조직가들을 중심으로 증대하고 있어 향후 러시아정치에 있어 조국블럭의 진로는 중요한 바로미터가 될 것이란 평가.

- 야블로코: 자유주의적 좌파입장에서 강력한 사회안정망을 기초로 한 개혁을 지지함. 야블린스키, 루킨, 아르테메프 등이 이끄는 야블로코당은 2003년 국가두마선거에서 참패함. 왜냐하면 2003년 선거에서 우파연합과의 선거공조와 통합을 놓고 우왕좌왕함. 야블린스키가 푸틴을 지지한다는 입장을 표명하면서도 미하일 호도로프스키로부터 자금지원을 받아 선거를 준비해 왔다는 의혹 등이 제기. 그 결과 야블로코는 크레믈린의 좌파, 그리고 개혁적·자유주의적 지식인들로부터 모두 외면당함. 야블로코와 우파연합 등 자유주의 세력의 부활 여부는 다음 총선이 열리는 2007년까지 과연 이들이 새로운 세대에 어필하는 새로운 정치지도자들을 양성할 수 있느냐에 달려있음.

2 정당체제의 특징과 문제점

러시아연방에는 다음과 같은 정당체계의 기본적인 특징이 있다. 첫째, 상대적으로 큰 정당들이 의회진출 블록을 구성한 가운데 다양한 군소정당 및 블록들이 존재한다는 것이다. 둘째, 러시아 정당체계는 유럽형적인 이념적 진영으로의 분류를 기본특징으로 한다. 급진좌파,

좌파, 중도파, 우파, 급진우파 등으로 분류되어지지만 급진좌파와 급진우파는 대체로 소수의 그룹들이 추구하는 경향이 강하고, 선거를 통한 정당간의 대결에서는 일반적으로 중도좌파, 중도파, 중도우파 등을 표방한다. 셋째, 정당의 내부 구조 체계 및 내부적 상황은 일반적으로 철저한 상층구조 중심으로 구성되어지고 있다. 따라서, 새로운 조직구조를 내세우는 일부 군소정당을 제외하고는 수직적인 위계질서가 강하다. 러시아공산당의 경우 민주적 중앙 집중제의 원칙이 여전히 지켜지고 있으며 자유민주당의 경우에는 당수에 대한 의존도가 절대적으로 높다. 야블로코의 경우에는 민주적 중앙 집중제 원칙을 거부함에도 불구하고 당수의 영향력이 상당히 크게 나타나고 있다.

정당정치 형성기(옐친시대)의 러시아 정당체제가 보이는 특징은 다음과 같다. 첫째, 러시아 정당체제는 무엇보다도 체제전환과정에서 선택된 혼합선거제도, 강력한 대통령제, 양원제 의회구도 등의 복합적인 작용으로 미발전 또는 분절화 되어졌다. 정당 조직의 측면에서 볼 때도 체제전환 이전의 기층조직을 넘겨받을 수 있었던 러시아공산당을 제외한 대부분의 정당이 일부 지도자를 중심으로 광범위하고 불특정한 유권자에 접근하려는 '간부정당'에 불과하여 전국적인 조직망을 바탕으로 하는 정당으로 발전시키기에는 한계가 있었다. 둘째, 공산주의 세력이 자체 개혁없이 이데올로기적인 차원에서 반체제적인 정당으로 남아있다는 것은 러시아 정당체제의 큰 특징이다. 그러나, 러시아공산당 역시 러시아의 강력한 대통령제에서는 실용적인 차원에서 대통령·정부와 제한적인 협력을 하지 않을 수 없었다. 셋째, 정당정치 측면에서 크레믈린의 관심은 강력한 정치적 중앙을 형성할 수 있는 당의 출현이었다. 이에 따라, 국가두마 선거 때마다 크레믈린은 국가두마 내에 대통령의 안정적인 지지세력을 확보하여 통제가 가능한 의회를 만들려고 시도하였다. 이러한 목적을 위하여, 크레믈린의 적극적인 관여 아래 소위 '권력당'이 만들어졌다.[4] 권력당은 주로 중앙과 지방의 정부관료 조직과 일부 기업조직을 기반으로 구성되는 유사정당이며, 대개 중도주의의 이데올로기를 표방한다. 옐친시대 크레믈린은 매번 선거 때마다 권력당을 조직하였다. 국가두마선거에서 매번 2개의 권력당이 만들어졌다.[5] 옐친 초대 러시아대통령 이래 푸틴대통령까지 모두 4차례 실시된 국가두마선거에서 대통령은 표면상 어떤 정당에도 소속하지 않은 채 무소속을 유지했다. 물론 그렇다고 해서 대통령과 크레믈린내 왕당파들이 국가두마선거에 개입하지 않았던 것은 아니다. 이들은 공공연히 친크레믈린 정당을 만들어 정부가 사실상 장악하고 있는 TV 등 언론을 활용해 적극적으로 친크레믈린 정당을 지지했다.

소연방 붕괴 후 자유민주주의 복수다당제 정치체제를 지향하고 있는 러시아는 약 15 여년 정도의 짧은 역사와 구조적인 문제점 등으로 인하여 그 발전정도가 아직 초기 수준에 머무르고 있다. 그동안 나타난 러시아 정당정치 발전의 주요 장애요인을 살펴보면 대략 다음과 같다. 첫째, 러시아 정치사회 단체들은 아직까지 아마추어리즘적인 수준을 벗어나지 못하고 있다. 원칙과 이념에 입각한 정당에서부터 이익도모를 꾀하는 이해집단까지 우후죽순 식으로 생겨난 러시아의 정치단체는 연륜과 경험이 부족하여 여러 가지 난제를 안고 출발하였다. 그 어려움으로 우선 단체 간 상호타협과 연합의 능력이 부족하다. 또한 대부분의 러시아 정당들은 독자적인 정책 대안을 갖고 있지 못하다. 예를 들면, 신구 엘리트의 이합집산으로 형성된 신생 정당들은 비슷한 이념과 정강을 표방하고 있다.

둘째, 러시아 정당제도가 본격적으로 발전하기에는 아직 사회구조가 미비하고 시민문화가 아직 성숙되어있지 못하다. 즉, 경쟁적인 정

---

4) '권력당'은 군주제나 강력한 대통령제를 택하고 있는 국가에서 국민의 직접선거에 의해 의회를 구성하는 것으로 집권세력의 정치적 필요에 의하여 조직되는 것이 일반적이다.

5) 1993년에는 러시아의 선택 그리고 러시아일치와 단합당. 1995년에는 우리집 러시아와 이반 립낀 블록. 1999년에는 단합당과 조국-전러시아당.

당제도가 안착하기 위해서는 사회구조상 인종, 언어, 종교 등에 따른 전통적 균열이 약해야 하며 중산층을 중심으로 균형 있는 계급구조가 구축되어야 한다. 그러나 러시아의 경우 소수민족 공화국 등의 이해가 전국적 차원에서 원만하게 수렴될지, 그리고 국가 재산의 사유화 과정에서 부익부 빈익빈 현상을 초래한 결과 민주화의 초석이 아직 마련되었다고 보기 어렵다. 따라서, 전환기 러시아의 민주주의는 '민주적인 사람이 주요 관직을 차지하여 비민주적인 사람들의 행동을 제약하는 것'으로 통용되고 있다. 한편, 이러한 와중에 대중들은 시민문화의 결여로 인하여 민주적 절차와는 상관없이 한 사람의 지도자나 하나의 조직에 전권을 맡기려는 극단적 성향을 보이고 있다. 예를 들면, 1990년대 옐친에게 걸었던 커다란 기대가 무너지면서 지리노프스키의 자민당에, 그 다음은 주가노프의 공산당에 무더기 표를 던졌던 것이다.

셋째, 러시아연방은 정당제도가 발전하기에는 아직 제도적 장치가 미비하다. 현행 러시아의 헌법상 의회는 정부를 구성할 수 있는 입장도 대통령과 정부에 대해서 크게 영향력을 발휘할 수도 없는 형편이다. 러시아 의회는 기본적으로 법률을 채택하는 기관으로 전락했으며 대통령의 횡포를 견제할 수 있는 기능이 거의 결여되어 있다. 반면 대통령은 의회 해산권과 관련하여 막강한 권한을 보유하고 있다. 물론 정치적 위기의 반복으로 안정된 정국과 개혁의 효율성을 높이기 위한 조치이긴 하나 헌법기관이 민주화되지 않은 상황에서 대의정치가 발전하기란 어려운 일이다. 러시아의 강력한 대통령제에서는 정당의 대표가 직접 정부의 일에 간여하게 된다 하더라도 자신이 속한 정당의 프로그램을 관철시키기가 어렵다. 왜냐하면 정부의 정책이 정당소속의 정부 구성원에 의해서가 아니라 대통령 또는 대통령 행정실, 안보회 등의 유사헌법기관에 의하여 결정되어지기 때문이다. 더불어, 강력한 권한의 러시아 대통령은 자신의 권력이 제한받을 수도 있다는 이유로 어느 특정 정당에 소속하기를 원하지 않는다. 그 외 러시아의 전통적인 비밀주의와 파벌주의 등도 러시아의 정당제도 발전에 장애요인으로 작용하고 있다.

Ⅳ. 러시아 선거제도의 특징

1 옐친시대의 선거제도

1993년 러시아 국가두마선거에서는 역사상 최초로 정치사회 운동단체의 인기를 실험할 수 있는 비례대표제를 하원의석 절반을 대상으로 활용하였다. 즉, 1993년 12월 선거를 통하여 새로 제정된 러시아 선거법은 독일식 비례대표제(5% 장벽)와 소선구제의 혼합형으로 하원(두마)을 구성하는 것이었다. 일반적으로 비례대표제는 다당제 그리고 다수대표제는 양당제에 적합하다고 한다. 비례대표제 선거란 각 정당들이 획득한 득표비율을 그대로 의석배정에 적용하는 방식으로서 계급, 종교, 언어, 인종, 지역 등으로 분열된 유럽사회에서 다양한 이익단체들의 이익을 반영하려는 이른바 '기능적 대표' 개념으로 창출된 제도이다. 이 제도의 장점은 분열이 심한 다극적 사회 내에서 벌어지는 사회변화의 모습을 적절하게 원내에서 반영하는 것이다. 보통은 다당제로 인한 불안한 정국을 유도한다고 하지만 일정 수준의 득표율 장벽을 둘 경우 군소정당을 배제한 적당한 형태의 다당제를 낳는다고 한다. 그러나, 당시 옐친시대 러시아에서 비례대표제가 정당정치 발전에 이바지 할 수 있는지는 회의적이었다. 러시아에서는 당시 사회갈등에 배경을 둔 정당의 출현이 이루어지지 않고 있었다. 오히려 블록별 득표율에 따라 원내에 진출할 수 있다는 희망을 안고 일부 선거 블록들이 선거 직전에 즉흥적으로 만들어지고 있는 현실이었다.

2 푸틴시대의 선거제도

2000년 이후 등장한 푸틴 러시아대통령은 선거법 등을 통하여 강력한 중앙집권화를 구축하고 있다. 예를 들면, 2004년 선거법은 지방행정부의 수장인 주지사의 직접선거를 폐지하고 대통령이 임명하도록 하였다. 2003년 12월에 시행된 러시아 국가두마(하원)는 주지사와 시장을 주민들의 선거가 아닌 대통령이 임명하는 방식의 선거법 개정안을 통과시켰다. 이로써 연방정부의 수장인 대통령이 각 지방의 수장인 주지사를 임명하는 등 지역에 대한 통제권을 강화시켰다. 최근 헌법재판소도 이 새로운 절차가 합법적이라고 최종결정을 내렸다. 이 경우 각 지역의 주지사들은 전권대표와 더불어 개별 지역의 이익을 대변하거나 정치적 활동을 하기 보다는 연방의 정책을 수행하는 역할을 하게 된다.

한편, 2004년 선거법은 국가두마 의원선거법을 개정하여 50%를 선출하는 소선거구제를 폐지하고 정당명부식 비례대표제로 선출하며 비례대표제의 경우 투표자 7%의 진입제한선을 두어 7% 이상을 얻지 못한 정당에는 1석도 할당하지 않는다는 것이다. 새로운 선거법에 따르면 비례대표제로 출마할 수 있는 정당은 러시아내 89개 행정구역 가운데 절반 이상의 지구당에서 각 500명 이상의 당원을, 나머지 지구당에서도 최소한 250명 이상의 당원을 보유해야만 하게 되어 있다. 이는 최소한 총 5만 명의 당원을 보유해야 하며, 전국적인 지지를 받는 정당만이 하원선거에 참여할 수 있다는 것이다. 이 경우 수많은 군소정당은 정치무대에서 사라지고 전국적으로 일정 수준 이상의 득표를 할 수 있는 대형정당만이 살아남게 될 것이라는 점이다. 이와 같은 지방 행정조직과 의회의 개편을 통해 중앙과 지방권력 관계에 있어 중앙이 지방을 통제, 정책일관성은 유지하려 할 것이며 국가의 통합성은 강화될 것으로 보인다. 푸틴 러시아대통령이 대대적으로 개편한 선거법의 주요 내용은 다름과 같다.

- 지방정부 대표 선출방식을 현행 직접선거에서 대통령이 추천하고 지방의회가 승인하는 방식으로 바꾸고
- 국회의원 선거도 현행 비례대표 50%, 지역구 50%를 전원 정당비례대표로 선출하며
- 각 지방정부 감독관을 대통령이 직접 임명하고 더불어 국가두마(하원) 선거제도를 '지역구(225명)+비례대표(225명)'에서 '정당명부제+비례대표'로 바꾸자고 주장했다. 여권 독주의 제도화가 예상되는 이 제안은 친 크레믈린 정당이 개헌선을 넘는 의석을 차지하고 있는 만큼 의회 통과는 요식행위에 지나지 않을 것이다.

V. 주요 러시아 선거의 결과와 의미

1 제1대 러시아 국가두마선거 (1993년 12월 시행)

1993년 12월에 실시된 첫 번째 러시아 국가두마 총선에서 모두 13개 정당이 선거에 참여하였고 그 가운데 8개 정당이 정당 투표에서 5% 이상 지지율을 기록하여 비례대표 의석을 확보하였다. 선거결과 총 의석수에서는 극우민족주의'자유민주당'과 자유주의 개혁정당'러시아 선택'이 똑같이 64석을 차지하여 함께 제1당이 되었다.

'러시아 선택'은 정당투표와 선거구투표에서 각각 40석과 20석을 획득하였다. 그러나 자유민주당은 정당투표에서 22.92%로 최고 지지율을 확보하여 59석을 획득 하였으나, 선거구투표에서 불과 5석밖에

얻지 못했다. 이것으로 볼 때 자유민주당이 선전한 것은 다분히 지리노프스키 당수의 선동에 기인한 것으로 볼 수 있다. 서구식 개혁 노선에 반기를 든 지리노프스키의 선동이 당시 러시아 국민들의 호응을 불러일으킨 것으로 해석할 수 있다. 즉, 당시 급진적인 개혁정책인 '충격요법(Shock Therapy)'에 따른 옐친정부의 자본주의 시장경제 도입과 그 과정에서 나타난 법질서 붕괴 현상에 대한 반감이 국민들 사이에 그 만큼 팽배했기 때문이었다. 다른 반개혁세력 정당들도 비례대표 의석을 결정하는 정당투표에서는 예상외로 선전했다. 예를 들면, 러시아 공산당이 12.35%라는 높은 정당 지지도를 기록했다.

전체적인 선거결과를 개혁성향 대 반개혁성향 분포라는 관점에서 봤을 때 반개혁 성향 정당들이 좀 더 많은 의석을 차지한 것으로 나타났다. 그러나 이들이 제1대 국가두마 기간 동안 의정 활동에서 서로 긴밀한 연합을 보인 것은 아니었다. 이점은 개혁성향 정당들도 마찬가지였다. 이러한 상황에서 제1대 국가두마는 개혁세력이건 반개혁세력이건 의정활동을 주도하는 정당 없이 전체적으로 분열된 특성을 보였다. 다만 반개혁세력 정당들은 서로 이데올로기는 많이 달랐지만 반 서방 민족주의 정서란 측면에서만은 뚜렷한 공통점을 가지고 있었다. 따라서 제1대 두마선거의 결과는 이후 옐친정부가 경제·외교 정책에서 친서방 개혁 정책을 지속적으로 추진하는 것을 어렵게 만드는 중요한 요인으로 작용하였다.

1993년 국가두마 선거는 러시아연방 출범 이후 최초로 다수정당이 자유경쟁의 원칙 하에 치러졌으며 향후 경쟁적 다당체제 구도 형성의 모태가 된 선거였다. 이 선거를 계기로 시민동맹이 주도한 중도세력이 쇠퇴하고 러시아의 선택과 야블로코 등 개혁세력, 러시아공산당과 농업당 등 보수공산세력, 자유민주당으로 대별되는 극우민족세력이 주도하는 새로운 정당구도가 형성되었다. 구체적으로 전체의석 450석 가운데 개혁세력은 116석을 보수 공산세력은 81석, 극우민족 세력은 64석, 중도

세력은 42석을 그리고 무소속이 141석으로 무려 31.3%를 차지하였다.

〈그림 1〉 제1대 국가두마선거 득표율 및 의석수

자료: 러시아 중앙선거위원회(ЦИК)

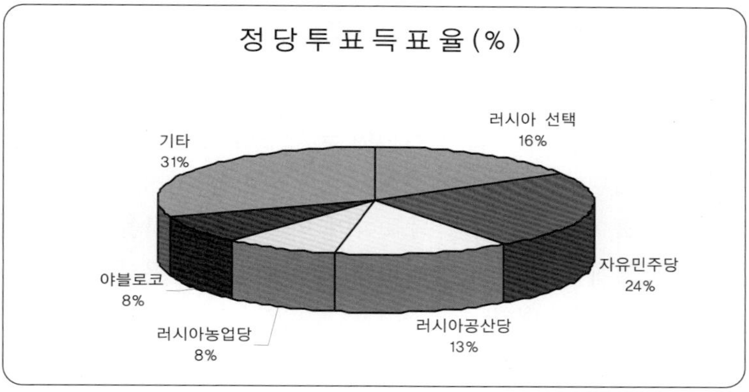

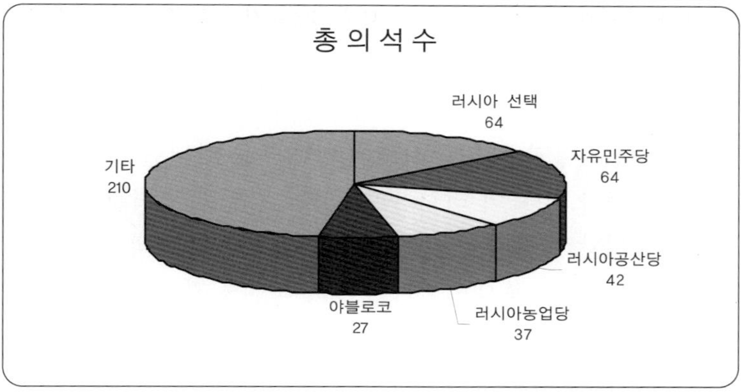

각 정당들은 정치지도자의 충원에 있어서 약간의 기능을 수행하였을 뿐, 정당지지 기반 미비, 선거전략 및 정강정책 제시 면에 등에서 미숙함을 드러내었으며, 러시아공산당을 제외하고는 조직 구조면에 있어서도 취약성을 나타냈다. 이러한 경향들은 각 정당들의 주요 정당지

도자들에 대한 지나친 의존, 정당정치 경험 부족과 운영부족 등과 더불어 정당정치 발전의 제약요인으로 상존하고 있었음을 나타내는 것이었다(Munro and Rose 2001).

2 제2대 러시아 국가두마선거 (1995년 12월 시행)

1995년 12월에 시행된 제2대 러시아 국가두마 총선에는 무려 43개 정당이 참여하였다. 그 가운데 한 석이라도 의석을 차지한 정당은 23개였고 정당투표에서 5% 이상 득표하여 비례대표 의석을 배정 받은 정당은 4개 정당에 불과했다. 그리고 이 4개 정당이 얻은 득표율도 모두 합해서 5.5%에 불과했다.

이 총선에서 가장 괄목할 만한 결과는 러시아공산당이 약진한 점이다. 러시아공산당은 정당투표에서 월등한 지지도(22.3%)로 1위를 기록해서 비례대표 의석만 99석을 확보 했고 선거구투표에서도 가장 많은 58석을 확보해서 모두 157석으로 국가두마 내에서 뚜렷한 제1당 지위를 굳혔다. 이는 불과 2년 전 선거에서 42석을 가졌던 것에 비하면 극적인 도약이었다. 더불어 러시아공산당과 긴밀한 협력관계를 유지하는 러시아농업당과'인민에게 권력을'등이 각각 20석과 9석을 확보했다. 이외 군소정당 소속 의원들과 무소속 의원들 가운데 러시아공산당에 동조하는 의석들을 모두 합하면 공산주의 계열 의석수는 거의 전체 의석 과반수에 육박하는 상황이 되었다. 그리고 공산주의 계열은 아니지만 개혁에 반대하는 반 옐친정부 입장의 주요 정당인 극우성향의 자유민주당이 51석을 차지했다. 이와 함께 중도좌파 및 중도우파 야당들의 의석수를 모두 합하면 옐친정부의 개혁노선에 반대하는 세력은 제2대 국가두마선거에서 과반수를 훨씬 상회하였다. 물론, 자유민주당이 러시아공산당과 이데올로기에 있어서는 뚜렷한 차이가 있지만 친 서방 외교정책과 자본주의 시장경제를 근간으로 한 급격한 경제개혁정책에 대해서는 공통된 반대 입장을 가졌다. 이에 비해 친정부 혹은 개혁노선 정당들의 의석수는 모두 합해서 121석 정도 밖에 되지 않았다. 특히 가이다르가 이끄는 러시아 민주선택(1993년 선거에서는 '러시아의 선택')이 불과 9석 밖에 의석을 획득하지 못했다. 이것은 러시아의 선택이 2년 전 총선에서 64석으로 자유민주당과 함께 원내 제1당을 차지했던 지위에서 엄청나게 하락한 결과였다.

〈그림 2〉 제2대 국가두마 선거 득표율 및 의석수

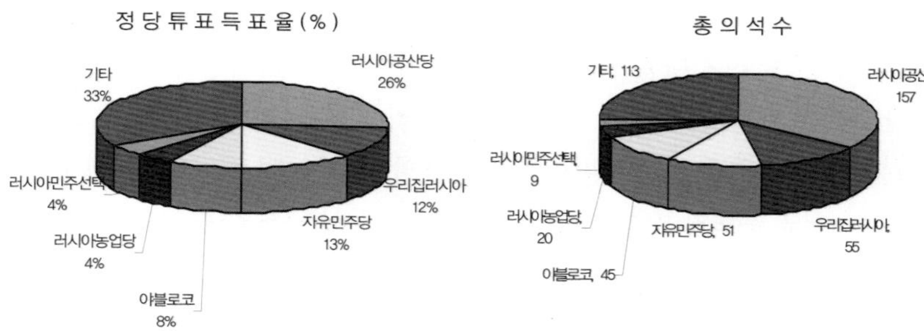

자료: 러시아 중앙선거위원회(ЦИК)

1995년 러시아 국가두마 선거결과는 '충격요법'에 바탕을 둔 급진 경제개혁정책에 국민들이 등을 돌린 것으로 볼 수 있다. 친 옐친정부 인사들이 대거 연합하여 국민두마 내에 안정된 여당 창출을 목표로 새로 만든 일종의 관제 친정부 정당인'우리집 러시아'역시 55석을 얻어 기대에 훨씬 미치지 못하는 성과를 거두었다. 비록 개혁보다는 중도노선에 더 가까운 공약을 제시했지만 정부와 밀접한 관련이 있다는 이미지가 실패 원인이 있었다.'우리집 러시아'가 이처럼 선거에서 부진한 평가를 받음으로써 옐친 대통령은 이후 이 당과 거리를 두는 정책을 선택했고 그 결과 '우리집 러시아'는 여당으로서 입지를 확보하는데 실패했다.

즉, 1995년 선거에서는 좌·우익 반체제 정당의 활약이 두드러졌다.

제2대 국가두마 총선에서 개혁정당들 가운데 상대적으로 만족할 만한 성과를 거둔 정당은 오직 야블로코였다. 지난 제1대 총선에서 27석을 차지했던 것에서 45석으로 의석을 늘린 유일한 개혁정당이었다. 이처럼 개혁정당들은 개별적으로 대단히 실망스러운 성과를 거두었을 뿐만 아니라, 이들은 공산당 계열 정당에 비해 상호협력 의식이 대단히 희박한 특성을 가진다. 정당지도자들 사이의 라이벌 의식 때문에 비슷한 정책 이념을 갖고 있었지만 이들 개혁정당들은 하나의 정당으로 통합하지 못했다. 이처럼 사분오열된 개혁세력은 제2대 국가두마에서 절대적인 열세에 놓이게 되었다. 결국 제2대 국가두마는 러시아공산당과 그 협력정당들의 손에 좌지우지되었다. 국가두마 의장과 28개 상임위원회 가운데 9개 상임위원회 위원장을 러시아공산당 소속 의원들이 차지했다. 이 가운데에는 입법위원회, 안보위원회, 경제위원회 등 핵심 위원회가 포함되어 있다. 그 외 공산당계열 정당들이 입지를 크게 강화한 것을 바탕으로 러시아공산당 당수 주가노프는 1996년 러시아 대통령선거에 출마할 채비를 다지기 시작했다.

1995년 러시아 국가두마 선거는 1993년 선거와는 달리 특정 정치세력이 배제되지 않은 채 헌법적 테두리 내에서 43개의 정당과 선거블럭이 참여하였고, 정해진 시점에 치러지는 등 국가두마 선거에 있어서 일정한 법적, 제도적 절차를 공고화시킬 수 있는 계기를 마련하였다. 이 선거를 통해 각 정당들은 이전에 비해 어느 정도 선거 전략을 갖춘 선거정당의 모습을 띠었으며, 정당정책면에서 이전보다 진전된 양상을 보였으며, 지지 기반에 있어서도 사회적 기반을 토대로 한 대중정당으로의 전환 가능성도 보여 주었다. 1995년 선거결과는 어느 정도 러시아의 정당구도가 정립되는 단계에 접어들고 있음을 보여 주었다. 한편, 러시아공산당 등 보수 세력들은 정당조직과 구조, 인적구성 면에서 체계화를 이루고 있는 반면 친정부계의 권력당은 정치지도자의 권력유착관계 변화에 따라 부침하는 등 정당존재기반의 취약성과 러시아적 정당정치의 특성을 잘 나타내 주었다.

3 제3대 러시아 국가두마선거 (1999년 12월 시행)

1999년 12월에 실시된 제3대 러시아 국가두마 총선에서는 모두 26개 정당이 후보를 내고 참여했지만, 단지 6개 정당만 정당투표에서 5% 이상의 지지를 받았다. 그 가운데 러시아공산당이 제2대 국가두마에 이어 다시 제1정당이 되었다. 그러나 제2대 국가두마선거에 비해 의석이 157석에서 113석으로 약 28% 정도 감소했다. 대신 제3대 국가두마선거에서 가장 성공적인 결과를 획득한 정당은 신생 친정부 정당'단합당'으로 정당투표에서 23.32% 지지를 얻어 24.29% 지지를 획득한 러시아공산당에 1% 미만 수준으로 육박했다. 단합당은 국가두마 내에서 정부정책을 지지하는 여당 역할을 담당할 목적으로 총선 직전에 급조되었지만 정부 실력자나 유명 인사는 드물었다. 그러나 푸틴이 이 정당에 대해 공개적으로 지지를 표명한 후'단합당'은 언론과 행정조직의 도움을 받아 전국적으로 조직을 확대하는 데에 성공했다. 일반적인 여권 프리미엄 외에 일반 국민들이'단합당'을 지지한 것은 당시 2차 체첸전쟁을 성공적으로 수행한 푸틴총리에 대한 지지라고 할 수 있다. '단합당'이 확보한 73석에 친정부 세력이 원내 과반수를 확보한 셈이었다. 이로써 공식적인 여당은 아니지만 친정부 세력이 독립 후 러시아 정치에서 처음으로 의회 다수를 차지하게 되었고 이는 러시아의 정치 안정에 크게 기여하였다.

〈표 1〉 제3대 러시아국가두마 정당별 득표율 및 의석수
(투표율: 61.69%)

정당	정당투표 득표율(%)	비례대표 의석	선거구 의석	총 의석
러시아공산당	24.29	67	46	113
단합당	23.32	64	9	73
조국-전러시아 연합	13.33	37	29	66
우파연합	8.52	24	5	29
야블로코	5.93	16	4	20
자유민주당	5.98	17	0	17
우리집 러시아	1.19	0	7	7
러시아군 지지 운동	0.58	0	2	2
러시아전국민연합	0.37	0	2	2
정신유산	0.10	0	1	1
니콜라에프-표도로프 블록	0.56	0	1	1
러시아공동체-볼드레프 회의	0.61	0	1	1
연금자당	1.95	0	1	1
러시아사회당	0.24	0	1	1
무소속	-	-	107	107
전체	-	225	216[6)]	441

자료: 러시아 중앙선거위원회(ЦИК)

본 선거에서‘단합당’못지않게 성공적인 성과를 거둔 정당은‘우파연합’이다. 이들은 1991년 소연방 붕괴 이후 러시아 시장경제 개혁을 주도해 온 급진개혁파들의 연합정당이다. 그동안 러시아 사회에서 급진 혁은 경제침체와 부패의 원인으로 인식되어 왔다. 그리고 가이다

6) 9개 선거구 투표에서 의원을 선출하지 못했음.

르, 추바이스, 키리옌코 등과 같은 인물들은 서방 자본주의 국가들의 꼭두각시처럼 인식되어져 왔었다. 바로 이들이 주도하는'우파연합'이 본 선거에서 8.52% 지지를 받았다는 것은 주목할 만한 변화였다. 그 만큼 러시아 사회에서 자본주의 시장경제에 대한 인식이 나아지고 러시아에서 자본주의 체제도 서서히 자리를 잡아가고 있다고 해석될 수 있었다. 본 선거에서 가장 기대에 못 미쳤던 정당은 단합당의 실질적인 라이벌이었던 중도좌파계열의'조국-전러시아 연합'이었다. '조국-전러시아 연합'이 정당투표에서 13.33% 지지를 얻고 선거구투표에서 29석을 확보하여 모두 66석을 얻어 원내 3위 정당이 된 것은 부진한 성적이고 할 수 없다. 그러나 강력한 대통령 후보로 여겨지던 프리마코프 전 총리와 모스크바 시장 루쉬코프가 이끈 이 당은 선거 전에는 러시아공산당을 누르고 제1당이 될 것으로 예상되었었다. 그러나 선거결과는 푸틴총리가 체첸전쟁으로 정국 주도권을 장악하면서 인기가 높아지자 이들을 지지하던 유권자들이'단합당'지지로 대거 옮겨간 것으로 나타났다. 그리고 친정부 계열 언론매체들이 다음 대통령 선거에서 푸틴의 라이벌이 될 수 있었던 프리마코프나 루쉬코프를 집중 공격하면서'조국-전러시아연합'은 사실상 조직적으로 힘을 잃었다. 이로써 3개월 후에 치러질 2000년 러시아대통령 선거에서도 프리마코프나 루쉬코프가 푸틴에 대항할 수 있는 기반이 크게 잠식된 것으로 보였다. 지리노프스키 블록(전 자유민주당)은 가까스로 5% 문턱을 넘을 만큼 지지도가 폭락했다. 야블로코도 비슷한 입장이 되었다. 이리하여 제3대 국가두마에서는 러시아공산당은 비록 제 1당의 지위는 유지했으나 푸틴총리를 지지하는 신생'단합당'과'우파연합'이 약진함으로써 범우파 정당이 처음으로 국가두마를 지배하게 되었다.

제3대 러시아 국가두마 선거는 새로운 밀레니엄을 준비하고 미완의 개혁을 완수할 러시아 국민의 대표를 선출한다는 면에서 상징적인 의미, 그리고 머잖아 임기가 종료되는 옐친 대통령의 후임을 선출하는 대선의 전초전으로서의 의미가 부각되었다. 그럼에도 불구하고, 지난 제1대와 제2대 선거만큼 세인의 깊은 주목은 받지 못하였다. 이는 체첸전쟁으로 국내 정세가 매우 불안정한 상황 속에서 국민들의 선거에 대한 관심이 약해졌고 따라서 여론이 적잖이 왜곡될 수밖에 없었기 때문이었다.

4. 제4대 러시아 국가두마선거 (2003년 12월 시행)

2003년 12월에 실시된 23개 정당이 참여한 제4대 러시아 국가두마 총선에서는'통합러시아당'이 40%에 가까운 정당 지지도를 기록하고 총 의석수에서는 무려 220석을 차지하여 2등을 한 러시아공산당을 3배 가까운 격차로 따돌리며 대승을 거두었다.[7] 푸틴대통령이 속한 공식 여당은 아니지만 통합러시아당이 대승을 거둔 것은 지난 총선에 이어 제4대 총선에서도 푸틴대통령 친위 세력이 국가두마를 더욱 확고하게 장악한 것을 의미했다. 이로써'강력한 러시아의 재건'을 슬로건으로 내세운 푸틴정부는 집권 2기에 안정된 국정운영 기반을 마련하였다. 제2대와 제3대 국가두마에서 제1당을 유지했던 러시아공산당은 제4대에서 51석으로 의석수가 절반 이하로 감소한 상태에서 제2당으로 밀려났다. 이로써 러시아공산당은 지난 10년간 차지했던 국가두마 의장 자리도 내주게 되었다. 러시아공산당이 이처럼 크게 퇴조한 데에는 지도층간 갈등으로 구심점을 잃어가던 내부 사정과 무관하지 않았고 더구나 '올리가르히(러시아 신흥재벌)' 집단으로부터 뇌물을 받은 스캔들도 고정 지지층 이탈을 야기하였다. 그러나 여기에는'조국당'이란 신생 정당도 상당한 역할을 한 것으로 평가되었다. '조국당'은 공산주의자와

---

7) '통합러시아당'은 2002년 2월 전신이던 단합당이 1999년 총선에서 라이벌이었던'조국-전러시아연합'을 흡수·합병하여 이름을 바꾼 것이다.

민족주의 성향 정치인들의 연합정당이라는 특이한 성격을 띠었다. 문제는 창당 주역인 중도 민족주의 성향의 국가두마 의원 로고진과 러시아공산당에서 탈퇴한 좌파 경제학자 글라지예프 등이 크렘린 측의 음성적인 지원을 받았다는 것이다. 푸틴 지지자들은 러시아공산당 표를 분산시키기 위해 이들을 사주하여 제4대 총선 3개월 전에 '조국당'을 창당시킨 것으로 알려졌다. 급조된 정당임에도 불구하고 푸틴 지지 세력이 음성적으로 제공한 풍부한 지원 덕분에 조국당은 정당 투표에서 9.02%의 지지를 받아 비례대표 의석을 무려 29석 받고 선거구 투표에서 9석을 더하여 모두 37석을 가진 제3당이 될 수 있었다. 그러나 창당 배경이 그러하므로'조국당'은 사실상 '통합러시아' 자매 정당으로 인식되었다. 제4대 국가두마 총선에서는 시장경제 체제와 서구식 민주주의를 표방했던'우파연합'과 야블로코 역시 정당 투표에서 5% 문턱도 넘지 못하고 군소정당으로 전락했다. 우파연합 대표 넴초프는 이번 선거를 계기로 러시아에서 국가사회주의가 강화될 것이라고 경고했다. 이러한 분위기를 가장 잘 반영한 것이 극우 정당 자유민주당의 부활이었다. 자유민주당은 우파연합이 선전했던 지난 3대 총선에서는 드디어 그 수명을 다한 것으로 보였다. 그러나 제4대 총선에서는 여전히 선거구 의석은 하나도 없이 순전히 정당 투표에서 11.45%로 3위의 지지를 받아 36석을 확보하여 부활하는 모습을 보였다.

〈표 2〉 제4대 러시아국가두마 정당별 득표율 및 획득 의석수

정당	정당투표 득표율(%)	비례대표 의석	선거구 의석	총 의석
통합러시아당	37.57	120	100	220
러시아공산당	12.61	40	11	51
조국당	9.02	29	8	37
자유민주당	11.45	36	0	36

러시아 인민당	1.18	0	17	17
야블로코	4.30	0	4	4
우파연합	3.97	0	3	3
러시아 부흥당	1.88	0	3	3
러시아 농업당	3.64	0	2	2
위대한 러시아당	0.28	0	1	1
신노선당	0.84	0	1	1
기업발전당	0.35	0	1	1
무소속	-	-	71	71
전체	-	225	222[8)]	447

자료: 러시아 중앙선거위원회(ЦИК) (투표율:55.67%)

2003년 러시아 국가두마선거 역시 푸틴의 재신임을 묻는 성격이 강한 2004년 대선의 전초전 양상 즉 중간평가의 성격을 띠었다. 통합러시아당이 압도적인 의석을 확보한 제4대 총선결과가 남긴 최대의 관심은 이를 바탕으로 푸틴대통령이 과연 3선 개헌을 시도할 것인가 이었다. 본 선거는 2004년 3월에 실시될 대통령선거에서 푸틴대통령이 재선될 것을 명백히 하는 성격을 띠었다. 당시 여론조사에서도 푸틴대통령의 지지도는 꾸준히 70% 이상을 유지하고 있었다. 따라서 제4대 국가두마에서 통합러시아당이 조국당과 무소속 가운데 우호 의원들을 꾸준히 규합하여 300석(450석의 2/3)을 확보할 수 있으면 개헌도 가능하게 되었다. 본 선거를 통하여 푸틴대통령은 견제세력이 사실상 무력화된 정치환경에서 과거 자신이 몸담았던 연방보안국(FSB)출신 관료와 고향 상트페테르부르크 출신 인사들을 더욱 많이 발탁하고 옐친계열 인사들을 퇴진시켜 친정체제를 강화하기 시작했다. 그러나 제4대 총선은 공정성 시비가 국제적으로 발생한 오점을 남기기도 했다.

---

8) 선거구 투표 3곳에서 의원 선출을 하지 못했다.

Ⅵ. 러시아 민주주의와 정치제도: 발전과 전망

러시아의 정치질서에 있어 가장 큰 변수는 2008년 러시아대통령 선거이다. 현재 하원 두마에서 공식적으로 푸틴을 지지하고 있는 '단합당'이 전체 의석의 2/3 이상을 차지하고 있다. 이러한 지지를 바탕으로 한 러시아의 정치적 안정은 당분간 푸틴 대통령 재임 중에는 지속될 것으로 전망한다. 하지만, 위약한 정치 민주주의체제에서 권위주의체제로의 회귀라는 비판을 받고 있는 러시아의 정치는 중기적인 측면에서 볼 때 정치적 불안정성이 노정될 가능성이 매우 높다. 그 이유는 대략 다음과 같이 정리되어질 수 있다. 첫째, 푸틴 이후 새로운 대통령이 등장하더라도 푸틴대통령 만큼 절대적 지지기반 위에서 안정적으로 통치할 가능성은 매우 낮다. 둘째, 만일 개헌을 통해 푸틴이 3선 대통령으로 등장하면 러시아의 대 서방 관계와 러시아 민주주의에 대한 논의가 국내적 안정에 부정적인 영향을 끼칠 것이다. 셋째, 경제적으로 소득이 증대한 국민들 상당수가 정치의 민주화 및 투명화를 요구할 것이며 현재 법적으로 활동의 제한을 받고 있는 NGO 등을 비롯한 사회단체들의 자유로운 활동요구가 증대되어 질 것이다.

러시아 정치전망의 불확실성은 현재 러시아정치의 안정이 과도하게 1인에게 의존하고 있는 불건전한 정치환경에서 비롯된다. 정치세력에 대한 경쟁력 있는 도전자가 없고, 후계를 위한 인물을 키우지 않은 채 대립할 세력이 없이 절대권력을 보유한 1인에게 완전히 집중되어 있는 상황이다. 푸틴 대통령 통치 6년간 정치적 경쟁을 위한 제도 발전이 지연되어 왔고, 많은 부문에서 퇴행하고 있는 양상을 보여 왔다. 현재의 구도로 보아 푸틴 이후 여러 가지 대통령승계 시나리오가 제기되고 있는데, 푸틴 대통령이 헌법을 준수하면서 후임자를 선정하여 영향력을 미치는 방법과 헌법수정을 통해 다시 대통령에 취임하거나 의원내각제로의 이행과 같은 제도변혁을 통해 실질적 권력을 획득하는 방법 등이 거론되어지고 있다. 2000년 푸틴이 대통령에 취임한 이후 가장 중요한 정치적 과제는 민주주의 건설이 아니라 러시아를 보다 강하고, 독립적이며, 통합된 국가체계로 만드는 것이었다. 따라서 민주주의의 발전이라는 차원에서는 취약성을 보였고, '민주주의의 역행'이나 '권위주의로의 회귀'라는 입장에서 서방으로부터 비판받아왔다.[9)]

정치적 반대세력이 정치질서에 미치는 영향력은 보다 축소될 것으로 보인다. 러시아의 정치적 반대세력은 심하게 분열되어 있어 차기 대선에서 경쟁세력이 되기 어려울 것으로 보인다. 또한 2007년 차기 국가두마선거에서도 의회에서 반정부세력이 세력을 확대하기 쉽지 않을 것으로 보인다. 특히 자유주의 개혁가들이 분열되어 있다. 뿐만 아니라 차기 의회선거부터는 변경된 선거법이 적용됨으로써 비례대표 의석을 확보하기 위해서는 7% 진입제한선을 설정하고 있는데, 이 경우 현재의 정치적 구도에서는 '통합러시아당', '러시아공산당' 이외에는 누구도 7%를 넘기 어려울 것이라는 전망이 지배적이다.

푸틴정권은 물론, 앞으로 그 이후의 정권들에서도 마찬가지로 의회 및 정당을 통한 정통성 확보는 정당활동의 핵심적인 과제가 될 것인데, 이것이 의회의 권한 영역 확대와 기능의 활성화를 통해 추진될 것인지 아니면 전면적인 권력구조의 재편을 통한 의회의 유명무실화를 강화·조장하는 방향으로 될 것인지는 이후의 정국 상황에 따라 판가름 날 것이다.[10)]

진정한 민주주의 선거에서는 자유로운 선택이야말로 올바른 민주

---

9) 프리덤하우스에서 평가한 전세계 국가들의 자유지표를 보면, 러시아의 민주적 지표는 1990년대 초반부터 점점 악화되어왔다. 2005년도 러시아의 정치적·시민적 권리지수는 5.5로 '자유롭지 않은(NF: Not Free)' 상태로 분류되고 있다.

10) 다음을 참조할 것. Rose, Richard & Neil Munro, *Elections without Order: Russia's Challenge to Vladimir Putin* (Cambridge: Cambridge University Press, 2002).

주의의 심장부에 해당하며 분명하고 책임 있는 정당은 이러한 선택을 도와주는 데 잘 어울리는 구조물이라 할 것이다. 러시아가 권위주의체제에서 자유민주주의체제로의 이행에 성공하기 위해서는 활력있고 색깔이 분명한 여러 개의 정당이 형성되어야 하고 국가적 차원에서 공정성이 보장되는 선거가 주기적으로 실시되어야 한다. 2007년 러시아 국가두마선거 그리고 2008년 러시아대통령 선거는 러시아의 선거제도와 정당정치 발전 측면에서 뿐만 아니라 러시아 민주주의의 발전과 나아가 러시아의 미래를 결정지울 수 있는 매우 중요한 분수령이 될 것으로 전망한다.

참 고 문 헌

Lane, David. 1978. Politics and Society in the USSR. New York: New York University Press.

Munro, Neil & Richard Rose. 2001. Elections in the Russian Federation. Glasgow: University of Strathclyde.

Neumann, Sigmund. 1956. "Toward a Comparative Study of Political Parties." in Neumann, ed. Modern Political Parties. Chicago: University of Chicago Press.

Rose, Richard & Neil Munro. 2002. Elections without Order: Russia's Challenge to Vladimir Putin. Cambridge: Cambridge University Press.

ЦИК РФ. 1997. Выборы глав испольнительной власти-Субьектов Российской Федерации 1995-1997. Москва: Весь Мир.

체코의 정당체계와 선거제도

김신규

1. 서론

지난 2006년 6월 의회선거가 실시된 이후 내각이 구성되지 못하는 등 체코의 정치 불안정이 몇 개월 동안 지속되고 있다. 선거결과 우익정당과 좌익정당이 정확히 100석씩 의석을 나누어 차지했고 그에 따라 내각을 구성하기 위한 협상이 시작되었지만, 해를 넘기면서도 여전히 가시적인 결과가 나타나지 않고 있다. 더군다나 좌-우의 두 다수정당은 상대방과의 협력을 거부한 상황이어서 제1당인 시민민주당(ODS)이 내각을 구성한 이후에도 의회에서 신임을 받지 못해 다시 내각이 해산되는 사태가 이어졌다.

지난 10년 동안 체코에서는 안정된 다수내각이 구성된 적이 한 번도 없었다. 1996년 체코 단독으로 치러진 최초의 의회선거 이래 6번 내각이 바뀌었지만, 2002년 사회민주당(ČSSD) 주도의 연립내각을 제외하고는 소수내각이었고 그나마 2002년 사회민주당 주도의 내각 역시 과반에 1석이 많은 101석의 최소 승리내각에 불과해 4년 내내 내각 불안정에 시달렸다(Lijphart 1984, 56-59).

1993년 슬로바키아와 분리 독립한 이후 체코에서는 내각을 구성하지 못하는 문제가 선거 때마다 나타나는 고질적인 현상으로 자리 잡았다. 1996년 선거에서는 시민민주당 주도의 우익 연립내각이 99석으로 소수내각을 구성했지만, 내각의 파트너 정당이었던 기독-인민당(KDU-ČSL)의 탈퇴와 시민민주당의 분열로 2년 만에 붕괴되었다. 1998년 실시된 조기총선으로 사회민주당이 단독으로 내각을 구성했지만 74석에 불과한 소수내각으로 제1야당인 시민민주당과의 비정상적인 권력공유를 통해 겨우 4년 임기를 채웠을 뿐이었다. 이 과정에서 사회민주당과 시민민주당은 선거제도의 개혁에 합의했지만, 이들이 내놓은 개혁안은 헌법재판소에서 기각되었다. 이후에 마련된 새로운 선거제도로 치러진 2002년 선거 이후에도 내각구성의 문제가 되풀이 되었다.

지난 2000년에서 2002년에 정당들 간의 타협안으로 마련된 새로운 선거제도는 선거방식, 선거구의 규모, 제한선 규정, 후보자 명부의 특성 등을 모두 개정했지만, 그다지 두드러진 효과를 거두지 못하고 있다. 새로운 선거제도로 실시된 2002년 선거와 2006년 선거는 선거제도의 개혁을 통해 정당체계를 변경시키고 그에 따라 내각 구성을 용이하게 하며 행정권을 강화시키려 했던 기존 정당들의 목적에 부합되지 않았다.

이런 배경을 바탕으로 이번 장에서는 체코 정당체계의 특징과 선거제도의 변화를 살펴본다. 체코에서는 지난 1989년 민주화가 시작된 이래 새로운 정당이 등장하고 이들 간의 경쟁을 통해 정당체계가 형성되었는데, 이를 시기별로 구분해 각 시기별 정당체계의 특징을 간략히 살펴보고 그것을 유형화시킨다.

두 번째로 살펴볼 내용은 선거제도의 특징과 변화이다. 지난 2000년-2002년 선거법 개정을 통해 선거제도가 바뀌었는데, 선거제도 변화의 원인과 그 결과를 분석한다. 새로운 선거제도를 채택한 목적이 다수당에게 유리한 상황을 만들려는 것이었지만, 결국 원래의 개혁안과는 거리가 먼 새로운 선거제도가 도입되었고 이것은 정당체계에 이렇다 할 영향을 끼치지 못했다. 따라서 선거제도 변경을 위해 다수당들이 마련한 초안과 실제 선거결과를 비교함으로써 새로운 선거제도가 기존의 선거제도와 그 내용이 바뀌었음에도 불구하고 정당체계에는 큰 영향을 끼치지 못했음을 증명한다.

마지막으로 이런 논의를 통해 체코에서 주기적으로 발생하는 내각 구성의 문제와 내각의 불안정을 해결할 수 있는 방안에 대해 간략히 살펴볼 것이다.

II. 체코 정당체계의 특징

체코 정당체계는 시기별로 확연히 구분되는 특징을 지니고 있는데, 여기에서는 정당체계의 형성시기, 안정화 및 정치위기 시기, 야당협정(opožční smlouva) 시기 그리고 2002년 이후로 구분해 각 시기별 특징을 살펴보고 그것을 유형화시킨다.

1 체코 정당체계의 형성 시기 (1992년 - 1996년 6월)

지난 1992년 선거를 치르면서 비로소 체코 정당체계가 형성되었다. 이 시기에는 정당의 이데올로기-실용주의 경쟁의 혼재, 좌-우 정치 스펙트럼의 정착, 개별정당의 지지층 확보라는 측면에서 본격적으로 정당체계가 형성된 시기였다. 또한 바로 이 시기에 내각구성에서 (시민민주당+기독-인민당+시민민주연합)의 우익정당들 간의 연립 전통이 세워졌다. 공산당(KSČM)과 사회민주당이 좌익정당으로 의석을 차지했지만, 여전히 세력이 약했고 상호 협력의 가능성은 전혀 없었다. 우익정당들이 정당체계에서 주도적 위치를 차지했고 특히 시민민주당은 주도정당으로서의 위상을 굳혔다.

1993년 국가의 해체라는 중요한 사건을 겪었지만, 체코 정당체계에는 그것이 이렇다 할 영향을 끼치지는 못했다. 이전 연방체제에서도 두 지역이 분리되어 있었고, 이에 따라 연방선거이외에도 각 공화국 선거가 따로 실시되어 그에 따라 정당체계가 구축되었기 때문인데, 국가가 해체된 이후에도 이전에 존재하던 체코의 정당체계가 그대로 유지되었다(Malíř 2005, 1301-1368).

2 정당체계의 안정화 및 정치 위기의 시기 (1996년 여름 - 1998년 6월)

이 시기에는 원내 정당의 수가 감소하는 경향을 보였고, 동시에 주요 정당들 간의 힘의 불균형이 두드러졌다. 특히 사회민주당은 소수정당이 점유했던 중도영역과 공산당이 차지하고 있던 좌익으로 그 영향력을 확대했으며, 분리주의와 지역주의를 표방하는 모라비아 자치당(HSD-SMS)이 몰락했다는 점이 가장 중요한 특징이었다. 원내 정당의 수가 줄어들고 정당정치가 안정되면서 정당들의 세력 불균형이 나타났고 이런 상황은 현재까지도 이어지고 있다. 이 시기 정당경쟁의 방향은 단일 차원으로 축소되었고, 경쟁은 이데올로기를 둘러싼 근본적인 것이 아니라 실용주의적 노선을 둘러싼 경쟁으로 대체되었다.

이런 상황에서 정당들간 상호작용에서의 변화가 나타났다. 시민민주당이 주도적 정당의 위치를 확보하고 있었지만, 사회민주당의 지지율 급상승에 위협을 느꼈고, 우익정당들의 연대를 더욱 공고히 하려고 시도했다. 반면 사회민주당은 시민민주당을 대신해 집권할 수 있는 정당으로 성장했고 공산당이 연립 파트너로 인정되지 않는 상황에서 중도의 우익정당들과의 관계를 개선하는 것을 최우선 과제로 삼았다. 이 두 정당 사이에서 소수의 우익정당들은 캐스팅보트를 쥘 수 있는 기회를 잡았다. 이제 좌-우의 두 다수정당은 집권을 위해서는 중도우익의 영역으로 세력을 확대하든지 아니면 중도우익 정당들과 협력해야 하는 상황에 처했다. 이미 가톨릭 농민층이라는 확고한 지지기반을 확보하고 있던 기독-인민당의 존재로 좌-우의 두 다수당은 지지기반이 불안정한 시민민주연합(ODA)의 지지기반을 잠식하는 전략을 선택했다(Malíř 2005, 1370-1373).

이미 시민민주당과 공산당 그리고 기독-인민당의 경우에는 확고한 유권자 기반을 가지고 있었지만, 사회민주당의 경우는 이전과 비교해 지지율이 20% 이상 상승했는데, 5% 제한선 규정 때문에 의석을 차지하지 못할 것을 우려한 소수정당 지지자들이 대거 사회민주당을 지지했기 때문이다. 사회민주당의 급부상은 체코 정당체계에서 우익의 시민민주당을 대체할 수 있는 의미 있는 좌익정당이 등장했음을 의미했다.

선거결과 의석을 차지한 정당은 시민민주당, 사회민주당, 공산당, 기독-인민당, 공화당, 시민민주연합 등 모두 6개 정당이었다. 공산당은 10.33%의 지지율을 기록했는데, 이전 선거에서 획득했던 지지율 14.05%보다 약 3.5% 하락했다. 한편 극우 민족주의 성향의 공화당(SPR-RSL)은 1992년 보다 지지율이 더 높아졌다. 공화당은 국가분리 이후 인민주의적인 경향과 극우 민족주의적인 태도로 젊은 층의 지지를 확보했다. 기독-인민당도 이전 선거에 비해 지지율이 약간 상승했다(Mareš 2003, 85-93).

이 시기 극우의 공화당과 극좌의 공산당이 존재했는데, 연립의 파트너로 인정되지 않는 이 두 정당의 존재는 정당경쟁의 원심적 경향을 나타냈다. 따라서 내각을 구성하기 위한 선택의 폭은 좁았으며, 결국 내각을 구성할 수 있는 정당은 시민민주당, 기독-인민당, 시민민주연합, 사회민주당으로 한정되었고, 다수 내각을 구성할 수 있는 가능성은 사라졌다. 결국 시민민주당과 기독-인민당 그리고 시민민주연합이 원내 의석 99석으로 소수 연립내각을 구성했고 사회민주당이 이를 지지했다.

3 '야당협정'의 시기 (1998년 여름 - 2002년 봄)

1998년 선거를 거치면서 정당간 세력이 변화되었고 이에 따라 정당체계가 변화되었다. 반체계 정당으로 인식되던 공화당이 의석을 차지하지 못했지만, 안정된 다수내각을 구성할 수 있는 가능성도 없었다. 결국 시민민주당과 사회민주당은 '야당협정'을 체결했고, 선거제도 개혁을 포함한 헌법 개정에 합의했다. 두 정당의 협력관계는 개헌을 통해 차기 선거에서 다수당의 입지를 강화시킬 목적으로 추진되었는데, 선거제도의 변화를 통해 연립구성 및 연립위기를 극복할 수 있을 것으로 기대했다(Malíř 2005, 1377-1378).

야당협정은 체코 정당체계 발전에 있어 새로운 변화의 가능성을 열어주는 계기가 되었다. 이제 체코에서도 다당제 이외의 다른 형태의 정당체계가 등장할 수 있는 가능성이 생겼다. 그러나 선거제도 변경실패로 그 가능성은 사라졌다. 야당협정 체결 이후 소수정당은 '4당연립(Čytři Koalice)'을 구성했고, 상원선거에서 선전하는 등 두 다수당의 개헌을 다소나마 늦출 수 있는 기반을 마련했다.

사회민주당은 시민민주당의 묵인으로 소수의 단독내각(74석)을 구성했고, 시민민주당은 사회민주당과 연립을 구성하지 않는 대신 암묵적 제휴를 통해 선거패배에도 불구하고 실질적인 승리정당이 되었다. 시민민주당은 사회민주당의 단독 소수내각을 지지해 주는 대가로 상원과 하원의 의장, 원내 주요 위원회의 위원장(예산위, 국내/국제 정보위), 감사원장, 기타 국영 기업체의 주요 요직을 차지했다. 반면 시민민주당은 향후 4년간 사회민주당 단독 내각에 대한 불신임안을 제출하지 않으며, 다른 정당들이 불신임안을 제출할 경우 이에 반대한다는 약속을 했다(Lidové Noviny, 10. 07. 1998).

1998년 선거 결과 정당들의 지지율은 크게 변동되지 않았다. 자유연합(US)은 시민민주당에서 분리해 선거에 참여했고 8.6%의 지지를 받았으며, 공산당과 기독-인민당 역시 이전의 지지를 유지했다. 정당의 수는 5개로 줄어들고, 극우의 공화당이 몰락하면서 정당 경쟁은 점차 온건한 구심적 경쟁, 실용주의적 경쟁의 방향으로 전환되었다. 결국 정당경쟁의 방향과 속성은 다차원적 경쟁구조에서 단일차원으로 그리고 원심적 경쟁에서 구심적 경쟁으로 변모되었다.

사회민주당과 시민민주당의 비정상적 연합은 1998년의 '야당협정'에 이어 2000년의 '관용증서(tolerančni patent)'로 이어졌고, '정당의 카르텔화'를 꾀한다는 비판에도 불구하고, 양당의 극한 경쟁을 피하고 상호공존과 권력유지를 위해 협력을 시도했다(Mair 1997, 93-119). 양당은 관용증서에서 이전의 '야당협정'의 내용을 재확인하고 예산안 통과, EU 가입 지지 및 선거법 개정을 추진하기로 합의했다(MF Dnes, 25. 1. 2000). 이미 1996년 선거 이후 시민민주당 주도의 소수내각을 인정하는 대가로 사회민주당의 당 대표 제만(M. Zeman)이 하원의장을 차지했던 경험이 있었기 때문에 양당의 정치적 거래는 그리 새삼스러울 것도 없었다.

앞서 살펴본 바와 같이 선거법 개정의 골자는 다수당에 유리한 조건을 마련하려는 것이었지만 두 정당이 합의해서 제안한 선거제도는 2001년 헌법재판소에서 기각되었다. 이에 따라 사회민주당과 시민민주당이 협의해 제안한 새로운 선거제도는 자동 파기되었고 서둘러 만든 새로운 선거제도로 2002년 선거를 실시했다.

4 2002년과 2006년 의회선거

2002년과 2006년 선거는 체코 정당체계에서 주요 행위자들이 안정되고 있음을 보여주었다. 시민민주당과 사회민주당, 기독-인민당과 공산당이 지난 1992년 이래 계속해서 원내정당으로 남았고, 새로운 정당은 등장하지 않았다. 유일한 예외는 2006년 선거에서 녹색당(SZ)이 등장한 점인데, 의석이 6석에 불과해 정당체계를 변화시킬 행위자로는 평가되지 않는다. 녹색당의 등장은 새로운 경쟁의 이슈에 따른 것 이라기보다는 녹색당 지도부의 대중적 인기에 기반하고 있다.

2002년 선거에서는 공산당이 상대적으로 가장 성공적인 정당이었지만, 2006년에는 다시 원래의 지지기반인 10-12%대로 돌아갔다. 사회민주당은 2002년에 비해 2006년에 지지율이 높아지고 의석이 70석에서 74석으로 증가했지만, 시민민주당에게 제1당을 내어주었다. 시민민주당은 지난 1992년 이래 처음으로 지지율이 30%대를 넘어 35.38%를 획득했는데, 선거전을 시민민주당과 사회민주당의 좌-우 대결로 몰고감으로써 기독-인민당의 중도 영역을 잠식했다.

2002년 선거에서 1당을 차지했던 사회민주당은 '2당연합'과 최소내각을 구성했지만, 4년 내내 내각 불안정에 시달렸고 이 과정에서 총리가 3번 바뀌기도 했다. 2006년에 제1당이 된 시민민주당은 기독-인민당, 녹색당 등과 내각을 구성했지만, 내각을 구성한 뒤 의회의 신임을 받지 못하고 한 달 만에 붕괴되었다.

5 정당체계의 유형

체코 정당체계의 유형은 시기별 정당 경쟁의 방향과 경쟁의 속성을 통해 보다 명확해진다. 1993-96년에는 1993년 국가분리 이후 체코와 슬로바키아가 분리되면서 체코만의 정당체계가 구축되었다. 이 시기에는 극좌의 공산당과 극우의 공화당, 모라비아 자치당이 존재함으로써 분극적인 다당제의 특성을 보이고 있다. 반면 이들의 존재가 정당체계를 변경시킬만한 영향력을 가지지 못했기 때문에, 좌-우의 반체계

정당이 존재한다 해도 분극화된 정당체계보다는 오히려 온건한 다당제의 성격을 보이고 있다고 할 수 있다.

1996년부터 1998년 시기에는 원내 정당의 수가 5개로 줄었고, 극우의 모라비아 자치당이 의석을 차지하지 못했으며, 공산당과 공화당은 여전히 체제를 위협할 수준은 아니었다. 이 시기에 와서는 정당경쟁이 정책을 둘러싼 경쟁으로 바뀌면서 정당들의 구심적 경쟁과 통합적-실용주의적 경쟁이 두드러졌기 때문에 온건한 형태의 다당제로 구분된다. 반면 좌-우의 두 극단에 반체계 정당이 존재한다는 측면에서는 분극화된 정당체계의 속성도 지닌다고 할 수 있다(Sartori 1976, 131-201).

1998년부터 현재까지의 정당체계는 상당히 안정되어 있다. 기존의 정당들이 계속해서 원내정당을 유지했고, 안정된 지지기반을 구축함으로써 선거 변역성이 두드러지지 않았다. 다만 소수정당의 선거연합이 깨지면서 1998년 '4당연합'에서 2002년 '2당연합'으로 바뀌었다가 2006년에는 '소수정당연합'이 사라지고 안정된 지지기반을 확보하고 있는 기독-인민당만이 의석을 차지했다. 1998년 이후 공화당이 의석을 차지하지 못했으며, 2006년에는 처음으로 녹색당이 의석을 차지해 원내에 진출했다.

1998년 이후 체코 정당체계의 유형은 명확하게 정의되지 않는다. 우선 극좌의 공산당이 건재하다는 측면에서 정당체계를 분극화된 유형으로 볼 수도 있지만, 반체계 쌍두야당이 존재하는 것이 아니고 더군다나 체제를 위협할 정도의 규모가 아니라는 점에서는 온건한 다당체계로 분류할 수 있다.

경우에 따라서는 이 시기의 정당체계를 구심적 다당제(centripetal pluralism)로 분류하기도 하는데, 구심적 다당제에서는 반체계 정당이 존재하기는 하지만 이들이 대안정부를 구성할 요건을 갖추지 못하고, 좌익과 우익의 다수정당이 중도영역으로 접근하는 경향이 두드러진다. 또한 정당 스펙트럼의 중도영역에 친체계 정당들이 있으며, 이 중도영역을 잠식한 좌-우의 정당이 정권을 잡게 된다. 따라서 구심적 다당제에서는 주기적인 정국의 불안정이 되풀이 되는데, 선거이후 어떻게 내각을 구성해야 할지에 대한 문제 때문이다. 대부분의 경우에 세력이 큰 좌익정당과 우익정당 중 어느 하나가 중도의 영역으로 세력을 확장해 제1당이 되어 내각을 구성하는데, 연립의 파트너를 찾기 어려운 상황에서는 내각구성이 힘들어지게 된다(Farneti 1985; Cabada 2005, 88-91).

체코의 경우 1998년과 2002년 그리고 2006년 선거이후 내각구성을 위한 시민민주당과 사회민주당의 힘든 협상이 이어졌는데, 특히 연립의 파트너로 인정되지 않는 공산당이 존재했기 때문에 내각구성이 더욱 어려웠다. 따라서 사회민주당이나 시민민주당 중 어느 정당이 승리하더라도 중도우익의 기독-인민당과 연립을 구성해야 했는데, 이런 측면에서는 두 개의 주요정당이 존재하고 기독-인민당(혹은 소수정당연합)이 그와 공존하는 2와 1/2 정당제의 특성도 찾아볼 수 있다(Blondel 1968, 141-158).

정당체계의 유형이 어떻든 간에 체코의 정당체계는 지난 1998년부터 온건하고 실용주의적인 경쟁을 통해 점차 안정되고 있으며 온건한 다당제의 특성을 보여주고 있다. 시기별 정당체계의 특징과 그 유형을 정리하면 <표 1>과 같다.

〈표 1〉 시기별 체코 정당체계의 특성과 유형 (1992~2006년)

		1993-96	1996-98	1998-2002	2002-2006
정당의 수		6	5	5	5
정당경쟁	경쟁방향	원심적	구심적	←	←
	경쟁 수	다차원적	단일차원	←	←
	경쟁속성	분극적- 이데올로기적	통합적- 실용주의적	←	←
	주요 쟁점	• 개혁의 속도 • 국가의 역할 • 사회보장제도	• 개혁의 속도 • NATO 가입 • 반부패정책	• 국가의 역할 • EU가입 • 선거제도 개혁	• 사회보장과 분배 (의료, 연금, 교육) • 세제개혁
시기별 특성		• 국가분리에 이은 체코 정당체계의 등장 • 우익정당의 강화 • 지역주의정당 소멸 • 민족주의정당 유지	• 정당체계의 안정 • 대안정부를 구성할 수 있는 야당 등장 • 시민민주당 분열과 소수정당의연합 • 민족주의정당 소멸	• 소수내각의 불안정 • 좌-우 정당간 • '야당협정' • '소수정당연합'의 성장 • 사회민주당 집권	• 사회민주당주도 내각의 불안정 지속 • '소수정당연합' 붕괴 • 시민민주당 성장 • 2006년 선거 이후 내각구성 문제
정당체계의 유형		분극-온건다당	←	온건다당	←

* 1996년 기독민주당(KDS)와 선거연합

** 1992년 선거에서는 좌익블록

*** 기독-인민당, 시민민주연합, 자유연합, 민주당. 2002년 선거 직전에 시민민주연합이 탈퇴했고, 민주당은 자유연합에 통합되었다.

**** 기독-인민당과 자유연합의 '2당연합'을 하나의 정당으로 계산할 경우 정당의 수는 4

출처: Statistická Ročenka České Republiky. Praha: Český Statistický Úřad, 1992-2006.

III. 1992-2006년 체코 의회선거 (하원: Poslanecká Sněmovna)

1993년 체코와 슬로바키아가 분리된 이후 체코에서는 모두 4차례의 의회선거가 실시되었다. 지난 1996년과 1998년 그리고 2002년과 2006년에 선거가 치러졌는데, 1998년에 치러진 선거는 1997년 연말 시민민주당 주도의 내각이 사퇴함으로써 치러진 조기총선이었다.

<표 2>는 1992년과 그 이후에 실시된 총 5번의 선거결과를 보여주고 있는데, 여기에서는 5% 이상을 득표해 의석을 차지한 정당만을 제시했다. 1992년 선거결과는 연방의회가 아닌 체코공화국 의회의 선거결과이며, 1993년 국가가 분리된 이후 당시의 체코공화국 의회가 그대로 현재의 체코 의회(하원)가 되었다.

그동안 의회에서 의석을 차지했던 정당은 모두 10개이며, 이중 1992년부터 현재까지 계속해서 원내정당으로 남아있는 정당은 시민민주당, 기독-인민당, 사회민주당, 공산당 등 모두 4개에 불과하다. 나머지 6개 정당은 길게는 두 번, 짧게는 한 번의 선거에서 의석을 확보했지만 확고한 지지기반을 갖추지 못한 상태에서 곧 사라졌다.

선거 참여율은 지난 2002년 58%로 최저였다가 2006년에는 64.47%로 높아졌다. 선거에 참여한 정당은 2006년에는 26개였으나 의석을 얻은 정당은 5개였고, 이전 선거에 비해 의석을 차지하지 못한 소수정당의 지지율이 상당히 줄어들었다.

〈표 2〉 1992-2006년 사이 원내정당의 의석과 지지율

	1992년		1996년		1998년		2002년		2006년	
	지지율 (%)	의석	지지율 (%)	의석	지지율 (%)	의석	지지율 (%)	의석	지지율 (%)	의석
사회민주당 (ČSSD)	6.54	16	26.44	61	32.32	74	30.20	70	32.32	74
시민민주당 (ODS)*	29.73	76	29.62	68	27.74	63	24.47	58	35.38	81
공산당 (KSČM)**	14.04	35	10.33	22	11.03	24	18.51	41	12.81	26
기독-인민당 (KDU-ČSL)	6.28	15	8.08	18	9.00	20	-	(22)	7.22	13
녹색당 (SZ)	-	-	-	-	-	-	-	-	6.29	6
2당연합***	-	-	-	-	-	-	14.27	31	-	-
자유연합(US)	-	-	-	-	8.60	19	-	(9)	-	-
시민민주연합 (ODA)	5.93	14	6.36	13	-	-	-	-	-	-
공화당 (SPR-RSČ)	5.98	14	8.01	18	-	-	-	-	-	-
모라비아자치당 (HSD-SMS)	5.87	14	-	-	-	-	-	-	-	-
자유사회연합 (LSU)	6.52	16	-	-	-	-	-	-	-	-
지지율(%)/ 전체의석(200)	80.89	200	88.84	200	88.69	200	87.45	200	94.02	200
투표율(%)	85.08		76.41		74.03		58.0		64.47	
참여정당(수)	19		16		13		28		26	
의석정 (수)	8		6		5		4/5****		5	

(←) 표시는 좌 동일

Ⅳ. 체코의 선거제도

2002년 의회선거는 개정된 선거제도로 치러진 첫 번째 선거였다. 선거법 개혁을 위한 논의는 이미 1998년 의회선거 직후부터 있어왔다. 당시 사회민주당은 '야당협정'을 통해 시민민주당으로부터 단독 소수내각 지지를 이끌어 냈고, 두 정당은 선거법 개정에 합의했다. 그 결과 두 정당이 의회에 제출한 새로운 선거제도는 이전과 마찬가지로 비례대표제를 가반으로 하지만, 다수정당에 유리하고 소수정당에 불리한 내용을 담고 있는 선거개혁안이었다. 이 제도의 주요 특징은 기존의 8개 선거구를 35개의 선거구로 바꾸는 것이었고, 개정된 동트식 선거방식을 채택하며 의석배분을 1차에 한정시키는 것이었다. 그렇지만 2001년 초에 헌법재판소에서는 두 정당이 제안한 선거법 개정의 주요 내용이 비례대표성을 해친다고 판결하고 이의 폐기를 명령했다(64/2001Sb. Nález Ústavního Soudu).

이로써 선거법 개정을 위한 협상은 다시 처음으로 돌아갔고, 선거방식과 법적 제한선 규정(legar threshold: uzavírací klauzule)의 내용 등 각각의 내용에 대한 전면적인 재검토가 필요했다. 당시 모든 정당들이 동의한 바는 새로운 선거제도가 2002년 6월에 치러질 선거 이전에 채택되어야 한다는 것뿐이었다. 정당들은 어쩔 수 없이 선거를 치르기 위해서라도 새로운 선거법을 서둘러 통과시켜야 했다. 결국 새로운 선거제도는 기존의 선거제도와는 완전히 상이한 형태를 띠게 되었지만, 그렇다고 해서 그 결과가 이전 선거와 완전히 상이한 모습으로 나타나지는 않았다.

1 기존 선거제도

하원선거를 위한 기존의 선거제도는 1998년에 마지막으로 적용되었는데, 비례대표제 원칙에 기초하고 있었다. 유권자는 1표를 행사할 수 있었고 당에서 제출한 선거구별 정당명부에 투표했다. 당이 제출한 후보자 명부는 후보자들의 이름과 순위가 기재된 투표용지인데, 유권자들은 선호투표로 4명까지 선택할 수 있었고 여기에서 일정한 조건을 충족시킨 후보자는 상위 순위로 올라갈 수 있었다. 의석배분은 2차에 걸쳐서 시행되었는데, 1차 의석배분의 대상은 전체 투표율의 5% 이상을 획득한 정당들에 한정되었다. 이 경우 두 정당이 연합할 경우에는 7%, 세 정당의 경우에는 9% 그리고 넷 이상의 정당이 연합할 경우에는 11% 이상을 얻어야 했다(Zákon č. 54/1990sb, Zákon č. 94/1992sb, Zákon č. 247/1995sb).

이러한 제한선 규정은 소수정당이 의석을 차지하는 것을 어렵게 했다. 다른 한편 5% 제한선 규정을 통과해 의석을 차지하는 정당에게는 상당한 수준의 비례성이 보장되었다. 이는 선거구의 크기가 매우 컸기 때문에 가능했는데, 2차에 걸친 의석배분에서 소수정당들도 득표율에 따라 의석을 차지할 수 있었기 때문이다. 결국 이는 원내 소수정당의 난립을 가져오고 또 내각구성을 어렵게 하는 요인이 되기도 했다.

첫 번째 의석배분은 하겐바흐-비숍 방식에 따라 8개의 선거구에서 각각 실시되었다. 선거구는 행정구역과 일치했는데, 프라하를 비롯해 모두 8개의 지방 행정구역에 따라 결정되었다. 선거구당 평균 의석수는 25석이었는데, 1996년과 1998년 선거에서 규모가 가장 작았던 선거구는 남부보헤미아 선거구로 의석이 14석이었고, 규모가 가장 큰 곳은 남부모라비아 선거구로 41석이었다. 이외에도 프라하(24), 중부보헤미아(22), 서부보헤미아(16), 북부보헤미아(21), 동부보헤미아(25), 북부

모라비아(37) 선거구가 있었다.

두 번째 의석배분에서는 첫 번째 배분에서 남은 잔여의석을 정당별 득표에 따라 배분했다. 이때 전국을 하나의 선거구로 해서 헤어방식을 사용해 의석을 배분했다. 1996년 선거에서는 1차 의석배분에서 188명을 2차에서는 12명을 선출했고, 1998년 선거에서는 1차 의석배분에서는 185명을 그리고 2차배분에서는 15명을 선출했다.

2 새로운 선거제도

일반적으로 선거제도는 특정 민주국가에서 한번 이상 계속적으로 선거를 치르는데 규칙이 된 본질적으로 변하지 않는 일련의 선거규칙으로 정의된다. 선거제도의 주요 특성에는 선거방식, 선거구의 규모, 제한선 규정, 의회의 규모가 포함되며, 이 네 가지 특성 중 하나 이상의 특성에서 중요한 변화가 생길 때 이를 새로운 선거제도로 파악한다(Lijphart 1984, 13-20). 이에 따라 본 장에서는 선거방식, 제한선 규정, 선거구 규모의 변화를 포함해 의석배분의 횟수와 정당명부의 특성 변화도 함께 살펴본다. 의회의 규모는 지난 1992년부터 200석으로 고정되어 있기 때문에 이는 분석에서 제외한다.

① 선거방식

새로운 선거제도에서는 선거방식을 기존의 하겐바흐-비숍식에서 동트식으로 바꾸었다. 기존의 하겐바흐-비숍식에서는 각 정당의 전체 득표수를 (의석+1)로 나눈 할당기수를 사용했다(Lijphart 1984, 205-206). 1차 의석배분에서 이와 같은 할당기수를 사용해 개별정당의 득표수로 나눈 값 중 정수를 의석으로 변환했고, 여기에 잔여 의석이 있을 경우 두 번째 의석배분에서는 헤어방식을 사용해 잔여의석을 배분했다(Zákon č. 54/1990sb).

새로 채택한 동트식에서는 정당들이 한 의석 당 필요한 '최고평균' 득표를 얻으면 모든 의석이 할당될 때까지 순차적으로 의석을 배분한다. 어느 정당이 하나의 의석을 받을 때마다 그 정당의 평균치는 낮아지는데, 이 평균치는 (1, 2, 3, 4, 5...)와 같은 제수에 의해 정해진다 (Lijphart 1984, 199-200). 아래 <표 3>은 동트식 선거방식을 사용한 실제 선거결과와 이전의 하겐바흐-비숍식을 적용했을 경우를 비교한 것이다(Novák a Lebeda 2004, 236).

〈표 3〉 기존 선거제도와 새로운 선거제도에서의 비례성 차이

2002년 선거	사회민주당	시민민주당	공산당	연합당	비례성지수
동트식 (현행방식, 14개선거구)	70	58	41	31	1.48
하겐바흐-비숍식 적용 (14개 선거구) (2차 의석할당은 전국규모)	70	57	40	33	1.16

<표 3>에 따르면 선거구를 14개로 동일하게 적용할 경우 하겐바흐-비숍방식이 동트식보다 더 비례적인 의석배분을 하는 것으로 나타났다. 그러나 실제로 그 차이는 매우 작고 다만 선거구 두 곳에서 의석 차이가 났을 뿐이다. 따라서 선거방식에서의 변화는 전체 선거결과에 거의 영향을 끼치지 못한 것으로 볼 수 있다.

〈표 4〉 상이한 선거방식을 사용했을 경우의 비교: 2006년 의회 선거

2006년 선거*	시민 민주당	사회 민주당	공산당	기독-인민당	녹색당	계
동트식(실제)	81	74	26	13	6	200
개정 동트식 적용	73	73	28	15	11	200
임페리알리방식 적용	79	74	28	13	6	200
하겐바흐-비숍식 적용	76	69	27	15	13	200

* 선거방식을 제외한 선거구의 수와 크기를 비롯해 모든 방식이 동일한 경우의 비교

<표 4>은 2006년 선거결과를 실제방식인 동트식과 이전 선거방식인 하겐바흐-비숍식, 시민민주당에서 요구한 임페리알리 방식 그리고 시민민주당과 사회민주당이 합의해 제시한 개정된 동트식을 통한 의석배분 결과의 차이를 보여주고 있다. 이에 따르면 다른 모든 조건이 동일할 경우, 상이한 선거방식을 적용할 때 의석의 차이가 있긴 하지만 전체적인 정당체계의 변화를 가져오지는 못하는 것으로 판단된다. 결국 동트방식을 사용한 2006년 선거직후 내각구성의 문제점이 다른 선거방식을 사용했을 때에도 비슷하게 나타났을 것으로 예측할 수 있다.

2006년 선거 결과 우익의 시민민주당(81), 기독-인민당(13), 녹색당(6)이 100석을 그리고 좌익의 사회민주당(74)과 공산당(26)이 100석을 차지하는 상황이 벌어졌고 시민민주당+기독-인민당+녹색당이 구성한 연립내각은 원내 다수를 확보하지 못하고 의회에서 신임을 받는데 실패했다. 만약 개정 동트식을 적용했을 경우 우익정당은 99석을 좌익정당은 101석을 차지하게 되어 좌익정당의 다수 연립내각 구성이 가능해지겠지만, 공산당이 연립의 파트너로 인정되지 않는 상황에서 다

시 우익정당간의 연립내각 혹은 좌-우의 사회민주당과 시민민주당의 거대내각(146) 혹은 공산당을 제외한 모든 정당이 참여하는 거국내각(174)이 가능해진다.

임페리알리 방식을 적용했을 경우에는 우익정당이 98석을 좌익정당이 102석을 갖게 된다. 이 경우도 마찬가지로 내각구성에 있어 문제가 발생한다. 오히려 기존의 선거방식인 하겐바흐-비숍식을 적용했을 경우에는 정당간의 세력차이가 뚜렷하게 나타나지는 않지만, 사회민주당의 의석이 줄어드는 대신(-5), 녹색당의 의석이 늘어나게 되어(+7), 시민민주당+기독-인민당+녹색당의 우익 다수내각(104)이 가능해진다. 결국 선거방식에서의 차이는 기존에 유지되어온 정당간의 균형에 변화를 가져오지 못하는 것으로 보이며, 따라서 선거방식의 변화만으로는 체코 정당체계의 변화를 가져올 수 없다고 할 수 있다.

② 법제 제한선 규정

두 번째로 바뀐 부분은 정당이 의석배분을 받을 수 있는 법적 제한선 규정이다. 새로운 제도에서 개별정당의 5% 제한선 규정은 그대로 유지되었다. 그러나 기존에 적용되었던 두 정당 7%, 세 정당 9%, 넷 이상의 정당 11% 규정은 모두 더 엄격하게 적용되었다. 새로운 선거제도에서는 '누적 쿼터제'를 도입해 소수정당들이 제한선을 통과하기 위해 무분별한 선거연합을 하지 못하도록 했는데, 두 정당이 연합할 경우 그 수치는 10%, 세 정당의 경우는 15% 그리고 네 정당은 20%로 각각 그 제한선이 높였다. 기술적인 측면에서 볼 때는 이렇게 제한선 규정을 엄격히 한 것이 실질적으로는 선거결과에 거의 영향을 끼치지 못했다고 할 수 있다. 기존 선거제도 하에서도 제한선 규정을 통과한 소수정당의 선거연립이 없었기 때문이다.

그럼에도 불구하고 개정된 누적 쿼터제는 심리적인 역할을 한 것으로 보인다. 선거직전 '소수정당연합'이 붕괴된 주요 요인 중 하나가 바로 새로 적용된 제한선 규정 때문이었다. 자유연합과 민주연합(DEU)의 합당 그리고 '4당연합'에서 시민민주연합의 탈퇴 등은 새로 적용된 제한선 규정을 피하고자 했기 때문이다. '4당연합'이 '2당연합'으로 전환되기는 했지만, 그렇다고 해서 이들 2당연합에 대한 지지율 증가도 나타나지 않았기 때문에 곧 해체되었다. 더군다나 유권자들은 '사표방지' 심리가 더욱 강해졌는데, 1992년 선거에서 의석으로 전환되지 못한 표가 전체투표의 19.11%에 이르렀으나, 2006년에는 이것이 5.98%로 줄어들었다(Malíř 2005, 97-100).

③ 의석배분의 횟수

세 번째 변수는 의석배분의 횟수이다. 상기한 대로 기존의 하겐바흐-비숍식에서는 2차에 걸쳐 의석을 배분했다. 첫 번째는 8개의 선거구에서 의석을 배분했고, 여기에서 남은 잔여의석은 각 정당이 얻은 표를 전국적으로 합산해 이를 두 번째 배분에서 사용했다. 새로운 선거제도에서 두 번째 의석배분을 폐지한 것은 선거방식의 선택과 관련이 있는데, 기존의 하겐바흐-비숍식과는 달리 동트식에서는 모든 의석을 1차에서 배분하기 때문에 2차 의석배분이 필요치 않기 때문이다. 결국 동트식에서는 두 번째 의석배분으로 넘어가는 잔여의석이 없기 때문에 자연스럽게 의석배분의 횟수가 두 번에서 한번으로 줄어들었다.

④ 선거구의 규모

앞서 제시했던 선거방식, 제한선 규정, 의석배분의 횟수 등이 선거결과에 이렇다 할 영향을 끼치지 못했지만, 선거구 재조정, 선거구의 수와 규모의 변화는 일정 부분 변화를 가져왔다. 기존의 8개 선거구 대신 새로운 선거제도에서는 행정구역에 따라 14개의 선거구를 도입했다. 새로운 선거구 중에서 프라하(25), 중부보헤미아(23), 남부보헤미아(23), 모라비아-슬레지아(23) 선거구의 규모가 가장 컸고, 카를로비바리 선거구가 5인 선거구로 규모가 가장 작았다. 이 외에 우스테츠키(14), 남부보헤미아(13), 올로모츠(12), 즐린스키(12), 크랄로베-흐라데츠(11), 파르두비체(10), 비소치나(10), 리베레츠키(8) 선거구가 있었다.

이전 선거제도와 달리 새로운 선거제도에서는 선거구의 규모가 줄어들면서 다수제의 효과가 나타났다. 가장 규모가 작은 선거구인 카를로비바리 선거구는 5인 선거구인데, 2002년에는 '소수정당연합'이 8.85%를 얻고도 의석을 차지하지 못했으며, 2006년에는 녹색당이 6.7%를 얻고도 의석을 차지하지 못했다. 2002년 카를로비바리 선거구에서의 당선 제한선(electoral threshold; přirozený prah)은 유효표의 11.9%에 이르렀고, 2006년에는 이것이 16.67%까지 높아졌다. 반면 선거구의 규모가 큰 프라하, 남부보헤미아, 남부모라비아, 모라비아-슬레지아 선거구에서는 당선 제한선이 4% 이하인 곳도 있었다.

당초 시민민주당과 사회민주당이 계획했던 35개 선거구가 적용되었을 경우에는 선거구의 평균 규모가 현행 14보다 낮은 5.7이 되는데, 이렇게 됐을 경우 다수제의 효과가 더 확실히 나타났을 것이다. 예를 들어 1998년과 2002년 실제선거와 두 정당이 제안했었던 선거제도를 적용했을 경우의 차이를 비교하면 <표 5>과 같다. <표 5>는 각기 다른 선거방식과 선거구를 적용한 의석의 차이를 나타내는데, 1998년의 경우 시민민주당에서 제안했던 35개의 소선거구/임페리알리 방식을 적용했을 경우 사회민주당이 단독으로 다수내각을 구성할 수 있었으며, 소수정당들의 세력은 현저히 감소했을 것이다. 2002년에도 35개의 소선거구를 적용한 상이한 선거방식으로 선거를 치렀을 경우, 실제 선거결과보다는 내각구성이 더 용이했을 것이며, 보다 더 안정된 내각이 등장했을 것이다.

〈표 5〉 1998년과 2002년 선거:
상이한 선거방법과 선거구를 적용했을 경우 비교

1998년 선거	공산당	사회민주당	기독-인민당	시민민주당	자유연합
실제 (하겐바흐-비숍/8개 선거구)	24	74	20	63	19
사회민주당제안 (동트/35개 선거구)	22	88	11	71	8
시민민주당제안 (임페리알리/35개 선거구)	4	101	5	83	0
합의된 제안 (개정 동트식/35개 선거구)	4	101	6	88	1
2002년 선거	공산당	사회민주당	'소수정당 연합'	시민민주당	
실제 (동트식/14개 선거구)	41	70	31	58	
사회민주당 제안 (동트식/35개 선거구)	37	77	27	59	
시민민주당 제안 (임페리알리/35개 선거구)	36	88	16	60	
합의된 제안 (개정 동트식/35개 선거구)	37	84	17	62	

그러나 선거구의 수를 늘려 각 선거구의 규모를 줄이면 이렇게 다수제 효과가 나타날 것을 기대한 두 다수정당의 의도는 결국 실패했다. 그럼에도 불구하고 기존의 8개 선거구가 14개 선거구로 바뀜에 따라 선거구의 규모가 작은 선거구에서는 다수제 효과가 나타났으며, 그것이 어느 정도는 다수정당에게 유리하게 작용했다.

⑤ 후보자 명부의 성격

후보자 명부의 기본적 특성은 변하지 않았지만 선호투표의 횟수가 줄어들었다. 기존 선거제도에서는 유권자들이 정당명부에 기재된 후보자 중 4인을 선택할 수 있었다. 이론적으로는 당선 가능성이 없이 명부의 하위순번에 있던 후보자가 선호투표를 통해 당선될 수도 있었는데, 실제로는 기존에 이렇게 해서 당선된 경우가 극히 드물었다. 이미 유권자들의 선호투표를 받을 정도의 대중적 인지도를 지닌 후보자는 정당명부의 당선권에 위치했기 때문이기도 하며, 유권자들의 선호투표를 통한 당선조건이 까다롭기 때문이기도 했다. 이 때문에 선호투표를 받은 후보자가 의석을 차지할 가능성은 거의 없었다. 지난 1996년에는 1명이 그리고 1998년에는 2명의 후보자가 선호투표를 통해 당선되었을 뿐이었다.

기존 제도에서는 선호투표를 통한 당선 조건을 두 가지로 규정하고 있었다. 우선 첫 번째 조건은 개별정당에게 표를 던진 유권자의 10% 이상이 선호투표를 한 경우이며, 두 번째 조건은 이러한 선호투표 중 어떤 후보자가 50% 이상의 선호투표를 받았을 경우이다(Zákon č. 54/1990sb). 두 번째 조건에 해당되는 개별 후보자의 선호투표 조건은 1996년에는 15%로 그리고 1998년에는 10%로 줄어들었다(Zákon č. 94/1992sb; č. 247/1995sb). 그러나 다수정당의 당선권 후보자들을 제외하고 선호투표 조건을 충족시킬 수 있는 후보자는 사실상 존재하지 않았다(Novák a Lebeda 2004, 242-244).

새로운 선거제도에서는 선호투표의 횟수가 4번에서 2번으로 줄었고 기존에 유지되던 개별정당의 선호 투표율 10% 조항이 삭제되었으며, 개별 후보자들의 선호투표율이 7%로 하향 조정되었다(Zákon č. 204/2000sb; č. 37/2002sb). 이렇게 해서 명부상 하위에 있는 후보자들의 당선 가능성이 높아진 것으로 보이지만, 실제로는 그 가능성이 높아진 것이 아니었다. 기존의 10% 선호투표율이 7%로 줄어들면서 선호투표에 의한 당선 가능성이 30% 높아졌지만, 선호투표의 횟수가 4번에서 2번으로 줄었기 때문에 결국 선호투표에 의한 당선 가능성이 높아진 것은 아니었다.

2002년 선거에서는 이전과 비교해 유권자들이 선호투표를 더 많이 활용했다. 전체 후보자 중에서 선호투표 조건을 충족시킨 후보자는 모두 32명이었는데, 이들 중 13명만이 당선 가능성이 낮았던 순위에서 상위순위로 올라온 경우였다. '소수정당연합' 후보자가 9명, 사회민주당 2명 그리고 시민민주당 후보자가 2명이었다. 특히 '소수정당연합' 후보자에 대한 선호투표가 많았던 것은 기독-인민당 지지자들이 선호투표를 활용해 자유연합 후보와 함께 정당명부에 기재된 자당의 후보자들에게 표를 몰아주었기 때문이었다. 2006년 선거에서의 선호투표에 대한 정확한 통계가 아직 나오지 않았지만, 2002년에 비해서는 선호투표에 의한 당선비율이 줄어든 것으로 예측된다. 이미 대중적인 후보자들이 명부의 상위순번을 차지하고 있기 때문이기도 하며 '소수정당연합'의 해체로 그동안 '소수정당연합'에 집중되었던 선호투표가 줄어들었기 때문이다.

〈표 6〉 시기별 선거제도 비교(하원)

시기	내용	1993-96	1996-98	1998-2002	2002-2006
선거제도	선거방식	하겐바흐-비숍	←	동트	←
	의석할당 차수	2	←	1	←
	선거구의 수	8	←	14	←
	선거구의 평균규모	25	←	14	←
	최소/최대/비율	14 / 41 / 1:2.93		5 / 25 / 1:5	
	의회규모	200	←	←	←
	제한규정	5% (7%,9%,11%)*	←	5% (10%,15%,20%)**	←
	선호투표 횟수	4	←	2	←
	순위변동조건	① 개별정당 지지자 중 10% 이상이 선호투표를한경우 ② 후보자가 이 선호투표 중 50% 이상을 획득할 경우	① ← ② 후보자가 이 선호투표 중 15% 이상을 획득할 경우	① ← ②후보자가 이 선호투표 중 10% 이상을 획득할 경우	① 조항삭제 ②후보자가 이 선호투표 중 7% 이상을 획득할 경우

* 두 정당이 선거연합을 구성할 경우 7%, 세 정당은 9%, 넷 이상의 정당은 11%

** 두 정당이 선거연합을 구성할 경우 10%, 세 정당은 15%, 네 정당은 20%

(←) 표시는 좌 동일

⑥ 상원선거와 지방선거, 유럽의회 선거

체코에서는 하원선거 이외에도 상원선거가 2년마다 치러지는데, 임기 6년의 상원은 매 2년마다 27명의 의원을 새로 선출한다. 상원은 전국을 81개의 소선거구로 나누어 다수제를 적용해 선거를 치르는데, 1차 투표에서 반수 이상을 득표한 후보는 자동 선출되며, 만약 과반수를 차지한 후보가 없을 경우 상위 2인이 2차 결선 투표에서 승패를 가린다(Zákon č. 247/1995sb). 2006년 현재 시민민주당이 38석, 사회민주당이 11석, 기독-인민당 8석, 공산당과 유럽민주당(SNK-ED)이 각각 2석, 시민민주연합과 도-농발전운동(HNZHR)이 각각 1석을 차지하고 있으며, 무소속이 18석에 이른다.

광역의회와 지역의회 선거도 실시되는데, 광역의회 선거는 의회선거와 마찬가지로 동트식을 사용하지만 다만 제수를 1.42, 2, 3, 4, 5 ... 으로 한다(Zákon č. 152/1994sb; č. 130/2000sb). 지역의회에서도 5% 법적 제한선 규정이 적용되며, 역시 동트식을 사용하는데, 2001년까지는 1, 3, 5, 7 등의 소수를 적용했지만, 2001년부터는 1, 2, 3, 4 등의 제수를 사용하고 있다(Zákon č. 368/1990sb; č. 491/2001sb).

유럽의회 선거는 동트식을 적용해 의원을 선출하며, 역시 5% 제한선 규정이 적용된다(Zákon č. 62/2003sb). 지난 2004년 실시된 유럽의회 선거결과 시민민주당이 9석, 공산당이 6을 차지하고 있으며, 유럽민주당이 3석, 사회민주당과 기독-인민당, 무소속연합이 각각 2석을 차지하고 있다.

5. 결론

지금까지 살펴본 바와 같이 체코의 정당체계는 1998년 이래 큰 변화가 없이 현재까지 이어져오고 있다. 좌익의 사회민주당과 우익의 시민민주당이 두 주도정당으로 각기 대안 내각을 구성할 수 있는 세력을 형성하고 있으며, 극좌의 공산당은 계속해서 다른 정당들과의 협력이나 내각의 파트너로 인정되지 못하고 고립되어 있다. 따라서 공산당을 반체계적 성격이라고 규정한다 할지라도, 정당체계나 체코 정치계에 중대한 영향을 끼칠 수 있는 정당은 아니다. 따라서 사회민주당과 시민민주당의 연립 파트너는 중도의 기독-인민당 밖에 남지 않는다. 만약 기독-인민당이 현재보다 더 의석을 차지할 수만 있다면 사회민주당과 시민민주당 사이에서 자신의 이득을 최대한 누릴 수 있겠지만, 현재와 같이 소수정당으로 전락한다면 그나마 연립 파트너로서의 이점도 상실할 우려가 있다.

체코 정치계는 정당체계를 변화시켜, 선거 이후 내각구성을 용이하게 하고 내각안정과 행정부의 행정권 강화를 위해 선거제도의 개혁을 추진했으나 결국에는 실패했다. 새로운 선거제도는 기존의 정당체계를 변경시킬 정도의 영향을 끼치지 못했으며, 새로운 정당들의 원내진입을 더욱 어렵게 함으로써 기존 정당체계를 고착화시키고 있다.

선거 때마다 반복되는 내각구성을 위한 힘든 협상과정과 교착상태는 2006년에도 반복되고 있는데, 이 문제에 대한 명확한 해결책을 찾지 못하고 있다. 이 문제를 해결하기 위해서는 현행 선거제도와 정당체계에서 사회민주당과 시민민주당이 좀 더 중도 영역의 유권자들에게 접근할 필요가 있으며, 동시에 중도의 기독-인민당도 기존의 지지기반인 가톨릭 성향의 모라비아 농촌지역에서 탈피해 좀 더 적극적으로 새로운 지지자들을 끌어들일 필요가 있다. 결국 안정된 내각의 형성과 유지는 정당체계에서 각 정당의 세력과 직결되어 있으며, 개별 정당들이 인위적인 선거제도 변화를 통해 세력변화를 추구하기 보다는 중도성향의 유권자들로부터 더 많은 지지를 끌어 모을 수 있는 정책을 제시하고 이를 시행해 본질적인 세력 확대를 추구할 때만 가능해질 것이다.

참 고 문 헌

Blondel, Jean. 1968. *An Introduction of Comparative Government.* New York: Praeger.

Cabada, Ladislav. 2005. *Český stranicný systém ve 20 století.* Dobrá Voda: Aleš Čeněk.

Duverger, Maurice. 1982.『정당론』. 박희선·장을병 譯. 서울: 문명사.

Farneti, Paolo. 1985. *The Italian party system (1945-1980).* London: Pinter.

Fiala, Petr a Mareš, Miloslav. 1997. "Vývoj systému politických stran v České republice." *Politologický časopis.* Vol. 3. 305-316.

Kubát, Michal. 1998. "Volby, fragmentace a polalizace stranického systému a politická nestabilita v ČR." *Politologický časopis.* Vol. 5, No. 3. 231-243.

________________. 2004. *Politické a Ústavní Systémy zemi středovychodní evropy.* Praha: Eurolux Bohemia.

Lijphart, Arend. 1984. *Democracies: Patterns of Majoritarian and Consensus Government in Twenty-one Countries.* New Haven: Yale Univ. Press.

___________________. 1994. *Electoral Systems and Party Systems: A Study of Twenty-seven Democracies 1945-1990.* Oxford: Oxford Univ. Press.

Mair, Peter. 1997. *Party system change: Approaches and Interpretations.* Oxford: Clarendon Press.

Malíř, Jiří. 2005. *Politické strany: vývoj politických stran a hnuti v Českých zemích a Československu 1861-2004.* Brno: Doplnek.

Mareš, Miloslav. 2003. *Pravicovy extremismus a radikalismus v ČR*. Brno: Barrister and Principal.

Marlas, L. 2003. *Volby do Poslanecké snemovny 2002*. Praha: Socialogické ústav AV ČR.

Novák, Miroslav. 1997. *Systémy Politických Stran: Úvod do jejich srovnávacího studia*. Praha: Sociologické nakladatelství.

______________________. 2004. *Volební a stranické systemy: ČR v mezinárodním srovnání*. Dobrá Voda: Aleš Čeněk.

Pšeja, Pavel. 2005. *Stranický systém České republiky: Politické strany a jejich vývoj 1989-1998*. Praha: IPSO.

Sartori, Giovanni. 1976. *Parties and Party Systems: A framework for analysis vol. 1*. Cambridge: Cambridge Univ. Press.

Strmiska, Maxmilian. *Postkommunistické Stranické Soustavy a Politické Pluralita*. Brno: Masarykova Univerzita, 1999.

Taagepera, Rein and Shurart, Matthew S. 1989. *Seats and Votes*. New Haven: Yale Univ. Press.

64/2001Sb. Nález Ústabního Soudu

《Lidové Noviny》 (10. 07. 1998).

《MF Dnes》 (25. 1. 2000).

Statistická Ročenka České Republiky. 1992-2006. Praha: Český Statistický Úřad.

Zákon České Repbliky:

Zákon č. 54/1990sb

Zákon č. 368/1990sb

Zákon č. 94/1992sb

Zákon č. 152/1994sb

Zákon č. 247/1995sb

Zákon č. 130/2000sb

Zákon č. 204/2000sb

Zákon č. 491/2001sb

Zákon č. 37/2002sb

Zákon č. 62/2003sb

부록

A. 선거체제 & 정당체제(2005)

국가	의회선거체제	선거유형	하원/의회 의원수	대통령 선거체제	정당체제
Afghanistan	SNTV	Plurality	249	TRS	다당제/NP
Albania	MMP(FPTP &List PR)	Mixed	140		다당제
Algeria	List PR	Proportional	389	TRS	다당제
American Samoa (USA)	FPTP	Plurality	20		No Party
Andorra	Parallel(Party List & PBV)	Mixed	28		다당제
Angola	Party List	Proportional	220	TRS	일당우위
Anguilla	FPTP	Plurality	7		양당제
Antigua and Barbuda	FPTP	Plurality	17		양당제
Argentina	Party List	Proportional	257	TRS	다당제
Armenia	Parallel(Party List & FPTP)	Mixed	131	TRS	다당제
Aruba (Netherlands)	Part List	Proportional	21		다당제
Australia	AV	Majority	150		양당제
Austria	Party List	Proportional	183	TRS	다당제
Azerbaijan	Parallel(TRS & Party List)	Mixed	125	TRS	일당우위
Bahamas	FPTP	Plurality	40		양당제
Bahrain	TRS	Plurality	40		다당제
Bangladesh	FPTP	Plurality	300		양당제
Barbados	FPTP	Plurality	30		양당제
Belarus	TRS	Majority	110	TRS	다당제
Belgium	Party List	Proportional	150		다당제
Belize	FPTP	Plurality	29		양당제
Benin	Party List	Proportional	83	TRS	다당제
Bermuda	FPTP	Plurality	36		양당제
Bhutan	-	-	-		No Party

국가	의회선거체제	선거유형	하원/의회 의원수	대통령 선거체제	정당체제
Bolivia	MMP(FPTP &Party List)	Mixedl	130	TRS	다당제
Bosnia and Herzegovina	Party List	Proportional	42		다당제
Botswana	FPTP	Plurality	57		일당우위
Brazil	Party List	Proportional	513	TRS	다당제
Brunei	-	-	-		No party
Bulgaria	Party List	Proportional	240	TRS	다당제
Burkina faso	Party List	Proportional	111	TRS	일당우위
Burma (Myanmar)	FPTP	Plurality	485		No Party
Burundi	Party List	Proportional	81		다당제
Cambodia	Party List	Proportional	123		일당우위
Cameroon	PBV(Party List & FPTP)	Plurality	180	FPTP	일당우위
Canada	FPTP	Plurality	301		다당제
Cape Verde Islands	Party List	Proportional	72	TRS	양당제
Cayman Islands	BV	Plurality	19		양당제
Central African Republic	TRS	Majority	105	TRS	다당제
Chad	PBV(Party List & TRS)	Majority	155	TRS	일당우위
Chile	Party List	Proportional	120	TRS	다당제
China	-	-	-		일당제
Colombia	Party List	Proportional	165	TRS	다당제
Comoros Islands	TRS	Majority	18	FPTP	다당제
Congo (Brazzaville)	TRS	Majority	137	TRS	일당우위
Congo(Democratic Republic)	FPTP	Plurality	210		다당제
Costa Rica	Party List	Proportional	57	TRS	다당제
Cote d'Ivoire	FPTP & PBV	Plurality	225	TRS	일당우위
Croatia	Part List	Proportional	151	TRS	다당제

국가	의회선거체제	선거유형	하원/의회 의원수	대통령 선거체제	정당체제
Cuba	TRS	Plurality	609	-	일당제
Cyprus	Party List	Proportional	56	TRS	다당제
Cypus(North)	Party List	Proportional	50	TRS	다당제
Czech Republic	Party List	Proportional	200		다당제
Denmark	Party List	Proportional	179		다당제
Djibouti	PBV	Plurality	65	TRS	일당우위
Dominica	FPTP	Plurality	21		양당제
Dominican Republic	Party List	Proportional	150	TRS	다당제
Ecuador	Party List	Proportional	100	TRS	다당제
Egypt	TRS	Plurality	444		일당우위
El Salvador	Party List	Proportional	84	TRS	양당제
Equatorial Guinea	Party List	Proportional	100	FPTP	일당우위
Eritrea	Party List	Proportional	130		일당제
Estonia	Party List	Proportional	101		다당제
Ethiopia	FPTP	Plurality	547		일당우위
Falkland Islands	BV	Plurality	8		No Party
Fiji	AV	Plurality	71		다당제
Finland	Party List	Proportional	200	TRS	다당제
France	TRS	Majority	577	TRS	다당제
French Guiana	TRS	Majority	19		
French Polynesia	Party List	Proportional	41		일당우위
Gabon	TRS	Majority	120	TRS	일당우위
Gambia	FPTP	Plurality	36	TRS	일당우위
Georgia	Parallel(Party List &TRS)	Mixed	235	TRS	일당우위
Germany	MMP(Party List & FPTP)	Proportional	598		다당제
Ghana	FPTP	Plurality	200	TRS	양당제
Gibraltar	LV	Other	15		다당제
Greece	Party List	Proportional	300		다당제

국가	의회선거체제	선거유형	하원/의회 의원수	대통령 선거체제	정당체제
Grenada	FPTP	Plurality	15		양당제
Guam(USA)	FPTP	Plurality	21		양당제
Guatemala	Party List	Proportional	158	TRS	다당제
Guernsey (UK)	FPTP	Plurality	47		No Party
Guinea	Parallel(Party List &FPTP)	Mixed	114	TRS	일당우위
Guinea-Bissau	Party List	Proportional	102	TRS	다당제
Guyana	Party List	Proportional	53	TRS	양당제
Haiti	TRS	Majority	83	FPTP	다당제
Honduras	Party List	Proportional	128	FPTP	양당제
Hungary	MMP(Party List & TRS)	Mixed	386		다당제
Iceland	Party List	Proportional	63	FPTP	다당제
India	FPTP	Plurality	543		다당제
Indonesia	Party List	Proportional	550	TRS	다당제
Iran	TRS	Majority	290	TRS	다당제
Iraq	Party List	Proportional	275		다당제
Ireland	STV	Proportional	166	AV	다당제
Israel	Party List	Proportional	120		다당제
Italy	MMP(FPTP & Party List)	Proportional	630		다당제
Ivory Coast	FPTP	Plurality	175		
Jamaica	FPTP	Plurality	60		다당제
Japan	Parallel(FPTP & Party List)	MIxed	480		다당제
Jersey (UK)	FPTP	Plurality	53		No Party
Jordan	SNTV	Other	104		다당제
Kazakhstan	Parallel(TRS & FPTP)	Mixed	77	TRS	일당우위
Kenya	FPTP	Plurality	210	TRS	다당제
Kiribati	TRS	Majority	40	FPTP	양당제
Korea (North)	TRS	Plurality	687		일당제
Korea (South)	Parallel(FPTP & Party List)	Mixed	299	FPTP	다당제
Kuwait	BV	Plurality	50		No Party
Kyrgyzstan	TRS	Majority	75	TRS	다당제

국가	의회선거체제	선거유형	하원/의회 의원수	대통령 선거체제	정당체제
Laos	BV	Plurality	109		일당제
Latvia	Party List	Proportional	100		다당제
Lebanon	BV	Plurality	128		다당제
Lesotho	MMP(FPTP & Party List)	Mixed	120		일당우위
Liberia	FPTP	Plurality	94	TRS	다당제
Lybia	-	-	-		No Party
Liechstenstein	Party List	Proportional	25		양당제
Lithuania	Parallel(TRS & Party List)	Mixed	141	TRS	다당제
Luxembourg	Party List	Proportional	60		다당제
Macedonia	Party List	Proportional	120	TRS	다당제
Madagascar	FPTP & Party List	Plurality	160	TRS	다당제
Malawi	FPTP	Plurality	193	FPTP	다당제
Malaysia	FPTP	Plurality	219		일당우위
Maldives	BV	Plurality	42		No Party
Mali	TRS	Majority	147		다당제
Malta	STV	Proportional	65		양당제
Marshall Islands	FPTP & BV	Plurality	33		양당제
Mauritania	TRS	Majority	81	TRS	다당제
Mauritius	BV	Plurality	70		다당제
Mexico	MMP(FPTP & Party List)	Mixed	500	FPTP	다당제
Moldova	Party List	Proportional	101		다당제
Monaco	Parallel(Party List & BV)	Majority	24		일당우위
Mongolia	TRS	Plurality	76	TRS	양당제
Montserrat	TRS	Plurality	9		양당제
Morocco	Party List	Proportional	325		다당제
Mozambique	Party List	Proportional	250	TRS	양당제
Namibia	Party List	Proportional	72	TRS	양당제
Nauru	Modified BC	Other	18		양당제
Nepal	FPTP	Plurality	205		다당제
Netherlands	Party List	Proportional	150		다당제

국가	의회선거체제	선거유형	하원/의회 의원수	대통령 선거체제	정당체제
Netherlands Antilles	Party List	Proportional	22		다당제
New Zealand	MMP(FPTP & Party List)	Mixed	120		다당제
Nicaragua	Party List	Proportional	92	TRS	양당제
Niger	Parallel(Party List & FPTP)	Mixed	83	TRS	다당제
Nigeria	FPTP	Plurality	593	TRS	다당제
Niue (NZ)	FPTP & BV	Plurality	20		양당제
Norway	Party List	Proportional	165		다당제
Oman	FPTP	Plurality	83		No Party
Pakistan	Parallel(FPTP & Party List)	Mixed	342		다당제
Palau	FPTP	Plurality	16	TRS	No Party
Palestinian Authority	BV	Plurality	89	FPTP	다당제
Panama	Party List & FPTP	Proportional	78	FPTP	다당제
Papua New Guinea	AV	Plurality	109		다당제
Paraguay	Party List	Proportional	80	FPTP	일당우위
Peru	Party List	Proportional	120	TRS	다당제
Philippines	Parallel(FPTP & Party List)	Mixed	260	FPTP	다당제
Poland	Party List	Proportional	460	TRS	다당제
Portugal	Party List	Proportional	230	TRS	다당제
Puerto Rico (USA)	FPTP	Plurality	53		양당제
Qatar	-	-	-		No Party
Romania	Party List	Proportional	345	TRS	다당제
Russia	Parallel(Part List & FPTP)	Mixed	450	TRS	일당우위
Rwanda	Party List	Proportional	53	FPTP	일당우위
San Marino	Party List	Proportional	60		다당제
Sao Tomé and Principe	Party List	Proportional	55	TRS	다당제
Saudi Arabia	-	-	-		No Party
Senegal	Parallel(PBV & Party List)	Mixed	120	TRS	다당제

국가	의회선거체제	선거유형	하원/의회 의원수	대통령 선거체제	정당체제
Serbia & Montenegro			126		
Seychelles	Parallel(FPTP & Party List)	Mixed	34	TRS	양당제
Sierra Leone	Party List	Proportional	112	TRS	다당제
Singapore	PBV & FPTP	Plurality	84	FPTP	일당우위
Slovakia	Party List	Proportional	150	TRS	다당제
Slovenia	Party List	Proportional	90	TRS	다당제
Solomon Islands	FPTP	Plurality	50		다당제
Somalia					No Party
South Africa	Party List	Proportional	400		일당우위
Spain	Party List	Proportional	350		다당제
Sri Lanka	Party List	Proportional	225	SV	양당제
Sudan	FPTP	Plurality	270	TRS	일당우위
Suriname	Party List	Proportional	51		다당제
Swaziland	FPTP	Plurality	55		No Party
Sweden	Party List	Proportional	349		다당제
Switzerland	Party List	Proportional	200		다당제
Syria	BV	Plurality	250		일당우위
Taiwan	Parallel(SNTV & Party List)	Mixed	225	FPTP	다당제
Tajikistan	Parallel(TRS &party List)	Mixed	63	TRS	일당우위
Tanzania	FPTP	Plurality	231	TRS	일당우위
Thailand	Parallel(FPTP &Party List)	Mixed	500		일당우위
Timor-Leste	Parallel(Party Lis &FPTP)	Mixed	88	TRS	일당우위
Togo	TRS	Majority	81	TRS	일당우위
Tonga	BV	Plurality	9		다당제
Trinidad and Tobago	FPTP	Plurality	36		양당제
Tunisia	Parallel(PBV &party List)	Mixed	189	FPTP	일당우위
Turkey	Party List	Proportional	550		다당제
Turkmenistan	TRS	Majority	50	TRS	일당제

국가	의회선거체제	선거유형	하원/의회 의원수	대통령 선거체제	정당체제
Turks and Caicos Islands	FPTP	Plurality	13		양당제
Tuvalu	BV	Plurality	15		No Party
Uganda	FPTP	Plurality	214	TRS	일당우위
Ukraine	Parallel(Party List &FPTP)	Mixed	450	TRS	다당제
United Arab Emirates	-	-	-		No Party
United Kingdom	FPTP	Plurality	659		다당제
United States of America	FPTP	Plurality	435	FPTP	양당제
Uruguay	Party List	Proportional	99	TRS	다당제
Uzbekistan	TRS	Majority	250	TRS	다당제
Vanuatu	SNTV	Other	52		다당제
Venezuela	MMP(FPTP &Party List)r	Mixed	165	FPTP	일당우위
Vietnam	TRS	Majority	498		일당제
Yemen	FPTP	Plurality	301	TRS	일당우위
Zambia	FPTP	Plurality	150	FPTP	일당우위

* 용어

FPTP: First-Past-The-Post	1위대표제
TRS: Two Round System	결승투표제/2회투표제
AV: Alternative Vote	대안투표제
BV: Block Vote	블록투표제
PBV: Party Block Vote	정당블록투표제
Parallel: Parallel System	분할투표
MMP: Mixed Member Proportional	혼합형비례대표제
Party List	정당명부식
STV: Single Transferable Vote	단기이양식투표제
SNTV: Single Non-Transferable Vote	단기비이양식투표제
LV: Limited Vote	제한투표제
Modified BC	수정 보다방법

B. 선거 정당 용어

Absentee voting	부재자 투표
Additional member system	추가의석방식
Alternative Vote(AV)	대안투표제 또는 선호투표제
Apparentement	명부연합제도/선거연합
Ballotage	결선투표/결전투표
Ballot structure	투표기재방식
Bandwagon effect	편승효과
Bicameral legislature	양원제
Block Vote(BV	블록투표 또는 연기명 중선거구제
Borda Count	보다 산출법
Boundary delimitation	경계획정
Cadre parties	간부정당
Candidate-centered ballot	후보자 중심 투표
Catch-all party	인중정당
Closed list	폐쇄식 명부
Compensatory seats	강제의석
Constituency	선거구
Cross-cutting cleavage	교차적 균열
Delegate	대의원
D'Hondt Formula	동트식
District	선거구
District magnitude	선거구의 크기
Dominant party system	일당우위제/패권정당제
Droop Quota	드루프 할당제
Elector	선거인/유권자
Electoral Formula	의석배정방식
Electoral law	선거법
Electoral management body	선거관리위원회
Electoral system	선거체제

Electorate	선거민(전체)
First Past The Post(FPTP)	1위대표제
Free list	자유식 명부
Gerrymandering	게리맨더링
Hare Quota	헤어 할당제
Highest Average Method	최대평균잔여투표순제
Invalid votes	무효표
Largest Remainder Method	최대잔여투표순제
Limited Vote(LV)	제한(연기)투표제
List Proportional Representation (List PR)	명부식 비례대표제
Lower house	하원
Majoritarian electoral system	절대다수제
Malapportionment	선거인의 불공정 배분
Mass parties	대중정당
Mixed Member Proportional(MMP)	혼합비례제
Mixed system	혼합제
Multi-member district	중/대선거구제
Open list	개방식 명부
Parallel system	2표제 또는 병행제
Plurality/majority systems	다수제
Preferential voting systems	선호투표제
Proportional Representation(PR)	비례대표제
Remote voting	원격투표
Run-off	결승투표제
Single-member district	소선거구제
Single Non-transferable Vote(SNTV)	단기비이양식 투표
Single Transferable Vote(STV)	단기이양식 투표
Split voting	분할투표/이원투표
Straight voting	일괄투표

Strategic voting	전략적 투표
Supplementary Votes	보완투표제
Surplus seats	초과의석
Threshold	최소조건
Two-Round System(TRS)	결선투표제/2회투표제
Upper house	상원
Wastes votes	사표